U0961564

高中物理

教学讲义

（全模块）

- 理海畅游　疑难尽释
- 为莘莘学子插上腾飞的翅膀
- 助耿耿教师架构跃迁的桥梁

高龙亚　黄绍书　著

哈爾濱工業大學出版社
HARBIN INSTITUTE OF TECHNOLOGY PRESS

内容简介

本书基于2003年版普通高中物理学科课程标准和普通高中物理实验教科书为纲领，以“理解高中物理课程标准”“读懂高中物理教材”为核心目标，致力于使读者树立正确的物理教材观，掌握钻研教材的基本策略.

本书可为我国高中物理教材研究暨物理教学研究提供一定的借鉴.

图书在版编目(CIP)数据

高中物理教学讲义：全模块/高龙亚，黄绍书著
.—哈尔滨：哈尔滨工业大学出版社，2022.3
ISBN 978-7-5603-3323-6

Ⅰ.①高… Ⅱ.①高… ②黄… Ⅲ.①中学物理课-高中-教学参考资料 Ⅳ.①G632.73

中国版本图书馆CIP数据核字(2022)第067609号

策划编辑 刘培杰 张永芹
责任编辑 李广鑫 关虹玲
封面设计 孙茵艾
出版发行 哈尔滨工业大学出版社
社 址 哈尔滨市南岗区复华四道街10号 邮编150006
传 真 0451-86414749
网 址 http://hitpress.hit.edu.cn
印 刷 哈尔滨市工大节能印刷厂
开 本 889 mm×1 194 mm 1/16 印张26.25 字数774千字
版 次 2022年3月第1版 2022年3月第1次印刷
书 号 ISBN 978-7-5603-3323-6
定 价 98.00元

前　言

这本《高中物理教学讲义（全模块）》主要源于高龙亚、黄绍书两位老师基于2003年版普通高中物理课程标准的教学讲稿，其论述精准、语言表述细腻、用词准确。这本书的最大优点是，编写体例非常注重为教师，特别是为年轻教师的专业化发展助力，同时还有如下特点：

1. 对物理概念的表述准确，对物理量的定义规范，能给予读者一种可靠踏实的感觉。

2. 注重尊重物理学史，特别对于引起物理学重大革命的物理规律的发现，力求较全面地介绍它的历史过程。

3. 注重突出主干知识的深度及其应用，结合对课程标准的理解，对一些主干知识进行了强化或增补。

4. 思考与练习部分，练习题的编制比较注重交叉学科知识的迁移及其应用。

5. 插图及其他素材编制比较注重物理与生活的联系，很多插图不仅生动形象地体现物理源于生活，而且有助于学生领悟物理知识在生活中的应用。

这本书结合了2003年版普通高中物理课程标准暨相应不同版本的物理实验教科书特点，以及高龙亚、黄绍书两位老师的教育教学经验，是一部很接地气的实用型教师教学参考和学生自学辅导用书，值得推荐。

其实，这本书也仅能体现高龙亚、黄绍书两位老师几十年来教育教学结晶的冰山一角。

这本《高中物理教学讲义（全模块）》共包括必修1、必修2两个必修模块和选修3-1、选修3-2、选修3-3、选修3-4、选修3-5五个选修模块。其中，高龙亚老师负责五个选修模块的编写，黄绍书老师负责两个必修模块的编写和全书审定。

钱时惕①

2021年12月

于河北大学

---

① 钱时惕（出生于1936年），河北大学教授、《物理通报》编辑部学术顾问。

目　录

必修 1

必修 2

选修3-1

选修 3-2

选修 3-3

选修 3-4

选修 3–5

必　修　1

第 1 章　运动的描述

1.1　运动、空间和时间

· 平动物体的轨迹可以是直线也可以是曲线，而转动物体的轨迹一定是曲线.
· 在物理学中，通常是用坐标系描述物体的空间位置.
· 时刻既没有大小，又没有方向，因此，时刻不是物理量.
· 时间在时间坐标上是一段“长度”.

一、机械运动和参考系

物质的运动形式是多种多样的，比如机械运动、热运动、电磁运动等. 其中，机械运动是物质最简单的运动形式.

1. 机械运动

在物理学中，把物体位置的变化叫作机械运动，简称运动. 如图 1. 1. 1 所示，一小球由位置 A 变化到位置 B，又由位置 B 变化到位置 C，表示小球由位置 A 运动到位置 B，又由位置 B 运动到位置 C.

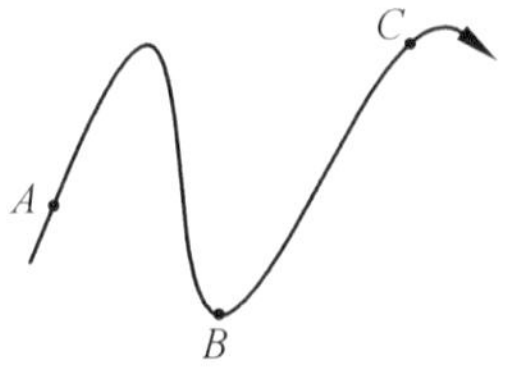

图 1. 1. 1

在机械运动中，把物体上的各个点的运动情况总是相同的运动称为平动，物体上的各个点总是绕着一个共同位置的圆周（圆弧）运动称为转动. 平动物体的轨迹可以是直线也可以是曲线，而转动物体的轨迹一定是曲线. 图 1. 1. 2 表示几个物体做平动或转动的情况，仔细观察，哪一个物体的运动是平动？哪一个物体的运动是转动？

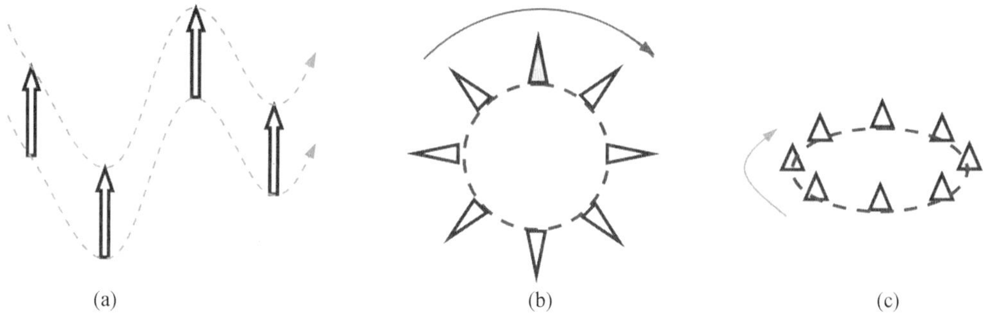

图 1. 1. 2

还有一些物体在运动过程中，既有平动又有转动，这样的运动叫作滚动. 比如，车轮的运动通常都是滚动.

2. 参照系

在夜晚，乘坐飞机或高速列车，往往只听到丝丝的摩擦声或发动机的轰鸣声，而不易感觉到我们是运动的或是静止的，这是为什么呢？

要研究一个物体的运动，必须要选择一个“其他物体”来作参考. 观察要研究的物体相对于“其他物体”的位置是否发生变化. 这个选来作为参考的“其他物体”称为参照物，又称参考物或参考系.

图 1. 1. 3 表示月亮东升西落的情景，你知道月亮的这一运动是以什么为参考系的吗？

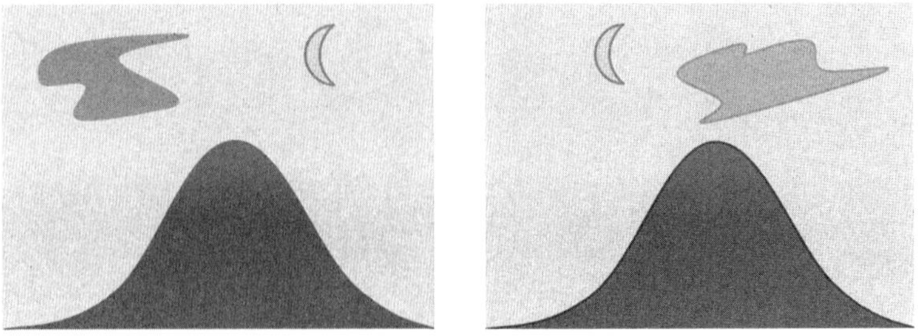

图 1.1.3

上弦月与下弦月

上上西西，下下东东.这是什么意思?

上弦月是出现在农历月的上半月的上半夜，亮面朝西(从宇宙上看是西，从地球上看是东)，在西半天空(这是从地球上看的)而且上弦月是农历初七或初八(注意上弦月只有一天，不是初七和初八都是)；下弦月出现在农历月的下半月的下半夜，亮面朝东，在东半天空，出现的时间是农历廿二或廿三.

二、空间位置的描述

研究物体的运动，就要描述物体的空间位置.在物理学中，通常是用坐标系描述物体的空间位置.

在参照系中，为确定空间某点的位置，按规定方法选取的有次序的一组数据，就叫作坐标.而规定坐标的方法，就是坐标系.

1. 一维坐标系

在规定坐标的方法中，用一个数据就能表示某个点的空间位置的坐标系，称为一维坐标系.

物体如果沿着某一条直线或曲线运动，一般可用一维坐标表示它的空间位置.比如，描述某城市某路公交车路线上行驶的某公交车位置就可用一维坐标.

2. 二维坐标系

在规定坐标的方法中，用两个数据才能表示某个点的空间位置的坐标系，称为二维坐标系.

物体如果在某一个平面或曲面上运动，一般可用二维坐标表示它的空间位置.比如，描述某个城市的市内交通路线上行驶的轿车位置就可以用二维坐标.

3. 三维坐标系

在规定坐标的方法中，用三个数据才能表示某个点的空间位置的坐标系，称为三维坐标系.

物体如果在立体空间中运动，就要用三维坐标表示它的空间位置.比如，描述某同学在某居民住宅区某高层电梯楼的位置就需要用三维坐标.

三、时刻和时间

1. 时刻

某一极短的瞬间就叫时刻.时刻在时间坐标上用点表示，相当于空间坐标中的点.

时刻既没有大小，又没有方向，因此，时刻不是物理量.通常把短暂到几乎接近于零的时间称为时刻，如图 1.1.4 所示的表盘表示了几个不同的时刻.

2. 时间

两个时刻之间的差值就叫时间.如图 1.1.4 所示的相邻两个表盘读数的差值所表示的时间分别是 25 min和 65 min.

时间在时间坐标上是一段“长度”，也相当于空间坐标中的长度.试在图 1.1.5 所示的时间坐标上读出 3 个不同的时刻和 3 段不同的时间，并分别列举几个生活中时刻和时间的例子.

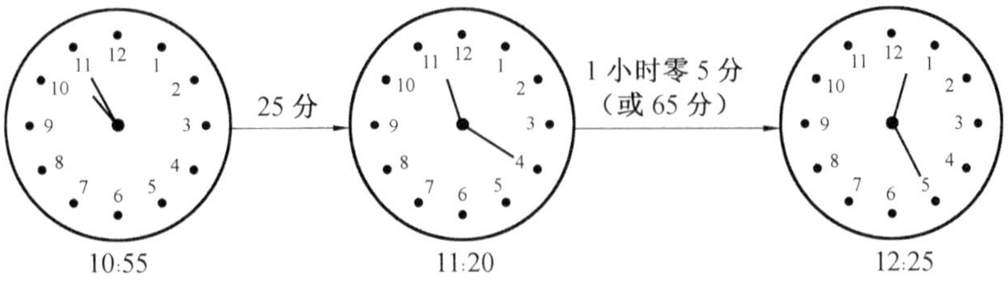

图 1.1.4

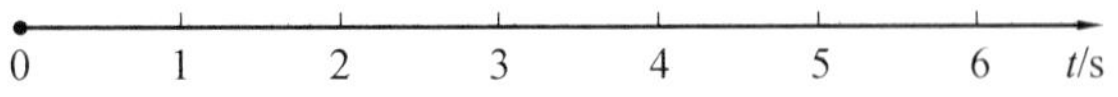

图 1.1.5

思考与练习

1.“小小竹排江中游，巍巍青山两岸走”这句诗说明物体运动的什么问题？试分别指出前后两句话中的研究对象和参照物.

2. 试列举并说明生活中运动相对性的一些例子.

3. 表 1.1.1 是从网上下载截取的广州东到中国香港九龙的“广九直通车”的某信息表. 根据该表回答问题：

表 1.1.1　广州东→中国香港九龙（红磡）

车次	广州东（开出）	东莞（常平）	红磡	
T801	08:19	09:03	10:17	预订
T807	09:04	09:48	11:02	预订
T813	09:55	10:39	11:53	预订
T823（KTT）	10:37	11:21	12:33	预订
T817	12:03	—	13:56	预订
T809	14:04	14:48	16:02	预订
T825（KTT）	15:38	16:14	17:34	预订
T815	16:14	16:58	18:12	预订
T803	17:33	18:17	19:31	预订
T819	18:20	19:04	20:18	预订
T827（KTT）	20:30	21:14	22:26	预订
T811	21:32	—	23:25	预订

（1）从该信息表中你能获得什么信息？该信息表准确称呼应该是“广九直通车”的时间表还是时刻表？为什么？

（2）T817 次列车从广州东到红磡的运行时间是多少？T807 次列车在东莞到红磡之间的运行时间又是多少？

4. 登录网页，了解全球四大卫星定位系统（美国的 GPS 系统、俄罗斯的 GLONASS 系统、中国的 BDS 系统和欧盟的 GALILEO 系统）的功能及在日常生活中的应用.

1.2 质点和位移

· 一个物体能不能简化为质点，不取决于物体的空间尺度，而是取决于对研究问题的影响程度.
· 从起点到终点，选择不同的路线，路径长度是不同的，但是位置的变化是相同的.
· 有些物理量，既有大小，又有方向. 而有些物理量，只有大小，没有方向.

一、质点

要计算一列火车通过一座铁路桥的时间，火车的长度是不能忽略的，而要计算这列火车从上海开到北京的时间，火车的长度对计算的结果的影响是可以不予考虑的；要考查一位同学百米赛跑的成绩，他的形态动作可以不予考虑，而要考查该同学做课间操或跳街舞，他的形态动作就很关键.

1. 质点

在研究物理问题的过程中，若物体的空间尺度对研究的问题影响很小或没有影响，就可以将物体简化成一个具有质量的点.

在物理学中，用来代替物体具有质量的点叫作质点.

2. 质点的相对性

质点是理想化模型，实际上并不存在. 因为，没有任何空间尺度的物体是不存在的.

一个物体在一定的条件下可以看作质点，而在另一条件下就可能不能看作质点.

一个物体能不能简化为质点，不取决于物体的空间尺度，而是取决于对研究问题的影响程度.

思考与讨论

1. 平动的物体是否一定可以当作质点，而转动的物体是否都不能当作质点？为什么？
2. 是不是体积很大的物体就不能当作质点，而体积很小的物体就都能当作质点？
3. 研究地球的自转或公转，能否将地球看作质点？为什么？

二、位移、距离和路程

如图 1.2.1 所示，如果要从武汉到重庆，可以选择水路乘坐轮船沿长江逆流而上，也可以选择空路直飞，还可以选择旱路乘坐火车经郑州、西安迂回重庆. 显然，选择不同的路线，路径长度是不同的，但是位置的变化是相同的.

1. 位移

在物理学中，把物体位置的变化叫作位移. 位移是一个既有大小又有方向的物理量，可用由物体运动的起点指向终点的有向线段来表示. 位移可以用图像表示，如图 1.2.2 是几个物体的位移-时间图像（简称 s-t 图像），你能弄清楚它的含义吗？

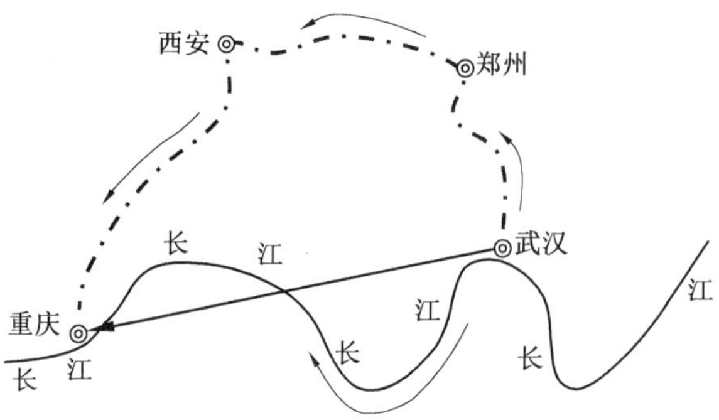

图 1.2.1

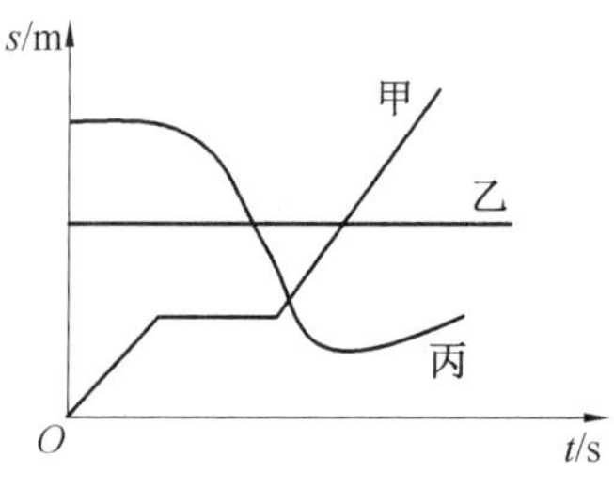

图 1.2.2

2. 距离

物体运动的起点到终点的直线长度叫作距离. 距离与位移不同,距离是一个只有大小、没有方向的物理量. 实际上,距离就是位移的大小.

3. 路程

物体运动的起点到终点的实际路径的长度叫作路程. 路程与距离一样,也是一个只有大小、没有方向的物理量.

思考与讨论

1. "在一定的条件下,位移可以等于路程或位移可以等于距离."这一说法是否正确? 为什么?
2. 在什么条件下,位移大小等于路程?
3. 图 1.2.1 所示的由武汉到重庆的 3 条路径中,位移有什么关系? 哪一条的路程最长?

三、矢量和标量

如前所述,在物理学中,有些物理量,既有大小,而有方向. 又有些物理量只有大小,没有方向.

1. 矢量

既有大小,又有方向的物理量叫作矢量. 位移以及即将学习的速度、加速度等都是矢量.

2. 标量

只有大小,没有方向的物理量叫作标量. 路程、距离以及温度、密度、质量等都是标量.

思考与讨论

图 1.2.1 所示的由武汉到重庆的铁路线,若武汉至郑州段约 550 km,郑州至西安段约 510 km,西安至重庆段约 750 km. 那么,全程路程约为多少千米? 能据此计算出武汉到重庆的位移吗?

思考与练习

1. 下列能看作质点的物体有哪些?

(1)正在进行武术表演的老师;　　(2)正在进行万米长跑比赛的同学;

(3)绕太阳公转的木星;　　(4)绕模拟地轴转动的地球仪;

(5)正在开屏的孔雀;　　(6)脱手飞出的铅球.

2. 一同学在操场练习曲步行走. 先从点 O 向正东行 10 m 到点 A,再向正北行 5 m 到点 B,再向正西行 20 m 到点 C,再向正南行 10 m 到点 D,再向正东行 10 m 到点 E,最后向正北行 5 m 到点 F. 试完成下列问题:

(1)建一个直角坐标系,取好适当的标度,以点 O 为坐标原点,作出该同学曲步行走的轨迹示意图;

(2)计算点 O 与点 F 之间的路程和位移;

(3)计算点 B 与点 D 之间的路程和位移.

3. 图 1.2.3 所示的是某高速公路一个入口处的一种道路标识牌,你知道其中每一项的含义吗? 那些数字指的是路程还是位移?

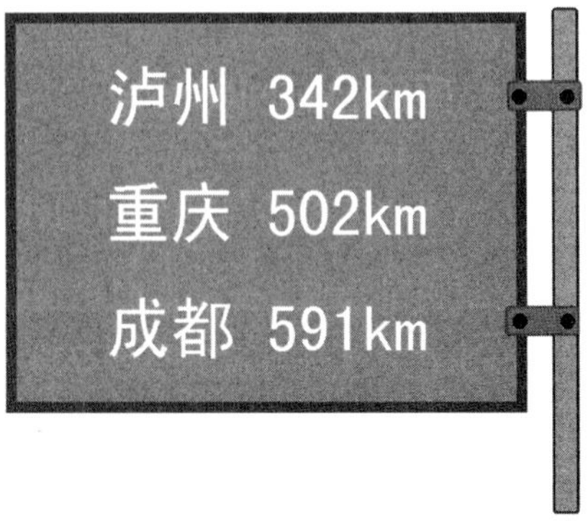

图 1.2.3

1.3 速度和加速度

· 瞬时速度的大小等于瞬时速率.

· 在单向直线运动中,平均速度的大小等于平均速率.

· 速度变化≠速度变化率.

· 加速度与速度没有关系.

日常生活中,通常说“慢如蜗牛”“快如飞箭”等来比喻物体的位置变化慢或变化快,即物体运动快慢情况. 不同的物体,运动快慢通常不相同,并且,有的物体会越来越快,而有的物体会越来越慢.

一、速度和速率

你知道图 1. 3. 1 所示的图中准备上学的小同学应该往哪个方向走吗? 能往另外的方向走吗? 为什么?

图 1. 3. 1

1. 速度

在物理学中,把位移与时间的比值称为速度,即

$$v=\frac{s}{t}$$

速度是描述物体运动快慢的物理量. 速度是矢量,其单位为米/秒(m/s). 在直线运动中,把速度不变的运动称为匀速直线运动,简称匀速运动.

(1)平均速度:运动物体在某一段时间或某一段位移(通常称为某一过程)的速度,表示为运动物体在某一过程中的位移与所用时间的比值,即

$$\bar{v}=\frac{s}{t}$$

(2)瞬时速度:运动物体在某一时刻或某一位置的速度,表示为某一小段时间或一小段位移过程中的平均速度的极限值,即

$$v=\lim_{\Delta t\to 0}\frac{\Delta s}{\Delta t}$$

速度通常可用图像表示,如图 1. 3. 2 是几个物体的速度-时间(v-t)图像.

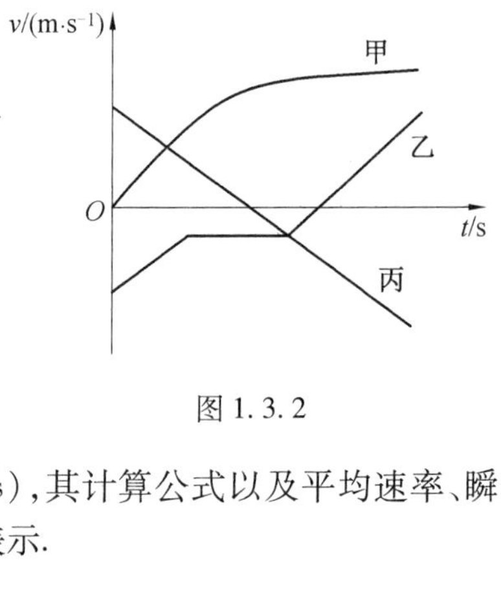

图 1. 3. 2

2. 速率

路程与时间的比值称为速率. 速率是标量,它的单位仍为米/秒(m/s),其计算公式以及平均速率、瞬时速率的计算公式通常也用速度、平均速度、瞬时速度相应的表达式来表示.

思考与讨论

1. 速度与速率有什么关系？能不能说速度大小就是速率？

2. 在什么条件下，平均速度的大小等于平均速率？

3. 瞬时速度与瞬时速率有什么关系？能不能说瞬时速度的大小就是瞬时速率？

4. 分别在 $s-t$ 图像和 $v-t$ 图像上分析比较两物体的速度随时间的变化情况.

二、速度变化和加速度

公交车从停靠站出发的一段过程中，速度越来越快；百米赛跑的运动员冲过终点线后速度会逐渐减慢.

1. 速度变化

运动物体在某一过程中的终止时刻的速度（末速度）与起始时刻的速度（初速度）之间的差值称为这一过程的速度变化，即

$$\Delta v=v_t-v_0$$

速度变化可以大于零，也可以小于零或等于零. 有的物体速度变化快，而有的物体速度变化慢.

2. 加速度

在物理学中，为了描述运动物体速度的变化快慢引入了加速度这一物理量，把速度变化与时间的比值称为加速度，也称为速度变化率，即

$$a=\frac{v_t-v_0}{t}$$

加速度是描述物体速度变化快慢的物理量，其单位是米/秒^2（m/s^2）. 同样加速度可以大于零，也可以小于零或等于零. 在直线运动中，把加速度不变的运动称为匀变速直线运动，有时也简称为匀变速运动.

（1）平均加速度：运动物体在某一过程中的加速度，表示为这一过程中的速度变化与时间的比值，即

$$\bar{a}=\frac{\Delta v}{\Delta t}$$

（2）瞬时加速度：运动物体在某一时刻或某一位置的加速度，表示为某一小段时间内平均加速度的极限值，即

$$a=\lim_{\Delta t\to 0}\frac{\Delta v}{\Delta t}$$

思考与讨论

1. 加速度与速度有什么关系？速度越大是否加速度也越大？加速度与速度的变化呢？通过 $v-t$ 图像予以分析说明.

2. 加速度的正、负有什么含义？

三、运动状态的描述

所谓运动状态，是指物体进行机械运动时相对某个参考系的运动速度的状态. 或者说，运动状态就是由物体运动速度决定的状态，是物体运动时所具有的性质.

由于速度是矢量，既有大小，又有方向. 因此，运动状态包括物体运动的速度大小和速度方向.

速度是描述物体运动状态的物理量. 物体运动的速度不同，就表示运动状态不同. 物体运动状态的改变就是指物体运动的速度的改变，也就是运动物体产生加速度. 具体包括速度大小改变、速度方向改变、速度的大小和方向同时改变三种情况.

静止同样是一种运动状态,也就是运动速度为零的状态.

思考与练习

1. 关于瞬时速度与平均速度,下列判断正确的是(　　).

A. 一辆小轿车在南京长江大桥公路桥上行驶的速度是平均速度

B. 北京西至昆明南的 G403 次列车通过贵阳北站道标时的速度是瞬时速度

C. 百米赛跑运动员冲刺通过终点线的速度是瞬时速度

D. 雨滴由屋檐落到地面时的速度是平均速度

2. 随着我国公路建设不断地完善,高速公路已经成为我们日常驾驶出行极其重要的通道. 高速公路由于路况较好,因此大家车速都很快. 因此,学会控制好自己的车速遵守交通规则就尤为重要. 如图 1.3.3 所示是一高速公路某入口处的交通标识,你能明白其中每一项的含义吗? 假如你准备自驾一辆越野车去郑州,严格遵照交通规则驾驶,且假定路况一直不变. 那么,至少需要多长时间?

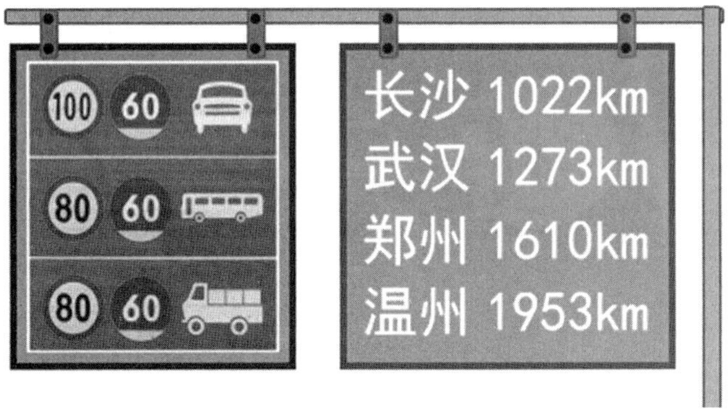

图 1.3.3

3. 表 1.3.1 是 Z288 次列车昆明至贵阳路段的到开时刻表,试根据表中信息完成下列问题:

表 1.3.1

车次/类型	始发站	终点站	发车时间	到达时间	全程时长
Z288	昆明	宁波	10:45	15:49	29 h 4 min
停靠站序	站名	进站时间	发车时间	停留时间	里程
1	昆明	……	10:45	0 min	0 km
2	曲靖	12:02	12:07	5 min	157 km
3	宣威	12:55	13:02	7 min	258 km
4	六盘水	14:17	14:23	6 min	389 km
5	贵阳	17:21	17:50	29 min	638 km
……	……	……	……	……	……
12	余姚	14:46	14:49	3 min	2 568 km
13	宁波	15:49	……	……	2 618 km

(1)该列车由昆明到贵阳的平均速度以及曲靖至六盘水段的平均速度分别是多少?

(2)该列车在 13:00 时刻的瞬时速度是多少?

4. 某新式冲锋枪的子弹在枪膛中运动的时间是 1.25×10^{-3} s,子弹离开枪口时的速度是 800 m/s. 那么,子弹在枪膛里的运动过程中,其加速度是多少? 这一加速度是瞬时加速度还是平均加速度? 为什么?

5. 如图 1.3.4 所示是甲、乙两位同学在某湿地公园进行环湖徒步比赛的示意图. 他们同时由泄洪闸出发，经不同路径（甲：泄洪闸→警务室→水文站；乙：泄洪闸→观月亭→水文站.），又同时到达水文站. 关于甲、乙两同学运动全过程的下列说法中正确的是（　　）.

A. 平均速度相等　　B. 平均速率相等

C. 瞬时速度相等　　D. 瞬时速率相等

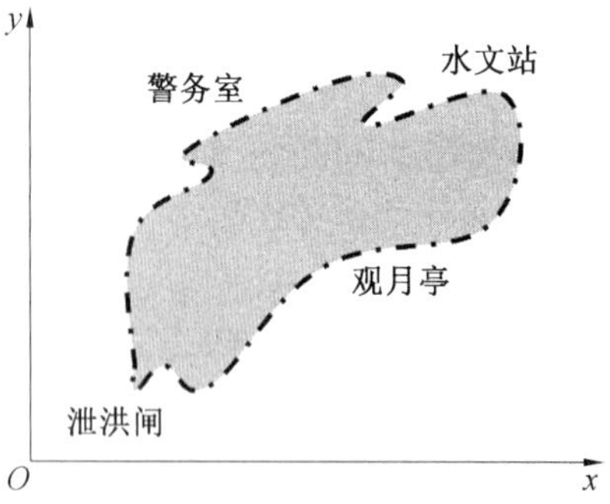

图 1.3.4

6. 有身体素质极好且好胜心极强的两位同学玩徒步游戏，他们同时由 A 地出发，准备经相同路径前往 B 地，先到达者获胜. 为了能够力求分出胜负，按游戏规则制定两种徒步方案：方案一是将全部路程平均分成二等份，前一半路程用跑（速度为 v_1），后一半路程用走（速度为 v_2）；方案二是将全程时间平均分成二等份，前一半时间用跑（速度为 v_1），后一半时间用走（速度为 v_2）.

假如你是其中某一位同学，请你通过计算说明：这一游戏规则的制定是否具有合理性？你将会选择哪一种方案？

1.4　练习使用打点计时器

· 打点计时器具有打点和计时功能.

· 电磁打点计时器工作电源：电压 4 ~ 6 V，频率 50 Hz.

· 电火花打点计时器工作电源：电压 220 V，频率 50 Hz.

打点计时器是一种常用来研究物体运动规律，以及与物体运动规律有关的物理现象或物理规律的仪器. 顾名思义，打点计时器，就是既能打点又能计时的仪器，即打点计时器具有打点和计时双重功能.

常用的打点计时器有两种，即电磁打点计时器和电火花打点计时器.

一、结构与原理

1. 电磁打点计时器

(1) 部件结构.

电磁打点计时器为磁电式结构，其构造如图 1.4.1 所示.

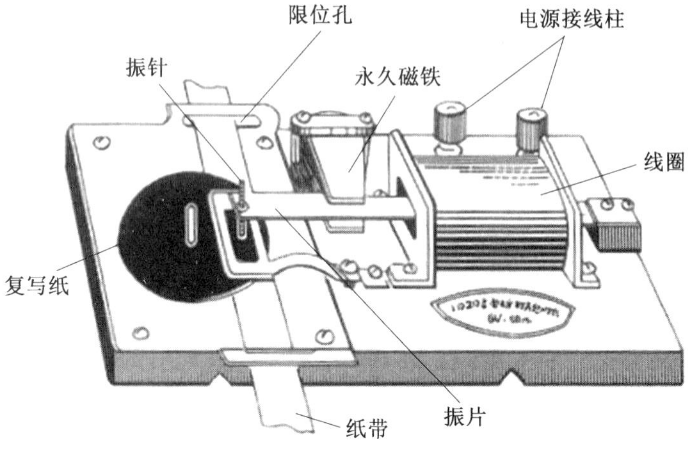

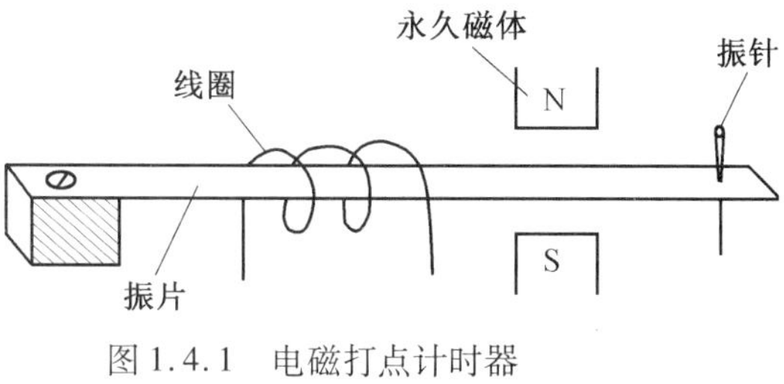

图 1.4.1　电磁打点计时器

(2)工作原理.

电磁打点计时器是通过振针与复写纸及纸带的冲击在纸带上打出墨点显示点迹的.当线圈通以交流电时,线圈产生的交变磁场使振片(由弹簧钢制成)磁化,其磁化磁极随着电流方向的改变而周期性变化.在永久磁铁的磁场作用下,振片将上下振动,其振动周期即为打点周期,与线圈中的电流变化周期一致.

(3)工作电压.

使用交流电源供电,工作电压为4~6 V,一般通过学生电源的交流输出将市用交流电(220 V,50 Hz)转换得到.

2. 电火花打点计时器

(1)部件结构.

电火花打点计时器为脉冲式结构,如图1.4.2所示.主要部件包括壳体、脉冲发生器、脉冲输出开关、纸盘轴等.

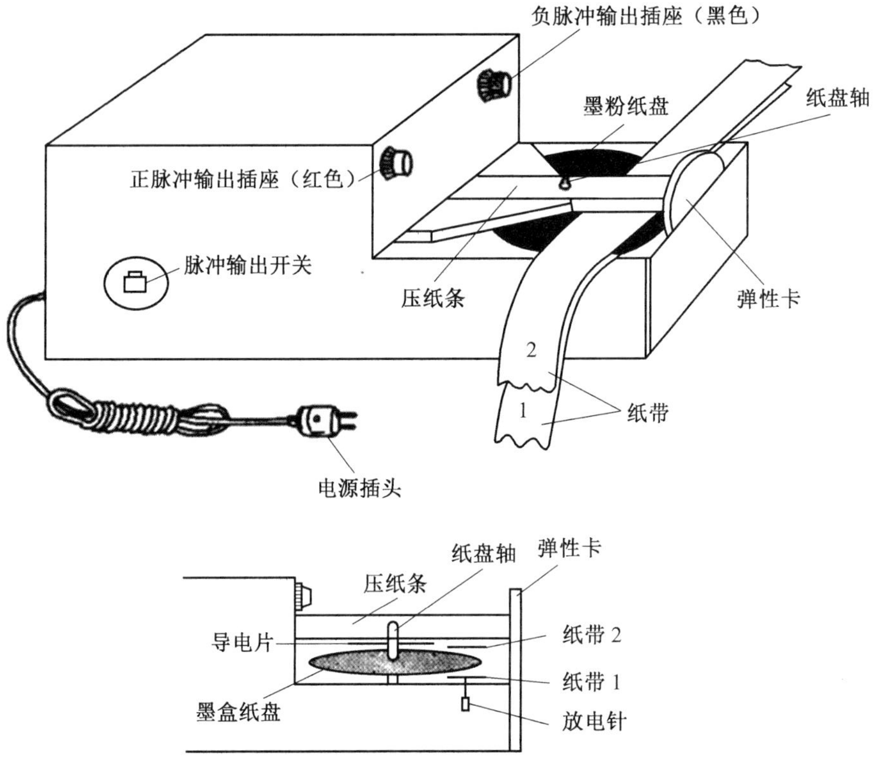

图1.4.2　电火花打点计时器

(2)工作原理.

电火花打点计时器是利用火花放电使墨粉在纸带上打出墨点而显出点迹的.当给电火花打点计时器接上符合要求的交流电压,按下脉冲输出开关时,计时器发出的脉冲电流经接正极的放电针和墨粉纸盘到接负极的纸盘轴产生火花放电,于是在纸带上打出一系列的点.而且在交流电的每个周期放电一次,因此电火花打点计时器打出点间的时间间隔等于交流电的周期.

(3)工作电压.

直接采用市用交流照明电(220 V,50 Hz)供电,工作电压为220 V.

二、性能及注意事项

1. 性能比较

(1)从器材配备、调节、操作方面看:电磁打点计时器需要与学生电源配套使用,由于电学仪器在使用中受诸多因素的影响,即使已经调好的电磁打点计时器,在实验中也易出现故障,降低了可靠性和可信度.

电火花打点计时器直接接入市用照明电源，火花比较稳定，实验的可靠性和可信度都比较高.

(2)从误差角度看：电磁打点计时器打点时振针将对纸带产生冲击和摩擦，这个冲击和摩擦既影响了纸带的正常运动，也影响了振针的运动，故实验误差较大.

电火花打点计时器采用高压脉冲放电，放电针与纸带不接触，不干扰纸带的运动，故实验误差很小.

(3)从安全性角度看：电磁打点计时器输入电压仅为 4 ~ 6 V 交流电压，是很安全的.

电火花打点计时器外接电压为交流 220 V，且输出的脉冲瞬时高压能够达到 25 ~ 30 kV，这就存在一定的危险性.

2. 注意事项

(1)电磁打点计时器使用前要预先调好，使打点时间间隔均匀和打点轻重适度. 纸带穿过两限位孔，夹在复写纸的下面，用手轻轻拉动纸带，复写纸应随着纸带的移动而微微地转动. 若纸带移动时复写纸不转动，则要调整其位置或压纸框架的松紧程度.

(2)电火花打点计时器使用时，电源插头直接插在市用 220 V 交流插座内，墨粉纸盘套在纸盘轴上，将两条普通白纸带从弹性卡和纸盘轴之间的限位槽中穿过，且墨粉纸盘应夹在两条纸带之间，这样当两纸带运动时，能有效地带动墨粉纸盘转动. 也可以用上述的白纸带和一条墨粉纸带(位于下面)做实验，还可以用两条白纸带夹着一条墨粉纸带做实验.

电火花打点计时器安全吗?

电火花打点计时器的输入电压为 220 V，远远高于安全电压，且输出的脉冲瞬时高压可达 30 kV. 这是不是说电火花打点计时器就很危险呢? 其实不然.

首先，电火花打点计时器整个装置是全封闭的，只要不拆开外壳，避免接触计时器前端就安全.

其次，电火花打点计时器每次输出高压脉冲只有几微秒，间隔 20 ms. 每次放电能量约为 0.01 J，这样小的能量即使通过人体也不会危及生命安全.

三、实验操作

按要求将打点计时器安装在实验桌的长木板上，接入电路，安装好纸带等. 然后，按步骤完成后续实验操作及其相应问题.

第 1 步：检查电路准确无误，接通电源；

第 2 步：用手拖动纸带，改变拖动规律，并打出 3 条点迹清晰的纸带；

第 3 步：用物理小车拖动纸带，改变长木板的倾斜程度，打出 3 条点迹清晰的纸带；

第 4 步：断开电源，整理实验器材；

第 5 步：用求平均速度的方法，粗略求出每条纸带上至少 10 个点迹位置对应的速度；

第 6 步：求出每一条纸带上任意 3 组以上相邻两点之间的平均加速度.

思考与练习

1. 为什么电磁打点计时器工作时只需要一条纸带，而电火花打点计时器工作要用两条纸带? 通过网上查询，写一份比较详细的说明报告.

2. 列一表格，尽可能详细比较电磁打点计时器和电火花打点计时器的各项参数指标和使用情况.

第 2 章　匀变速直线运动

2.1　匀变速直线运动的基本规律

· 计算打点计时器打出的纸带上各点对应的速度，做出 v–t 图像.
· 理解并掌握 v–t 图像的物理意义和匀变速直线运动的 $v_t=v_0+at$ 中 a 的正、负含义.
· 理解微元思想，根据 v–t 图像的物理意义，推导出匀变速直线运动的位移时间关系 $s=v_0t+\frac{1}{2}at^2$.

一、速度与时间的关系

1. 实验及数据处理

如图 2.1.1 所示是打点计时器打出的运动物体拖动的一条纸带的一部分，其上有 O,A,B,C,D,E 6 个计数点，任意相邻两个计数点之间的时间均为 0.1 s. 用毫米刻度尺依次测量出 OA 的距离为 s_1，AB 的距离为 s_2，BC 的距离为 s_3，CD 的距离为 s_4，DE 的距离为 s_5，并用 OA 之间的平均速度近似表示 O 的瞬时速度 v_1，用 AB 之间的平均速度近似表示 A 的瞬时速度 v_2，依次近似表示出点 B,C,D 的瞬时速度 v_3,v_4,v_5. 通过测量的数据进行相关计算完成表 2.1.1，并在图 2.1.2 所示的坐标系中做出物体运动的速度–时间图像.

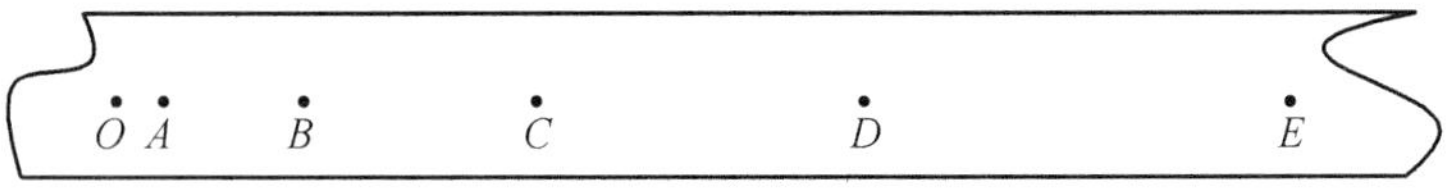

图 2.1.1

表 2.1.1　物体在几个时刻的瞬时速度

任意相邻两个计数点之间的时间					0.1 s	
位置	O	A	B	C	D	E
时间 t/s	0	0.1	0.2	0.3	0.4	0.5
位移 s/m	$s_1=$	$s_2=$	$s_3=$	$s_4=$	$s_5=$	…
速度 v/(m·s^{-1})	$v_1=$	$v_2=$	$v_3=$	$v_4=$	$v_5=$	…

2. 速度公式

图 2.1.2 所示的 v–t 图像是一条倾斜的直线，也就是物体运动的速度 v 与时间 t 满足线性关系. 因此，这一图像的斜率是不变的. 令该图像对应的运动物体在运动过程中，0 时刻的速度为 v_0，某一时刻 t 的速度为 v_t，设图像的倾斜角(没有纯数学的角的含义)为 α，那么，图像的斜率为

$$\tan\alpha=\frac{\Delta v}{\Delta t}=\frac{v_t-v_0}{t}$$

比较第 1 章中加速度的定义公式

$$a=\frac{v_t-v_0}{t}$$

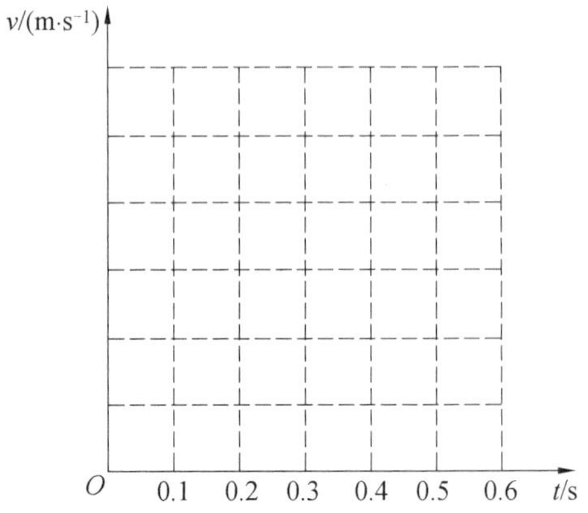

图 2.1.2

可知，运动物体的 $v-t$ 图像的斜率就是物体运动的加速度. 图 2. 1. 2 所示的图像所表示的运动物体，其加速度不随时间的变化而变化. 因此，物体是做匀变速直线运动的.

说一说

图 2. 1. 3 是甲、乙两物体运动的 $v-t$ 图像. 用微元法分析，它们的加速度是否变化？怎样变化？它们的运动是不是匀速运动？

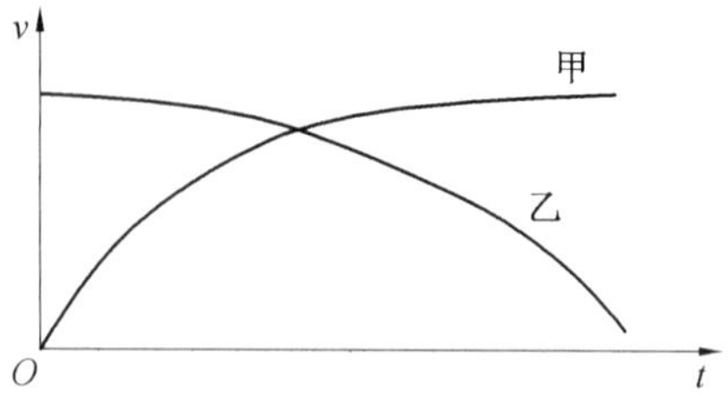

图 2. 1. 3

在匀变速直线运动中，速度与时间之间的关系（速度公式）可表示为

$$v_t = v_0 + at$$

根据这一速度公式，可以认为：加速度 a 在数值上等于单位时间内速度的变化量，而 at 就是整个运动过程中速度的变化量.

思考与讨论

1. 在公式 $v_t = v_0 + at$ 中，$a>0$，$a<0$ 及 $a=0$ 分别表示什么意思？这时对应物体做怎样的运动？若 $v_0=0$，则又表示物体做怎样的运动？

2. 某轿车在紧急刹车时加速度的大小是 6 m/s^2，若按交规必须在 2 s 内停下来，那么该轿车的行驶速度最高不能超过多少？

二、位移与时间的关系

1. 位移–时间图像的面积

匀速直线运动的物体，在时间 t 内的位移 $s=vt$. 在 $v-t$ 图像中，位移 s 恰好等于图像与坐标轴围成的矩形面积，如图 2. 1. 4 所示.

那么，怎样计算匀变速直线运动的位移呢？

设一物体做匀变速直线运动，初速度为 v_0，加速度为 a，经时间 t 速度变为 v_t. 它的 $v-t$ 图像如图 2. 1. 5 所示. 其图像与坐标轴围成的梯形面积是否等于位移呢？

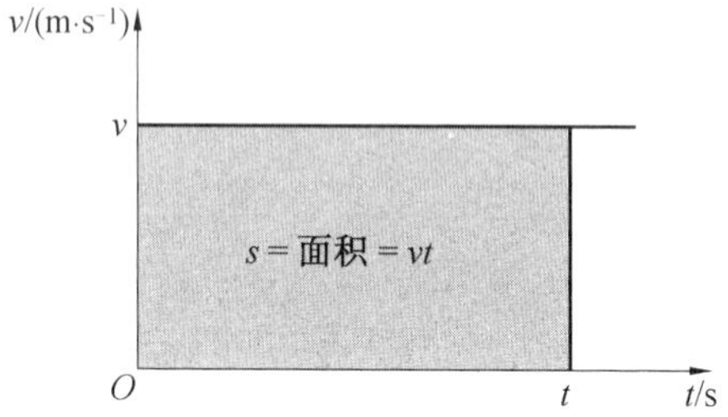

图 2. 1. 4

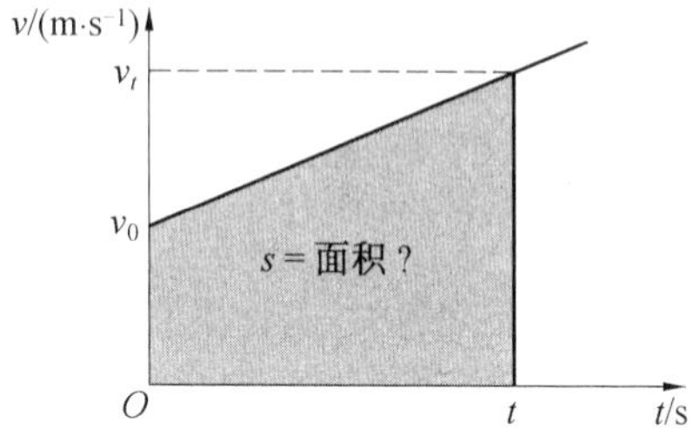

图 2. 1. 5

若将物体运动的总时间 t 分成 n 等份，且认为在每一个 $\frac{t}{n}$ 时间内物体做匀速运动. 那么，在每一个 $\frac{t}{n}$ 时间内的位移就是相应的一个小矩形的面积，如图 2. 1. 6(a)(b) 所示是分别将时间 t 分成 $n=5$ 等份和 $n=10$ 等份的情形. 可以看出，n 值越大即分的等份越多，各个小矩形面积之和就越接近图像与坐标轴围成的梯形面积. 当 $n\to\infty$ 时，n 个小矩形面积之和就等于图像与坐标轴围成的梯形面积.

因此，可以得出这样的结论：在匀变速直线运动的 $v-t$ 图像中，图像与坐标轴围成的面积等于物体在相应时间内通过的位移. 事实上，这一结论对任意直线运动都成立.

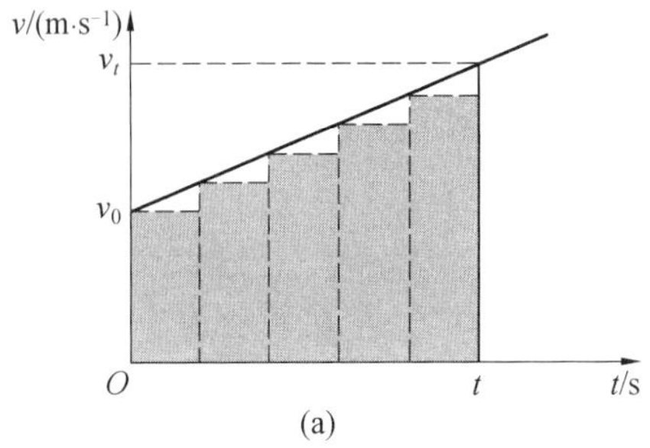

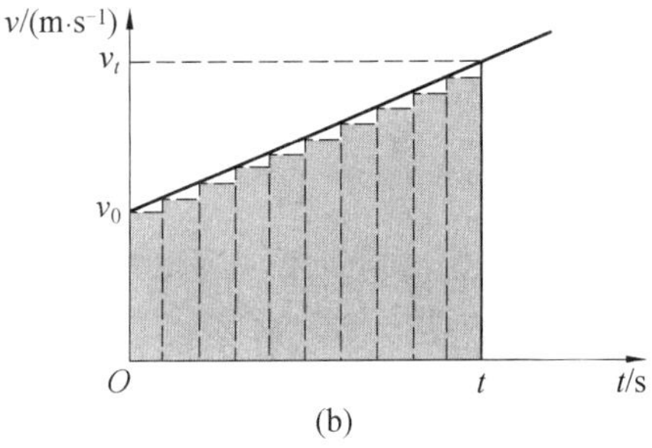

图 2.1.6

2. 位移公式

根据匀变速直线运动的 $v-t$ 图像，可得物体运动的位移公式为

$$s=\frac{1}{2}(v_0+v_t)t$$

结合速度公式 $v_t=v_0+at$，可将位移公式改写（怎样改写？）为下列形式

$$s=v_0t+\frac{1}{2}at^2 \quad 或 \quad s=v_tt-\frac{1}{2}at^2$$

思考与讨论

1. 在公式 $s=v_0t+\frac{1}{2}at^2$ 和 $s=v_tt-\frac{1}{2}at^2$ 中 $a>0$，$a<0$ 及 $a=0$ 分别表示什么意思？若 $v_0=0$ 或 $v_t=0$，则分别表示物体做怎样的运动？

2. 一轿车以 30 m/s 的速度在某高速路上奔驰，现由于前方有事故需要紧急停车. 若刹车过程中加速度大小为 5 m/s²，那么刹车后的 5 s 和 8 s 时间内，轿车行驶的路程分别是多少？

思考与练习

1. 证明：匀变速直线运动中，物体在某一段时间内的平均速度等于这段时间的初速度 v_0 与末速度 v_t 和的一半（速度平均值），即 $\bar{v}=\frac{v_0+v_t}{2}$.

2. 航天飞机着陆时速度很大，常常需要用阻力伞使它减速，如图 2.1.7 所示. 假如一航天飞机在一平直水平跑道上刚着陆时的速度是 100 m/s，在着陆的同时立即打开阻力伞，使飞机获得大小为 4 m/s² 的加速度. 问：跑道长度至少要多长？

图 2.1.7

3. 国家对某型号汽车运行的安全技术标准如下：

4.5 t≤汽车载重标准（质量）≤12 t

空载检测的制动距离（车速 20 km/h）≤3.8 m

满载检测的制动距离（车速 30 km/h）≤8.0 m

试问：该型号的汽车空载和满载的制动加速度应分别满足什么要求？

4. 一段时间以来，某高速路上常常出现车辆“追尾”事故. 请你分析一下，造成“追尾”事故的原因有哪些？我国高速路的最高时速限制为 120 km/h. 某人驾车正好以最高时速在高速公路上行驶，该车制动时产生的加速度大小为 5 m/s²，司机的反应时间（从意识到应该制动至操作制动的时间）为 0.6～0.7 s. 试分析，应该怎样计算行驶时的安全车距？

5. 一物体从静止开始在一平直路面上沿某一方向以大小为 2 m/s^2 的加速度运动，每经 1 s 时加速度就自动改变方向. 若从开始运动的时刻为计时起点，凡奇数秒时间内加速度方向为正方向，凡偶数秒时间内加速度方向为负方向. 试做出该物体在 1 min 时间内的 v–t 图像，并根据图像计算物体在这一时间内的位移.

2.2　验证匀变速直线运动的几个推论

· 能用速度公式和位移公式导出几个常用推论.
· 灵活运用速度公式和位移公式及推论解决实际问题.
· 结合打点计时器打出的纸带或频闪照片理解逐差法公式.
· 结合打点计时器打出的纸带或频闪照片理解两个特殊推论.

根据匀变速直线运动的速度公式 $v_t=v_0+at$ 和位移公式 $s=v_0t+\frac{1}{2}at^2$，导出几个常用的推论.

一、普适推论——适用于任意匀变速直线运动

1. 位移速度关系

某一过程中，末速度与初速度的平方差等于位移与加速度乘积的 2 倍，即

$$v_t^2-v_0^2=2as$$

2. 平均速度

某一过程中的平均速度等于该过程的初速度与末速度的算术平均值，即

$$\bar{v}=\frac{v_0+v_t}{2}\text{（这一推论称为梅尔敦定律）}$$

3. 中间时刻的速度

某一过程中，中间时刻的速度等于该过程的平均速度，即

$$v_{t/2}=\bar{v}=\frac{v_0+v_t}{2}$$

4. 中间位置的速度

某一过程中，中间位置的速度等于该过程的初速度与末速度平方和的算术平均值的二次方根，即

$$v_{s/2}=\sqrt{\frac{v_0^2+v_t^2}{2}}$$

5. 逐差法公式

如图 2.2.1 所示，任意相邻相等时间内的位移之差均等于加速度与时间间隔平方的乘积；任意不相邻的相等时间内的位移之差均等于加速度与时间间隔平方的乘积的整数倍，其系数为该两段位移的角标之差值，即

$$s_{N+1}-s_N=s_N-s_{N-1}=at^2$$
$$s_M-s_N=(M-N)at^2$$

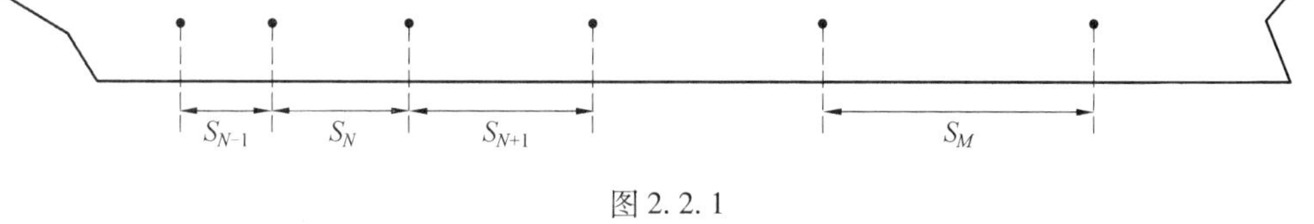

图 2.2.1

二、特殊推论——仅适用初速度为零的匀加速直线运动

图 2.2.2 所示的纸带表示初速度为零的匀加速直线运动. 其中,“0”点为计时起点,即该点对应的速度为零.

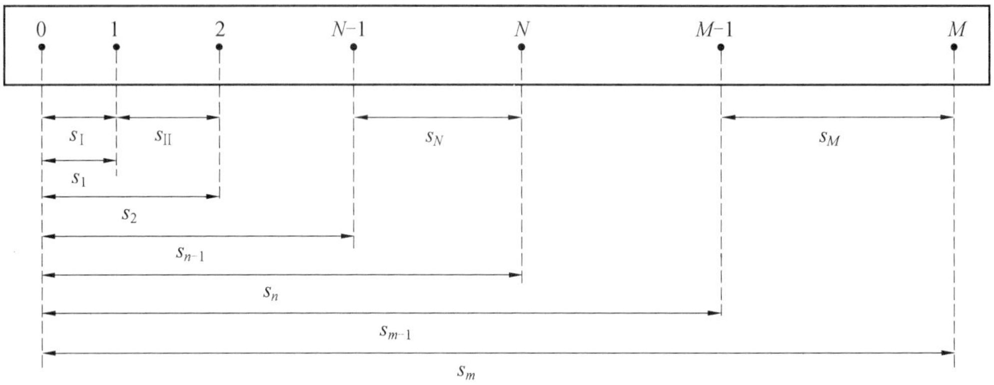

图 2.2.2

(1)相等时间内的位移关系:从零时刻起,连续相等时间内的位移之比等于连续奇数比,即

$$s_{Ⅰ} : s_{Ⅱ} : s_{Ⅲ} : \cdots : s_N : \cdots : s_M = 1 : 3 : 5 : \cdots : (2N-1) : \cdots : (2M-1)$$

(2)倍数时间内的位移关系:从零时刻起,连续倍数时间内的位移之比等于连续非零自然数的平方比,即

$$s_1 : s_2 : s_3 : \cdots : s_n : \cdots : s_m = 1^2 : 2^2 : 3^2 : \cdots : n^2 : \cdots : m^2$$

特别说明:对于末速度为零的匀减速直线运动,可将这两条特殊推论逆着时间顺序变通应用!

思考与练习

1. 神舟五号载人飞船的返回舱距地面 10 m 时开始启动降落伞装置,使速度减至 10 m/s,并以这一速度在大气中降落. 在距地面 1.2 m 时,返回舱的四台缓冲发动机开始向下喷气,舱体再次减速. 设最后减速过程中返回舱做匀减速运动,并且到达地面时速度恰为 0,求这最后减速阶段的加速度.

2. 高速公路上常有“车距确认 前方 200”的标识,如图 2.2.3 所示. 假如汽车在此高速路上正常行驶,要求前后车距不能小于 200 m,以便能处理突发事件的危害. 那么,若汽车在制动过程的加速度大小为 2.25 m/s^2,汽车行驶的最大速度是多少?

图 2.2.3

3. 一辆汽车在两个连续 4 s 内通过的位移分别是 24 m 和 64 m，求该汽车的加速度和初速度.

4. 如图 2.2.4 所示，甲、乙两车沿着同一条平直公路同向行驶，甲车以速度 20 m/s 做匀速运动，乙车原来的速度为 4 m/s，从距甲车 114 m 处以大小为 1 m/s^2 的加速度做匀加速运动. 求：(1) 乙车追上甲车前甲、乙两车何时相距最远？(2) 乙车经多少时间能追上甲车？

图 2.2.4

5. 一列货车以 28.8 km/h 的速度在铁路上缓慢运行. 由于调度事故，在其后面有一列快车以 72 km/h 的速度在同一轨道上同向驶来. 快车司机发现货车时两车相距 600 m，他立即合上制动器刹车，但快车要滑行 2 km 才能停下来. 请你判断两车是否会相撞，并说明理由.

2.3　自由落体运动

· 通过实验归纳出自由落体运动的概念，总结出自由落体运动的条件.
· 从匀变速直线运动的一般规律总结自由落体运动的规律.
· 从伽利略对自由落体运动的研究过程培养严密实验与逻辑推理相结合的科学研究素养.

一、牛顿管实验

【实验 1】观察羽毛（或碎纸片）与小金属片（或小石子）在（教室）空气中没有风的条件下无初速度下落的情况.

【实验 2】观察羽毛（或碎纸片）与小金属片（或小石子）在充满空气的牛顿管中无初速度下落的情况.

【实验 3】观察羽毛（或碎纸片）与小金属片（或小石子）在抽掉空气的牛顿管中无初速度下落的情况.

一般地，常将形容物体在抽掉空气的牛顿管中无初速度下落的运动，称为自由落体运动.

二、自由落体运动的条件

1. 定义

物体只在重力作用下从静止开始下落的运动，叫自由落体运动.

自由落体运动的加速度称为自由落体加速度，也称为重力加速度，用 g 表示，其值约为 $g=9.8\ m/s^2$，粗略计算时取 $g=10\ m/s^2$. 重力加速度与地理位置和海拔高度有关，如表 2.3.1.

表 2.3.1　世界各地重力加速度

地名	北纬	海拔高度/m	$g/(cm\cdot s^{-2})$
北极	90°00′00″	0	983. 22
圣彼得堡	59°56′30″	6	981. 93
波士顿	42°21′30″	22	980. 40
罗马	41°54′00″	59	980. 35
芝加哥	41°50′00″	182	980. 28
纽约	40°48′30″	38	980. 25
北京	39°55′48″	46	980. 12
南京	32°03′36″	270	979. 44
赤道	00°00′00″	0	978. 04
墨尔本	−37°49′54″	26	979. 99
南极	−90°00′00″	0	983. 22

2. 条件

(1)运动过程中只受重力；

(2)初速度为零.

一般来说：物体在空气中无初速度下落时，若受到的空气阻力远小于物体重力时，可以看成是自由落体运动.

如图 2. 3. 1 所示是对一幅自由落体运动频闪照片的测量和一些计算. 请仔细观察、思考，看看能够从中总结出什么结论？

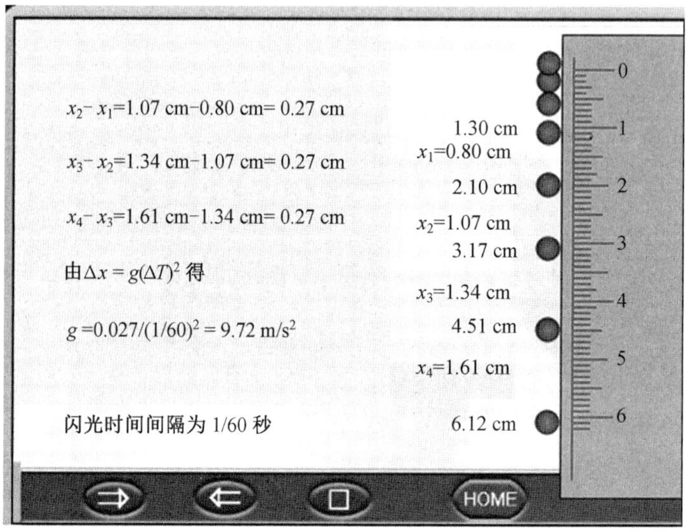

图 2. 3. 1

三、自由落体运动的规律

在自由落体运动中，物体下落的高度就是位移，常用 h 表示. 根据匀变速直线运动的规律，很容易得到自由落体运动的规律.

(1)速度规律：$v_t=gt$.

(2)位移规律：$h=\dfrac{1}{2}gt^2$.

(3)速度、位移、加速度之间的关系：$v_t^2=2gh$.

四、伽利略对自由落体运动的研究

落体运动是生活中常见的现象，但人类对它的认识却经历了差不多 2000 年的时间. 爱因斯坦曾经颇为感慨地说：有一个基本的问题，几千年来都因为它太复杂而含糊不清，这就是落体运动的问题.

物体下落快慢由什么因素决定？

最早研究运动问题的，算起来应该是古希腊的亚里士多德(公元前 384—公元前 322)了. 亚里士多德认为：重的物体比轻的物体下落快，物体下落的快慢由它们的重量决定.

亚里士多德的论断是符合人们平常观察到的一些事实的. 比如：一片树叶比一块石头下落得慢.

1. 逻辑思维辨真伪

伽利略(1564—1642)在比萨大学时期就对亚里士多德的观点持怀疑态度，他在 1638 年出版的《关于两种新科学的对话》中对此做出了详细评论. 主要体现为伽利略用逻辑思维对亚里士多德的观点进行推理，得出两条不相融合的结论，如图 2. 3. 2 所示.

显然，伽利略的推理使亚里士多德的理论陷入了困境.

伽利略经过进一步的严密思考，得到这样的结论：重物下落不可能比轻物快，而轻物下落也不可能比重物慢. 也就是，重物下落和轻物下落一样快.

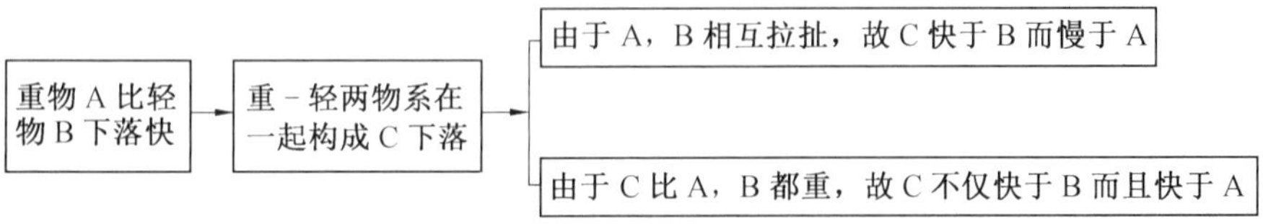

图 2.3.2　用逻辑思维推理亚里士多德论断

2. 猜想和假设

为了深入研究落体运动，伽利略先建立速度、平均速度、瞬时速度及加速度等概念. 然后，基于自然规律应该是简单明了地坚信，对落体运动进行大胆的猜想和假设. 其猜想与假设的逻辑思维过程如图 2. 3. 3 所示.

图 2. 3. 3　伽利略的假设与猜想

3. 实验验证

由于时代技术条件的局限性，无法直接测定瞬时速度，所以也就不能直接得到速度的变化规律. 同时，落体下落得很快，而当时仅可供采用的滴水计时器是不可能测量自由落体运动所用的时间的. 伽利略采用巧妙方法解决实验中面临的种种困难，如图 2. 3. 4 所示.

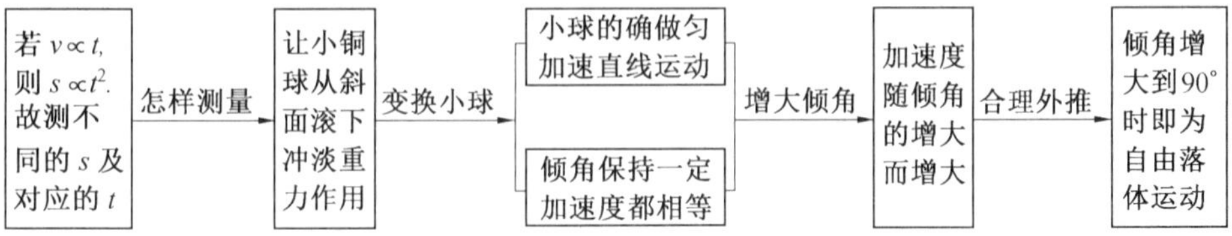

图 2. 3. 4　伽利略验证 $v \propto t$

实验表明：$s \propto t^2$ 即 $v \propto t$ 成立，$s \propto t$ 不成立.

伽利略经过实验和严密的科学推理认为：不同物体下落过程中受到空气阻力的影响不相同. 如果排除空气阻力的影响，那么所有物体下落都一样快（加速度相同）.

思考与练习

1. 假如某一运动的位移随时间变化成正比，即 $s \propto t$. 那么，由此出发你还能得出该运动的哪些其他规律？

2. 做自由落体运动的物体，最后 5 s 内的位移恰好是前一段时间位移的 3 倍，求物体开始下落的位置距地面的高度 H 和物体着地时的速度 v.（$g = 10\ \mathrm{m/s^2}$）

3. 用滴水法可以测定重力加速度的值，装置如图 2. 3. 5 所示：

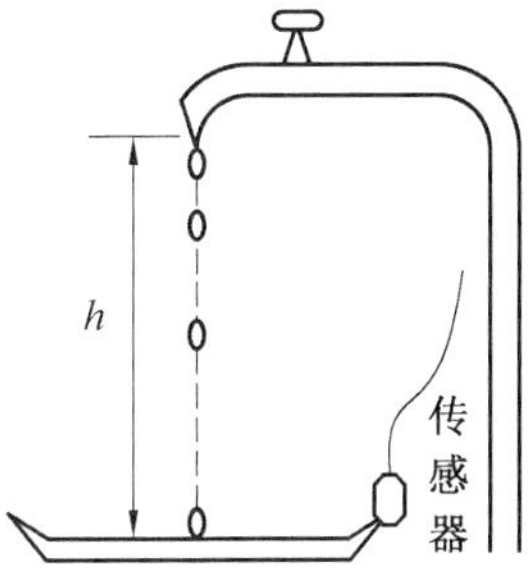

图 2. 3. 5

（1）下列操作步骤的正确顺序为________.（只需填写步骤前的字母）

A. 仔细调节水龙头和金属盘之间的高度，使得当某一滴水刚好落入盘中时，另一滴水恰好从水龙头处开始落下

B. 当听到某一水滴滴在金属盘的声音的同时，开启声音传感器开始计数计时，且该次计数设置为“0”. 以后每一滴水滴入盘中，依次计数“1，2，3，…”，一直计到“n”时，停止计时. 通过计算机数据采集处理系统录取相应的时间 t

C. 用刻度尺量出水龙头口距离金属盘的高度 h

D. 在自来水龙头下放置一个金属盘，使水一滴一滴断续地滴落到盘中，并在

盘的边缘固定一个声音传感器,用于采集在一定时间内滴在盘中的水滴数

(2)根据上述步骤中测量的物理量并结合装置图中的信息,写出计算重力加速度 g 的表达式:g=________.

(3)为了减小误差,改变水龙头与金属盘之间的距离 h,同时调节水龙头的滴水频率,具体仍然满足装置图所示的要求. 测出多组数据,记录在表 2.3.2 中.

表 2.3.2

次数	高度 h/cm	计数 n=90 对应的时间 t/s	每滴水在空中下落的时间 t_0/s
1	20.10	6.0	
2	25.20	6.9	
3	32.43	7.8	
4	38.45	8.4	
5	44.00	9.0	
6	50.12	9.6	

试计算出每次实验中每滴水滴在空中下落的时间 t_0,填在表格中的相应空格位置,然后在如图 2.3.6 所示的坐标纸上建立一个恰当的直角坐标系. 若以________为纵坐标、________为横坐标作图,那么图线斜率的大小即为重力加速度 g 的值. 将表格中的实验数据,按要求描在坐标系中并做出相应图线,求出重力加速度的值为 g=________ m/s^2.(结果保留三位有效数字)

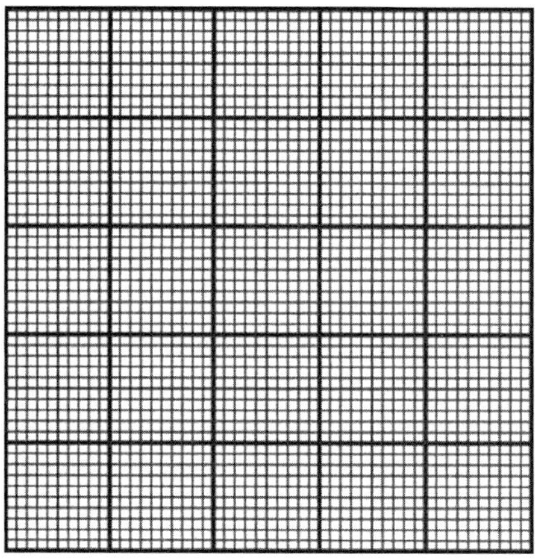

图 2.3.6

第 3 章　相互作用与物体平衡

3.1　力　基本相互作用

· 力是物体之间的相互作用.
· 力是改变物体运动状态的原因,力也是使物体形状发生改变或产生形变的原因.
· 基本相互作用有四种:万有引力相互作用,电磁相互作用,强相互作用,弱相互作用.
· 四种基本相互作用可能是统一的.

一、力

1. 力是什么

力是物体对物体的作用. 如图 3.1.1 所示,是体格强健的二人在较劲手腕的力量.

力不能离开物体而存在. 一个力同时联系着两个物体,其中,一个是施力物体,另一个是受力物体. 物体间力的作用是相互的,施力物体同时也是受力物体.

图 3.1.1

思考与讨论

1. 怎样理解一个力同时联系两个物体? 举例说明.
2. 为什么说施力物体同时也是受力物体? 举例说明.

2. 力的作用效果

力的作用效果有哪些?

实践表明:力的作用有且只有两方面的效果. 一方面的效果是改变物体的运动状态,如图 3.1.2 所示;另一方面的效果是使物体的形状发生改变或产生形变,如图 3.1.3 所示.

图 3.1.2　力改变物体的运动状态

图 3.1.3　力改变物体形状

力是改变物体运动状态的唯一原因,力也是使物体的形状发生改变或产生形变的唯一原因.

思考与讨论

1. 物体的运动状态是由什么决定的？请具体说明.

2. 怎样理解力是改变物体运动状态的唯一原因和力也是使物体的形状发生改变或产生形变的唯一原因？

3. 力的图示和示意图

用一根带箭头的线段来表示力，并把力的三要素表示出来的方法，叫作力的图示. 在很多情况下，并不需要很精确地表示力，这时，通常用力的示意图来粗略地表示力.

在后续课程的受力分析问题中，力的示意图的应用比力的图示的应用要更为广泛.

知识回顾与思考

1. 影响力的作用效果的因素有哪些？举例说明.

2. 什么是力的三要素？

3. 力的图示与力的示意图有什么区别？举例具体说明.

4. 力的分类

力的分类其实是比较复杂的问题，要明确其分类的原则，才能对力进行具体的分类.

一般地，从宏观角度看，根据发生作用的两个物体是否必须接触，可把力分为接触力（比如弹力、摩擦力等）和场力（比如万有引力、电场力等）两大类.

从力的作用效果的角度，可以将力分为动力、阻力、压力、拉力及张力等. 在力学范畴，根据力的性质，又将力分为重力、弹力和摩擦力等.

二、基本相互作用

根据大量实践研究，目前公认有四种基本相互作用（按由强到弱的顺序排列）：强相互作用（强相互作用力）、电磁相互作用（电磁力）、弱相互作用（弱相互作用力）、万有引力相互作用（万有引力）.

事实上，所有接触力都是大量原子、分子之间电磁相互作用的宏观表现.

阅读与拓展

四种基本相互作用

牛顿（1643—1727）在他的著作《自然哲学的数学原理》的前言中写道："我奉献这一作品，作为哲学的数学原理，因为哲学中的全部责任似乎在于从运动的现象去研究自然界中的力，然后从这些力去说明其他现象." 牛顿本人正是实践这样思路的先驱，他在发表三个运动定律的同时，还发表了万有引力定律. 牛顿之后的300年，物理学家们从各种自然现象中，寻找支配这些运动现象的力. 目前，物理学界公认，自然界存在四种基本的相互作用：万有引力相互作用（万有引力）、电磁相互作用（电磁力）、强相互作用（强相互作用力）和弱相互作用（弱相互作用力）.

四种相互作用按强度由强到弱来排列，顺序是：强相互作用→电磁相互作用→弱相互作用→万有引力相互作用.

一对质子在相距10^{-15} m时，各种相互作用的相对强度为（假设此时强相互作用的强度数量级为1）：强相互作用 1→电磁相互作用10^{-2}→弱相互作用10^{-12}→万有引力相互作用10^{-40}.

在宏观世界里，能显示其作用的只有两种：万有引力相互作用和电磁相互作用. 这两种相互作用是长程力，从理论上说，它们的作用范围是无限的. 但是，电磁力与万有引力相比，要强得多. 宏观物体之间的相互作用，除万有引力外，所有接触力都是大量原子、分子之间电磁相互作用的宏观表现.

万有引力是所有物体之间都存在的一种相互作用. 由于万有引力常量 G 很小，因此对于通常大小的物体，它们之间的引力非常微弱，在一般的物体之间存在的万有引力常被忽略不计. 但是，对于一个具有极大质量的天体，万有引力成为决定天体之间以及天体与常见物体之间的主要作用，主宰着它们之间的运动规律.

电磁相互作用包括静止电荷之间以及运动电荷之间的相互作用. 两个点电荷之间的相互作用规律是 19 世纪法国物理学家库仑发现的. 运动着的带电粒子之间，除存在库仑静电力作用外，还存在磁力（洛伦兹力）的相互作用. 根据麦克斯韦电磁理论和狭义相对论，电和磁是密切联系且统一的. 在一个参考系中观察到的磁力可以和另一个参考系中观察到的库仑力联系起来，因此，电力、磁力统一为电磁相互作用.

强相互作用和弱相互作用是短程力，短程力的相互作用范围在原子尺度内. 强相互作用只在 10^{-15} m 范围内有显著作用，而弱相互作用的范围不超过 10^{-16} m. 这两种力只在原子核内部和基本粒子的相互作用中，才显示出来，在宏观世界里不能察觉它们的存在. 弱相互作用是在原子核的 β 衰变中发现的，核子（质子、中子）、电子和中微子等参与弱相互作用. 强相互作用是介子和重子（包括质子、中子）之间的相互作用，因为这种相互作用把核子束缚在一起，故核物理学家们又把这种相互作用称为核相互作用.

四种相互作用中，万有引力相互作用和电磁相互作用最先为人们所认识，并且认识得比较充分. 由近代物理揭示的强相互作用和弱相互作用的规律，还有待进一步的完善.

尽管四种相互作用存在巨大的差别，然而物理学家们一直在寻求它们的统一. 近年来，在弱相互作用和电磁相互作用的统一方面，已经取得成功. 实验已经证明，正如电和磁是电磁相互作用的两种不同表现一样，弱相互作用和电磁相互作用也只不过是统一弱电相互作用的两种不同表现而已. 弱电统一的成就促进了强、电、弱三种作用统一起来的大统一的研究.

思考与练习

1. 做出下列几种情况的力的图示.

（1）方向向右上方倾斜30°角大小为 50 N 的力；

（2）方向竖直向上大小为 100 N 的力；

（3）方向向左下方倾斜60°角大小为 7×10^{25} N 的力；

（4）方向水平向左大小为 3×10^{-36} N 的力.

2. 做出图 3.1.4 所示的各图中物体 A 的受力示意图.

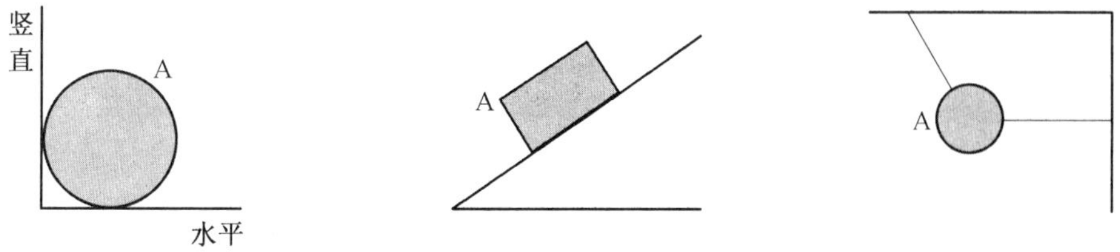

图 3.1.4

3. 通过搜索查阅关于“基本相互作用”的相关资料，在班级或年级范围内，以小报张贴的形式进行广泛交流，并开展一次讨论活动.

3.2 万有引力 重力

· 任何物体之间都存在的相互吸引力称为万有引力.
· 在某星球表面及其附近的物体,由于受到星球的吸引而使物体受到的力叫重力.
· 重力作用点即重心跟物体的质量分布有关.
· 重力方向总是竖直向下但不一定指向星球中心.

一、万有引力

宇宙间任意两个物体之间都存在吸引力,这种相互间的吸引力称为万有引力. 物体间的万有引力遵循牛顿发现的万有引力定律(在后续课程中即将学到),也就是:两物体(质点)之间的万有引力的大小,跟两物体的质量乘积成正比,跟两物体之间距离的二次方成反比.

任意两个物体之间的万有引力的方向,都总是指向物体的质量中心.

由于万有引力常量很小(数量级为$10^{-11}\ N\cdot m^2\cdot kg^{-2}$),因此,在常见物体之间和微观世界里,万有引力是相当微弱的,可以忽略. 但是,在天体运动中,万有引力起着决定性的主宰作用,如图 3.2.1 所示.

(a) 太阳系

(b) 嫦娥探月

图 3.2.1

二、重力

在某星球表面及其附近的物体,由于受到星球的吸引而使物体受到的力叫重力. 由于受星球自转的微小影响,物体的重力与物体受到星球的引力就稍有不同,而且同一物体在同一星球不同纬度或不同海拔位置其重力也稍有不同.

1. 重力的大小

物体的重力与物体的质量成正比,即

$$G=mg$$

其中,g 称为重力加速度. 重力加速度与星球的质量、形状及星球表面的纬度、海拔高度等因素有关. 地球表面不同地理位置的重力加速度见本书表 2.3.1“世界各地重力加速度”,$g\approx 9.8\ m\cdot s^{-2}$.

特别说明:在通常情况下,本书所说的重力都是针对地球而言的.

2. 重力的方向

重力的方向总是竖直向下的.

所谓竖直,就是特指与水平面垂直. 如何确定水平面呢? 在某星球表面或表面附近,水表面足够小的盛水容器(假定无浸润现象、无黏滞作用等)与星球处于相对静止时,其中水表面所在的平面就为水平面. 若某一星球为正球体,并且无自转现象,那么,该星球表面某处的水平面就是该处的几何切面.

3. 重力的作用点

物体重力作用的位置称为重力的作用点,重力的作用点又称物体的重心.

物体上的各个部分都受到重力作用,重心实际上是物体的各个部分所受重力的等效集中点.

相对于物体自身而言,重心与物体的形状及质量分布有关系. 对于质量分布均匀且有规则几何形状的物体，其重心就在物体的几何中心，如图3.2.2所示.

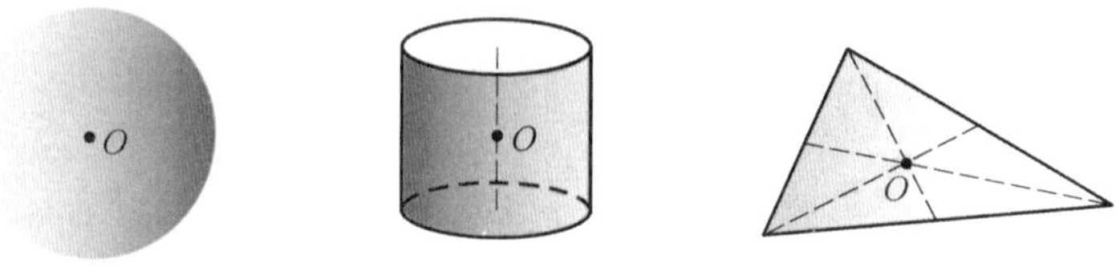

图3.2.2　质量分布均匀的规则物体重心

重心不一定都在物体上，有些物体的重心恰是在物体之外的空间某位置. 同时，物体的重心可以随着物体的形状、质量等变化而变化.

思考与讨论

1. 举出几个重心不在物体上的例子，画出图形并标出其重心的大致位置.
2. 有几何对称轴的物体，它的重心是否一定在其对称轴上？为什么？

对于薄板的重心，可以将薄板进行二次悬挂的方法确定出来，如图3.2.3所示是二次悬挂法确定薄板重心的示意图. 试写出这一方法的操作过程，并证明这一方法的合理性.

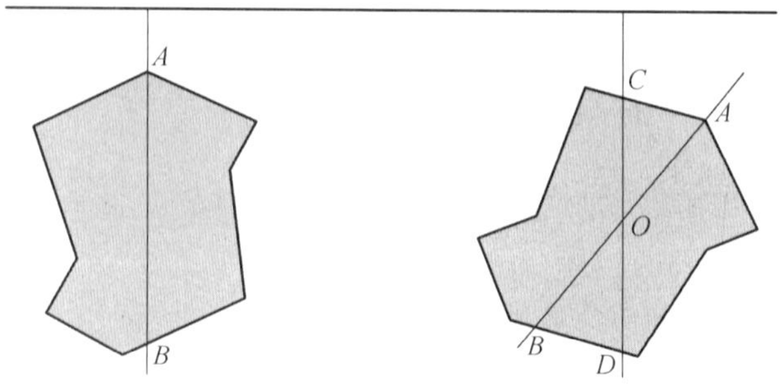

图3.2.3　二次悬挂法确定薄板重心

思考：对于厚度不能忽略的物体，能不能用二次悬挂法确定它的重心位置？为什么？

阅读与拓展

重力与万有引力的关系

重力概念的建立离不开地球对物体吸引的空间环境，同样也离不开物理学发展历史长河的时间环境.

可以对重力予以这样的定义：地球表面及地球表面附近的物体，由于受到地球的吸引而产生的力叫重力. 重力的方向竖直向下.

重力与万有引力之间的关系比较复杂，不能简单机械地认为，重力是地球对物体万有引力的一个分力.

(1) 对于地球表面的物体，对“受到地球的吸引而产生”的理解应为“由于受到地球的吸引导致物体与地球表面及其连接物之间发生相互挤压或拉扯”. 这种情况下，“重力是物体在地球的万有引力与地球表面及其连接物的支持力或拉力的共同作用下随地球自转而派生出的力”.

(2) 对于地球表面附近的物体，对“受到地球的吸引而产生”的理解就是“地球对物体的吸引”. 这种情况下，“重力就是地球对物体的万有引力”.

(3) 在通常的实际问题处理中，重力可认为就是地球对物体的万有引力.

(4) 对于没有自转的星球，其表面及表面附近物体的重力就是星球对物体的万有引力.

[详见《物理通报》2016年5月期：黄绍书. 诠释重力及其与万有引力之间的关系.]

思考与练习

1. 一个成年人的重力可能是(　　).

A. 6 N　　　　B. 60 N　　　　C. 600 N　　　　D. 6 000 N

2. 一个中子的质量是 $m=1.67\times10^{-27}$ kg，而地球的质量是 $M=5.97\times10^{24}$ kg. 地球重力大约是中子重力的多少倍?

3. 用作图法做出图 3.2.4 中质量分布均匀的各薄板的重心位置.

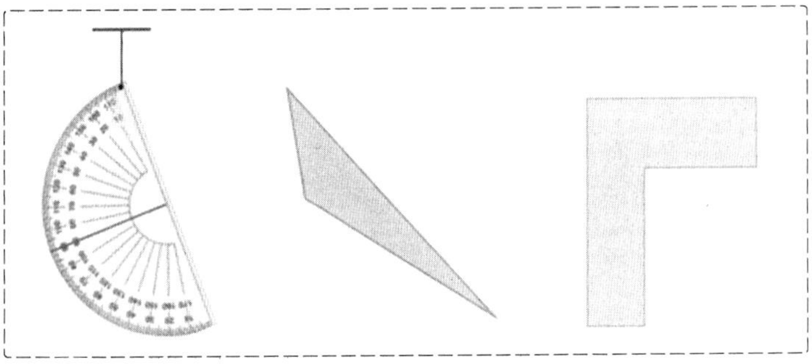

图 3.2.4

4. 搜索查询相关资料，针对地球，写一篇关于重力与万有引力关系的不少于 1 000 字的科学报告.

3.3　弹　　力

· 任何物体在足够小的范围内都能发生弹性形变.

· 弹性限度是弹性形变范围内物体发生形变的极限值，同时也是弹性形变范围内物体承受外力的极限值.

· 弹力的方向与物体的形变方向相反，与物体间的接触面垂直.

· 发生线性弹性形变的物体，弹力大小与弹性形变大小成正比.

一、弹性形变与弹性限度

1. 形变和弹性形变

物体在外力作用下，其形状或体积会发生变化，这种变化称为物体的形变. 如图 3.3.1 所示，是一些常见物体受力发生形变的示意图.

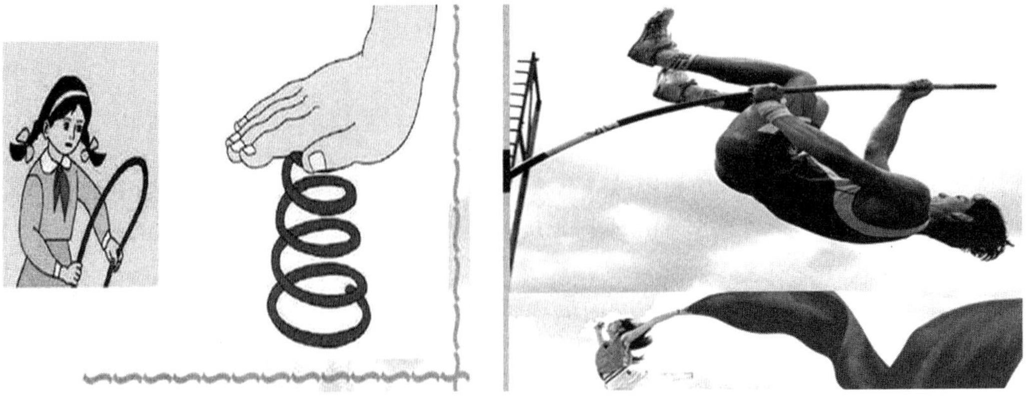

图 3.3.1　物体的形变

有些物体的形变是很小的，只能借助一些特殊的设备或方法才能观察到. 如图 3.3.2 所示，是用放大方法观察玻璃瓶和厚桌面发生微小形变的示意图.

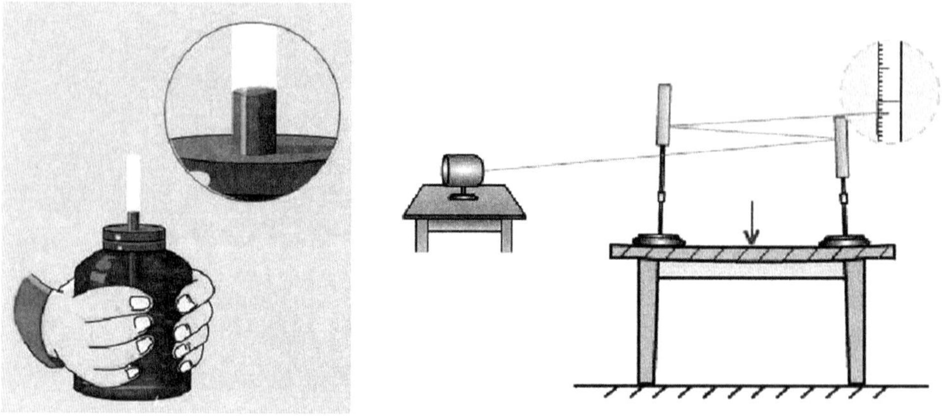

图 3.3.2　用放大方法观察物体的微小形变

物体的形变分为两大类,其中,一类是外力撤出后物体能够恢复原来形状的形变叫弹性形变,而另一类是外力撤出后物体不能够恢复原来形状的形变叫范性形变或塑性形变.

思考与讨论

1. 要保持弹簧或橡皮筋受到外力都发生弹性形变,这个拉力能无限制增大吗?
2. 橡皮泥能发生弹性形变吗? 为什么? 试举例说明.

实践表明:任何物体在足够小的范围内都能发生弹性形变.

2. 弹性限度

要保证物体发生的形变是弹性形变,那么物体受到的外力或发生的形变范围都不能超过最大外力值或最大形变量的限制,这个最大外力值或最大形变量称为物体的弹性限度.

一般地,不同物体的弹性限度是不同的.

思考与讨论

1. 通常所说的弹性体和非弹性体,它们的弹性限度有什么区别?
2. 举出几个弹性材料和非弹性材料在生活中应用的例子.

二、弹力和胡克定律

1. 弹力和弹力方向

发生弹性形变的物体,由于要恢复原状,会对使它发生弹性形变的物体产生力的作用,这个力就叫弹力. 由于弹力是发生在相互接触并有相互作用的两物体的接触面上,所以弹力属于接触力.

通常所说的压力、支持力、拉力等都是弹力. 事实上,只要两个物体之间相互接触并挤压或拉扯,就能产生弹力.

思考与讨论

1. 举几个例子,做出压力、支持力的示意图,看看它们的方向有什么特点?
2. 拉伸橡皮筋感受一下,橡皮筋对手的拉力朝什么方向?
3. 通常发生塑性形变的橡皮泥、绸布等能产生弹力吗? 为什么? 试举例说明.

弹力的方向似乎是比较复杂的.事实上,弹力的方向与物体的弹性形变方向相反,与相互作用产生弹力的两物体的接触面垂直.

对于一些特殊情况下的弹力,并不是太好理解两物体的接触面.如图 3.3.3 所示,是一根张紧的绳子的左右两部分相互作用的接触面和弹力方向示意图,从图中可以看出:绳子中的张力方向,与绳子的收缩方向一致.

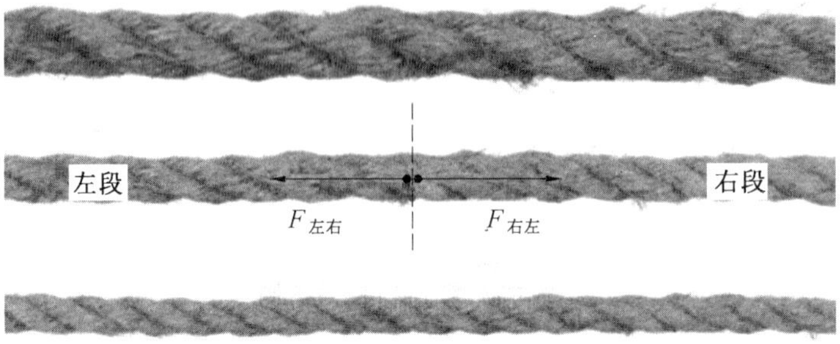

图 3.3.3　绳子中的张力

2. 胡克定律

弹力的大小跟弹性形变的大小有密切关系.一般地,弹性形变越大,弹力就越大,弹性形变消失,弹力也就消失.弹力与弹性形变之间的定量关系是比较复杂的,通常用实验方法予以确定.

这里以弹簧为例,探究一下发生线性弹性形变的物体产生的弹力与形变量之间的定量关系.如图 3.3.4(a)所示,把弹簧上端固定在铁架台的横杆上,观察弹簧自由下垂时下端所到达的刻度位置.然后,在弹簧下端悬挂不同质量的钩码,设计实验记录表格,记录弹簧在不同拉力下伸长的长度.弹簧的弹力等于钩码对弹簧的拉力.以弹簧受到的弹力 F 为纵轴、弹簧伸长的长度 x 为横轴建立直角坐标系.根据表格中的实验数据,在图 3.3.4(b)所示的坐标纸上描点,做出 F-x 图像.由 F-x 图像能得到什么结论?

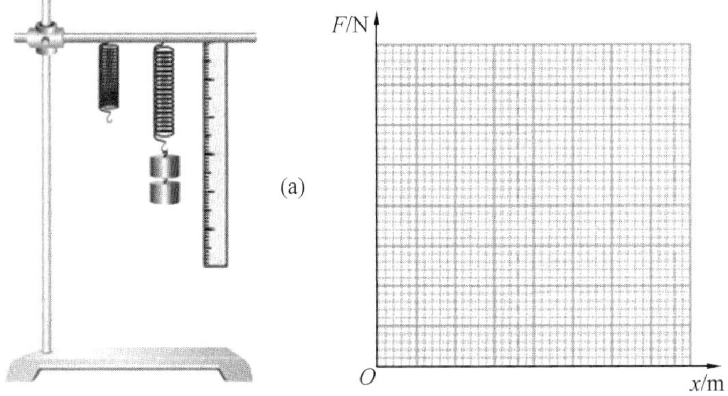

(a)　(b)

图 3.3.4　探究弹簧弹力与形变量的关系

实验研究表明:对于像弹簧、橡皮筋等发生线性弹性形变的物体而言,产生的弹力与弹性形变之间也满足简单的线性关系,也就是:弹力的大小 F 跟线性弹性体的形变量 x 成正比,即

$$F=kx$$

这一规律是英国物理学家胡克首先发现的,故称胡克定律.式中 k 称为线性弹性体的劲度系数,单位是 N/m.

思考与练习

1. 做出图 3.3.5 所示的图中 A 物体所受的弹力示意图.

图 3.3.5

2. 证明：将劲度系数分别为 k_1，k_2 的两根弹簧串联或并联. 那么，串联后的等效劲度系数为 $k=\frac{k_1k_2}{k_1+k_2}$，并联后的等效劲度系数为 $k=k_1+k_2$.

3. 如图 3.3.6 所示，将长度和横截面均不同的两根弹簧 A，B 套在一起竖直放置在水平面上. 当用力缓慢竖直向下压弹簧时，压力与弹簧形变量的关系图中已标明. 请根据图中数据计算 A，B 的劲度系数.

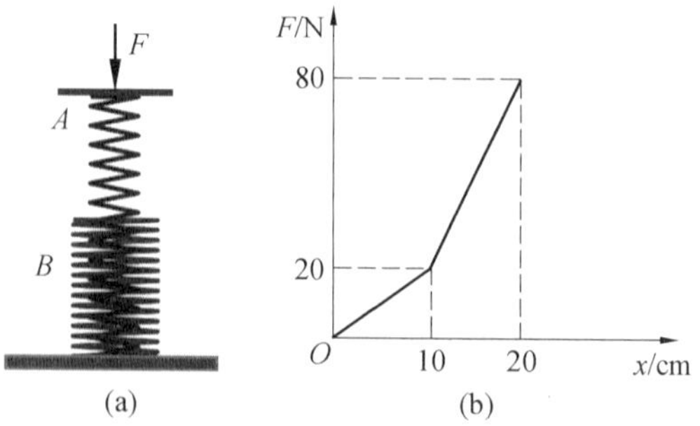

图 3.3.6

3.4　摩　擦　力

· 摩擦力属于接触力.

· 摩擦力的方向与发生摩擦的两物体的接触面平行，与物体相对运动的方向或相对运动趋势的方向相反.

· 滚动摩擦力小于滑动摩擦力，滑动摩擦力小于最大静摩擦力.

一、摩擦的概念

什么是摩擦呢？

一个物体在另一个物体表面发生挤压并有相对运动或相对运动趋势时，会受到另一个物体表面的阻碍，这种阻碍就称为摩擦.

根据物体间相对运动或相对运动趋势的情况，通常将摩擦分为静摩擦、滑动摩擦和滚动摩擦三种类型.

摩擦是普遍存在于生活、科技等各领域中的一种常见现象. 在固体与固体之间、固体与液体之间、固体与气体之间、液体与液体之间、气体与气体之间、液体与气体之间都会产生摩擦.

思考与讨论

在比较宽阔而深且平稳流动的河流中：

1. 为什么越往底层的水流速越小，而越往上层的水流速越大？

2. 为什么越靠近河岸的水流速越小，而越靠近河中央的水流速越大？

二、摩擦力

根据摩擦的概念,容易给出摩擦力的定义.

由于摩擦而产生的力叫作摩擦力.

跟弹力一样,摩擦力也是发生在相互接触的两物体的接触面上,所以摩擦力同样属于接触力.

摩擦力的方向与发生摩擦的两物体的接触面平行,跟物体相对运动的方向或相对运动趋势的方向相反.

思考与讨论

1. 根据集合的概念,如何用数学语言表示出弹力条件与摩擦力条件的关系?
2. 两个物体之间产生的弹力方向与摩擦力方向有什么关系?

仿照摩擦的分类,也同样将摩擦力分为静摩擦力、滑动摩擦力和滚动摩擦力三种类型.

1. 静摩擦力

两物体之间由于有相对运动趋势时而产生的摩擦力称为静摩擦力. 生活中普遍存在静摩擦力的例子,如图 3.4.1 所示.

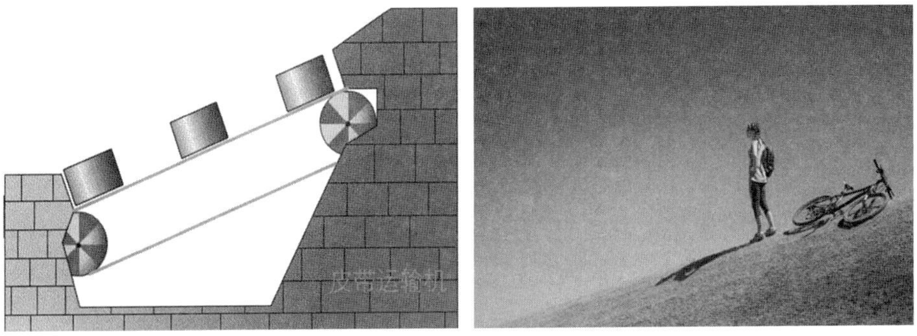

图 3.4.1

静摩擦力的大小是变化的,比较复杂,与使物体产生运动趋势的外力的大小有密切的关系.

思考与讨论

从图 3.4.2 所示的这幅漫画中,你能总结出关于静摩擦力的大小变化的什么规律或特点吗?

图 3.4.2

实验研究表明:静摩擦力随着使物体产生相对运动趋势的外力变化而变化,静摩擦力的大小等于使物体产生相对运动趋势的外力大小.

静摩擦力存在一个最大值,称为最大静摩擦力. 事实上,当物体恰好由静止变为运动或由运动恰好变为静止时的摩擦力都是最大静摩擦力. 最大静摩擦力的大小 f_m 可表示为

$$f_m=\mu_m N$$

式中,μ_m 称为最大静摩擦因数,与两物体接触面的材料和粗糙程度等因素有关;N 为两物体之间的压力.

2. 滑动摩擦力

两物体之间由于有相对滑动时而产生的摩擦力称为滑动摩擦力. 滑动摩擦力的大小 f 可表示为

$$f=\mu N$$

式中,μ 称为滑动摩擦因数,与两物体接触面的材料和粗糙程度等因素有关;N 为两物体之间的压力. 表 3. 4. 1 列出了一些材料之间的动摩擦因数.

表 3. 4. 1　几种材料之间的动摩擦因数(近似值)

材料	动摩擦因数	材料	动摩擦因数
钢—钢	0. 25	钢—冰	0. 02
木—木	0. 30	木—冰	0. 03
木—金属	0. 20	橡胶—路面(干)	0. 71
皮革—铸铁	0. 28	钢—铸铁	0. 28

一般地,在同等条件下,两物体之间的滑动摩擦因数小于它们之间的最大静摩擦因数. 因此,两物体之间的滑动摩擦力小于它们之间的最大静摩擦力.

思考与讨论

如图 3. 4. 3(a) 所示,用一个从 0 逐渐均匀增大的水平力 F 作用在竖直墙壁的物体上. 试在图 3. 4. 3(b) 中做出物体受到的摩擦力 f 的大小随水平力 F 变化的关系图像.

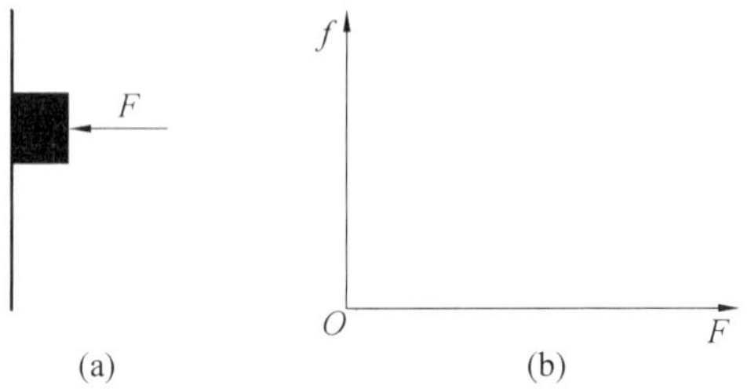

图 3. 4. 3

3. 滚动摩擦力

两物体之间由于有相对滚动时而产生的摩擦力称为滚动摩擦力.

影响滚动摩擦的因素很多,也很复杂. 因此,滚动摩擦力大小的计算更是很复杂,目前还没有统一的计算方法.

实践研究表明:在同等条件下,两物体之间的滚动摩擦力小于它们之间的滑动摩擦力.

很早的时期,人们在搬运重物过程中,就已经知道了用滚动代替滑动,以减少人力物力,如图 3. 4. 4 所示.

图 3. 4. 4

思考与练习

1. 关于两物体之间的作用,下列说法中正确的是(　　).

A. 有弹力一定有摩擦力　　　　B. 有摩擦力一定有弹力

C. 弹力越大摩擦力一定越大　　D. 摩擦力越大弹力一定越大

2. 骑自行车观光、旅游及上下班是不少骑行爱好者长期的选择,图 3. 4. 5 是某骑行爱好者在水平公路上匀速骑行自行车的示意图. 试分析并回答下列问题:

(1)该自行车的前轮和后轮所受地面的摩擦分别是哪种摩擦? 摩擦力的方向分别是怎样的?

(2)该自行车除车轮受到路面的摩擦外,其他还有哪些位置有摩擦? 这些位置的摩擦属于哪种摩擦?

3. 篮球是世界公众喜闻乐见的体育与健身运动,如图 3. 4. 6 所示是某篮球爱好者运球奔跑的示意图. 尝试几个同学组成一个小组,找一个篮球亲自做一下篮球运球奔跑实验,注意观察这一过程中篮球的旋转状况,分析并讨论篮球与地面接触的瞬间,篮球受到的摩擦力方向是怎样的? 是属于哪一种摩擦?

图 3. 4. 5

图 3. 4. 6

4. 如图 3. 4. 7 所示,将一瓶口向上的瓶子竖直握住,然后向瓶子中缓慢倒水直至装满. 若空瓶子质量为 200 g,装满水后的总质量为 700 g,手与瓶子之间的最大静摩擦因数为 0. 3. 试在图中做出手对瓶子的摩擦力 f 和手对瓶子的最小压力 F_n 随瓶子(含倒入瓶子中的水)重力的变化的关系图线.

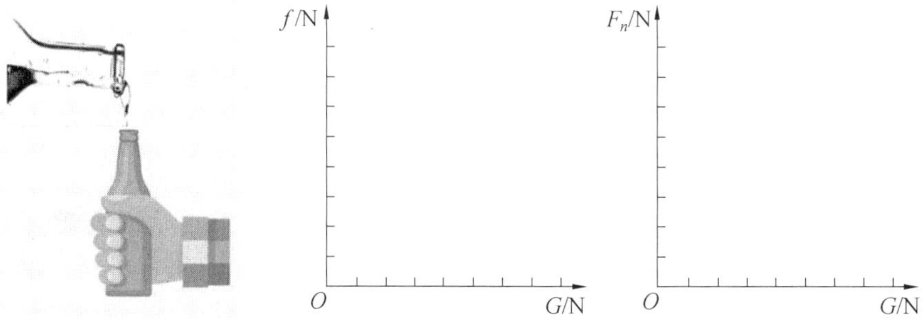

(a)　　(b)　　(c)

图 3. 4. 7

3.5　力的合成

· 作用于一点或作用线相交于一点的一组力称为共点力,作用线相互平行的一组力称为平行力.

· 共点力的合成遵循平行四边形定则或三角形定则,平行力的合成遵循同向求和反向求差原则.

一、几个概念

1. 合力与分力

如图 3. 5. 1 所示,一个人提水的效果跟两个人共同提水的效果是相同的;同样,一头大象拖运重物的效果跟很多人同时拖运重物的效果也是相同的.

图3.5.1

如果一个力的作用效果跟两个力或多个力共同作用的效果相同,那么这个力就称为那两个力或多个力的合力,那两个力或多个力就称为这个力的分力.

2. 共点力与平行力

一个物体同时受到两个或多个力的作用,如果这些力作用在物体上的同一点或这些力的作用线相交于一点,那么这些力就称为共点力. 如图3.5.2所示的起重机起吊重物时,各根钢绳对重物的这一组作用力就是共点力.

在有些情况下,同时作用在物体上的两个或多个力,它们没有作用在物体上的同一点上,且它们的作用线也不能相交于一点,这样的力称为非共点力. 在非共点力中,作用线相互平行的力称为平行力. 如图3.5.3所示,担扁担时,扁担受到的一组力就是平行力.

图3.5.2

图3.5.3

二、力的合成

求两个或多个力的合力的过程叫作力的合成.

1. 共点力的合成

实验与探究

探究平行四边形定则

如图3.5.4所示,将自然长度为GE的橡皮条固定在平铺有白纸的木板上的点G,并将轻质小圆环挂在橡皮条的自由端.

(1)用两只弹簧秤同时拉动小圆环到点O,记下两只弹簧秤的示数F_1和F_2并标明它们的方向;

(2)单独用一只弹簧秤拉动小圆环仍到点O,记下弹簧秤的示数F并标明它的方向.

显然，F_1 和 F_2 共同作用的效果跟 F 单独作用的效果是相同的.

那么，分力 F_1 和 F_2 与合力 F 之间有什么关系呢？

ⅰ. 在白纸上以点 O 为始端用力的图示分别表示出 F_1、F_2 和 F；

ⅱ. 尝试用虚线分别将 F_1、F_2 的末端与 F 的末端连接起来；

ⅲ. 观察由 F_1、F_2 和 F 构成的图形形状，讨论并总结 F_1、F_2 与 F 的关系.

实验表明：两个共点力合成时，若以表示这两个力的有向线段为邻边作平行四边形，那么这两个邻边之间的对角线就是合力，如图 3.5.5 所示. 其中，对角线的长度表示合力大小，对角线的方向表示合力的方向. 这个法则叫作平行四边形定则.

多个共点力合成时，仍可用平行四边形定则两两逐个进行合成.

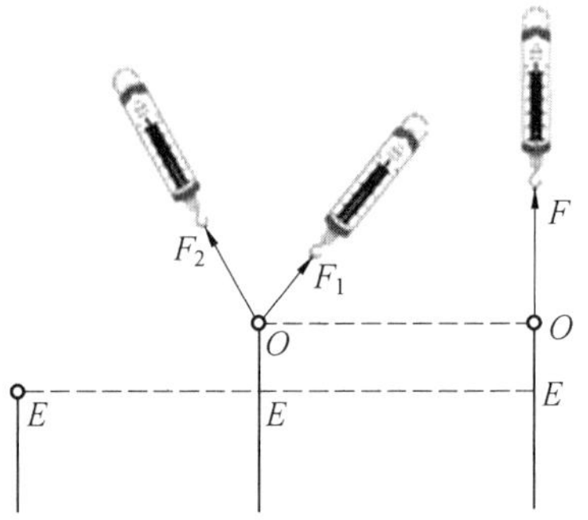

图 3.5.4

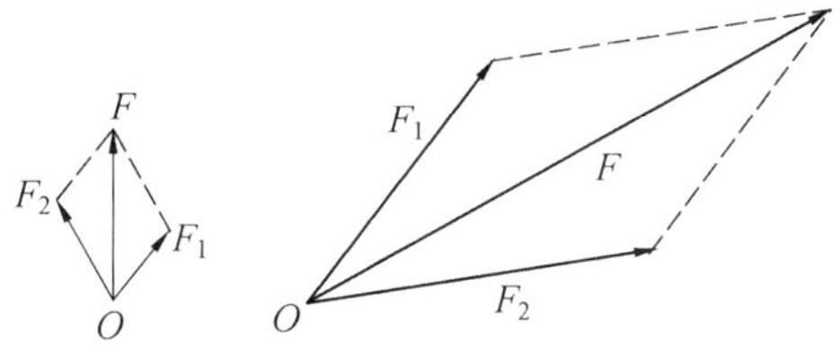

图 3.5.5

拓展与讨论

三角形定则和多边形定则

一个平行四边形可分成两个全等的三角形，因此，力的平行四边形定则可以简化为三角形定则. 如图 3.5.6 所示，将表示两个分力 F_1 和 F_2 的有向线段依次首尾相连，那么，第一个分力的始端与第二个分力的末端的有向线段就为合力 F. 这就是力的三角形定则.

根据力的三角形定则，还可以推理出多个力合成的多边形定则，试结合图 3.5.7 所示的示意图.

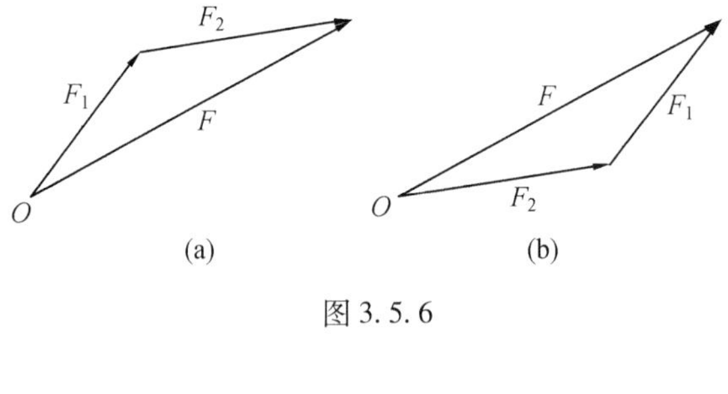

图 3.5.6

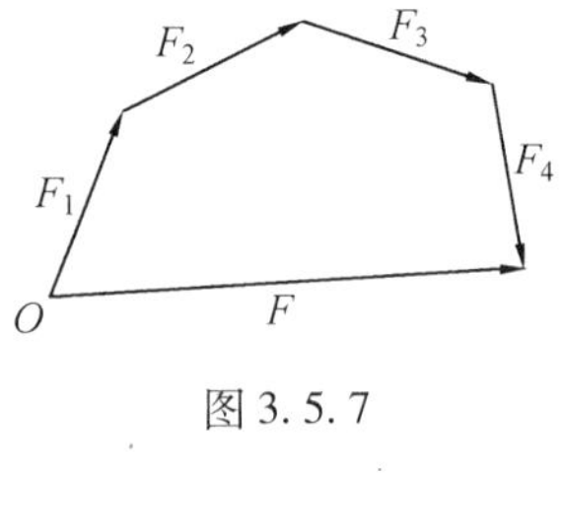

图 3.5.7

2. 平行力的合成

如图 3.5.8 所示，平行力进行合成时，遵循同向求和反向求差原则，合力的方向与较大一组力的方向一致.

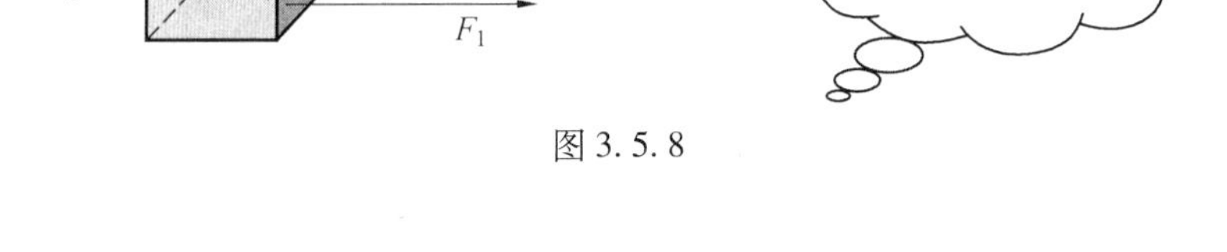

图 3.5.8

思考与练习

1. 任取两个共点力 F_1 和 F_2(比如:$F_1=100\ \text{N}$,$F_2=80\ \text{N}$),并取它们之间的夹角分别0°、30°、45°、60°、90°、120°、150°和180°. 根据力的图示和平行四边形定则以及同一直线上的二力合成方法,求出它们在这几种情况下的合力大小,并与其他同学讨论总结一下,看看两个共点力的合力大小跟它们之间的夹角有什么关系?

2. 有两个共点力的合力为 150 N,且其中一个力为 80 N,那么,另一个力可能是(　　).

A. 50 N　　B. 70 N　　C. 90 N　　D. 110 N

3. 有三个共点力,它们的大小均为 200 N,它们的方向满足两两之间均构成120°角. 那么,它们的合力大小是多少?

4. 有同一平面内的七个共点力,恰构成如图 3.5.9 所示的正六边形另加一条对称轴,其中 $F_4=300\ \text{N}$. 求:

(1)这七个共点力的合力大小;

(2)除 F_4 以外的各个力的大小.

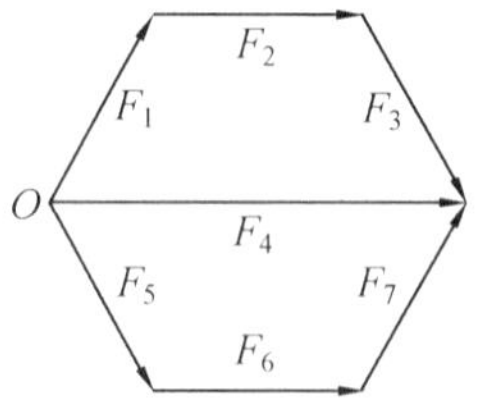

图 3.5.9

5. 我们即将进实验室做“验证平行四边形定则”的实验,现在先思考并讨论一下:“验证平行四边形定则”与“探究平行四边形定则”在思维方式上有什么关系?

3.6　力的分解

·共点力的分解同样遵循平行四边形定则或三角形定则,而平行力的分解仍然遵循同向求和反向求差原则.

·对某一个给定的力进行分解时,如果满足一定的条件,那么分解就是唯一的,这些条件称为力的分解的唯一性条件.

·使用正交分解法处理实际问题时,通常应尽可能使更多的力都在坐标轴上.

一、力的分解

1. 力的分解

求一个力的分力的过程称为力的分解.

力的分解与力的合成互为逆运算,因此,共点力的分解同样遵循平行四边形定则或三角形定则,而平行力的分解仍然遵循同向求和反向求差原则.

特别说明:后继课程中涉及的力的合成与分解问题,通常都是指共点力的合成与分解.

2. 力的分解的原则性

给定一条对角线,可以做出若干个不同的平行四边形. 因此,已知一个力,可以将其分解成若干对不同的分力,如图 3.6.1 所示.

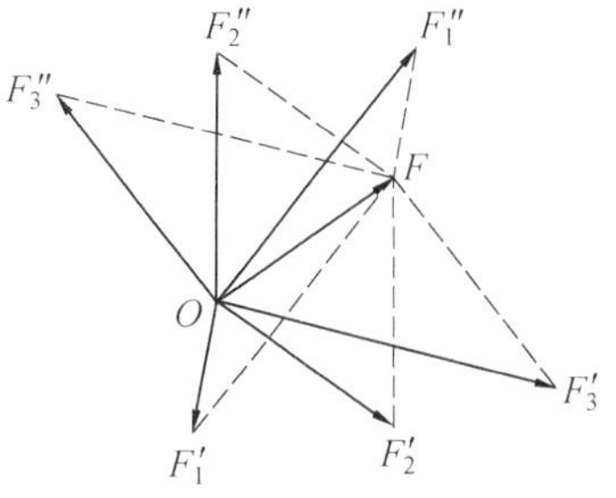

图 3.6.1

事实上,针对一个力进行分解时,必须要依据一定的原则性. 通常情况下,在没有特别指定时,往往依据力的实际作用效果进行分解.

例 1　如图 3.6.2 所示,牛在耙田过程中,拉绳对耙子斜向上的拉力 F 有两个效果,一个效果是使耙子沿水平方向前进,另一个效果是将耙子沿竖直方向往上提. 因此,可将 F 分解为沿水平前进方向的 F_1 和竖直向上的 F_2. 若拉绳与水平方向之间的夹角为 θ,那么

$$F_1=F\cos\theta,\quad F_2=F\sin\theta$$

例 2 如图 3.6.3 所示,夹在两挡板之间的圆柱体受到的重力 G 有对两挡板产生挤压的效果. 因此,可将重力 G 分别沿垂直两挡板的方向分解,即

$$F_1=\frac{G}{\sin\theta},\quad F_2=\frac{G}{\tan\theta}$$

图 3.6.2

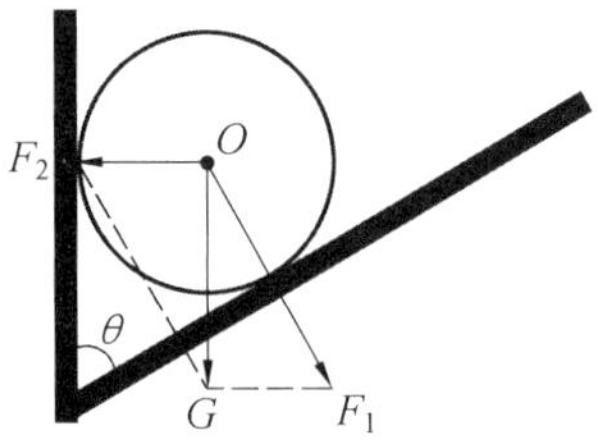

图 3.6.3

3. 力的分解的唯一性条件

在对某一个给定的力进行分解时,如果满足一定的条件,那么分解就是唯一的,这些条件称为力的分解的唯一性条件.

(1)给定一个力 F 及它的一个分力 F_1,那么,这个力的另一个分力 F_2 就唯一确定,如图 3.6.4 所示.

(2)给定一个力 F 及它的两个分力 F_1 和 F_2 的方向,那么,这个力的两个分力 F_1 和 F_2 的大小就唯一确定,如图 3.6.5 所示.

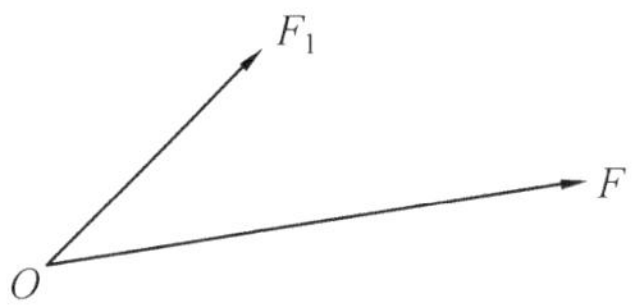

图 3.6.4

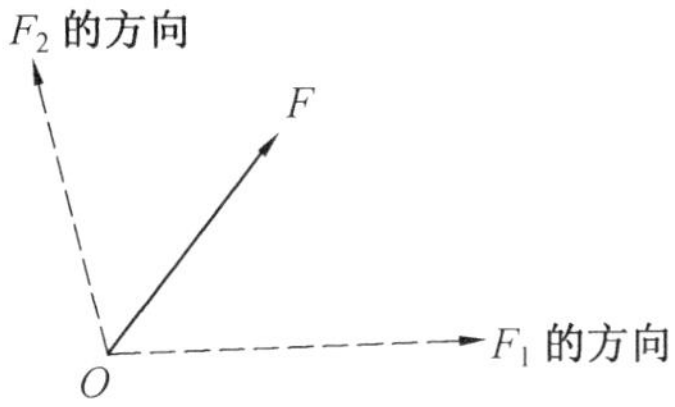

图 3.6.5

思考与讨论

1. 给定一个力 F 及它的一个分力 F_1 的方向和另一个分力 F_2 的大小,那么,这两个分力 F_1 和 F_2 是否唯一确定? 当 F_2 与 F_1 垂直时,F_2 的大小有什么特点? 试画图说明.

2. 给定一个力 F 及它的两个分力 F_1 和 F_2 的大小,那么,这个力的两个分力 F_1 和 F_2 的方向是否唯一确定? 为什么? 试画图说明.

二、正交分解法

在力的分解方法中,有一种特殊的分解方法,就是把力沿着相互垂直的方向分解,这种分解方法称为正交分解法. 前面牛耙田的例子中的分解方法就是正交分解方法.

正交分解法总在直角坐标系中进行,因此,使用正交分解法时,首先必须建立一个直角坐标系.

由于正交分解法的分力相互垂直,因此便于对问题进行计算. 在涉及定量计算的问题以及求多个力的合力问题中,都通常用正交分解法.

这里仅在平面直角坐标系中介绍正交分解法求合力的一般步骤.

第 1 步:建立 xOy 平面直角坐标系,并分别标明各个力 F_1、F_2、F_3、F_4 与 x 轴的夹角 θ_1、θ_2、θ_3、θ_4,如图 3.6.6 所示.

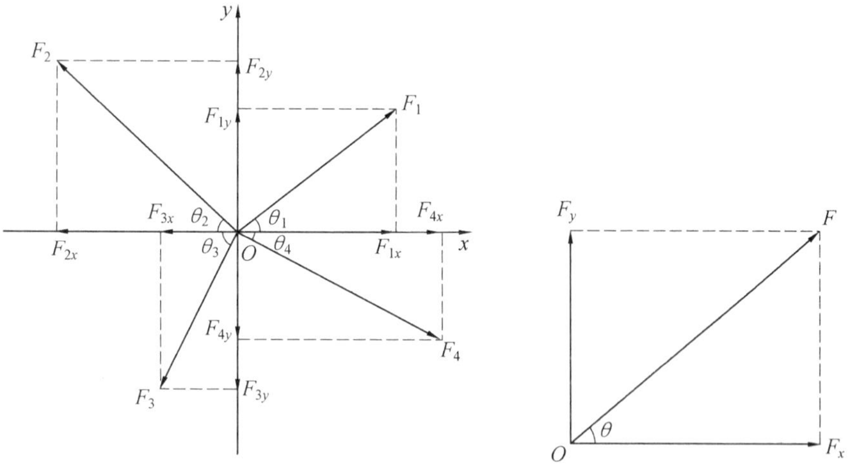

图 3.6.6

第 2 步：将各个力 F_1、F_2、F_3、F_4 均分别沿 x 轴和 y 轴分解，即

$$\begin{cases}F_{1x}=F_1\cos\theta_1\\F_{1y}=F_1\sin\theta_1\end{cases},\begin{cases}F_{2x}=F_2\cos\theta_2\\F_{2y}=F_2\sin\theta_2\end{cases},\begin{cases}F_{3x}=F_3\cos\theta_3\\F_{3y}=F_3\sin\theta_3\end{cases},\begin{cases}F_{4x}=F_4\cos\theta_4\\F_{4y}=F_4\sin\theta_4\end{cases}$$

第 3 步：将各个力在同一坐标轴上的分力 F_{1x}、F_{2x}、F_{3x}、F_{4x}和 F_{1y}、F_{2y}、F_{3y}、F_{4y}分别进行合成，即

$$F_x=F_{1x}+F_{4x}-F_{2x}-F_{3x},\ F_y=F_{1y}+F_{2y}-F_{3y}-F_{4y}$$

第 4 步：将各个力在不同坐标轴上的分力的合力 F_x 与 F_y 进行合成，即

$$F=\sqrt{F_x^2+F_y^2},\quad \tan\theta=\frac{F_y}{F_x}$$

一般地，在使用正交分解法处理实际问题时，应要尽可能使更多的力都在坐标轴上.

思考与练习

1. 将一个大小为 90 N 的竖直向下的力进行分解，其中一个分力在水平方向且大小为 120 N，求另一个分力的大小和方向.

2. 如图 3.6.7 所示，高大桥梁都要建造很长的引桥，为什么？试根据力的分解作图说明.

图 3.6.7

3. 如图 3.6.8 所示，一塔式起重机的钢索与水平悬臂之间的夹角 $\theta=30°$. 当起重机吊起一件重 $G=3.0\times10^4$ N 的货物时，钢索与悬臂所承受的拉力和压力分别增加多少？

4. 如图 3.6.9 所示，在一根长度已知的细线中央悬挂一重力已知的重物，然后沿着直尺将双手慢慢分开，观察分开到什么距离细线断了，这样就可以计算出细线能承受的最大拉力. 请说出计算的依据，并用字母代替有关测量数据，列出相应的计算公式.

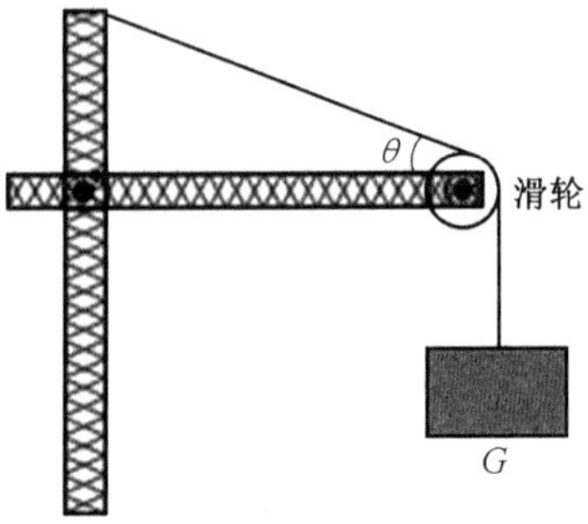

图 3.6.8

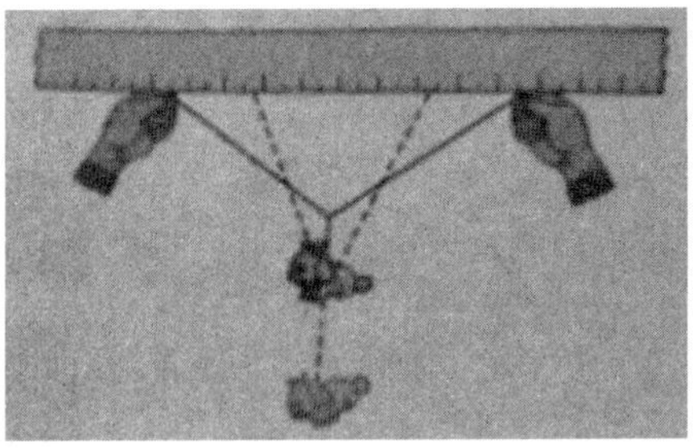

图 3.6.9

3.7 物体的平衡

· 物体所处的静止状态或匀速直线运动状态或匀速转动状态，称为物体的平衡状态.
· 物体在共点力或平行力的作用下处于平衡状态，其合外力等于零.
· 物体在力矩的作用下处于平衡状态，其合外力矩等于零.
· 物体的支撑面越大，重心越低，稳度就越大.

物体所处的静止状态或匀速直线运动状态或匀速转动状态，称为物体的平衡状态，简称物体的平衡. 物体处于平衡状态时满足的条件，称为物体的平衡条件. 物体的平衡包括力的平衡和力矩的平衡.

一、物体的平衡条件

1. 力的平衡条件

力的平衡又包括共点力的平衡和平行力的平衡，可用简单的实验方法探究力的平衡条件.

实验与探究

探究力的平衡条件

用三只弹簧秤在水平桌面上按照图 3.7.1 所示的两种情况拉住一个小物体，并使物体静止，记下各弹簧秤的读数 F_1、F_2 和 F_3 以及相应作用力的方向.

分别用共点力合成的方法求出两种情况下物体受到的合力，看看有何特点？

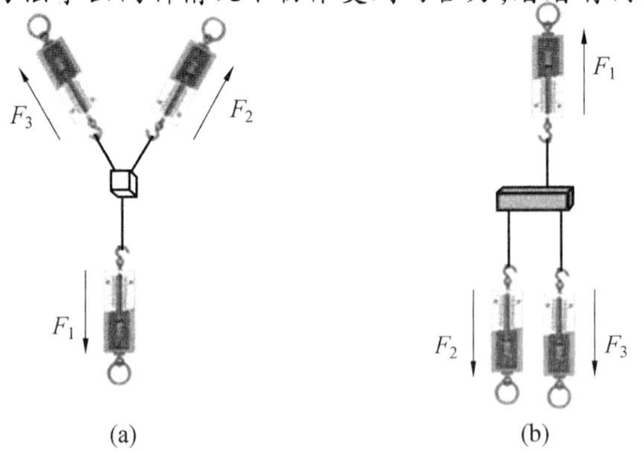

图 3.7.1

实验表明：物体在共点力或平行力的作用下，若处于平衡状态，那么其合外力等于零. 即

$$\sum \boldsymbol{F} = \boldsymbol{F}_1 + \boldsymbol{F}_2 + \boldsymbol{F}_3 + \cdots + \boldsymbol{F}_n = \mathbf{0}$$

2. 力矩的平衡条件*

所谓力矩，就是力与力臂的矢量积，即

$$M = F \times L$$

力矩问题，其实就是初中学习过的杠杆问题. 力矩的平衡条件，同样可用实验方法来进行探究.

实验与探究

探究力矩的平衡条件

将图 3.7.2 所示的力矩盘竖直安装在铁架台上，用螺钉将悬挂着一定数量的相同钩码的细线固定在力矩盘的支点 O 两侧的小孔上.

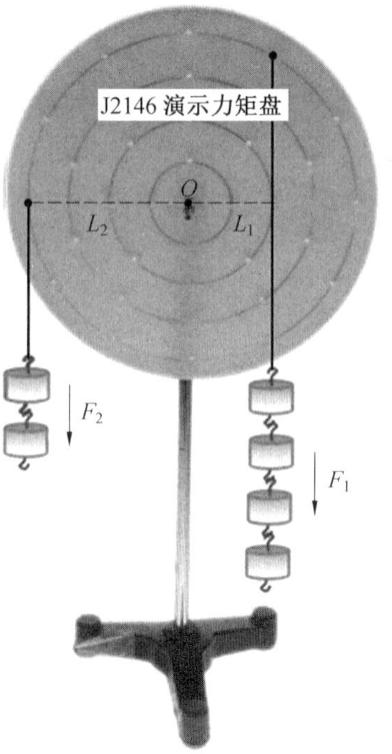

图 3.7.2

待力矩盘静止后，分别记下两边的钩码个数（重力）F_1、F_2 以及相应的力臂 L_1 和 L_2. 分别计算出两边钩码的重力力矩，看看这力矩有什么特点？

实验表明：物体在力矩的作用下，若处于平衡状态，那么其合外力矩等于零，即

$$\sum \boldsymbol{M} = \boldsymbol{M}_1 + \boldsymbol{M}_2 + \boldsymbol{M}_3 + \cdots + \boldsymbol{M}_n = \mathbf{0}$$

二、平衡的种类和稳度

1. 平衡的种类

物体的平衡分为稳定平衡、不稳定平衡和随遇平衡三种类型，如图 3.7.3 所示.

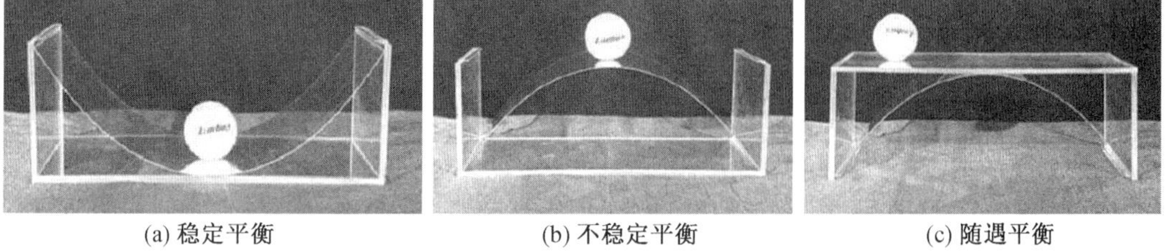

(a) 稳定平衡　(b) 不稳定平衡　(c) 随遇平衡

图 3.7.3

思考与讨论

1. 根据图 3.7.3,分别总结一下稳定平衡、不稳定平衡和随遇平衡三种平衡类型各有什么特点?

2. 不倒翁为什么“不倒”? 自己动手做一个不倒翁,并与其他同学交流讨论.

2. 稳度

物体的稳定程度称为稳度. 稳度(Stability)与物体支撑面的面积(Area)和物体重心的高度(Height)有关,可简单表示为

$$S \propto \frac{A}{H}$$

如图 3.7.4 所示,给出了摄影支架的支撑面和重心高度. 从中能看出物体的支撑面由什么因素决定吗?

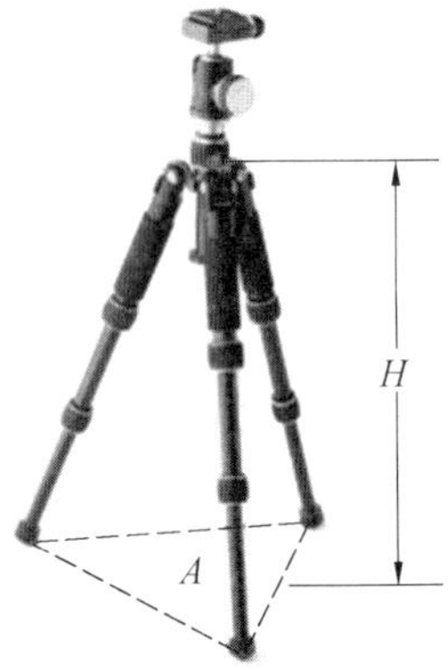

图 3.7.4

思考与练习

1. 如图 3.7.5 所示的两个人,哪一个会摔倒? 为什么? 亲自去做一做,并与同学交流,谈谈自己的体验.

2. 如图 3.7.6 所示,用细绳 OC 将重为 40 N 的物体悬挂于点 O,绳 OC 能够承受的最大拉力为 50 N. 现用细绳 AB 拴住绳 OC 的点 A,并缓慢沿水平方向拉动. 当 OA 刚要被拉断时,AB 中的拉力有多大?

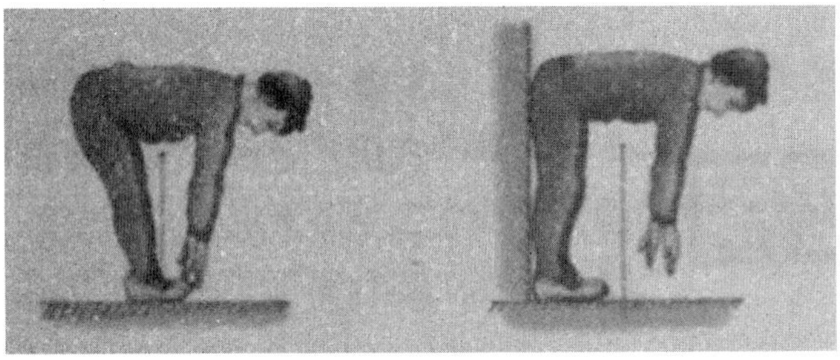
图 3.7.5

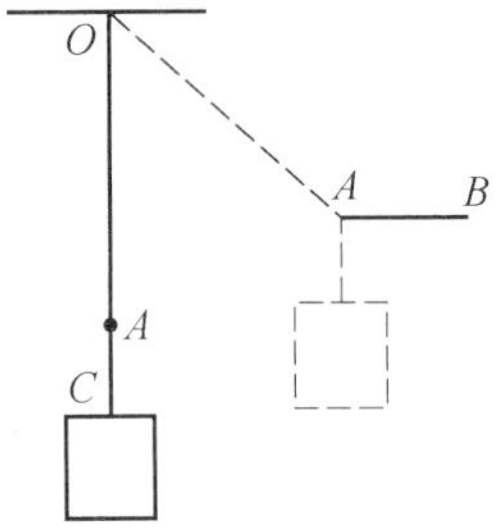

图 3.7.6

3. 用三根细线 a、b、c 将重力均为 G 的两小球“1”和“2”连接悬挂处于静止状态,如图 3.7.7 所示. 其中,细线 a 与竖直方向的夹角为 30°,细线 c 水平. 求:细线 a、b、c 中的张力分别是多大?

4. 某幼儿园的滑梯水平跨度为 6 m,如图 3.7.8 所示. 设计时,滑板与儿童布料之间的动摩擦因数取 0.4. 为使儿童在滑梯游戏时能沿滑板顺利滑下,滑梯至少要多高?

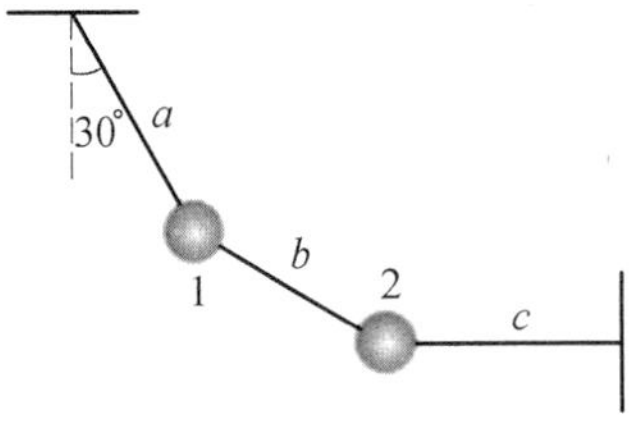

图 3.7.7

图 3.7.8

第 4 章　牛顿运动定律

4.1　牛顿第一定律

· 亚里士多德从一些简单生活现象出发，认为力是维持物体运动的原因.

· 伽利略斜面实验说明，运动物体有保持原来运动状态的性质.

· 笛卡儿在伽利略的基础上，提出运动物体若不受外力作用将继续以同一速度沿同一直线运动，既不停下来也不偏离原来的方向.

· 牛顿第一定律揭示出任何物体都有惯性.

一、历史背景

16 世纪以前，人们对“运动”的认识由亚里士多德的观念起着主导作用. 亚里士多德认为，力是维持物体运动的原因，物体要运动，必须有力来维持，没有力的作用，物体将处于静止.

16 世纪之后，亚里士多德的这一观念逐渐受到一些杰出科学家的尖锐批评. 对这一理论的检验和批判，成为 16、17 世纪力学发展的重要起点. 在纠正亚里士多德的错误观点与探索知识的新途径方面，做出突出贡献的当推伽利略，他是第一个成功打破亚里士多德错误权威的人，成为古代自然哲学和近代科学之间的过渡人物.

伽利略通过如图 4. 1. 1 所示的斜面实验对运动进行深入的研究并进行科学推理后认为，物体的运动并不需要力来维持，力不是维持物体运动的原因，力是改变物体运动状态的原因. 运动的物体如果不受力，将永远运动下去.

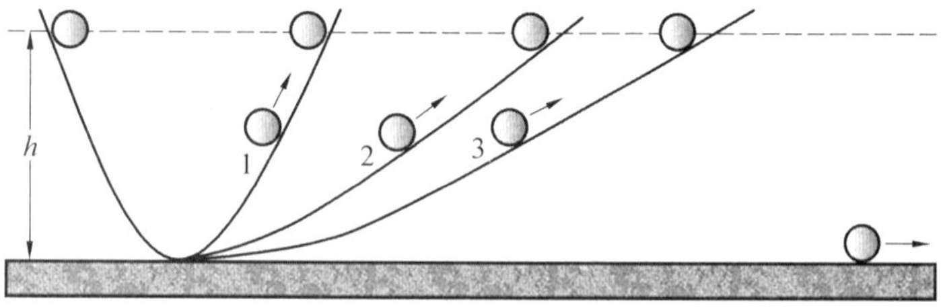

图 4. 1. 1

伽利略斜面实验说明，运动物体有保持原来运动状态的性质.

法国科学家笛卡儿（1596—1650）补充和完善了伽利略的观点，他提出：如果运动中的物体没有受到除原来的力更多外力的作用，它将继续以同一速度沿同一直线运动，既不停下来也不偏离原来的方向.

阅读与拓展

伽利略的斜面实验与贡献

取一块长约 12 库比特（1 库比特 ≈0. 63 m），宽约半库比特，厚 3 指的木板，在上面刻一条一指多一点宽的直而光滑的槽，槽内用羊皮纸贴衬，也尽可能弄得光滑. 再准备一个硬的、光滑并且非常圆的黄铜球，将木板的一端抬起 1 或 2 库比特，使之倾斜，然后使黄铜球沿整个长槽下滚，如图 4. 1. 2 所示，同时，测出下滚的时间.

图4.1.2

这里时间的测量是一个很困难的问题，伽利略巧妙地用了一台简陋的“水钟”，犹如我国古代计时用的铜壶滴漏.他写道：“为了测定时间，我用了一个大的水桶，并把它架在高处，在桶底安一个小管使有一细小水流从中流出，在每次黄铜球滚下的时间内都用一个小杯子接流出的水，然后用一个非常精确的秤称出杯内水的重量，各次水的重量的差别或倍数就给出了各次黄铜球滚下所用时间的差别或倍数.”

在轨道的一边释放一颗黄铜球，如果忽略摩擦力带来的影响，我们发现黄铜球从左边滚下后，再从右边的斜面滚上，黄铜球将上升到与左边释放高度相同的点；若将右边的倾斜角减小，黄铜球还是上升到原来的高度，但通过的路程比原来更长；假设右边的轨道为水平，黄铜球想要达到原来的高度，但是黄铜球无法达到原来的高度，它将永远运动下去.

……

伽利略在他的这一著名的斜面实验结果中推理指出：“在倾斜的平面上，向上运动的物块，若要使它做匀速运动，必须持续施以向上的推力，在倾斜的平面上，向下滑的物块，必须不断地受到外力阻碍才能够做匀速运动.那么在水平的光滑平面上，物体维持匀速运动就既不需要推力也不需要阻力.”这是对亚里士多德观点认真的批驳.于是根据实验结论进行合理的推理、归纳、总结：“一个运动的物体假如有了某种速度以后，只要没有增加或减少速度的外部原因，便会始终保持这种速度——这个条件只有在水平平面上才有可能，因为假如在沿斜面运动的情况里，朝下运动已有了加速的因素，而朝上运动，则已有了减速的因素.”伽利略斜面实验的成功，不仅导出了落体定律和惯性定律，更重要的是使物理学有了一个良好的开端，开启了科学研究与逻辑推理的先河.

伽利略斜面实验的卓越之处不是实验本身，而是实验所使用的独特方法，即在实验的基础上，进行理想化推理.对此，爱因斯坦(1879—1955)给予了高度评价：“伽利略的发现以及他所用的科学推理方法，是人类思想史上最伟大的成就之一，而且标志着物理学的真正开端.”

二、牛顿第一定律

牛顿在前人工作的基础上进行自己的研究，在他的代表作《自然哲学的数学原理》一文中将伽利略斜面实验的结果加以推广后表述为：每个物体继续保持其静止或沿一直线做匀速运动的状态，除非有力加于其上迫使它改变这一运动状态.

这一规律就是牛顿运动第一定律，简称牛顿第一定律.牛顿第一定律包含了惯性和力两个重要的物理概念.

(1)所谓惯性，就是指任何物体都具有的保持其静止或沿一直线做匀速运动的固有性质.惯性只与物体的质量有关，与其他因素都无关.物体的质量越大，它的惯性就越大.

牛顿第一定律又称惯性定律.

实验与思考

将一摞象棋子叠放在水平桌面上，如图 4.1.3 所示.用尺子迅速打击下面的棋子，上面的棋子会发生什么现象？为什么？

图 4.1.3

（2）力是使物体改变运动状态的原因. 要改变物体的运动状态，使它产生加速度，就必须给物体施加力的作用，其他任何因素都不能也不可能改变物体的运动状态.

思考与练习

1. 我国道路交通安全法规定，凡乘坐各种小型车辆前排的乘客都必须系安全带，为什么？
2. 有人说：惯性就是惯性定律. 你认为这种说法对吗？为什么？
3. 先查一查了解一下惯性参照系和非惯性参照系的概念，然后通过实例说明：如果所选的参照系相对于某惯性参照系做变速运动，那么惯性定律在所选的参照系中就不成立.
4. 仔细观察图 4.1.4 所示的巴士中发生的现象，并解释这一现象.

图 4.1.4

4.2　牛顿第二定律

· 加速度 a 跟外力 F 的关系 a-F 曲线是一条通过原点的直线.

· 加速度 a 跟物体质量 m 的关系 a-m 曲线是一条反比例曲线，而 a-$\frac{1}{m}$之间的关系曲线就是一条通过原点的直线.

· 1 N 就是使质量为 1 kg 的物体产生 1 m/s^2 加速度的力.

在本书前文中已经知道，速度是描述物体运动状态的物理量. 物体运动的速度不同，就表示运动状态不同. 物体运动状态的改变就是指物体运动的速度的改变，也就是运动物体产生加速度. 而在上节中又知道，任何物体都有惯性，惯性与物体质量有关，惯性大的物体不容易改变其运动状态. 现在就来研究一下物体的加速度与哪些因素有关系，有怎样的关系.

一、实验探究

1. 实验装置

事实上，根据牛顿第一定律可定性知道，物体运动状态的改变即产生加速度与物体的质量和受到的外力有关. 因此，可用控制变量法来探究加速度与质量和外力之间的定量关系. 这就必须解决两个问题：如何测量物体的加速度和如何提供并测量物体受到的恒力.

如图 4.2.1 所示是实验装置图. 质量为 m 的小车(含砝码)放在有一定倾角 α 的长木板上,质量为 m_0 的小盘(含砝码)用细线跨过定滑轮并与长木板平行拉动小车,小车尾部的平行于长木板的纸带通过打点计时器可记录小车的运动情况. 根据打点计时器打出的纸带计算小车运动的加速度 a,用小盘及其中的砝码重力作为小车受到的恒力 F. 实验过程中具体要求必须满足:

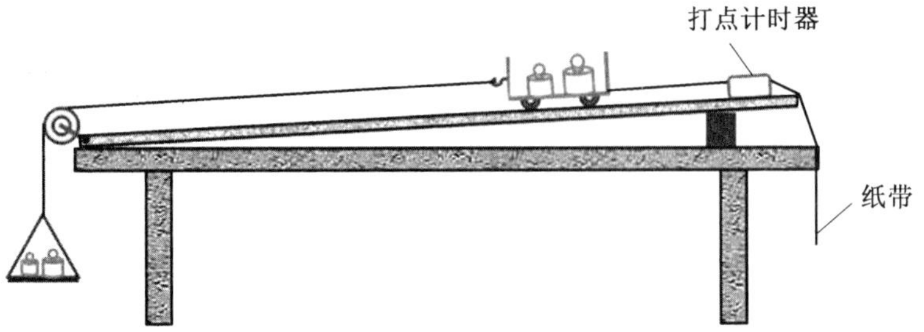

图 4.2.1

(1)长木板的倾角 α 的大小以恰能平衡摩擦力为宜,也就是小车在不受细线牵引且打点计时器正常工作的情况下,小车拖着穿过打点计时器的纸带恰能沿长木板匀速向下运动.

(2)小盘(含砝码)的质量 m_0 远小于小车(含砝码)的质量 m. 这样,小盘(含砝码)的重力 m_0g 就可视为细线对小车的拉力即小车受到的恒力 F.

2. 加速度与力的关系

保持小车(含砝码)质量 m 不变,测量小车在不同拉力 F 作用下的加速度 a,研究加速度 a 与力 F 的关系.

实验表明:在保持物体(小车)质量不变的条件下,物体的加速度 a 和外力 F 成正比,即

$$a \propto F$$

物体的加速度 a 和外力 F 的关系 a-F 曲线是一条通过原点的直线,如图 4.2.2 所示.

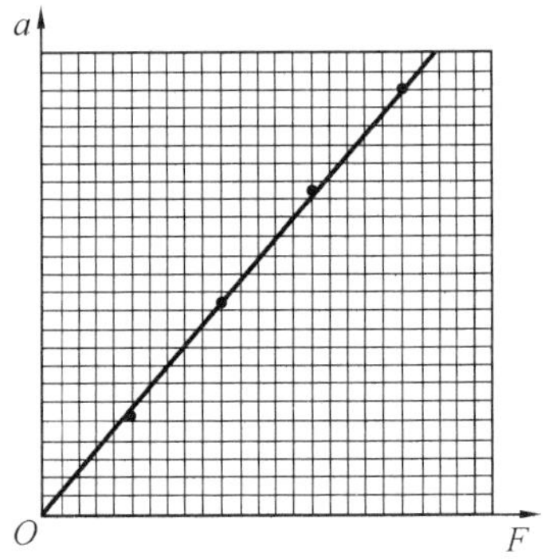

图 4.2.2

3. 加速度与质量的关系

保持小盘(含砝码)质量 m_0 不变,测量不同质量 m 的小车(含砝码)在这个拉力 $F=m_0g$ 的作用下的加速度 a,研究加速度 a 与质量 m 的关系.

实验表明:在保持物体所受外力不变的条件下,物体的加速度 a 跟物体质量 m 成反比,即

$$a \propto \frac{1}{m}$$

物体的加速度 a 跟物体质量 m 的关系 a-m 曲线是一条反比例曲线,如图 4.2.3 所示.

为了研究问题方便,通常将 a-m 的反比例关系改成 a-$\frac{1}{m}$的正比例关系,这样,a-$\frac{1}{m}$之间的关系曲线就是一条通过原点的直线,如图 4.2.4 所示.

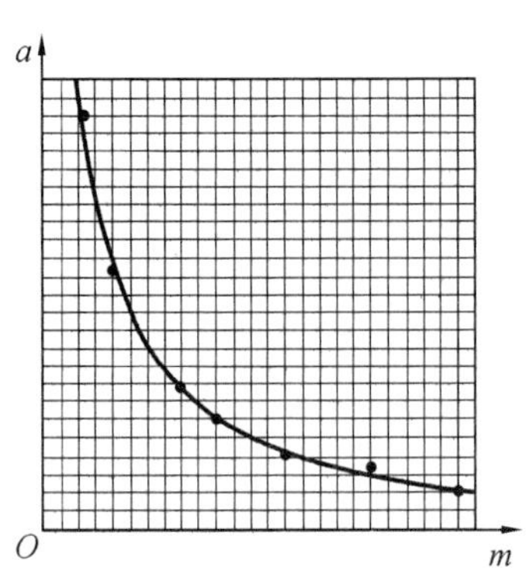

图 4.2.3

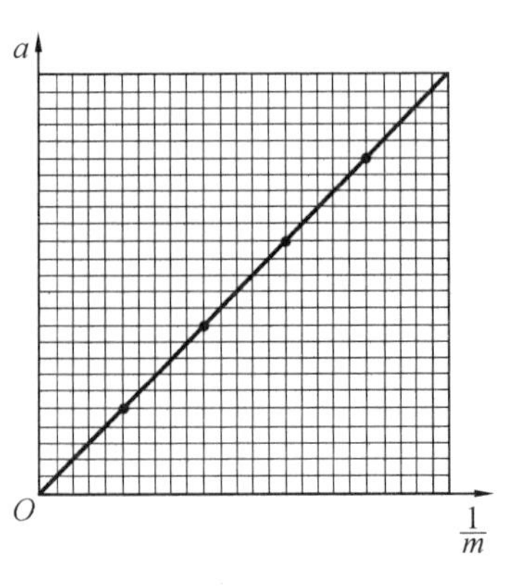

图 4.2.4

二、牛顿第二定律

实验与实践表明:物体加速度的大小跟受到的外力大小成正比,跟物体的质量成反比,加速度的方向跟外力方向相同. 这一规律就是牛顿运动第二定律,简称牛顿第二定律.

牛顿第二定律可以用比例式表示为

$$a \propto \frac{F}{m} \quad 或 \quad F \propto ma$$

引入一个比例系数 k,然后将这一比例式改写为

$$F = kma$$

在国际单位制中,$k=1$,力的单位为 N,质量的单位为 kg,加速度的单位为 m/s^2. 这时,牛顿第二定律可改写为

$$F = ma$$

根据牛顿第二定律,可以对 1 N 做出定义:1 N 就是使质量为 1 kg 的物体产生 1 m/s^2 加速度的力.

思考与练习

1. 有一质量为 2 kg 的物体,受到大小均为 20 N、方向互成120°角的两个力的共同作用. 求:该物体的加速度是多大?

2. 某质量为 1 100 kg 的轿车在平直练车道上试车,当速度达到 100 km/h 时关闭发动机,经过 70 s 停下来. 该轿车受到的阻力是多大? 若重新起步加速时牵引力为 2 000 N,那么加速度是多大?(假设试车过程中该轿车受到的阻力不变)

3. 质量为 1 kg 的木板静止在粗糙的水平地面上,木板与地面间的摩擦因数为 0.1,在木板左端放置一块质量为 1 kg,大小不计的铁块,铁块与木块间的动摩擦因数为 0.4,若取 $g=10\ m/s^2$. 求当木板长为 1 m 时,在铁块上加一个水平向右的恒力为 8 N,多长时间铁块运动到木板右端?

4. 倾角为 α 的光滑斜面上,放有质量为 M 的木板,木板上表面粗糙,有一质量为 m 的猫在上面奔跑,如图 4.2.5 所示.

(1)欲使木板能在斜面上静止,猫的奔跑方向应怎样? 加速度大小是多少?

(2)欲使猫相对于斜面静止,猫的奔跑方向应怎样? 加速度大小是多少?

5. 如图 4.2.6 所示,已知斜面倾角 $\alpha=30°$,物体 A 的质量 $m_A=0.4$ kg,物体 B 的质量 $m_B=0.7$ kg,开始时 B 离地面的高是 $H=0.5$ m. 现 B 从静止开始和 A 一起运动,B 落地时速度为 $v=2$ m/s. 若取 $g=10\ m/s^2$,绳和滑轮的质量以及滑轮的摩擦不计. 求:

(1)物体与斜面间的动摩擦因数;

(2)物体沿足够长的斜面滑动的最大距离.

图 4.2.5

图 4.2.6

4.3　牛顿第三定律　国际单位制

· 作用力与反作用力总是同时存在,同时消失的.

· 物理学的关系式在确定物理量之间的关系的同时,也确定了物理量的单位之间的关系.

·国际单位制中包括长度、质量、时间、电流、热力学温度、物质的量及发光强度七个基本量.

一、牛顿第三定律

1. 作用力与反作用力

拳击运动员用力空拳击打沙袋时,拳头对沙袋施加了很大的力,但拳头同时会红肿且疼痛无比;当你用手掌用力拍打墙壁或桌面时,手掌对墙壁或桌面施加了力,但手掌同时会疼痛.这是为什么呢?

实践研究表明:两个物体之间的作用总是相互的.一个物体对另一个物体施加了力,另一个物体同时也对这个物体施加了力.物体间相互作用的这一对力,就称为作用力与反作用力,如图4.3.1所示.

图4.3.1

作用力与反作用力总是同时存在,同时消失的.

2. 牛顿第三定律

可以做图4.3.2所示的简单实验来探究作用力与反作用力之间的关系.其中,图(b)记录了图(a)中两只弹簧秤的读数所对应的变化关系.

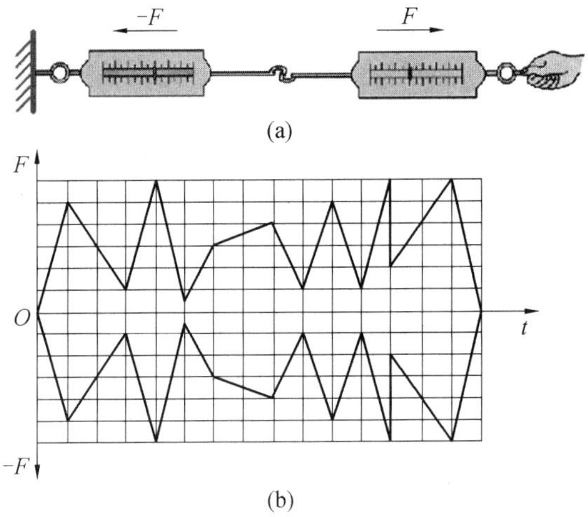

图4.3.2 作用力与反作用力的关系

实验研究表明:两个物体之间的作用力总是大小相等,方向相反,作用在同一直线上.这一规律就是牛顿运动第三定律,简称牛顿第三定律.

思考与讨论

1. 举例说明:作用力与反作用力跟二力平衡中的平衡力有什么区别和相似之处.

2. 分析一下图4.3.3所示的科技自动动力车的工作原理.

图4.3.3

二、国际单位制与量纲

1. 基本单位和导出单位

在$v=\frac{s}{t}$、$\rho=\frac{m}{V}$、$F=ma$…的所有含有n个物理量的物理公式中,只要确定了其中的任意$n-1$个物理量,那么,第 n 个物理量也就确定了. 同时,只要确定了其中的任意 $n-1$ 个物理量的单位,那么,第 n 个物理量的单位也就确定了. 因此,物理学的关系式在确定物理量之间的关系的同时,也确定了物理量的单位之间的关系.

因此,只要选定一些物理量的单位,就能推导出其他物理量的单位. 这些被选定的物理量称作基本量,它们的单位就称为基本单位. 其他的物理量称作导出量,相应的单位称为导出单位.

2. 国际单位制

所谓单位制,就是由选定的一组基本单位和由物理量之间的函数关系方程式与比例因数确定的导出单位组成的一系列完整的单位计量制度. 单位制或单位计量制度也简称量制. 基本单位是可以任意选定的,由于基本单位选取的不同,组成的单位制也就不同,如市制、英制、米制、国际单位制等.

单位制的形成和发展与科技的进步、生产的发展密切相关. 早在 17 ~ 18 世纪,人们就开始感觉到计量单位及计量制度的混乱对科技和生产发展的影响. 1795 年,法国科学家创立了以米为基本单位的计量制度(米制),1875 年,由 17 个国家正式签署了“米制公约”,为米制的传播和发展奠定了国际基础,米制成为国际上最早公认的单位制. 随着科技的发展,米制中又派生出许多适于各种科技领域的不同单位制,比如厘米-克-秒制、米-千克-秒制、绝对静电单位制、绝对电磁单位制等.

1960 年第 11 届国际计量大会制定了一种通用的、包括一切计量领域的单位制,叫作国际单位制. 国际单位制简称 SI 制,国际单位制中包括长度、质量、时间、电流、热力学温度、物质的量及发光强度七个基本量(表 4.3.1).

表 4.3.1　国际单位制(SI)的基本量和基本单位

物理量名称	物理量符号	单位名称	单位符号
长度	l	米	m
质量	m	千克(公斤)	kg
时间	t	秒	s
电流	I	安[培]	A
热力学温度	T	开[尔文]	K
物质的量	$n,(\nu)$	摩[尔]	mol
发光强度	J	坎[特拉]	cd

3. 量纲

量纲(dimension)是指物理量的基本属性. 物理学的研究可定量地描述各种物理现象,描述中所采用的各类物理量之间有着密切的确定函数关系. 为了准确地描述这些关系,物理量可分为基本量和导出量. 基本量是具有独立量纲的物理量,导出量是指其量纲可以表示为基本量量纲组合的物理量;一切导出量均可从基本量中导出,由此建立了整个物理量之间的函数关系. 这种函数关系通常称为量制,也就是单位制或单位计量制度. 在已给定量制中,基本量的量纲就为其自身,而各基本量量纲的幂的乘积表示某导出量的量纲表达式,称为该导出量的量纲式或量纲积. 导出量的量纲的表达式定性地表达了导出量与基本量的关系,导出量的量纲由其所涉及的基本量的量纲决定.

在国际单位制(简称 SI)中,选定了由七个基本量构成的量制,导出量均可用这七个基本量导出. 这七个基本量的量纲分别用长度 l、质量 m、时间 t、电流强度 I、热力学温度 T、物质的量 n 和发光强度 J 表示,则任一个导出量 ξ 的量纲通式为

$$\dim \xi = l^{\alpha} m^{\beta} t^{\gamma} I^{\delta} T^{\lambda} n^{\kappa} J^{\mu}$$

该通式中的指数 α、β、γ、δ、λ、κ、μ 称为量纲指数. 所有的量纲指数均为零的物理量,称为无量纲量. 比

如,动摩擦因数就是一个无量纲量.

检查一个物理量的运算,首先就必须检查其量纲.

思考与练习

1. 如图4.3.4所示的系统中,当人用力突然推墙壁时,小车将会怎样运动?为什么会发生这样的运动?试分析这一过程中该系统存在哪几对相互作用力?

2. 如图4.3.5所示是二人拔河的示意图.试分析甲、乙二人在拔河的过程中,二人对绳子的拉力大小有什么关系?决定甲、乙二人胜负的主要因素是什么?

图4.3.4

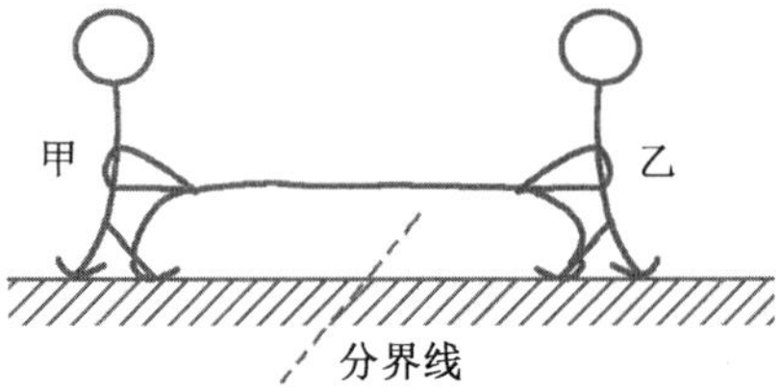

图4.3.5

3. 分别写出力、速度、加速度、密度、压强的量纲表达式.

4. 在$F=G\frac{m_1m_2}{r^2}$中,F表示力,m_1和m_2都表示质量,r表示长度,试写出G的国际单位制的量纲表达式.

4.4 牛顿运动定律的应用

· 加速度是联系运动学和动力学的纽带.

· 牛顿第二定律通过加速度把物体的受力情况和运动情况联系起来.

· 处理牛顿运动定律应用的两类问题即根据受力情况确定运动情况和根据运动情况确定受力情况的关键是对研究对象做好受力分析.

加速度是联系运动学和动力学的纽带,而牛顿第二定律是牛顿运动定律的核心.牛顿第二定律确定了运动和力的关系,它通过加速度把物体的受力情况和运动情况联系起来.因此,牛顿运动定律的应用总体上就可以认为包括两类问题,即一类是根据受力情况确定运动情况,另一类是根据运动情况确定受力情况.

一、根据受力情况确定运动情况

这类问题的分析思路:确定研究对象的受力情况→对各个力进行正交分解→确定合力方向→根据牛顿第二定律写出动力学方程→求出加速度→根据运动学方程求出待求物理量.

例1 一方物块从倾角为$\theta=30°$角的长斜面上由静止开始滑下,如图4.4.1所示.若物块与斜面之间的动摩擦因数为$\mu=\frac{\sqrt{3}}{6}$,重力加速度为$g=10\ \text{m/s}^2$.求:物块在4 s时的速度和在4 s内的位移.

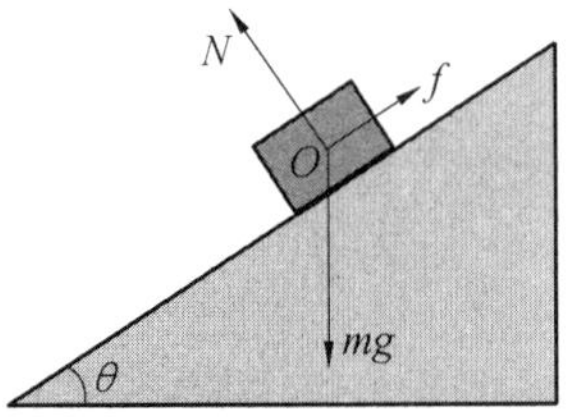

图4.4.1

解 物块受到重力、支持力和摩擦力三个力的共同作用沿斜面向下做初速度为零的匀加速直线运动,根据牛顿第二定律,有

$$\begin{cases} mg\sin\theta - f = ma \\ mg\cos\theta - N = 0 \\ f = \mu N \end{cases}$$

因此

$$a = g\sin\theta - \mu g\cos\theta = \frac{1}{4}g = 2.5\ \mathrm{m/s^2}$$

根据运动学方程 $v_t = at$ 及 $s = \frac{1}{2}at^2$ 即可分别求出物块在 4 s 时的速度和在 4 s 内的位移,即

$$v_t = at = 2.5\times4 = 10\ \mathrm{m/s}$$

$$s = \frac{1}{2}at^2 = \frac{1}{2}\times2.5\times4^2 = 20\ \mathrm{m}$$

二、根据运动情况确定受力情况

这类问题的分析思路:确定研究对象的受力情况→对各个力进行正交分解→确定合力方向→根据牛顿第二定律写出动力学方程→求出待求未知量的表达式→根据运动学方程求出加速度→整合求出待求未知量.

例 2　民航客机通常都有紧急出口,如图 4.4.2 所示. 发生意外情况的飞机紧急着陆后,打开紧急出口,狭长的气囊会自动充气,生成一条连接出口与地面的斜面,乘客和机组人员可沿斜面滑行到地面. 若某客机的机舱口下沿距地面的高 $h = 3.2$ m,气囊所构成的斜面长度 $l = 6.4$ m,一质量 $m = 60$ kg 的乘客沿气囊滑到地面时的速度 $v_t = \sqrt{\frac{64}{5}}$ m/s. 那么,该乘客下滑过程中受到气囊的平均阻力 f 有多大?

解　乘客的受力情况和气囊斜面的尺寸标识如图 4.4.3 所示. 根据牛顿第二定律,可得

$$mg\frac{h}{l} - f = ma$$

图 4.4.2

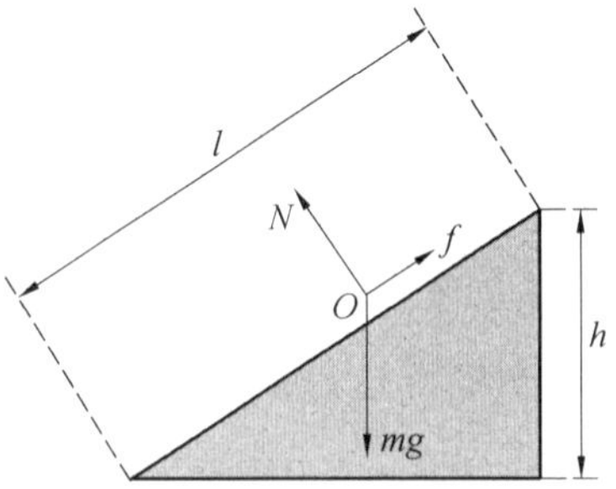

图 4.4.3

所以

$$f = mg\frac{h}{l} - ma = m\left(g\frac{h}{l} - a\right)$$

由于已知斜面的长度和乘客下滑的末速度,因此根据运动学方程 $v_t^2 = 2al$ 可求出乘客沿斜面下滑的加速度,即

$$a = \frac{v_t^2}{2l} = \frac{\sqrt{\frac{64}{5}}^2}{2\times6.4} = 1\ \mathrm{m/s^2}$$

因此,整理可得乘客下滑过程中受到气囊的平均阻力大小为

$$f = mg\frac{h}{l} - ma = m\left(g\frac{h}{l} - a\right) = 60\left(10\times\frac{3.2}{6.4} - 1\right) = 240\ \mathrm{N}$$

阅读与拓展

牛顿运动定律的局限性

牛顿运动定律只适用宏观问题.当考察的物体的运动线度可以和该物体的德布罗意波相比拟时,由粒子运动不确定性关系式可知,该物体的动量和位置已不能同时准确获知,故牛顿动力学方程缺少准确的初始条件而无法求解,即经典的描述方法由于粒子运动不确定性关系式已经失效或者需要修改.对于一个作用量接近或小于普朗克常量 $h=6.6\times10^{-34}$ J·s 的微观粒子(亦或是一个线度接近或小于原子线度 $\alpha=10^{-10}$ m 的物体),必须使用量子力学.量子力学用希尔伯特空间中的态矢概念代替位置和动量(或速度)的概念来描述物体的状态(即波函数),用薛定谔方程代替牛顿动力学方程(即含有力场具体形式的牛顿第二运动定律).用态矢量代替位置和动量的原因是由测不准原理可同时知道位置和动量的准确信息,并且还可以知道位置和动量的概率分布;测不准原理对测量精度的限制就在于两者的概率分布上有一个确定的关系.

牛顿运动定律只适用低速问题.若物体的速度 v 与光速 $c=3.0\times10^{8}$ m/s 接近时,必须使用狭义相对论.牛顿运动定律对于伽利略变换是协变的,但对于洛伦兹变换不是协变的,因此其不能和狭义相对论相容.当物体做高速移动时,需要修改力、速度等力学变量的定义,使动力学方程能够满足洛伦兹协变的要求,在物理预言上也会随速度接近光速而与经典力学有不同.

思考与练习

1. 如图4.4.4所示,小车沿水平面以加速度 a 向右做匀加速直线运动,车上固定的硬杆和水平面的夹角为 θ,杆的顶端固定着一个质量为 m 的小球,则杆对小球的弹力多大?方向如何?

2. 如图4.4.5所示,质量为 m 的人站在自动扶梯上,扶梯正以加速度 a 向上做减速运动,a 与水平方向的夹角为 θ,求人受到的支持力和摩擦力.

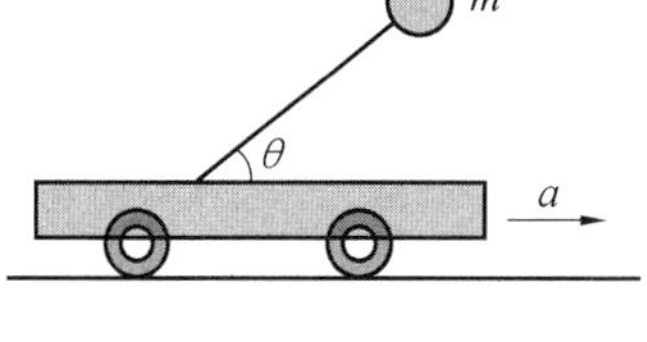

图4.4.4

图4.4.5

3. 如图4.4.6所示,质量为60 kg的人站在水平地面上,通过定滑轮和绳子竖直向上提起质量为10 kg的货物.不计一切摩擦以及滑轮和绳子的质量,重力加速度 $g=10\ \text{m/s}^2$.求:

(1)货物以 $a_1=2\ \text{m/s}^2$ 匀加速上升,人对地面的压力多大?

(2)货物匀加速上升时,其最大加速度为多大?

4. 如图4.4.7所示,有一水平传送带以2 m/s的速度匀速运动,现将一物体轻轻放在传送带上,若物体与传送带间的动摩擦因数为0.5,则传送带将该物体传送10 m的距离所需的时间为多少?

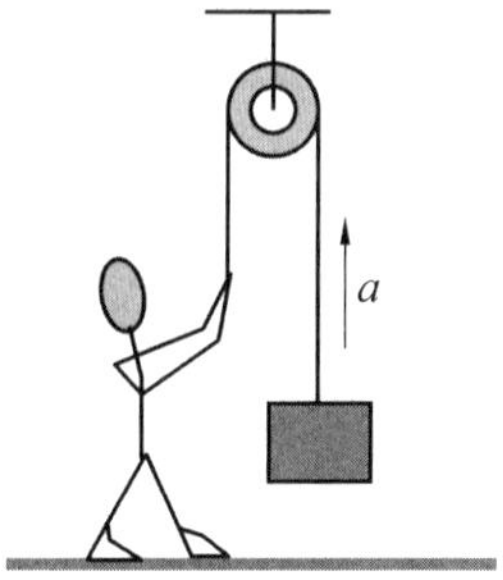

图4.4.6

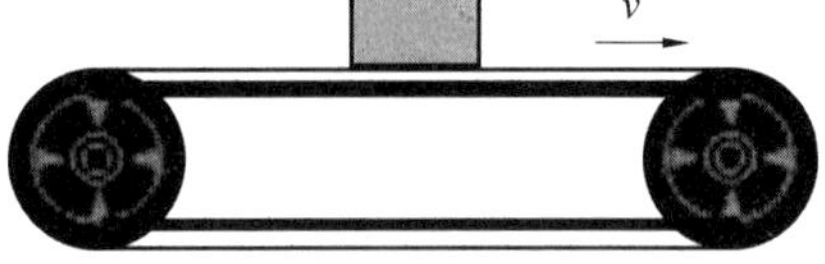

图4.4.7

4.5　超重与失重

· 视重大于物体的真实重力叫作超重,处于超重状态的物体通常具有向上的加速度.
· 视重小于物体的真实重力叫作失重,处于失重状态的物体通常具有向下的加速度.
· 物体处于力的平衡状态时,视重等于物体的真实重力.
· 超重和失重不局限于直线运动的状况.

一、视重

物体的重力一般都用测力计或力传感器来测量,测力计或力传感器的测量值通常称为某特定条件下的待测物体的视重.事实上,测力计或力传感器的测量值即视重不一定都等于物体的真实重力.

为了表述方便,本书中用 $G_{物重}$ 表示物体的真实重力,用 $G_{视重}$ 表示测力计或力传感器的测量值即视重.

在生活实践中,视重实际上就是悬挂物(支撑物)对研究物体或研究对象的拉力(支持力).

二、超重与失重

先来看一个例子.

在图4.5.1所示的装置中,不计一切摩擦以及滑轮、弹簧秤、绳子的质量,物块 A 的质量为 $M=3$ kg,物块 B 的质量 $m=1$ kg.根据物块 A 与物块 B 的受力情况和牛顿第二定律,可以求出弹簧秤的示数 $G_{视重}$,即

$$\begin{cases} Mg-G_{视重}=Ma \\ G_{视重}-mg=ma \end{cases}$$

所以

$$\begin{cases} a=\dfrac{M-m}{M+m}g=5\ \text{m/s}^2 \\ G_{视重}=\dfrac{2Mm}{M+m}g=15\ \text{N} \end{cases}$$

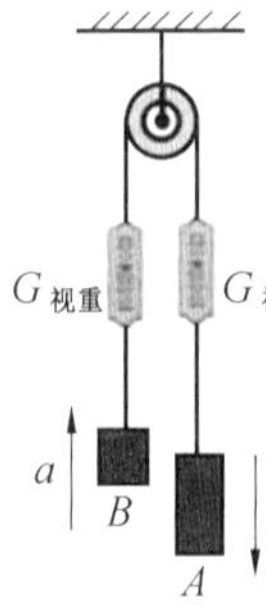

图4.5.1

显然

$$30\ \text{N}=G_{A物重}>G_{视重}=15\ \text{N}>G_{B物重}=10\ \text{N}$$

在物理学中,把像物块 A 这样,视重小于物体的真实重力的现象叫作失重;而像物块 B 那样,视重大于物体的真实重力的现象叫作超重.

实践研究表明:

(1)物体具有向上的加速度,物体就处于超重状态.凡是处于超重状态的物体,均满足

$$G_{视重}=mg+ma_{竖直向上}=G_{物重}+\frac{G_{物重}}{g}a_{竖直向上}>G_{物重}$$

(2)物体具有向下的加速度,物体就处于失重状态. 凡是处于失重状态的物体,均满足

$$G_{视重}=mg-ma_{竖直向下}=G_{物重}-\frac{G_{物重}}{g}a_{竖直向下}<G_{物重}$$

处于失重状态的物体,若当 $a_{竖直向下}=g$ 时,则 $G_{视重}=0$,这时称为完全失重.

(3)物体处于力的平衡状态时,其加速度 $a=0$,$G_{视重}=mg=G_{物重}$.

思考与讨论

1. 飞机在高空飞行过程中,常常会因气流的不稳定而造成不良后果,有时还会造成很严重的后果. 假如一架客机在飞行过程中,由于受到强大垂直气流的影响,突然以 15 m/s^2 的加速度竖直下降. 试讨论:

(1)若机内某质量为 60 kg 的乘客未系安全带,那么该乘客受伤最严重的应该是他的什么部位? 他的这一部位受到机舱的作用力至少有多大?

(2)机舱内的乘客是处于超重状态还是失重状态?

(3)若垂直气流更加强大暴虐,那么机舱内的乘客会处于超重状态吗?

2. 失重的物体是不是不受重力作用? 为什么?

事实上,超重和失重并不局限于直线运动的状况. 比如:在凸形路面上行驶的汽车处于失重状态,如图 4.5.2 所示;又比如:绕地球飞行的宇宙飞船中的宇航员处于微重力作用状态,甚至处于完全失重状态,如图 4.5.3 所示;再比如:战机俯冲拉起过程中飞行员处于超重状态,如图 4.5.4 所示. 这些都将在本书的后续课程中逐步学到.

图 4.5.2

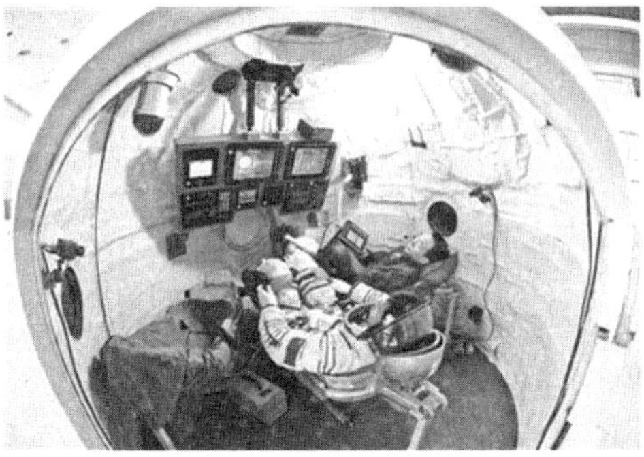

图 4.5.3

图 4.5.4

阅读与拓展

平衡·完全失重·微重力

在外太空，太空人和太空船里每一件物件都受到地心引力，都以同样的速度绕地球运动，所以在太空中会呈现失重状态，所有的物质都无法测出重量.

平衡是我们最常见的物体的一种运动状态.但是，力的平衡与失重完全是两回事.例如，人站在地上，坐在椅子上，躺在床上，乘坐飞机等速飞行等，都是处于力的平衡状态，但并不失重.因为在这些情况下，人体内部各部分之间都存在相互作用力.真正的失重模拟，应使人体各部分特别是体内器官、内脏之间的互相作用力消失.在这种情况下，人的前庭器官中的耳石由于失重，不再与周围的神经细胞接触而向中枢神经传输信号，从而丧失定向功能.前庭器官与人体主管呼吸、消化、循环、排泄、发汗等功能的植物神经系统有密切关系.所以，一旦前庭器官不起作用，身体内脏之间正常的相互作用消失，就会使航天飞行员产生头晕、恶心、呕吐等症状.

完全失重是一种理想的情况，在实际的航天飞行中，航天器除受引力作用外，不时还会受到一些非引力的外力作用.例如，在地球附近有残余大气的阻力，太阳光的压力，进入有大气的行星时也有大气对它的作用力.根据牛顿第二定律，力对物体作用的结果，是使物体获得加速度.航天器在引力场中飞行时，受到的非引力的力一般都很小，产生的加速度也很小.这种非引力加速度通常只有地面重力加速度的万分之一或更小.为了与正常的重力对比，就把这种微加速度现象叫作“微重力”.其实，航天器即使只受到引力作用，它的内部实际上也存在微重力，这是因为航天器不是一个质点，而是具有一定尺寸的物体.人们常用 $10^{-6} \sim 10^{-4}g$ 来表示航天器中微重力的水平.微重力越小，失重就越完全.总之，完全失重状态只是理想状态，微重力才是实际情况.

思考与练习

1. 筑城大酒店的大楼层高均为3.8 m，筑城一中高一某同学在假期社会活动期间，与酒店联系后对酒店大楼高度进行了测量.该同学携带一速度传感器从酒店大楼的一楼乘坐电梯（升降机）到顶楼的客房过道，并绘制出电梯运行的速度-时间图像如图4.5.5所示.设该同学的质量为50 kg，重力加速度为10 m/s^2.求：

（1）酒店大楼的总高度为多少？共有几层？

（2）在几个主要不同的时间段，电梯对该同学的支持力分别是多大？

2. 某超市的智能自动扶梯的倾角 $\alpha=45°$，当有乘客乘梯时，该扶梯将以加速度 $a=1\ m/s^2$ 匀加速上升，如图4.5.6所示.若某乘客的质量为 $m=60$ kg，重力加速度 $g=10\ m/s^2$.求：该乘客乘梯时，扶梯对他的支持力和摩擦力分别是多大？

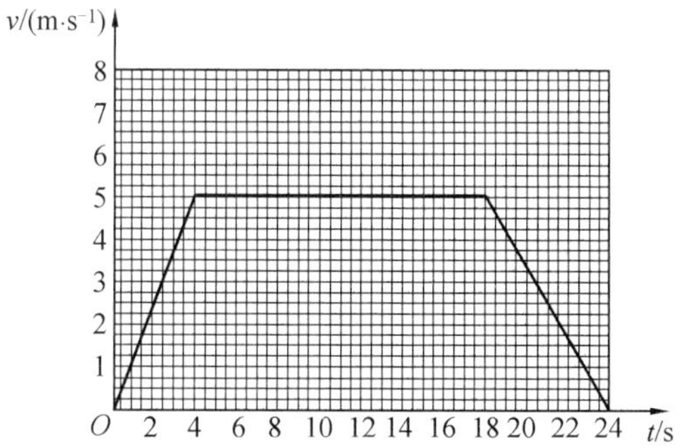

图4.5.5

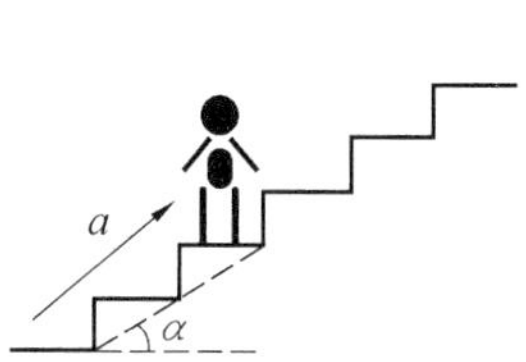

图4.5.6

3. 建筑工地常用塔吊起吊重物，如图 4. 5. 7 所示. 设某塔吊从静止开始起吊一质量为 500 kg 的重物过程中，重物的加速度-时间图像如图 4. 5. 8 所示. 求：

(1) 在几个主要不同的时间段，塔吊挂钩对重物的拉力分别是多大？

(2) 重物被起吊的高度是多少？

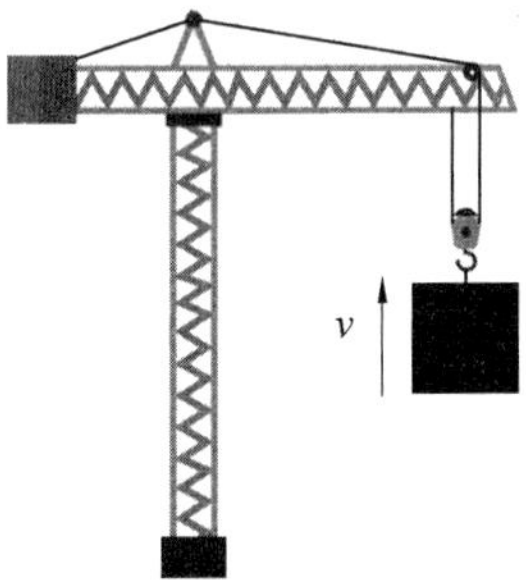

图 4. 5. 7

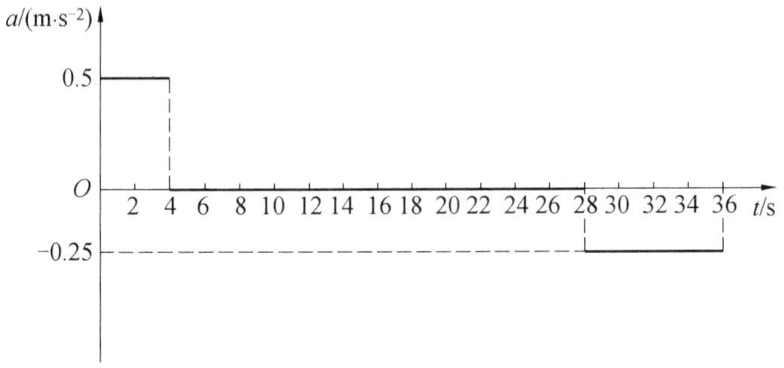

图 4. 5. 8

必　修　2

第 1 章　机械能与能源

1.1　功和功率　能

· 物体在力的作用下沿力的方向发生了位移，就说力对物体做了功.
· 功是能量转化的量度，做了多少功，就有多少能发生了形式上的转化.
· 功率是描述物体做功快慢的物理量.
· 能是物体做功的本领，物体做功的本领越大，物体能够做的功就越多.

任何人类活动都离不开能量. 比如，日常生活和工业生产都需要电厂供应的电能；交通运输工具需要燃料燃烧释放的化学能；国防科技中的原子弹、氢弹、核潜艇等需要原子核发生核反应释放的核能.

同样，人类活动与功分不开. 从远古时期最原始的滚木、礌石到近古时期的镢铲、杠杆，再到近现代时期的滑轮、汽车、机床及机器人等，它们都是人类活动中用以做功的机械.

那么，什么是功？ 什么又是能呢？

一、功和功率

1. 机械功的概念

如图 1.1.1 所示，将杠铃逐渐举高的过程中运动员对杠铃做功；将石头沿地面翻滚的过程中小女孩对石头做功.

图 1.1.1

一般地，若某个物体在某个力的作用下沿该力的方向发生了位移，就说这个力对这个物体做了功. 这里说的功实际只是机械功，生产事件中，还有很多其他形式的做功过程.

若作用在物体上的力为 F，物体在力的方向发生的位移为 s，如图 1.1.2 所示，那么，力对物体做的功为

$$W=Fs$$

功是标量，在国际单位制中，功的单位是焦耳(J).

物体发生的位移 s 的方向通常与作用力 F 的方向不一致，而是构成某一个夹角 $\alpha(0\leqslant\alpha\leqslant180^\circ)$，如图 1.1.3 所示，因此，力对物体做的功一般表示为

$$W=Fs\cos\alpha$$

根据 α 的取值范围不难看出，$\cos\alpha$ 可以大于、小于或等于 0. 因此，作用在物体上的力可能对物体做

正功、负功或不做功. 其中,当某个力对物体做负功时,可以说成物体克服这个力做功.

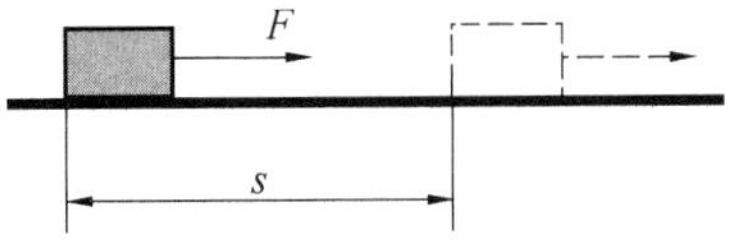

图 1. 1. 2

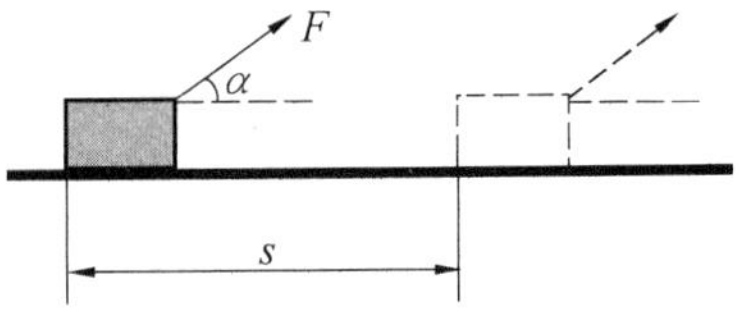

图 1. 1. 3

思考与讨论

1. 如图 1. 1. 1 所示,运动员保持将杠铃举在最高位置的过程中,运动员是否做功? 为什么?

2. 公交车沿水平公路匀速行驶过程中,车厢底板对乘客的支持力是否对乘客做功? 为什么?

3. 根据 $W=Fs\cos\alpha$ 讨论:在什么条件下,力对物体做正功、做负功或不做功? 分别举例说明.

2. 功率

做功是有快慢的,特别是使用不同的机械做功,快慢之分就更加明显. 在物理学中,为了描述做功的快慢,引入功率这一物理量. 也就是:单位时间内所做的功叫作功率,即

$$P=\frac{W}{t}$$

功率是标量,在国际单位制中,功率的单位是瓦特(W).

根据 $W=Fs\cos\alpha$ 和 $v=\frac{s}{t}$,还可以将功率的表达式表示为

$$P=Fv\cos\alpha$$

式中,$\alpha(0\leqslant\alpha\leqslant180^\circ)$为力 F 与速度 v 之间的夹角.

思考与讨论

1. 功率的概念常常有瞬时功率和平均功率之分. 在 $P=\frac{W}{t}$ 和 $W=Fs\cos\alpha$ 两个公式中,哪一个更方便计算瞬时功率? 哪一个又更方便计算平均功率?

2. 在汽车等交通工具的启动过程中,常常有恒定功率启动和匀加速启动两种形式. 试在速度–时间图像中,分别分析恒定功率启动过程中速度的变化情况和匀加速启动过程中牵引力的功率变化情况.

3. 机械效率

使用各种机械所做的功,从概念上讲通常分为有用功、额外功和总功. 为了描述不同机械做功效率的高低,引入机械效率这一物理量. 也就是:机械效率为有用功跟总功的比值,即

$$\eta=\frac{W_{有}}{W_{总}}\times100\%$$

机械效率 η 是一个无量纲的物理量. 由于 $W_{有}<W_{总}$,故 $\eta<1$.

二、能、功与能的关系

1. 能的概念

如图 1. 1. 4 所示,在一些紧靠大山的乡村公路旁,常常会看到“小心落石”字样的标志牌;而紧靠公路的学校路口附近,通常都有“前方学校”字样的标志牌. 这些标志牌都是用以提醒过往行人和车辆的,这是为什么呢?

图 1.1.4

这是因为,高处的石头能够做功,运动的车辆也能够做功. 还有很多能够做功的例子,比如,拉弯的弓弩、拉伸的橡皮条、压缩的弹簧等.

在物理学中,通常说能够做功的物体具有能.

2. 功和能的关系

功和能是密不可分的两个物理量,谈到功就离不开能,同样谈到能就离不开功. 功是过程量,能是状态量,功和能之间是一种互为循环定义的关系.

功是能量转化的量度. 做功的过程就是能量转化的过程,做了多少功,就有多少能发生了形式上的转化.

能是物体做功的本领. 物体能够做的功越多,物体做功的本领就越大.

思考与讨论

1. 物体能够做的功越多,是否说明物体做的功就一定多? 为什么?
2. 某一物体做的功多,是否说明物体具有的能就一定多? 为什么?
3. 能量的多少与能量转化的多少是否就是一回事?

思考与练习

1. 一可动斜面放在水平地面上,将一滑块由斜面底端沿斜面拉到顶端的过程中,滑块受到拉力 F、重力 G 及斜面对滑块的支持力 N 和摩擦力 f,如图 1.1.5 所示. 试再设定一些必要的物理量并结合图示的情景,定量分析作用在滑块上的各个力对滑块做功的正负情况.

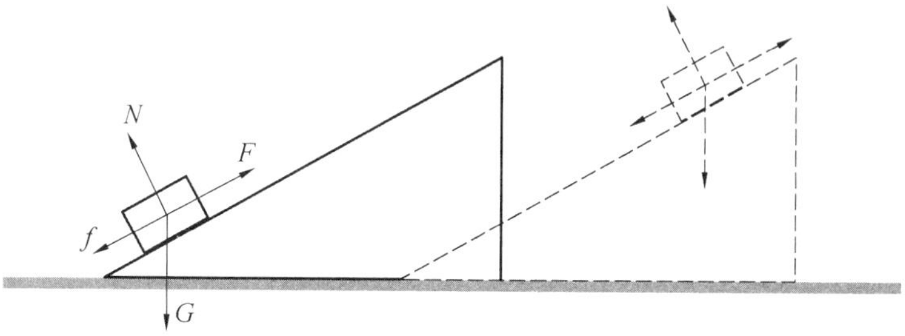

图 1.1.5

2. 一小汽车在水平路面上由静止启动,在前 5 s 内做匀加速直线运动,5 s 末达到额定功率,之后保持额定功率运动,其 v-t 图像如图 1.1.6 所示. 已知小汽车的质量为 $m=2\times10^3$ kg,受到地面的阻力为 $f=0.1mg$ 倍,$g=10$ m/s^2,那么,该小汽车(　　).

A. 在前 5 s 内受到的牵引力为 4×10^3 N

B. 在前 5 s 内受到的牵引力为 6×10^3 N

C. 汽车的额定功率为 60 kW

D. 正常行驶的最大速度为 30 m/s

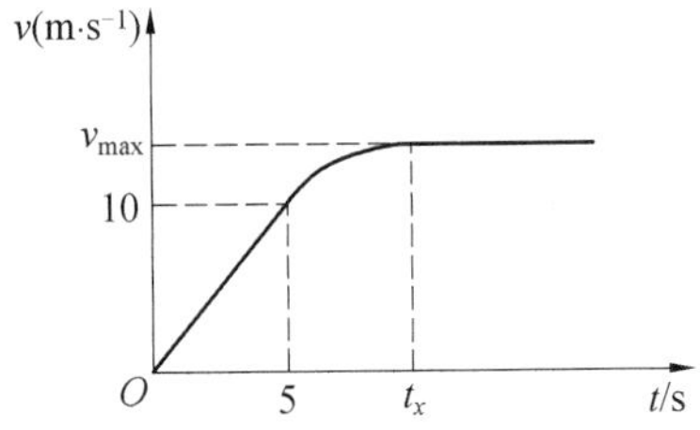

图 1.1.6

3. 某汽车发动机的额定功率为 $P=60$ kW，质量为 $m=4\times10^3$ kg. 当汽车在足够长的水平路面上从静止以加速度 $a=0.5\ m/s^2$ 匀加速启动，经过一定时间后以额定功率匀速行驶. 若重力加速度为 $g=10\ m/s^2$，汽车行驶的全过程中受到地面的阻力为 $f=0.1mg$ 倍，求：

(1) 汽车在水平路面达到的最大速度 v_m；

(2) 汽车在水平路面维持匀加速运动的时间 t；

(3) 10 s 末和 20 s 末汽车的瞬时功率 P_{10} 及 P_{20}（可能需要用到后续知识）；

(4) 若汽车保持额定功率以"(1)"中所求得的最大速度 v_m 驶上一倾角为 θ（$\sin\theta=0.25$）的足够长的斜坡，试简要描述汽车做何运动并求出汽车在该斜坡上的最终速度 v'_m.

1.2 动能和动能定理

· 物体的动能与物体的速度和质量有关.

· 合外力对物体所做的功等于物体动能的增量.

· 合外力对物体所做的功等于各个力分别对物体所做功的代数和.

一、动能及其计算

1. 动能

我们已经知道，做机械运动的物体能够做功，也就是做机械运动的物体所具有能. 在物理学中，把做机械运动的物体具有的能叫作动能.

那么动能与哪些因素有关呢？

思考与讨论

1. 通常，人们能够随意阻挡住运动着的玩具车，但却不能也不敢随意阻挡运动着的实用型轿车或卡车，也不能随意阻挡高速飞行的子弹. 为什么？

2. 你在公路上靠边行走过程中，有轿车和大卡车猛然从你身边高速掠过时，哪一种车对你造成的心理负面影响较大？为什么？

实践证明：物体的动能与物体的速度和质量有关. 速度越大，质量越大，动能就越大.

2. 动能表达式

由于做功的过程就是能量转化的过程，因此，用力作用在光滑水平面上的物体使之由静止变为运动的过程中，力对物体所做的功就转化为物体的动能.

设质量为 m 的滑块静止在光滑水平面上，先将一水平力 F 作用于滑块，使之沿作用力的方向移动位移 s 后，滑块的速度为 v，如图 1.2.1 所示. 那么，在这一过程中，作用力所做的功为

$$W=Fs$$

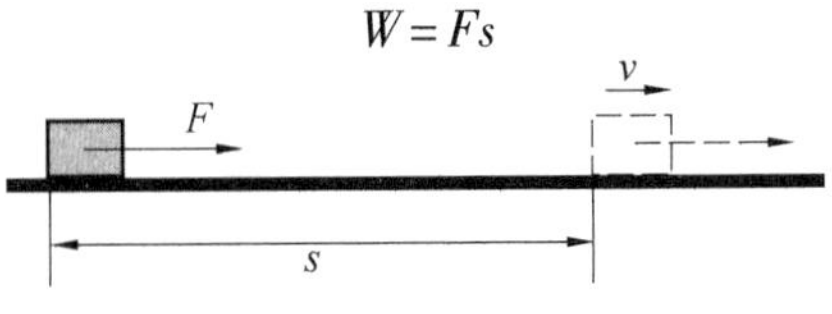

图 1.2.1

假定在这一过程中所经历的时间为 t，根据 $F=ma$ 和 $s=\dfrac{v^2}{2a}$，作用力所做的功可以表示为

$$W=ma\cdot\frac{v^2}{2a}=\frac{1}{2}mv^2$$

因此，物体的动能表达式显然为

$$E_k=\frac{1}{2}mv^2$$

思考与讨论

1. 先判断再计算比较下列物体的动能大小：
(1)小轿车，质量 1 500 kg，速度 40 m/s；
(2)大卡车，质量 60 000 kg，速度 20 m/s；
(3)机枪子弹，质量 10 g，速度 1 000 m/s；
(4)玩具车，质量 500 g，速度 10 m/s；
2. 动能可以为负值吗？为什么？

二、动能定理

在图 1.2.1 所示的模型中，假定滑块的初速度为 v_0、末速度为 v_t，如图 1.2.2 所示. 那么，根据 $W=Fs$、$F=ma$ 和 $s=\dfrac{v_t^2-v_0^2}{2a}$ 可得

$$W=\frac{1}{2}mv_t^2-\frac{1}{2}mv_0^2$$

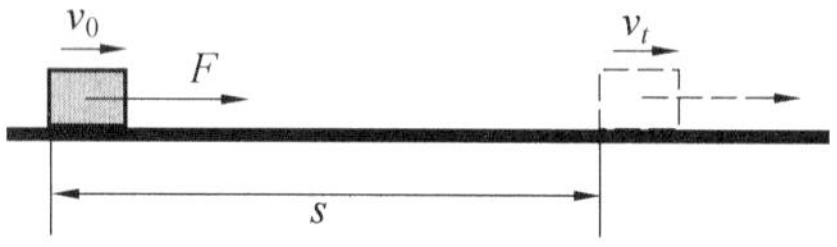

图 1.2.2

显然，式中 $\frac{1}{2}mv_0^2$ 是滑块的初动能 E_{k_0}，$\frac{1}{2}mv_t^2$ 是滑块的末动能 E_{k_t}. 因此，作用力所做的功可以表示为

$$W=E_{k_t}-E_{k_0}$$

这一表达式称为动能定理，而在图 1.2.2 所示的模型中，作用力 F 实质上就是合外力. 因此，动能定理表明：合外力对物体所做的功等于物体动能的增量或动能的变化.

如何计算合外力做功呢？实践表明，合外力对物体所做的功等于各个力分别对物体所做功的代数和.

求合外力做功，一般有两种方法：一种是先求出各个力的合力，再求合力做的功；另一种是先分别求出各个力做的功，再求出各个功的代数和.

思考与讨论

1. 用手托着一本 1 N 的物理书，先竖直向上匀速移动 0.5 m，然后再竖直向下匀速移动 0.5 m. 那么，在这一全过程中，书的动能变化是多少？手对书的支持力对书做的功是多少？

2. 在体育训练中，一位同学推着一质量为 20 kg 的箱状体沿 400 m 环行跑道匀速率运动一周. 若跑道对箱状体的摩擦力为 200 N，那么，在这一过程中，箱状体的动能变化是多少？推力对箱状体做的功是多少？

思考与练习

1. 如图1.2.3所示，一质量为m的小钢球，在点A以初速度v_0竖直向下抛出，不计空气阻力，当它达到点B时，其动能为(　　).

A. $\frac{1}{2}mv_0^2+mgH$　　B. $\frac{1}{2}mv_0^2+mgh_1$　　C. $\frac{1}{2}mv_0^2+mgh_2$　　D. $mgH-mgh_2$

2. 物理科技活动研究小组对一实验小车的性能进行研究. 小车的质量为1 kg，在水平轨道上由静止开始运动，其v-t图像如图1.2.4所示. 已知2 s后小车的功率恒定为9 W，且整个运动过程中小车所受的阻力不变，那么，下列说法正确的是(　　).

A. 0～2 s时间内，牵引力做功10.5 J

B. 0～10 s时间内，小车克服阻力做功63 J

C. 2～10 s时间内，小车的平均速度大于4.5 m/s

D. 2～10 s时间内，牵引力做功72 J

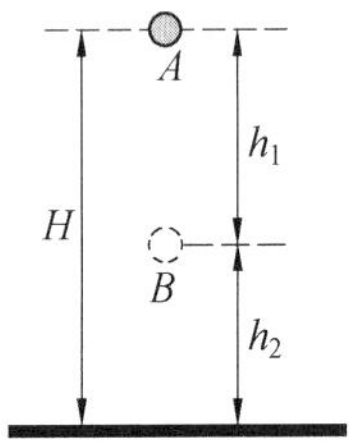

图1.2.3

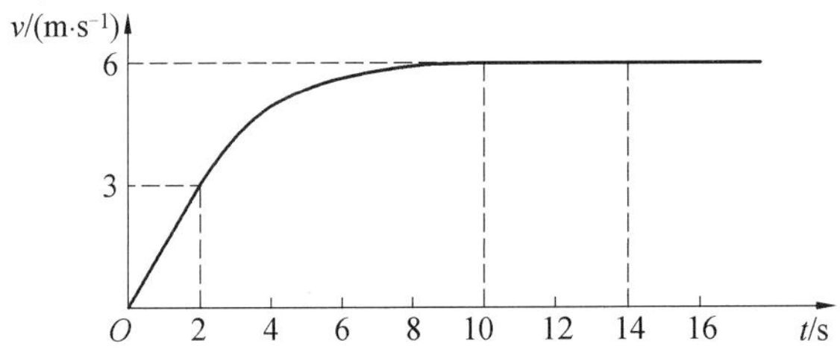

图1.2.4

3. 一辆质量为1 000 kg的小轿车，在平直公路上行驶时，假定所受阻力的大小恒为车重的0.2倍. 那么，当其速度由20 km/h提速到40 km/h和由80 km/h提速到100 km/h的两个过程中，哪个过程牵引力做的功多？通过计算说明.

4. 将一弹性小球距水平地面高1 m处以10 m/s的初速度沿竖直方向抛出，小球在运动过程中所受空气阻力的大小恒为其重力的0.1倍，小球与地面的各次碰撞的极短时间均没有动能损失，重力加速度$g=10\ m/s^2$. 求：小球在整个运动过程中通过的路程.

1.3　势能及其变化

· 重力所做的功等于重力势能变化(增量)的负值.

· 重力做功只与物体始末位置的高度差有关，与其他因素无关.

· 弹性势能不可能有负值.

· 弹性形变的弹力所做的功等于弹性势能变化(增量)的负值.

势能的形式是比较多的，通常所说的势能指通过机械功转化而得的势能，即机械势能. 机械势能包括重力势能和弹性势能两种形式.

一、重力势能

1. 重力势能

走在疏松岩石构成的大山脚下或走在危房等危建筑物下时总是提心吊胆的，总承受着不小的心理压力. 另外，在高层居民楼等建筑物旁，常立有“严禁高空抛物”的警示牌，如图1.3.1所示. 这是为什么呢？因为处在高处的物体所具有能.

图1.3.1

在物理学中，把处于高处的物体具有的能叫作重力势能.

2. 重力势能表达式

重力做功的过程就是重力势能转化的过程. 因此，可根据重力做功来寻求重力势能的表达式.

如图1.3.2所示，质量为 m 的物体在其重力方向下落高度 h，在此过程中重力做功为

$$W_G = mgh$$

这说明物体在初始位置时相对于末位置具有的重力势能为

$$E_p = mgh$$

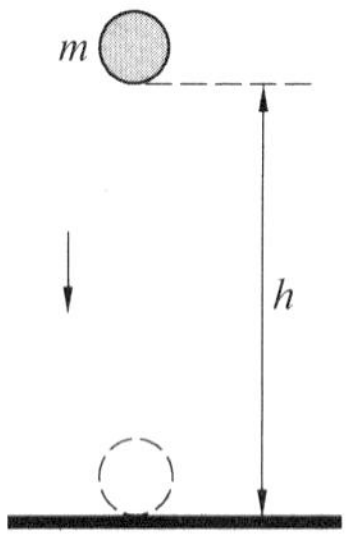

图1.3.2

该式实际上就是物体在初始位置相对于末位置的重力势能表达式. 从这一表达式可以看出，物体的重力势能与物体的质量和物体所处位置的相对高度有关. 因此，研究重力势能，首先必须确定零势能参考面.

同一物体处在某一确定的位置，对于不同的零势能参考面，重力势能可以为正值、负值或零，即使物体质量不为零.

思考与讨论

1. 为什么说重力势能具有相对性？

2. 如图1.3.3所示，桌面高1 m，用一根长为0.4 m的绳子将一质量为1 kg的金属球悬吊在桌面上. 分别写出以下几种情况下金属球的重力势能：

(1) 以桌面为零势能面；

(3) 以金属球的位置为零势能面；

(3) 以地面为零势能面.

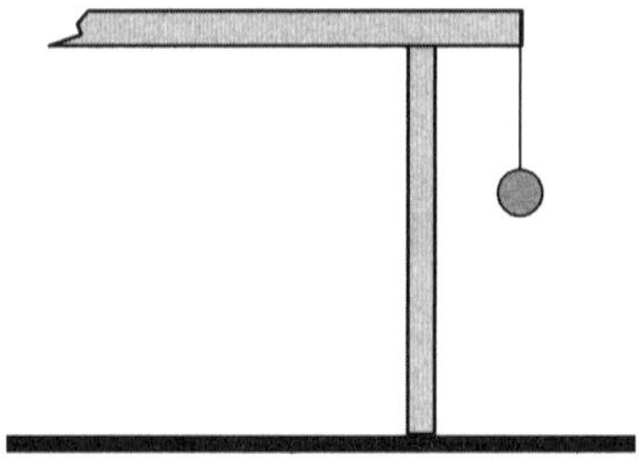
图1.3.3

3. 重力做功与重力势能的改变

设质量为 m 的物体在其重力方向上由高度为 h_1 的 A 处下落到高度为 h_2 的 B 处，如图1.3.4所示. 在此过程中，重力势能的变化为

$$\Delta E_p = E_{p2} - E_{p1} = mgh_2 - mgh_1 = mg(h_2 - h_1) = -mg(h_1 - h_2) = -mg\Delta h$$

重力做的功为

$$W_G = mg(h_1 - h_2) = mg\Delta h$$

由此，可得出重力做功与重力势能变化的关系为

$$W_G = -\Delta E_p$$

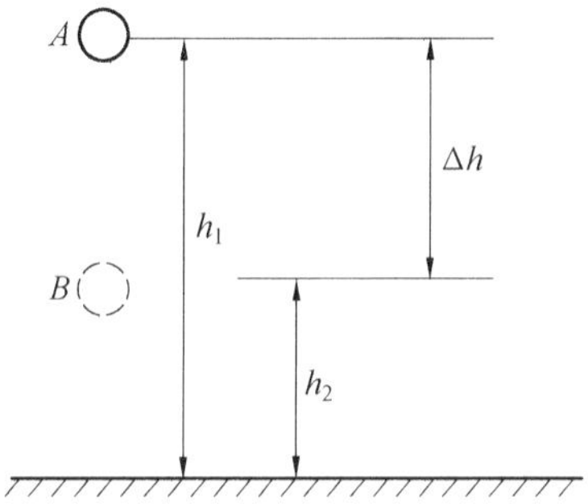

图1.3.4

因此，重力所做的功等于重力势能变化(增量)的负值. 也就是：重力做了多少功，重力势能就减少多少；克服重力做了多少功，重力势能就增加多少.

从以上分析，还可得出重力做功的特点. 即，重力做功只与物体始末位置的高度差有关，与其他因素无关.

思考与讨论

1. 在某阳台上将一小球分别以平抛、斜抛及自由落体三种方式抛到同一水平地面. 三种情况下小球重力势能的变化有什么关系？为什么？

2. 一中学生从教学楼的一楼小跑到五楼教室的过程中，其重力势能的变化可能是(　　).

A. 增加60 J　　B. 增加600 J　　C. 减少6 000 J　　D. 减少60 000 J

二、弹性势能

1. 弹性势能

根据已学过的知识知道，像压缩的弹簧、拉伸的橡皮筋、拉开的弓弩等，它们都发生了弹性形变，这时它们都具有能量.

在物理学中，把发生弹性形变的物体而具有的能叫作弹性势能.

2. 弹性势能表达式

由于弹性形变的形式多种多样，比如有纵向形变、体积形变、切变、扭转、弯曲，等等. 其中，纵向形变中的线性形变（形变过程中横截面积不变或近似不变）是最简单的形式. 不同形式的弹性形变决定着不同的弹性势能表达式，因此，弹性形变的多样性就决定弹性势能表达式的复杂性.

这里仅考虑研究学习最简单的线性弹性形变的弹性势能表达式. 设一根劲度系数为 k 的弹簧，在弹性限度内被拉伸 x，如图 1.3.5(a) 所示. 可由弹力做功来寻求这一模型中弹性势能的表达式. 在弹簧逐渐恢复弹性形变的过程中，根据胡克定律可知，弹力遵循线性规律随弹性形变量的减小而逐渐减小，其 $F-X$ 图像如图 1.3.5(b) 所示. 将弹性形变量 x 分成若干相等的足够小的微小段 Δx，每微小段对应的弹力分别近似认为是恒力 F_1、F_2、F_3、…、F_i、F_{i+1}、F_{i+2}…，那么，在弹簧逐渐恢复弹性形变的过程中，弹力所做的功为

$$W_E=F_1\cdot\Delta x+F_2\cdot\Delta x+\cdots+F_i\cdot\Delta x+F_{i+1}\cdot\Delta x+F_{i+2}\cdot\Delta x+\cdots=\frac{1}{2}kx^2$$

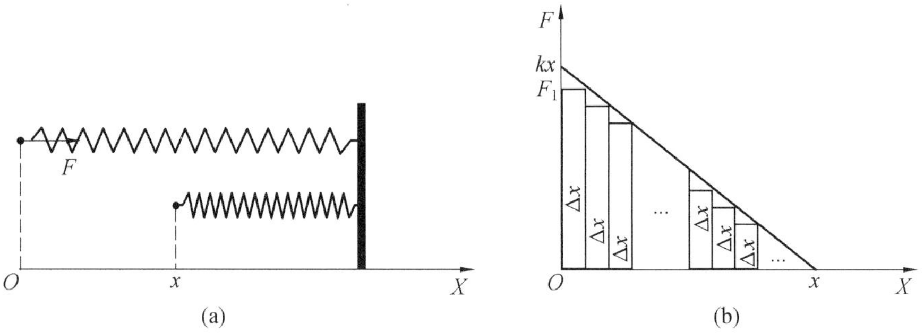

图 1.3.5

这说明弹簧在发生弹性形变量 x 时具有的弹性势能为

$$E_p=\frac{1}{2}kx^2$$

显然，弹性势能不可能有负值.

思考与讨论

1. 仿照重力做功的特点，试着分析说明弹簧弹力做功有什么特点？

2. 在图 1.3.5(a) 所示的模型中，若弹簧的弹性形变不是被拉伸 x 而是被压缩 x，那么其弹性势能表达式应该是怎样的？为什么？

3. 弹力做功与弹性势能的改变

发生弹性形变的弹力与重力有相似之处，都属于保守力，它们做功的特点也很类似. 因此，仿照重力做功与重力势能变化的关系，即可得出弹性形变的弹力做功与弹性势能变化的关系为

$$W_E=-\Delta E_p$$

也就是说，弹性形变的弹力所做的功等于弹性势能变化（增量）的负值，或者说弹性形变的弹力做了多少功，弹性势能就减少多少；克服弹性形变的弹力做了多少功，弹性势能就增加多少.

思考与练习

1. 我国发射的“神舟七号”载人飞船在绕地球 45 圈后成功返航. 在返回舱拖着降落伞下落过程中,其重力做功和重力势能的变化情况是(　　).

A. 重力做正功,重力势能减小　　B. 重力做正功,重力势能增加

C. 重力做负功,重力势能减小　　D. 重力做负功,重力势能增加

2. 一个质量是 0.5 kg 的小球,从 5 m 高处自由落下,着地后反弹起 1 m. 取地面为参考面,且取 $g=10\ \mathrm{m/s^2}$,则(　　).

A. 小球在初、末位置的重力势能分别为 25 J 和−5 J

B. 下落和反弹过程中,重力做功分别为 25 J 和 5 J

C. 由初位置到末位置过程中重力做功 20 J

D. 整个过程中,重力做的功等于末位置重力势能减初位置重力势能

3. 关于弹簧的弹性势能,下列说法中正确的是(　　).

A. 当弹簧变长时,它的弹性势能一定增大

B. 当弹簧变短时,它的弹性势能一定减小

C. 在拉伸长度相同时,劲度系数 k 越大的弹簧,弹性势能越大

D. 弹簧在拉伸时的弹性势能一定大于压缩时的弹性势能

4. 将一高为 0.2 m 的圆柱形杯子盛满水放置在水平地面上,水的质量是 3 kg;将一高同样是 0.2 m 的圆柱形物体放入水中,将有一半水从杯子中溢出. 求水溢出过程中,重力对水做了多少功? ($g=10\ \mathrm{m/s^2}$)

5. 弹弓是一种兵器,也是一种儿童玩具,它由两根橡皮条和一个木叉组成. 拉伸橡皮条的过程中,使其具有一定的弹性势能,放手后橡皮条的弹力做功,将储存的弹性势能转化为石子的动能,使石子以较大的速度飞出,具有一定的杀伤力. 试设计一个实验,求出橡皮条被拉伸到一定长度的过程中,弹力所做的功及橡皮条具有的弹性势能.

1.4　机械能守恒定律与机械效率

· 动能可以转化为势能,势能也可以转化为动能.

· 在只有重力做功或只发生(恢复)弹性形变过程中的弹力做功亦或这两种力同时做功的情况下,物体(系统)的机械能总量保持不变.

· 机械效率总小于 1.

一、机械能守恒定律

1. 动能与势能的相互转化

在空中运动的物体,若只有重力(或阻力小于重力)作用的情况下,下落过程中速度逐渐增大,动能逐渐增加,而重力势能逐渐减少;上升过程中速度逐渐减小,动能逐渐减少,而重力势能逐渐增加. 因此,物体下落过程中,重力势能逐渐转化为动能;物体上升过程中,动能逐渐转化为重力势能.

如图 1.4.1 所示是一个水平方向的弹簧振子,水平面的摩擦很小可以忽略,滑块处在点 O 时弹簧恰为自然长度,滑块能绕点 O 在 A、B 之间做往复运动.

如图 1.4.2 所示是一个竖直方向的弹簧振子,小球处在点 O 时弹簧恰为自然长度伸长状态,小球能绕点 O 在 P、Q 之间做往复运动.

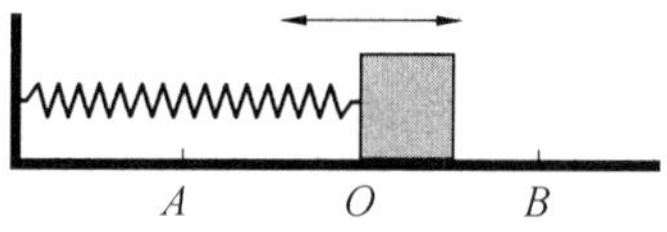

图 1.4.1

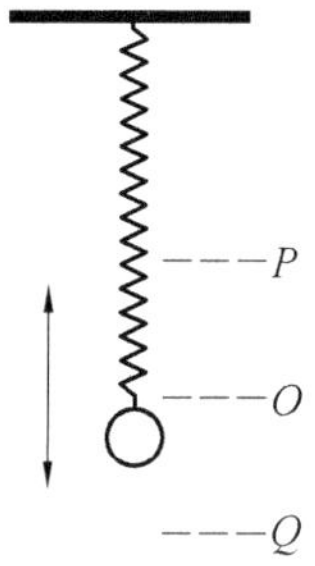

图 1.4.2

思考与讨论

1. 在图 1.4.1 所示的模型中，滑块能绕点 O 在 A、B 之间做往复运动的过程中，弹簧的弹性势能和滑块的动能是怎样变化的？

2. 在图 1.4.2 所示的模型中，滑块能绕点 O 在 P、Q 之间做往复运动的过程中，弹簧的弹性势能、滑块的动能和重力势能是怎样变化的？

实践表明：动能可以转化为势能，势能也可以转化为动能.

2. 机械能守恒定律

(1) 案例推理.

现仅以物体只在重力作用下的运动为例研究机械能守恒问题. 如图 1.4.3 所示，将质量为 m 的小球水平抛出后的运动过程中先后经过 A、B 两点，有关物理量图中已标明. 根据动能定理可得在此过程中重力做的功为

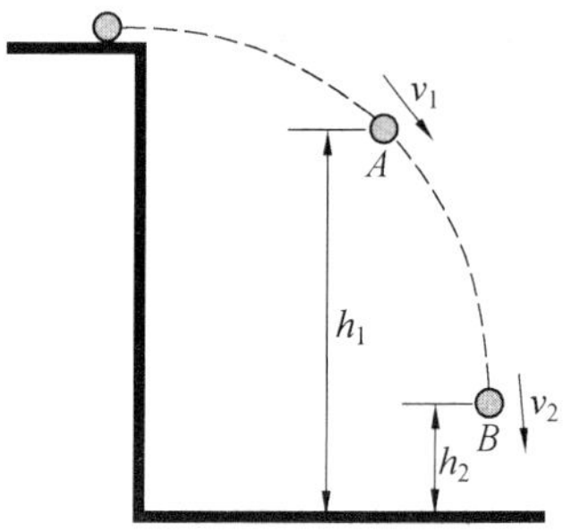

图 1.4.3

$$W_G=\frac{1}{2}mv_2^2-\frac{1}{2}mv_1^2=E_{k2}-E_{k1}$$

这个式子表示重力对小球做的功等于小球下落过程中动能的增加量. 另外，根据重力做功与重力势能的变化关系可知

$$W_G=mgh_1-mgh_2=E_{p1}-E_{p2}$$

这一式子表示重力对小球做的功等于小球下落过程中重力势能的减少量. 由以上两个式子可得

$$\frac{1}{2}mv_2^2-\frac{1}{2}mv_1^2=mgh_1-mgh_2$$

该式子表明小球下落过程中，动能的增加量等于重力势能的减少量. 也就是重力做了多少功，就有多少重力势能转化为动能. 将这一式子变形为

$$\frac{1}{2}mv_2^2+mgh_2=\frac{1}{2}mv_1^2+mgh_1$$

$$E_{k2}+E_{p2}=E_{k1}+E_{p1}$$

这表明，A、B 两点的机械能总量相等.

(2) 准确表述.

在图 1.4.3 的模型中，A、B 两点的选择具有任意性. 因此，平抛运动（所有抛体运动）过程中的任意位置或任意时刻，物体的总机械能都保持不变. 事实上，在图 1.4.1 和图 1.4.2 的模型中，弹簧与滑块或小球组成的系统的总机械能都保持不变.

实践表明：在只有重力做功或只发生（恢复）弹性形变过程中的弹力做功亦或这两种力同时做功的情况下，物体（系统）只发生动能与势能之间的相互转化，且在动能与势能相互转化的过程中，物体（系统）的机械能总量保持不变. 这一结论就是机械能守恒定律.

思考与讨论

1. 在图 1.4.1(或图 1.4.2)所示的模型中,滑块能绕点 O 在 A、B(或 P、Q)之间做往复运动的过程中,不计水平面的摩擦. 若 $OA=OB$(或 $OP=OQ$),滑块在点 A(或 P)时速度恰为零,那么滑块在点 B(或 Q)时的速度是多少? 为什么?

2. 根据利用图 1.4.3 的模型推理机械能守恒定律的过程,试总结利用机械能守恒定律处理实际问题的一般步骤.

二、机械效率

发明机械的目的是为了代替人们做功,甚至完成超越人力可为的工作. 但使用机械并不会省功,反而会增加一些不愿做但又不得不做的额外功. 因此,设计和使用机械时,常常需要考虑机械效率这样一个概念.

大量实践已经证明:使用任何机械过程中,动力对机械所做的功即总功($W_{总}$)都等于机械克服阻力所做的功($W_{阻}$). 其中,机械克服阻力所做的功($W_{阻}$)包括克服有用阻力所做的有用功($W_{有用}$)和克服无用阻力(额外阻力)所做的额外功($W_{额外}$)两部分,即 $W_{总}=W_{有用}+W_{额外}$. 同样,动力所做功的总功率($P_{总}$)也等于机械克服有用阻力做功的有用功率 $P_{有用}$ 与克服无用阻力(额外阻力)做功的额外功率($P_{额外}$)之和,即 $P_{总}=P_{有用}+P_{额外}$. 因此,机械效率可表示为

$$\eta=\frac{W_{有用}}{W_{总}}\times100\%=1-\frac{W_{额外}}{W_{总}}\times100\%=\frac{P_{有用}}{P_{总}}\times100\%=1-\frac{P_{额外}}{P_{总}}\times100\%$$

从这一式子可以看出,机械效率总小于 1.

思考与讨论

1. 功率越大的机械,其机械效率是否就越高? 为什么?

2. 设计机械时,尽量地减小额外阻力,能否将机械效率提高到 100%? 为什么?

思考与练习

1. 下列说法正确的是(　　).

A. 物体的机械能守恒时,一定只受重力和弹力的作用

B. 物体处于平衡状态时,机械能一定守恒

C. 物体除受重力外还受其他力的作用,其机械能也可能守恒

D. 若物体的动能和重力势能之和增加,则必定有重力之外的力对物体做功

2. 一根原长为 L 的轻质弹簧自然竖直悬挂着,今将一质量为 m 的物体挂在弹簧下端,用手托住将其缓慢放下,最终静止在平衡位置. 在此过程中系统(　　).

A. 减少的重力势能大于增加的弹性势能

B. 减少的重力势能等于增加的弹性势能

C. 减少的重力势能小于增加的弹性势能

D. 机械能增加

3. 以 10 m/s 的初速度从 10 m 高的塔上抛出一石子,不计空气阻力,分别用机械能守恒定律和动能定理求石子落地时的速度大小.

4. 如图 1.4.4 所示，一根长为 1 m 可绕 O 轴在竖直平面内无摩擦转动的轻杆 AB，已知 $OA=0.6$ m，$OB=0.4$ m. 现将质量相等的两个小球分别固定在 A、B 两端由水平位置自由释放，求轻杆转到竖直位置时两球的速度大小.

5. 以前，我国北方常用辘轳将水从深井里提上来，如图 1.4.5 所示. 辘轳的摇柄长为 30 cm，轴直径为 10 cm，吊桶的质量为 2 kg，桶里最多可装 15 kg 的水，若不计摩擦，那么：

(1) 当吊桶分别装满水和只装半桶水时匀速提水，辘轳的效率分别是多少？

(2) 根据上面的计算结果分析，提出改进吊桶以提高辘轳的效率的方法.

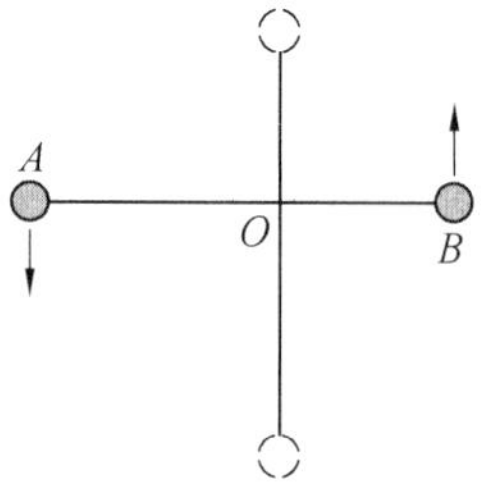

图 1.4.4

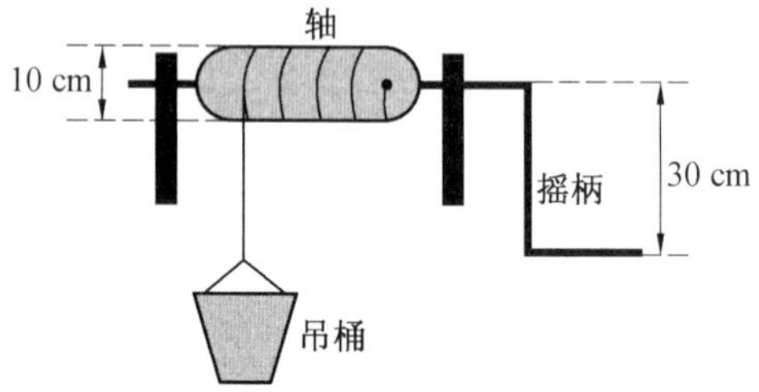

图 1.4.5

1.5 能量守恒定律与能源

· 能量守恒定律科学地阐明了运动不灭的观点.

· 第一类永动机违背了热力学第一定律或能量守恒定律，而第二类永动机违背了热力学第二定律或卡诺定理.

· 能量的转化或转移具有方向性.

一、能量守恒定律

1. 几种表述

宇宙中存在各种形式的能，每种能都与相应的运动方式相联系，各种形式的能之间能够相互转化或转移，在转化或转移的过程中遵循能量守恒定律.

能量守恒定律是自然界普遍的基本定律之一，也是 19 世纪自然科学的三大发现之一. 能量守恒定律的发现是人类对自然科学规律的认识逐步积累到一定程度的必然结果，它科学地阐明了运动不灭的观点.

能量守恒定律一般表述为：能量既不会凭空产生，也不会凭空消失，它只会从一种形式转化为另一种形式，或者从一个物体转移到其他物体，而能量的总量保持不变.

能量守恒定律也可以表述为：一个系统的总能量的改变只能等于传入或者传出该系统的能量的多少. 总能量为系统的机械能、内能（热能），以及除机械能和内能以外的任何形式的能量的总和.

如果一个系统处于孤立环境，即不可能有能量或质量传入或传出系统. 对于此情形，能量守恒定律表述为：孤立系统的总能量保持不变.

2. 发现过程

能量守恒定律的提出必须建立在三个基础之上，即：一是对热的本质的正确认识，二是对物质运动的各种形式之间的转化的发现，三是相应的科学思想. 而到 19 世纪，这三个条件都具备了.

从 18 世纪末到 19 世纪中叶这段时期里，人类在积累的经验和大量的生产实践、科学实验基础上建立了热力学第一定律. 能量守恒定律发现于 19 世纪 40 年代，它是在 5 个国家、由各种不同职业的 10 余位科学家从不同侧面各自独立发现的. 在此过程中，英国物理学家 J. 焦耳和德国医生 J. 迈尔，以及德国科学家亥姆霍兹做出了重要贡献，他们各自通过独立的研究得出了相同的结论.

1840 年起，焦耳做了大量有关电流热效应和热功当量方面的实验（见焦耳热功当量实验），于 1840—

1845 年间陆续发表了《论伏打电池所生的热》《电解时在金属导体和电池组中放出的热》《论磁电的热效应及热的机械作用》,以及《论由空气的胀缩所产生的温度变化》等文章. 他通过各种精确的实验,直接求得了热功当量的数值,其结果的一致性,给能量守恒定律奠定了坚实的实验基础.

1842 年迈尔在《论无机界的力》一文中,曾提出了机械能和热量的相互转换原理,并由空气的定压比热容同定容比热容之差计算出热功当量的数值. 1845 年出版的《论有机体的运动和新陈代谢》一书,详细地描述了运动形式转化的 25 种情况.

1847 年德国科学家亥姆霍兹发表了著作《论力的守恒》,提出了一切自然现象都应该用中心力相互作用的质点的运动来解释,由此证明了活力与张力之和对中心力守恒的结论. 进而讨论了热现象、电现象、化学现象与机械力的关系,并指出把“力的守恒”原理运用到生命机体中去的可能性. 由于亥姆霍兹的论述方式很有物理特色,故其影响要比迈耳和焦耳大.

在这段历史时期内,各国的科学家之所以能独立地发现能量守恒定律,是由于当时的生产条件所决定的. 从 18 世纪初到 18 世纪后半叶,蒸汽机的制造、改进和在英国炼铁业、纺织业中的广泛采用,以及对热机效率、机器中摩擦生热问题的研究,大大促进了人们对能量转化规律的认识.

3. 否定永动机

在能量守恒定律建立之前的很长一段时期以及能量守恒定律建立之后的一定时期内,都有很多学者和科学家热衷于永动机的研究和研制工作.

永动机的概念发端于印度,在 12 世纪传入欧洲,13 世纪,人们开始萌发制造永动机的愿望. 据记载欧洲最早、最著名的一个永动机设计方案是 13 世纪时,由法国 V. 亨内考提出来的. 随后,研究和发明永动机的人不断涌现. 但随着对永动机不可能性的认识,一些国家的专利局决定不再受理发明永动机的专利申请.

15 世纪,伟大的艺术家、科学家和工程师达 · 芬奇投入到了永动机的研究工作. 1475 年,达 · 芬奇认真总结了历史上的失败教训,得出一个重要结论:“永动机是不可能造成的.”

1673 年,C. 惠更斯在《摆式时钟》一书中反映了这种观点. 把伽利略关于斜面运动的研究成果运用于曲线运动,从而得出结论:在重力作用下,物体绕水平轴转动时,其质心不会上升到它下落时的高度之上. 因而得出用力学方法不可能制成永动机的结论.

历史上运用“永动机是不可能制成”的这一原理在科研上取得辉煌成就的是法国青年科学家卡诺.

1824 年卡诺推出“卡诺定理”(实质可认为是热力学第二定律),彻底地否定了制造永动机的可能性.

历史上的永动机设计以能量守恒定律的建立为分水岭,通常分为两种类型,即第一类永动机和第二类永动机.

第一类永动机是能量守恒定律建立以前设计的,这类永动机的设计意图是不消耗任何能量,却可以源源不断地对外做功. 如图 1.5.1 所示是两种典型的第一类永动机模型,这类永动机之所以失败,就是因为其违背了热力学第一定律或能量守恒定律.

图 1.5.1

第二类永动机是能量守恒定律建立之后而卡诺定理建立之前设计的,这类永动机的设计意图是能够从单一热源吸收热量,并能将这些热量完全用来做有用功而不会产生其他任何影响. 图 1.5.2 所示的是一种第二类永动机模型,这类永动机之所以失败,就是因为其违背了热力学第二定律或卡诺定理.

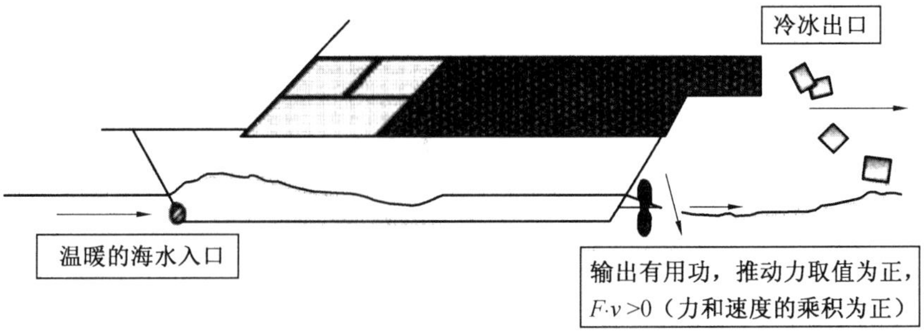

图 1.5.2

二、能量转化或转移的方向性

能量守恒定律指出，能量不能创生也不能消灭，只能由一个物体转移到另一个物体或从一种形式转化为另一种形式. 但事实上，各种各样的能量最终都转化为内能，且有相当大的一部分耗散在了浩瀚的宇宙中.

但是，为什么热量只能从高温物体传递到低温物体，却不能从低温物体传递到高温物体呢？又为什么机械能、电能等其他形式的能都能够完全转化为内能，但内能却不能完全转化为机械能、电能等其他形式的能呢？

卡诺定理指出，热机的效率

$$\eta=1-\frac{Q_2}{Q_1}=1-\frac{T_2}{T_1}$$

总是小于 1 的. 这说明内能不可能无条件地完全转化为其他形式的能或完全用来做有用功. 也就是说，能量的转化或转移具有方向性.

在卡诺定理的基础上，热力学第二定律逐渐建立起来了. 热力学第二定律有两种典型的表述，也就是所谓的克劳修斯表述和开尔文表述.

（1）克劳修斯表述：热量不可能从低温物体传递到高温物体而不引起其他变化.

（2）开尔文表述：不可能从单一热源吸收热量并使之完全用来做有用功而不引起其他变化.

三、能源开发与可持续发展

由于能量转化和转移的方向性，耗散在宇宙中的能量不复应用. 因此，提高能源利用率、有计划有步骤的合理开发利用能源、拓展新型能源等已经成为全球可持续发展战略的共识.

1. 热机效率的提高

瓦特时期的蒸汽机，按燃料热值计总效率不超过 3%；到 1840 年，最好的凝汽式蒸汽机总效率可达 8%；到 20 世纪，蒸汽机最高效率可达到 20% 以上. 内燃机的热能利用率高，增压柴油机的最高效率可达 46%.

蒸汽轮机的全称叫蒸汽涡轮发动机（Steam turbine）是一种撷取（将水加热后形成的）水蒸气之动能转换为涡轮转动的动能的机械. 相较于原来由詹姆斯 · 瓦特改进的单级往复式蒸汽机，涡轮蒸汽机大幅改善了热效率，并能提供更大的功率，它几乎完全取代了往复式蒸汽机. 涡轮蒸汽机特别适用于火力发电和核能发电，世界上大约 80% 的电是利用涡轮蒸汽机产生的.

燃气轮机（Gas Turbine）是以连续流动的气体为工作物质带动叶轮高速旋转，将燃料的能量转变为有用功的内燃式动力机械，是一种旋转叶轮式热力发动机.

燃气-蒸汽轮机，是把燃气轮机和蒸汽轮机联合在一起的装置，有时也简称为联合循环. 20 世纪中叶，才开始有实用的联合循环动力装置. 发展联合循环的关键是要研制出高温、高性能、大功率的燃气轮机. 为了适应石油短缺的形势，在燃气轮机中有效烧煤也是一项关键技术. 世界各先进工业国家均已有定型联合循环机组产品，最高效率已达 47% 以上.

热机的效率要提高 1% 都是非常困难的,而联合循环却只要把燃气轮机和蒸汽轮机结合起来就可以大幅度节约能源.

2. 合理开发利用矿物质能源

目前,由动植物残骸历经几十万年才能形成的煤、石油、天然气等矿物质能源还是人类有效利用的主要能源. 但是,随着国际工业化的大规模建设,这些矿物质能源必将逐渐匮乏. 同时,矿物质能源的利用造成的废水、废气对环境的影响也日趋严重. 因此,很多国家都出台紧缩矿产物质能源开采、规范合理应用矿物质能源的相关政策和措施.

核能(原子能)利用在一个相当长的时期内,都将是国防工业和国防科技发展的重要手段,在维护世界和平中起着举足轻重的作用. 但是,核能的开发与应用也会带来严重的负面效应. 核废料的处理是相当棘手的问题,同时,稍有不慎就会造成核泄漏,对环境污染造成极为严重的后果. 因此,合理开发和应用核能是国际社会最为关注的问题之一.

3. 拓展绿色能源

(1) 太阳能发电.

太阳能发电是利用太阳能转化为电能,太阳能发电分光热发电和光伏发电. 不论产销量、发展速度和发展前景,光热发电都赶不上光伏发电. 通常所说的太阳能发电往往指的就是太阳能光伏发电,简称光伏电,也称光电.

光伏发电是利用太阳能电池将太阳光能直接转化为电能. 不论是独立使用还是并网发电,光伏发电系统都主要由太阳能电池板、控制器和逆变器三大部分组成,它们主要由电子元器件构成,不涉及机械部件. 所以,光伏发电设备极为精炼,可靠稳定、寿命长、安装维护简便. 理论上讲,光伏发电技术可以用于任何需要电源的场合,上至航天器,下至家用电源,大到兆瓦级电站,小到玩具,光伏电源无处不在.

太阳能电池实际就是晶体硅电池(国产晶体硅电池效率在 10% 至 13% 左右,国外同类产品效率约 12% 至 14%),由一个或多个太阳能电池片组成的太阳能电池板称为光伏组件.

(2) 风力发电.

风力发电是利用风能转化为电能,风力发电简称风电.

风能是一种清洁无公害的可再生能源,而且它取之不尽,用之不竭. 风能很早就被人们利用,但主要是通过风车来抽水、磨面等.

我国风能资源丰富,可开发利用的风能储量约10^9 kW,其中,陆地上风能储量约 2.53×10^8 kW,海上可开发和利用的风能储量约 7.5×10^8 kW.

海上风电是可再生能源发展的重要领域,是推动风电技术进步和产业升级的重要力量,是促进能源结构调整的重要措施. 加快海上风电项目建设,对于促进沿海地区治理大气雾霾、调整能源结构和转变经济发展方式具有重要意义.

(3) 水力发电.

水力发电是利用水的重力势能转化为电能,水力发电简称水电. 水电是既廉价又无污染的电力,我国绝大部分电力都是水电.

1882 年,美国威斯康星州首先记载应用水力发电. 到如今,水力发电的规模从第三世界乡间所用几十瓦的微小型,到大城市供电用几百万瓦的都有.

2010 年,我国水电装机规模达到 2.11×10^8 kW,新增核准水电规模 1.322×10^7 kW,在建规模 7.7×10^7 kW,到 2020 年装机容量达到 3.8×10^8 kW.

贵州水力资源丰富,目前已拥有的装机容量在 5×10^5 kW 以上的大型水电站就有 10 多座,是国家实行"西电东送"战略的主要供电省份.

思考与练习

1. 如图 1.5.3 所示是一种永动机的设计图,其设计的原理是:导管内的水流下来冲动小轮,并用皮带使小轮带动大轮转动，于是拖动水斗将水提上去，水又从导管上端流下再带动小轮……，这样就可循环不已. 试根据这一永动机的原理回答下列问题：

（1）这一永动机是属于第一类永动机还是第二类永动机？为什么？

（2）这一永动机能按照其设计思路正常工作吗？为什么？

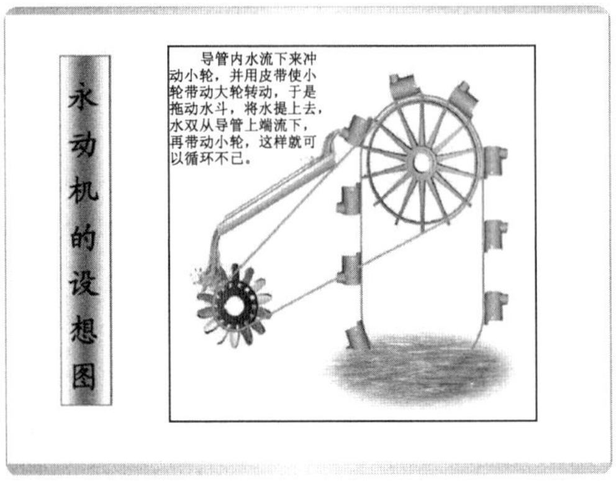

图 1.5.3

2. 搜索相关材料或信息，了解一下我国在太阳能发电、风力发电和水力发电的开发与应用现状.

3. 搜索相关材料或信息，了解一下我国在节能减排方面的重要举措和实施现状.

第 2 章　抛体运动

2.1　运动的合成与分解

· 曲线运动是变速运动.
· 当物体的加速度方向和速度方向不在一条直线上时,物体就做曲线运动.
· 任何一个复杂的运动都可以分解为若干对相互独立的分运动.
· 当物体的合加速度方向跟合速度方向在一条直线上时,物体的合运动是直线运动.

描述机械运动的基本物理量中,速度、位移和加速度是矢量. 因此,所谓运动的合成与分解,就是指对一个物体同时参与的两个或多个独立运动的速度、位移及加速度的合成与分解.

一、曲线运动

我们已经知道,直线运动就是物体的运动轨迹是直线的运动. 因此,类似地,物体的运动轨迹是曲线的运动就是曲线运动. 曲线运动是最为广泛的机械运动,比如本书中即将学习的平抛运动、斜抛运功、圆周运动等就是一些简单而典型的曲线运动.

1. 曲线运动的位移和速度

如图 2.1.1 所示是一物体由点 O 沿曲线经点 A 的运动,这一运动实际可看成是物体在水平方向的分运动与竖直方向的分运动的合成,或者说这一运动可以分解成水平方向的分运动和竖直方向的分运动. 其中,物体从点 O 到点 A 的位移为有向线段 OA,其大小为

$$s_{OA}=\sqrt{x_A^2+y_A^2}$$

物体在点 A 的速度方向为该点的切线方向,速度大小为

$$v_A=\sqrt{v_{Ax}^2+v_{Ay}^2}$$

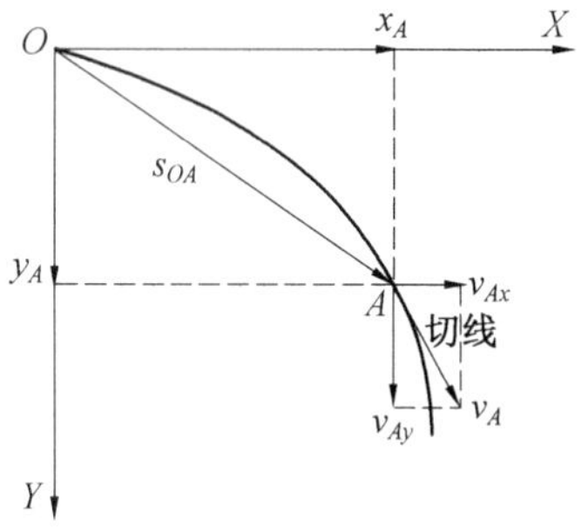

图 2.1.1

2. 曲线运动的条件

由于速度是矢量,既有大小,又有方向. 因此,不论是速度的大小发生改变还是速度的方向发生改变,都表示速度矢量改变,也就是有加速度. 所以,曲线运动是变速运动.

那么物体在什么条件下做曲线运动呢?

实验与观察

如图 2.1.2 所示,小钢球在水平桌面上做直线运动的过程,在其侧面放一条形磁铁. 观察小钢球的运动轨迹将发生怎样的变化?

实验表明:当物体的受力方向跟它运动的速度方向不在同一条直线上时,物体就做曲线运动.

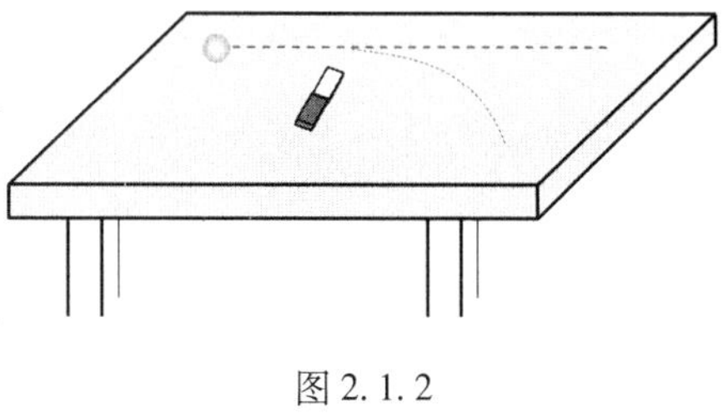

图 2.1.2

根据牛顿第二定律,物体的加速度方向跟其受力方向是一致的. 因此,当物体的加速度方向跟速度方向不在一条直线上时,物体就做曲线运动.

二、运动的独立性原理

在图 2. 1. 1 所示的运动中，物体在水平方向的运动规律为

$$\begin{cases}x=f'(t)\\v_x=\varphi'(t)\end{cases}$$

与竖直方向的运动规律

$$\begin{cases}y=f''(t)\\v_y=\varphi''(t)\end{cases}$$

是互不影响、相互独立的. 这就是运动的独立性原理.

运动的独立性原理可以通过实验来证明. 如图 2. 1. 3 所示的 A、B 两个小球的运动，在竖直方向均做自由落体运动，在倾斜方向均做匀速直线运动.

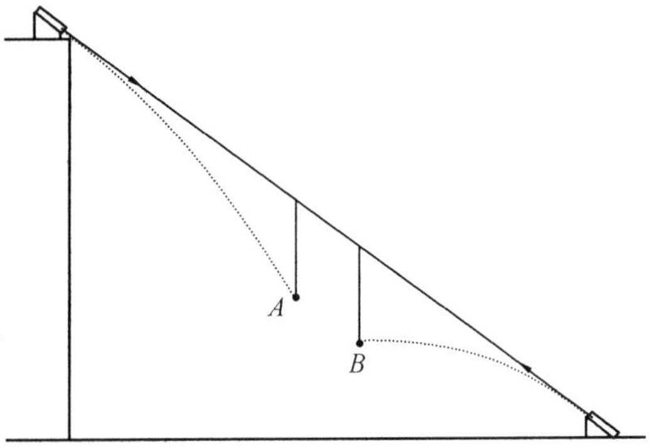

图 2. 1. 3

事实上，任何一个复杂的运动都可以分解为若干对相互独立的分运动.

三、合运动的特点

两个运动的合运动满足什么条件是直线运动呢？这关键取决于它们的合加速度与合速度是否在同一条直线上.

理论与实践证明：只有当两个运动的合加速度与合速度在同一条直线上时，它们的合运动才是直线运动.

思考与练习

1. 若将图 2. 1. 3 所示的 A、B 两小球的运动均沿水平方向和竖直方向分解，那么，它们的水平分运动和竖直分运动将分别是什么性质的运动？它们的加速度分别是多大？

2. 下列的合运动一定是直线运动的是(　　).

A. 两个匀速直线运动的合运动

B. 两个匀加速直线运动的合运动

C. 两个初速度为零的匀加速直线运动的合运动

D. 一个匀速直线运动与一个匀加速直线运动的合运动

3. 一只猴子一只手抓着树枝(图 2. 1. 4)，一个猎人举枪瞄准猴子，在猎人开枪的瞬间，猴子松手了(猎人在树下，枪与地面成一个角度). 问：

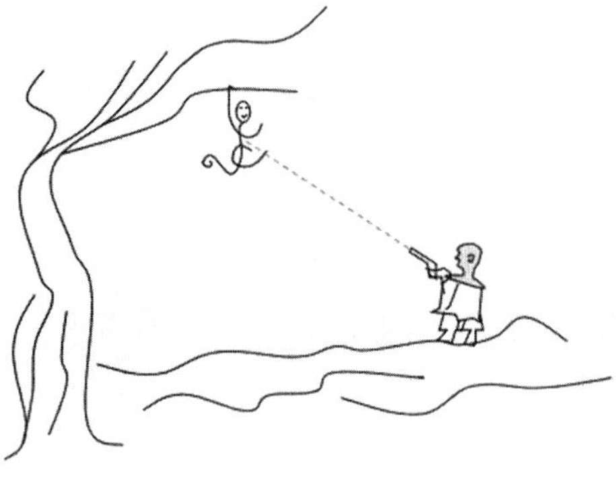
图 2. 1. 4

(1)猴子和子弹在竖直方向和水平方向分别做什么性质的运动？

(2)猎人能否击中猴子？如何证明？

4. 匀加速直线运动 $s=v_0t+\dfrac{1}{2}at^2$ 通常是由哪两个运动合成的？

2.2　竖直抛体运动

· 抛体运动的加速度是重力加速度.

· 抛体运动是理想化模型，实际生活中的案例都只是近似化处理.

·竖直上抛运动的两个重要对称关系：同一路程，上升时间与下落时间相等；同一位置，上升速率与下落速率相等.

什么是抛体运动？这里先对抛体运动这个本章都要涉及的重要的共同概念做一些说明.

所谓抛体运动，就是指以一定的初速度抛出，且在运动过程中只受到重力作用的运动. 抛体运动的加速度与自由落体运动的加速度一样，都是重力加速度，因此，抛体运动是匀变速运动. 抛体运动是理想化模型，实际生活中的案例都只是近似化处理.

根据初速度方向的不同，可将抛体运动分为竖直抛体运动、平抛运动和斜抛运动. 其中，竖直抛体运动又分为竖直上抛运动和竖直下抛运动，而斜抛运动又分为斜上抛运动和斜下抛运动. 本节研究竖直抛体运动.

一、竖直下抛运动

初速度方向竖直向下的抛体运动就称为竖直下抛运动，如图 2. 2. 1 所示. 竖直下抛运动是最简单的抛体运动，实际上就是初速度不为零的匀加速直线运动.

1. 特点

(1) 初速度方向竖直向下；

(2) 运动过程中只受重力.

2. 规律

(1) 位移：$h=v_0t+\frac{1}{2}gt^2$.

(2) 速度：$v_t=v_0+gt$.

(3) 推论：$v_t^2=v_0^2+2gh$.

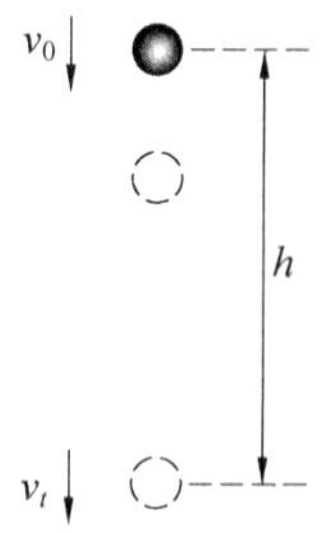

图 2. 2. 1

竖直下抛运动与自由落体运动有何异同？

例 1　将一小球以 $v_0=10$ m/s 的初速度从 $h=40$ m 的高楼顶竖直向下抛出，重力加速度 $g=10$ m/s^2. 求：

(1) 小球落到地面需要的时间 $t=$？

(2) 小球落到地面时的速度 $v_t=$？

二、竖直上抛运动

初速度方向竖直向上的抛体运动就称为竖直上抛运动，如图 2. 2. 2 所示. 竖直上抛运动是一种往返式的匀减速直线运动，分析其运动情况时要特别注意速度和位移的正负问题.

1. 特点

(1) 初速度方向竖直向上；

(2) 运动过程中只受重力.

2. 规律

(1) 位移：$h=v_0t-\frac{1}{2}gt^2$.

(2) 速度：$v_t=v_0-gt$.

(3) 推论：$v_0^2=2gh_{m上升}$；$t_{m上升}=\frac{v_0}{g}$.

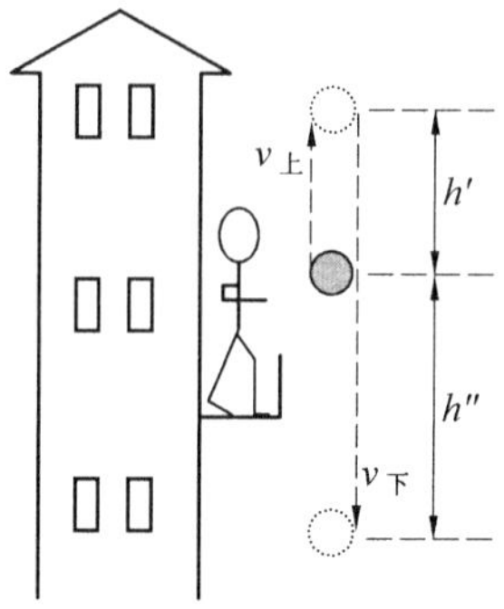

图 2. 2. 2

3. 对称关系

(1) 同一路程，上升时间与下落时间相等，即 $t_{上升}=t_{下落}$.

(2) 同一位置，上升速率与下落速率相等，即 $v_{上升}=v_{下落}$.

例 2　在一高楼的阳台外用气枪以 $v_0=30$ m/s 竖直向上发射一枚铅弹，重力加速度 $g=10$ m/s^2. 求：

(1) 2 s 时铅弹的速度、速率、位移分别是多少？

(2)4 s时铅弹的速度、速率、位移分别是多少?

(3)8 s内的位移和路程分别是多少?

思考与练习

1. 如图2.2.3所示,以10 m/s匀速上升的空气球下方用长度可忽略的细线吊着一小铅球,某时刻细线突然断裂.若小铅球重力对空气球运动影响忽略不计,重力加速度为10 m/s^2,那么,求:

(1)小铅球上升到最高位置时,两球之间的距离是多大?

(2)经8 s时,小铅球的速度是多大?此时两球之间的距离是多大?

2. 如图2.2.4所示,A、B两小球分别从地面和高空以一定的初速度同时向上或向下抛出.已知:v_{OA}=20 m/s,v_{OB}=10 m/s,小球B初始时刻离地面高为h_B=40 m,重力加速度g=10 m/s^2.求:

(1)两小球能否在空中相遇?

(2)两小球经多长时间在空中相遇?

(3)两小球在空中相遇时它们的速度分别是多少?

(4)从初始时刻到两小球在空中相遇的过程中,它们通过的路程分别是多少?

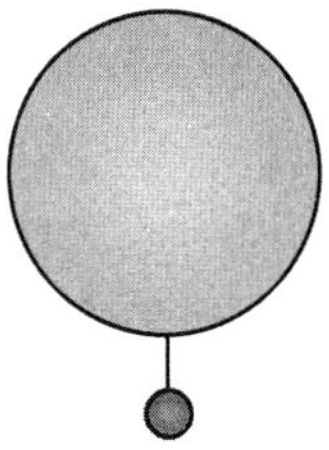

图2.2.3

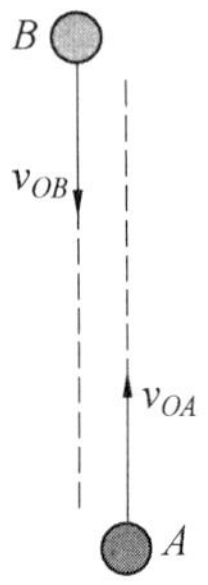

图2.2.4

2.3 平抛运动

· 初速度方向为水平方向的抛体运动就称为平抛运动.

· 平抛运动可看成是水平方向的匀速直线运动和竖直方向的自由落体运动的合运动.

· 斜面上的平抛运动可以看成是沿斜面向下的初速度不为零的匀加速直线运动和垂直斜面向上的往返式匀减速直线运动的合运动.

如图2.3.1所示,初速度方向为水平方向的抛体运动就称为平抛运动.平抛运动是最重要的抛体运动,是抛体运动中的核心模型.

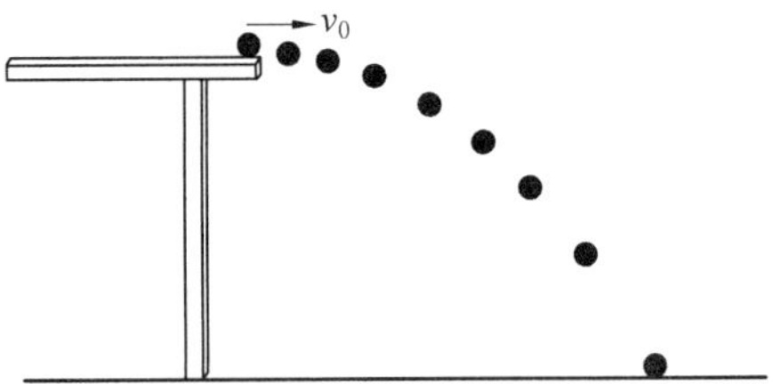

图2.3.1

一、实验探究

探究平抛运动的规律

仔细观察图2.3.2所示的两个实验现象,并思考下列问题:

(1)描述出图(a)中的实验现象,这一现象说明平抛运动的物体具有怎样的运动特征?

(2)描述出图(b)中的实验现象,这一现象说明平抛运动的物体具有怎样的运动特征?

实验表明:平抛运动的物体,在竖直方向做自由落体运动,在水平方向做匀速直线运动.

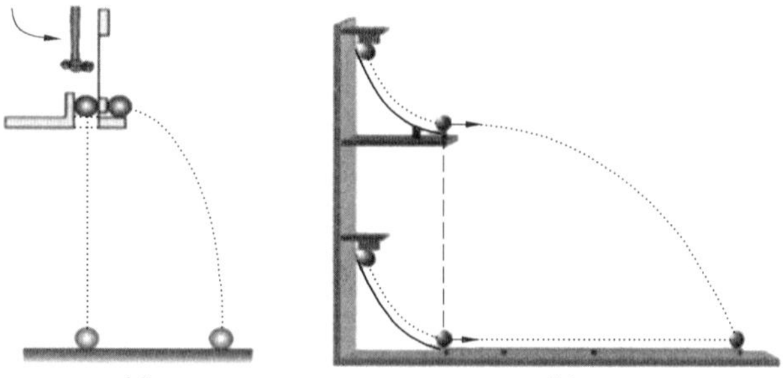

图 2.3.2

二、平抛运动的规律

平抛运动可看成是水平方向的匀速直线运动和竖直方向的自由落体运动的合运动，因此，可将平抛运动沿水平方向和竖直方向进行分解. 如图 2.3.3 所示，将一物体以初速度 v_0 从点 O 水平抛出，经过时间 t 到达点 A，那么速度规律为

$$\begin{cases} v_x = v_0 \\ v_y = gt = \sqrt{2gs_y} \\ v = \sqrt{v_x^2 + v_y^2} \end{cases}$$

位移规律为

$$\begin{cases} s_x = v_0 t \\ s_y = \dfrac{1}{2}gt^2 \\ s = \sqrt{s_x^2 + s_y^2} \end{cases}$$

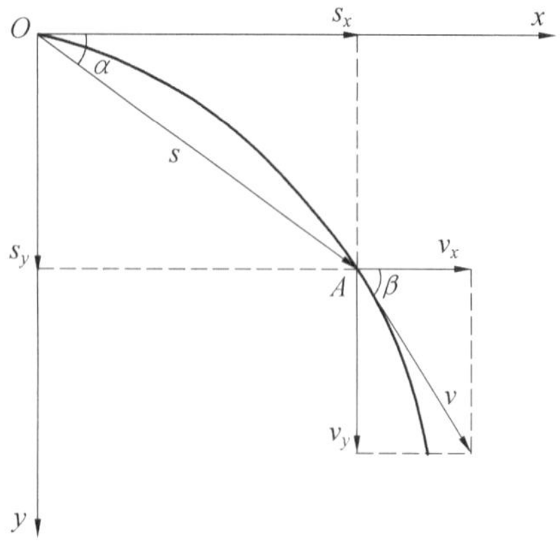

图 2.3.3

位移偏向角 α 与速度偏向角 β 的大小以及它们之间的关系满足

$$\tan\alpha = \frac{s_y}{s_x} = \frac{gt}{2v_0}, \tan\beta = \frac{v_y}{v_x} = \frac{gt}{v_0}$$

即

$$\tan\beta = 2\tan\alpha$$

思考与讨论

图 2.3.4 是研究平抛运动的两幅备用频闪照片，仔细观察并思考下列问题：

1. 说出它们有什么共同特征？又有什么区别？

2. 哪一幅能很好地说明平抛运动具有什么样的运动规律？另一幅说明了什么抛物运动？具有什么样的运动规律呢？

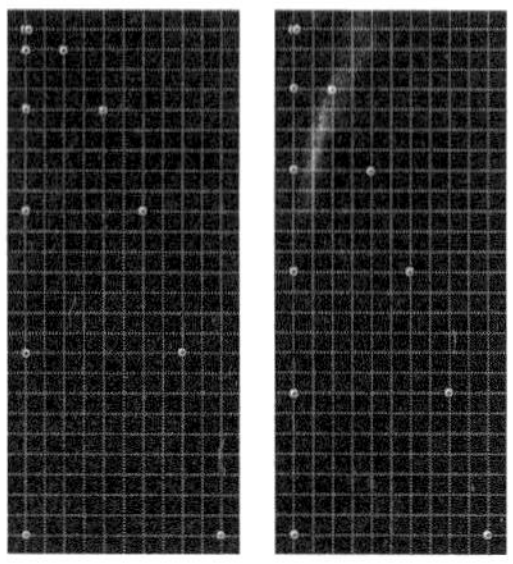
图 2.3.4

例 1　如图 2.3.5 所示，一人骑自行车欲穿过宽度 $d=2$ m 的壕沟. 若壕沟两沟沿的高度差 $h=0.4$ m，那么车速至少多大才能安全穿越？（取 $g=10$ m/s^2）

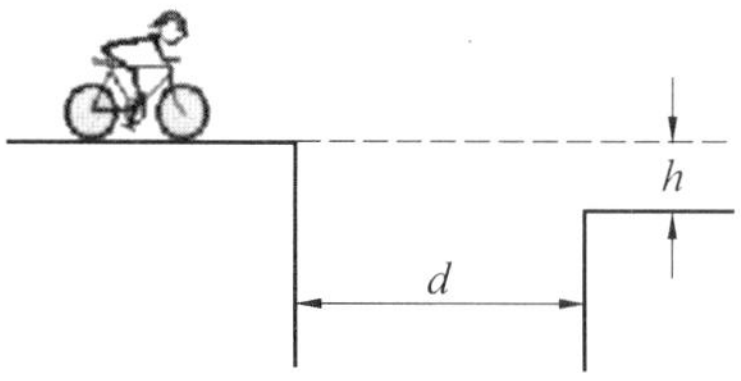

图 2.3.5

三、平抛运动的一种典型分解

如图 2. 3. 6 所示，将一物体以初速度 v_0 从倾角为 θ 的斜面上的点 O 水平抛出，经过一定的时间落到斜面上的点 A. 现将初速度 v_0 和重力加速度 g 均沿斜面和垂直斜面进行分解，即

$$\begin{cases} v_{0x}=v_0\cos\theta \\ v_{0y}=v_0\sin\theta \end{cases}$$

以及

$$\begin{cases} g_x=g\sin\theta \\ g_y=g\cos\theta \end{cases}$$

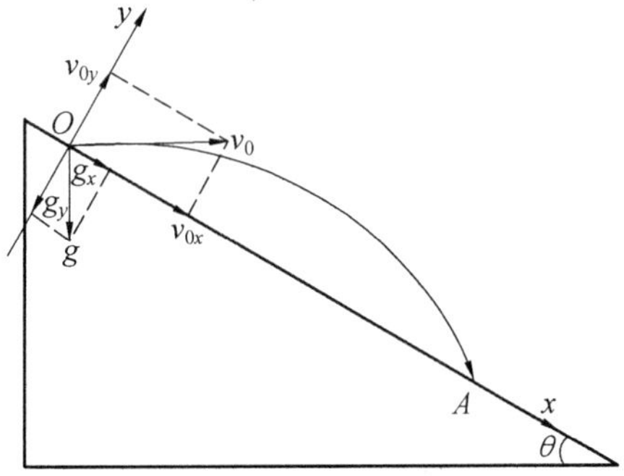

图 2. 3. 6

容易看出，物体的这一平抛运动可以看成是沿斜面向下的初速度不为零的匀加速直线运动和垂直斜面向上的往返式匀减速直线运动的合运动. 可以计算(如何计算?)出：

物体运动的时间为

$$t=\frac{2v_0\tan\theta}{g}$$

物体离开斜面的最大距离为

$$d_m=\frac{v_0^2\sin\theta\tan\theta}{2g}$$

物体运动的始末位置之间的位移为

$$s_x=\frac{2v_0^2\sin\theta(1+\tan^2\theta)}{g}$$

物体落在斜面上时的速度与斜面之间的夹角为

$$\alpha=\arc 2\tan\theta-\theta$$

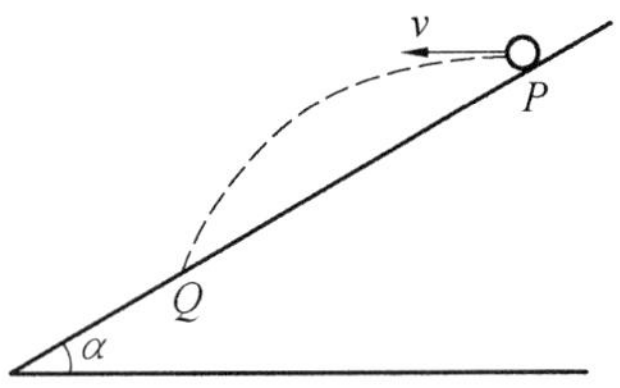

图 2. 3. 7

例 2 如图 2. 3. 7 所示，在倾角为 α 的斜面上的点 P，以大小为 v 的水平速度抛出一小球，经一段时间后落在斜面上的点 Q. 求小球刚落在点 Q 时的速度大小.

思考与练习

1. 关于平抛运动，下列说法中正确的是(　　).

A. 是匀加速曲线运动　　B. 是变加速曲线运动

C. 任意两段时间内速度变化的方向相同　　D. 任意相等时间内速度变化相等

2. 平抛运动的物体，其竖直方向的速度 v_y(取向下为正方向)随时间变化的图像是(　　).

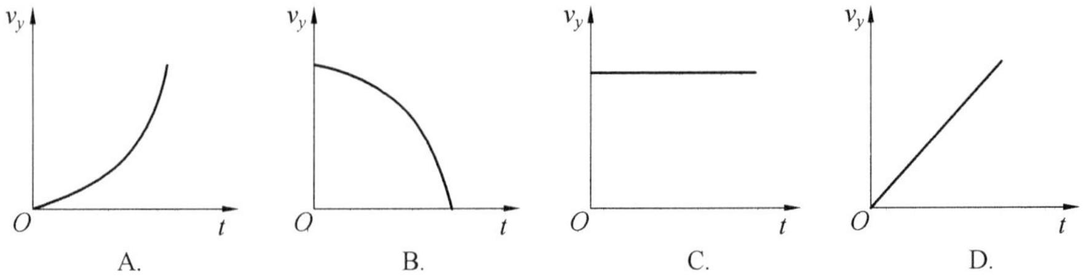

3. 如图 2.3.8 所示，以 $v_0=9.8\ \text{m/s}$ 的初速度水平抛出的物体，飞行一段时间后垂直地撞在倾角 $\theta=30°$ 的斜面上. 那么，物体完成这段飞行的时间是(　　).

A. $\frac{\sqrt{3}}{3}$ s　　B. $\frac{2\sqrt{3}}{3}$ s　　C. $\sqrt{3}$ s　　D. 2 s

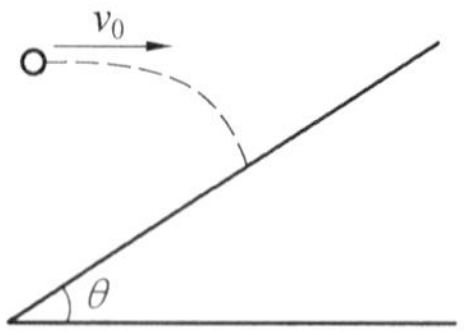

图 2.3.8

4. 如图 2.3.9 所示，在"探究平抛运动规律"的实验中，可以描绘出小球做平抛运动的轨迹. 实验简要步骤如下：

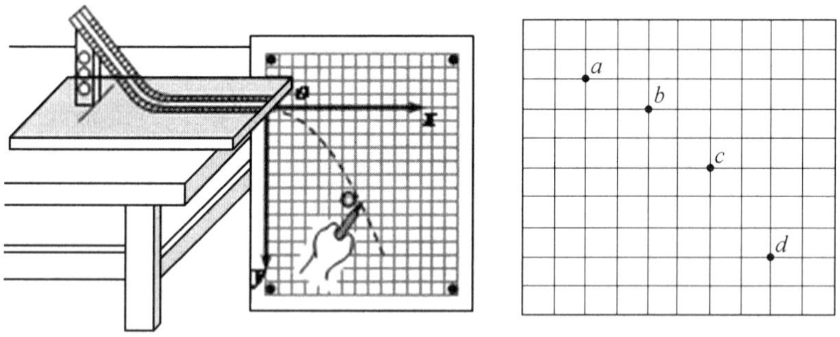

图 2.3.9

A. 让小球多次从________位置滚下，在一张印有小方格的纸上记下小球碰到铅笔笔尖的一系列位置，如图中 a、b、c、d 所示.

B. 按图安装好器材，注意________，记下平抛初始位置点 O 和过点 O 的竖直线.

C. 取下小方格纸，以点 O 为原点、竖直线为 y 轴建立直角坐标系，用平滑曲线画出小球做平抛运动的轨迹.

(1) 完成上述步骤，将正确的答案填在相应的横线上.

(2) 上述实验步骤的合理顺序是________.

(3) 已知图中小方格的边长 $L=1.25\ \text{cm}$，则小球做平抛运动的初速度为 $v_0=$________(用 L、g 表示)，其值是________(取 $g=9.8\ \text{m/s}^2$)，小球在点 b 的速率为________.

5. 图 2.3.10 是跳台滑雪的示意图. 运动员在助滑道上获得高速后在点 A 水平跃起，在空中飞行一段距离后在点 B 着陆. 若测得 AB 之间的距离为 $L=40\ \text{m}$，山坡倾角 $\theta=30°$，不计空气阻力，取 $g=10\ \text{m/s}^2$，试计算运动员跃起时的速度和在空中飞行的时间.

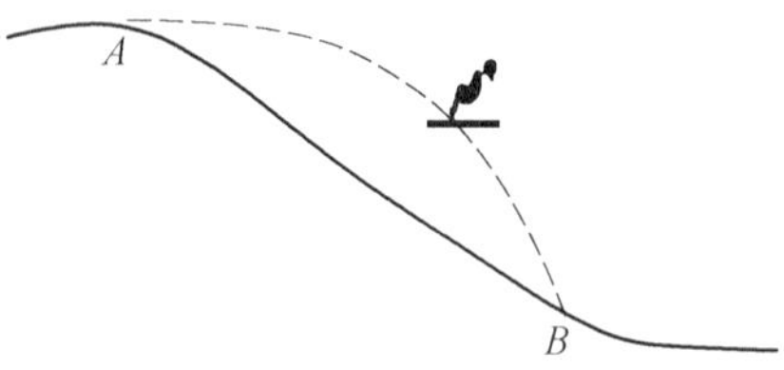

图 2.3.10

2.4　斜抛运动

· 斜上抛运动可看成是竖直方向的竖直上抛运动与水平方向的匀速直线运动的合运动，而斜下抛运动可看成是竖直方向的竖直下抛运动与水平方向的匀速直线运动的合运动.

· 实际空间中，由于空气的阻力作用，使得斜抛运动特别是速度很大的斜抛运动，其轨迹是弹道曲线.

一、斜抛运动的概念

初速度倾斜(不水平也不竖直)的抛体运动就称为斜抛运动，如图 2.4.1 所示. 其中，初速度斜向上倾斜的抛体运动叫斜上抛运动，而初速度斜向下倾斜的抛体运动叫斜下抛运动.

从图 2.4.1 中可以看出，斜下抛运动实际上是斜上抛运动或平抛运动的一部分. 因此，通常所说的斜抛运动都是指斜上抛运动. 以下仅就斜上抛运动做一般化分析斜抛运动的规律.

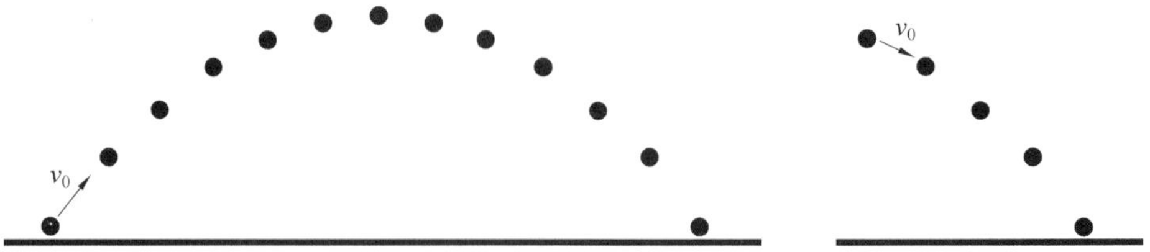

(a) 斜上抛运动　　(b) 斜下抛运动

图 2.4.1

二、斜抛运动的规律

如图 2.4.2 是一幅研究斜上抛运动的高清频闪照片. 从图中可以看出:斜上抛运动可看成是竖直方向的竖直上抛运动与水平方向的匀速直线运动的合运动.(仿照这一思路,如何分析斜下抛运动呢?)

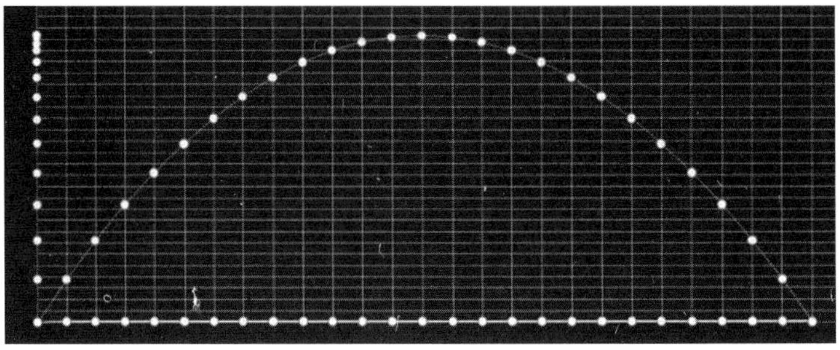

图 2.4.2

描述斜上抛运动,有四个重要的概念,即射程、射高、飞行时间和抛射角. 关于斜抛运动的研究,主要就是研究射程、射高、飞行时间跟抛射角及初速度之间的关系. 设某物体做斜上抛运动的初速度为 v_0,抛射角(初速度与水平方向的夹角)为 θ,如图 2.4.3 所示.

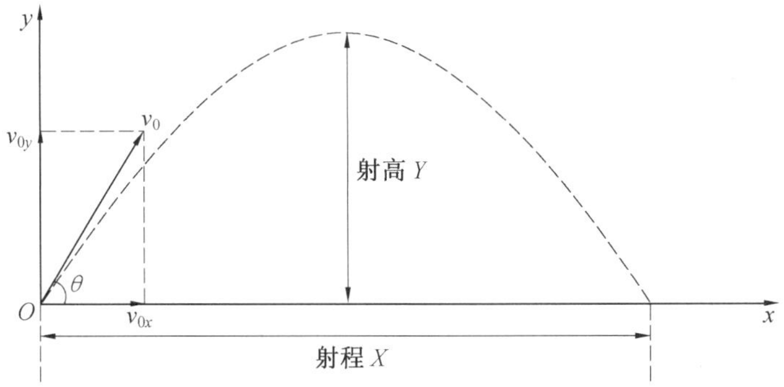

图 2.4.3

1. 飞行时间

飞行时间即斜抛运动的物体从抛出点到落地点的空中运动时间.

$$T=\frac{2v_{0y}}{2}=\frac{2v_0\sin\theta}{g}$$(证明并讨论飞行时间由哪些因素决定)

2. 射程

射程即斜抛运动的物体在飞行过程中飞行的水平距离.

$$X=v_{0x}T=\frac{v_0^2\sin 2\theta}{g}$$(证明并讨论射程由哪些因素决定)

3. 射高

射高即斜抛运动的物体在飞行过程中上升的最大高度.

$$Y=\frac{v_{0y}^2}{2g}=\frac{v_0^2\sin^2\theta}{2g}$$(证明并讨论射高由哪些因素决定)

三、弹道曲线

在理想空间中，斜抛运动的轨迹是一条完美的对称抛物线. 但在实际空间中，由于空气的阻力作用，使得斜抛物体的轨迹并不是严格的抛物线，特别是速度很大的斜抛物体，其运动轨迹远远偏离了抛物线，而是弹道曲线，如图 2.4.4 所示.

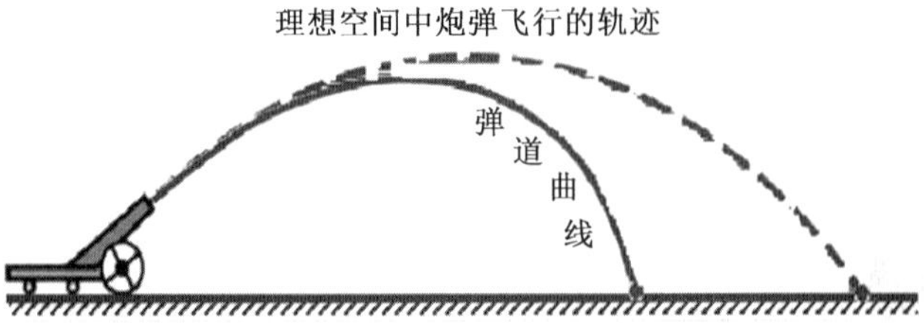

图 2.4.4

思考与练习

1. 足球运动员以 20 m/s 的初速度和45°的抛射角开出一角球，若球在飞行过程中没有被队员碰到，空气阻力不计，且 $g=10\ \mathrm{m/s^2}$，那么球的落地点与开出点之间的距离是(　　).

A. 38.4 m　　B. 40 m　　C. 76.8 m　　D. 153.6 m

2. 如图 2.4.5 所示，在水平地面上的点 A 以速度 v_1 跟地面成某一角度射出一弹丸，之后弹丸恰好以速度 v_2 垂直穿入墙壁上的小孔 B. 那么，下列说法正确的是(　　).

A. 在 B 以和 v_2 大小相等方向相反的速度射出弹丸，必定落在点 A

B. 在 B 以和 v_1 大小相等、和 v_2 方向相反的速度射出弹丸，必定落在点 A

C. 在 B 以和 v_1 大小相等、和 v_2 方向相反的速度射出弹丸，必定落在点 A 左侧

D. 在 B 以和 v_1 大小相等、和 v_2 方向相反的速度射出弹丸，必定落在点 A 右侧

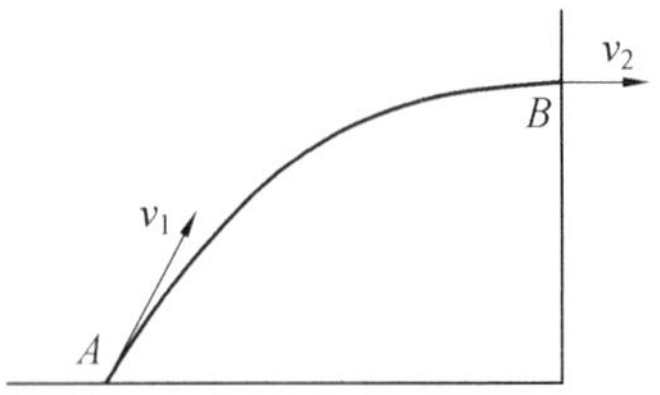

图 2.4.5

3. 在链球比赛中，将链球以抛射角 $\alpha=53°$抛出，经时间 $t=1.4$ s 时，球仍继续上升，但速度与水平方向的夹角变成了 $\beta=37°$. 若不计空气阻力，且 $g=10\ \mathrm{m/s^2}$，那么：

(1) 链球的初速度是多少？

(2) 链球再经多长时间达到最高点？

4. 如图 2.4.6 所示的地面人造喷泉喷水的出口速度大小为 v_0，喷出的水束最大高度可达 $h_m=5$ m. 若不计空气阻力，且 $g=10\ \mathrm{m/s^2}$，水束落地形成的圆的面积是多少？

*5. 投掷铅球活动中，铅球脱手时速度大小是 v_0，离地面的高度是 h，如图 2.4.7 所示. 若不计空气阻力的影响，重力加速度为 g，求：以多大的抛射角投掷，水平射程最远？最远射程是多少？($\theta=\arcsin\dfrac{v_0}{\sqrt{2v_0^2+2gh}}$；$x_m=\dfrac{v_0\sqrt{v_0^2+2gh}}{g}$.)

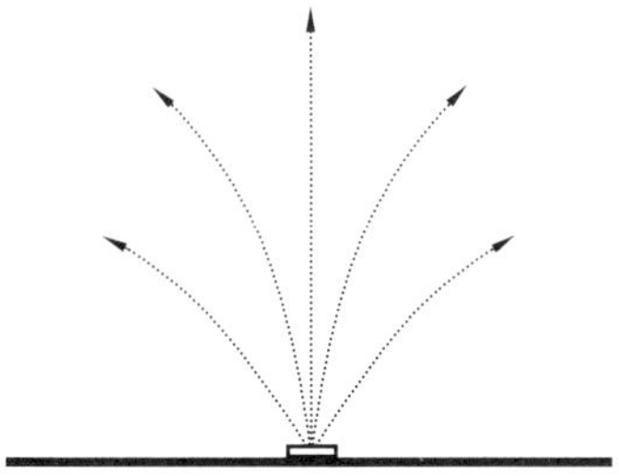

图 2.4.6

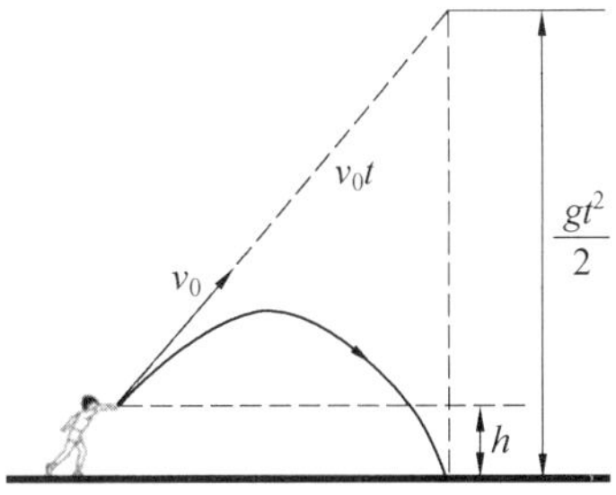

图 2.4.7

第3章　圆周运动

3.1　圆周运动

· 圆周运动的线速度通常简称速度,其方向为圆弧上某点的切向方向.
· 通常用线速度、角速度、周期和频率描述圆周运动的快慢.
· 弧长与圆心角成正比,可用弧长与半径的比值表示角的大小,即 $\Delta\theta=\dfrac{\Delta s}{r}$.

一、圆周运动

1. 什么是圆周运动?

顾名思义,所谓圆周运动,就是运动轨迹是圆或圆弧的运动. 圆周运动在生活和科技实践中都是很普遍的. 如图 3.1.1 所示是电子束在磁场中运动的情形,如图 3.1.2 所示是天津的地标建筑天津之眼,它们都是圆周运动的典型例子. 你还能举出你见过的圆周运动的例子吗?

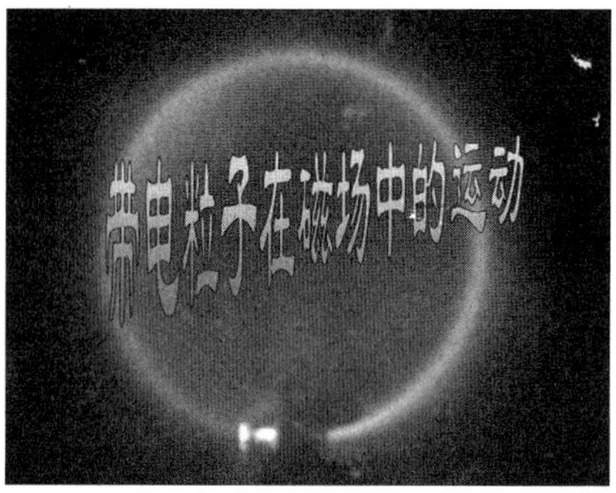

图 3.1.1　电子束在磁场中运动

图 3.1.2　天津之眼

2. 圆周运动快慢的描述

如何描述圆周运动的快慢呢? 现在来考察一个质点的圆周运动.

如图 3.1.3 所示,一质点绕圆心 O 做圆周运动的轨道半径为 r,在一段很短的时间 Δt 内由点 A 运动到点 B,通过的弧长为 Δs,轨道半径转过的角度为 $\Delta\theta$. 显然,质点通过的弧长 Δs 和轨道半径转过的角度 $\Delta\theta$ 是与时间有关的.

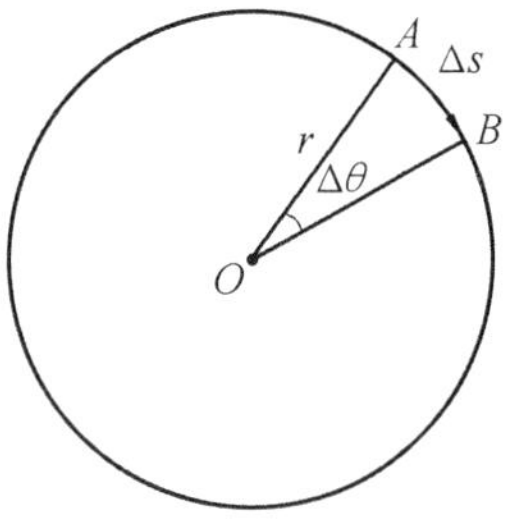

图 3.1.3　质点的圆周运动

描述圆周运动的快慢通常用线速度和角速度这两个物理量.

(1) 线速度:质点通过的弧长 Δs 与所用时间 Δt 的比值,即

$$v=\lim_{\Delta t\to 0}\frac{\Delta s}{\Delta t}$$

线速度的单位跟描述直线运动快慢的速度一样,都为 m/s,还有 cm/s、km/h 等. 圆周运动的线速度通常简称速度,其方向为圆弧上某点的切向方向.

(2) 角速度:轨道半径转过的角度 $\Delta\theta$ 与所用时间 Δt 的比值,即

$$\omega=\lim_{\Delta t\to 0}\frac{\Delta\theta}{\Delta t}$$

角速度的单位为 rad/s,常用的还有 r/s、r/min 等.

$$1\ \text{rad/s}=\frac{1}{2\pi}\text{r/s}$$

$$1\ \text{r/s}=60\ \text{r/min}$$

(3)线速度与角速度的关系.

不难理解,弧长与圆心角成正比,可用弧长与半径的比值表示角的大小,即 $\Delta\theta=\frac{\Delta s}{r}$. 因此,$\Delta s=r\Delta\theta$,所以,容易得到线速度与角速度的关系为

$$v=\omega r$$

3. 匀速圆周运动

任意相等时间内通过的弧长相等或半径转过的角度相等的圆周运动,就叫作匀速圆周运动.

在匀速圆周运动中,其角速度为定值,线速度大小不变.

思考与讨论

1. 匀速圆周运动是变速运动还是匀速运动?
2. 匀速圆周运动中,为什么角速度为定值而线速度大小不变?
3. 结合皮带传动和齿轮传动的实例,思考线速度与角速度及轨道半径之间的关系.

二、周期和频率

周期和频率同样也是描述圆周运动快慢的重要物理量. 如图 3. 1. 4 所示的时钟,其秒针、分针和时针的转动快慢是不一样的,因此它们的线速度和角速度不同,它们的周期和频率同样也不同,你知道它们的周期和频率分别各是多少吗?

图 3. 1. 4　时钟的转动

(1)周期:物体运动一周所用的时间. 用字母 T 表示,单位是 s.

(2)频率:物体在单位时间内运动的周数. 用字母 f 表示,单位是 1/s,也称 Hz.

(3)周期与频率的关系.

频率与周期互为倒数,即

$$T=\frac{1}{f}$$

或

$$f=\frac{1}{T}$$

根据周期或频率的概率,可以将线速度和角速度分别表示为

$$v=\frac{2\pi r}{T}=2\pi rf$$

$$\omega=\frac{2\pi}{T}=2\pi f$$

思考与练习

1. 一个圆周角为360°,若用弧度(rad)表示应等于多少?

2. 某走时准确的时钟,分针与时针由转动轴到针尖的长度之比是 1. 2∶1. 计算下列问题:

(1)分针与时针的角速度之比;

(2)分针针尖与时针针尖的线速度之比.

3. 在图 3.1.5 所示的轮缘传动机构示意图中,大轮 O_1 的半径是小轮 O_2 半径的 2 倍. 其中,A 是 O_1 轮缘上一点,B 是 O_1 某一半径的中点,C 是 O_2 轮缘上一点. 试在 A、B、C 三个点中选择有关的两个点,说明公式 $v=\omega r$ 中的下列三种关系.

(1)v 相等,ω 与 r 成反比;

(2)ω 相等,v 与 r 成正比;

(3)r 相等,v 与 ω 成正比.

4. 如图 3.1.6 所示是某型号自行车传动机构示意图. 设其前齿轮Ⅰ的半径是 10 cm、后齿轮Ⅱ的半径是 5 cm、车轮Ⅲ的半径为 35 cm,正常行驶时脚踏板 2 s 转一圈. 那么,该自行车正常行驶过程中:

(1)其前齿轮Ⅰ、后齿轮Ⅱ及车轮Ⅲ的角速度之比是多少?

(2)前进速度是多少?

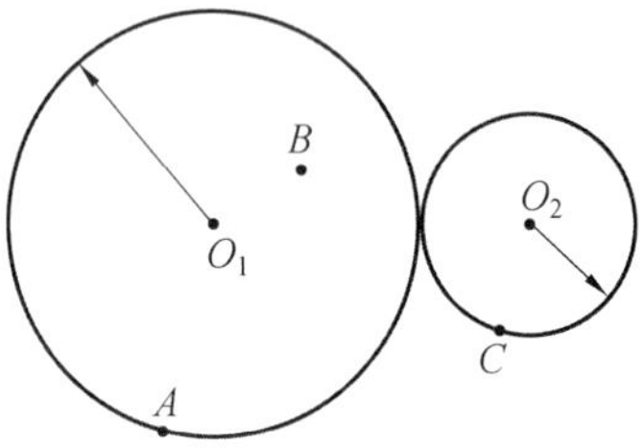

图 3.1.5　轮缘传动机构

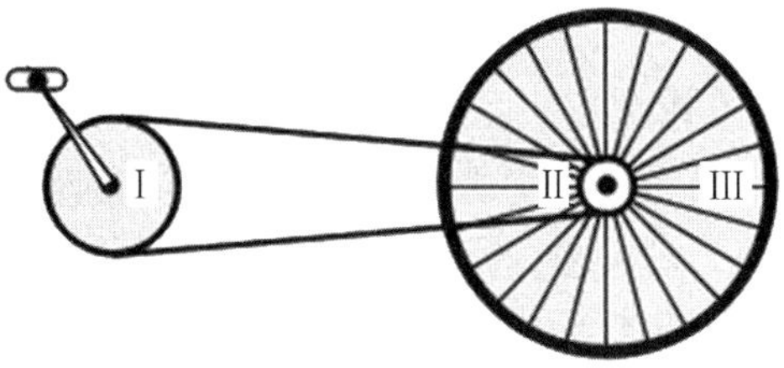

图 3.1.6　自行车传动机构

5. 假如地球是一个规则球体,如图 3.1.7 所示是地球经纬度暨地球绕地轴自转的示意图. 其中,点 O 是地心,A、B、C 是地球表面上不同纬度的三个点,求:A、B、C 三点的角速度之比和线速度之比.

6. 在图 3.1.8 所示的齿轮传动中,A 轮 24 齿、B 轮 72 齿、C 轮 48 齿. 求:在正常传动过程中,A 轮、B 轮、C 轮的角速度之比及它们的轮缘线速度之比.

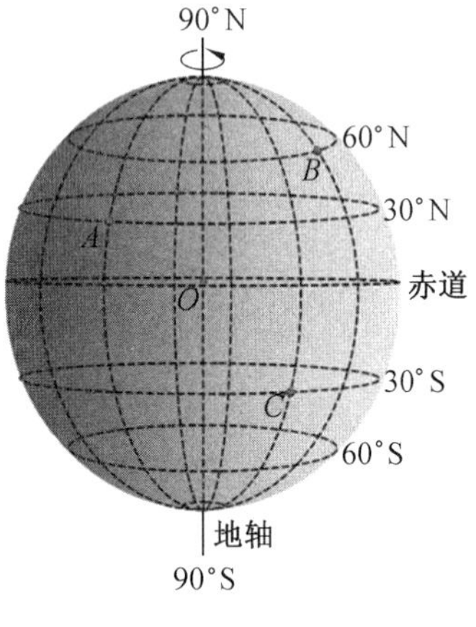

图 3.1.7　地球经纬度

图 3.1.8　齿轮传动

3.2　向心力和向心加速度

· 向心力是效果力,其作用只改变速度的方向而不能改变速度的大小.
· 在匀速圆周运动中,向心力是合外力;在非匀速圆周运动中,向心力不是合外力.
· 在匀速圆周运动中向心力的大小不变.
· 匀速圆周运动是变加速运动.

一、向心力

我们知道,当物体所受合外力跟运动方向不在同一条直线时,物体将做曲线运动. 圆周运动是一种重要而典型的曲线运动,其受力情况有什么特殊性呢?

实验探究

取一根细线，将其一端系小球，另一端固定在钉在比较光滑的水平桌面上的图钉上，如图 3. 2. 1 所示. 用手指沿小球与图钉连线垂直的方向弹击小球：

（1）当细线未伸直时，小球的运动轨迹是什么形状？

（2）当细线伸直后的一段时间内，小球的运动轨迹是什么形状？

上述实验中，当细线未伸直时，小球做直线运动；当细线伸直后的一段时间内，小球做圆周运动. 而小球做圆周运动过程中，始终受到细线指向圆心的拉力.

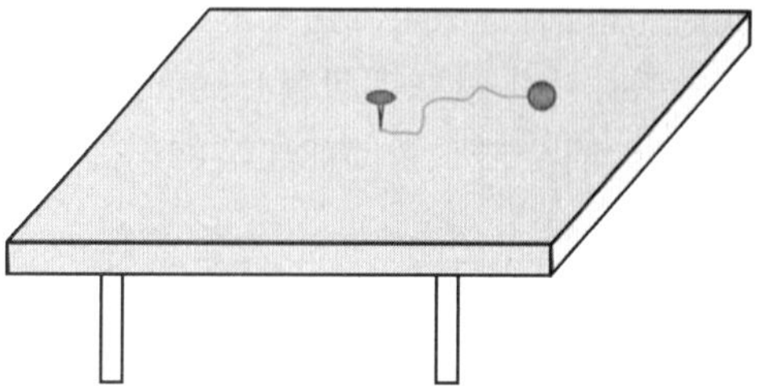

图 3. 2. 1

进一步研究表明：当物体做圆周运动时，一定受到一个始终指向圆心的等效力的作用，这个力称为向心力.

1. 向心力的方向及特点

物体的运动方向沿切线方向，而向心力的方向始终是与运动方向垂直并指向圆心的.

向心力是效果力，可以是弹力，也可以是重力或摩擦力，亦或其他各种性质的力，亦或是它们的合力.

向心力只能改变速度的方向而不能改变速度的大小. 实践证明，在匀速圆周运动中，向心力是合外力；在非匀速圆周运动中，向心力不是合外力.

2. 向心力的大小

向心力跟哪些因素有关呢？我们用如图 3. 2. 2 所示的向心力实验仪（该实验仪由六盘水市教育科学研究院物理教研员岳国联发明并设计制作及申请专利，其使用方法详见《物理实验》第 40 卷（2020 年）第 11 期 53–56 页《基于 Arduino 的向心力实验仪》）对向心力与物体质量、轨道半径及角速度之间的关系进行精确的定量研究.

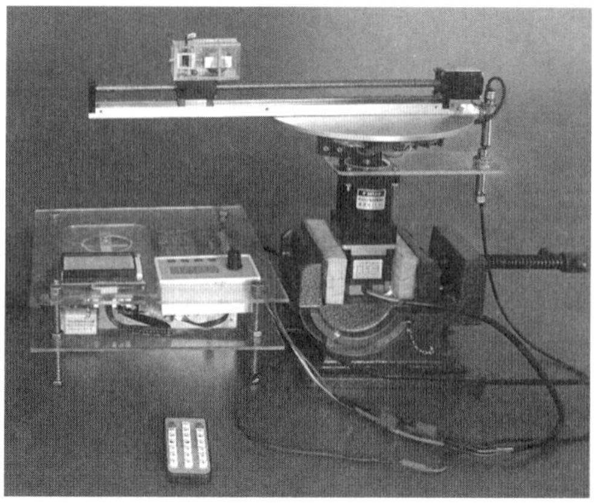

图 3. 2. 2

研究表明：做圆周运动的物体，其所需的向心力 F 跟物体质量 m 成正比，跟轨道半径 r 成正比，跟角速度 ω 的平方成正比. 即

$$F=mr\omega^2$$

将 $\omega=\frac{v}{r}$ 代入 $F=mr\omega^2$，可得

$$F=m\frac{v^2}{r}$$

在匀速圆周运动中，由于上述各式中的角速度 ω 为定值而线速度 v 和轨道半径 r 的大小不变，因此，向心力 F 的大小保持不变.

二、向心加速度

我们知道，力是产生加速度的原因，且加速度的方向跟力的方向是一致的. 因此，做圆周运动的物体，其向心力必然产生始终指向圆心的加速度.

一般地，向心力产生的加速度就称为向心加速度.

根据牛顿第二定律和向心力公式 $F=mr\omega^2$ 及 $F=m\dfrac{v^2}{r}$，不难得出向心加速度的表达式为

$$a=r\omega^2 \quad 或 \quad a=\frac{v^2}{r}$$

说明：

(1)在匀速圆周运动中，合外力的作用就是提供向心力产生向心加速度而改变速度的方向.

由于匀速圆周运动的速度方向随时变化. 因此，匀速圆周运动是一种变加速运动.

(2)在非匀速圆周运动中，物体受到的合外力并不指向圆心. 因此，合外力并非完全提供向心力. 合外力沿轨道半径方向的分力提供向心力，大小满足向心力公式，其作用是产生向心加速度而改变速度的方向；合外力沿轨道切线方向的分力的作用是产生切向加速度而改变速度的大小.

思考与练习

1. 如图 3. 2. 3 所示，一小立方物块放在水平转动的圆盘上随圆盘一起转动且无相对滑动. 若物块与圆盘之间的最大静摩擦因数为 μ_m，试推导圆盘的最大转动角速度 ω_m 与物块到转轴之间的距离 r 的关系.

2. 如图 3. 2. 4 所示，一小铁块贴在一绕竖直轴转动的圆筒内壁随圆筒一起转动. 若铁块与圆筒之间的最大静摩擦因数为 μ_m，圆筒的半径为 r，求：圆筒转动的最小角速度 ω_n.

3. 在一内壁光滑的漏斗中放一小球，用手摇动漏斗，小球可在漏斗内绕漏斗的竖直对称轴线做圆周运动. 摇动力度不同，小球运动的轨道平面也不同，如图 3. 2. 5 所示. 实验表明，小球运动的角速度和线速度跟小球运动的轨道半径有关，试用恰当的字母代替相关物理量表示出相应的关系式，并比较轨道 A 和轨道 B 的角速度和线速度的大小.

4. 如图 3. 2. 6 所示是一悬挂于点 O 的摆线长为 l 的圆锥摆. 试推导出摆线与竖直方向的夹角即摆角 θ 与摆球运动的角速度 ω 和线速度 v 之间的关系式.

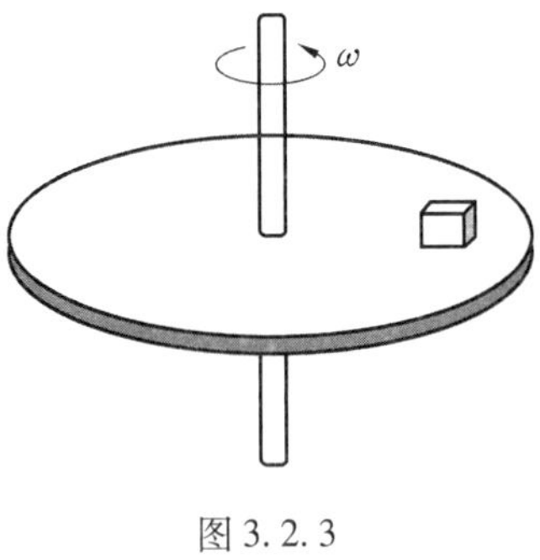

图 3. 2. 3

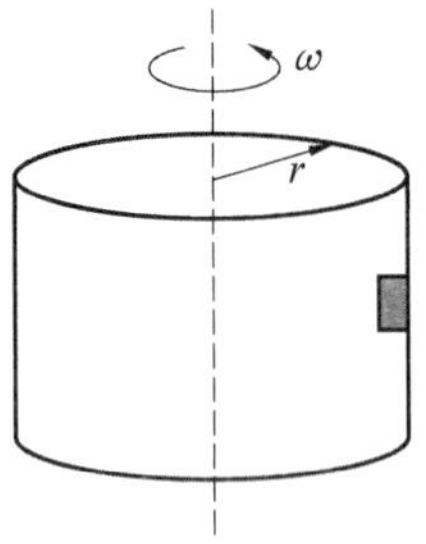

图 3. 2. 4

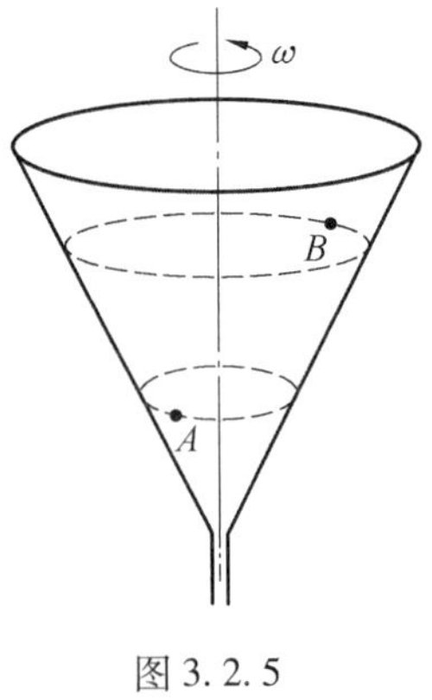

图 3. 2. 5

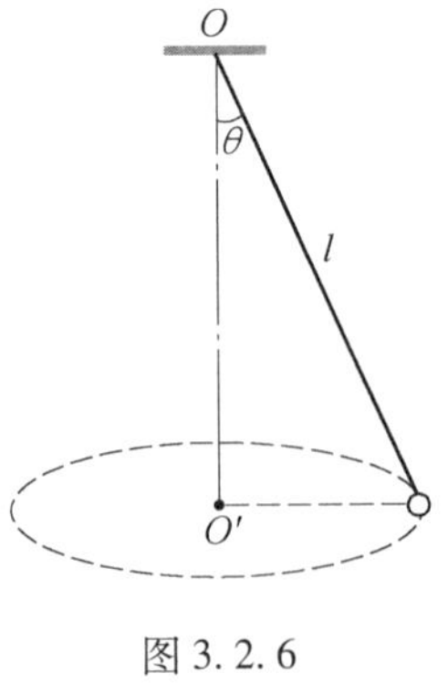

图 3. 2. 6

3.3　圆周运动与生活实例

· 铁路弯道上火车的受力情况与公路弯道上汽车的受力情况相类似，也就是铁路弯道上铁轨对车轮的侧压力取代了公路弯道上路面对车轮向内的静摩擦力.

· 汽车通过凸形桥面的过程中处于失重状态，而通过凹形桥面的过程中通常处于超重状态.

· 过山车通过轨道最高点的临界速度 $v_{临}=\sqrt{gr}$，摩天轮匀速转动一周的过程中，乘客有一半时间处于超重状态，有一半时间处于失重状态.

生活中有很多圆周运动或类似圆周运动的现象，现列举几个典型实例，分析其向心力来源，并研究其向心加速度与相关物理量之间的约束关系.

一、公路弯道和铁路弯道

1. 公路弯道

公路弯道通常有水平型、外(侧)高内(侧)低型和内(侧)高外(侧)低型三种类型，如图 3. 3. 1 所示. 汽车在公路弯道上行驶可看成是圆周运动. 由于弯道类型不同，汽车在弯道上行驶时所需的向心力来源也不尽相同.

图 3. 3. 1

汽车在弯道上行驶发生侧滑是很危险的，现研究一下，弯道上行驶的汽车保持不侧滑所应满足的条件. 设某公路弯道的半径为 r，汽车的速度为 v，质量为 m 的某汽车在该弯道上行驶，轮胎与路面之间的最大静摩擦因数为 μ_m.

(1) 水平型.

如图 3. 3. 2 所示，汽车受到重力 mg、支持力 F_N 和静摩擦力 f 三个力的作用. 其中重力和支持力相互平衡，而静摩擦力就是指向圆心的向心力，即

$$f=m\frac{v^2}{r}=mr\omega^2$$

随着速度的增大，汽车向外侧滑的趋势越来越明显，汽车受到的静摩擦力将逐渐增大. 当速度增大到某一最大值 v_m 时，汽车侧滑趋势达到没有侧滑的极限，这时静摩擦力达到最大静摩擦力 f_m. 因此

$$f_m=\mu_m mg=m\frac{v_m^2}{r}=mr\omega_m^2$$

所以，汽车在水平型弯道上行驶的最大速度和最大角速度分别为

$$v_m=\mu_m gr \quad 及 \quad \omega_m=\frac{\mu_m g}{r}$$

(2) 外高内低型.

如图 3. 3. 3 所示，设路面的侧向倾角为 θ. 汽车除受到重力 mg 和支持力 F_N 两个力的作用外，通常还受静摩擦力 f 的作用，这两个力或三个力的合力就提供了向心力.

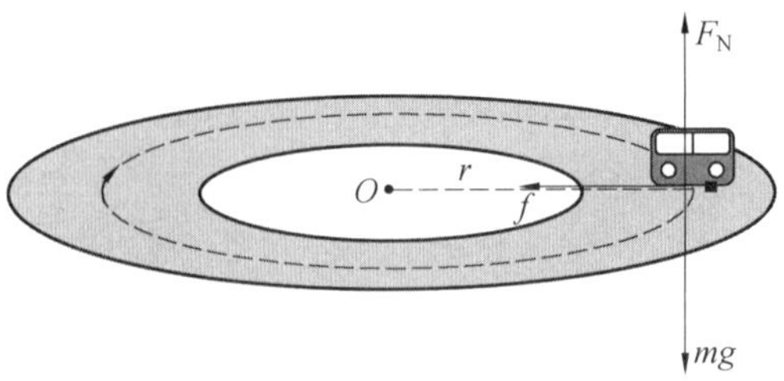

图 3.3.2

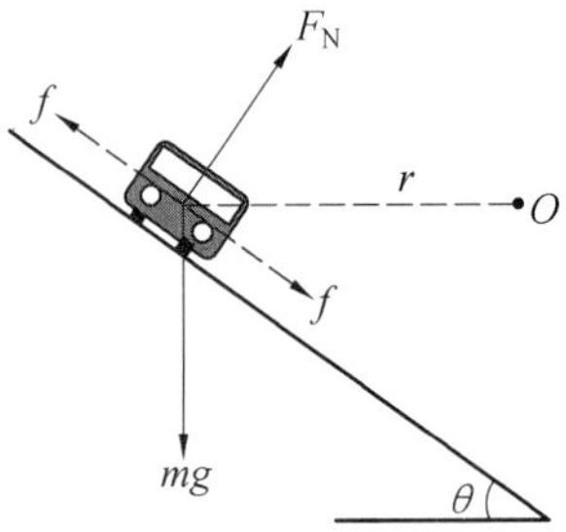

图 3.3.3

①当速度为某一临界值 $v_临$ 时，汽车恰好没有沿路面侧滑的趋势，汽车只受重力 mg 和支持力 F_N. 这时

$$\begin{cases}F_N\cos\theta=mg\\F_N\sin\theta=m\dfrac{v_临^{\ 2}}{r}\end{cases}$$

所以，汽车没有侧滑趋势的临界速度为

$$v_临=\sqrt{gr\tan\theta}$$

②当速度大于临界速度即 $v>v_临$ 时，汽车有沿路面向外侧滑的趋势，汽车受到重力 mg、支持力 F_N 和沿路面内侧的静摩擦力 f 三个力的作用. 这时

$$\begin{cases}F_N\cos\theta-f\sin\theta=mg\\F_N\sin\theta+f\cos\theta=m\dfrac{v^2}{r}\end{cases}$$

当 v 达到不发生向外侧滑的最大速度 v_m 时

$$\begin{cases}F_N\cos\theta-\mu_m F_N\sin\theta=mg\\F_N\sin\theta+\mu_m F_N\cos\theta=m\dfrac{v_m^2}{r}\end{cases}$$

因此，汽车不沿路面向外侧滑的最大速度为

$$v_m=\sqrt{\frac{\tan\theta+\mu_m}{1-\mu_m\tan\theta}gr}$$

③当速度小于临界速度即 $v<v_临$ 时，汽车有沿路面向内侧滑的趋势，汽车受到重力 mg、支持力 F_N 和沿路面外侧的静摩擦力 f 三个力的作用. 这时

$$\begin{cases}F_N\cos\theta+f\sin\theta=mg\\F_N\sin\theta-f\cos\theta=m\dfrac{v^2}{r}\end{cases}$$

当 v 达到不发生向内侧滑的最小速度 v_n 时

$$\begin{cases}F_N\cos\theta+\mu_m F_N\sin\theta=mg\\F_N\sin\theta-\mu_m F_N\cos\theta=m\dfrac{v_n^2}{r}\end{cases}$$

因此，汽车不沿路面向内侧滑的最小速度为

$$v_n=\sqrt{\frac{\tan\theta-\mu_m}{1+\mu_m\tan\theta}gr}$$

(3)内高外低型.

这种类型的路面，汽车受到重力 mg、支持力 F_N 和沿路面向上的静摩擦力 f 三个力的作用，如图 3.3.4 所示. 汽车在这种路面上行驶是相当危险的，只有最大静摩擦因数满足 $\mu_m>\tan\theta$ 时，才可能低速行驶. 这时

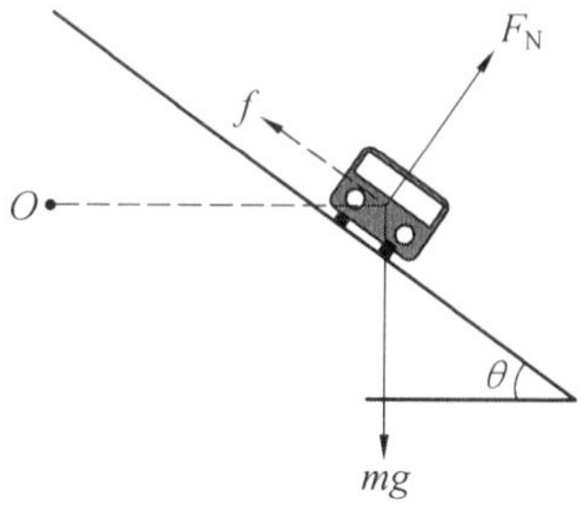

图 3.3.4

$$\begin{cases} f\sin\theta+F_N\cos\theta=mg \\ f\cos\theta-F_N\sin\theta=m\dfrac{v^2}{r} \end{cases}$$

要保证汽车能正常行驶,其速度不能超过一定的极限值. 当速度 v 达到最大极限速度 v_m 时

$$\begin{cases} \mu_m F_N\sin\theta+F_N\cos\theta=mg \\ \mu_m F_N\cos\theta-F_N\sin\theta=m\dfrac{v_m^2}{r} \end{cases}$$

因此,汽车能保证正常行驶的最大极限速度为

$$v_m=\sqrt{\frac{\mu_m-\tan\theta}{\mu_m\tan\theta}gr}$$

2. 铁路弯道

铁路弯道通常有水平型和外高内低型这两种类型. 一般地,火车站的铁路弯道一般为水平型,其余的铁路弯道为外高内低型. 如图 3.3.5 所示是外高内低型的典型铁路弯道.

图 3.3.5

铁路弯道上火车的受力情况与公路弯道上汽车的受力情况相类似,也就是铁路弯道上铁轨对车轮的侧压力取代了公路弯道上路面对车轮向内的静摩擦力.

二、凸形桥和凹形桥

在生活实践中,通常的桥面都是凸形的,也有少数的桥面是凹形的,如图 3.3.6 所示.

(a)　　(b)

图 3.3.6

1. 凸形桥面

假定某一凸形桥面为理想化圆弧形. 汽车通过该桥面过程中所需的向心力 $F_{向}$ 就是重力 mg 沿桥面圆弧半径方向的分力跟桥面对汽车的支持力 F_N 的合力. 也就是

$$F_{向}=mg\cos\theta-F_N=m\frac{v^2}{r}$$

桥面对汽车的支持力 F_N 可以表示为

$$F_N = mg\cos\theta - m\frac{v^2}{r}$$

很明显,$F_N<mg$,即汽车通过凸形桥面的过程中处于失重状态. 因此,汽车通过凸形桥面时,若速度过大就会脱离前面飘起来. 汽车处在不同位置时的受力情况不尽相同,如图 3. 3. 7 所示. 当汽车恰好通过桥面的最高点时

$$F_N = mg - m\frac{v^2}{r}$$

所以,汽车脱离凸形桥面的最小临界速度为

$$v_{临} = \sqrt{gr}$$

2. 凹形桥面

汽车通过凹形桥面的过程中,受力情况跟通过凸形桥面相似. 不过,通过凹形桥面是圆周运动的圆心在路面上方,如图 3. 3. 8 所示. 所需的向心力可表示为

$$F_{向} = F_N - mg\cos\theta = m\frac{v^2}{r}$$

桥面对汽车的支持力 F_N 可以表示为

$$F_N = mg\cos\theta + m\frac{v^2}{r}$$

显然,汽车通过凹形桥面的过程中,通常处于超重状态. 当汽车恰好通过凹形桥面的最低点时

$$F_N = mg + m\frac{v^2}{r}$$

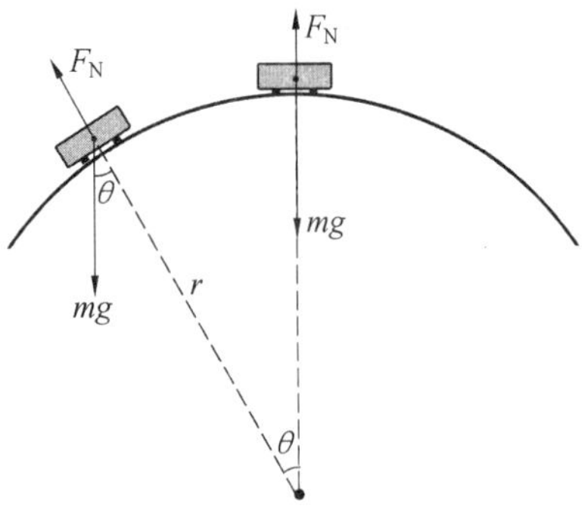

图 3. 3. 7

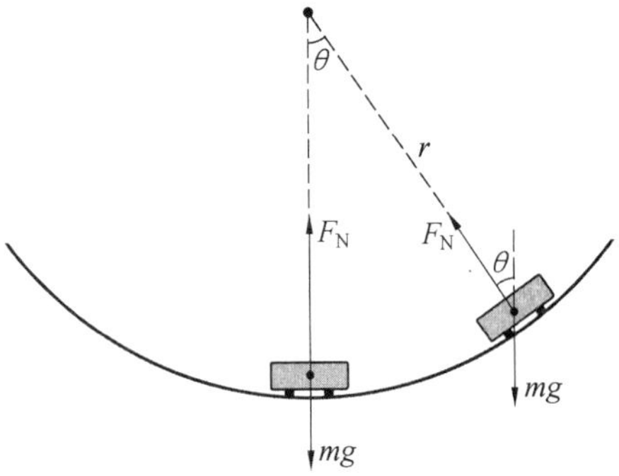

图 3. 3. 8

三、过山车和摩天轮

大型儿童乐园里,通常都有如图 3. 3. 9 所示的过山车和摩天轮. 过山车所需的向心力由其重力和轨道对它的压力共同提供,容易计算通过轨道最高点的临界速度为

$$v_{临} = \sqrt{gr}$$

(a) (b)

图 3. 3. 9

乘坐摩天轮所需的向心力由乘客的重力、吊箱对乘客的支持力和摩擦力共同提供. 若摩天轮匀速转动,那么在转动一周的过程中,乘客有一半时间处于超重状态,有一半时间处于失重状态.

思考与练习

1. 火车轨道在转弯处外轨高于内轨,其高度差由转弯半径和火车速度确定. 若在某转弯处规定行驶速度为 v,则下列说法中正确的是(　　).

A. 当以速度 v 通过此弯道时,轨道面支持力和轮缘压力的合力提供向心力

B. 当以速度 v 通过此弯道时,火车重力与轨道面支持力的合力提供向心力

C. 当以小于 v 的速度通过此弯道时,轮缘挤压外轨

D. 当以大于 v 的速度通过此弯道时,轮缘挤压外轨

2. 为了行驶安全和减小对轨道的磨损,铁路弯道平面与水平方向会有一定的夹角. 若火车以规定的速度行驶,则转弯时轮缘对轨道无挤压. 已知某弯道平面与水平方向的夹角为 α、弯道半径为 R、规定行驶速度为 v,另一弯道平面与水平方向的夹角为 β、弯道半径为 $2R$、规定行驶速度为 $2v$,则下列说法中正确的是(　　).

A. $\tan\beta>2\tan\alpha$　　B. $\tan\beta=2\tan\alpha$　　C. $\tan\alpha<\tan\beta<2\tan\alpha$　　D. $\tan\beta=\tan\alpha$

3. 图 3.3.10 所示的是天津永乐桥摩天轮,是世界唯一跨河建设、桥轮合一的摩天轮,兼具观光和交通功用. 该摩天轮直径为 110 m,轮外装挂 48 个 360°透明座舱,每个座舱可乘坐 8 个乘客,可同时供 384 名乘客观光. 摩天轮匀速旋转一周所需的时间为28 min,到达最高处时,周边景色一览无余,甚至能看到方圆 40 km 以内的景致,被誉为"天津之眼",是天津的地标建筑之一. 若某超胖乘客的质量是 100 kg,当该乘客所乘的座舱转到跟中心转轴等高的位置时,座舱对他的水平作用力约为(　　).

图 3.3.10

A. 0.08 N　　B. 0.16 N

C. 277 N　　D. 1 000 N

4. 过山车是游乐场中常见的设施. 如图 3.3.11 是一种简易的过山车模型,它由水平轨道和竖直的三个半径分别是 $R_1=2$ m、$R_2=1.4$ m、$R_3=0.8$ m 的圆形轨道组成,B、C、D 分别是这三个竖直轨道的最高点,水平轨道和圆形轨道都存在一定的摩擦. 现一小球从水平轨道上的点 A 以一可调的初速度 v_0 开始运动,然后依次通过三个圆形轨道的最高点. 改变初速度 v_0 的大小,可以控制小球通过圆形轨道最高点时的速度以及对轨道的压力.

(1)若 $v_0=10\sqrt{2}$ m/s 时,小球恰好能依次通过 B、C、D 三点. 那么,这时 v_B、v_C、v_D 分别是多少?

(2)若 $v_0=20$ m/s 时,小球依次通过 B、C、D 三点对轨道的压力均为小球重力的 0.5 倍. 那么,这时 v_B、v_C、v_D 分别是多少?

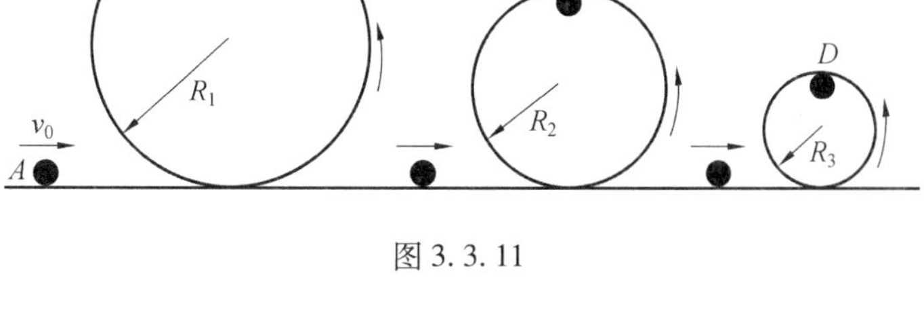

图 3.3.11

第4章　万有引力与航天

4.1　开普勒行星运动定律

· 无论是地心说还是日心说,都是认为天体的运动是匀速圆周运动.

· 不容忽视的8′也许正是行星的运动并非匀速圆周运动.

· 开普勒行星运动定律对于包括人造天体在内的所有天体运动都是成立的.

· 天体运动的椭圆轨道与圆十分接近.

关于天体的运动规律的探索,早在远古时期,人类的祖先们就已经破译日月星辰等天文现象的奥秘了.

一、托勒密与地心说

远古时期的人们认为,地球是静止不动的,太阳、月亮和星星从头上飞过,地球是宇宙的中心.

尽管所有星辰每日都东升西落,绝大多数星星的相互位置几乎是固定不变的,几百年内不会发生肉眼可见的变化,它们是"恒星".然而,水星、金星、火星、木星、土星这五颗亮星则在众星的背景前移动,有的在几个星期内就能发现它的位置的变化,所以它们叫作"行星".

行星并非总向一个方向移动.大多数时间它们由西向东相对于恒星移动,但有时却要停下来,然后向西移动一段时间,随后又会向东移动,这个现象叫作行星的逆行,如图4.1.1所示是火星的逆行情况.

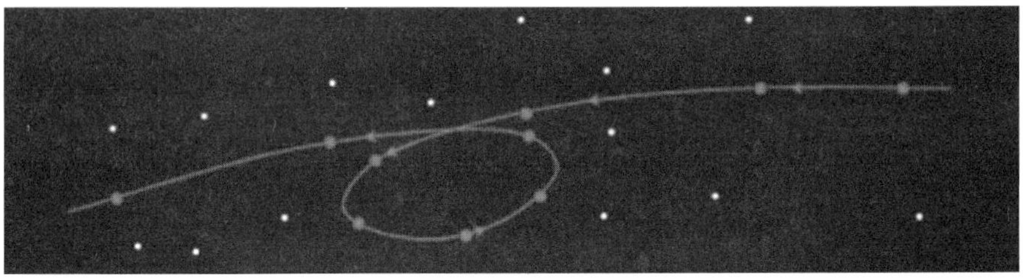

图4.1.1

为了解释行星的逆行,希腊人提出并由2世纪伟大的希腊天文学家克罗狄斯·托勒密(Claudius Ptolemy,约90—168)完善而成了这样一个理论:每个行星都沿着一个小圆运动,这个圆称为"本轮";同时本轮的圆心又绕着地球沿着另一个大圆运动,这个圆称为"均轮",如图4.1.2所示.

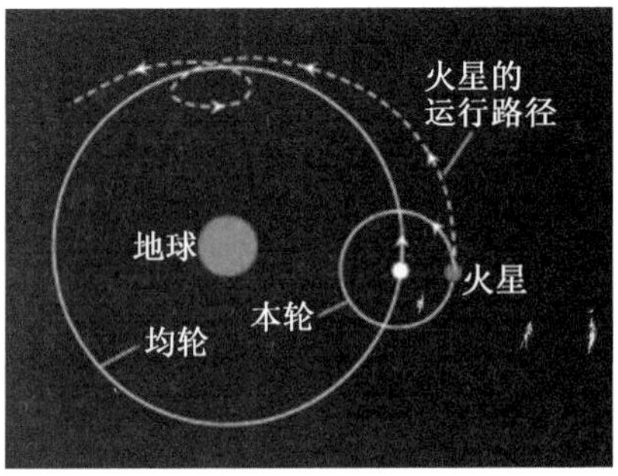

图4.1.2

一个本轮与一个均轮还不能十分准确地解释行星的运动.为了与观察结果更好地符合,每个行星需要不止一个本轮,结果"轮上轮"的总数达到80多个,并要引入"偏心点"和"偏心等距点"等复杂概念.显然,这与科学家们追求的简洁性是不吻合的.

二、哥白尼的日心说

1543年,波兰天文学家哥白尼(Nicolaus Copernicus,1473—1543)临终前在病榻上为其毕生致力的预示着地心说终结的著作《天体运行论》印出的第一本书签上了自己的名字.

哥白尼在书中动情地写道："太阳在宇宙正中坐在其宝座上，在这壮丽的神殿里有谁能将这个发光体放在一个更好的位置上以让它同时普照全宇宙？……于是我们在这样的安排中找到了这个世界美妙的和谐……！"

哥白尼认为，行星和地球都绕太阳做圆周运动，只有月亮绕地球运行，如图 4.1.3 所示. 由于地球的自转，就看到太阳、月球和众星每天都由东向西的运动.

这个理论比较简洁地解释了行星逆行的许多现象.

但直到 17 世纪，伽利略发明了望远镜，1609 年，他观察发现了绕木星运动的"月球"，地心宇宙论棺木上的最后一颗钉子才被敲下.

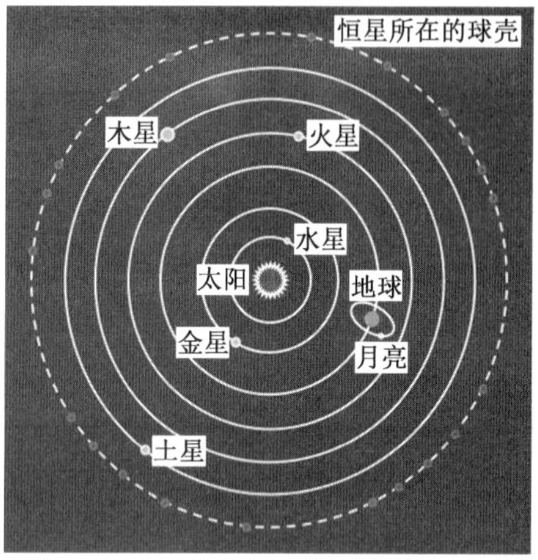

图 4.1.3

三、第谷·布拉赫的天才观察

哥白尼去世 3 周年后的 1546 年，第谷·布拉赫（Tycho Brahe，1546—1601）在丹麦出生了. 他把全部精力都投入到行星位置的观测中，将在他之前人们观测天体位置大约为 10′的误差减小到 2′.

1600 年，出生于德国的约翰尼斯·开普勒（Johannes Kepler，1571—1630）开始与第谷一起工作. 开普勒善于从理论上思考问题，为了完成他构建理论宇宙学的追求，他需要第谷的观测数据；第谷为了把他的观测数据组成有用的形式，他需要开普勒的数学天才.

1601 年，第谷去世后，开普勒以全部精力整理第谷的观测数据，企望求得行星运动轨道的更准确的描述.

四、开普勒行星运动定律

无论是地心说还是日心说，都是认为天体的运动是完美无缺的、最为和谐的匀速圆周运动. 开普勒开始也按行星绕着太阳做匀速圆周运动来思考问题，结果在他对火星轨道的研究中，经 70 余次尝试所得结果都与第谷的观测数据至少有 8′的角度偏差. 难道是第谷错了吗？但开普勒对第谷的观测数据深信不疑. 这不容忽视的 8′也许正是行星的运动并非匀速圆周运动. 为此，天体做完美匀速圆周运动的观念被打破了. 此后，经过多年的尝试性计算，开普勒终于发现并于 1609 年和 1619 年发表了行星运动规律.

1. 定律的表述

（1）开普勒第一定律（轨道定律）：所有行星绕太阳运动的轨道都是椭圆，太阳在这些椭圆轨道的一个共同焦点上.

思考与讨论

1. 将一张白纸铺在桌面上，然后在白纸上按上两颗图钉，将一根细线的两端系在图钉上，再用一支铅笔贴着细线并将细线绷紧沿顺时针（或沿逆时针）方向滑动一周. 最后，铅笔在白纸上画出的轨迹就是一个椭圆，如图 4.1.4 所示. 想一想：椭圆上任意一点到椭圆的两个焦点的距离之和有什么特点？

2. 你知道描述椭圆的参量有哪些吗？

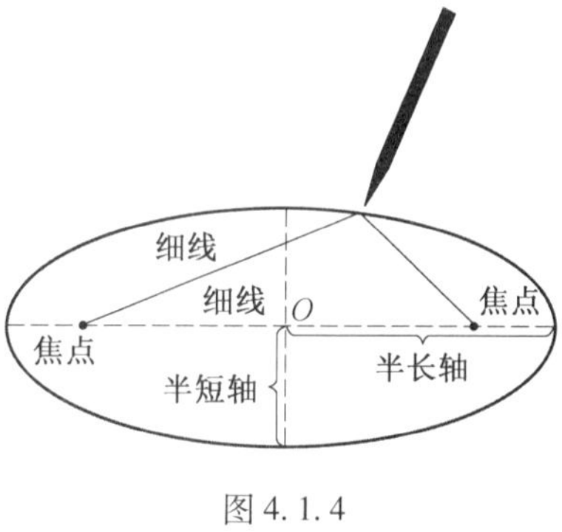

图 4.1.4

（2）开普勒第二定律（面积定律）：对于任意一个行星来说，它与太阳的连线在相等的时间内扫过的面积相等.

思考与讨论

1. 行星沿椭圆轨道绕太阳运动的过程中，离太阳最近的点叫近日点，离太阳最远的点叫远日点. 如图 4.1.5 所示是某行星绕太阳运动的示意图，其中由点 A 到 B 的时间与由点 C 到 D 的时间相等. 试分析：行星在 AB 之间的速度与在 CD 之间的速度相比哪个大？为什么？

2. 行星绕太阳运动的过程中机械能是否守恒？为什么？

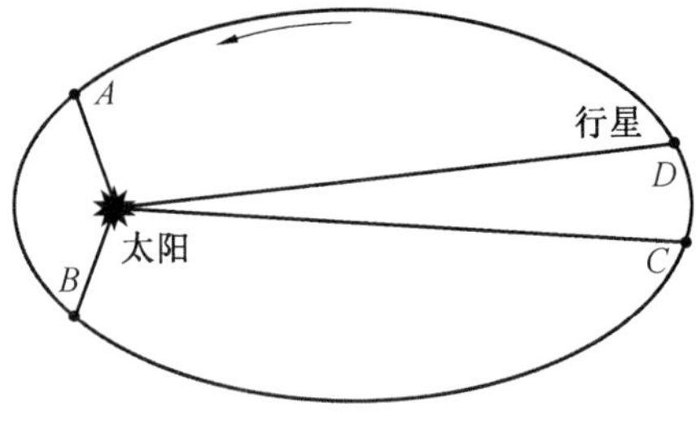

图 4.1.5

(3) 开普勒第三定律（周期定律）：所有行星的轨道的半长轴的三次方跟它的周期的二次方的比值都相等，即

$$\frac{a^3}{T^2}=k$$

其中，a 表示椭圆轨道的半长轴（即椭圆长轴的一半），T 表示行星运动的周期，k 是只由恒星决定的常数.

思考与讨论

1. 如图 4.1.6 所示是行星 A 和行星 B 绕太阳公转的示意图，其中，行星 A 的周期约为 360 天，行星 B 的周期约为 220 天. 已测定行星 A 的轨道半长轴约为 1.5×10^8 km，那么，行星 B 的轨道半长轴约是多少？

2. 已知月球绕地球转动的轨道半长轴大约为 3.84×10^5 km，转动周期大约为 30 天. 若开普勒定律也适用于月球绕地球的转动，那么对应这一情况的开普勒第三定律中的 k 值是多少？

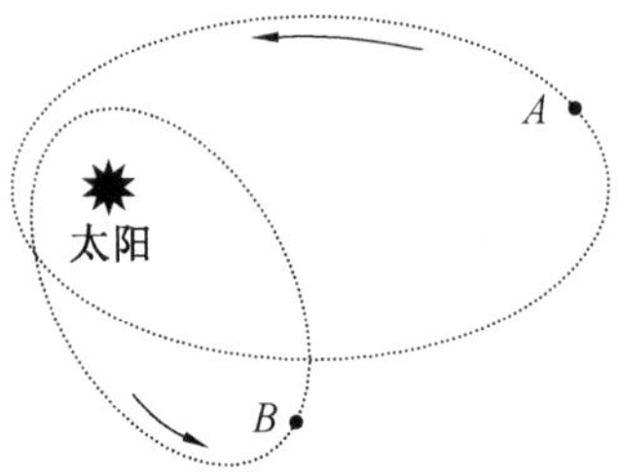

图 4.1.6

2. 定律的推广与近似

开普勒行星运动定律的适用范围并不限于行星绕太阳的转动，而是对于包括人造天体在内的所有天体运动都是成立的. 在以后的学习中，可以把处于椭圆轨道焦点的大天体统称为中心天体，而将沿椭圆轨道绕中心天体转动的小天体统称为绕行天体.

事实上，天体运动的椭圆轨道与圆十分接近，在中学阶段的研究中通常按圆轨道处理，这就是说：

(1) 绕行天体绕中心天体运动的轨道是圆，中心天体处在轨道的圆心.

(2) 对某一绕行天体而言，它绕中心天体运动的角速度（或线速度大小）不变，即绕行天体做匀速圆周运动.

(3) 对于同一中心天体，所有绕行天体轨道半径的三次方跟它的公转周期的二次方的比值都相等，即 $\frac{r^3}{T^2}=k$.

思考与练习

1. 已知金星绕太阳公转的周期小于地球绕太阳公转的周期，若它们绕太阳的公转均可看作是匀速圆周运动，那么由此可以判定（　　）.

A. 金星的质量小于地球的质量

B. 金星的半径小于地球的半径

C. 金星到太阳的距离小于地球到太阳的距离

D. 金星到太阳的连线在某一段时间内扫过的面积小于同一时间内地球到太阳的连线所扫过的面积

2. 关于开普勒行星运动第三定律$\frac{a^3}{T^2}=k$,下列说法正确的是(　　).

A. k 是一个与行星无关的量

B. T 表示行星自传的周期

C. T 表示行星公传的周期

D. 若地球绕太阳运动的轨道半长轴为 a_1、周期为 T_1,月球绕地球运动的轨道半长轴为 a_2、周期为 T_2,则$\frac{a_1^3}{T_1^2}=\frac{a_2^3}{T_2^2}$.

3. 银河系中有两颗行星绕某恒星运转,从天文望远镜中观测到它们的运动周期之比为 27∶1,则它们的轨道半长轴之比应为(　　).

A. 3∶1　　B. 9∶1　　C. 27∶1　　D. 1∶9

4. 天文学家发现了一颗小行星,测得它到太阳的平均距离是地球到太阳的平均距离的 8 倍. 问:该小行星绕太阳公转的周期是多少年?

4.2　万有引力定律

牛顿利用他的运动定律把行星的向心加速度与太阳对行星的引力联系起来了.

牛顿深入思考了月球受到的引力与地面物体受到的引力之间的关系.

亨利·卡文迪许(Henry Cavendish,1731—1810)实验开启了微量观察的大门,卡文迪许也是第一个能称量地球质量的人.

是什么原因使行星绕着太阳转呢?

这是自开普勒定律被发现之后,人们就开始思考的问题. 伽利略、开普勒、笛卡儿都提出过自己的见解,但都没有解决根本的问题. 牛顿时代的胡克、哈雷等对这一问题的认识具有划时代的意义,他们认为行星能够绕着太阳转是因为太阳对行星有引力,并且还证明了如果行星的运转轨道是圆轨道,那么行星受到太阳的引力跟行星到太阳的距离的二次方成反比. 但是,由于没有运动和力的清晰概念(因为运动和力的清晰概念是在他们之后的牛顿建立的),因此,他们无法深入研究.

牛顿在前人对惯性研究的基础上,开始思考"物体怎样才会不沿直线运动"的问题. 他认为,使行星沿圆或椭圆运动,需要有指向圆心或指向椭圆焦点的力,这个力就是太阳对行星的引力. 于是,牛顿利用他的运动定律把行星的向心加速度与太阳对行星的引力联系起来了.

一、太阳与行星间的引力

1. 太阳对行星的引力

根据开普勒第一定律和第二定律,行星绕太阳近似做匀速圆周运动,太阳对行星的引力就是行星绕太阳运动所需要的向心力.

设行星的质量为 m,运动速度为 v,轨道半径即行星到太阳的距离为 r. 那么,行星绕太阳运动的向心力为

$$F=\frac{mv^2}{r}$$

从天文观测中容易得到行星绕太阳运动的周期 T,因此行星运动的向心力可改写为

$$F=\frac{4\pi^2 mr}{T^2}$$

将开普勒第三定律$\frac{r^3}{T^2}=k$ 变形为 $T^2=\frac{r^3}{k}$代入上式,容易得出

$$F=4\pi^2 k\cdot\frac{m}{r^2}\propto\frac{m}{r^2}$$

这表明:太阳对行星的引力,和行星的质量成正比,和行星与太阳之间的距离的二次方成反比.

2. 行星对太阳的引力

物体间力的作用是相互的,太阳对行星有引力,行星对太阳也同样有引力. 设太阳的质量为 M,结合上述的推导,容易得到:行星对太阳的引力,跟太阳的质量成正比,跟行星与太阳之间的距离的二次方成反比,即

$$F'=4\pi^2k\cdot\frac{M}{r^2}\propto\frac{M}{r^2}$$

3. 太阳与行星之间的引力

由于 $F=\propto\frac{m}{r^2}$,$F'\propto\frac{m}{r^2}$,根据牛顿第三定律可知,$F=F'$. 所以太阳与行星之间的引力可表示为

$$F\propto\frac{Mm}{r^2}$$

写成等式为

$$F=G\frac{Mm}{r^2}$$

也就是:太阳与行星之间的引力大小跟太阳质量行星质量的乘积成正比,跟(太阳和行星)两者之间的距离的二次方成反比.

这一式子源于开普勒行星运动定律,但它的适用范围并不局限于行星与太阳之间. 式中 G 为比例系数,与太阳和行星都无关.

二、万有引力定律

1. 月-地检验

牛顿时代,已经能够比较精确地测定自由落体的加速度,也能比较精确地测定月球与地球的距离、月球公转的周期,从而计算出月球公转的向心加速度.

牛顿深入思考了月球受到的引力与地面物体受到的引力之间的关系!

假定维持月球绕地球运动的力与使苹果下落的力真的是同一种力,同样遵循"平方反比"的规律,那么,由于月球轨道半径约为地球半径(苹果到地心的距离)的 60 倍,所以月球轨道上一个物体受到的引力,应该大约只有这个物体在地面上受到的引力的$\frac{1}{60^2}$. 物体在月球轨道上运动时的向心加速度也应该大约是它在地面附近下落时的加速度(自由落体加速度)的$\frac{1}{60^2}$.

做一做?

已知地球的半径是 $R=6.4\times10^3$ km,月球到地球的距离 $d=3.84\times10^5$ km. 假如月球轨道上的物体和地面附近的物体受到地球的引力都遵从平方反比规律,即 $F=G\frac{Mm}{r^2}$,令月球上轨道上和地面附近的某物体质量为 m、地球质量为 M. 那么,月球轨道上的引力加速度 $a_1=$________,地面附近的引力加速度 $a_2=$________,$\frac{a_1}{a_2}=$________. 若 $a_2=9.8\ \text{m/s}^2$,则 $a_1=$________.

计算结果与预期符合得很好. 这表明,地面物体所受地球的引力,与太阳行星之间的引力,确实遵从相同的规律.

2. 万有引力定律

牛顿认为自然界中任意两个物体之间都存在着和行星与太阳之间相同类型的引力,也就是万有引力,并将总结出的这类力所遵从的规律称为万有引力定律.

万有引力定律表述为：自然界中任意两个物体都相互吸引，引力的方向在它们的连线上，引力的大小与它们的质量 m_1 和 m_2 的乘积成正比，与它们之间的距离 r 的二次方成反比，即

$$F=G\frac{m_1m_2}{r^2}$$

式中各物理量的单位均取国际制单位，G 是适用于任何物体的一个比例系数，称为引力常数；需特别说明的是，r 是指两物体的质心之间的距离.

3. 引力常数的测定

牛顿发现万有引力定律时，他并不知道引力常数的数值. 在牛顿去世 100 多年后，英国物理学家卡文迪许在实验室用他发明的扭秤（卡文迪许扭秤）比较准确地测定出了引力常数的值. 目前推荐的引力常数的标准值为 $G=6.672\ 59\times10^{-11}\ \mathrm{N\cdot m^2\cdot kg^{-2}}$. 在一般的计算中，通常取 $G=6.67\times10^{-11}\ \mathrm{N\cdot m^2\cdot kg^{-2}}$. 如图 4.2.1 所示是卡文迪许扭秤的主要结构示意图，卡文迪许实验开启了微量观察的大门，卡文迪许也是第一个能称量地球质量的人.

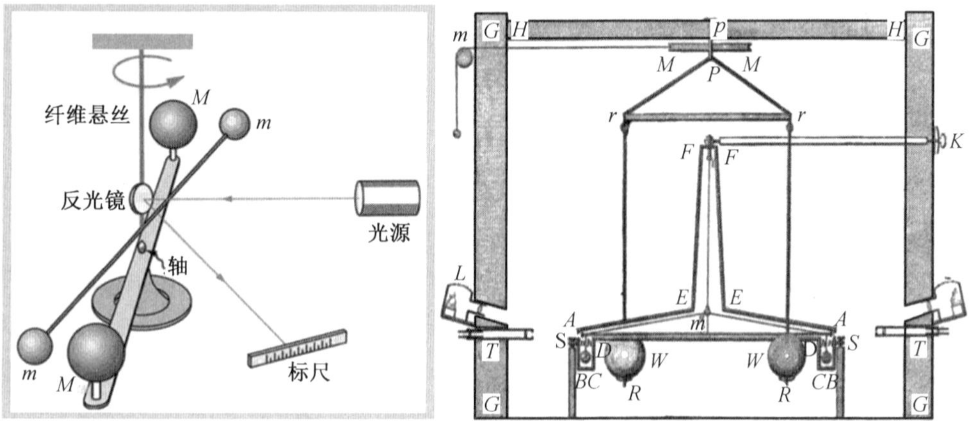

图 4.2.1

4. 引力理论的成就

(1) 称量地球.

若忽略地球自转的影响，地面上质量为 m 的物体所受的重力 mg 就等于地球对物体的引力，即

$$mg=G\frac{Mm}{R^2}$$

式中，M 为地球质量，R 是地球的半径，g 是地球表面及其附近的自由落体的加速度. 由此得出 $M=\frac{gR^2}{G}$.

(2) 计算中心天体质量.

设太阳质量为 M，m 是某个行星的质量，r（易测出）是行星与太阳之间的距离，T（易测出）是行星公转的周期，那么

$$G\frac{Mm}{r^2}=\frac{4\pi^2mr}{T^2}$$

所以，太阳的质量为

$$M=\frac{4\pi^2r^3}{GT^2}$$

(3) 发现未知天体.

纪元到了 18 世纪，人们已经知道太阳系有 7 颗行星. 其中 1781 年发现的第七颗行星即天王星的轨道和用万有引力定律计算的结果总有一些偏差，然后科学家们就预测在天王星的外侧还有一颗未发现的行星，结果在 1846 年 9 月 23 日在预言位置发现了第八颗行星即海王星.

之后的近 100 年来，又依次发现了冥王星、阋神星……

思考与练习

1. 下列现象中，不属于万有引力引起的是(　　).

A. 银河系球形星团聚集不散　　B. 月球绕地球运动而不离去

C. 电子绕原子核旋转而不离去　　D. 树上的果子最终总是落向地面

2. 两个均匀球体的质量分别是 m 和 $5m$，两球心相距 r，引力常数为 G. 两球之间的万有引力是(　　).

A. $G\frac{5m^2}{r^2}$　　B. $G\frac{m^2}{r}$　　C. $G\frac{m^2}{r^2}$　　D. $G\frac{5m^2}{r}$

3. 已知质量分布均匀的球壳对壳内物体的引力为零. 假定地球是一个半径为 R，质量分布均匀的球体，地球表面处的引力加速度为 g，那么关于地球引力加速度 a 随地球地心到某点距离 r 的关系正确的是(　　).

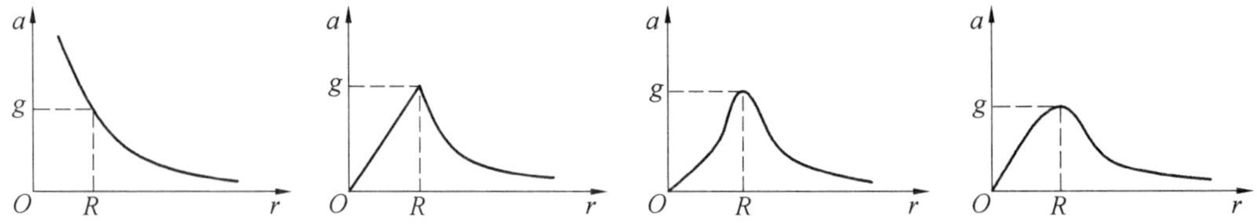

A.　　B.　　C.　　D.

4. 由 A、B 两颗星球组成的双星系统，绕它们连线上的某点做匀速圆周运动，其运行周期为 T. 若 A、B 之间的距离为 L，它们的线速度之比为 $v_A : v_B = 2 : 1$. 求两颗星球的质量 m_A 和 m_B 的大小.

5. 试分析说明：图 4.2.1 中的卡文迪许扭秤是怎样将微小量进行放大的？

4.3　宇宙速度与航天技术

· 人造天体被弹出运载火箭的仪器舱即星舰分离时获得的速度叫作发射速度；人造天体在星舰分离后进入预定轨道并在预定轨道上正常运行时的速度叫作绕行速度.

· 7.9 km/s 既是人造地球卫星的最小发射速度，也是人造地球卫星的最大绕行速度.

· 月球绕地球公转的周期与月球自转的周期相同，月球有一面总背对着地球.

一、宇宙速度

1. 人造天体的构想

关于人造天体的发射，早在牛顿在他发现万有引力定律之后，他就做过比较细致的设想.

牛顿在 1687 年出版的《自然哲学的数学原理》中写道：从高山上水平抛出物体，速度越大、落地点离山脚就越远. 如果没有空气阻力，当速度足够大时，物体就永远不会落到地面上来了，它将围绕地球旋转，成为一颗永远绕地球运动的卫星，如图 4.3.1 所示.

图 4.3.1

但是,这样的速度至少需要多大呢？怎样才能获得这么大的速度呢？

2. 运载火箭

人造天体是怎样升入太空的呢？人造天体是靠运载火箭将其送出大气层升太空的.

发射人造天体,首先必须具备运载火箭技术. 可以这样说,运载火箭技术的水平,决定了航天工业的远景与成就. 运载火箭通常包括单级运载火箭和多级运载火箭,其中,多级运载火箭又包括二级运载火箭和三级运载火箭.

发射洲际导弹一般采用单级运载火箭,发射人造卫星、宇宙飞船等超远程航天器都采用多级运载火箭.

运载火箭是用煤油、酒精、偏二甲肼、液态氢等作为燃烧剂,而用硝酸、液态氮等提供的氧化剂帮助燃烧的. 人们习惯上把燃烧剂和氧化剂通称为火箭发动机的燃料或推进剂.

3. 人造天体的发射

有了运载火箭,人造天体的发射才由梦想变为现实.

发射人造天体时,将人造天体安放在运载火箭上端的仪器舱内. 运载火箭从第一级火箭发动机点火开始工作,到最后一级火箭发动机点火运行至将人造天体弹出仪器舱即完成发射过程. 如图 4. 3. 2 所示是一种三级运载火箭示意图,图中对其发射过程的工作状态也做了说明.

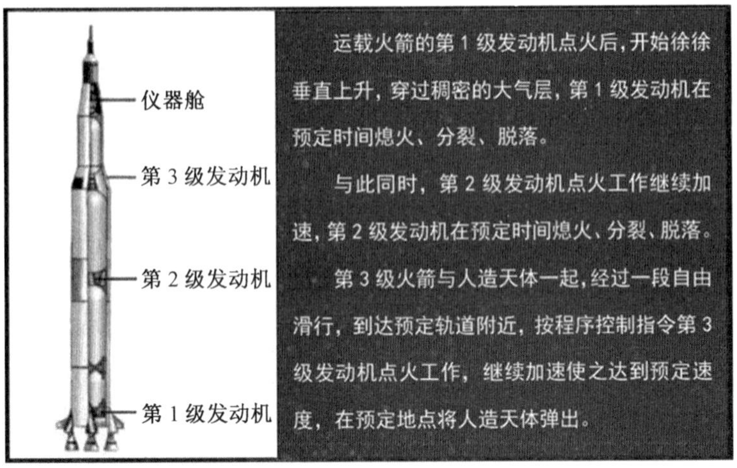

图 4. 3. 2

我国最典型的运载火箭是长征系列二级捆绑式火箭,简称长二捆.

4. 宇宙速度

在宇宙航行和人造天体发射中有三个重要的速度概念,即发射速度、绕行速度和宇宙速度.

发射人造天体的过程中,人造天体被弹出运载火箭的仪器舱即星舰分离时获得的速度叫作发射速度;人造天体在星舰分离后进入预定轨道并在预定轨道上正常运行时的速度叫作绕行速度;根据发射的人造天体的具体实际要求,需要达到的最小发射速度叫作宇宙速度.

现在,我们来研究人造地球卫星等人造天体的速度问题.

设地球的质量为 M、半径为 R,绕地球做匀速圆周运动的飞行器的质量为 m、速度为 v、到地面的离为 d、到地心的距离为 r,那么

$$m\frac{v^2}{r}=G\frac{Mm}{r^2}$$

因此,飞行器的速度为

$$v=\sqrt{\frac{GM}{r}}=\sqrt{\frac{GM}{R+d}}$$

一般地,对于近地卫星,$d=100\sim200\ \text{km}\ll R=6\ 400\ \text{km}$,所以,上式可近似为

$$v=\sqrt{\frac{GM}{R}}=\sqrt{\frac{6.67\times10^{-11}\times5.98\times10^{24}}{6.4\times10^{6}}}\ \text{m/s}=7.9\ \text{km/s}$$

这一速度就是物体在地面附近绕地球做匀速圆周运动的速度，称为第一宇宙速度，又称环绕速度. 这个速度实际上是人造地球卫星的最小发射速度，也是人造地球卫星的最大绕行速度.

思考与讨论

1. 为什么说7.9 km/s既是地球卫星的最小发射速度，也是人造地球卫星的最大绕行速度？

2. 高空人造地球卫星与低空人造地球卫星相比，它们的发射速度或绕行速度分别是哪个大？为什么？

3. 假定各种天体或航天飞行器的轨道都是圆轨道，试根据人造地球卫星的线速度 $v=\sqrt{GM/r}$ 推导出其角速度 ω 和周期 T 的表达式，并讨论 v、ω、T 跟轨道半径 r 的关系.

在地面发射人造卫星等飞行器，当发射速度大于或等于7.9 km/s而小于11.2 km/s时，飞行器将绕地球运动，当发射速度等于或大于11.2 km/s时，飞行器将会克服地球引力而永远离开地球. 这个11.2 km/s称为第二宇宙速度，又称脱离速度. 比如发射嫦娥系列飞行器或火星探测器，发射速度都必须达到或超过第二宇宙速度才能成功.

当发射速度大于或等于11.2 km/s而小于16.7 km/s时，飞行器将在太阳系内或绕太阳运动，当发射速度等于或大于16.7 km/s时，飞行器将会克服太阳引力而永远离开太阳系，这个16.7 km/s称为第三宇宙速度，又称逃逸速度.

如图4.3.3所示是几种宇宙速度的示意图，从图中可以看出，只有发射速度为第一宇宙速度时的人造地球卫星的轨道是圆轨道，其余情况人造地球卫星的轨道都为椭圆轨道.

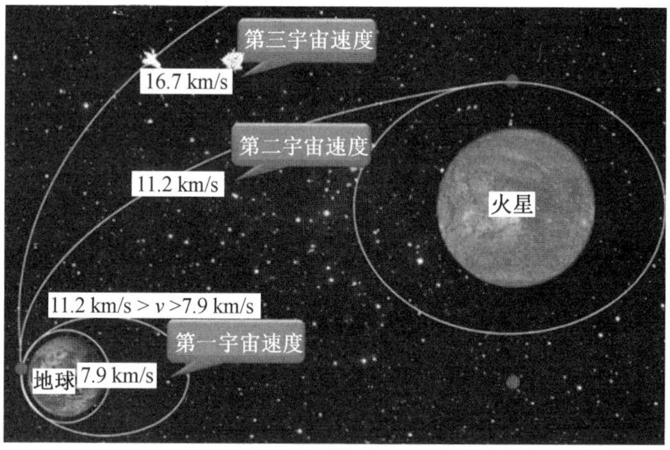

图4.3.3

二、几种典型的人造天体

1. 同步卫星

同步卫星相对于地球是静止的，它的运动周期跟地球的自转周期相同即都为24 h，它距离地面的高度为36 000 km. 同步卫星的轨道平面跟地球的赤道平面重合，因此，称其轨道倾角为0°，是倾角最小的卫星.

发射小倾角卫星通常选择在低纬度的卫星发射场进行发射.

我国自1997年以来自行研制发射的第一代风云二号系列（包括FY-2A星、FY-2B星、FY-2C星、FY-2D星、FY-2E星、FY-2F星共6颗）气象卫星均为同步卫星，2018年由发射了FY-2H星.

2. 极地卫星

极地卫星是指运行轨道通过地球南北两极的卫星，其轨道平面与地球赤道平面垂直．故称其轨道倾角为 90°，是倾角最大的卫星．

发射大倾角卫星通常选择在高纬度的卫星发射场进行发射．

我国自 1988 年以来自行研制发射的第一代风云一号系列（FY-1A 星、FY-1B 星、FY-1C 星、FY-1D 星共 4 颗）气象卫星均为极地卫星，其运行周期为 12 h．

思考与讨论

1. 风云一号系列卫星和风云二号系列卫星都能发布卫星云图．试问：中央气象台天气预报的世界卫星云图是哪个系列的卫星发布的？

2. 试计算风云一号卫星和风云二号卫星离地面的高度，并说明它们的观察范围哪个大？为什么？

3. 地-月中继卫星

2018 年 5 月 21 日，我国发射世界首颗运行于地月拉格朗日 L_2 点（简称：DY-L_2 点）的通信卫星——地-月中继卫星“鹊桥”．

由于月球绕地球公转的周期与月球自转的周期相同，所以月球有一面总背对着地球，这一面称之为月球背面．着陆在月球背面的探测器会受到月球自身的遮挡，无法直接与地球进行测控通信和数据传输．因此，必须先发射地-月中继卫星，让它去充当架设在着陆于月球背面的探测器与地球间的“通信中继站”，专门解决着陆月球背面的探测器对地通信“不在服务区”的问题．

地-月系统有 5 个拉格朗日点，分别称为 DY-L_1 点、DY-L_2 点、DY-L_3 点、DY-L_4 点、DY-L_5 点．“鹊桥”地-月中继卫星位于 DY-L_2 点的动态平衡轨道上，如图 4.3.4 所示．

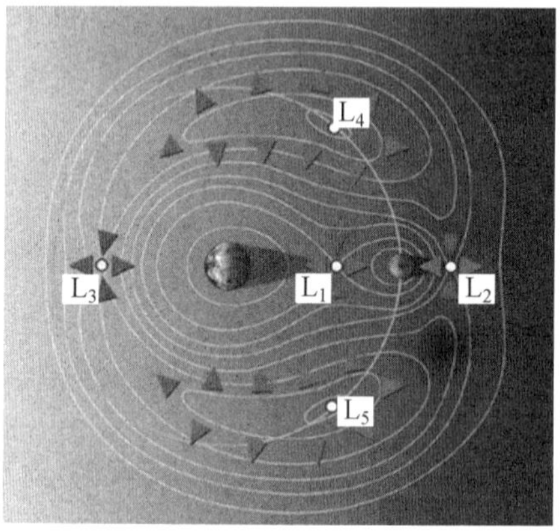

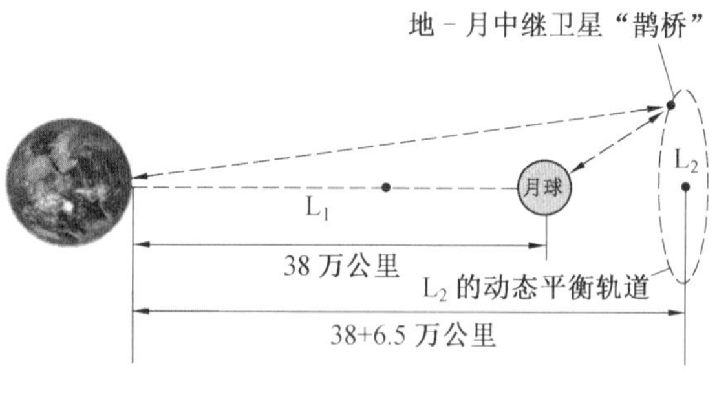

图 4.3.4

地-月中继卫星“鹊桥”是对 2018 年年底中国探月工程嫦娥四号探测器的探测任务——世界首次月球背面软着陆和巡视勘察任务的重要铺垫．

2018 年 12 月 8 日，我国嫦娥四号探测器发射升空；2018 年 12 月 12 日完成近月制动，被月球捕获；2019 年 1 月 3 日在月球背面预选区着陆．如图 4.3.5 所示的图中体现了嫦娥四号探测器和中继卫星“鹊桥”发射过程中的运行轨道．

图 4.3.5

嫦娥四号探测器是中国探月工程二期发射的月球探测器，也是人类第一个着陆月球背面的探测器．实现了人类首次月球背面软着陆和巡视勘察，意义重大，影响深远．

三、航天历程

1957 年 10 月 4 日，苏联成功发射世界第一颗人造地球卫星，震惊世界；1958 年 1 月 31 日，美国“探险者”号人造地球卫星发射成功；1970 年 4 月 24 日，我国“东方红”一号人造地球卫星发射成功，标志着我国航天事业的起步.

1961 年 4 月 12 日，世界第一艘载人宇宙飞船“东方”号发射升空，苏联宇航员加加林完成了人类第一次环绕地球飞行.

1969 年 7 月 20 日，“阿波罗”11 号将人类首次送上月球，美国宇航员阿姆斯特朗走出登月舱迈出了人类的一大步.

1981 年 4 月 12 日，世界第一架航天飞机“哥伦比亚”号成功发射.

1990 年 4 月 24 日，哈勃望远镜升空，人类有了性能卓越的空间天文台.

2003 年 10 月 15 日，“神舟”5 号发射升空，圆了中国人的飞天梦想.

2005 年 7 月 4 日，“深度撞击”号发射出 372 kg 的撞击舱，以约 3.7×10^4 km/h 撞击进入“坦普尔”1 号彗星的岩石和冰的彗核.

2018 年 5 月 21 日，我国发射世界首颗运行于地月拉格朗日点的通信卫星地-月中继卫星“鹊桥”.

2018 年 12 月 8 日，我国嫦娥四号探测器发射升空，实现了人类首次月球背面软着陆和巡视勘察.

思考与练习

1. 若取地球的第一宇宙速度为 8 km/s，某行星的质量是地球的 18 倍，半径是地球的 2 倍. 那么，该行星的第一宇宙速度是(　　).

A. 16 km/s　　B. 24 km/s　　C. 32 km/s　　D. 72 km/s

2. 某“嫦娥”环月探测器在执行环月探测任务时，发现每经过时间 t 通过的弧长为 l 且该弧长对应的圆心角为 θ 弧度. 若该“嫦娥”环月探测器的环月轨道可近似看成是圆轨道，引力常数为 G，那么由此推导出月球的质量为(　　).

A. $\dfrac{l^3}{Gt^2\theta}$　　B. $\dfrac{l^3\theta}{Gt^2}$　　C. $\dfrac{l}{Gt^2\theta}$　　D. $\dfrac{l^2}{Gt^2\theta}$

3. 如图 4.3.6 所示，两颗人造卫星 A、B 在同一平面内绕地球做匀速圆周运动. 这两颗卫星相比(　　).

A. 卫星 A 的线速度较卫星 B 的线速度大

B. 卫星 A 的周期较卫星 B 的周期大

C. 卫星 A 的角速度较卫星 B 的角速度大

D. 卫星 A 的加速度较卫星 B 的加速度大

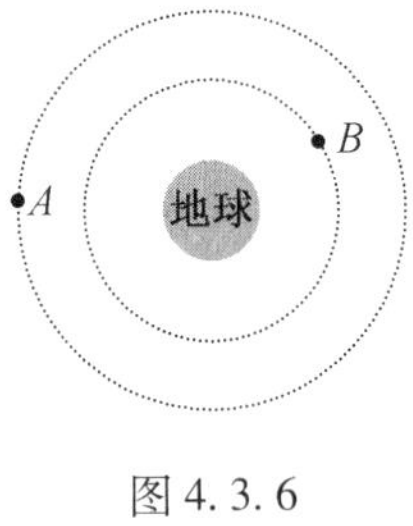

图 4.3.6

4. 星球上的物体脱离星球引力所需要的最小速度称为该星球的第二宇宙速度，星球的第二宇宙速度 v_2 与第一宇宙速度 v_1 的关系为 $v_2=\sqrt{2}v_1$. 已知某星球的半径是 r，它表面的重力加速度是地球表面重力加速度 g 的 $\dfrac{1}{6}$. 若不计其他星球影响，则该星球的第二宇宙速度是(　　).

A. $\sqrt{gr}$　　B. $\sqrt{\dfrac{1}{3}gr}$　　C. $\sqrt{\dfrac{1}{6}gr}$　　D. $\dfrac{1}{3}gr$

5. 英国某媒体曾推测，2020 年前人类有望登上火星. 假若你有幸成为登陆火星的世界第一人，乘坐代表世界先进水平的 SZ 号宇宙飞船通过长途旅行可以亲眼看见火星妆容. 假如你乘坐的宇宙飞船绕火星在离火星表面 H 高度的圆轨道上做匀速圆周运动，飞行了 n 圈测得所用时间为 t. 已知火星的半径为 R，试求火星表面的张力加速度.

选　修　3-1

第1章 静 电 场

1.1 静电现象及其微观解释

·电是什么？电是一种自然现象，是一种能量. 电是像电子和质子这样的亚原子粒子之间产生的相互排斥力和相互吸引力的一种属性. 电以不同的形式展现于自然界中，闪电（图1.1.1）就是电表现的一种形式.

·物体带电的本质是什么？

·物体带电过程的实质是一个怎样的过程？

·带电体为什么能够吸引轻小物体？

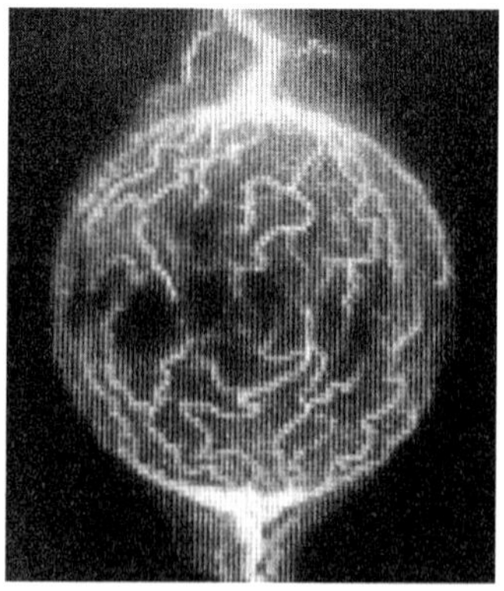

图1.1.1 球形闪电

一、两种电荷与原子结构

1. 两种电荷

(1)自然界中存在两种电荷，一种是正电荷，另一种是负电荷.

(2)物理学规定：丝绸摩擦的玻璃棒带正电，毛皮摩擦的橡胶棒带负电.

凡是与丝绸摩擦的玻璃棒带相同性质的电荷都是正电荷，凡是与毛皮摩擦的橡胶棒带相同性质的电荷都是负电荷.

(3)同种电荷相互排斥，异种电荷相互吸引.

2. 原子结构

(1)物质由分子、原子、离子等微粒组成.

(2)原子由原子核内的质子、中子和绕原子核旋转的电子组成（图1.1.2）.

质子带正电，电子带负电，中子不带电. 原子的核内质子数与核外电子数相等，呈电中性，即对外不显电性. 但物体受到外界影响，导致电子发生转移时，物体就对外显现电性，即带电.

图1.1.2 原子结构

(3)不同物质的原子的原子核束缚核外电子的本领一般不同.

(4)物体带电的本质是有多余电子或缺少电子.

二、三种起电方式与电荷守恒定律

1. 三种起电方式

(1)摩擦起电：用摩擦的方法使物体带上电荷的过程.

①实质：电子转移（图1.1.3），电子从原子核束缚核外电子本领弱的物体转移到原子核束缚核外电子本领强的物体.

一般地，根据化学元素周期律，金属性越强的物质，原子核束缚核外电子的本领就越弱；非金属性越强的物质，原子核束缚核外电子的本领就越强.

②失去电子的物体带正电，获得电子的物体带等量的负电.

(2)接触带电：将带电的物体与不带电的物体相互接触，使不带电的物体带上电荷的过程.

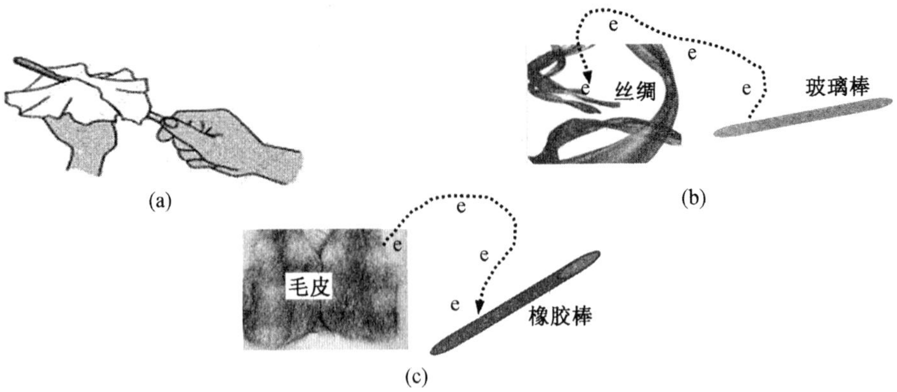

图 1.1.3

①实质:电子转移(图 1.1.4),电子从不带电的物体转移到带正电的物体或从带负电的物体转移到不带电的物体.

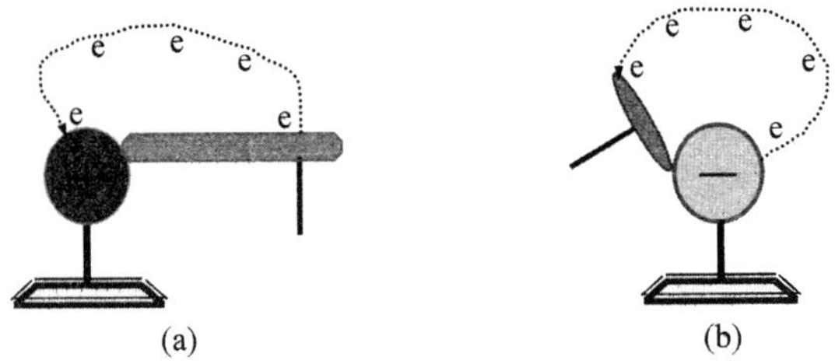

图 1.1.4

②电荷平均分配原则:完全相同的金属导体相互接触,将平均分配净电荷.

(3)感应起电:把带电物体靠近不带电的导体使导体带上电荷的过程.

①实质:电荷转移(图 1.1.5),电荷从物体的一部分转移到另一部分. 酸、碱、盐溶液中转移的是正、负离子,金属导体中转移的是电子.

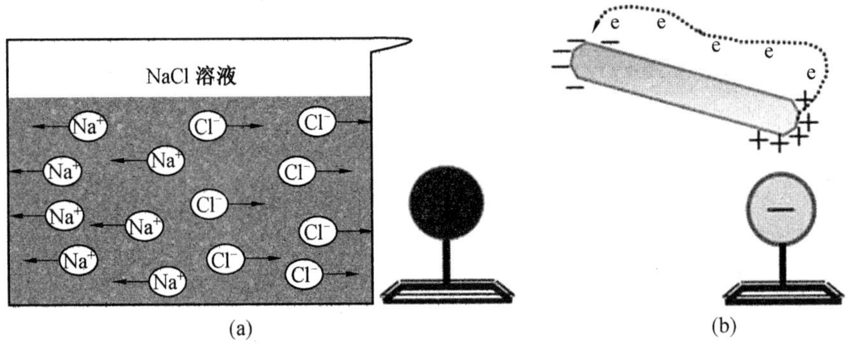

图 1.1.5

②从任意位置将感应起电的物体截断成两部分,这两部分将带等量异种电荷.

2. 电荷守恒定律

电荷不能创造,也不能消灭,只能从一个物体转移到另一个物体,或者从物体的一部分转移到另一部分.

三、电介质的极化

带电体为什么能够吸引轻小物体? 这涉及物的极化问题.

在外电场作用下,电介质(绝缘材料)内部沿电场方向产生感应电偶极矩,在电介质表面出现极化电荷的现象叫作电介质的极化. 电介质在外电场作用下有三种类型的极化:

(1)位移极化:正、负电荷中心重合的非极性分子,在外电场作用下正、负电荷中心彼此分离,从而产生不等于零的电偶极矩.

(2)转向极化:正、负电荷中心不重合、宏观上电偶极矩总和等于零的极性分子,在外电场作用下,各个电偶极子趋向于一致的排列,从而导致宏观电偶极矩不等于零.

(3)畸变极化:原子核外的电子云分布均衡、宏观上电偶极矩总和等于零的分子,在外电场作用下,电子云分布产生畸变,从而产生不等于零的电偶极矩.

四、静电的利用和防护

(1)静电的利用:激光打印、静电复印、静电除尘、静电喷雾、静电喷涂等.

(2)静电的防护:油罐车导走静电的铁链、印刷厂保持空气有一定的湿度等.

思考与练习

1. 将不带电的导体与带负电的导体接触后,导体也带上负电,这是因为在相互接触的过程中( ).

A. 电子从 A 转移到 B　B. 质子从 A 转移到 B　C. 电子从 B 转移到 A　D. 质子从 B 转移到 A

2. 在医疗手术中,为了防止麻醉剂乙醚爆炸,手术室的地砖一般要用导电材料制成,医务人员要穿由导电材料制成的鞋子和棉布外套,一切设备要良好接地,甚至病人身上也要良好接地. 这样做是为了( ).

A. 消除静电　B. 除菌消毒　C. 应用静电　D. 防止漏电

3. 完全相同的导体 A 和 B,导体 A 带 $5q$ 的电荷量、导体 B 带 $-q$ 的电荷量,现将 A、B 接触后又分开,则导体 B 带的电荷量变为( ).

A. $-q$　B. q　C. $2q$　D. $4q$

4. 如图 1.1.6 所示,验电器的金属球和金属箔均带负电,金属箔处于张开状态. 现用绝缘柄将带有少量负电荷的硬橡胶棒向验电器的金属球移近少许,则( ).

A. 验电器的金属箔张角增大少许

B. 验电器的金属箔张角减小少许

C. 验电器金属球上电子向金属箔移动

D. 验电器金属球上质子向金属箔移动

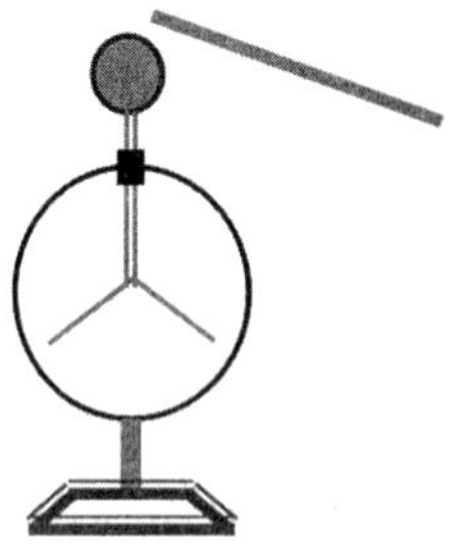

图 1.1.6

1.2 静电力 库仑定律

· 什么是点电荷? 怎样的带电体可以看成电荷?

· 电荷间的相互作用满足怎样的规律?

· 库仑定律与万有引力定律在形式上有哪些相似之处?

· 卡文迪许扭秤和库仑扭秤的设计思想有什么相似之处?

一、点电荷模型

没有空间体积的带电体就叫点电荷.

(1)点电荷是理想化模型.

(2)带电体的形状大小对研究的问题没有影响或影响很小时,就可以看成点电荷. 一般地,在研究带电体之间的相互作用时:

①相互之间的距离远大于各自大小限度的带电体可视为点电荷.

②均匀带电的绝缘带电球体可视为点电荷.

二、库仑定律

用感应起电机使悬挂在绝缘支架上的两个绝缘金属小球带上异种电荷,观察两小球重新平衡后悬线偏离竖直方向的情况(图 1.2.1),进行粗略分析静电力与重力之间的大小关系.改变两小球所带电荷量的大小,重复几次.

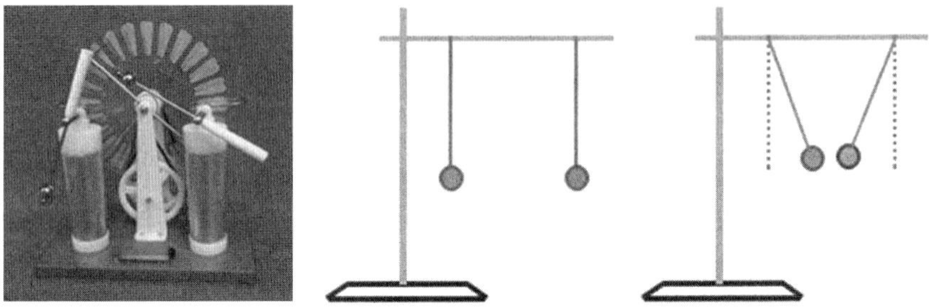

(a) 感应起电机　　(b) 未带电的小球　　(c) 带电的小球

图 1.2.1

真空中两个点电荷之间的相互作用力的大小,跟它们的电荷量 Q_1、Q_2 的乘积成正比,跟它们的距离的二次方成反比;作用力的方向沿着它们的连线.

$$F=k\frac{Q_1Q_2}{r^2}$$

(1)带电体之间的距离 $r\neq 0$ 也不可能有 $r\to 0$. 因为,这时点电荷模型不成立.

(2)静电力常量 $k=\frac{1}{4\pi\varepsilon_0}=9.0\times10^9\ \mathrm{N\cdot m^2/C^2}$.($\varepsilon_0=8.85\times10^{-12}\ \mathrm{F/m}$,为真空介电常数)

(3)库仑定律 $F=k\frac{Q_1Q_2}{r^2}$ 与万有引力定律 $F=G\frac{m_1m_2}{r^2}$ 的形式相同,物理学中都称为"平方反比定律".静电力常量 k 和万有引力常量 G 的测定方法也很相似,都用了具有放大思想的扭秤(图 1.2.2).

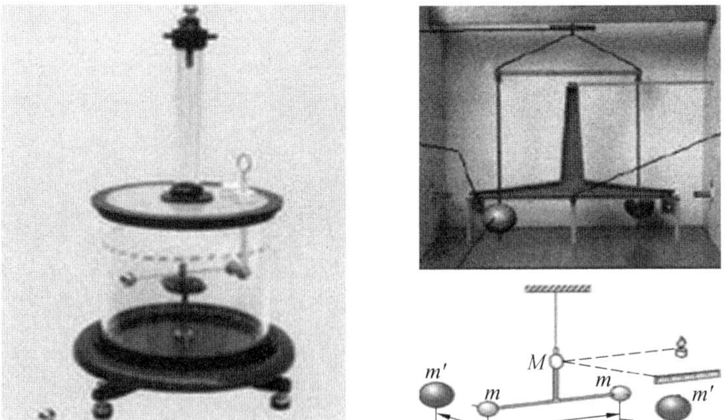

(a) 库仑扭秤　　(b) 卡文迪许扭秤

图 1.2.2

(4)利用 $F=k\frac{Q_1Q_2}{r^2}$ 进行计算时,不必带电荷的正负符号,具体作用力的方向根据实际情况进行判断.

思考与练习

1. 如图 1.2.3 所示,三个完全相同的金属球 a、b、c 位于等边三角形的三个顶点上. 其中,a、c 带正电,b 带负电,且 a 所带电量的大小比 b 小. 那么,c 受到 a 和 b 静电力的合力应该是图中的(　　).

A. F_1　　B. F_2　　C. F_3　　D. F_4

2. 如图 1.2.4 所示,固定在绝缘支座上的两个质量均为 m 的完全相同的金属球壳 a 和 b,壳层的厚度和质量均匀分布,两球心之间的距离 l 是球半径 r 的 4 倍. 若它们带等量异种电荷 Q,那么,a、b 之间的万有引力 $F_{引}$、库仑力 $F_{库}$ 分别为(　　).

A. $F_{引}=G\dfrac{m^2}{l^2}$,$F_{库}=k\dfrac{Q^2}{l^2}$　　B. $F_{引}\neq G\dfrac{m^2}{l^2}$,$F_{库}\neq k\dfrac{Q^2}{l^2}$

C. $F_{引}\neq G\dfrac{m^2}{l^2}$,$F_{库}<k\dfrac{Q^2}{l^2}$　　D. $F_{引}=G\dfrac{m^2}{l^2}$,$F_{库}>k\dfrac{Q^2}{l^2}$

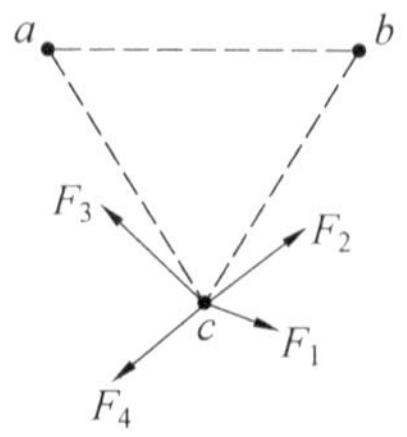

图 1.2.3

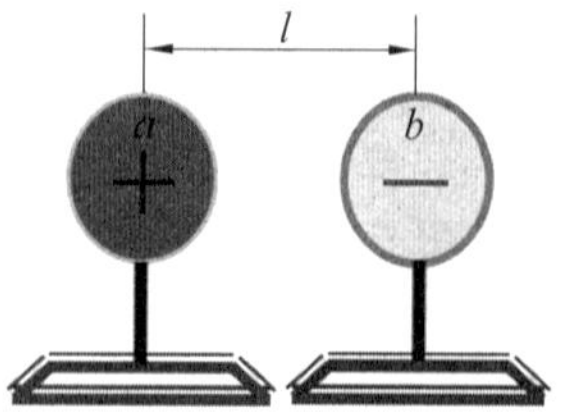

图 1.2.4

3. 在库仑扭秤实验中,对于库仑力的研究,用到了下列哪些思想和方法(　　).

A. 均分思想　　B. 放大法　　C. 控制变量法　　D. 补偿法

4. 有三个完全相同的金属小球 A、B、C,其中,A 带电荷量 $7Q$,B 带电荷量 $-Q$,C 球不带电. 现将 A、B 两球固定,然后将 C 先接触 A,再接触 B,最后移去 C 球. 那么,A、B 两球之间的作用力变为原来的多少倍?

5. 三个相同的金属小球 a、b、c 分别固定于绝缘支架上,各球之间的距离远大于小球直径. a 球带电量为 q,b 球带电量为 nq,c 球不带电且离 a 球和 b 球都很远,此时,a、b 两球之间的作用力的大小为 F. 现将 c 球先与 b 球接触再与 a 球接触后又将 c 球移至远处,此时,a、b 两球之间的作用力的大小仍为 F,且方向不变,由此可知(　　).

A. $n=3$　　B. $n=4$　　C. $n=5$　　D. $n=6$

1.3　电场及其描述

· 电场有哪些基本特点?

· 比较 $E=\dfrac{F}{q}$ 和 $E=k\dfrac{Q}{r^2}$ 电荷量 q 与 Q 的含义及它们对电场的影响.

· 对电场线有哪些特别的规定?

· 密立根油滴实验的基本原理是怎样的?

一、电场及电场力

1. 电场

电场为使电荷之间产生相互作用的物质,亦或传递电荷之间相互作用的物质. 电场具有四个方面的基本特点:

(1)没有具体存在的形态.

(2)对处于其中的电荷有力的作用.

(3)能使处于其中的导体发生静电感应.

(4)能使处于其中的电介质(绝缘材料)发生极化(正负电荷中心距离错位、拉大并取向趋于一致,以及电子云畸变).

2. 电场力

电场对处于其中的电荷产生的作用力.

(1)任何电荷周围都有电场.

(2)电荷之间是通过电场发生作用的.

二、电场强度

放入电场中某点的电荷(试探电荷)受到的电场力与它的电荷量的比值,叫作该点的电场强度.

$$E=\frac{F}{q}$$

(1)E 在数值上等于单位电荷在电场中某点受到的电场力,其方向规定为正电荷在电场中受到的电场力方向.

(2)E 与 q、F 无关,只与电场本身有关.

(3)E 从力的角度描述电场的性质,反映电场的强弱.

(4)q 是电荷量很小的点电荷,其产生的电场对所研究的电场没有明显的影响.

三、点电荷的电场与匀强电场

1. 点电荷的电场

将一试探电荷 q 放在场源电荷 Q 的电场中距离 Q 为 r 的任意一点 P,那么,根据库仑定律,q 受到的库仑力为 $F=k\frac{qQ}{r^2}$,又根据电场强度的定义式 $E=\frac{F}{q}$,容易得出

$$E=k\frac{Q}{r^2}$$

亦即,点电荷电场中任意点的电场强度的大小与点电荷的电荷量成正比,与该点到点电荷的距离的平方成反比.

2. 匀强电场

匀强电场指电场强度的大小和方向处处相同的电场.

3. 密立根油滴实验

密立根油滴实验仪如图 1.3.1 所示. 密立根油滴实验第一次较准确地测定了电子电荷量的大小,同时,还证明了带电微粒的电荷量总是电子电荷量的整数倍,这个结论称为电荷量子化. 电子电荷量是电荷量值的一个基本量,称为基本电荷或元电荷.

(a)

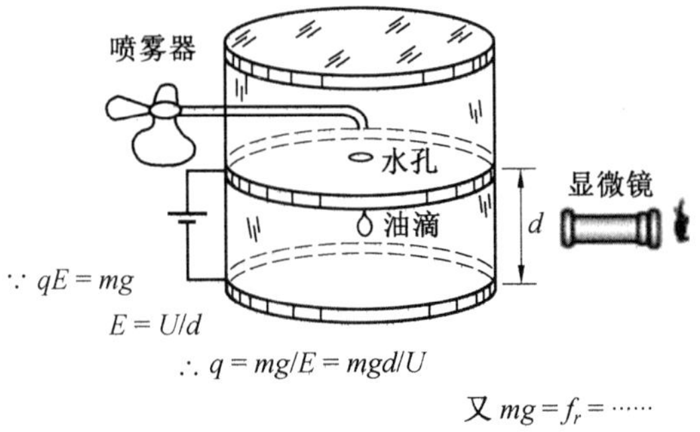

(b)

图 1.3.1

静态平衡测量

$$qE=mg,q=\frac{mg}{E}=\frac{mgd}{U}$$

动态平衡测量

$$qE=mg-f_r,q=\frac{mg-f_r}{E}=\frac{(mg-f_r)d}{U}$$

四、电场线

为了形象方便描述电场而引入的客观上并不存在的假想曲线.

1. 电场线的规定

(1)起于正电荷(或无穷远),止于负电荷(或无穷远). 在有限空间,不会在没有电荷的地方起止.

(2)任意一点的切线方向跟该点的电场方向一致.

(3)疏密程度代表电场的强弱.

(4)不可以相交,也不可以相切.

2. 特殊带电体的电场线特点

点电荷、等量异种电荷、等量同种电荷及带电平行金属板之间的电场线有着很好的对称性,如图1.3.2所示.

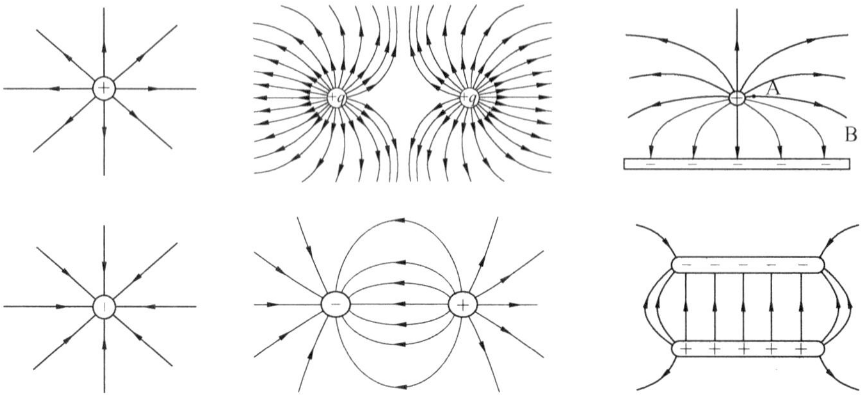

图 1.3.2

思考与练习

1. 某空间有两个点电荷 a、b,其所带电量分别为 q_a、q_b,它们周围的电场线分布如图 1.3.3 所示. 由图中信息可以判断(　　).

A. 两点电荷为同种电荷,且 $q_a>q_b$　　B. 两点电荷为异种电荷,且 $q_a<q_b$

C. a 为正电荷,且 $q_a>q_b$　　D. a 为负电荷,且 $q_a<q_b$

2. 图 1.3.4 是密立根油滴实验的原理图. 某次实验时,喷雾器喷出的雾状油滴由小孔进入带电平行金属板之间,调节两金属板之间的电压使一油滴恰能悬浮于电场中并处于静止状态,此时两金属板之间的电压为 U. 若两金属板之间的距离为 d、该油滴的质量为 m、重力加速度为 g、电子电荷量为 e,则下列说法中正确的是(　　).

A. 该油滴带负电,电荷量为$\frac{U}{mgd}$　　B. 该油滴带负电,含有$\frac{mgd}{eU}$个基本电荷

C. 该油滴带正电,电荷量为$\frac{mgd}{U}$　　D. 该油滴带正电,含有$\frac{mgd}{eU}$个基本电荷

3. 如图 1.3.5 所示，一电子沿等量异种电荷连线的中垂线由 $A\to O\to B$ 匀速飞过. 若电子的重力不计，那么，除电场力外，电子所受另一个力的大小和方向的变化情况是(　　).

A. 先变大后变小，方向水平向左保持不变　　B. 先变大后变小，方向水平向右保持不变

C. 先变小后变大，方向水平向左保持不变　　D. 先变小后变大，方向水平向右保持不变

4. 如图 1.3.6 所示，用锡箔纸包裹住一乒乓球，用绝缘细线将乒乓球竖直悬挂于固定在绝缘支架上的两竖直平行金属板 A、B 之间. 现将 A 板与电源的“+”极连接，将 B 板与电源的“-”连接. 调节 A、B 之间的距离使之约为乒乓球直径的 2 倍左右而不要太远，乒乓球将不断循环往复地交替与 A、B 板碰撞. 那么，在此过程中(　　).

A. 不断有电子由 A 板经电源转移到 B 板　　B. 不断有电子由 B 板经电源转移到 A 板

C. 不断有质子由 A 板经电源转移到 B 板　　D. 不断有质子由 B 板经电源转移到 A 板

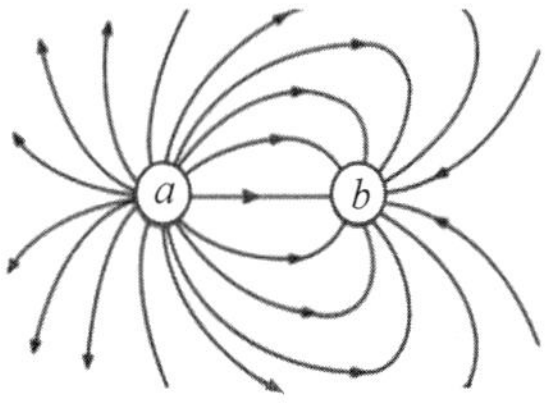

图 1.3.3

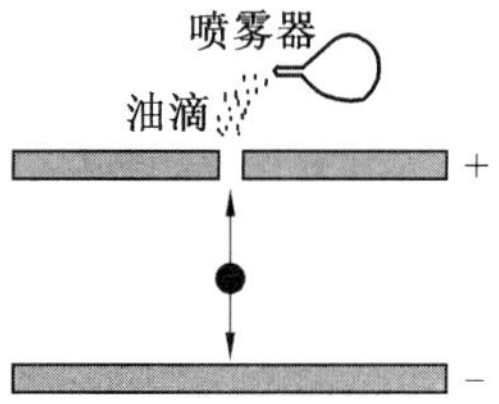

图 1.3.4

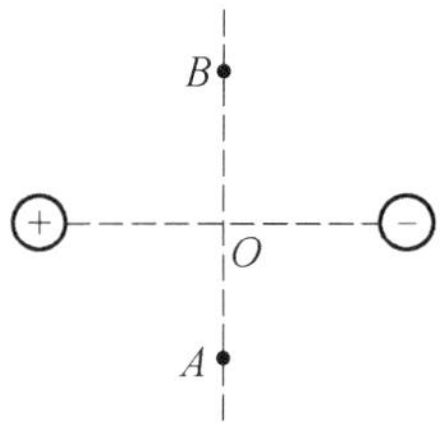

图 1.3.5

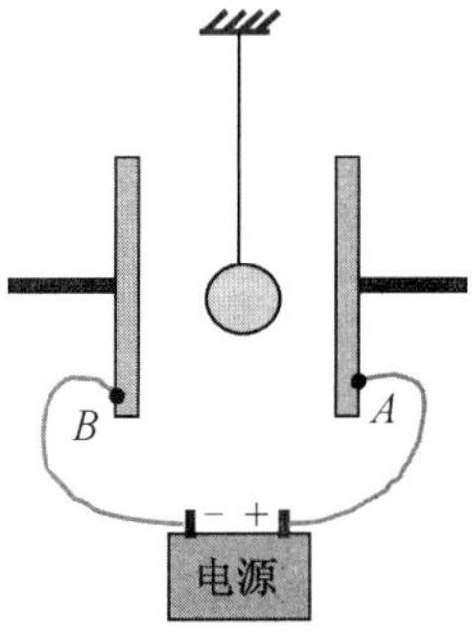

图 1.3.6

1.4　电场中的导体

· 场强叠加原理和电偶极子模型是怎样的？
· 怎样理解静电平衡的导体内部场强处处为零？
· 为什么静电平衡的导体静电荷只分布在导体表面？
· 静电屏蔽的本质是什么？
· 把手机放在金属盒里面往往接收不到信号，知道为什么吗？

一、场强叠加原理

若空间同时存在几个带电体，那么，这些带电体周围的电场中任意一点的电场强度等于各个带电体在该点产生的电场强度的矢量和.

电偶极子是两个相距很近的等量异种电荷 $+q$ 与 $-q$ 组成的系统，如图 1.4.1 所示. 电偶极子的延长线上距其中点 O 为 r 的点 P 的电场强度 E_P 等于 $+q$ 和 $-q$ 在该点电场强度的矢量和，即

$$E_P=E_--E_+=k\frac{q}{\left(r-\frac{l}{2}\right)^2}-k\frac{q}{\left(r+\frac{l}{2}\right)^2}=k\frac{2rlq}{\left(r^2-\frac{l^2}{4}\right)^2}$$

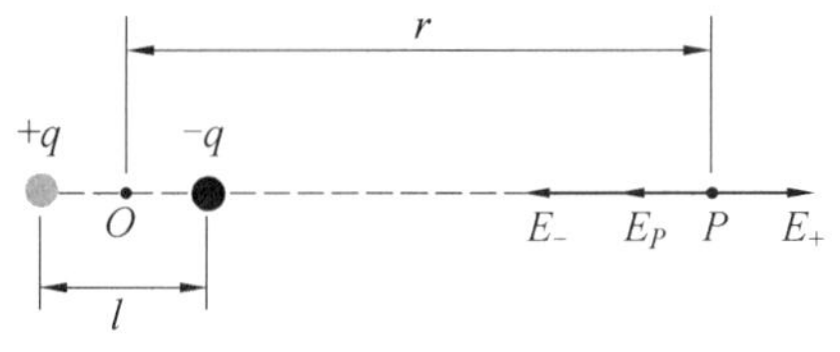

图 1.4.1　电偶极子

(1) 电场叠加的实质是电场强度的叠加.

(2) 所有的场(电场、磁场、引力场及分子力场等)物质都具有叠加性，都符合矢量叠加原理. 场的这类

物质与其他有具体空间存在形态的物质不同,场没有具体的空间存在形态.

二、静电平衡与静电屏蔽

电场中的导体将会发生静电感应,导体两端的感应电荷在导体内部产生的电场与外电场是相反的.在静电感应过程中,随着感应电荷的不断增多,感应电荷的电场会逐渐增强,最终与外电场的强弱相等.

1. 静电平衡

静电平衡即处于电场中的导体在静电感应过程中,自由电荷不再发生定向移动的状态.

如图 1.4.2 是一个处于静电平衡中的导体.

(1)内部场强处处为零.

$$E=E_{外}+E_{感}=0$$

(2)净电荷只分布在导体表面.

①净电荷只能分布在导体表面,否则自由电荷还将继续定向移动.

②内部电场处处为零,实质是感应电荷电场与外电场即场源电荷电场等大反向,叠加后的合场强等于零.

2. 静电屏蔽

静电屏蔽即处于静电平衡中的空导体内部不受导体外部电场干扰的现象,如图 1.4.3 所示.

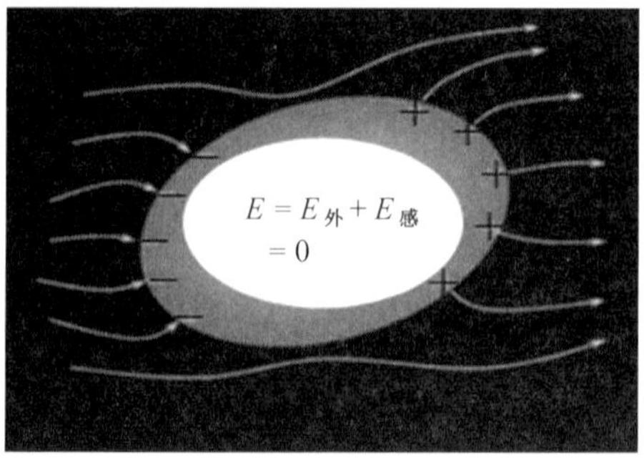

图 1.4.2 静电平衡的导体

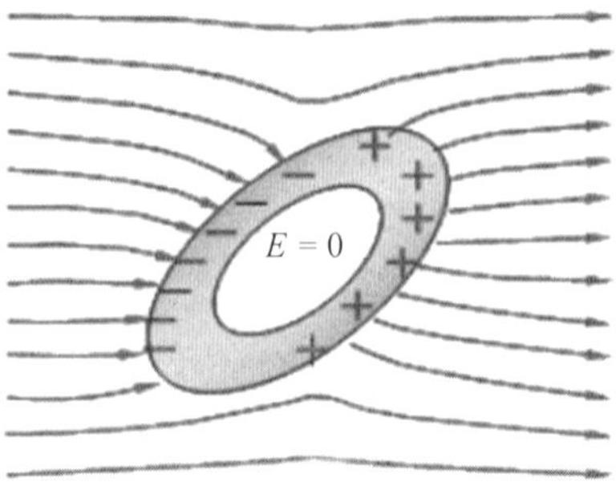

图 1.4.3 静电屏蔽的导体

①空腔内部电场强度等于零,即

$$E=E_{外}+E_{感}=0$$

②净电荷只分布在空腔外表面,空腔内表面没有净电荷.

(1)金属盒对电磁波的屏蔽作用,如图 1.4.4 所示.

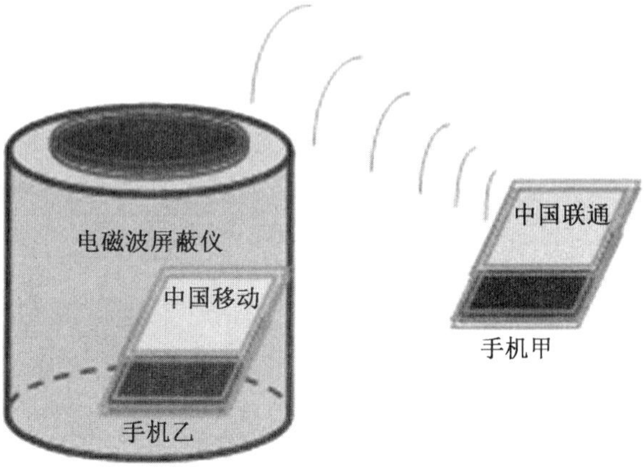

图 1.4.4

①把手机乙放入金属盒内,并用金属盖盖住金属盒. 用手机甲拨打手机乙,手机乙不响铃.

②手机甲提示音:“您拨打的电话不在服务区”或“您拨打的电话暂时无法接通,请稍后再拨”.

(2)空腔内电场对外部有影响,但将金属外壳接地后外部将无电场,如图 1.4.5 所示.

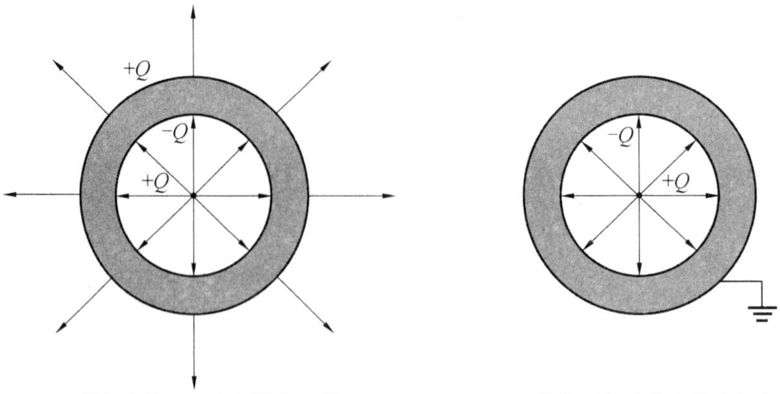

(a) 外部电场跟没有金属壳一样　　(b) 外表面的感应电荷流入大地

图 1.4.5

思考与练习

1. 一带绝缘支座的金属球壳的空腔内有一正电荷,用导线将金属球壳与一验电器的金属小球相连,金属箔处于张开状态,如图 1.4.6 所示. 下列说法中正确的是(　　).

A. 金属球壳内表面带负电,验电器带正电

B. 金属球壳内表面带正电,验电器带负电

C. 若用手摸一下金属球壳,则验电器金属箔将合拢

D. 若用手摸一下金属球壳,则验电器金属箔张角将增大

2. 一个带电金属球,当它的电量增加并稳定后,其内部场强将(　　).

A. 一定增强　　B. 一定减弱　　C. 可能增强　　D. 一定不变

3. 真空中两个等量异种点电荷的电荷量值均为 q,相距为 r. 两点电荷连线中点的场强为(　　)

A. 0　　B. $\frac{2kq}{r^2}$　　C. $\frac{4kq}{r^2}$　　D. $\frac{8kq}{r^2}$

4. 如图 1.4.7 所示,空心导体上方有一靠近带正电的带电体. 当一个重力不计的正电荷以速度 v 水平飞入空心导体内时将会(　　).

A. 向上偏转做类平抛运动　　B. 向下偏转做类平抛运动

C. 做匀速直线运动　　D. 做变速直线运动

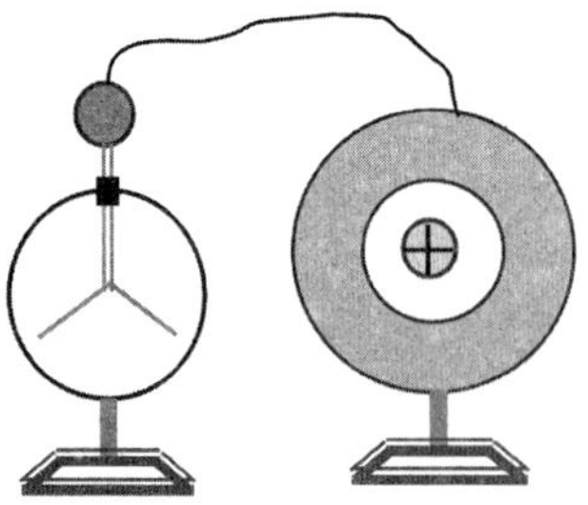

图 1.4.6

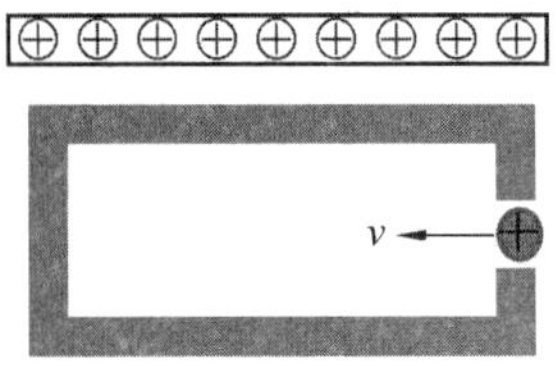

图 1.4.7

5. 一实心金属球的半径是 r,A、B 是与球心 O 在同一直线上的球外两点. 试根据图 1.4.8 中的信息计算:金属球上感应电荷在点 O 产生的电场强度的大小并判断其方向.

6. 如图 1.4.9 所示的甲、乙两个相同的验电器,其中甲的金属杆上端固定一个开口金属圆筒(法拉第圆筒)A 且带正电,乙的金属杆上端固定一个金属球 B 不带电. 现用带绝缘柄的金属球不断循环接触金属圆筒 A 的内侧和金属球 B. 那么,下列说法中正确的是(　　).

A. 验电器甲的金属箔片张角不变

B. 验电器乙的金属箔片张角增大

C. 不断有电子由 A 通过 C 转移到 B

D. 不断有质子由 B 通过 C 转移到 A

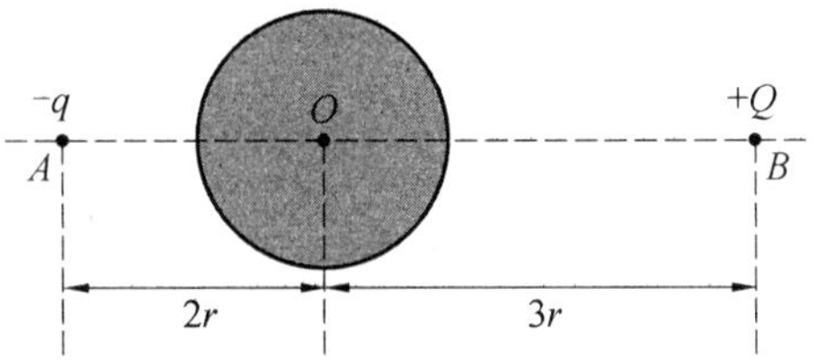

图 1.4.8

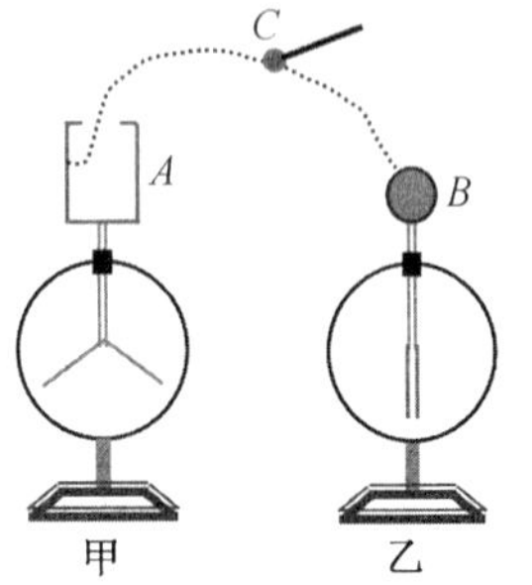

图 1.4.9

第2章　电势能与电势差

2.1　电场力做功与电势能

· 电场力做功有怎样的特点？与重力做功比较有什么相似之处？

· 如何理解零电势能的规定与处在电场中的电荷的电势能之间的关系？

· 怎样理解电场力做功的实质及其与能量转化的关系？

一、电场力做功的特点

将一带电荷量$+q$的点电荷由场强为E的匀强电场中的点A经点B移动到点C(图2.1.1).若该点电荷受到的电场力为F,那么,在这一过程中电场力所做的功为

$$W=Fs_1\cos\theta+Fs_2\cos 90°=Fd$$

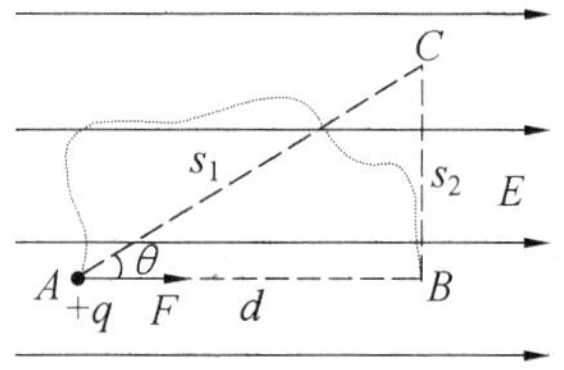

图2.1.1

(1)电场力做功与运动路径无关,只与始末位置有关.

(2)电场力与万有引力(重力)都是保守力,它们做功有类似的特点.

二、电势能

处在电场中的电荷具有势能,这种势能叫电势能.

电荷在电场中某点的电势能等于把电荷从这点移到参考点(零电势能点)的过程中电场力所做的功.

1. 电势能与带电体的电荷量、电性及所处电场的强弱和零电势的选择有关

通常选取无限远或地球为电势能的参考面,在场源电荷的电荷量为有限值时,一般选取无限远为电势能的参考面(图2.1.2).

(a) $E_{pQ}>0, E_{pq}<0$　　(b) $E_{pQ}<0, E_{pq}>0$

图2.1.2　选取无限远为电势能的参考面

(1)处在正电荷电场中的正电荷的电势能为正值,处在正电荷电场中的负电荷的电势能为负值.

(2)处在负电荷电场中的正电荷的电势能为负值,处在负电荷电场中的负电荷的电势能为正值.

2. 电场力做功的过程是电势能与其他形式的能相互转化的过程

(1)电场力做正功电势能减少,电场力做负功电势能增加.

(2)电场力做了多少功,就有多少电势能与其他形式的能进行转化.

思考与练习

1. 试分析：沿着电场线移动电荷的过程中，电场力做功情况与电势能变化的关系.

2. 在场强为 E 的水平匀强电场中，一根长为 l 的绝缘杆的两端分别固定电荷量为 $+q$ 和 $-Q$ 的两个小球（图 2.1.3）. 现让绝缘杆绕其中点 O 由水平位置顺时针旋转 α 角，在这一过程中系统的电势能变化多少？

3. 一点电荷只在电场力的作用下由电场中的点 A 移动到点 B 的过程中，电场力做功 5×10^{-6} J，那么（　　）.

A. 点电荷在点 B 时具有 5×10^{-6} J 的电势能　　B. 点电荷的动能增加了 5×10^{-6} J

C. 点电荷在点 B 时具有 5×10^{-6} J 的动能　　D. 点电荷的电势能减少了 5×10^{-6} J

4. 如图 2.1.4 所示，实线表示电场线，虚线是一个带负电的检验电荷在电场中仅受电场力的作用线的部分运动轨迹，其中 a、b 是轨迹上的两点. 下列有关对该检验电荷的描述正确的是（　　）

A. 电荷在点 a 的加速度大于点 b 的加速度　　B. 电荷在点 a 的速度大于点 b 的速度

C. 电荷在点 a 的电势能小于点 b 的电势能　　D. 电荷在点 a 的动能小于点 b 的动能

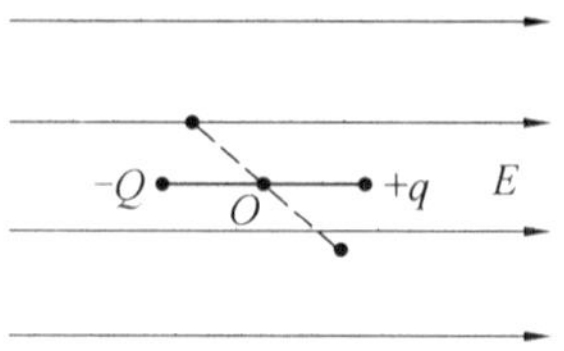

图 2.1.3

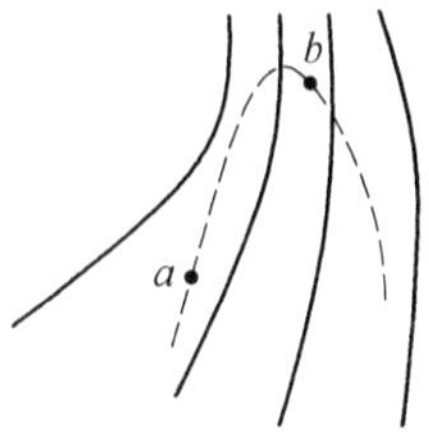

图 2.1.4

2.2　电势与等势面

· 如何理解电势和电场强度从不同的角度反映电场的性质？
· 影响电势的因素有哪些？电势降落与电场方向有什么关系？
· 等势面（线）与电场线空间位置有什么关系？
· 带电体的表面曲率与电荷分布密度有什么关系？如何理解尖端放电？
· 静电平衡的导体有哪些特点？

一、电势

设有一个场强为 E 的匀强电场（图 2.2.1）. 选取点 O 为电势能参考点，点 A 与点 O 之间的距离为 d，那么正电荷 Q 和 q 在点 A 的电势能分别为 $E_{pQ}=QEd$，$E_{pq}=qEd$，显然 $\frac{E_{pQ}}{Q}=\frac{E_{pq}}{q}=Ed$，这一比值是与电荷本身无关的量.

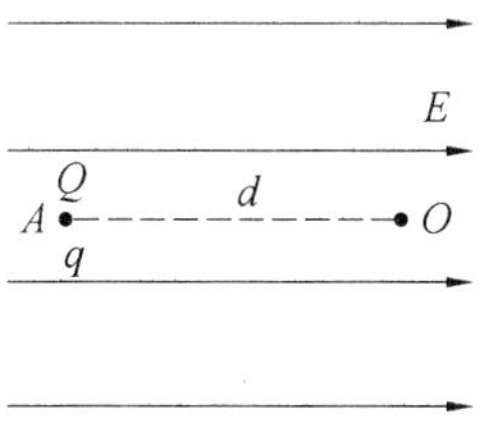

图 2.2.1

电荷在电场中某点的电势能 E_p 与电荷量 q 的比值叫该点的电势.

$$\varphi=\frac{E_p}{q}\quad[1\ \text{V}=1\ \text{J/C}]$$

电势是从能的角度反映电场的性质，而电场强度是从力的角度反映电场的性质.

（1）电场中某点的电势数值上等于单位正电荷在该点所具有的电势能.

（2）电势 φ 是标量，与 E_p 及 q 无关.

（3）沿电场线方向，电势逐渐降低，电场线方向是电势降低陡度最大的方向.

（4）电势与电场本身和零电势点的选取有关.

通常选取无限远或地球为零电势点.若场源电荷为有限大,其电势为有限值,则选取无限远为零电势点,那么:

①正电荷周围的电势均为正值.

②负电荷周围的电势均为负值.

二、等势线、等势面、等势体

(1)等势线:在电场中,由电势相等的点连接而成的直线或曲线.

(2)等势面:在电场中,由电势相等的点构成的平面或曲面.

(3)等势体:在电场中,由电势相等的点连接而成的空间几何体.

(4)等势线(面)与电场线的关系(图2.2.2).

①等势线(面)的疏密分布跟电场线一致.

②等势线(面)跟电场线垂直.

③等势线(面)不能描述电场的方向,而电场线能够描述电场的方向.

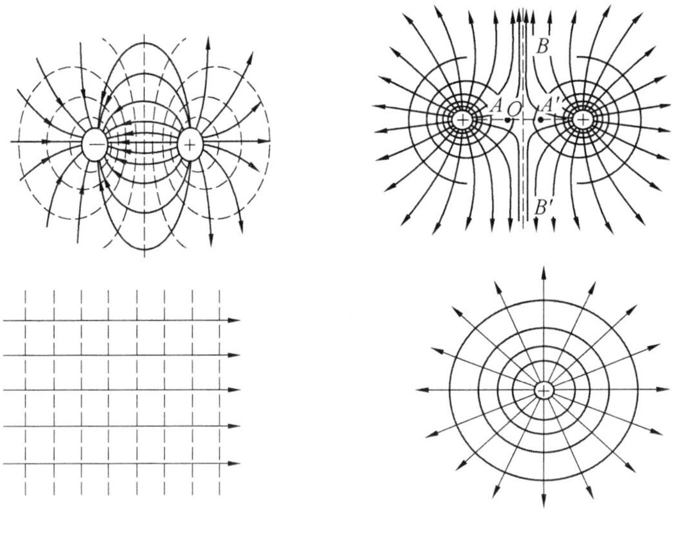

图2.2.2　等势线与电场线的关系

三、尖端放电

(1)带电体的电荷分布:带电体表面曲率越大的部分电荷分布密度越大.

(2)尖端放电:一般地,针形带电体的尖端部分电荷分布密度很大,故其附近空间的场强也很大,常使得周围空气发生电离而引起放电.

(3)避雷针与电风实验(图2.2.3).

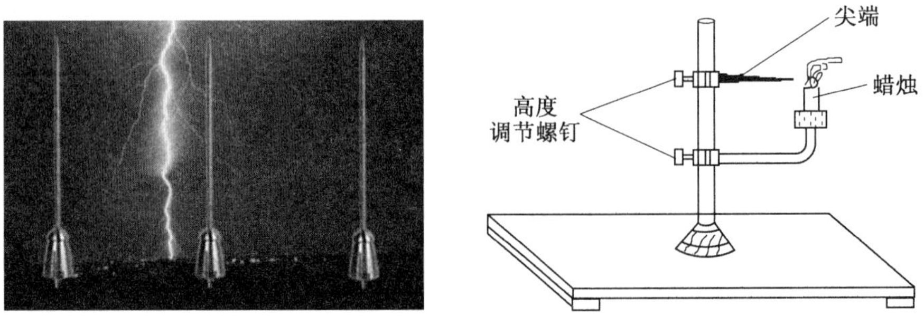

图2.2.3　尖端放电

四、静电平衡导体的特点

(1)是一个等势体,其表面是等势面.
(2)内部场强处处为零.
(3)净电荷只分布在导体表面.

思考与练习

1. 下列图中能正确描述匀强电场中电场线和等势线关系的是(　　).

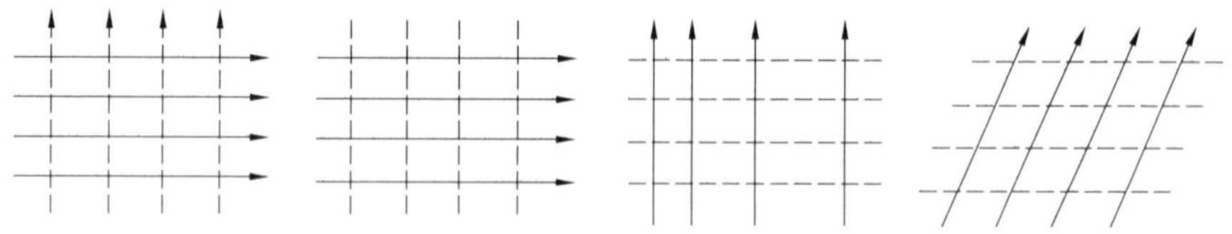

A.　　　　B.　　　　C.　　　　D.

2. 一正点电荷仅在电场力的作用下,从点 A 运动到点 B,其速度大小随时间变化的关系如图 2.2.4 所示. 下列关于 A、B 两点电场强度的大小和电势的高低的判断中正确的是(　　).

A. $E_A>E_B$,$\phi_A>\phi_B$　　　　B. $E_A=E_B$,$\phi_A=\phi_B$

C. $E_A<E_B$,$\phi_A>\phi_B$　　　　D. $E_A<E_B$,$\phi_A=\phi_B$

3. 如图 2.2.5 中 A、B 是等量正点电荷连线中垂线上的两点,O 是连线的中点. 用 E_A、E_B 和 ϕ_A、ϕ_B 分别表示 A、B 两点的电场强度和电势,那么(　　).

A. E_A 一定大于 E_B,ϕ_A 一定大于 ϕ_B　　　　B. E_A 不一定大于 E_B,ϕ_A 一定大于 ϕ_B

C. E_A 一定大于 E_B,ϕ_A 不一定大于 ϕ_B　　　　D. E_A 不一定大于 E_B,ϕ_A 不一定大于 ϕ_B

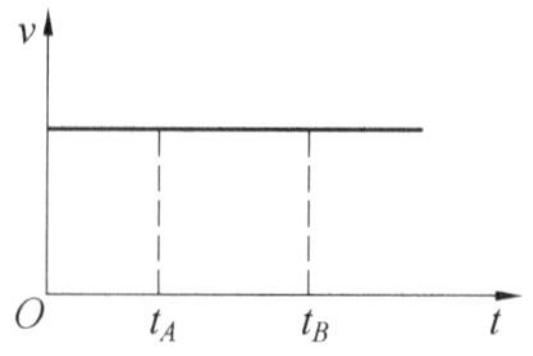

图 2.2.4

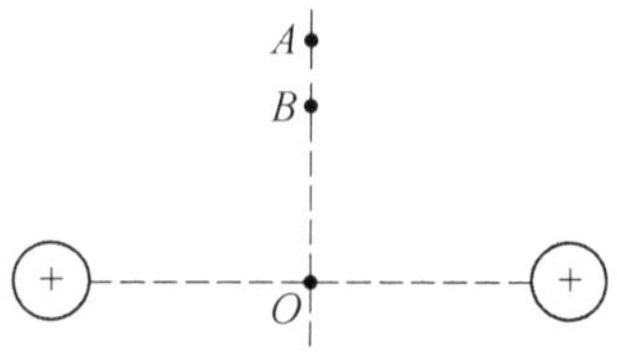

图 2.2.5

2.3　电　势　差

· 影响电势差的因素有哪些?
· 电场力做功只与始末位置的电势差有关,与运动路径无关.
· 沿着等势面移动电荷电场力不做功.
· 正确理解匀强电场中 $E=\dfrac{U}{d}$ 中各量之间的关系.

一、电势差与电场力做功

1. 电势差

电势差即电场中某两点的电势之差,常称电压.

设电场中点 A 的电势为 φ_A、点 B 的电势为 φ_B,那么,A、B 两点之间的电势差为

$$U_{AB}=\varphi_A-\varphi_B$$

电势差只与电场本身有关,与零电势点的选择及其他因素无关.

2. 电场力做功与电势差的关系

如图 2.3.1 所示，设将一电荷量为 q 的带电体从电场中的点 A 沿着任意路径移动到点 B，那么，这一过程中电场力所做的功为

$$W=E_{pA}-E_{pB}=q\varphi_A-q\varphi_B=qU_{AB}$$

显然，电场力做的功 W 等于电荷量 q 跟始末位置的电势差 U 的乘积.

(1) 电场力做功与路径无关，只与始末位置的电势差有关.

(2) 沿着等势面(线)移动电荷电场力不做功.

(3) 电子伏特：$1\ \text{eV}=1.6\times10^{-19}$ J.

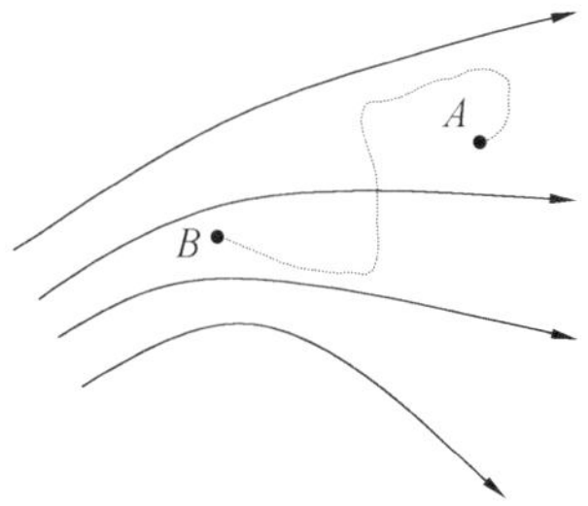

图 2.3.1

二、匀强电场中电场强度与电势差的关系

把一电荷量为 q 的电荷从匀强电场中的点 A 移动到点 B(图 2.3.2) 的过程中，电场力做功 $W=qEd=qU_{AB}$，所以

$$E=\frac{U_{AB}}{d}\quad(1\ \text{V/m}=1\ \text{N/C})$$

(1) 匀强电场中沿电场线方向单位距离上的电势差等于电场强度数值.

(2) 非匀强电场中沿电场线方向单位距离上的电势差随电场强度的增大而增大.

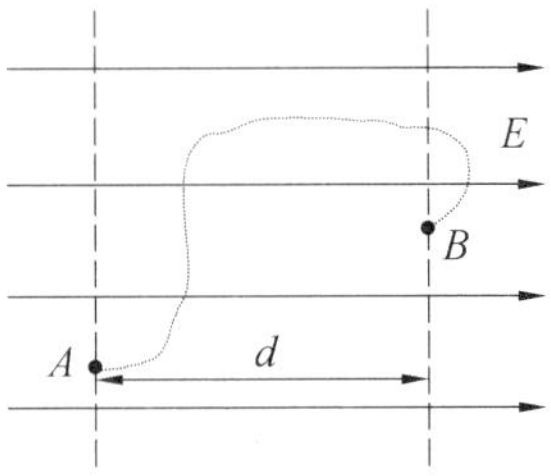

图 2.3.2

思考与练习

1. 比较分析 $E=\frac{F}{q}$、$E=k\frac{Q}{r^2}$ 及 $E=\frac{U}{d}$ 三个公式的适用范围和各个量之间的因果关系.

2. 一匀强电场中的 A、B、C、D 四点恰构成一个平行四边形(图 2.3.3).

(1) 将一电荷量为 q 的点电荷由点 A 沿 $A\to B\to C$ 移动到点 C 的过程中，电场力做的功为 W，那么，将电荷量为 Q 的点电荷由点 A 沿 $A\to D\to C$ 移动到点 C 的过程中，电场力做的功为多少？

(2) 若 $\varphi_A=20$ V、$\varphi_B=-5$ V、$\varphi_C=10$ V，那么，$\varphi_D=$？

3. 空间中 P、Q 两点处各固定一个点电荷，其中点 P 处为正电荷，P、Q 两点电场的等势面分布呈对称性(图 2.3.4). a、b、c、d 为电场中的四个点，下列有关该电场的描述中正确的是(　　).

A. P、Q 两点的电荷为等量同种电荷　　B. 点 a 和 b 的电场强度相同

C. 点 c 的电势低于点 d 的电势　　D. 负电荷从点 a 移动到点 c 电势能减少

图 2.3.3

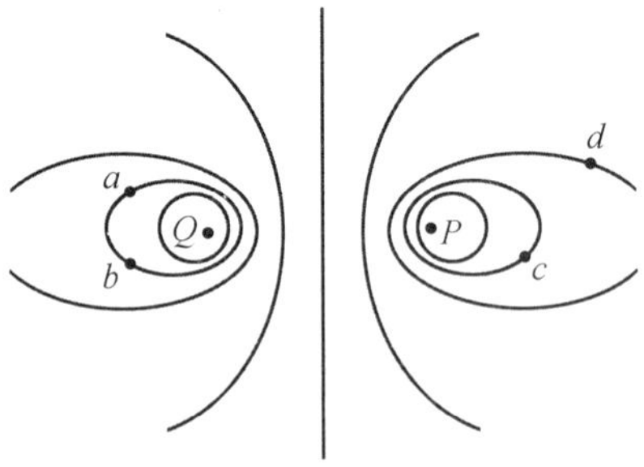

图 2.3.4

4. 某带电粒子在一电场中仅在电场力的作用下从电势为 ϕ_a 的点 A 运动到电势为 ϕ_b 的点 B，速度由 v_a 变化到 v_b，则该粒子的荷质比是(　　).

A. $\frac{v_a^2-v_b^2}{\phi_b-\phi_a}$　　B. $\frac{v_b^2-v_a^2}{\phi_b-\phi_a}$　　C. $\frac{v_a^2-v_b^2}{2(\phi_b-\phi_a)}$　　D. $\frac{v_b^2-v_a^2}{2(\phi_b-\phi_a)}$

5. 某静电场中三个等势面 a、b、c 的电势分别是 φ_a、φ_b、φ_c(图 2.3.5). 一带正电的粒子射入电场中后沿 $KLMN$ 运动，那么(　　).

A. 粒子从 K 到 L 的过程中,电场力做负功　　B. 粒子从 L 到 M 的过程中,电场力做负功

C. 粒子从 K 到 L 的过程中,电势能增加　　D. 粒子从 L 到 M 的过程中,动能减少

6. 一光滑水平绝缘金属板的上方偏右处有一带正电荷量为 Q 的带电体,一带电小球以初速度 v 从金属板的左端飞上金属板后沿金属板向右运动,如图 2.3.6 所示. 关于小球的运动情况,下列说法中正确的是(　　).

A. 先做减速运动,后做加速运动

B. 先做加速运动,后做减速运动

C. 一直做匀速运动

D. 由于不知道小球带电的性质,因此不能确定小球的运动情况

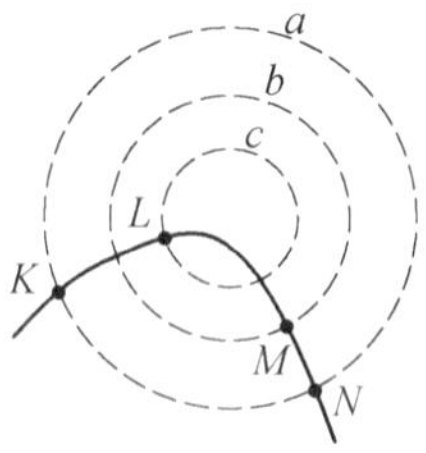

图 2.3.5

图 2.3.6

2.4 电容器、电容及平行板电容器

· 电容器所带的电荷量是怎样规定的?

· 正确理解 $C=\dfrac{Q}{U}$ 中各量之间的关系,并结合图像进行分析.

· 在 Q–U 图像中,图像的斜率和"面积"的含义是什么?

· 正确理解 $C=\dfrac{\varepsilon S}{4\pi kd}$ 中各量之间的关系.

· 怎样理解平行板电容器两极板之间的电场强度 E 与极板正对面积 S 和极板间距离 d 的关系?

一、电容器、电容

1. 电容器

电容器即能够储存电荷的装置.

任意两个导体之间隔着一定的绝缘介质就构成一个电容器.

(1)电容器充电:使电容器带电的过程(图 2.4.1).

充电后的电容器,其两极板带等量异种电荷.

(2)电容器放电:使带电的电容器失去电荷的过程(图 2.4.2).

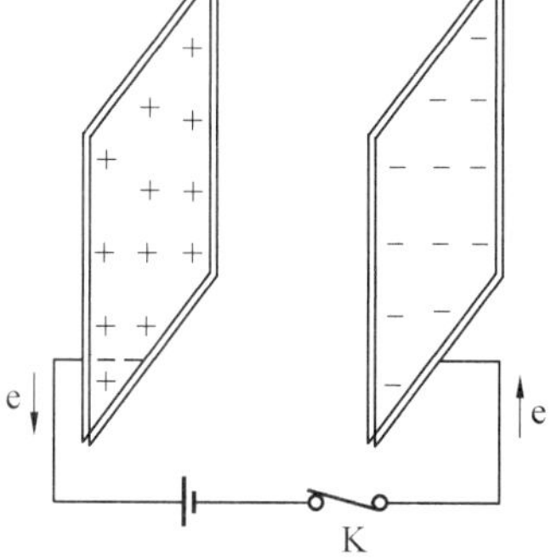

图 2.4.1　电容器充电

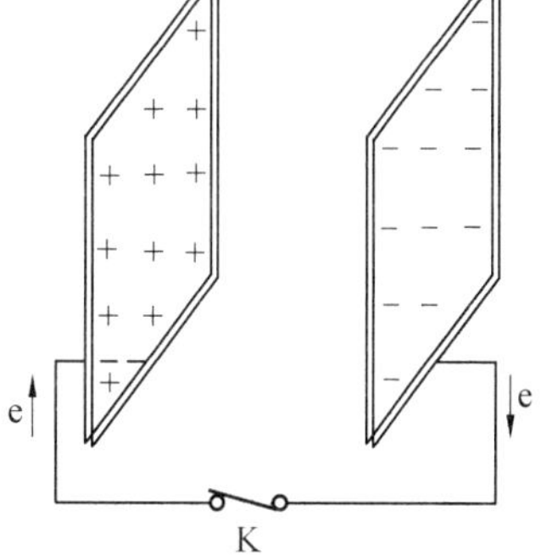

图 2.4.2　电容器放电

(3)电容器电量:电容器任意一个极板所带电荷量的绝对值.

2. 电容

电容器所带电荷量与两极板之间电势差的比值.

$$C=\frac{Q}{U}\quad [1\ \mathrm{F}=10^{6}\ \mu\mathrm{F}=10^{12}\ \mathrm{pF}]$$

(1)C 与 Q、U 的关系(图 2.4.3)

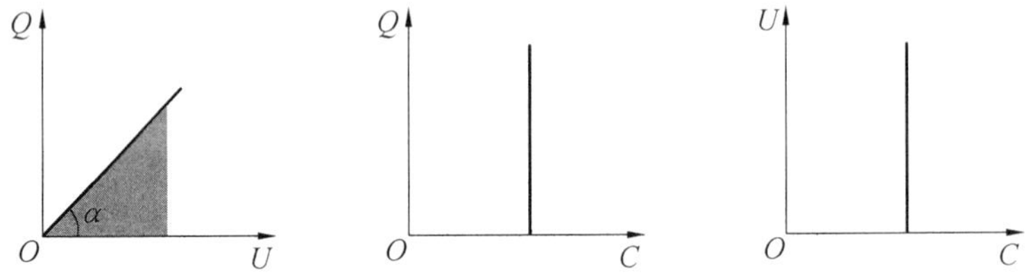

图 2.4.3

①C 与 Q、U 无关,只与电容器自身特性有关.

②斜率 $\tan\alpha=\frac{Q}{U}=\frac{\Delta Q}{\Delta U}=C$.

③面积 $S=\frac{1}{2}\cdot QU=\frac{1}{2}\cdot CU^2=\frac{1}{2}\cdot\frac{Q^2}{C}=E_{能量}$.

(2)铭牌:100 μF 250 V.

①电容值为电容器的电容标称值.

②电压值为电容器正常工作的最大电压.

二、平行板电容器

1. 决定电容的因数

$$C=\frac{\varepsilon S}{4\pi kd}\quad \left(k=\frac{1}{4\pi\varepsilon_0},故\ C=\frac{\varepsilon_0 S}{d},\varepsilon_0=8.85\times10^{-12}\ \mathrm{F/m}\right)$$

平行板电容器的电容 C 与两极板正对面积 S 成正比,与两极板之间电介质的相对介电常数(电容率)ε 成正比,与两极板之间的距离 d 成反比.

2. 两极板之间的电场强度

(1)电容器与电源相连接,电压 U 不变.

$$E=\frac{U}{d}$$

E 与 d 成反比,与 S 无关.

(2)充电后的电容器与电源断开,电量 Q 不变.

$$E=\frac{U}{d}=\frac{\frac{Q}{C}}{d}=\frac{Q}{Cd}=\frac{Q}{\frac{\varepsilon S}{4\pi kd}d}=\frac{4\pi kQ}{\varepsilon S}$$

E 与 S 成反比(思考:为什么?),与 d 无关.

三、常见电容器简介

电容器的种类比较多,外部形状差别也很大,如图 2.4.4 所示

1. 按用途分类

按用途可分为固定电容器、可变电容器、电解电容器、启动电容器等.

2. 按材料分类

按材料可分为纸质电容器、云母电容器、陶瓷电容器、空气电容器等.

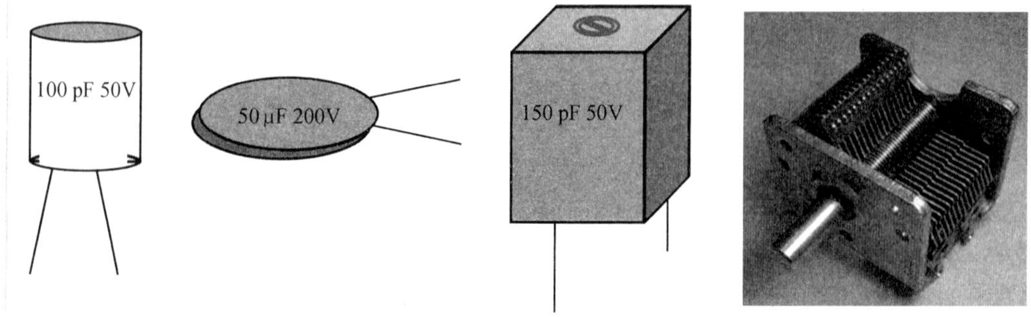

(a)　(b)　(c)　(d)

图 2.4.4

思考与练习

1. 物理兴趣小组在探究“影响平行板电容器电容大小的因素”的实验中连入了电势差计，如图 2.4.5 所示.

(1) 电势差计的作用是什么？

(2) 移动极板 A，分别改变 A、B 两极板之间的距离和正对面积，极板上所带的电荷量及电势差计的读数分别有何变化？

2. 一充电后的平行板电容器保持两极板的正对面积、间距和电荷量都不变，在两极板之间插入一电介质，其电容 C 及两极板之间的电场强度 E 和电势差 U 的变化情况是(　　).

A. C 变大、E 不变、U 变小　　B. C 变小、E 不变、U 变小

C. C 变大、E 变小、U 变小　　D. C 变小、E 变小、U 变大

3. 如图 2.4.6 所示，平行板电容器的两个极板分别接在电压为 $U=60$ V 的恒压电源上，两极板间的距离为 $d=3$ cm，电容器所带电荷量为 $Q=6\times10^{-8}$ C. 求：

(1) 该电容器的电容.

(2) 该电容器两极板之间的电场强度.

(3) 距 B 板 $s=2$ cm 处的点 C 的电势.

(4) 若有一带电油滴恰能处于点 C 静止，则将一张薄纸片紧贴 B 板插入两极板之间，油滴将会怎样运动？

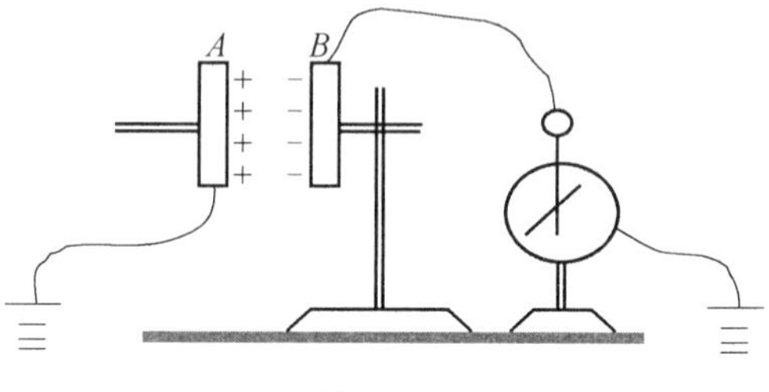

图 2.4.5

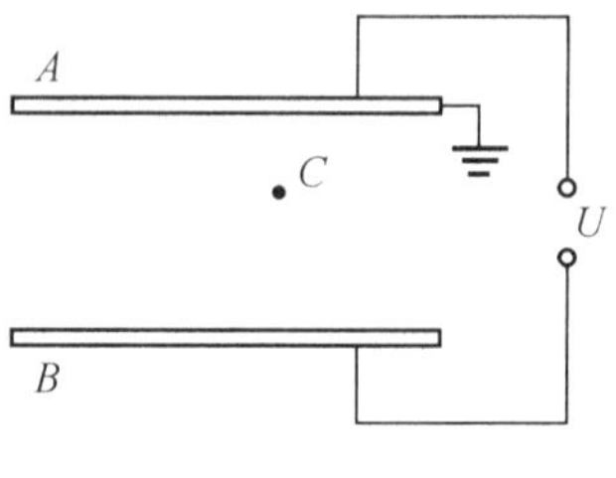

图 2.4.6

4. 利用电容器结合你已经掌握的知识，设计一个水位自动控制报警器，并分析它的工作原理.

2.5　带电粒子在电场中的运动

· 正确应用动能定理分析带电粒子在电场中的加速问题.
· 结合平抛运动的知识分析带电粒子在匀强电场中的类平抛运动.
· 正确分析理解带电粒子在匀强电场中的偏转角和偏转距离.
· 结合图形分析示波管在扫描电压的作用下，电子束打在荧光屏上呈现图像的情况.

一、带电粒子在电场中的加速

如图 2.5.1 所示，质量为 m、电荷量为 q 的粒子以某一初速度 v_0 射入电压为 U 的电场中，穿出电场时速度变为 v_t，那么

$$qU=\frac{1}{2}mv_t^2-\frac{1}{2}mv_0^2$$

(1) 当 $qU>0$ 时，$v_t>v_0$，电场力做正功，表示加速.

(2) 当 $qU<0$ 时，$v_t<v_0$，电场力做负功，表示减速.

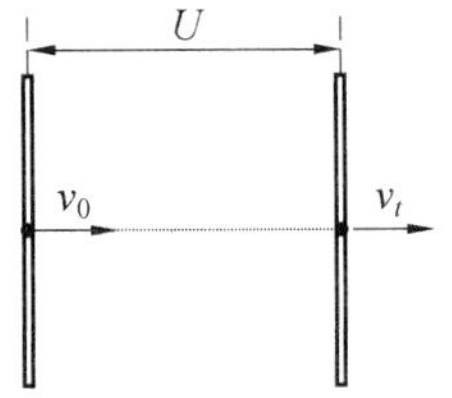

图 2.5.1

二、带电粒子在电场中的偏转

1. 带电粒子以一定的初速度射入偏转电场

设某带电粒子的质量为 m、电量为 $+q$，使其以初速度 v_0 由点 A 沿偏转电场的中轴线垂直射入偏转电场中，从点 B 离开偏转电场后沿直线打在荧光屏上的点 P. 若偏转电场的电压为 U，偏转极板的长为 L_1、极板间距为 d，极板右端与荧光屏之间的距离为 L_2，粒子离开偏转电场时的速度为 v，如图 2.5.2 所示.

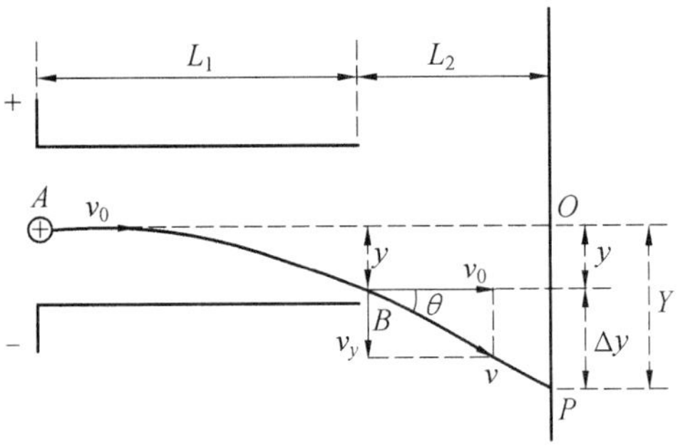

图 2.5.2

(1) 粒子离开偏转电场时的偏转距离

$$y=\frac{1}{2}at^2=\frac{1}{2}\cdot\frac{qE}{m}\cdot\frac{L_1^2}{v_0^2}=\frac{qUL_1^2}{2mdv_0^2}$$

(2) 粒子离开偏转电场时的偏转角

$$\tan\theta=\frac{v_y}{v_0}=\frac{at}{v_0}=\frac{\frac{qE}{m}\cdot\frac{L_1}{v_0}}{v_0}=\frac{\frac{qU}{md}\cdot\frac{L_1}{v_0}}{v_0}=\frac{qUL_1}{mdv_0^2}$$

(3) 粒子打在荧光屏上的偏转距离

$$Y=y+\Delta y=y+L_2\tan\theta=\frac{qUL_1^2}{2mdv_0^2}+\frac{qUL_1L_2}{mdv_0^2}$$

可见，y、$\tan\theta$ 及 Y 都与 $\frac{q}{m}$ 成正比. 所以，$\frac{q}{m}$ 不同的带电粒子以相同的初速度射入同一偏转电场后能够分离.

2. 无初速度的带电粒子先经加速电场加速后再射入偏转电场

设示波管的电子枪发出无初速度的电子经某一加速电场加速后以速度 v_0 由点 A 沿偏转电场的中轴线垂直射入偏转电场中，从点 B 离开偏转电场后沿直线打在荧光屏上的点 P. 若加速电场的电压为 U_0、偏转电场的电压为 U，偏转极板的长为 L_1、极板间距为 d，极板右端与荧光屏之间的距离为 L_2，电子的质量为 m、电量为 q，电子离开偏转电场时的速度为 v，如图 2.5.3 所示.

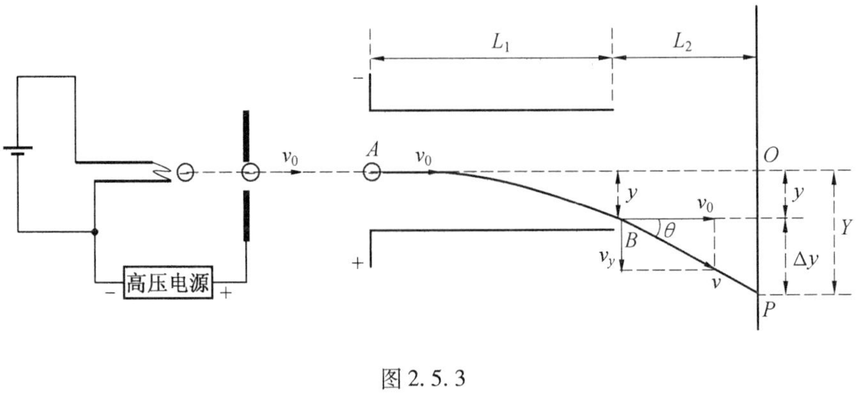

图 2.5.3

根据

$$qU_0=\frac{1}{2}mv_0^2$$

容易得出,电子经加速电场加速后的速度为

$$v_0^2=\frac{2qU_0}{m}$$

(1)粒子离开偏转电场时的偏转距离

$$y=\frac{1}{2}at^2=\frac{1}{2}\cdot\frac{qE}{m}\cdot\frac{L_1^2}{v_0^2}=\frac{qUL_1^2}{2mdv_0^2}=\frac{qUL_1^2}{2md\dfrac{2qU_0}{m}}=\frac{UL_1^2}{4U_0d}$$

(2)粒子离开偏转电场时的偏转角

$$\tan\theta=\frac{v_y}{v_0}=\frac{at}{v_0}=\frac{\dfrac{qE}{m}\cdot\dfrac{L_1}{v_0}}{v_0}=\frac{\dfrac{qU}{md}\cdot\dfrac{L_1}{v_0}}{v_0}=\frac{qUL_1}{mdv_0^2}=\frac{qUL_1}{md\dfrac{2qU_0}{m}}=\frac{UL_1}{2U_0d}$$

(3)粒子打在荧光屏上的偏转距离

$$Y=y+\Delta y=y+L_2\tan\theta=\frac{L_1^2U}{4dU_0}+\frac{L_1L_2U}{2dU_0}$$

显然,y、$\tan\theta$ 及 Y 都与$\dfrac{q}{m}$无关. 所以,粒子源产生的各类不同的带电粒子经相同加速电场加速再射入同一偏转电场后不能够分离.

思考与练习

1. 真空中的带电粒子 P_1、P_2 以相同速度从点 O 垂直场强方向射入两平行金属板之间的匀强电场中(图 2.5.4),经电场偏转后打在板 B 上的 C、D 两点. 已知 P_1 的电荷量是 P_2 电荷量的 3 倍,且 $GC=CD$,则 P_1、P_2 的质量之比是(　　).

A. 3 : 4　　B. 4 : 3　　C. 2 : 3　　D. 3 : 2

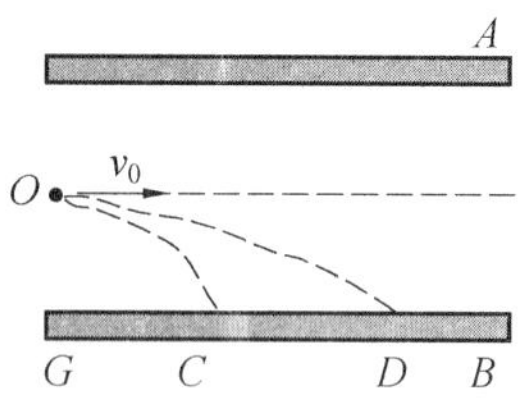

图 2.5.4

2. 示波管的结构主要包括电子枪、偏转系统和荧光屏三部分,图 2.5.5 是示波管的示意图. 在 YY' 偏转极板之间加的电压称场扫描电压,使电子束在竖直方向发生偏转,即所谓的场扫描;在 XX' 偏转极板之间加的电压称行扫描电压,使电子束在水平方向发生偏转,即所谓的行扫描.

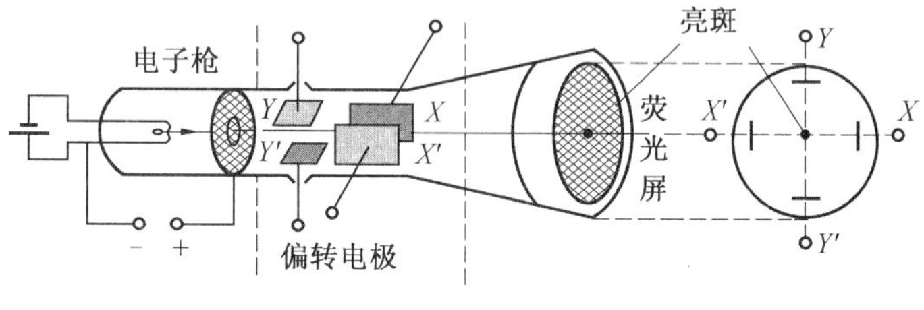

图 2.5.5

示波管正常工作时,在 YY' 之间和 XX' 之间所加的电压均为高频扫描电压,波形分别如图 2.5.6(a)(b)所示.

(1)若在 XX' 之间不加电压,而在 YY' 之间加如图 2.5.6(a)所示的电压,则荧光屏上看到什么图形?

(2)若在 YY' 之间不加电压,而在 XX' 之间加如图 2.5.6(b)所示的电压,则荧光屏上看到什么图形?

(3)若在 YY' 之间加如图 2.5.6(a)所示的电压,同时在 XX' 之间加不变的电压,且 X 的电势比 X' 的电势要高,则荧光屏上看到什么图形?

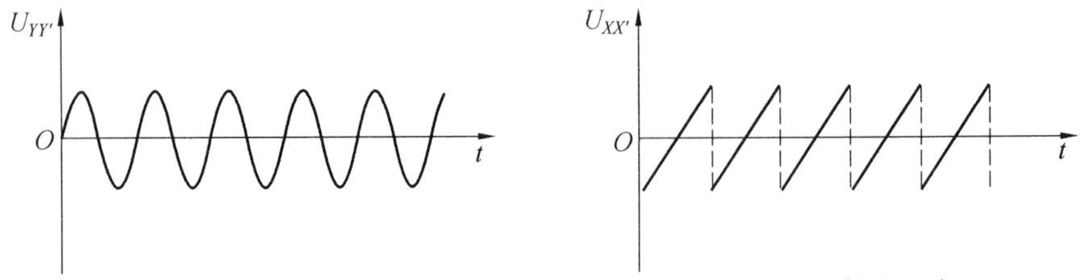

(a) 场扫描电压波形　　(b) 行扫描电压波形

图 2. 5. 6

(4)若在 YY'之间加如图 2. 5. 6(a)所示的电压,同时在 XX'之间加如图 2. 5. 6(b)所示的电压,则荧光屏上看到什么图形?

第 3 章　恒定电流

3.1　电　　流

· 什么是电流？形成电流的条件是什么？
· 什么是电流速度？它与自由电荷定向运动速度和热运动速度有什么关系？
· 正确理解酸、碱、盐溶液中电流强度 $I=\frac{Q^+}{t}+\frac{Q^-}{t}$ 的含义.
· 正确理解电流强度的微观表达式 $I=neSv$ 及 $I=nev$ 中各量的含义.

一、电流的形成

大量电荷参与的定向运动就叫电流，亦或电荷定向运动形成电流.

如图 3.1.1 所示，用尼龙线、棉线等把充电后的电容器的两极板和电流表连接成回路，电流表没有读数；用铜丝、铝丝等把充电后的电容器的两极板和电流表连接成回路，电流表有短暂读数；用铜丝、铝丝等把干电池的两极和电流表连接成回路，电流表持续有读数.

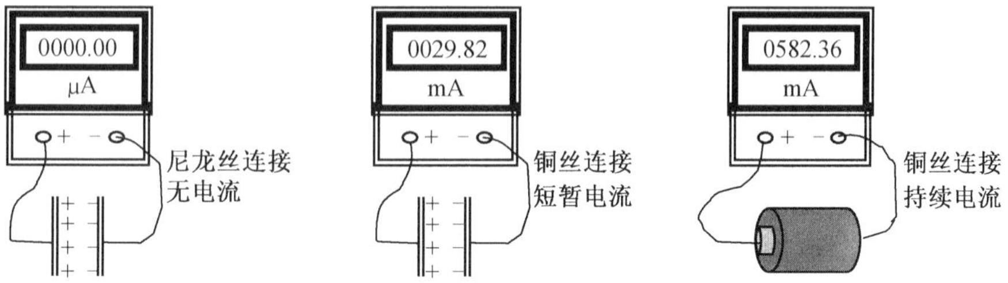

图 3.1.1

1. 形成电流的条件

(1) 回路中存在大量的自由电荷.

(2) 导体两端有电压.

导体两端有持续电压，导体中就有持续电流.

2. 电流的速度

(1) 电流速度就是电场的传播速度，等于光速 3×10^8 m/s.

(2) 导体中电子定向移动的速度约为 10^{-5} m/s 数量级.

3. 电流的方向

规定正电荷定向运动的方向为电流方向.

在酸、碱、盐溶液中，正电荷定向运动的方向跟电流方向相同，负电荷定向运动的方向跟电流方向相反(图3.1.2).

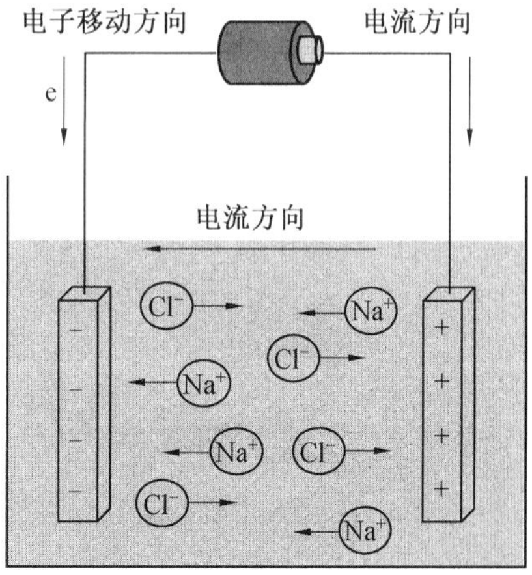

图 3.1.2

二、电流强度

电流的大小常称为电流强度.

1. 定义

单位时间内通过导体任意横截面的电荷量.

$$I=\frac{Q}{t}\quad(1\ \text{A}=10^3\ \text{mA}=10^6\ \mu\text{A})$$

(1)同一段电路中电流强度处处相等.

(2)在酸、碱、盐溶液中,电流强度等于正、负电荷沿相反方向定向运动产生电流的代数和.

$$I=I^++I^-=\frac{Q^+}{t}+\frac{Q^-}{t}$$

2. 电流强度的微观描述

设某金属导线的横截面积为 S,单位体积的自由电子数为 n,自由电子的定向运动速率为 v,电子电量为 e,那么

$$I=\frac{Q}{t}=\frac{n\cdot Svt\cdot e}{t}=neSv$$

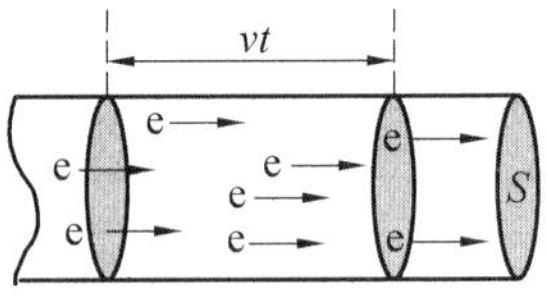

图 3. 1. 3

很显然,在同一段电路的导体中,自由电荷的运动速率与导体的横截面积 S 成反比.

在上式中,若 n 为单位长度的自由电子数,那么

$$I=\frac{Q}{t}=\frac{n\cdot vt\cdot e}{t}=nev$$

3. 直流电与交流电

电流方向随时间改变的电流叫交流电,电流方向不随时间改变的电流叫直流电. 在直流电中,大小和方向都不随时间改变的电流叫恒定电流.

思考与练习

1. 铜的相对原子质量为 M、密度为 ρ,每摩尔铜原子有 n 个自由电子. 今有一根横截面积为 S 的铜导线,当通过的电流为 I 时,自由电子移动的平均速率为(　　).

A. 光速　　B. $\frac{I}{neS}$　　C. $\frac{\rho I}{neSM}$　　D. $\frac{MI}{neS\rho}$

2. 某电解池中在 2 s 内各有 1×10^{19} 个二价正离子和 2×10^{19} 个一价负离子通过某截面,那么,通过该截面的电流是(　　).

A. 0　　B. 0. 8 A　　C. 1. 6 A　　D. 3. 2 A

3. 半径为 R 的橡胶圆环均匀带正电,总电荷量为 q. 现使圆环绕垂直环所在平面且通过环心的轴以角速度 ω 逆时针匀速转动,则环产生的等效电流沿什么方向? 大小为多少?

4. 电视机显像管中,炽热金属丝不断放出电子进入电压为 U 的加速电场. 设电子的初速度为零,经加速后形成横截面积为 S、电流为 I 的高速电子束. 已知电子的电荷量为 e、质量为 m,则在刚射出加速电场时,一小段长度为 Δl 的电子束内电子的个数为(　　).

A. $\frac{I\Delta l}{eS}\sqrt{\frac{m}{2eU}}$　　B. $\frac{I\Delta l}{e}\sqrt{\frac{m}{2eU}}$　　C. $\frac{1}{eS}\sqrt{\frac{m}{2eU}}$　　D. $\frac{IS\Delta l}{e}\sqrt{\frac{m}{2eU}}$

5. 一段粗细均匀的金属导线的横截面积是 S,单位长度内的自由电子数为 n,电子的电荷量为 e,自由电子做无规则热运动的速率为 v_0,导线中通过的电流强度为 I. 那么,下列说法中正确的是(　　).

A. 自由电子定向运动的速率等于 v_0　　B. 自由电子定向运动的速率等于 I/neS

C. 自由电子定向运动的速率等于光速 c　　D. 自由电子定向运动的速率等于 I/ne

3.2 电　　阻

· 什么是电阻? 产生电阻的原因是什么?

· 正确理解 $U\text{–}I$ 图像中 $R=\dfrac{U}{I}\neq\lim\dfrac{\Delta U}{\Delta I}$ 的含义.

· 正确理解电阻定律 $R=\rho\dfrac{L}{S}$ 中各量特别是 L 和 S 的含义.

· 所有金属的电阻率都随温度的升高而增大.

一、电阻

导体对电流的阻碍叫电阻.

1. 电阻产生的原因

电流流过导体时，自由电荷不断与其他粒子（离子、原子或分子等）碰撞，从而产生电阻.

2. 伏安法测量电阻

$$R=\frac{U}{I}\quad(1\ \Omega=1\ \text{V/A})$$

（1）R 与 U、I 无关，这一公式只是提供一种计算电阻的方法.

（2）根据多组 U、I 值描绘的 $U\text{–}I$ 图像（图 3.2.1）及其斜率可反映 R 随 U、I 的变化关系.

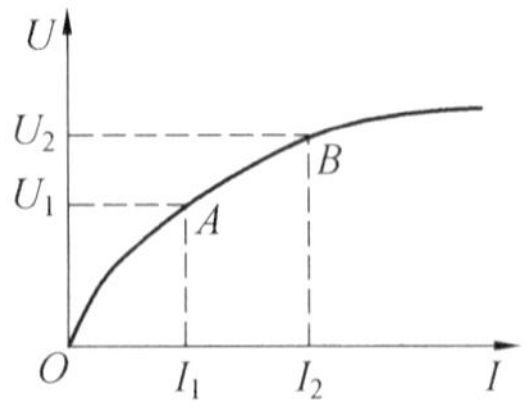

图 3.2.1

$$R_A=\frac{U_1}{I_1}\neq\lim\frac{\Delta U_A}{\Delta I_A}$$

$$R_B=\frac{U_2}{I_2}\neq\lim\frac{\Delta U_B}{\Delta I_B}$$

二、电阻定律

在 A、B 之间分别连接几种不同材料、长度及横截面积的电阻丝（图 3.2.2），用控制变量法研究影响电阻的因素.

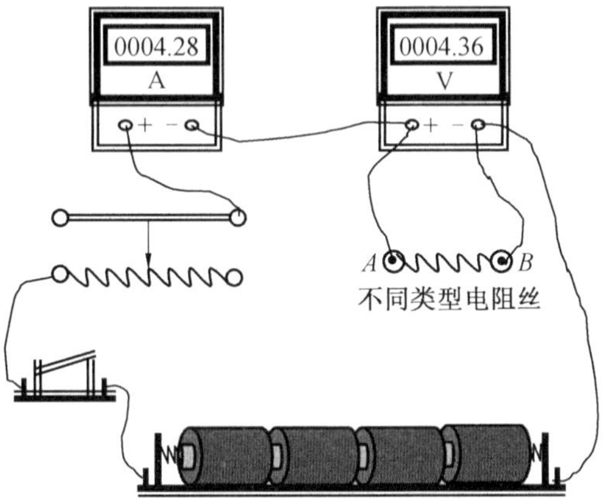

图 3.2.2

实验研究表明：导体的电阻 R 跟导体的长度 l 成正比，跟导体的横截面积成反比，还跟导体的材料有关.

$$R=\rho\frac{l}{S}$$

（1）S 是垂直电流方向的导体横截面积，l 是沿电流方向的导体长度.

（2）ρ 称为材料的电阻率，是反映材料导电性能的物理量，不同材料的电阻率受温度影响差别很大.

①所有金属材料的电阻率都随温度的升高而增大，在温度变化范围不大时，金属材料的电阻率与温度之间在一定的温度范围内近似呈线性关系（图 3.2.3）.

②绝缘体材料的电阻率在一定的温度范围内随温度的升高而减小（图 3.2.4）.

③半导体材料的电阻率与温度的关系比较复杂（图 3.2.5），这一特性在温度控制系统及有关装置设备中有着广泛的应用.

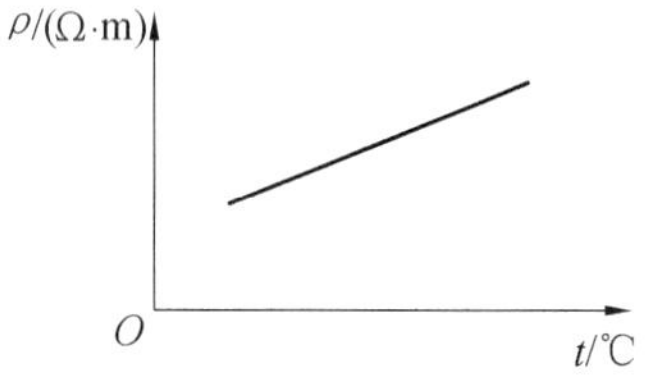

图 3. 2. 3

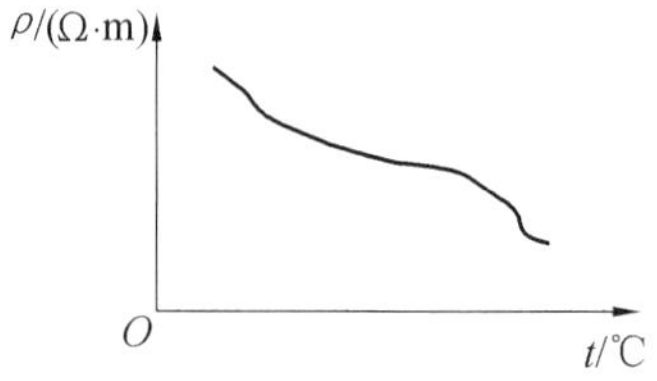

图 3. 2. 4

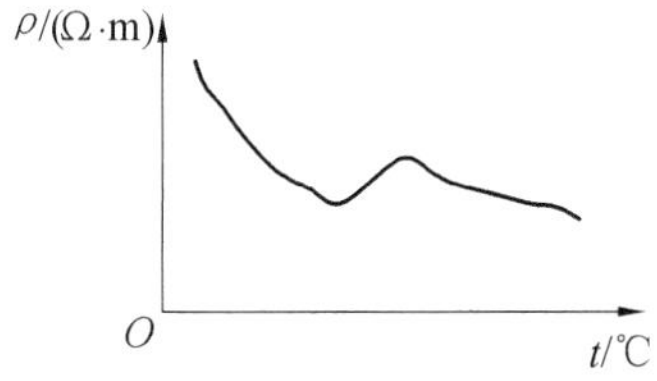

图 3. 2. 5

思考与练习

1. 如图 3. 2. 6 所示，一段长为 a、宽为 b、高为 $c(a>b>c)$ 的导体，将其相互平行的两个对应平面接入电路中时，最大的电阻为 R，那么最小的电阻是(　　).

A. $\frac{c^2R}{a^2}$　　B. $\frac{c^2R}{ab}$　　C. $\frac{a^2R}{bc}$　　D. $\frac{b^2R}{ac}$

2. 某电阻丝接入电路后，通过其中的电流 I 与其两端的电压 U 之间的关系如图 3. 2. 7 所示. 试根据图中信息计算 A、B 两点对应的电阻 R_A 和 R_B 的值，并定性分析 R_A、R_B 分别与 A、B 两点的图像斜率的倒数 $\frac{\Delta U_A}{\Delta I_A}$、$\frac{\Delta U_B}{\Delta I_B}$ 之间的关系.

3. 在横截面积为 S 的粗细均匀的铜导线中流过恒定电流 I. 若铜的电阻率为 ρ，电子的电荷量为 e，那么电子在该铜导线中定向运动时受到的电场力大小是(　　).

A. $\frac{\rho Ie}{S}$　　B. $\frac{Ie}{\rho S}$　　C. $\frac{\rho I}{eS}$　　D. $\frac{S}{\rho IS}$

4. 有两只电阻的 I–U 关系曲线如图 3. 2. 8 所示. 那么，这两只电阻的大小之比值等于(　　).

A. $\frac{R_1}{R_2}=\frac{1}{3}$　　B. $\frac{R_1}{R_2}=\frac{3}{1}$　　C. $\frac{R_1}{R_2}=\frac{1}{\sqrt{3}}$　　D. $\frac{R_1}{R_2}=\frac{\sqrt{3}}{1}$

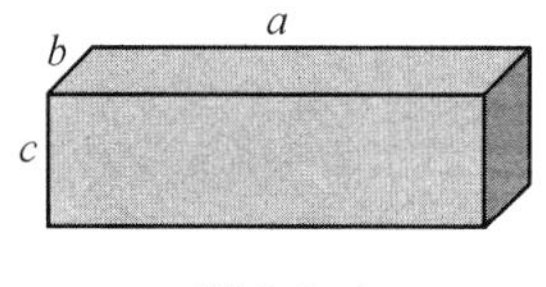

图 3. 2. 6

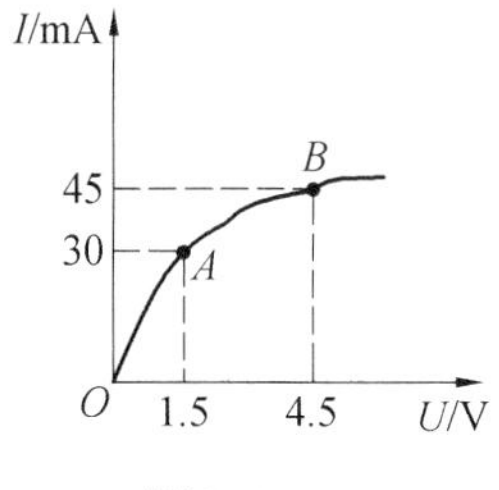

图 3. 2. 7

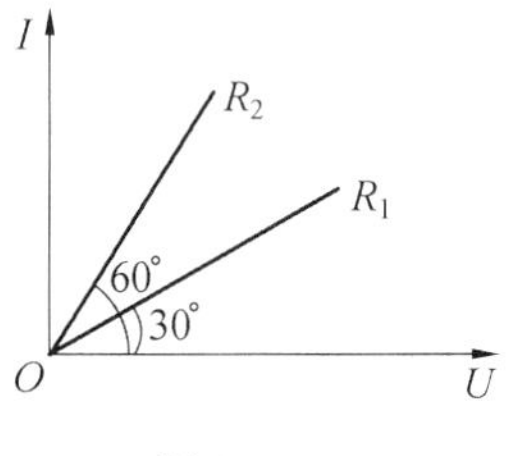

图 3. 2. 8

5. 如图 3. 2. 9(a) 所示为一测量电解液电阻率的玻璃容器，其中 P、Q 为电极，$a=1$ m，$b=0.2$ m，$c=0.1$ m. 当里面注满某种电解液，且 P、Q 加上电源后，其 I–U 图像如图 3. 2. 9(b) 所示. 求：当电压 $U=10$ V 时，该电解液的电阻率 ρ 是多少？

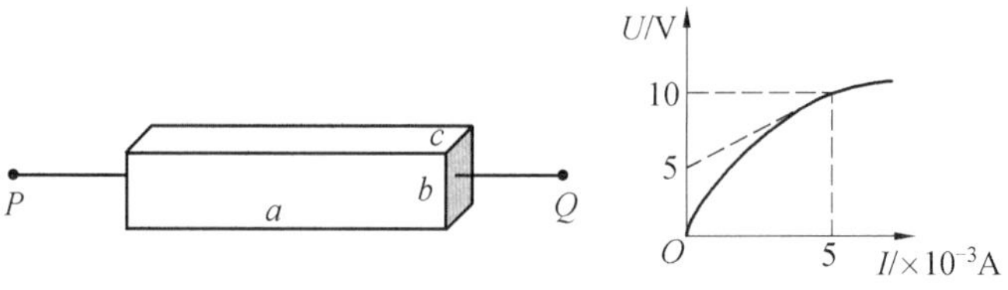

(a)　　(b)

图 3. 2. 9

3.3　焦耳定律

· 什么是电能和电功？它们有什么关系？
· 什么是电流热效应？
· 正确理解纯电阻电路和非纯电阻电路中电功与电热的关系.
· 正确理解纯电阻电路和非纯电阻电路中电功率与电热功率的关系.
· $\frac{U^2}{R}t$ 和 $\frac{U^2}{R}$ 能分别用来计算电功、电热和电功率、电热功率吗？

一、电能与电功、电功率

1. 电能

电能指电场储存的能量，亦或电流做功的本领.

电能常称为电场能，可以与其他各种形式的能（机械能、内能、化学能等）相互转化. 在电路中加上电压时，电路中就建立了电场. 接通电路，电场力驱动自由电荷在电路中发生定向运动形成电流，电能就会与其他形式的能发生转化.

（1）电流（运动电荷）以各种形式做功的能力.

（2）一定时间内电路元件吸收或放出的电能量.

2. 电功

电功指电路中电场力驱动自由电荷发生定向运动过程中所做的功，常称电流所做的功.

（1）电功的表达式.

截取一小段电路，左右两端的电势差为 U（图 3.3.1）. 自由电荷从左向右定向运动产生的电流为 I，在时间 t 内通过这段电路的总电荷量为 q、电场力做的功为 W，那么 $q=It$，$W=qU$，所以

$$W=IUt$$

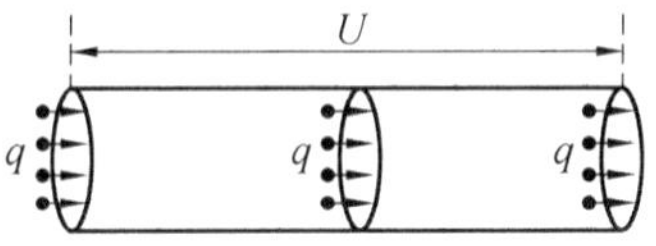

图 3.3.1

这表示：电流在一段电路中所做的功，等于这段电路两端的电压 U 跟电路中的电流强度 I 和通电时间的乘积.

（2）电流做功的实质.

电流做功的过程，就是把电能转化为其他形式的能的过程.

3. 电功率：单位时间内电流所做的功.

$$P=\frac{W}{t}\quad (1\ \text{kW}=10^3\ \text{W})$$

由于 $W=IUt$，因此

$$P=IU\quad (1\ \text{W}=1\ \text{V}\cdot\text{A})$$

这表示：电流在一段电路中所做功的功率 P，等于这段电路两端的电压 U 和电路中电流强度 I 的乘积.

（1）电功率是描述电流做功快慢的物理量.

（2）额定功率、额定电压可参见电器设备的铭牌和使用说明书.

二、焦耳定律与电热功率

1. 焦耳定律

电流通过导体就会发热，这就是电流热效应. 在三个盛有等量水的烧瓶里分别固定一只温度计和一只电阻丝，其中电阻丝 $R_1=R_2\neq R_3$. 把它们接入电路（图 3.3.2），可以定性探究影响电流通过导体产生热量的因素.

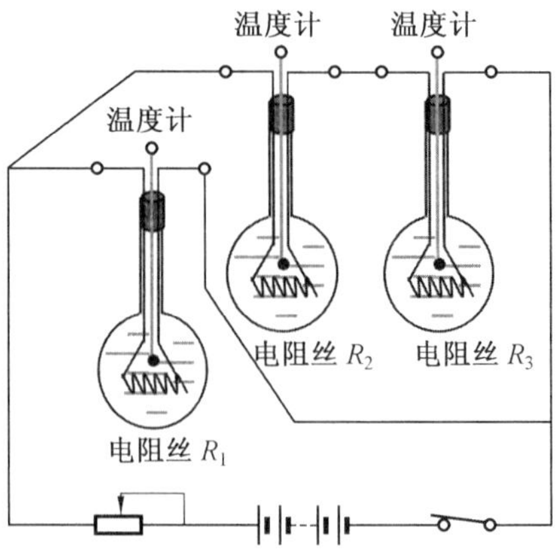

图 3.3.2

英国物理学家焦耳经过10年时间通过400多次类似的实验精确研究,总结出电流热效应的规律即焦耳定律:电流通过导体产生的热量,跟电流强度的二次方成正比,跟导体的电阻成正比,跟通电时间成正比.

$$Q=I^2Rt$$

2. 电热功率

电热功率即电流通过导体的发热功率.

$$P=\frac{Q}{t}=I^2R$$

三、电功与电热

1. 纯电阻元件

纯电阻元件指能够将电流做的功完全转化为电热的元件. 这种元件对于欧姆定律能够适用.

$$W=IUt=Q=I^2Rt=\frac{U^2}{R}t$$

$$P_{电功}=IU=P_{电热}=I^2R=\frac{U^2}{R}$$

2. 非纯电阻元件

非纯电阻元件不能将电流做的功完全转化为电热的元件. 这种元件对于欧姆定律不适用.

$$W\neq Q\neq\frac{U^2}{R}t \text{ 且 } W=IUt>Q=I^2Rt$$

$$P_{电功}\neq P_{电势}\neq\frac{U^2}{R} \text{ 且 } P_{电功}=IU>P_{电热}=I^2R$$

四、电热的利用与防范

(1)电热的利用:家用电烤炉、电饭锅、电热水器,电阻焊接、电热孵卵器等.

(2)电热的防范:电脑CPU上的散热片和风扇、电视机的散热孔等家用电器的散热装置,工厂的大型电机等电气设施的散热设备.

思考与练习

1. 有一个小直流电动机,把它接入电压为 $U_1=0.2$ V 的电路时,转子不转,测得流过电动机的电流是 $I_1=0.4$ A;若接入电压为 $U_2=2.0$ V 的电路时,电动机正常工作,测得流过电动机的电流是 $I_2=1.0$ A. 求:

(1)该电动机正常工作时输出的功率是多大?

(2)如果电动机正常工作时转子突然被卡住,那么此时该电动机的发热功率是多大?

2. 夏天空调正常工作时,制冷状态与送风状态交替运行. 某空调在不同的工作状态下的电功率随时间变化的关系如图 3. 3. 3 所示. 求:

(1)该空调运行 1 天用去多少电?

(2)该空调的平均功率为多大?

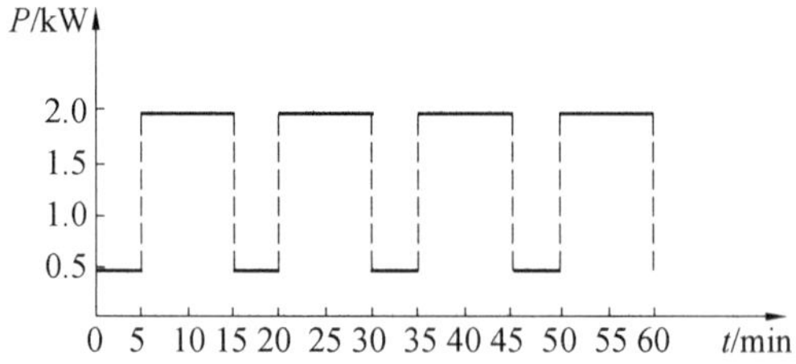

图 3. 3. 3

3.4　串联电路与并联电路

· 串联电路、并联电路及混联电路都属于简单电路.

· 串联电路的两个基本特点和三个重要推论及其简单应用.

· 并联电路的两个基本特点和三个重要推论及其简单应用.

· 估算特殊纯电阻混联电路中的等效电阻.

一、串联电路

将电源、电键及用电器等各电路元件逐个顺次串接而成的电路,就叫串联电路(图 3. 4. 1).

1. 两个基本特点

对于任意电器元件组成的串联电路,都有下列基本特点.

(1)各处电流相等.

$$I=I_1=I_2=\cdots=I_n$$

(2)总电压等于各部分电压之和.

$$U=U_1+U_2+\cdots+U_n$$

2. 三个重要推论

仅对于纯电阻元件组成的串联电路(图 3. 4. 2),才有下列推论.

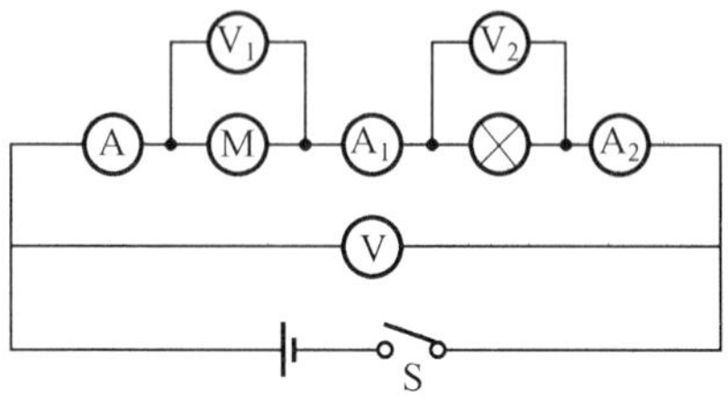

图 3. 4. 1

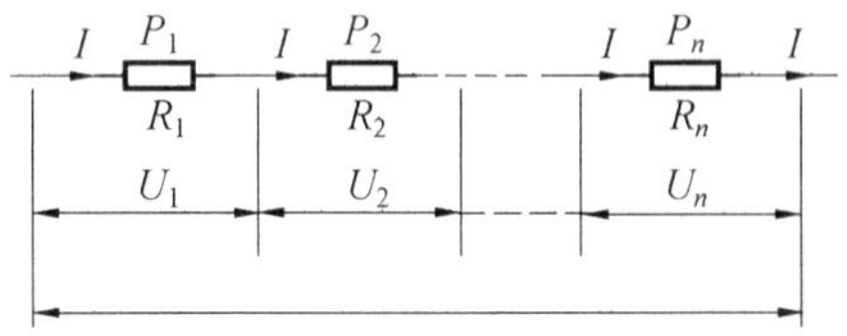

图 3. 4. 2

(1)等效电阻关系:等效总电阻等于各分电阻之和.

$$R=R_1+R_2+\cdots+R_n$$

①总电阻大于任何一个分电阻.

②若电阻 $R_m \gg R_n$,那么 $R_m+R_n \approx R_m$.

(2)电压分配关系:各电阻两端的电压跟它们的电阻值成正比.

$$\frac{U_1}{R_1}=\frac{U_2}{R_2}=\cdots=\frac{U_n}{R_n}=I$$

①这一关系称为串联电路的分压原理.

②实验室常用的磁电式电压表是利用串联电路的分压原理对电流计(俗称“表头”)进行改装而成的.

(3)功率分配关系:各电阻消耗的功率跟它们的电阻值成正比.

$$\frac{P_1}{R_1}=\frac{P_2}{R_2}=\cdots=\frac{P_n}{R_n}=I^2$$

二、并联电路

将电源、电键及用电器等各电路元件逐个并列连接而成的电路,叫并联电路(图 3.4.3).

1. 两个基本特点

对于任意电器元件组成的并联电路,都有下列基本特点.

(1)干路电流等于各支路电流之和.

$$I=I_1+I_2+\cdots+I_n$$

(2)各支路电压相等.

$$U=U_1=U_2=\cdots=U_n$$

2. 三个重要推论

仅对于纯电阻元件组成的并联电路(图 3.4.4),才有下列推论.

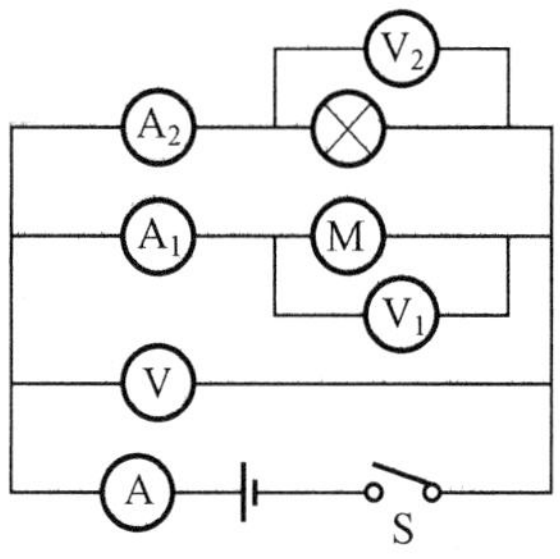

图 3.4.3

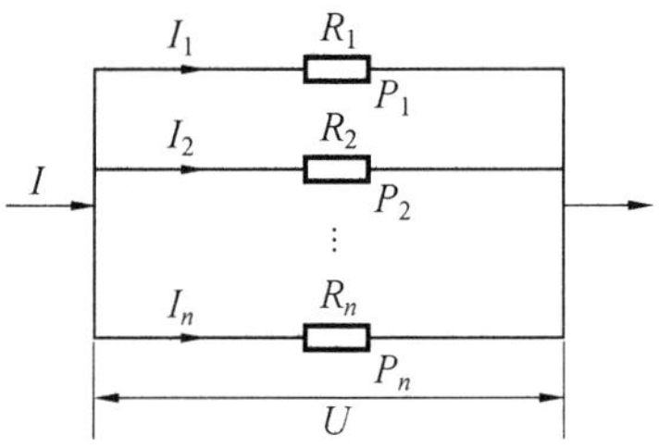

图 3.4.4

(1)等效电阻关系:等效总电阻的倒数等于各支路电阻的倒数之和,即

$$\frac{1}{R}=\frac{1}{R_1}+\frac{1}{R_2}+\cdots+\frac{1}{R_n}$$

①总电阻小于任何一个支路的电阻.

②若电阻 $R_m \gg R_n$,那么

$$\frac{1}{R_m}+\frac{1}{R_n}\approx\frac{1}{R_n}$$

(2)电流分配关系:各支路电流跟他们的电阻值成反比.

$$IR=I_1R_1=I_2R_2=\cdots=I_nR_n=U$$

①这一关系称为并联电路的分流原理.

②实验室常用的磁电式电流表是利用并联电路的分流原理对电流计进行扩程而成的.

(3)功率分配关系:各电阻消耗的功率跟它们的电阻值成反比.

$$PR=P_1R_1=P_2R_2=\cdots=P_nR_n=U^2$$

3. 混联电路

将电源、电键及用电器等各电路元件连接成既含有串联部分又含有并联部分的电路,就叫作混联电路(图 3.4.5).

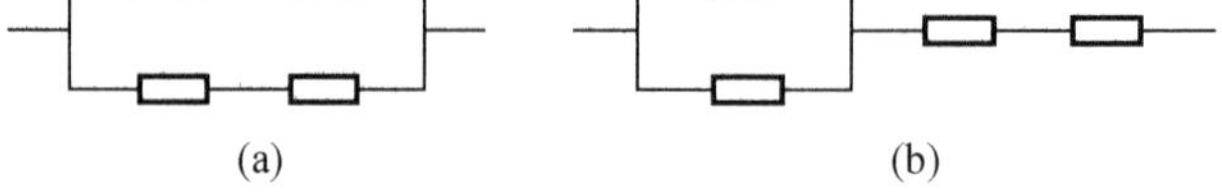

图 3.4.5

思考与练习

1. 计算图3.4.6中A、B之间的总电阻(精确到0.1 Ω).

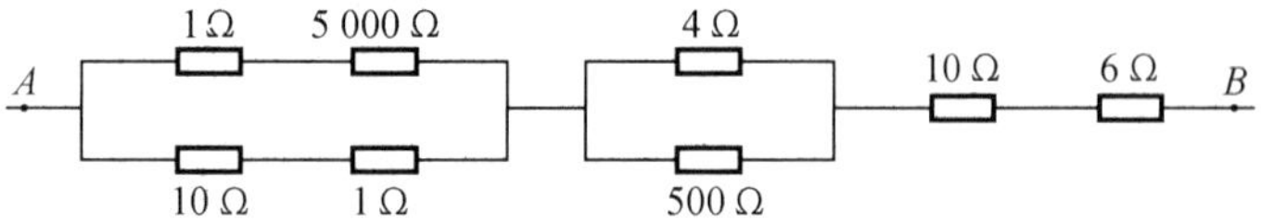

图3.4.6

2. 将标有“110 V 100 W”的四盏白炽灯泡按图3.4.7(a)(b)两种方式接在照明电路中. 试对这两种连接方式具体分析比较:(1)每盏灯泡是否都能够正常发光?(2)哪一种连接方式更加合理一些?

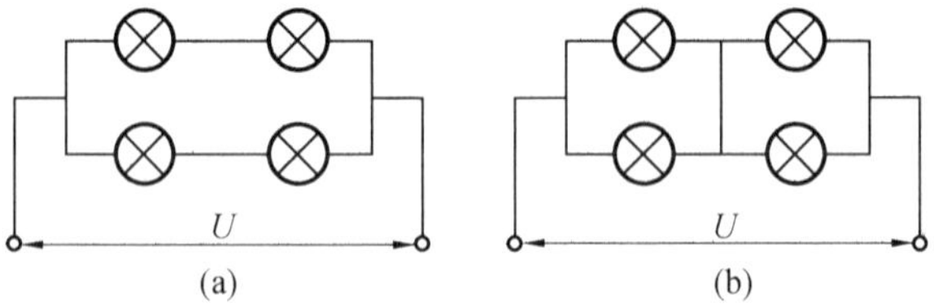

图3.4.7

3. 滑动变阻器的最大电阻$R_m=10\ \Omega$,定值电阻$R_0=40\ \Omega$,电源电压$U=10$ V. 现将它们连接成如图3.4.8所示的(a)(b)两种电路,试求两种电路中理想电压表的读数范围.

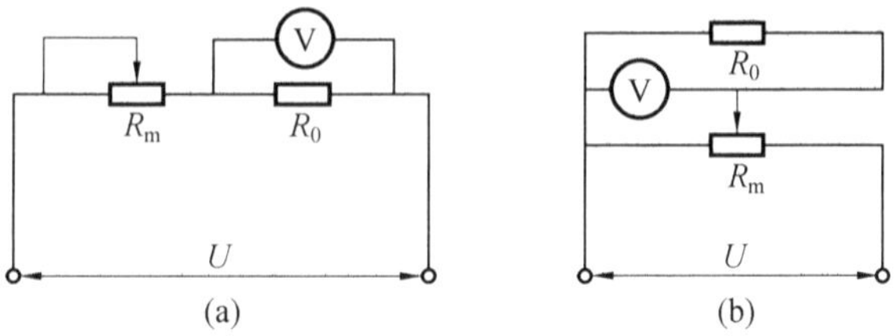

图3.4.8

4. 两个用电器的额定电压都是6 V,额定电流分别是0.1 A和0.3 A.

(1)若将这两个用电器并联后接在电压为8 V的电路中,要使它们正常工作,应附加多大电阻?怎样连接?该电阻的功率多大?

(2)若将这两个用电器并联后接在电压为12 V的电路中,要使它们正常工作,应该怎样做?

5. 如图3.4.9所示的电路中,R_0为已知电阻,若A、B间的总电阻R_{AB}恒等于R_0,那么R_1的阻值应为多大?

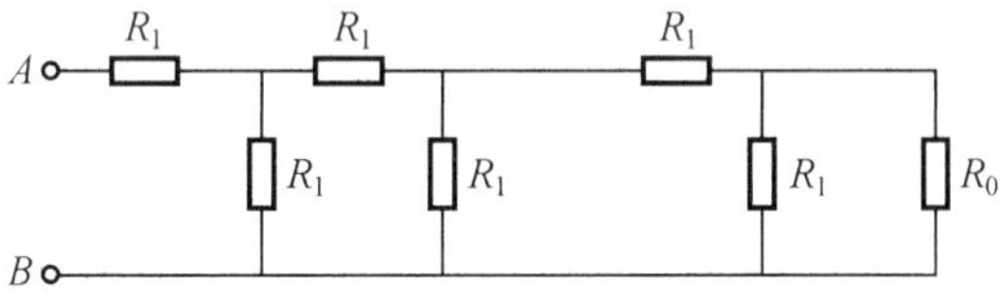

图3.4.9

3.5 电流表和电压表

· 电流表和电压表是并联电路分流原理和串联电路分压原理的重要应用.

· 表征灵敏电流计的参数及其关系$I_g=\dfrac{U_g}{R_g}$.

· 电流表的分流电阻的计算$R_n=\dfrac{I_g}{I-I_g}\cdot R_g$及分流电阻与量程的关系.

· 电压表的分流电阻的计算 $R_n=\left(\dfrac{U}{U_g}-1\right)\cdot R_g$ 及分压电阻与量程的关系.

一、灵敏电流计

灵敏电流计(图 3.5.1)俗称“表头”,是一种用来检测直流电路中微弱电流或微小电压的灵敏度很高的磁电系仪表,可以测量 $10^{-7}\sim10^{-12}$ A 的微小电流.

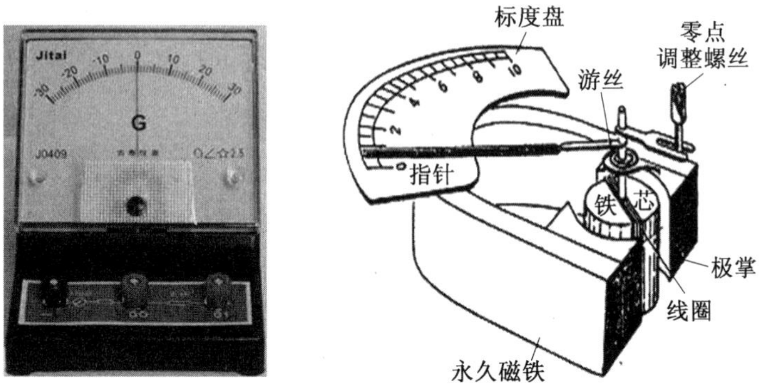

图 3.5.1

当线圈中通有电流时,由于磁场的作用而产生的电磁力矩推动线圈偏转. 线圈在偏转过程中,支承它的游丝(卷曲弹簧片)发生扭曲弹性变形,同时产生与电磁力矩方向相反的弹性回复力矩,该力矩与线圈偏转角成正比. 当这两个力矩大小相等时,线圈不再偏转而处于平衡位置.

1. 原理

弹性回复力矩与线圈偏转角成正比,且平衡时与电磁力矩等大反向.

2. 表征参数

满偏电流 I_g、满偏电压 U_g、内电阻 R_g,满足 $I_g=U_g/R_g$.

二、电表的扩程——电流表

1. 原理

并联电路的分流作用,电阻越小分担的电流就越大. 在表头 G 上并联一个小电阻(分流电阻)R_n(图 3.5.2),这样就扩程为量程较大的电流表.

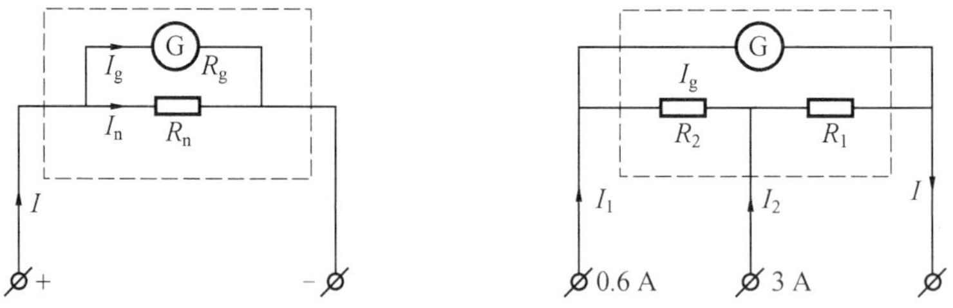

(a) 单量程电压表　　(b) 双量程电压表

图 3.5.2

2. 分流电阻 R_n 的计算

(1)单量程电流表:满偏电流 I_g、满偏电压 U_g、内电阻 R_g,扩程后量程为 I. 由于

$$U_g=I_gR_g=I_nR_n=(I-I_g)R_n$$

所以

$$R_n=\frac{I_g}{I-I_g}\cdot R_g$$

显然,分流电阻 R_n 越小,量程 I 就越大.

（2）双量程电流表：扩程后量程分别为 I_1、I_2. 使用小量程时，R_1+R_2 为分流电阻；使用大量程时，R_1 为分流电阻、R_2 为分压电阻. 联立以下两式，即可算出 R_1 和 R_2 的阻值.

$$I_g \cdot R_g=(I_1-I_g) \cdot (R_1+R_2)$$
$$I_g \cdot (R_g+R_2)=(I_2-I_g) \cdot R_1$$

三、电表的改装——电压表

1. 原理

串联电路的分压作用，电阻越大分担的电压就越大. 在表头 G 上串联一个大电阻（分压电阻）R_n（图 3.5.3），这样就改装为量程较大的电压表.

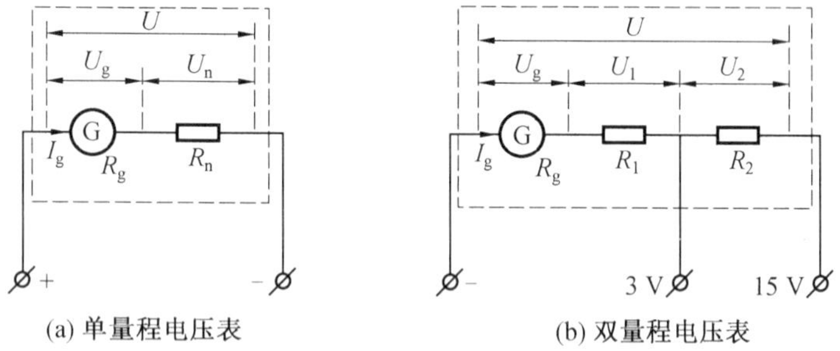

图 3.5.3

2. 分压电阻 R_n 的计算

（1）单量程电压表：满偏电流 I_g、满偏电压 U_g、内电阻 R_g，扩程后量程为 U. 由于

$$I_g=\frac{U_g}{R_g}=\frac{U_n}{R_n}=\frac{U}{R_g+R_n}$$

所以

$$R_n=\left(\frac{U}{U_g}-1\right) \cdot R_g$$

显然，分压电阻 R_n 越大，量程 U 就越大.

（2）双量程电压表：改装后量程分别为 U_1、U_2. 使用小量程时，R_1 为分压；电阻 R_1+R_2 为分流电阻；使用大量程时，R_1+R_2 为分压电阻. 由以下两式，容易算出 R_1 和 R_2 的阻值.

$$\frac{U_g}{R_g}=\frac{U_1}{R_g+R_1}$$
$$\frac{U_g}{R_g}=\frac{U_2}{R_g+R_1+R_2}$$

思考与练习

1. 现有一只灵敏电流计，它的满偏电流为 $I_g=1$ mA、内电阻为 $R_g=200$ Ω.

（1）若要将它改为量程为 $I=5$ A 的电流表，其分流电阻应为多大？用改装后的电流表测量电流时，当指针指在表盘上原来 0.2 mA 处时，被测电流的大小是多少？

（2）若要将它改为量程为 $U=15$ V 的电压表，其分压电阻应为多大？用改装后的电压表测量电压时，当指针指在表盘上原来 0.6 mA 处时，被测电压的大小是多少？

2. 如图 3.5.4 所示，各电阻阻值均为 $R=100$ Ω，电压 $U=30$ V. 求理想电压表的示数.

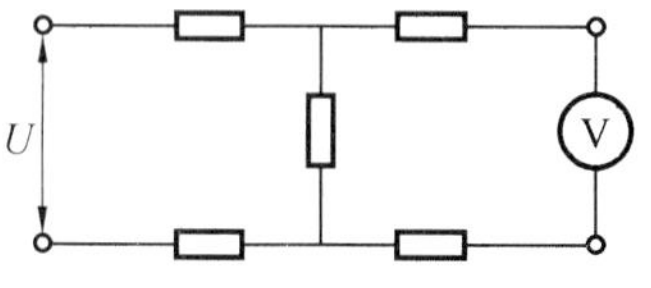

图 3.5.4

3.6 伏安法测电阻

· 伏安法测电阻是欧姆定律的应用，根据实际情况选择好测量电路是关键.

· 当 $R_V/R_x>R_x/R_A$，即 $R_VR_A>R_x^2$ 时，选择外接法.

· 当 $R_V/R_x<R_x/R_A$，即 $R_VR_A<R_x^2$ 时，选择内接法.

· 当 $|I_A-I_B|/(I_A+I_B)<|U_A-U_B|/(U_A+U_B)$ 时，选择外接法.

· 当 $|I_A-I_B|/(I_A+I_B)>|U_A-U_B|/(U_A+U_B)$ 时，选择内接法.

一、测量原理

根据欧姆定律 $I=\dfrac{U}{R}$ 导出 $R=\dfrac{U}{I}$，分别用电压表（伏特表）和电流表（安培表）测出待测电阻两端电压及其电流强度，即可计算出待测电阻的阻值.

二、测量电路及其选择

伏安法测电阻的电路设计一般有外接法和内接法两种（图 3.6.1）. 针对某一待测电阻 R_x 进行测量时，要充分考虑电流表和电压表内电阻 R_A、R_V 对测量结果的影响大小来选择较合理的电路.

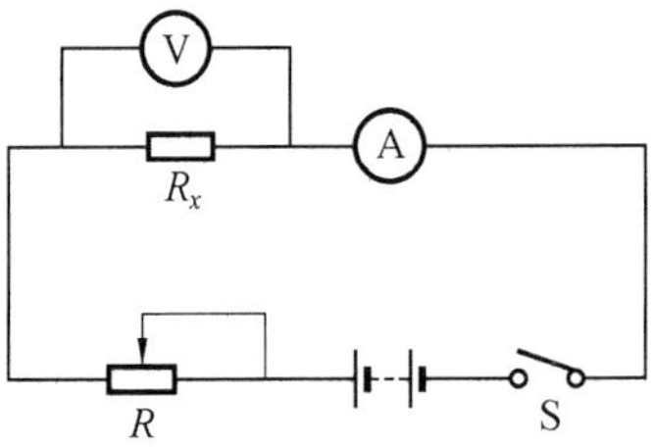

(a) 安培表外接法

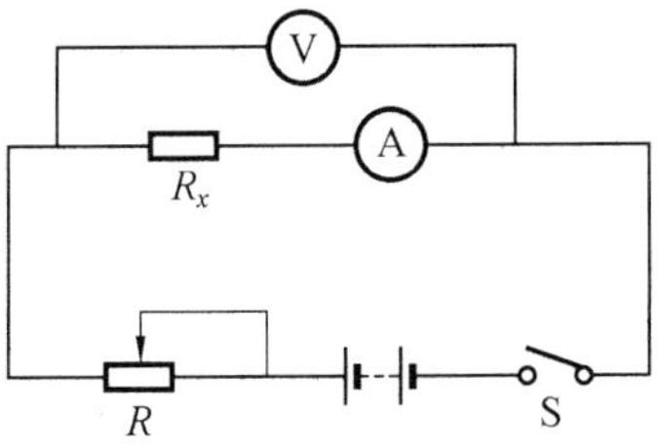

(b) 安培表内接法

图 3.6.1

1. 外接法

当 $\dfrac{R_V}{R_x}>\dfrac{R_x}{R_A}$，即 $R_VR_A>R_x^2$ 时选择使用这一方法. 这时，通常认为 $R_V\gg R_x$，即电压表的分流作用可以忽略.

使用外接法测电阻时，电压表的示数 $U_{外测}$ 等于待测电阻两端的电压 U_{R_x}，而电流表的示数 $I_{外测}$ 大于待测电阻的电流 I_{R_x}，因此

$$R_{x外测}=\frac{U_{外测}}{I_{外测}}=\frac{U_{R_x}}{I_{R_x}+I_{R_V}}<\frac{U_{R_x}}{I_{R_x}}=R_{x真}$$

2. 内接法

当 $\dfrac{R_V}{R_x}<\dfrac{R_x}{R_A}$，即 $R_VR_A<R_x^2$ 时选择使用这一方法. 这时，通常认为 $R_x\gg R_A$，即电流表的分压作用可以忽略.

使用内接法测电阻时，电压表的示数 $U_{内测}$ 大于待测电阻两端的电压 U_{R_x}，而电流表的示数 $I_{内测}$ 等于待测电阻的电流 I_{R_x}

$$R_{x内测}=\frac{U_{内测}}{I_{内测}}=\frac{U_{R_x}+U_{R_A}}{I_{R_x}}>\frac{U_{R_x}}{I_{R_x}}=R_{x真}$$

3. 试触法选择测量电路

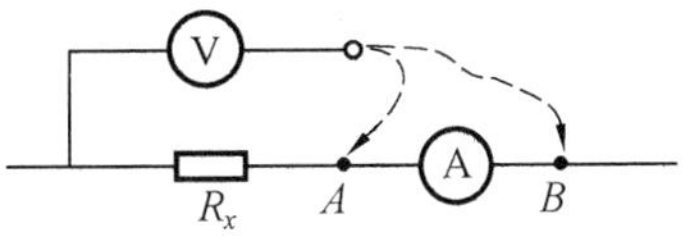

图 3.6.2

在不明确 R_x、R_A、R_V 的大概数值的情况下，可将电压表的活动端分别与电流表的两侧接线端 A、B（图 3.6.2）相接触，观察电流表和电压表的两次示数. 若电流表示数变化较明显，表示电压表分流作用不能忽略，则选择内接法；若电压表示数变化较明显，表示电流表分压作用不能忽略，则选择外接法. 一般地：

当$\dfrac{|I_A-I_B|}{\dfrac{I_A+I_B}{2}}>\dfrac{|U_A-U_B|}{\dfrac{U_A+U_B}{2}}$即$\dfrac{|I_A-I_B|}{I_A+I_B}>\dfrac{|U_A-U_B|}{U_A+U_B}$时，选择内接法.

当$\dfrac{|I_A-I_B|}{\dfrac{I_A+I_B}{2}}<\dfrac{|U_A-U_B|}{\dfrac{U_A+U_B}{2}}$即$\dfrac{|I_A-I_B|}{I_A+I_B}<\dfrac{|U_A-U_B|}{U_A+U_B}$时，选择外接法.

三、误差分析

(1)在外接法中，由于电压表的内电阻不可能无穷大，即不可能使 $R_V\to\infty$，故其分流作用致使电流测量值偏大，从而使待测电阻的测量值偏小.

(2)在内接法中，由于电流表的内电阻不可能无穷小，即不可能使 $R_A\to 0$，故其分压作用致使电压测量值偏大，从而使待测电阻的测量值偏大.

(3)由于电流表和电压表内电阻的影响，不论是外接法还是内接法都存在原理上的误差. 在通常的电阻测量中，在对测量精度要求不太高的情况下，伏安法仍不失是一种较好的方法.

思考与练习

1. 有一个电阻的阻值大约 50 Ω，现需要知道其比较准确的阻值，能够找到的有关测量器材有：电流表 1 只(内阻 0.2 Ω)、电压表 1 只(内阻 2 000 Ω)、电键 1 个、干电池 4 节、滑动变阻器 1 个、导线若干，试设计一个测量该电阻的较合理的电路，并说明设计理由.

2. 用伏安法对一待测电阻 R_x 的阻值进行测量时，由于不知道所用电流表和电压表的内电阻参数，因此，将有关的部分元件组成图 3.6.3 所示的部分电路. 现将这部分电路与合适的电源连接成通路，再把电压表的活动端分别与 A、B 两点试触时，电流表和电压表的示数分别为：$I_A=0.6$ A，$U_A=6$ V；$I_B=0.5$ A，$U_B=8$ V. 那么，该待测电阻的测量值 $R_x=$________ Ω，其理由是：________________________.

3. 在伏安法测电阻实验中，某同学用一套实验器材分别用内接法和外接法对一定值电阻进行测量，并记录了相关数据. 根据实验数据做出两条伏安特性曲线，如图 3.6.4 中的 x、y 所示. 试根据图中信息完成问题：

(1)两条伏安特性曲线中________是根据内接法测量数据做出的.

(2)该定值电阻的阻值大概是________ Ω.

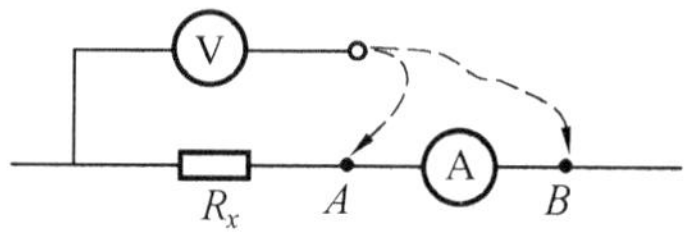

图 3.6.3

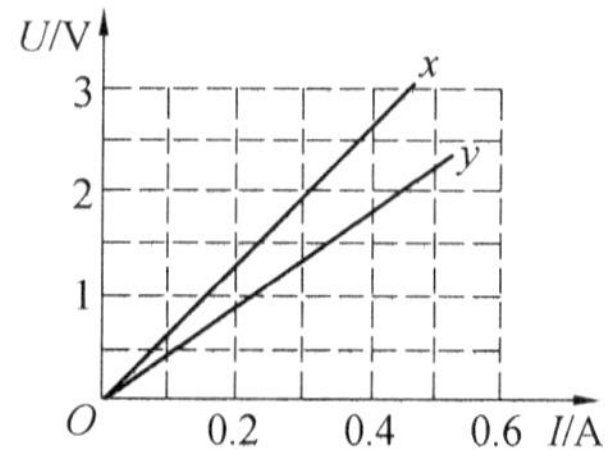

图 3.6.4

3.7　测定金属丝的电阻率

· 测金属丝的电阻率是一个综合性较大的实验.

· 游标卡尺或螺旋测微器测金属丝直径，计算其横截面积 $S=\dfrac{\pi d^2}{4}$.

· 选择合理的电路，用伏安法测金属丝的电阻 $R=\dfrac{U}{I}$.

· 用毫米刻度尺测量长度 l.

一、测量原理

用毫米刻度尺测量一段金属丝的长度 l,用游标卡尺或螺旋测微器测量金属丝的直径 d,用伏安法测量金属丝的电阻 R. 由电阻定律 $R=\rho\dfrac{l}{S}$,可得

$$\rho=\frac{SR}{l}=\frac{\pi\cdot d^2R}{4l}$$

二、测量工具的使用

1. 毫米刻度尺测金属丝的长度 l

规格:毫米刻度尺一般有不锈钢尺、有机塑料尺、木尺三种,最小分度值即测量精度均为 1 mm.

2. 游标卡尺测金属丝的直径 d

(1)结构与规格:游标卡尺是一种比较精密的长度测量仪器,其结构如图 3. 7. 1 所示. 一般有三种规格,主尺最小分度都为 1 mm.

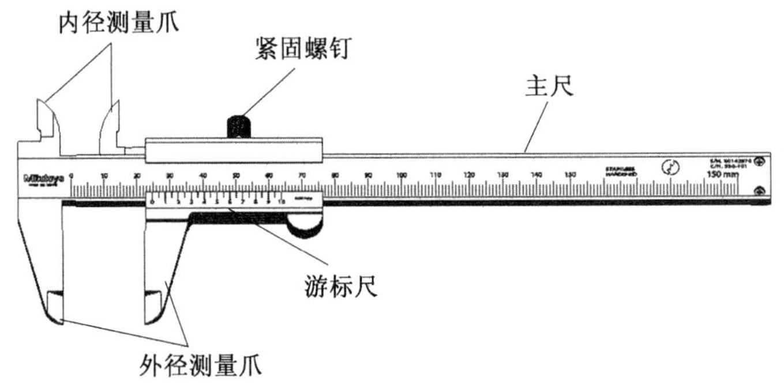

图 3. 7. 1

①10 分度游标卡尺:游标上有 10 个等分刻度共 9 mm,测量精度 $u=0.1$ mm.

②20 分度游标卡尺:游标上有 20 个等分刻度共 19 mm,测量精度 $u=0.05$ mm.

③50 分度游标卡尺:游标上有 50 个等分刻度共 49 mm,测量精度 $u=0.02$ mm.

(2)读数方法:游标卡尺的读数不估读,包括三个步骤.

①从主尺上读出测量数据的整数毫米数,即游标尺的刻线对准的主尺刻度值的整数值 A.

②找出与主尺某条刻线对齐的游标尺的刻线条数 n,计算出测量数据的小数毫米数 B,即 $B=n\times u$.

③计算测量数据 d:$d=A+B$.

3. 螺旋测微器测金属丝的直径 d

(1)结构与参数:螺旋测微器又称为千分尺,是一种精密的长度测量仪器,其结构如图 3. 7. 2 所示.

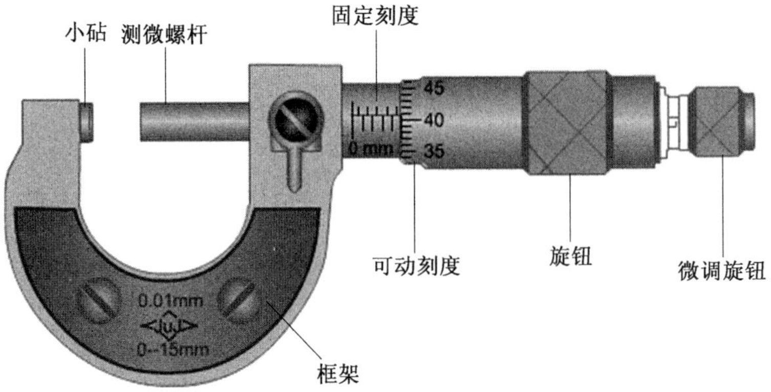

图 3. 7. 2

①固定刻度：包括整数毫米刻度和半毫米刻度，最小分度值均为 1 mm.

②可动刻度：与调节旋钮相固定的螺旋外套上的 50 个等分刻线.

③螺纹间距：$\Delta d=0.5$ mm.

④测量精度：$u=\dfrac{0.5\ \text{mm}}{50}=0.01$ mm.

(2)读数方法：螺旋测微器要估读到$\dfrac{1}{1\,000}$mm，包括三个步骤.

① 从固定刻度上读出测量数据的整数毫米数或半毫米数，即可动刻度圆周边缘对准的固定刻度值的整数毫米值或半毫米值 A.

② 找出与固定刻度中线对齐的可动刻度的刻线条数 n，计算出可动测量数据的毫米数 B，$B=n\times u$.

③计算测量数据 d：$d=A+B$.

4. 伏安法测金属丝的电阻 R

伏安法测电阻的电路设计有外接法和内接法两种，如图 3.7.3 所示. 测量时，根据待测电阻 R_x 与电流表内电阻 R_A 和电压表内电阻 R_V 的大小关系选择恰当的电路，在这里一般选择外接法.

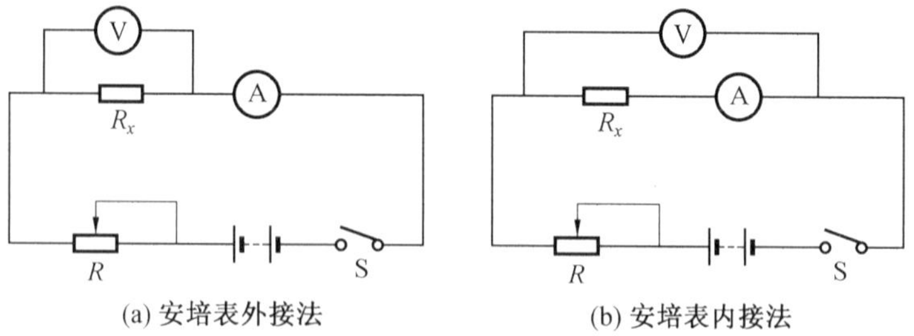

图 3.7.3

思考与练习

1. 在练习使用长度测量工具实验中，某同学分别用螺旋测微器和游标卡尺对一根金属丝的直径和一金属小球的直径进行测量，如图 3.7.4 所示. 那么，金属丝的直径是________ mm，金属球的直径是________ mm.

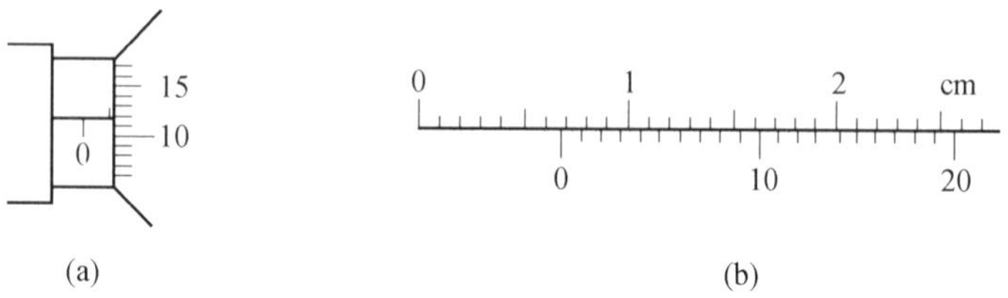

图 3.7.4

2. 在"测金属丝电阻率"的实验中，用米尺测量出被测金属丝的长度 $l=1.000\,0$ m，被测金属丝的电阻 R_x 大约是 5 Ω. 请按下列步骤操作并完成有关问题.

(1)用螺旋测微器测被测金属丝的直径时，其刻度位置如图 3.7.5(a)所示，则金属丝的直径 $d=$________ mm.

(2)在用伏安法测被测金属丝的电阻时，备有以下供选择的实验器材.

A. 直流电源：电压 4.5 V，内阻很小；

B. 直流电压表 V：量程 0 ~ 3 V，内阻 0.3 Ω；

C. 直流电流表 A_1：量程 0 ~ 0.6 A，内阻 0.125 Ω；

D. 直流电流表 A_2：量程 0 ~ 3 A，内阻 0.025 Ω；

E. 滑动变阻器 R_1:最大电阻 10 Ω;

F. 滑动变阻器 R_2:最大电阻 50 Ω;

G. 开关、导线若干.

①在可供选择的器材中,应选的电流表是________,应选的滑动变阻器是________.

②根据所选的器材和图 3. 7. 5(b)所示的实验电路图,用笔画线将图 3. 7. 5(c)所示的实物图连成实验电路.

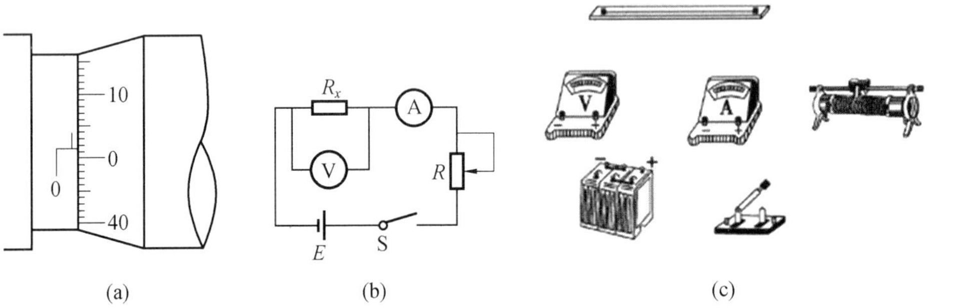

图 3. 7. 5

③正确连接电路后,接通电源,电流表的示数为 $I=0.4$ A,电压表的示数为 $U=2.6$ V.

(3)用有关测量的物理量的符号表示被测金属丝的电阻率为 $\rho=$________,将测量数据代入这一表达式计算出被测金属丝的电阻率为 $\rho=$________ Ω · m.

3.8　描绘小灯泡的伏安特性曲线

· 滑动变阻器一般有两种连接方式.

· 分压式:$0\leqslant I_L\leqslant \frac{E}{R_L}$,$0\leqslant U_L\leqslant E$. 这种连接方式对负载 R_L 的电流 I_L 和电压 U_L 的调节范围较大.

· 限流式:$\frac{E}{R_0+R_L}\leqslant I_L\leqslant \frac{E}{R_L}$,$\frac{R_L}{R_0+R_L}E\leqslant U_L\leqslant E$. 这种连接方式对负载 R_L 的电流 I_L 和电压 U_L 的调节范围较小.

一、实验原理

用电流表和电压表分别测量通过小灯泡的电流以及相应小灯泡的两端电压若干组(I_1,U_1),(I_2,U_2),(I_3,U_3),…,(I_n,U_n),将这些数对代表的点标在以电流 I 为横轴(纵轴)、以电压 U 为纵轴(横轴)的直角坐标系中,并用平滑曲线将这些点连接,即为小灯泡的 U–I 特性曲线.

二、滑动变阻器的连接方式

滑动变阻器 R_0 的连接方式有限流式和分压式两种,如图 3. 8. 1 所示.

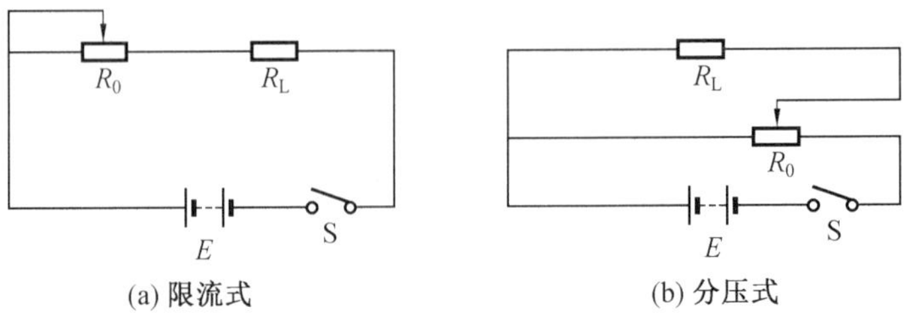

图 3. 8. 1

1. 限流式

$\frac{E}{R_0+R_L}\leqslant I_L\leqslant\frac{E}{R_L}$，$\frac{R_L}{R_0+R_L}E\leqslant U_L\leqslant E$. 这种连接方式对负载 R_L 的电流 I_L 和电压 U_L 的调节范围较小. 同等条件下，电源输出电流较小，电路能耗较小.

2. 分压式

$0\leqslant I_L\leqslant\frac{E}{R_L}$，$0\leqslant U_L\leqslant E$. 这种连接方式对负载 R_L 的电流 I_L 和电压 U_L 的调节范围较大. 同等条件下，电源输出电流较大，电路能耗较大.

3. 限流式与分压式的选择

限流式与分压式对负载 R_L 的电流 I_L 和电压 U_L 的调节范围有较大的差别，在实践中需根据实际情况进行选择.

（1）符合下列条件或要求之一，选择限流式连接.

①负载 R_L 的电流 I_L 和电压 U_L 的调节范围要求不大，只要求小范围调节.

②电源的输出电流或滑动变阻器 R_0 的额定电流很小.

③两种方式都能满足调节要求，同时有节能限制.

（2）符合下列条件或要求之一，选择分压式连接.

①负载 R_L 的电流 I_L 和电压 U_L 的调节范围要求尽可能大或要求从零调节.

②负载 R_L 的阻值比滑动变阻器 R_0 大得多.

③负载 R_L 的额定电流、额定电压较小，限流式不能满足调节要求.

三、实验电路

描绘伏安特性曲线的电路图如图 3.8.2 所示. 待测小灯泡 L 的电流 I_L 及其两端电压 U_L 都必须能够从零开始连续变化，因此，滑动变阻器必须采用分压式连接. 一般地，小灯泡的灯丝电阻比较小，只有几欧姆至十几欧姆，因而，电流表采用外接法连接.

不同元件的电流特征一般不同，图 3.8.3 所示的是一额定电压为 2.5 V 的某小灯泡的 U–I 特性曲线.

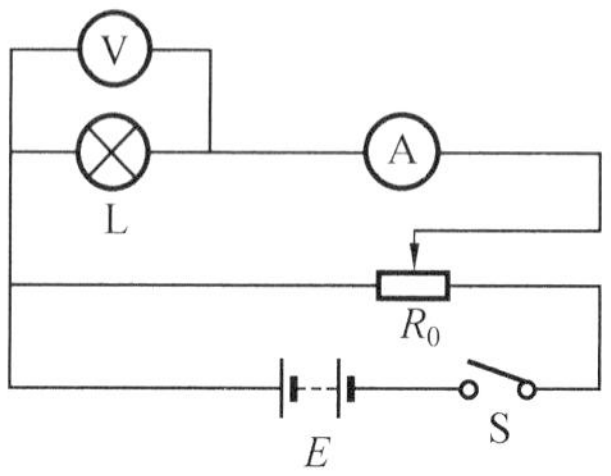

图 3.8.2

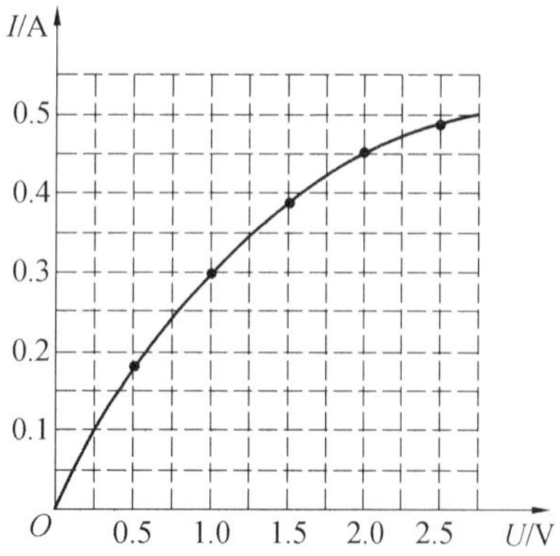

图 3.8.3

思考与练习

1. 在用电压表和电流表研究小灯泡在不同电压下的功率的实验中，实验室备有下列器材供选择.

A. 小灯泡“3 V，1.5 W”　　B. 电流表“3 A，1 Ω”

C. 电流表“0.6 A，5 Ω”　　D. 电压表“3 V，10 kΩ”

E. 电压表“15 V，50 kΩ”　　F. 滑动变阻器“100 Ω，50 mA”

G. 滑动变阻器“10 Ω，1 A”　　H. 蓄电池“4 V，0.1 Ω”

I. 电键、导线若干

(1)为了使实验完成得更好,电流表应选用________;电压表应选用________;滑动变阻器应选用________.(填器材前面的字母即可)

(2)在图3.8.4(a)虚线框内画出实验电路图.

(3)某同学再一次测量时,电流表、电压表的示数如图3.8.4(b)所示.则此时小灯泡的电压为________V,电流为________A,实际功率为________W.

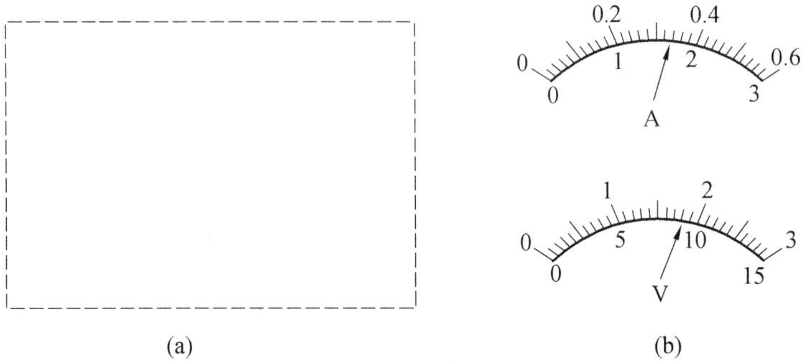

图3.8.4

2. 在"描绘小灯泡的伏安特性曲线"的实验中,某同学用导线 a、b、c、d、e、f、h 按图3.8.5(a)所示连接好电路.电路中所有元件都完好,且电流表和电压表也都调零.

(1)若闭合开关后,调节滑动变阻器,小灯泡的亮度能发生变化,但电流表和电压表的示数总不能为零,则可能是________导线断路.

(2)该同学除了测量描绘了小灯泡的伏安特性曲线外,还测量描绘了另外两种元件的伏安特性曲线,如图3.8.5(b)中甲、乙、丙所示.则________是小灯泡的伏安特性曲线,________表示的材料可以制作标准电阻,________表示的材料电阻随电压的升高而减小.

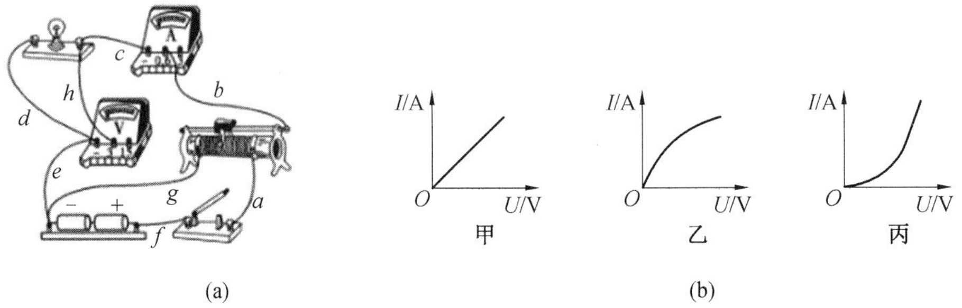

图3.8.5

3. 某实验小组在"描绘小灯泡的伏安特性曲线"实验中,根据实验数据描绘出小灯泡的 $I-U$ 图线,如图3.8.6(a)所示.那么,图3.8.6(b)中关于小灯泡的 $P-U$ 图线和 $P-I$ 图线正确的是(   ).

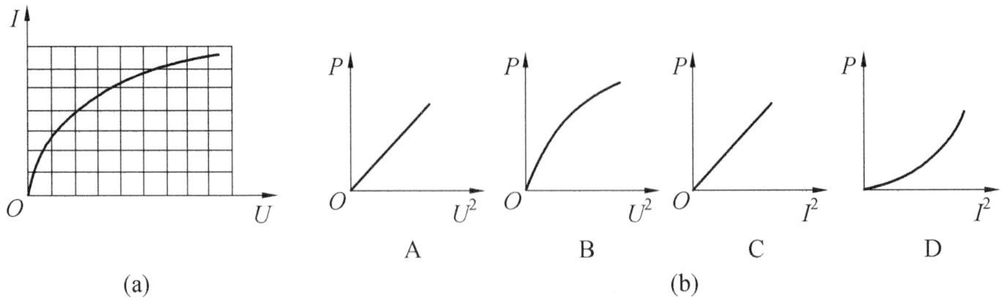

图3.8.6

第4章　闭合电路欧姆定律与逻辑电路

4.1　闭合电路欧姆定律

· 电源是电路最为重要的部分.
· 自由电荷在电源内部是怎样定向运动的？为什么会这样运动？
· 电源内部也是导体材料构成的，有电阻吗？
· 怎样计算电源内部的电流强度？用 $I=\frac{U}{R}$ 能不能计算？

一、电动势

把一根铜片(Cu)和一根锌片(Zn)插入盛有稀硫酸(H_2SO_4)的容器里就是一个简单的化学电池，如图4.1.1所示. 用导线将电池、电键及用电器等连接起来就构成闭合电路. 闭合电路分两部分，电池之外的部分称为外电路，电池之内的部分称为内电路.

可以看到，在电池内部 H^+ 由负极向正极运动，而 SO_4^{2-} 却由正极向负极运动. 知道这是为什么吗？

非静电力将单位正(负)电荷由电源负(正)极通过电源内部移动到电源正(负)极的过程中所做的功，叫作电源的电动势，即

$$E=\frac{W}{q}$$

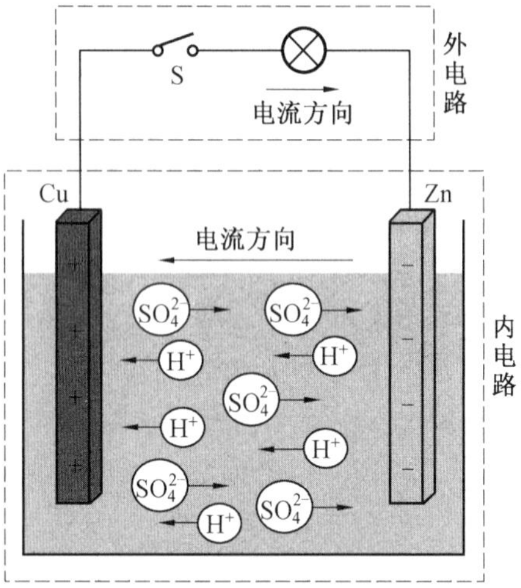

图4.1.1　化学电池

(1)电动势是反映电源把其他形式的能转化为电能本领的物理量. 电动势由电源中非静电力的特性决定，不同的电源电动势一般不同.

(2)非静电力做功的过程就是电源把其他形式的能转化为电能的过程，这一过程使得自由电荷的电势能得以提高.

(3)不同类型的电源，非静电力的来源不同. 比如：化学电池由化学反应提供非静电力；电磁感应发电机由电磁感应提供非静电力；原子能发电机由核反应提供非静电力等.

二、闭合电路欧姆定律

跟其他导体一样，自由电荷在电源内部定向运动时同样会受到阻碍，因此，电源内部存在电阻，称之为电源内电阻.

在图4.1.1的电路形成电流时，非静电力不仅要克服 SO_4^{2-}、H^+ 所受电场力做功以提高电势能后又通过外电路转化为其他形式的能外，同时还要克服它们之间以及它们与其他粒子之间的碰撞等产生的阻力(电阻)做功转化为内能而以热量形式散失. 设电路中的电流强度为 I，外电路的电阻为 R，内电路的电阻为 r，那么

$$W_{非静电力}=qE=IEt=W_{静电力}+Q_r=W_{外电路}+Q_r=I^2Rt+I^2rt$$

所以

$$E=IR+Ir$$

因此

$$I=\frac{E}{R+r}$$

在纯电阻电路中，流过闭合电路的电流强度跟电源电动势成正比，与电路中内、外电阻之和成反比.

(1)电源的电动势 E 和内电阻 r 一般是不变的，可用伏安法进行测量出来.

(2)电动势等于外电压与内电压之和，即

$$E=IR+Ir=U_{外}+U_{内}$$

思考与练习

1. 单位正电荷沿闭合电路移动一周，电源释放的能量决定于(　　).

A. 电源的电动势　　B. 通过电源的电流

C. 电源内外电路电阻之和　　D. 电荷移动一周所需的时间

2. 关于电源的下列说法中正确的是(　　).

A. 电源外部存在由正极指向负极的电场，内部存在由负极指向正极的电场

B. 在电源外部负电荷靠电场力由电源的负极流向正极

C. 在电源内部正电荷靠非静电力由电源的负极流向正极

D. 在电池中是化学能转化为电势能

3. 关于电源电动势，下列说法中正确的是(　　).

A. 同一电源接入不同的电路电动势一般不同

B. 电源电动势就是接入电源两极的电压表测量的电压

C. 电源电动势表征电源把其他形式的能转化为电能本领的物理量，与是否接外电路无关

D. 电源电动势等于开路状态下电源两极的电势差

4. 蓄电池的电动势是 2 V，说明蓄电池内非静电力每移动 1 C 的电荷量做功________ J，其电势能________(选填“增加”“减少”或“不变”)，是________能转化为________能.

5. 有几节干电池串联，当移动 10 C 的电荷量时非静电力做功 60 J. 则串联干电池的总电动势是多大？若给一个用电器供电，供电电流为 1 A，供电时间为 10 min，则非静电力做功是多少？

6. 有一发电机的电动势 $E=380$ V，将它与外电路连接成闭合回路时，电路中的电路强度为 $I=5$ A. 该发电机在 1 min 内将有多少机械能转化为电能？该发电机做功的功率是多少？将求得的功率与 E、I 的乘积相比较，能得到什么启示？

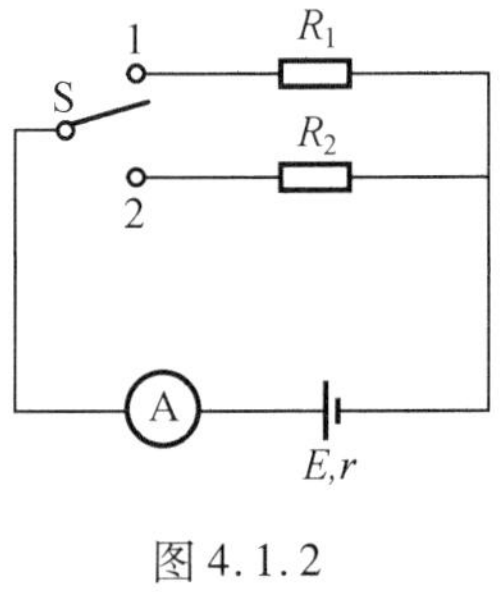

图 4.1.2

7. 如图 4.1.2 所示的电路中，$R_1=14\ \Omega$，$R_2=9\ \Omega$. 当开关 S 切换到“1”时，电流表的读数 $I_1=0.2$ A；当开关 S 切换到“2”时，电流表的读数 $I_2=0.3$ A. 求电源的电动势 E 和内电阻 r.

4.2　电源的路端电压与输出功率及效率

在图 4.2.1 所示的电路中，滑动变阻器的滑片向左或向右滑动时：

· 电压表的示数怎样变化？为什么？

· 电源的输出功率怎样变化？为什么？

· 电源的效率怎样变化？为什么？

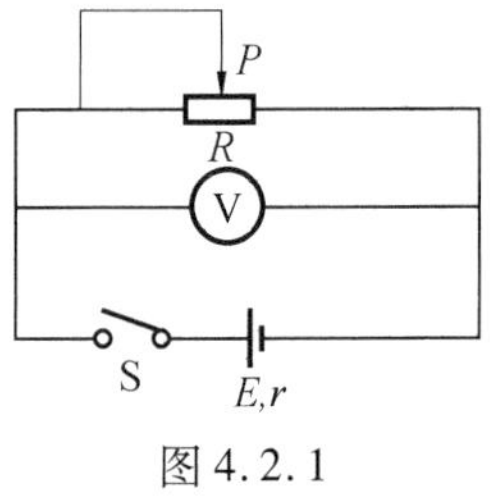

图 4.2.1

一、路端电压与外电阻的关系

由闭合电路欧姆定律可得，路端电压

$$U=E-Ir=E-\frac{E}{R+r}r=\frac{E}{1+\frac{r}{R}}$$

显然，路端电压 U 与外电阻 R 的关系可用图 4.2.2 所示的图线表示. 当外电路电阻 R 增大时，电路中电流 I 减小，路端电压 U 增大；当外电路电阻 R 减小时，电路中电流 I 增大，路端电压 U 减小.

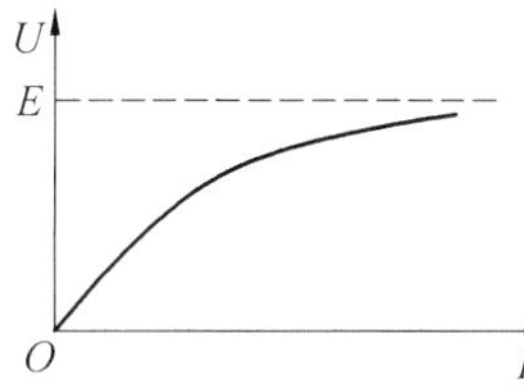

图 4.2.2

（1）当外电路短路，即 $R=0$ 时，$I=\frac{E}{r}$，$U=0$.

（2）当外电路断路，即 $R\to\infty$ 时，$I=0$，$U=E$.

二、输出功率与外电阻的关系

在纯电阻电路中，电源输出功率 $P_{输出}$ 即为外电阻 R 的焦耳热功率.

$$P_{输出}=I^2R=\left(\frac{E}{R+r}\right)^2\cdot R=\frac{E^2}{(R-r)^2+4Rr}\cdot R=\frac{E^2}{\frac{(R-r)^2}{R}+4r}$$

电源输出功率 $P_{输出}$ 与外电阻 R 的关系图线如图 4.2.3 所示. 显然，随着外电阻 R 的不断增大，输出功率 $P_{输出}$ 先逐渐增大而后又逐渐减小.

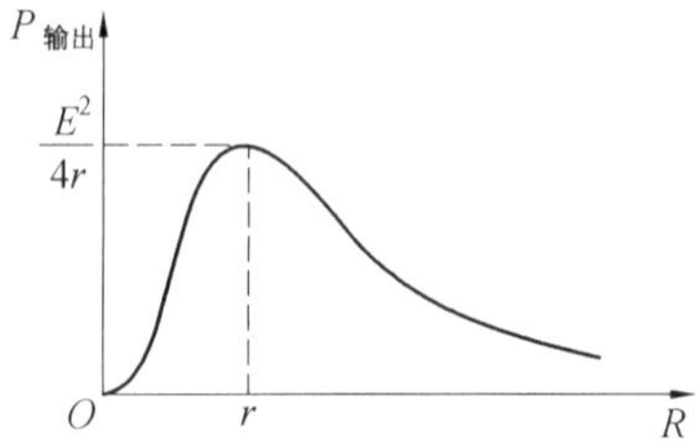

图 4.2.3

（1）当外电路短路，即 $R=0$ 时，$P_{输出}=0$.

（2）当外电阻与内电阻相等，即 $R=r$ 时，$P_{输出}=\frac{E^2}{4r}$ 为最大值.

（3）当外电路断路，即 $R\to\infty$ 时，$P_{输出}=0$.

三、电源效率与外电阻的关系

电源效率 η 就是电源输出功率 $P_{输出}$ 与整个电路消耗的总功率 $P_{总}$ 的比值. 在纯电阻电路中

$$\eta=\frac{P_{输出}}{P_{总}}=\frac{I^2R}{I^2(R+r)}=\frac{1}{1+\frac{r}{R}}$$

显然，电源效率 η 随着外电阻 R 的增大而增大，如图 4.2.4 所示.

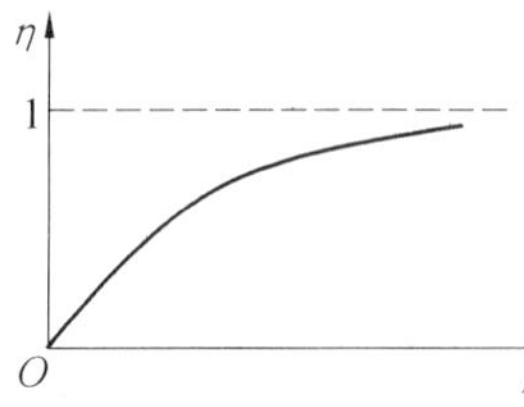

图 4.2.4

（1）当外电路短路，即 $R=0$ 时，$\eta=0$.

（2）当外电阻与内电阻相等，即 $R=r$ 时，$\eta=50\%$.

（3）当外电路断路，即 $R\to\infty$ 时，$\eta=100\%$.

思考与练习

1. 在图 4.2.1 所示的电路中，电压表的内电阻 R_V 很大，滑动变阻器的最大电阻值 $R_m=5\ \Omega$，电源电动势 $E=2$ V、内电阻 $r=1\ \Omega$. 调节滑动变阻器，使其滑片从右端逐渐向左端滑动，试完成下列问题：

（1）接入电路的电阻 R 多大时，其消耗的功率最大？最大功率 P_m 等于多大？此时电源效率是多少？

（2）当滑片处于最右端时，滑动变阻器消耗的功率是多大？此时电源效率是多少？

（3）当滑片处于最左端时，滑动变阻器消耗的功率是多大？此时电源效率是多少？

（4）结合本题的计算结果分析：电源输出功率的大小和电源效率的高低与实际生活应用的使用价值之间的关系.

2. 在如图 4.2.5 所示的电路中,电源电动势 $E=3$ V、内电阻 $r=1$ Ω,滑动变阻器 R 的最大值 $R_m=10$ Ω,定值电阻 $R_0=4$ Ω. 闭合开关,调节滑动变阻器,求:

(1)滑动变阻器消耗的最大功率是多少?

(2)定值电阻消耗的最大功率是多少?

(3)电源的最大输出功率是多少?

(4)电源的最大发热功率是多少?

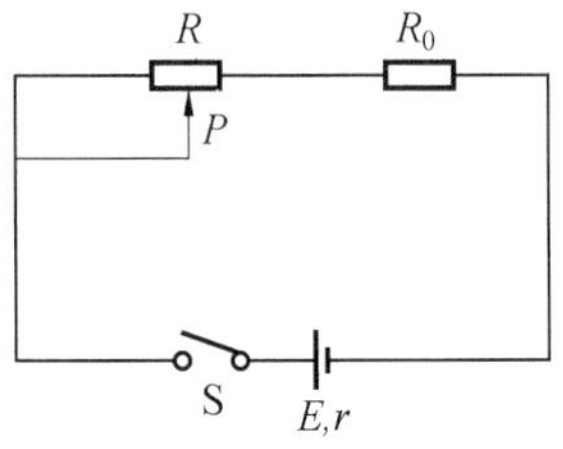

图 4.2.5

3. 将一电源(E,r)与滑动变阻器 R、定值电阻 R_0 及电键 S、一只电流表和两只电压表组成如图 4.2.6(a)所示的电路. 调节滑动变阻器,根据记录三只电表的示数若干组数据,在同一 U-I 坐标系中描绘出两条伏安特性曲线"l_1"和"l_2",如图 4.2.6(b)所示. 求:

(1)曲线"l_1"和"l_2"分别是根据哪几只电表的测量数据描绘出来的?

(2)电源的电动势和内电阻分别是多少?

(3)电路处于曲线"l_1"和"l_2"交点状态时,电源的路端电压和输出功率分别是多少?

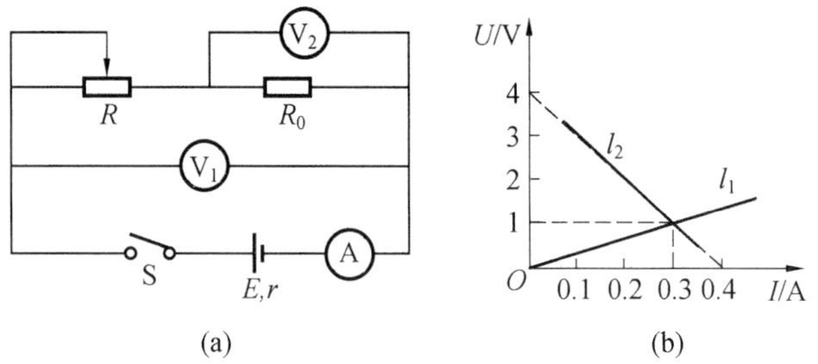

图 4.2.6

4.3 多用电表的原理与使用

如图 4.3.1 所示是一只简单多用电表的原理图.

· 开关 S 与"1"或"2"接触,是分流电路还是分压电路?能测量什么?

· 开关 S 与"3"或"4"接触,是分流电路还是分压电路?能测量什么?

· 开关 S 与"5"接触,是一个含有电源的电路,能测量什么?

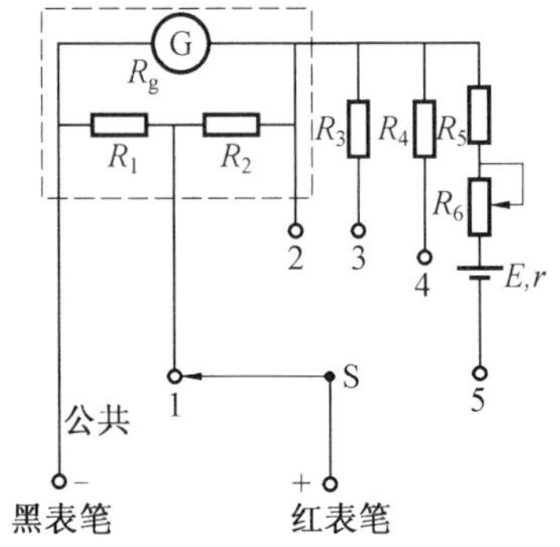

图 4.3.1

一、欧姆表的原理

能具备测量电流、电压、电阻和判断二极管极性等多重功能的电表即多用电表,其中心部件就是一个灵敏电流计,即"表头". 多用电表测量电阻的部分就是欧姆表,其内部结构如图 4.3.2 所示.

1. 中值电阻 $R_{中值}$

将红黑表笔短接(图 4.3.2(a)),调节 R_2,使表头达满偏电流 I_g. 由闭合电路欧姆定律,有

$$I_g=\frac{E}{R_g+R_1+R_2+r}$$

这时,电路中电流最大,表示待测电阻为零,面盘指针指在"0 Ω"位置. 通常称 $R_g+R_1+R_2+r$ 为中值电阻,即

$$R_{中值}=R_g+R_1+R_2+r$$

2. 待测电阻 R_x

将红黑表笔与待测电阻 R_x 两端相接触(图 4.3.2(b)),由闭合电路欧姆定律,有

$$I=\frac{E}{R_g+R_1+R_2+r+R_x}=\frac{E}{R_{中值}+R_x}$$

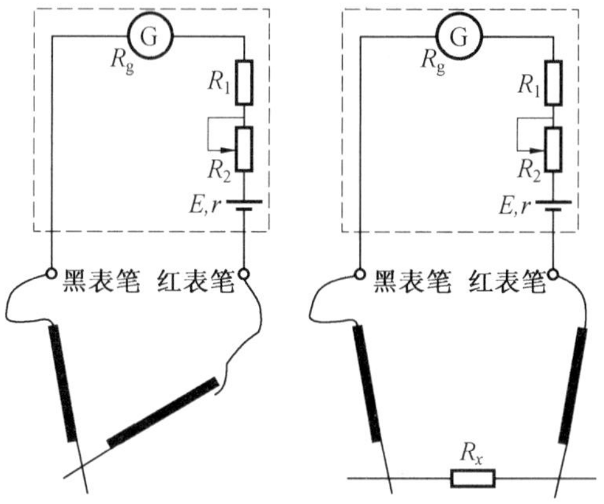

图 4.3.2

(1) 待测电阻 R_x 与电路中的电流 I 是一种非线性的一一对应关系，因此，欧姆表的面盘刻度是不均匀的.

(2) 若指针指在面盘刻度中央，则说明 $I=\frac{I_g}{2}$，那么 $R_x=R_{中值}$.

二、多用电表的使用

多用电表面盘结构如图 4.3.3 所示.

· K：选择开关.

· S：欧姆调零旋钮.

· T：机械调零旋钮.

· X：交流电压表刻度不均匀，左侧密右侧疏.

· Y：直流电压表、电流表及交流电流表刻度.

· Z：欧姆表刻度不均匀，左侧密右侧疏.

1. 机械调零

检查指针是否停在刻度盘左侧"0"位置，若没有，则用螺丝刀轻轻转动机械调零旋钮 T，使指针指"0".

2. 挡位选择

根据对待测量的估测值，调节选择开关 K 到相应挡位并指在恰当的量程或倍率位置.

3. 电流或电压测量

根据开关 K 所在挡位的相应量程和指针所指在相应刻度 X 或 Y 区间读数.

4. 电阻测量

根据"2"将选择开关 K 掷于欧姆挡恰当倍率位置.

(1) 欧姆调零：将红黑表笔短接，调节欧姆调零旋钮 S，使指针指在"0 Ω"即刻度盘右侧"0"位置.

(2) 读数：指针所指刻度盘数字倍率.

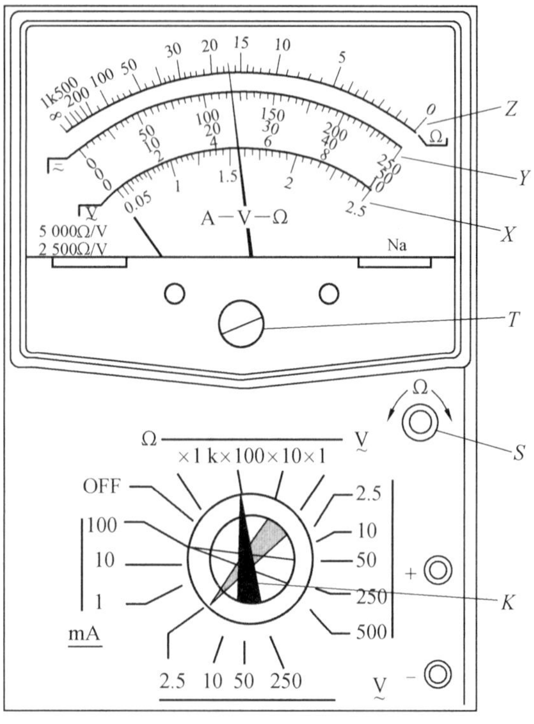

图 4.3.3

5. 器材整理

使用完毕，红黑表笔拔出插孔，并将选择开关拨离欧姆挡，掷于交流电压最高挡位或"OFF"位置.

三、多用表的两个问题

1. 电阻挡多倍率的实现

多用表的电阻挡就是欧姆表，欧姆表的结构实际上是比较复杂的，有单电源欧姆表和多电源欧姆表，

如图 4.3.4 所示. 欧姆表多倍率就是调整电阻与表头电流的不同匹配关系,有两种方式:

(1)调节表头的分流电阻和分压电阻,实现电阻与表头电流的匹配关系.

(2)采用不同电源提供不同的电动势,实现电阻与表头电流的匹配关系. 多电源欧姆表的测量范围比较大,高电动势电源主要用于测量高值电阻.

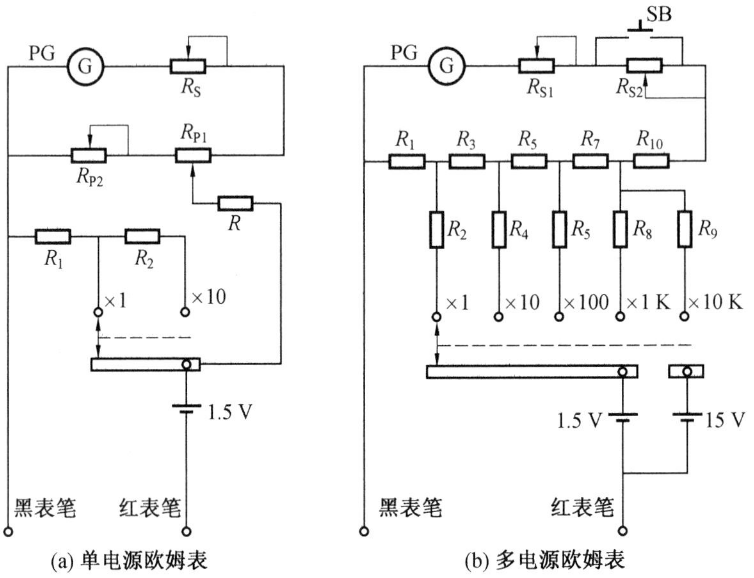

图 4.3.4

2. 交流电压挡面盘刻度不均匀

多用电表的交流档就是交流电表,交流电表的内部结构比直流电表要复杂得多. 交流电表有一个重要部分就是整流电路(图 4.3.5),这是与直流电表最大的区别之处.

任何磁电式电表的指针偏转角度都跟流过表头的电流强度成正比,而交流电表中整流电路的二极管具有单向导电性,伏安特性较为复杂,流过电表的电流与电表两端的电压不成线性关系,如图 4.3.6 所示,特别低电压情况下更为明显.

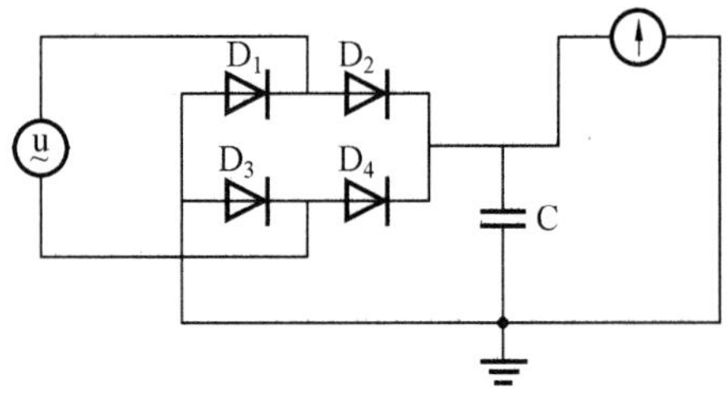

图 4.3.5

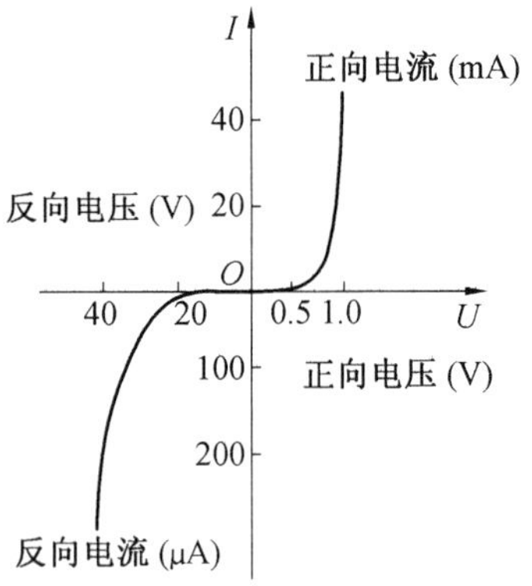

图 4.3.6

思考与练习

1. 图 4.3.7 是一多用表面盘,读出图中指针位置对于选择开关在不同挡位时的示数. (1)电阻×100 档:________;(2)直流电流 5 A 档:________;(3)直流电压 50 V 档:________;(4)交流电流 10 A 档:________;(5)交流电压 25 V 档:________.

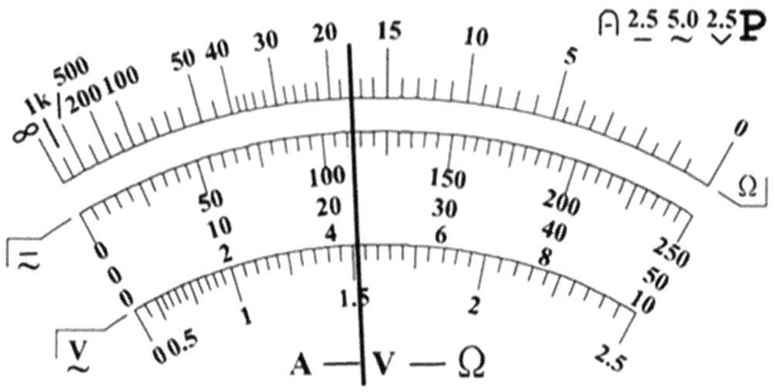

图 4. 3. 7

2. 某一多用电表的面盘刻线已模糊不清，现选某一电阻挡调零后测量一个 50 Ω 的标准电阻，其指针恰指在刻度盘中央. 若用它的同一电阻挡测量一个未知电阻，指针指在满刻度的 $\frac{2}{3}$ 处，那么，这个电阻的阻值是多少？

3. 二极管具有单向导电性，怎样用多用电表来判断二极管的极性？

4.4　测量电池电动势和内电阻

测干电池的电动势及内电阻，有图 4. 4. 1(a)(b) 两种电路可供选择，相关器材的基本参数是选择电路的重要依据.

· 干电池：$E\approx1.5$ V，$r\approx1$ Ω.
· 电压表：$R_V\to2\sim5$ kΩ.
· 电流表：$R_A\to0.2\sim1$ Ω.
· 变阻器：$R_m\to5\sim50$ Ω.

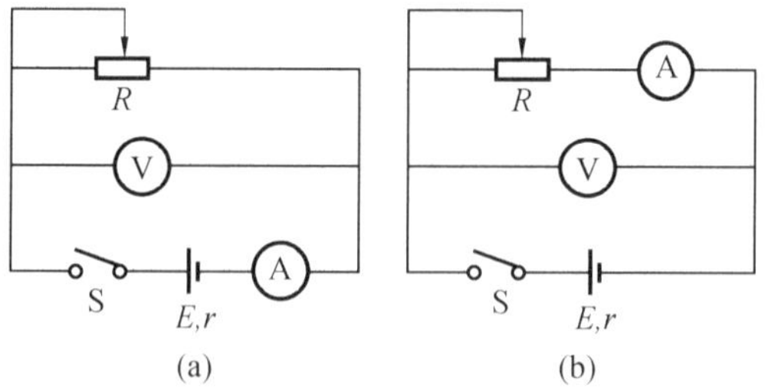

图 4. 4. 1

一、测量原理

通常选择图 4. 4. 1(b) 所示电路测干电池的电动势 E 和内电阻 r. 接通电路，设电流表和电压表的某次示数分别为 I、U，由闭合电路欧姆定律，可知

$$E=U+Ir$$

调节变阻器，记下电流表和电压表的多组示数 (I_1,U_1)，…，(I_m,U_m)，…，(I_n,U_n)，…，其中任意两组数据就可以组成一个二元一次方程组，即

$$\begin{cases}E=U_m+I_mr\\E=U_n+I_nr\end{cases}$$

易解得

$$\begin{cases}E=\dfrac{I_nU_m-I_mU_n}{I_n-I_m}\\r=\dfrac{U_m-U_n}{I_n-I_m}\end{cases}$$

二、数据处理

1. 代数法

将记录的 n 组 (I_i,U_i) 数据组成 $C_n^2=\frac{n\cdot(n-1)}{2}$ 个方程组并解这些方程组后求平均值.

$$\overline{E}=\frac{E_1+E_2+\cdots+E_{C_n^2}}{C_n^2},\overline{r}=\frac{r_1+r_2+\cdots+r_{C_n^2}}{C_n^2}$$

2. 图像法：建立 $U-I$ 坐标系，将记录的多组数据 $(I_1,U_1),\cdots,(I_m,U_m),\cdots,(I_n,U_n)\cdots$ 在该坐标系中描出，做出相应的 $U-I$ 曲线，如图 4.4.2 所示. 该 $U-I$ 曲线具有这样的物理意义：

(1) 横截距 I_m：短路电流.

(2) 纵截距 E：电动势.

(3) 斜率 k

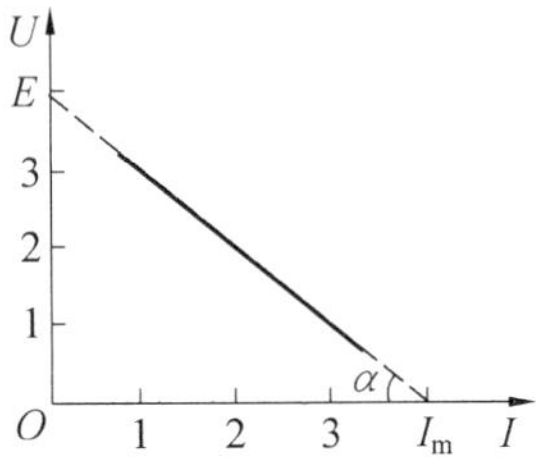

图 4.4.2

$$k=\tan(180°-\alpha)=-\tan\alpha=-\frac{\Delta U}{\Delta I}=-\frac{E}{I_m}=-r$$

显然，斜率 k 是内电阻 r 的相反数，即

$$r=-k=\tan\alpha=\frac{\Delta U}{\Delta I}=\frac{E}{I_m}$$

思考与练习

1. 将电流表、电阻箱、电键与电池连接成如图 4.4.3(a) 所示的电路. 调节电阻箱，记下多组电阻值 R 及相应电流表示数 I，做出了如图 4.4.3(b) 所示的 $R-\frac{1}{I}$ 图像. 那么，根据图像中信息计算出电路中的电池电动势 $E=$________ V，内电阻 $r=$________ Ω.

试分析图像的纵截距、横截距及斜率的物理意义.

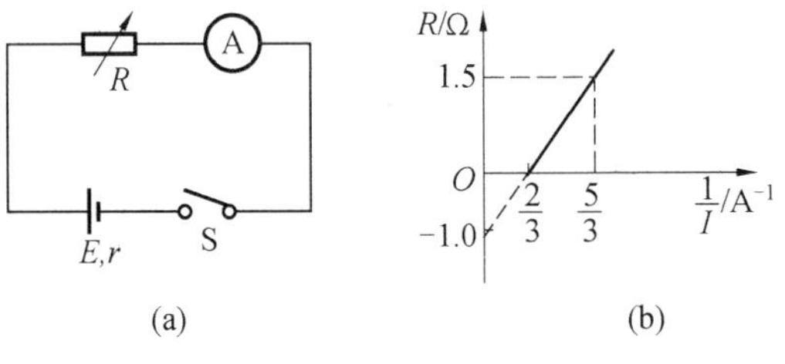

图 4.4.3

2. 将电压表、电阻箱、电键与电池连接成如图 4.4.4(a) 所示的电路. 调节电阻箱，记下多组电阻值 R 及相应电压表示数 U，做出了如图 4.4.4(b) 所示的 $\frac{1}{U}-\frac{1}{R}$ 图像. 则根据图像中信息计算出电路中的电池电动势 $E=$________ V，内电阻 $r=$________ Ω.

试分析图像的纵截距、横截距及斜率的物理意义.

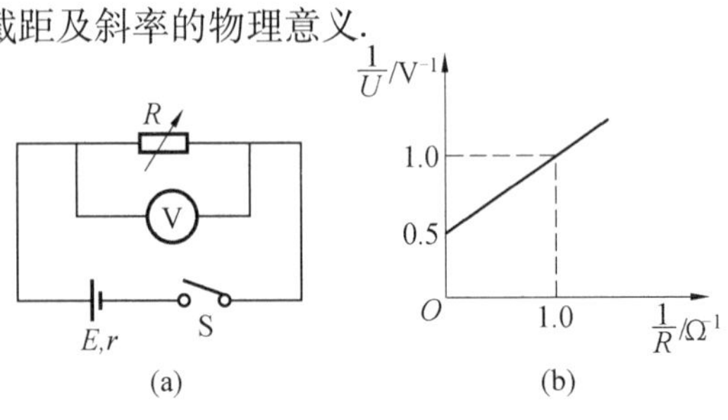

图 4.4.4

4.5　逻辑电路与自动控制

电子线路的信号有模拟信号和数字信号(图4.5.1),计算机的核心就是处理数字信号的逻辑电路.

· 逻辑关系:“条件”与“结果”的关系.

· 逻辑电路:具有逻辑功能的数字电路.门电路是最基本的逻辑电路.

· 逻辑电路的信号只有两种状态:高电位状态–1,低电位状态–0.

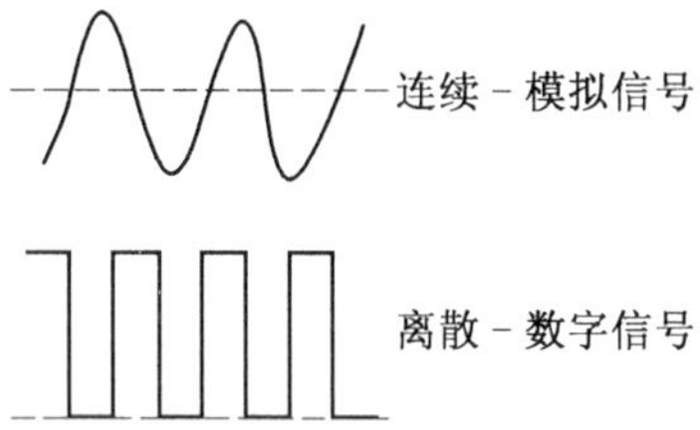

图4.5.1

一、简单逻辑电路

1.“与”门电路

(1)“与”门电路的逻辑关系、真值表及符号如图4.5.2所示.

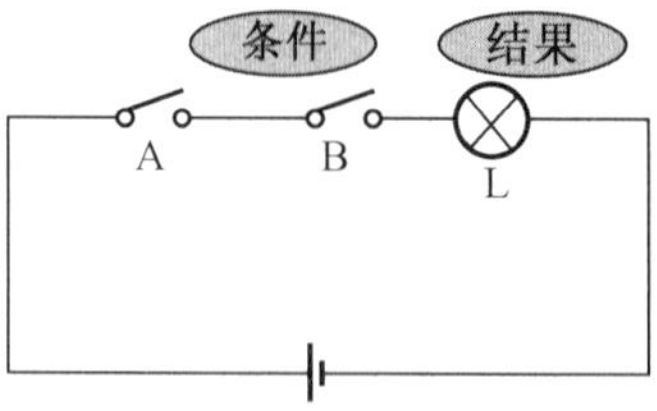

(a) 逻辑关系

输入		输出
A	B	Y
0	0	0
0	1	0
1	0	0
1	1	1

(b) 真值表

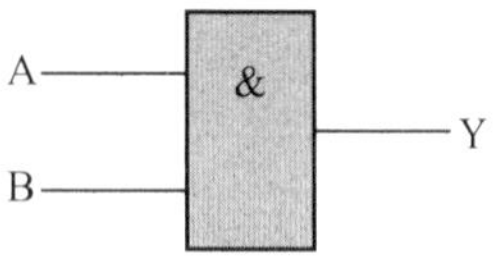

(c) 符号

图4.5.2

(2)“与”门电路的功能演示电路图如图4.5.3所示.

只有当两个信号源的开关都掷于“1”时,电压表才显示输出端有输出电压.

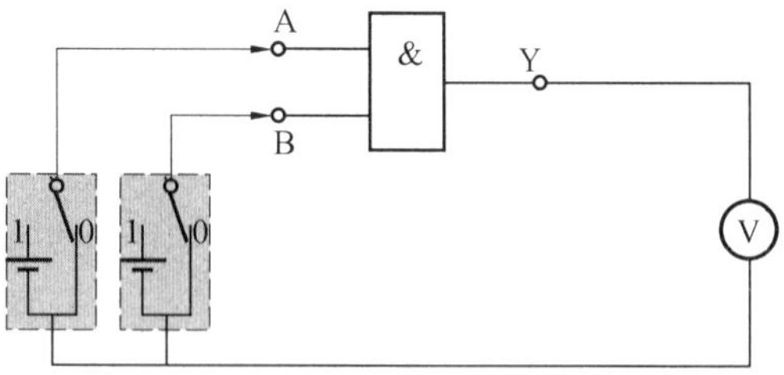

图4.5.3

2.“或”门电路

(1)“或”门电路的逻辑关系、真值表及符号如图4.5.4所示.

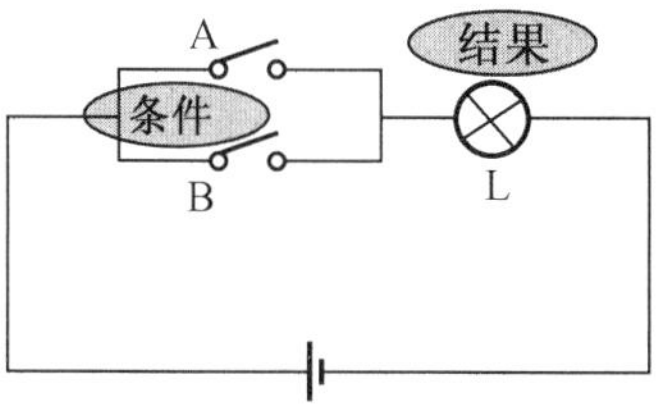

(a) 逻辑关系

输入		输出
A	B	Y
0	0	0
0	1	1
1	0	1
1	1	1

(b) 真值表

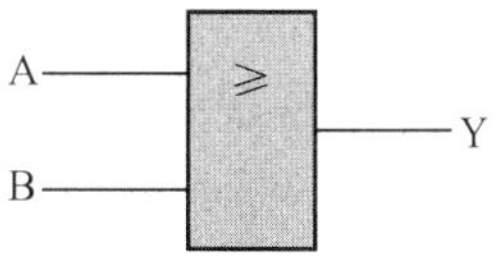

(c) 符号

图4.5.4

(2)“或”门电路的功能演示电路图如图 4. 5. 5 所示.

只要两个信号源其中之一的开关掷于“1”或两个信号源的开关同时掷于“1”,电压表就显示输出端有输出电压.

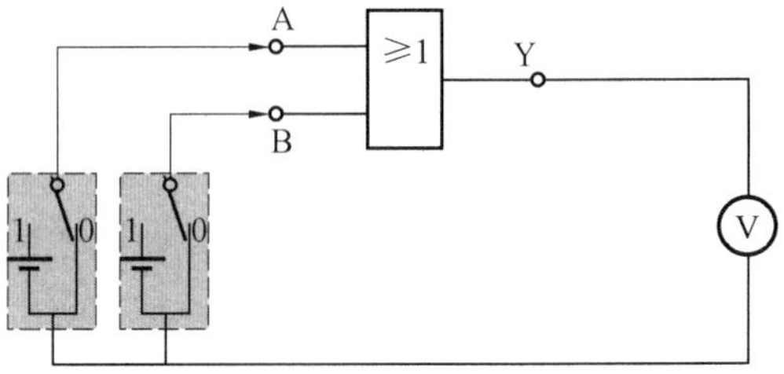

图 4. 5. 5

3. “非”门电路

“非”门电路的逻辑关系、真值表及符号如图 4. 5. 6 所示.

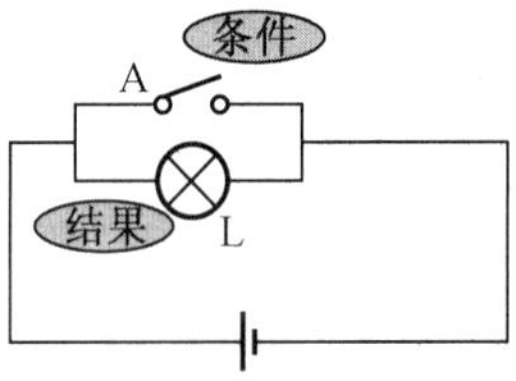

(a) 逻辑关系

输入	输出
A	Y
0	1
1	0

(b) 真值表

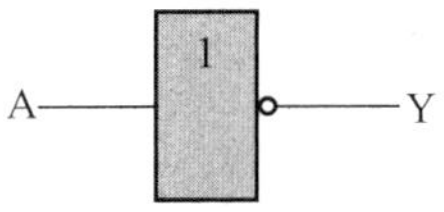

(c) 符号

图 4. 5. 6

4. 关于逻辑电路

(1)门电路由集成电路或其他电子元件(二极管、三极管及电阻等)组成,工作时需要电源. 因此,门电路的接线端要多于输入端与输出端之和.

(2)逻辑电路的电路图只反映逻辑关系,通常不画出供电电路.

(3)门电路可以进行组合. 比如:“与”门电路的输出端跟“非”门电路的输入端相连接即组合为“与非”门电路,如图 4. 5. 7 所示.

“或”门电路的输出端跟“非”门电路的输入端相连接即组合为“或非”门电路,如图 4. 5. 8 所示.

输入		输出
A	B	Y
0	0	1
0	1	1
1	0	1
1	1	0

(a) 真值表

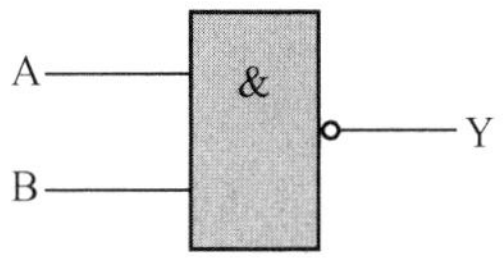

(b) 符号

图 4. 5. 7 “与非”门电路

输入		输出
A	B	Y
0	0	1
0	1	0
1	0	0
1	1	0

(a) 真值表

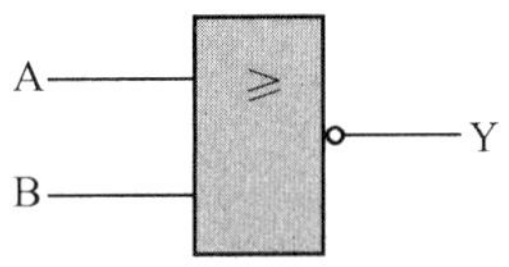

(b) 符号

图 4. 5. 8 “或非”门电路

二、自动控制与电子技术发展

(1)逻辑电路是自动控制电路的核心.

(2)电子技术的发展离不开电子器件的发明.

①1940 年发明电子管,20 世纪 40 年代发明晶体管.

②20 世纪 50 年代末发明集成电路. 集成度(一般指在 30 mm^2 的芯片中含有的电子元件的数目)是评价集成电路制造技术水平的重要指标.

· 小规模集成电路：10^2 个以下.
· 中规模集成电路：$10^2 \sim 10^3$ 个.
· 大规模集成电路：$10^3 \sim 10^5$ 个.
· 超大规模集成电路：10^5 个以上.

思考与练习

1. 某个机要仓库有一扇电动门，门上装有三把电动锁，三个机要员各有一把锁的钥匙，只有三个机要员同时转动自己的钥匙（闭合自己的开关），才能通过继电器把门打开. 图 4.5.9 中的 S_1，S_2，S_3 是三个锁内的开关，J 为继电器（图中未画出电动机的电路），请在图中虚线框内画出符合要求的具有 3 个输入端的门电路符号.

2. 某同学设计了一个路灯自动控制门电路，如图 4.5.10 所示，天黑了路灯自动接通，天亮了路灯自动熄灭. 图中 R_G 是光敏电阻，有光照射时其阻值会显著减小；R 是可调电阻，J 是路灯开关控制继电器（图中未画路灯电路）.

（1）在虚线框内画出门电路符号.

（2）如果路灯开关自动接通时天色还比较亮，应该怎样调节 R 才能使开关在天色更暗时自动接通？

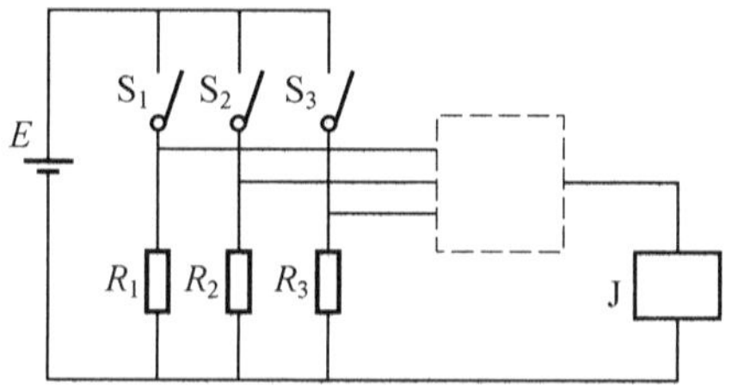

图 4.5.9

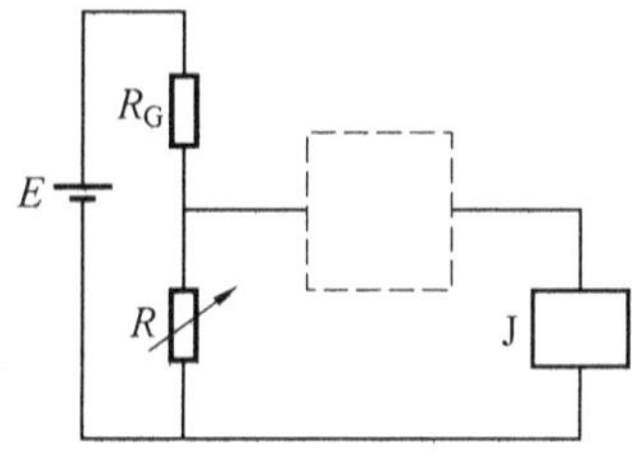

图 4.5.10

3. 如图 4.5.11 是一个火警报警装置的逻辑电路图. R_t 是热敏电阻，低温时电阻值很大，高温时电阻值很小，R 是阻值较小的可调电阻.

（1）在图中虚线圆内应该接入怎样的元件？

（2）为了提高电路的灵敏度，即把报警温度调得较低一些，R 的值应大一些还是小一些？

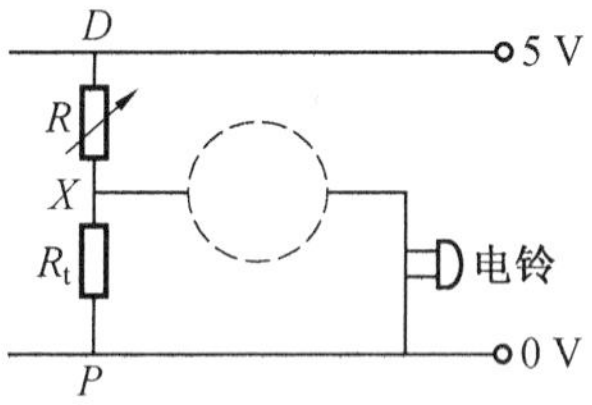

图 4.5.11

第5章　磁　　场

5.1　磁　　场

· 古代航海导航技术与磁.

· 极光为什么总出现在高纬度地区?

· 指南针能指向地理正南方吗?

一、中国古代的磁应用

1. 指南车、思南与指南针

(1)相传公元前47世纪(黄帝时期)和公元前21世纪(西周时期),使用到指南车,但无考证. 汉代后的指南车是靠齿轮传动的机械装置(图5.1.1),不论车子转向何方,木人的手始终指向南方,但与磁没有任何关系.

(2)战国时期出现思南(图5.1.2),公元8世纪有了指南针(图5.1.3).

图5.1.1

图5.1.2

图5.1.3

2. 航海与牵星术

牵星术是中国古代航海天文观察导航技术. 用牵星板(由12块大小不等、中心有孔、用绳穿孔串系的正方形木板组成)测量所在地的星辰高度,如图5.1.4所示,然后计算出该处的地理纬度,以此测定船只的具体航向.

明朝初期(1405—1433年),郑和先后七次下西洋,利用“罗盘针路图”(罗盘针指引下绘制的航海路线)与“牵星图”(图5.1.5)相辅而行,从南海横渡印度洋达到红海沿岸和非洲东部赤道以南的海岸,先后经过30多个国家.

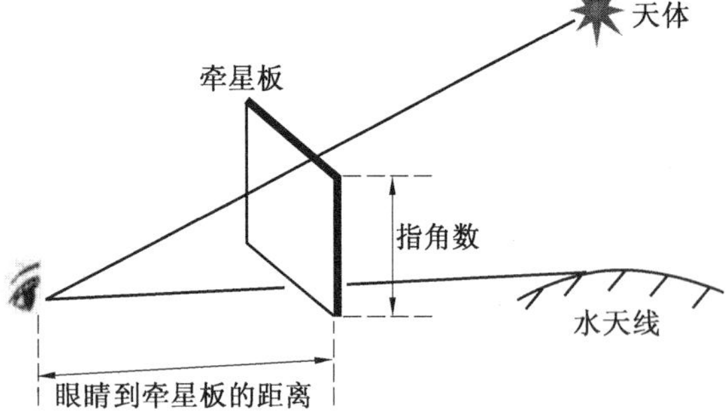

图5.1.4　用牵星板观星图

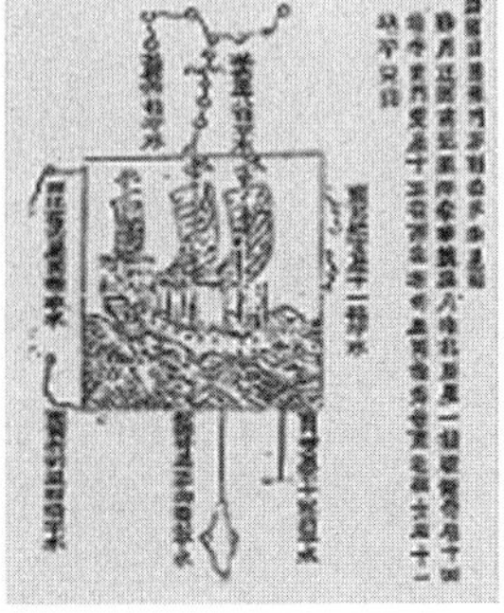

图5.1.5　牵星图

二、磁体与磁场

1. 磁体

物体吸引铁、钴、镍等物质的性质叫磁性,具有磁性的物体叫磁体. 磁体有天然磁体和人工磁体,天然磁体的主要成分是 Fe_3O_4.

一个磁体有两个磁极,其中一个为南极(S),一个为北极(N). 磁体之间有力的作用,同名磁极相互排斥,异名磁极相互吸引.

2. 磁化

使没有磁性的物体获得磁性的过程叫磁化. 一般地,把没有磁性的钢经磁化后就是人工磁体.

能够被磁化的物质称为磁性材料. 其中,磁化后能长久保留磁性的叫硬磁性材料,不能长久保留磁性的叫软磁性材料.

不能够被磁化的物质称为非磁性材料.

3. 磁场

使磁体与磁体之间或磁体与电流之间产生相互作用的物质亦或传递磁体与磁体之间或磁体与电流之间相互作用的物质叫磁场.

1820 年 4 月,丹麦物理学家奥斯特在一次课堂上的偶然实验中发现了电流磁效应,说明了通电导体周围存在磁场.

任何磁体和电流周围都有磁场,磁场具有三个方面的基本特点:

(1)没有具体存在的形态.

(2)对处于其中的磁体或电流有力的作用.

(3)能使处于其中的磁性材料发生磁化.

4. 磁场力

磁场对处于其中的磁体或电流产生的作用力叫磁场力. 磁体与磁体之间或磁体与电流之间是通过磁场发生作用的.

三、地球的磁场

1. 地磁场

地球是一个巨大的磁体,地球周围空间存在的磁场叫地磁场. 地磁成因比较复杂,目前还没有完全弄清楚. 有科学家认为,地磁是地核中的铁、钴等熔融金属的环流引起的.

2. 磁偏角

指南针能指南,但却“常微偏东,不全南也”! 说明地磁南北极与地理南北极并不重合.

地球表面任一点的磁子午圈同地理子午圈的夹角或磁轴与地轴之间的夹角叫磁偏角. 不同地理位置的磁偏角不同,且会随着时间的变化而变化. 目前,南极和北极的磁偏角约为 11.5°,如图 5.1.6 所示.

3. 极光

在具有磁性且有大气包裹的星球的高磁纬度地区上空,由于受宇宙射线等高能带电粒子流的影响,使大气分子或原子激发或电离而产生的绚丽多彩的光叫作极光.

地球的极光,来自地球磁层和太阳的高能带电粒子流(太阳风)使高层大气分子或原子激发(或电离)而产生. 地球极光常常出现于纬度靠近地磁极地区上空,如图 5.1.7 所示,故称地极之光. 极光一般呈带状、弧状、幕状、放射状,这些形状有时稳定有时做连续性变化. 极光产生需有三个不可或缺的条件:大气、磁场、高能带电粒子.

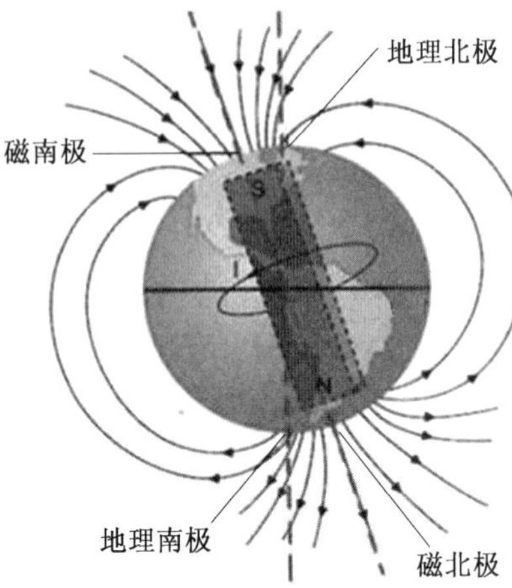

图 5.1.6

图 5.1.7

思考与练习

1. 人们早在公元前就发现了磁石吸铁、磁石指南等现象. 如图 5.1.2 所示的思南是用天然磁铁按北头七星排列形状打磨而成的勺型指南仪器,是我国古代劳动人民智慧的结晶,是古代典型的指南仪器. 思南由磁勺和光滑铜盘组成,把磁勺放在光滑铜盘上,由于地磁作用,稳定后勺柄和勺头总是指向特定的方向. 经考证,思南的勺柄是磁体的南极,那么,稳定后思南的勺头指向(　　).

A. 东方　　B. 南方　　C. 西方　　D. 北方

2. 科学研究发现,在一些生物体内存在微量的磁性物质,比如 Fe_3O_4,鸽子正是靠这种体内外微弱磁场的相互作用来辨别方向的. 若在鸽子身上绑一块永久磁体以大大增强鸽子周围的磁场,那么,远行的鸽子(　　).

A. 仍能辨别方向　　B. 更容易辨别方向

C. 将会迷失方向　　D. 不能确定是否会迷失方向

3. 磁性水雷是用一个可绕轴转动的小磁针来控制起爆电路的,军舰被地磁场磁化后就变成一个浮动的磁体,当军舰接近磁性水雷时,就会引起水雷的爆炸. 其依据是(　　).

A. 磁体的吸铁性质　　B. 磁极间的相互作用规律

C. 电荷间的相互作用规律　　D. 磁场对电流的作用原理

4. 如图 5.1.8 所示,A 为电磁铁,B 为铁片,C 为胶木秤盘,D 为支架. 其中,A、C 和 D 的总质量为 M,B 的质量为 m. 当给电磁铁通电,铁片被吸引上升的过程中,某一时刻的加速度为 a,此时轻绳上的拉力 F 有多大?

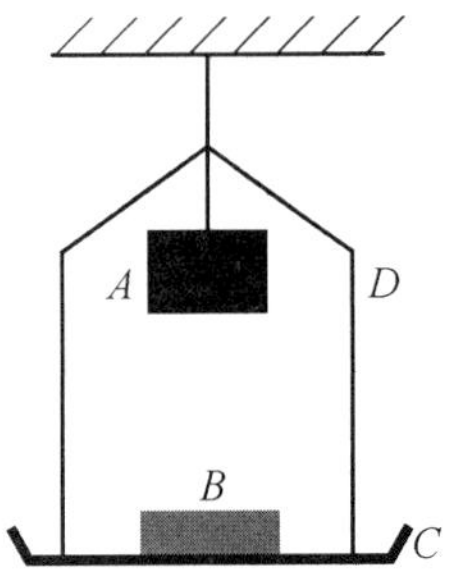

图 5.1.8

5.2　用磁感线描述磁场

· 磁感线与电场线的最大区别是什么?
· 磁体外部与内部的磁场强弱分布有什么不同?
· 通电螺线管外部与内部的磁场强弱分布有什么不同?
· 磁体磁场与电流磁场的本质是什么?

一、磁感线

磁感线是为了方便描述磁场而引入的假想曲线,如图 5.2.1 所示. 磁感线有如下特点:

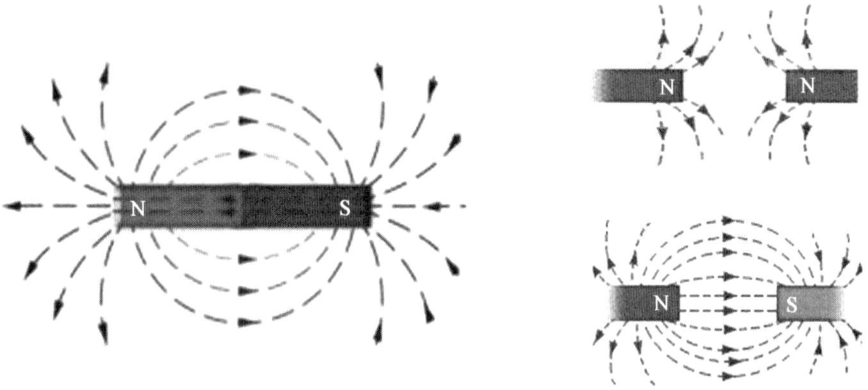

图 5.2.1

(1)磁感线上某点的切线方向跟该点的磁场方向一致.

(2)磁感线的疏密程度与磁场强弱相一致.

(3)任意一条磁感线都是封闭曲线.磁体外部从北极到南极,磁体内部从南极到北极.

(4)任意两条磁感线都不相交,也不相切.

二、通电导体产生的磁场

1. 直线电流

(1)通电直导线产生磁场的磁感线是以导线为圆心的一系列同心圆,如图 5.2.2 所示.

(2)直线电流与其磁场方向的关系可用安培定则 1 简单判定:右手握住导线,让拇指伸直所指的方向跟电流方向一致,则其余四指弯曲环绕的方向就是磁感线的方向,如图 5.2.3 所示.

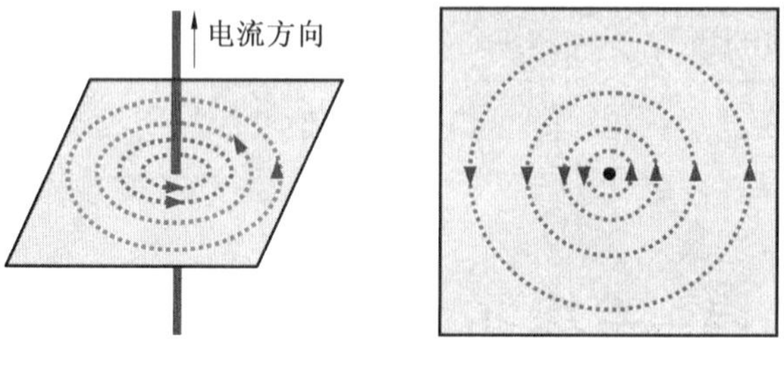

图 5.2.2

图 5.2.3

2. 环形电流

(1)通电螺线管产生磁场的磁感线分布与相应形状的磁体的磁感线相似,如图 5.2.4 所示是条形通电螺线管和环形电流的磁感线分布.

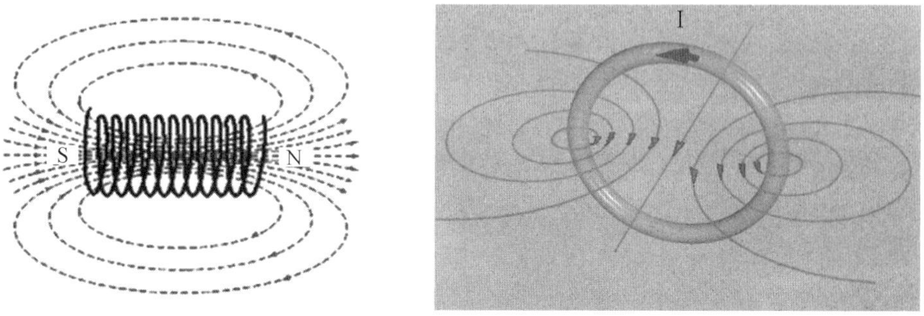

图 5.2.4

(2)环形电流与其磁场方向的关系可用安培定则 2 进行判定:右手握住螺线管,让四指弯曲环绕的方向跟电流方向一致,则拇指伸直所指的方向就是环形电流轴线上的磁感线方向,如图 5.2.5 所示.

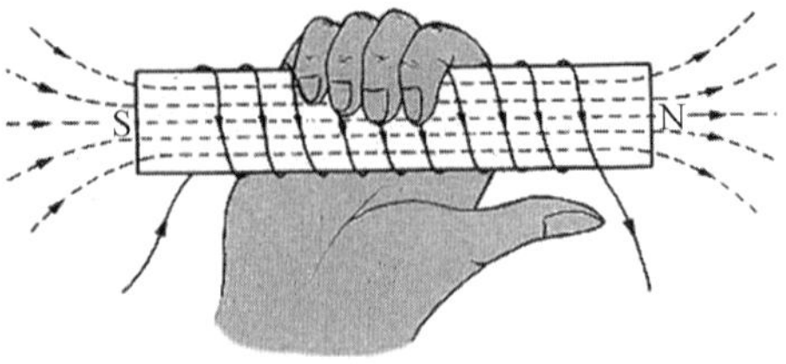

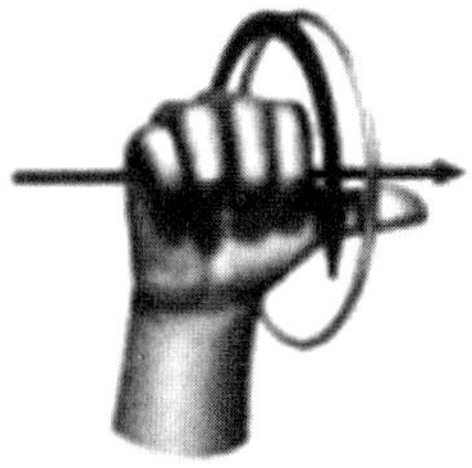

图 5. 2. 5

三、磁现象的电本质

（1）安培分子电流假说：在原子、分子等物质微粒的内部，存在着一种环形电流即分子电流. 分子电流使每个物质微粒都成为微小磁体，它的两侧相当于两个磁极，如图 5. 2. 6 所示.

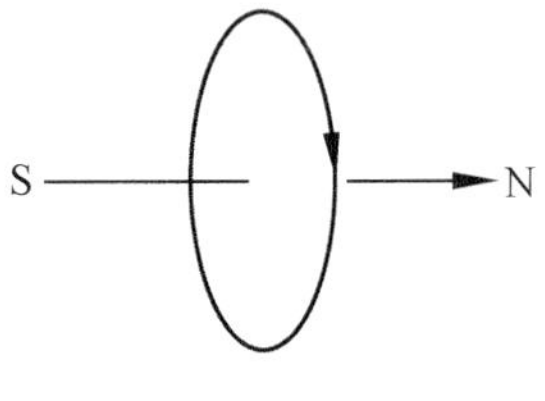

图 5. 2. 6

（2）磁现象的电本质：不管是磁体的磁场还是电流的磁场，都是运动电荷产生的.

物质是否有磁性，取决于其分子电流（磁分子）的取向是否一致，如图 5. 2. 7 所示. 磁化过程就是磁性材料在外磁场的作用下，分子电流取向由杂乱无章变为有序的过程.

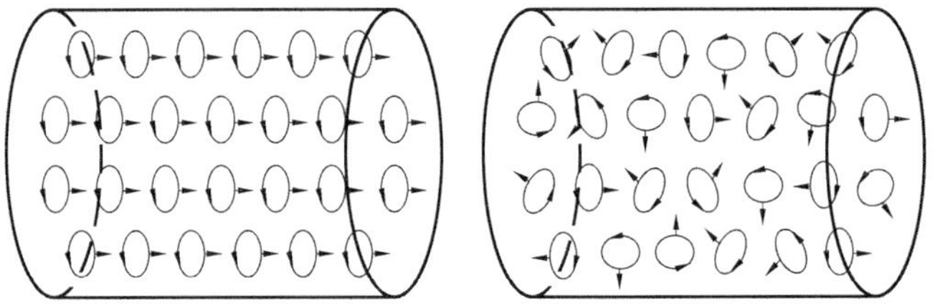

(a) 磁体　　(b) 非磁体

图 5. 2. 7

思考与练习

1. 如图 5. 2. 8 所示，一个带负电的橡胶圆盘处在竖直面内，可以绕过圆心的水平轴高速旋转. 圆盘不转动时，其轴上的小磁针在图示位置静止，当圆盘从左往右看逆时针高速旋转时，小磁针的极将（　　）.

A. 向左偏转　　B. 向右偏转　　C. 向纸内偏转　　D. 向纸外偏转

2. 如图 5. 2. 9 所示是云层之间闪电模拟图，图中 A、B 是位于南、北方向的两块带电阴云. 在放电过程中，两云的尖端之间形成了一个放电通道，发现通道上方的小磁针的 N 向纸内偏转，那么，关于 A、B 带电情况下列说法中正确的是（　　）.

A. 同种电荷　　B. 异种电荷　　C. 带正电　　D. 带负电

3. 在制造精密电阻时，常常采用双线绕法，如图 5. 2. 10 所示. 若通以图中所示的电流，那么螺线管（　　）.

A. 右端为 N 极　　B. 左端为 N 极　　C. 没有磁性　　D. 不能确定磁极

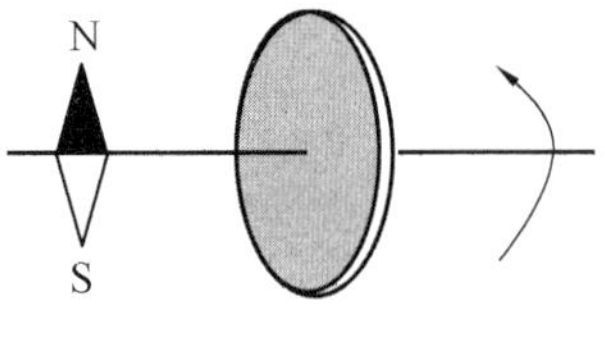

图 5. 2. 8

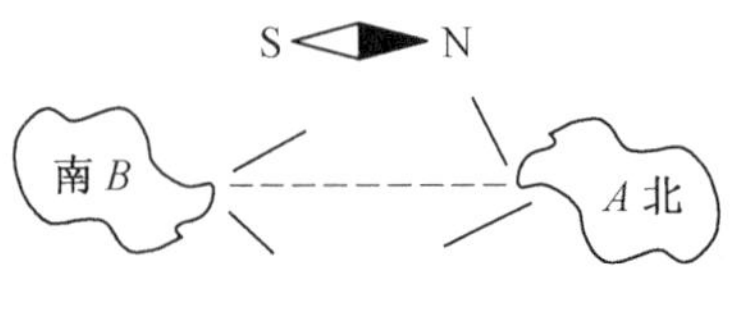

图 5. 2. 9

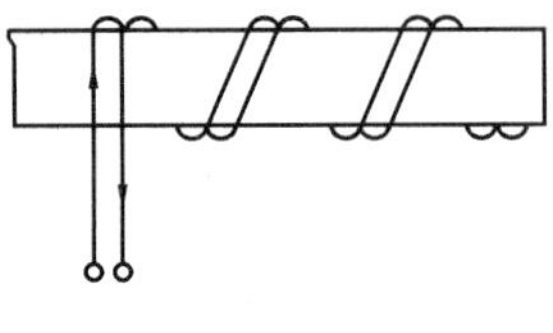

图 5. 2. 10

5.3　磁感应强度、磁通量，磁与科技

· 磁感应强度的比值法定义.
· 匀强磁场的概念.
· 磁通量的理解与计算.
· 磁通密度.

一、磁感应强度

磁场不仅有方向，而且有强弱. 物理学中用磁感应强度来描述磁场的方向和强弱.

磁场对通电导体和运动电荷都会产生磁场力的作用.

1. 定义 1

电荷量为 q 的点电荷在磁场中某点以速度 v 运动时，所受的最大磁场力 f_m 和 q 与 v 乘积的比值，即

$$B=\frac{f_m}{qv}\quad\left(1\ \mathrm{T}=1\ \frac{\mathrm{N\cdot s}}{\mathrm{C\cdot m}}\right)$$

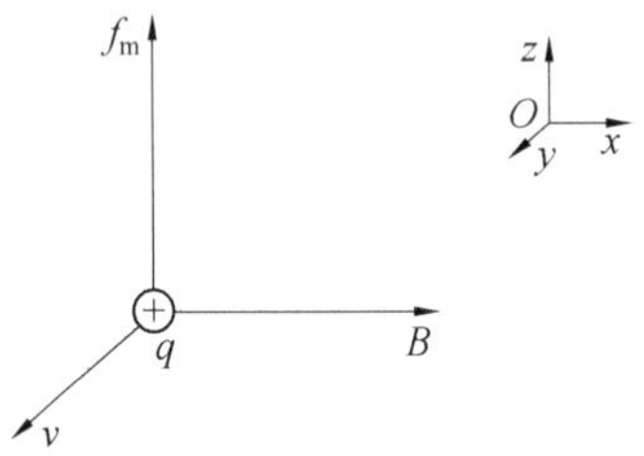

图 5.3.1

磁感应强度 B 与磁场力 f_m 和电荷运动速度 v 的方向之间满足如图 5.3.1 所示的关系. 如果 q 为负电荷，那么磁场力 f_m 的方向与图示相反.

2. 定义 2

电流强度为 I、长度为 L 的通电导体在磁场中某点所受的最大磁场力 F_m 跟 I 与 L 乘积的比值

$$B=\frac{F_m}{IL}\quad\left(1\ \mathrm{T}=1\ \frac{\mathrm{N}}{\mathrm{A\cdot m}}\right)$$

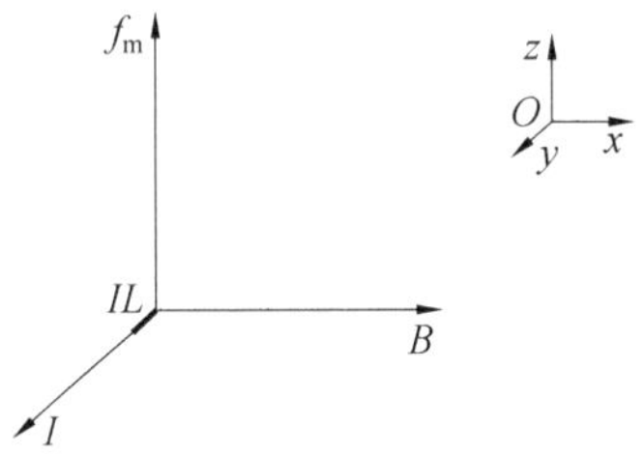

图 5.3.2

其中，IL 常称为电流元. 磁感应强度 B 与磁场力 F_m 和电流强度 I 的方向之间满足如图 5.3.2 所示的关系.

磁感应强度大的区域表示磁场强，磁感应强度小的区域表示磁场弱.

磁场的叠加符合矢量叠加原理.

3. 匀强磁场

在磁场中的某个区域内，若磁感应强度的大小和方向都相同，则这个区域的磁场就叫匀强磁场.

二、磁通量

1. 定义

磁场中穿过某一面积为 S 的区域的磁感线条数，称为穿过该区域的磁通量.

在磁感应强度为 B 的匀强磁场中，穿过面积为 S 的区域的磁通量 Φ 为

$$\Phi=BS_n=BS\cos\alpha\quad(1\ \mathrm{Wb}=1\ \mathrm{T\cdot m^2})$$

(1) S_n 是 S 在垂直于磁场平面上的投影面积，α 是 S 与 S_n 之间的夹角，如图 5.3.3 所示.

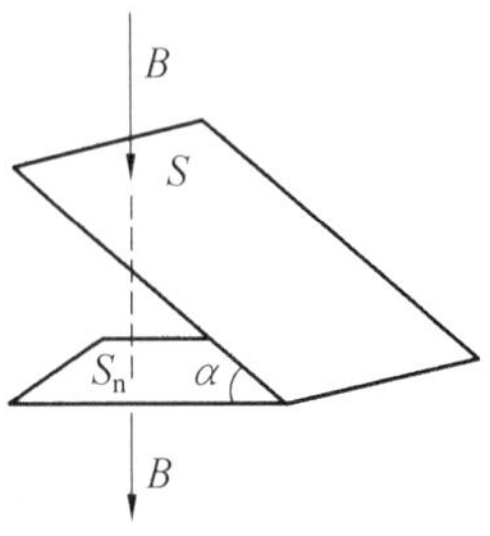

图 5.3.3

(2) 磁通量是标量，但有正、负之分.

2. 磁通密度

$$B=\frac{\Phi}{S_n}\quad\left(1\ \mathrm{T}=1\ \frac{\mathrm{Wb}}{\mathrm{m^2}}=1\ \frac{\mathrm{N}}{\mathrm{A\cdot m}}\right)$$

磁感应强度等于垂直穿过磁场的单位面积的磁通量.

三、磁与现代科技

1. 磁悬浮列车

磁悬浮列车有常导电磁铁吸引型（简称“常导型”）和超导电磁铁相斥型（简称“超导型”），如图5.3.4所示. 其中“常导型”列车靠车身线圈（电磁铁）与轨道线圈（电磁铁）相互吸引实现磁悬浮，“超导型”列车靠车身线圈（电磁铁）与轨道线圈（电磁铁）相互排斥实现磁悬浮.

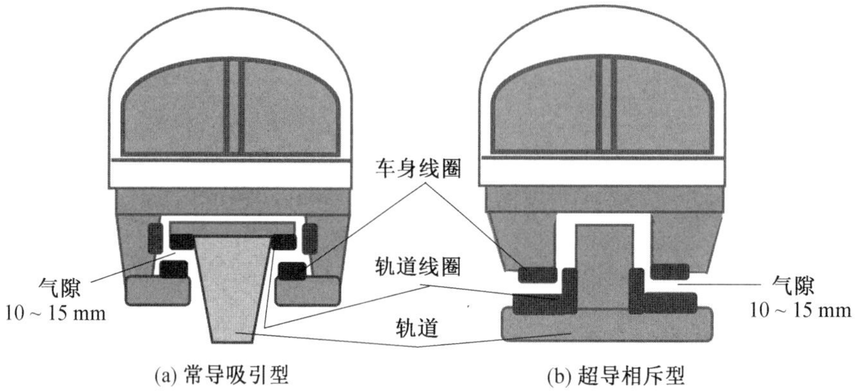

图5.3.4

上海磁悬浮列车是“常导电磁铁吸引型”磁悬浮列车.

上海磁悬浮列车专线西起上海轨道交通2号线的龙阳路站，东至上海浦东国际机场，专线全长29.863 km. 2001年3月1日在浦东挖下第一铲，2002年12月31日全线试运行，2003年1月4日正式开始商业运营，全程只需8分钟. 是中德合作开发的世界第一条商业运营高架磁悬浮专线.

2. 磁录技术

1898年丹麦工程师玻尔森将声音用磁技术记录在磁性钢丝上，由此发明了录音机. 20世纪40年代以后，磁录技术发展成熟，并逐步推广应用.

（1）录制过程.

通过话筒、摄像机等把音像信息转变成电信号，再经录制磁头转变为磁信息刻录在磁带上，如图5.3.5所示.

（2）播放过程.

通过播放磁头把磁带上记录的磁信息转变为电信号，再经扬声器、显示器等转变为音像信息，如图5.3.6所示.

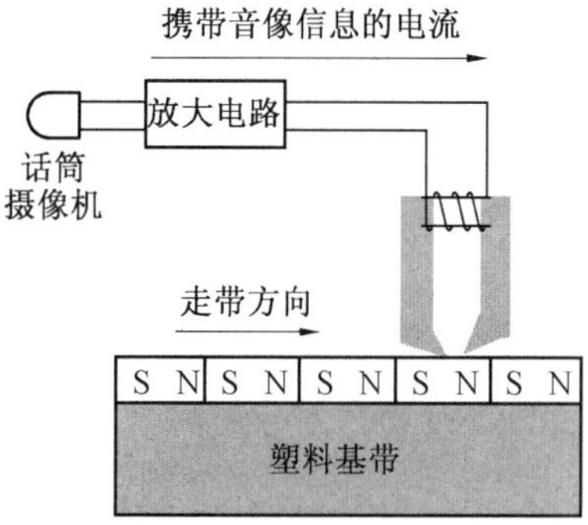

图5.3.5

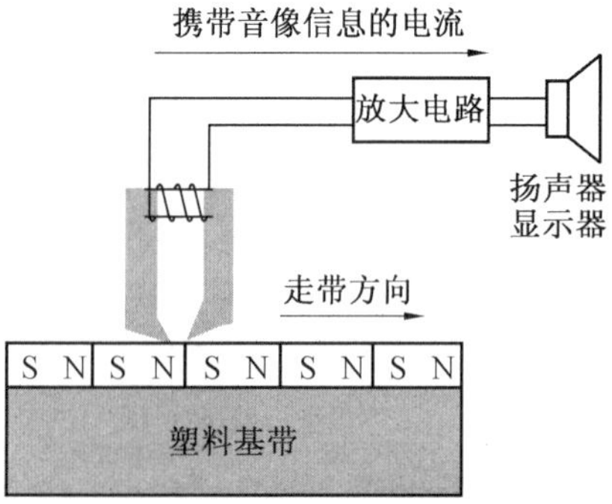

图5.3.6

磁录技术的应用是很广泛的，已经深入到人们生活的方方面面，比如：银行卡、医疗保健卡、商场书店的磁防盗卡等.

思考与练习

1. 关于磁感应强度的下列说法中正确的是(　　).

A. 磁感应强度又称为磁通密度

B. 磁感应强度等于单位运动电荷在磁场中受到的磁场力

C. 磁感应强度等于单位电流元在磁场中受到的最大磁场力

D. 磁感应强度是矢量,其方向与运动电荷在磁场中所受的磁场力方向有关

2. 直角三棱柱 $ABC-DEF$ 处于磁感应强度 $B=0.5$ T 的匀强磁场中,磁场方向垂直于 $ACFD$ 平面,如图 5.3.7 所示. 若底面棱长 $AB=3$ dm, $BC=4$ dm, $AC=5$ dm, 高 $AD=5$ dm, 那么,穿过该三棱柱各个面的磁通量分别是多少?

3. 2002 年 12 月 31 日上午首次开通运行的上海磁悬浮列车线,是世界第一条投入商业运营的磁悬浮列车线,运行全程共 30 km,最高时速达 552 km/h,单向运行 8 min. 该磁悬浮列车是常导电磁铁吸引型列车,车上装有电磁铁(车身线圈),轨道底部也安装了电磁铁(轨道线圈),如图 5.3.8 所示. 通过轨道线圈与车身线圈的相互吸引力使列车悬浮起来. 车身线圈的上端极性与轨道线圈的下端极性总保持(　　).

A. 相同　　B. 相反　　C. 不能确定　　D. 以上均不对

4. 如图 5.3.9 所示,两个同心金属圆环 a 和 b 共面放置,一条形磁铁穿过圆心且与环面垂直,穿过两环的磁通量 Φ_a 和 Φ_b 的大小关系为(　　).

A. $\Phi_a>\Phi_b$　　B. $\Phi_a=\Phi_b$　　C. $\Phi_a<\Phi_b$　　D. 无法比较

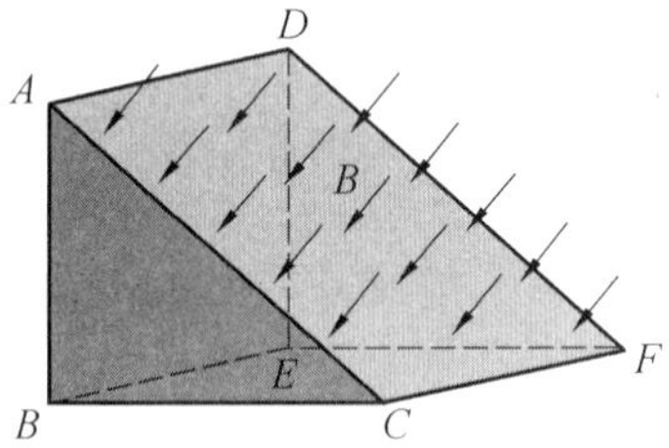

图 5.3.7

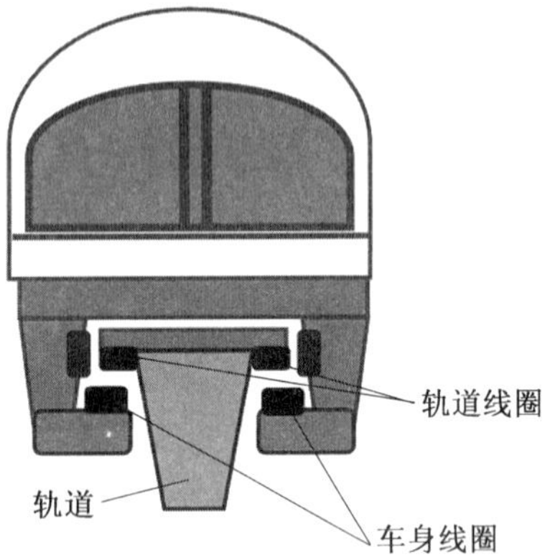

图 5.3.8

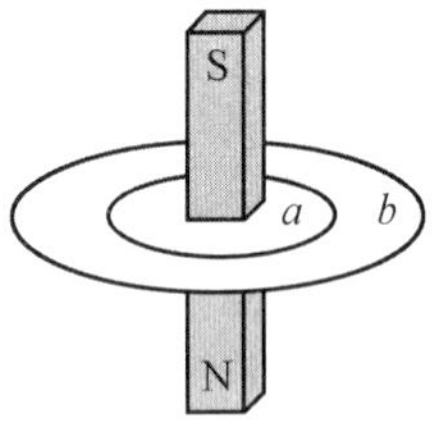

图 5.3.9

第6章　磁场对电流和运动电荷的作用

6.1　磁场对电流的作用

· 磁场对通电导体的作用力称为安培力.
· 当电流方向与磁场方向垂直时,安培力有最大值.
· 安培力的方向垂直于电流方向与磁场方向决定的平面.
· 磁电式电流表原理是通电线圈在磁场中受力转动.

一、安培力的大小

设长为L、电流强度为I的通电直导线处于磁感应强度为B的匀强磁场中,导线与磁场方向的夹角为θ,如图6.1.1所示.那么,导线受到的安培力F的大小为

$$F=IL_{\perp}B=ILB_{\perp}=ILB\sin\theta$$

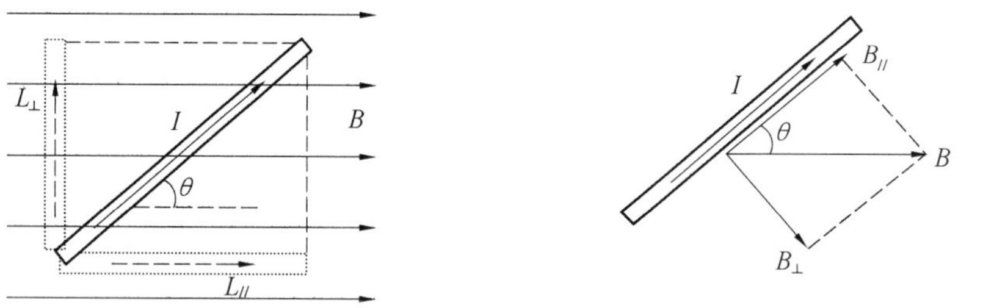

(a) 将L沿平行B和垂直B投影　　(b) 将B沿平行L和垂直L分解

图6.1.1

当$\theta=\frac{\pi}{2}$,即$B\perp I$时,F有最大值,如图6.1.2所示.这时$F_{m}=ILB$.

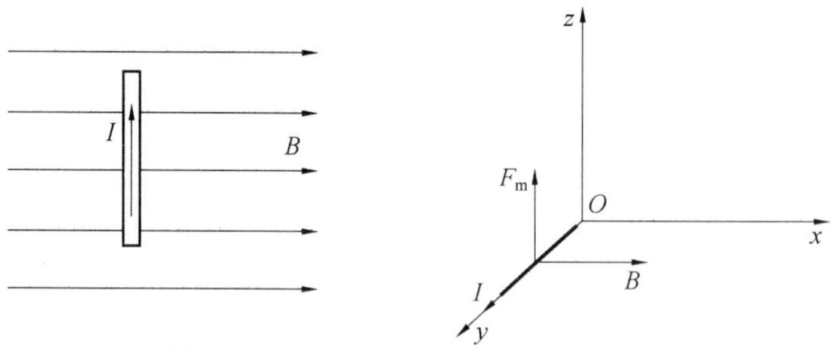

(a)　　(b)

图6.1.2

二、安培力的方向

(1)安培力的方向垂直于电流方向和磁场方向决定的平面,如图6.1.3所示.

(2)安培力的方向可以用左手定则进行判定:伸开左手,让拇指与其余四指垂直,并都与手掌在同一平面内,使磁感线垂直穿过手心,四指指向跟电流方向一致,那么,拇指所指的方向就为通电导体所受的安培力方向,如图6.1.4所示.

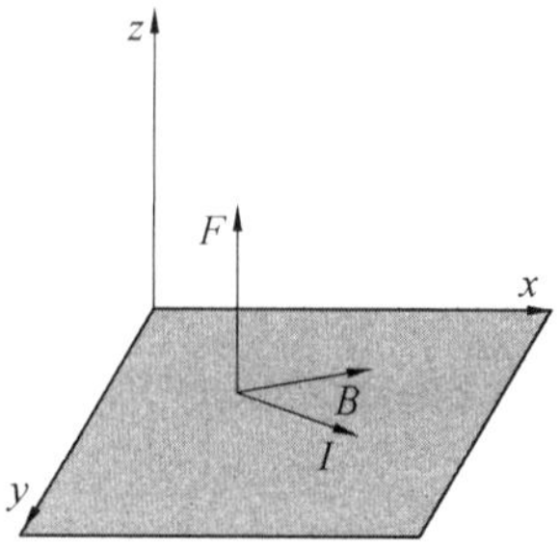

图 6.1.3

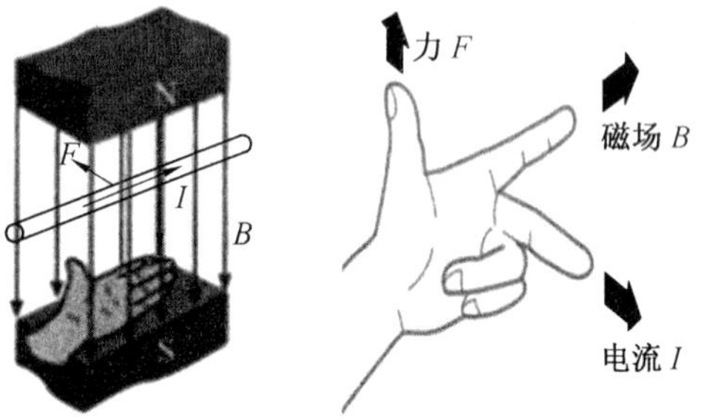

图 6.1.4

三、磁电式电流表

磁电式电流表(图 6.1.5)是根据通电线圈在磁场中受安培力发生转动的原理制成的.

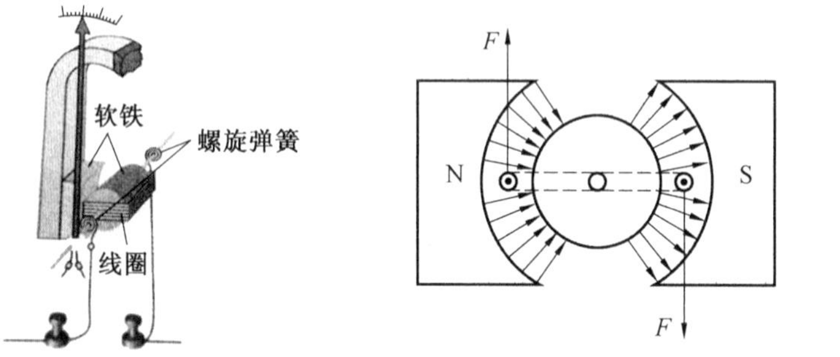

(a) 结构示意图　　(b) 软铁弧形极靴和圆柱使磁场沿半径方向

图 6.1.5

(1)由于软铁弧形极靴和圆柱被磁化,使磁感线总沿半径方向,从而使线圈不论转到什么位置,电流方向都总与磁感线垂直.

(2)线圈(指针)偏转角 θ 与电流强度 I 成正比,即 $\theta=kI$.

思考与练习

1. 在赤道附近沿东西方向放置一根导线,并通以由东向西的电流,那么它所受的安培力的方向是(　　).

A. 向上　　B. 向下　　C. 向南　　D. 向北

2. 如图 6.1.6 所示是两根相互垂直的绝缘细导线,其中 AB 固定,CD 可绕其中点自由转动. 当在两导线中通以图示所示电流时,导线 CD 将(　　).

A. 沿纸面顺时针转动　　B. 沿纸面逆时针转动

C. 在垂直于纸面的平面转动,且 C 端转出纸面　　D. 在垂直于纸面的平面转动,且 D 端转出纸面

3. 如图 6.1.7 所示,一个轻质弹簧下端悬挂一小铁片,当开关 S 断开时,铁片刚好与水银槽中的水银接触. 当开关 S 闭合后,铁片将(　　).

A. 不动　　B. 陷入水银面以下

C. 悬浮在空中　　D. 不停地上下振动

4. 盛有食盐水的玻璃圆柱形容器的中心有一圆柱形电极,内壁边缘有一圆环形电极. 现将容器放置于蹄形磁铁内侧,并将两电极分别与电源的正、负极连接,这就是一个液体电动机,如图 6.1.8 所示. 闭合电键(图中未画出),使电路接通,容器中的食盐水就会旋转起来. 试分析食盐水旋转的原因,若从上往下观看,食盐水是顺时针旋转还是逆时针旋转?

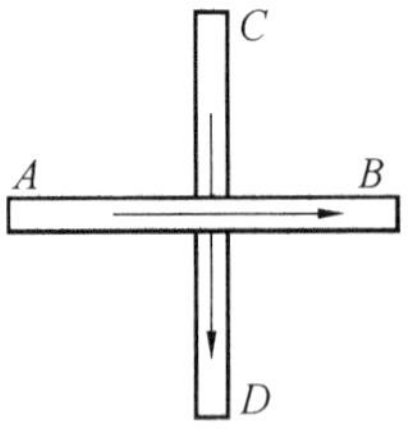

图 6.1.6

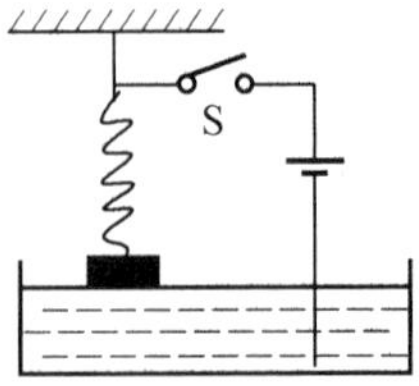

图 6.1.7

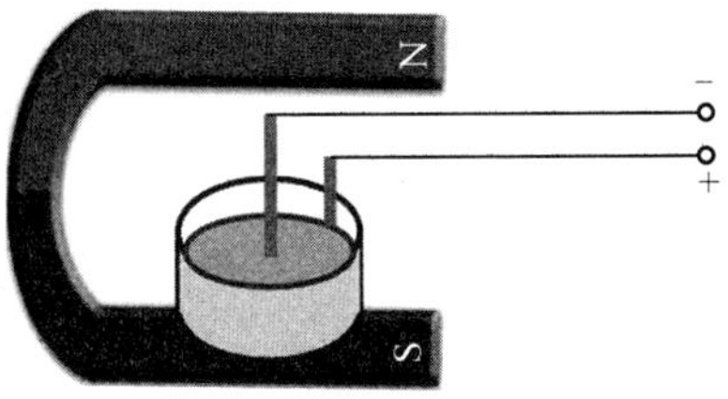

图 6.1.8

6.2 磁场对运动电荷的作用

· 磁场对运动电荷的作用力称为洛伦兹力.
· 当电荷运动方向与磁场方向垂直时,洛伦兹力有最大值.
· 洛伦兹力的方向垂直于电流方向与磁场方向决定的平面.
· 带电粒子在匀强磁场的运动有三种形式.

一、洛伦兹力的大小

在一根横截面积为 S 长为 L 的导线中通以电流强度为 I 的电流(图 6.2.1),将该导线放置于磁感应强度为 B 的匀强磁场中,并使电流方向与磁场方向垂直. 设导线中单位体积的自由电荷数为 n,每个自由电荷的电荷量为 q,自由电荷定向运动的平均速率为 v. 那么导线受到的安培力为

$$F=ILB=nqSvLB$$

导线中总的自由电荷数为

$$N=nSL$$

每个自由电荷受到的洛伦兹力为

$$f=\frac{F}{N}=\frac{nqSvLB}{nSL}=qvB$$

显然,运动电荷 q 在磁感应强度为 B 的磁场中以速度 v 垂直磁场方向运动时,所受的洛伦兹力 f 的大小为

$$f=qvB$$

若电荷运动速度 v 的方向与磁感应强度 B 的方向成任意夹角 θ(图 6.2.2),那么

$$f=qv_{\perp}B=qvB_{\perp}=qvB\sin\theta$$

(1)当 $\theta=0°$ 或 $\theta=180°$ 时,不受洛伦兹力,即 $f=0$.

(2)当 $\theta=90°$ 时,洛伦兹力最大,即 $f_{\rm m}=qvB$.

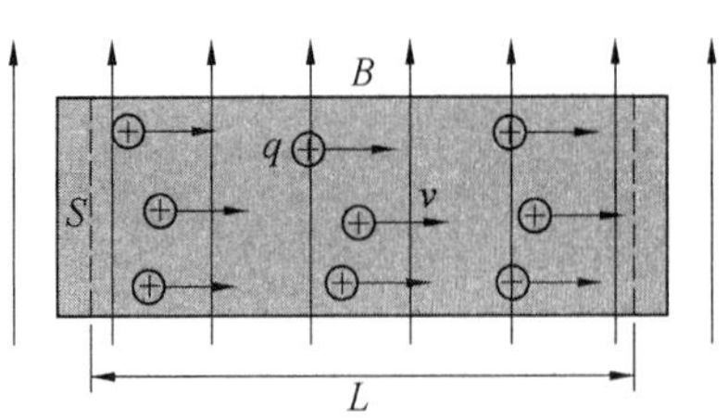

图 6.2.1

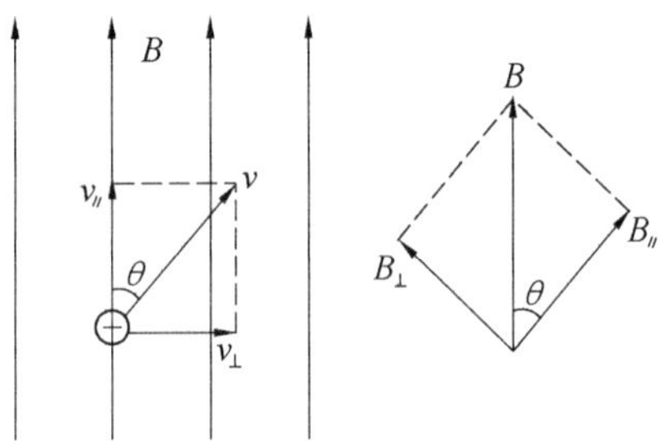

图 6.2.2

二、洛伦兹力的方向

(1)洛伦兹力的方向垂直于电流方向和磁场方向决定的平面,如图 6.2.3 所示.

(2)洛伦兹力的方向可以用左手定则进行判定:伸开左手,让拇指与其余四指垂直,并都与手掌在同

一平面内,使磁感线垂直穿过手心,四指指向跟电荷运动方向一致,那么,拇指所指的方向就为正电荷所受的洛伦兹力方向(负电荷受的洛伦兹力方向跟拇指指向相反),如图 6.2.4 所示.

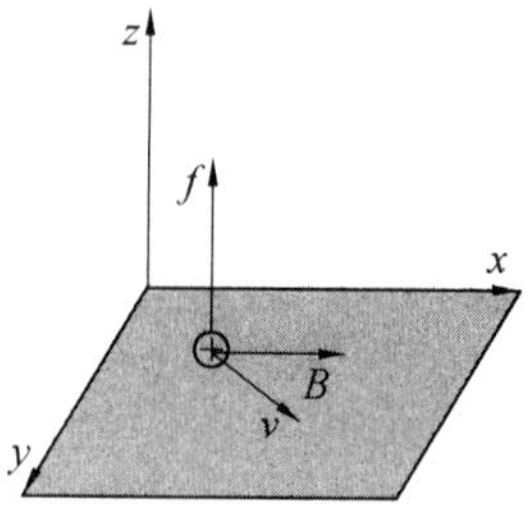

图 6.2.3

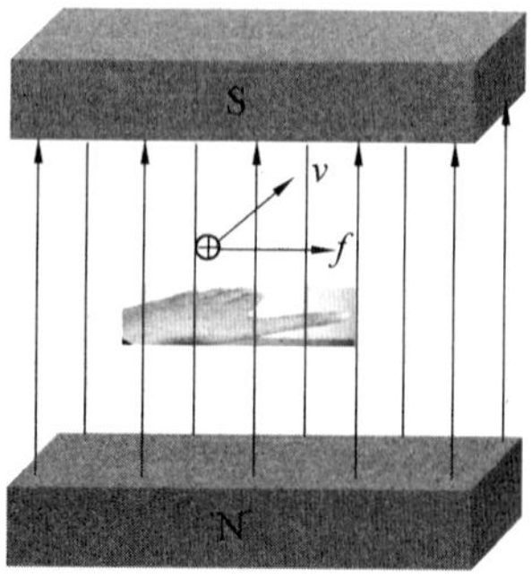

图 6.2.4

三、带电粒子在匀强磁场中的运动

根据带电粒子飞入磁场时速度 v 的方向与磁场 B 的方向之间的夹角 θ 的不同,可把带电粒子在匀强磁场中的运动情况分为三种.

(1)当 $\theta=0°$ 或 $\theta=180°$ 时,粒子做匀速直线运动,如图 6.2.5 所示.

(2)当 $\theta=90°$ 时,粒子做匀速圆周运动,如图 6.2.6 所示. 这时,洛伦兹力为向心力,即

$$qvB=m\frac{v^2}{r}$$

所以,粒子运动的轨道半径为

$$r=\frac{mv}{qB}$$

由于 $v=\frac{2\pi r}{T}$,因此,粒子运动的周期为

$$T=\frac{2\pi m}{qB}$$

(3)当 $\theta\neq0°$、$90°$、$180°$ 时,粒子做螺旋线运动(匀速直线运动与匀速圆周运动的合运动),如图 6.2.7 所示.

①平行磁场的方向,以 $v_{//}=v\cos\theta$ 做匀速直线运动.

②垂直磁场的方向,以 $v_{\perp}=v\sin\theta$ 做匀速圆周运动. 其运动轨迹在垂直磁场方向的平面上的投影半径和运动周期分别为

$$r=\frac{mv\sin\theta}{qB},\quad T=\frac{2\pi m}{qB}$$

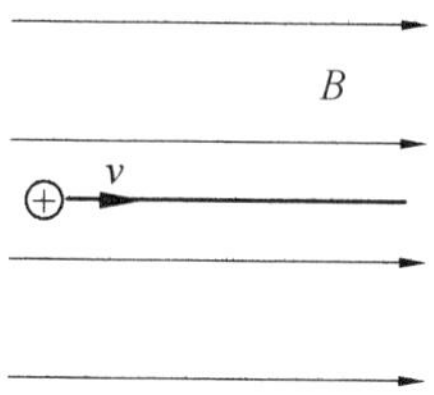

图 6.2.5

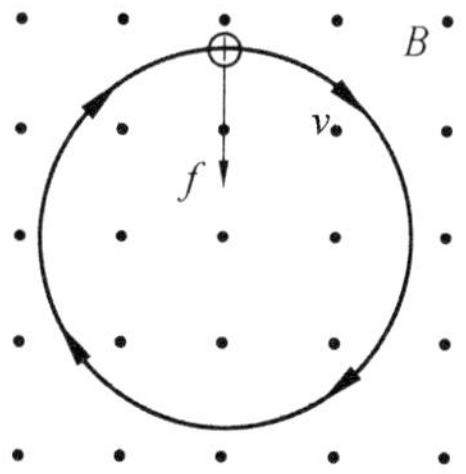

图 6.2.6

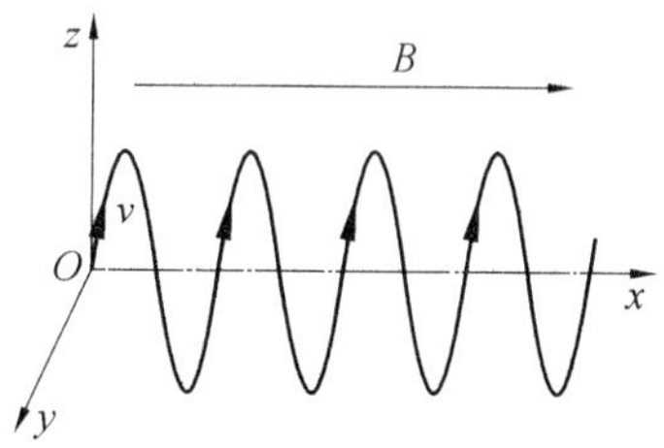

图 6.2.7

思考与练习

1. 现在我们知道,阴极射线就是高速运动的电子流. 19 世纪末,英国物理学家 J. J 汤姆孙对阴极射线

进行研究测定出阴极射线荷质比，从而发现电子. 如图6.2.8是汤姆孙测定阴极射线荷质比的原理图，阴极发出的射线经加速电场加速后打在荧光屏上的点O形成一个光斑，在垂直纸面方向上加一个磁感应强度$B=3.0\times10^{-4}$ T的匀强磁场后，射线发生偏转，沿半径为$r=7.2$ cm的圆弧运动打在荧光屏上的点P，然后在磁场区域加一个场强为$E=1.14\times10^{3}$ V/m的匀强电场时，光斑又由点P回到点O. 求：阴极射线的荷质比.

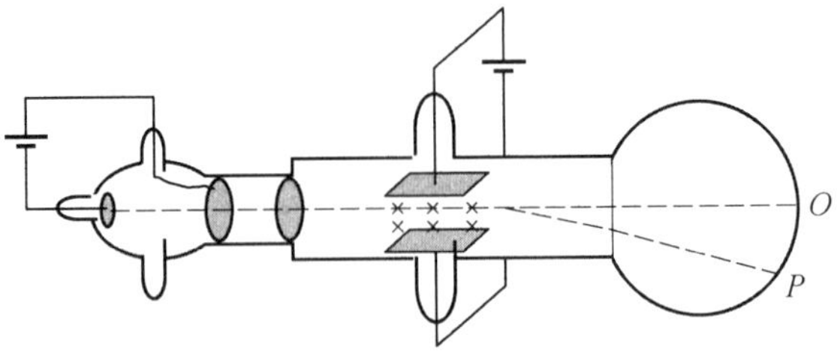

图6.2.8

2. 如图6.2.9所示，倾角为θ的绝缘光滑且足够长的斜面处于磁感应强度为B、方向垂直纸面向里的匀强磁场中，一质量为m、带电荷量为q的滑块从斜面顶端无初速度滑下. 求：

（1）滑块沿斜面下滑的最大速度；

（2）滑块沿斜面下滑的最大距离；

（3）滑块沿斜面下滑的时间.

3. 一质量为m、电荷量为q的带电粒子在磁感应强度为B的匀强磁场中做圆周运动，其效果相当于一个环形电流. 试求：此环形电流的电流强度I.

4. 如图6.2.10所示，在一个同时存在均匀电场和均匀磁场的空间，有一个质量为m的带电小球用长为l的绝缘轻质细线系于点O后以角速度ω在水平面内做匀速圆周运动. 若细线与竖直方向之间的夹角$\theta=30°$且细线中的张力恰好为零，电场强度为E，重力加速度为g. 试问：

（1）小球的电荷量和电性及磁感应强度B的大小和方向如何？

（2）若突然撤去磁场，带电小球将做怎样的运动？细线中的张力将为多大？

5. 在图6.2.11所示的平行板器件中，同时存在相互垂直的匀强电场E和匀强磁场B. 具有不同水平速度的带电粒子射入后发生偏转的情况不同，只有满足某一特定速度的带电粒子才能水平穿过该装置，故该装置叫速度选择器. 试证明：只有速度满足$v=\dfrac{E}{B}$的带电粒子才能沿图中虚线通过速度选择器.

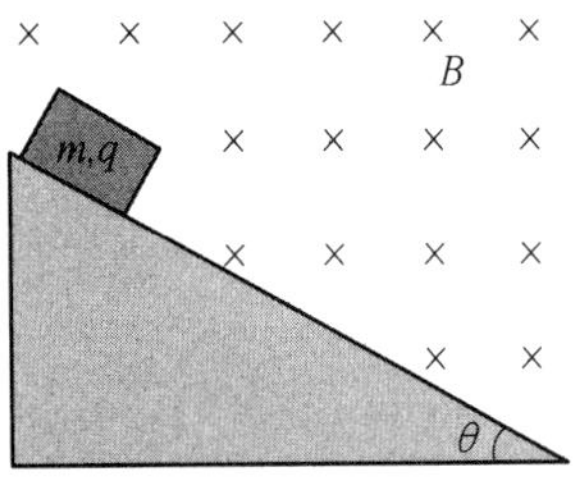

图6.2.9

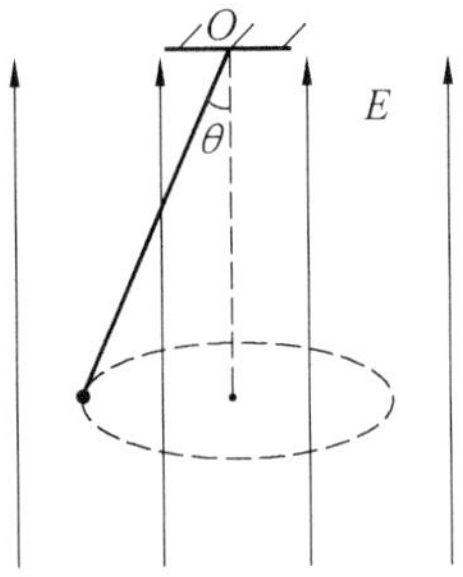

图6.2.10

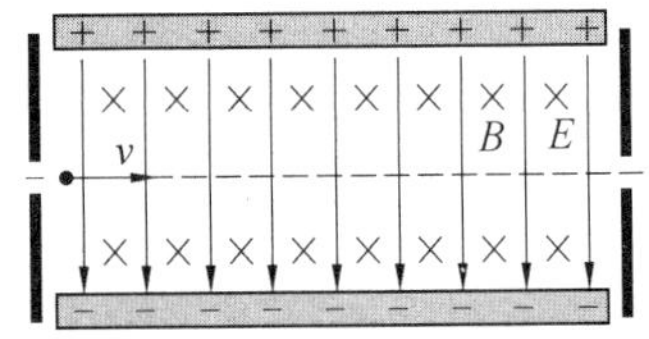

图6.2.11

6.3 洛伦兹力的应用

· 决定直线加速器和回旋加速器加速带电粒子能获得的最大能量的因素有哪些？

· 决定霍尔电压的因素有哪些？

· 带电粒子垂直飞入匀强磁场中运动的一类典型问题.

一、直线加速器与回旋加速器

高能粒子是通过加速器对带电粒子进行加速获得的，加速器的发展经历曲折循环的过程. 1928 年，直线加速器的概念正式被德国科学家 Rolf Wideroe 提出，他完成了世界上第一台直线加速器，这种加速器只能对粒子进行 1 次加速，能使粒子获得 4.0×10^5 eV 的能量. 1932 年美国物理学家劳伦斯发明第一台回旋加速器，这种普通型回旋加速器后经改进能使粒子获得 25 ~ 30 MeV 的能量，目前最先进的回旋加速器是美国费米实验室的回旋加速器，它能使质子获得 500 GeV 的能量. 现在最先进的多级直线加速器，能使粒子获得 50 GeV 的能量.

1. 直线加速器

如图 6.3.1 所示是多级直线加速器原理图，这种加速器是直接利用电场对带电粒子进行多次加速，从而使粒子获得很高的能量. 粒子通过这种加速器加速能获得的最高能量主要决定于粒子的电荷量及各加速区加速电压的总和.

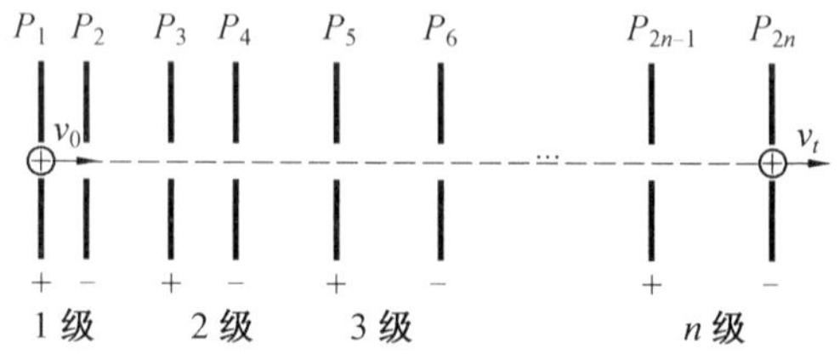

图 6.3.1

各加速区的两板之间用独立电源供电，所以粒子从 P_2 飞向 P_3、P_4 飞向 P_5……时不会减速.

设粒子质量为 m、电荷量为 q、初速度为 v_0、末速度为 v_t，各加速区的加速电压分别为 $U_1, U_2, U_3, \cdots, U_n$，那么，根据动能定理，可得

$$q(U_1+U_2+U_3+\cdots+U_n)=\frac{1}{2}mv_t^2-\frac{1}{2}mv_0^2$$

2. 回旋加速器

回旋加速器的工作原理如图 6.3.2 所示. D_1 和 D_2 是两个中空的半圆金属盒，它们之间存在一窄缝，窄缝两侧接高频电源，使两半圆盒之间存在可随时间变化的加速电场. 两半圆盒处于垂直于盒面的匀强磁场中，粒子源产生的带电粒子经过窄缝被加速后，在磁场中做匀速圆周运动. 控制高频电源的频率与粒子做圆周运动的频率同步，就能实现粒子每次($T/2$)经过窄缝都能得到有效的加速，粒子的速度就能不断地增大，从而使粒子获得很高的能量.

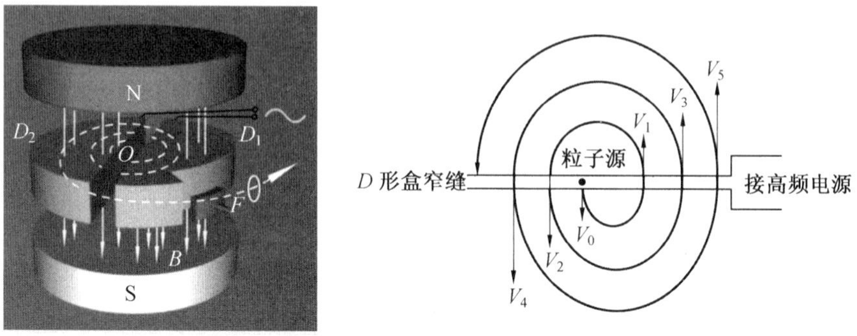

图 6.3.2

设一回旋加速器的最大回转半径(D 形盒半径)为 R、加速电场的电压为 U、回转磁场的磁感应强度为 B，粒子源产生的某带电粒子的质量为 m、电荷量为 q. 该粒子经这一回旋加速器加速后获得的最大速度为 v_m，那么根据

$$qv_{\mathrm{m}}B=m\frac{v_{\mathrm{m}}^{2}}{R}$$

得

$$v_{\mathrm{m}}=\frac{qBR}{m}$$

显然,要提高粒子的最大速度或能量,可采用增强回转磁场的磁感应强度和增大最大回转半径方法实现.

然而,事实上,根据爱因斯坦狭义相对论理论,粒子的质量将随其速度的增大而增大,从而破坏回转频率

$$f=\frac{qB}{2\pi m}$$

与加速电场频率之间的同步性,因此,当粒子能量达到一定的限度后,就很难再加速了.

二、霍尔效应

将一导体板放在垂直于板面的磁场中,当有电流通过时,运动电荷会在洛伦兹力作用下向导体板的某一侧面偏转,使得金属板与磁场平行的两侧面分别聚集正负电荷,这一现象叫霍尔效应. 发生霍尔效应的金属板,聚集正负电荷的两侧面存在着电势差,叫霍尔电势差,也叫霍尔电压.

1. 霍尔电压的方向

霍尔电压的方向与导电载流子的电性有关,如图 6. 3. 3 所示.

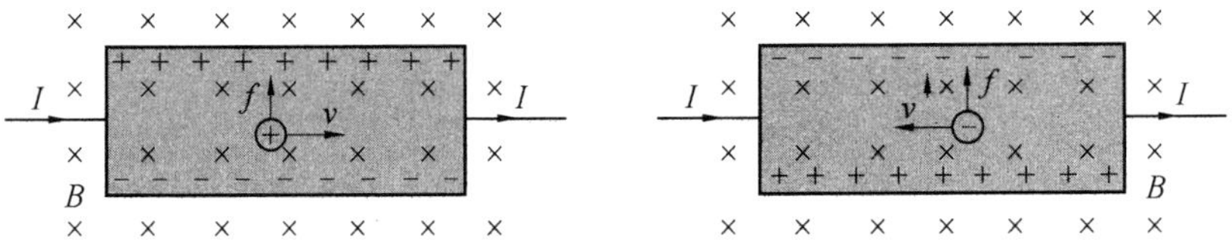

(a) 导电载流子为正电荷　　(b) 导电载流子为负电荷

图 6. 3. 3

2. 影响霍尔电压的因素

设图 6. 3. 3 中的霍尔元件的横截面积(与电流方向垂直的截面)为 S、厚度(聚集正负电荷的两侧面之间的距离)为 d、单位体积的导电载流子数为 n、每个导电载流子的电荷量为 q,将该霍尔元件处于磁感应强度为 B 的匀强磁场中并通以电流强度为 I 的恒定电流时,测得霍尔电压为 U,那么

$$q\frac{U}{d}=qvB$$

即

$$U=Bdv$$

根据 $I=nqSv$ 得 $v=\frac{I}{nqS}$,将其代入上式,整理得

$$U=\frac{IdB}{nqS}$$

显然,将一霍尔元件按要求放入某一未知磁场中,通以适当电流,测出霍尔电压,可计算出未知磁场的磁感应强度. 因此,霍尔元件可以用作探测磁场的探头,还可以用在与磁有关的自动控制系统中.

三、一类典型问题

带电粒子垂直飞入有界匀强磁场区域,在磁场区域中做一段匀速率圆弧运动后又飞出该磁场区域. 这类问题是洛伦兹力作用下比较重要而典型的问题.

1. 两个对称关系

(1)径向飞入与径向飞出:带电粒子若沿径向飞入某圆形边界磁场区域,则必将沿径向飞出该磁场区

域，如图6.3.4(a)所示.

(2)飞入夹角与飞出夹角：带电粒子若从某一边界飞入直线边界磁场区域，又从同一边界飞出该磁场区域，则飞入和飞出时速度与边界线的夹角相等，如图6.3.4(b)所示的$\alpha=\beta$.

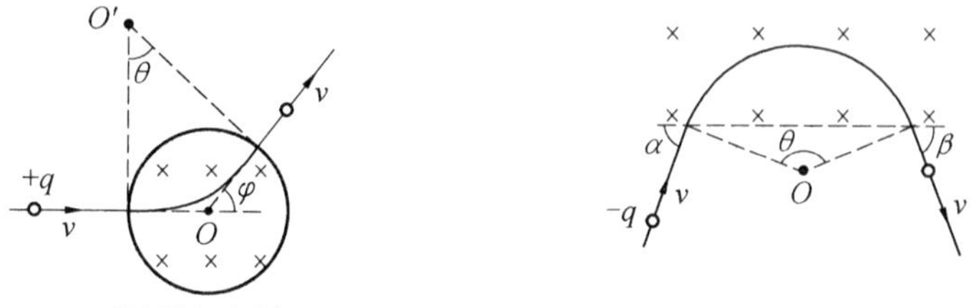

(a) 圆形边界磁场　　(b) 直线边界磁场

图6.3.4

2. 三个基本要点

(1)确定圆心：过飞入磁场与飞出磁场两点作运动轨迹垂线的交点.

(2)求解半径：一般从几何关系或根据$r=\dfrac{mv}{qB}$进行求解.

(3)找圆心角：一般从几何关系或根据飞行时间进行求解. 圆心角等于速度偏转角，如图6.3.4(a)中的$\theta=\varphi$.

思考与练习

1. 质谱仪是一种分析各化学元素的同位素并测量其质量、含量的仪器，如图6.3.5所示是质谱仪原理图. 一个质量为m、电荷量为$-q$的粒子，从容器A下方的小孔S_1无初速度地飘入电势差为U的加速电场，然后经过S_3沿着与磁场垂直的方向进入磁感应强度为B的匀强磁场中，最后打在照相底片D上. 求：

(1)粒子进入磁场时的速度.

(2)粒子在磁场中运动的轨道半径.

2. 磁流体发电是一项正在研究的新兴技术，如图6.3.6所示是磁流体发电机原理图. 平行金属板A、B之间有一个很强的磁场，将一束等离子体(高温下电离的气体，含有大量等量异种电荷)喷射入磁场，A、B间即产生电压.

(1)该磁流体发电机的正极是A板还是B板？

(2)若A、B两板相距为d，两板间的磁场为磁感应强度为B的匀强磁场，等离子体以速度v垂直磁场方向喷射入磁场，那么，该磁流体发电机产生的电动势有多大？

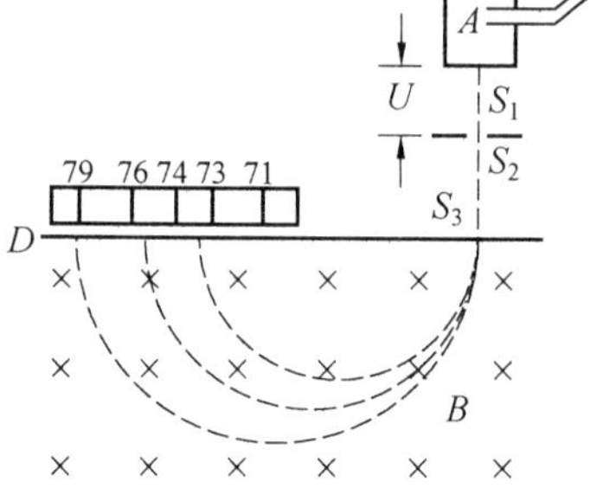

图6.3.5

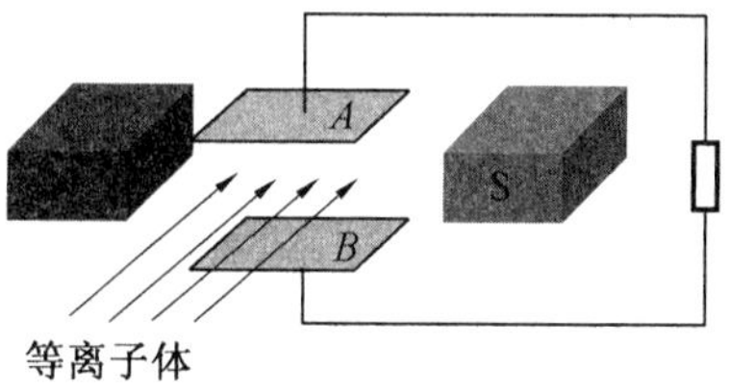

图6.3.6

3. 在图6.3.7所示的XOY平面内的第Ⅰ象限存在磁感应强度大小为B、方向与XOY平面垂直的圆形匀强磁场区域，一质量为m、电荷量为q的粒子以速度v从Y轴上的点a垂直Y轴飞入第Ⅰ象限，一段时间后又从X轴的点b飞出第Ⅰ象限. 求：

(1)粒子在磁场中运动的时间.

(2)磁场区域的最小半径.

4. 电磁流量计是测量导电液体流量(单位时间通过某横截面的液体体积)的仪器. 如图 6.3.8 所示是某型号的电磁流量计原理图,其测量管是长、宽、高分别为 a、b、c 的中空长方体,C、D 为电极,匀强磁场的磁感应强度为 B. 如果导电液体由图示方向匀速通过测量管时,理想电压表的示数为 U,那么,流过该流量计导电液体的流量有多大?

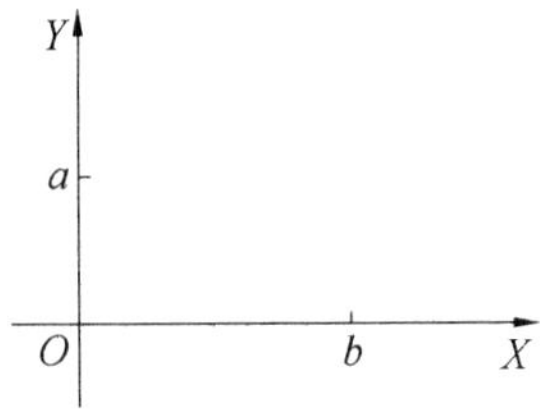

图 6.3.7

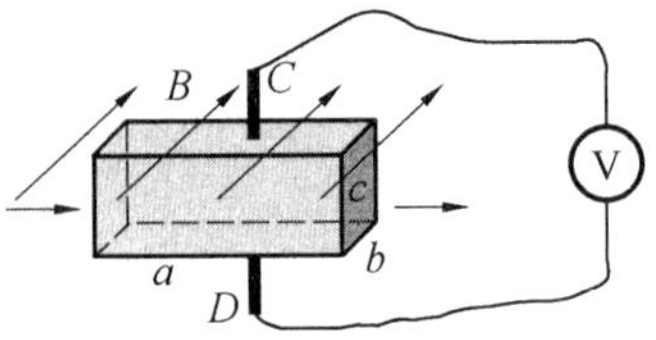

图 6.3.8

选　修　3–2

第 1 章　电磁感应

1.1　电磁感应现象

· 科学家们探索电磁感应的艰辛历程.
· 电磁感应是一种非稳态效应.
· 亨利第一个发现电磁感应现象,为什么历史没有记住他?
· 感应电流产生的条件.

一、电磁感应的探索历程

自 1820 年丹麦物理学家奥斯特(Hans Christian Orsted,1777—1851)发现电流磁效应后,激励大批科学家对电与磁的关系进一步研究.

1. 真理从安培眼皮底下溜走

1822 年法国物理学家安培(Ampère André-Marie,1775—1836)做过很多实验,其中有一个实验装置如图 1.1.1 所示.

· 铜质多匝线圈 A 固定在绝缘支架上,单匝线圈 B 用细线悬挂并与 A 在同一平面.

· 给线圈 A 通以强电流瞬间,线圈 B 动了一下.

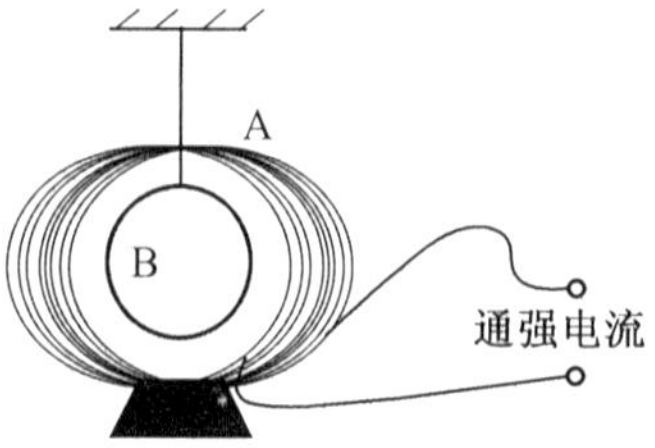

图 1.1.1

安培的实验已经呈现出了电磁感应现象,但由于安培没有充分的思想准备,真理就从他的眼皮底下溜走了.

2. 科拉顿跑失良机

1825 年,瑞士学者科拉顿做了一个非常有趣的实验,如图 1.1.2 所示.

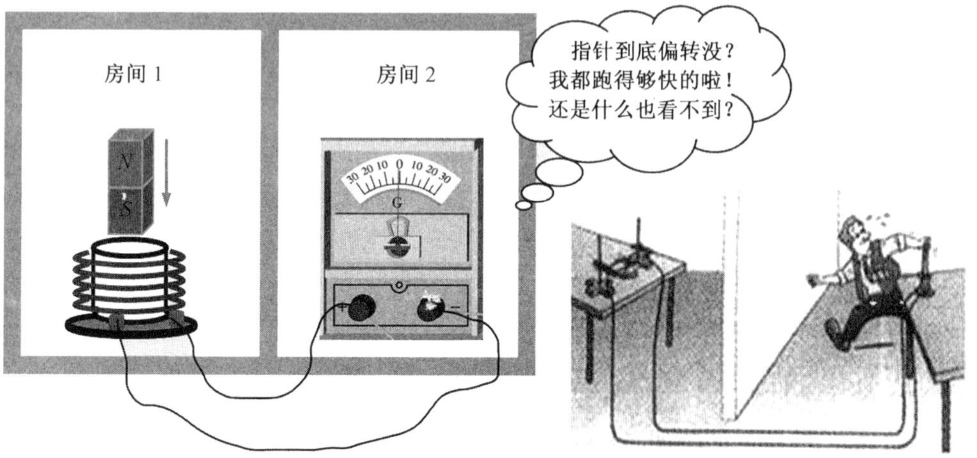

图 1.1.2

· 为了避免强磁场对电流计的影响,在房间 1 和房间 2 分别放螺线管和电流计.
· 用长导线将螺线管和电流计连接成闭合回路.
· 在房间 1 将强磁铁丢入螺线管后,迅速跑到房间 2 观察电流计指针的偏转情况.

科拉顿的实验中，电流计指针有明显的偏转，但由于他跑的速度“不够快”而什么也没有观察到，就这样在跑来跑去中跑失发现电磁感应的机会.

3. 追悔莫及的亨利

1829 年和 1830 年暑假，时任奥尔巴尼学院教授的美国科学家约瑟夫 · 亨利（Joseph Henry，1797—1878）做了研究绕有不同长度导线的电磁铁产生的磁力大小的实验，如图 1.1.3 所示.

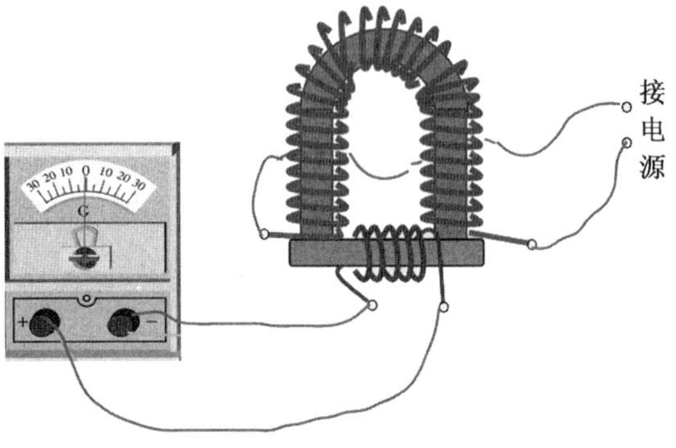

图 1.1.3

· 将线圈与电流计连成闭合回路并把线圈放在蹄形电磁铁的两极间.

· 电磁铁中电流突然切断时，切断处会产生强烈电火花.

· 电磁铁中突然通过强电流时，电流计指针向某一方向偏转.

· 电磁铁中电流保持稳定时，电流计指针不偏转.

· 电磁铁中电流突然消失时，电流计指针反向偏转.

亨利的研究其实已经发现了电磁感应的真谛，但由于新学期开学工作繁忙等特殊原因终止了更进一步的探索，也没有及时去申请专利，这使他为此留下终生遗憾.

4. 法拉第圆梦磁生电

英国物理学家法拉第（M. Faraday，1791—1867）自 1822 起，用了 10 年时间，做了大量关于磁生电的实验.

典型实验 1：在铁环上绕两个线圈 A、B，将 A 与电池连接成闭合回路，将 B 与电流计连接成闭合回路，如图 1.1.4 所示.

· 单个电池给 A 供电，电流计指针不发生偏转.

· 不断增加电池数量，电流计指针仍然不发生偏转.

典型实验 2：在铁环上绕两个线圈 A、B，将 A 与电池和开关连接成回路，将 B 直接用导线连接成闭合回路，在导线下放一枚小磁针，如图 1.1.5 所示.

· 闭合开关瞬间，小磁针向某一方向偏转.

· 断开开关瞬间，小磁针向另一方向偏转.

· 维持 A 稳定接通，小磁针不偏转.

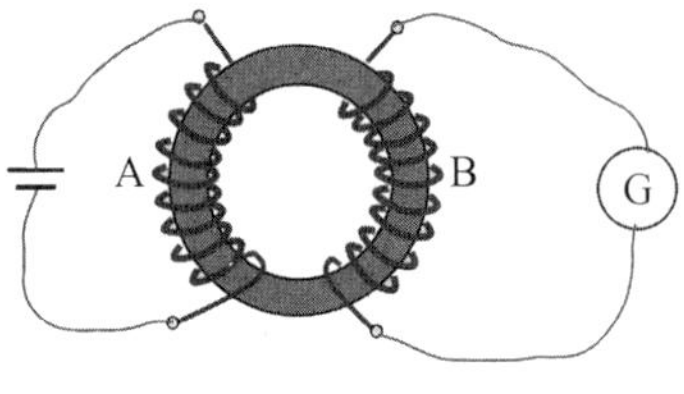

图 1.1.4

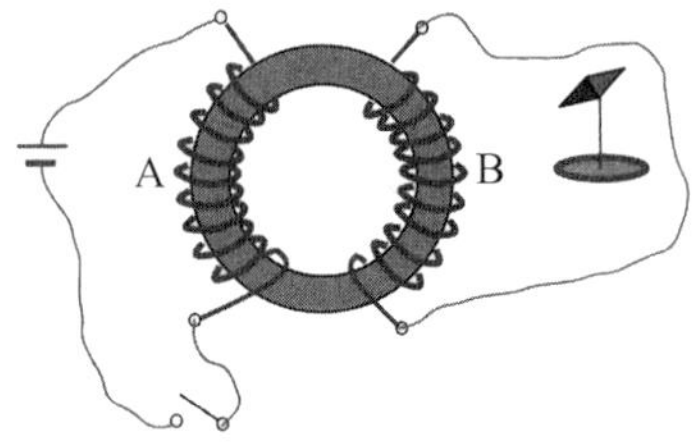

图 1.1.5

典型实验 3：将两根条形磁铁成 V 形放置，在张开的两端之间放一根绕有线圈的圆铁棒，并把线圈与电流计相连，如图 1.1.6 所示.

· 圆铁棒接触磁极的瞬间，电流计指针向某一方向发生偏转.

·圆铁棒脱离磁极的瞬间,电流计指针向另一方向发生偏转.

·圆铁棒与磁极稳定接触,电流计指针不偏转.

典型实验 4:用铜丝在空心纸质圆筒上绕成线圈,将线圈与电流计连接成闭合回路,把条形磁铁插入纸筒又拔出纸筒,如图 1.1.7 所示.

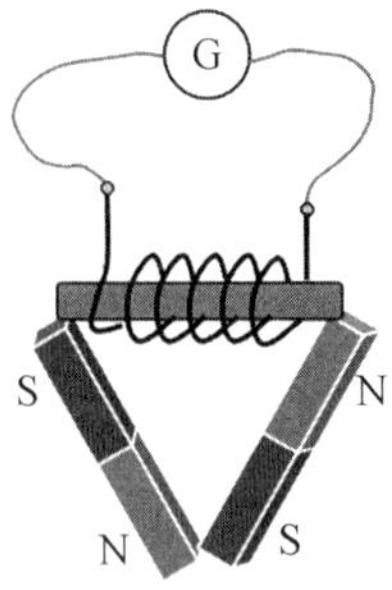

图 1.1.6

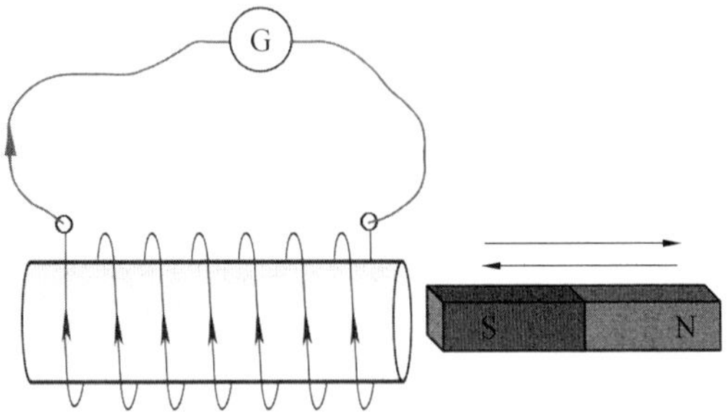

图 1.1.7

·磁铁插入和拔出纸筒过程中,电流计分别向两个不同的方向偏转.

·线圈的匝数越多、磁铁速度越大,电流计的偏转角就越大.

法拉第心系磁生电,经过孜孜不倦的探索,终于于 1831 年发现电磁感应现象,总结出电磁感应规律,并于当年发明了世界上第一台发电机.

二、电磁感应

法拉第总结自己 10 年来所做的实验后认为"把磁转变为电"不是一种稳态效应,而是一种在变化、运动过程中才会出现的效应.

法拉第把这种"变化""运动"概括为:变化的电流、变化的磁场、运动的磁铁、在磁场中运动的导体.

1. 电磁感应和感应电流

(1)电磁感应.

在"运动""变化"过程中,由磁得到电的现象叫作电磁感应.

(2)感应电流.

在电磁感应过程中产生的电流就叫感应电流.

2. 感应电流产生的条件

分析法拉第等科学家们的实验可以知道:只要穿过闭合电路的磁通量发生变化,闭合电路中就会产生感应电流.

(1)电路闭合.

(2)磁通量发生变化.

思考与练习

1. 如图 1.1.8 所示,通电直导线通过圆线圈的圆心且与圆线圈所在平面垂直. 下列关于圆线圈中是否产生感应电流的分析,正确的是(　　).

A. 当直导线中电流增大时,线圈中将产生感应电流

B. 当线圈绕直导线转动时,线圈中将产生感应电流

C. 当直导线中电流方向突然变为向下时,线圈中将产生感应电流

D. 只要直导线保持与线圈平面垂直,线圈中就不可能产生感应电流

2. 电吉他以其音质好而备受音乐爱好者的青睐. 电吉他的弦是磁化的合金丝,它的拾音器是由线圈绕在永磁体上构成的,如图 1.1.9 所示是电吉他的磁性弦和拾音器的结构及位置关系. 当磁性弦振动时,拾音器的线圈中将产生感应电流,感应电流经放大器放大后由喇叭把声音播放出来. 试分析电吉他拾音器的线圈是怎样产生感应电流的,电吉他的弦能否用尼龙弦代替? 为什么?

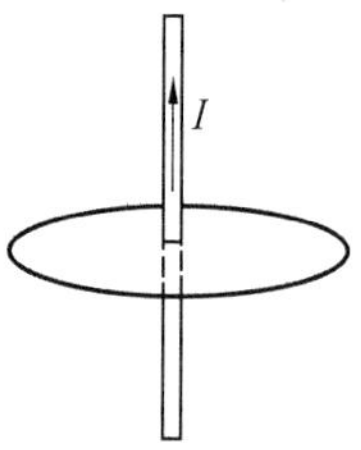

图 1.1.8

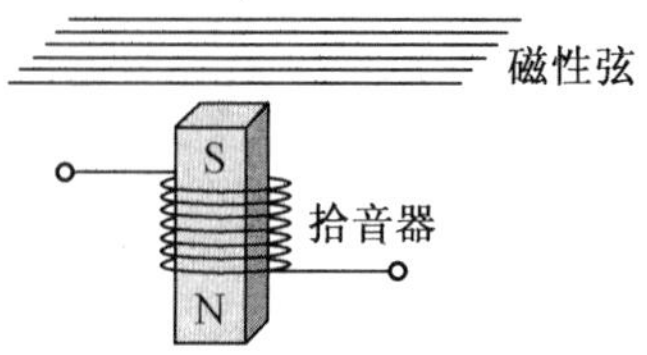

图 1.1.9

3. 如图 1.1.10(a)(b)(c)所示的圆形铜线圈中是否有感应电流？具体分析原因.

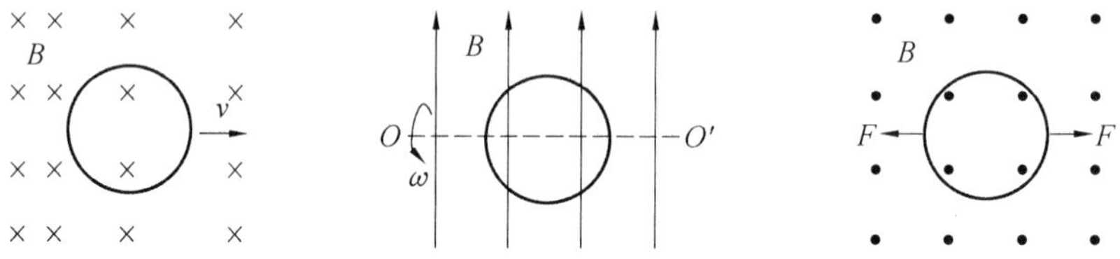

(a) 向右平动　(b) 绕 OO' 轴转动　(c) 用外力使其逐渐变成椭圆

图 1.1.10

4. 话筒是把声音转变为电信号的装置. 动圈式话筒由膜片、线圈和永磁体构成，图 1.1.11 是其结构图，试分析其原理.

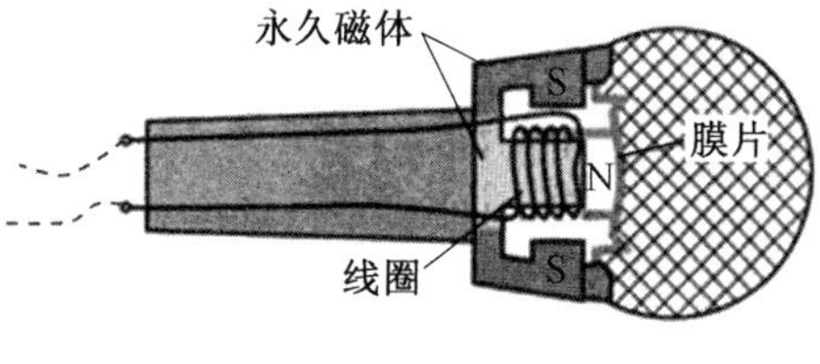

图 1.1.11

1.2　感应电流方向及其判定

· 感应电流的磁场方向与引起感应电流的磁场方向之间的关系.
· 正确理解楞次定律中“阻碍”二字的含义.
· 注意区分右手定则、右手螺旋定则及左手定则.

一、探究感应电流方向

根据电流磁效应，通过实验对感应电流方向进行探究.

探究 1：如图 1.2.1 所示，用绝缘细线将一轻质闭合铜线圈悬挂起来，把条形磁铁沿着线圈轴线迅速靠近线圈或远离线圈.

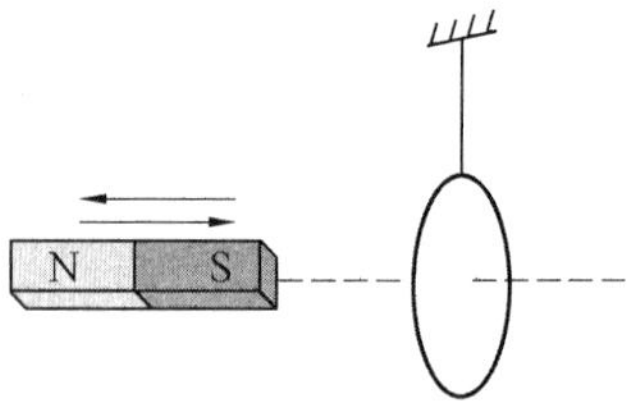

图 1.2.1

· 磁铁 S 极向右靠近线圈时，线圈向哪个方向摆动？
· 磁铁 S 极向左远离线圈时，线圈向哪个方向摆动？
· 磁铁 N 极向右靠近线圈时，线圈向哪个方向摆动？
· 磁铁 N 极向左远离线圈时，线圈向哪个方向摆动？

实验表明：磁铁靠近线圈时，线圈中感应电流磁场方向与磁铁磁场方向相反；磁铁远离线圈时，线圈中感应电流磁场方向与磁铁磁场方向相同. 因此，磁极运动方向与线圈中感应电流方向之间满足图 1.2.2 所示的关系.

进一步分析可知：当磁极靠近线圈时，穿过线圈原磁场的磁通量增大，线圈中的感应电流产生的磁场就与原磁场方向相反，阻碍原磁场的磁通量增大；当磁极远离线圈时，穿过线圈原磁场的磁通量减小，线圈中的感应电流产生的磁场就与原磁场方向相同，阻碍原磁场的磁通量减小.

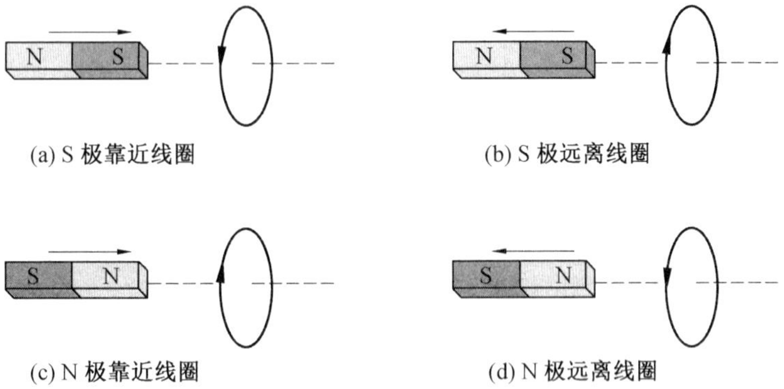

图 1.2.2

探究 2:如图 1.2.3 所示,把导体棒 PQ 放在导轨上,并用导线将 PQ 与双向电流计(电流由正接线柱流入时,指针向右偏转)连接成闭合回路.

· PQ 向右运动时,电流计指针怎样偏转?

· PQ 向左运动时,电流计指针怎样偏转?

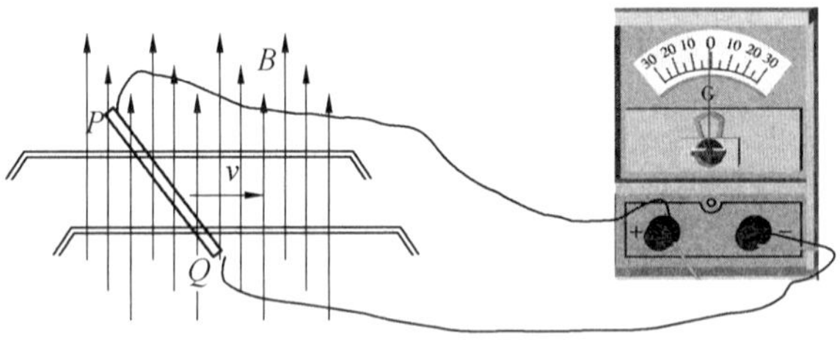

图 1.2.3

实验分析表明:当 PQ 向右运动时,穿过闭合回路原磁场的磁通量减小,回路中的感应电流产生的磁场就与原磁场方向相同,阻碍原磁场的磁通量减小;当 PQ 向左运动时,穿过闭合回路原磁场的磁通量增大,回路中的感应电流产生的磁场就与原磁场方向相反,阻碍原磁场的磁通量增大.

二、感应电流方向的判定

1. 楞次定律

1834 年,俄国物理学家楞次对感应电流的很多实验进行研究,总结出感应电流方向遵循的规律.

感应电流磁场总是阻碍引起感应电流的磁场的磁通量的变化,这一规律就叫楞次定律. 引起感应电流的磁场常称原磁场,相应的磁通量称为原磁通量.

楞次定律中"阻碍"二字不能等同于"阻止",也不等同于"不变化",而是有这样的三层含义:

(1)阻碍原磁通量变化.

原磁通量增加,感应电流磁场方向与原磁场方向相反;原磁通量减少,感应电流磁场方向与原磁场方向相同.

(2)阻碍相对运动.

(3)阻碍就是能量转化.

2. 右手定则

当闭合电路的部分导体在磁场中切割磁感线运动引起电磁感应时,感应电流的方向不仅可用楞次定律进行判定外,还可以用以下方法进行判定:

如图 1.2.4 所示,伸开右手,使拇指跟其余四指垂直,并且都跟手掌在同一个平面内. 把手掌放在磁场中,让磁感线垂直穿过掌心,拇指所指的方向跟导体的运动方向一致,那么其余四指所指的方向就是导体中感应电流的方向. 这一方法是英国电气工程学家弗莱明(J. A. Fleming)提出的,称作右手定则.

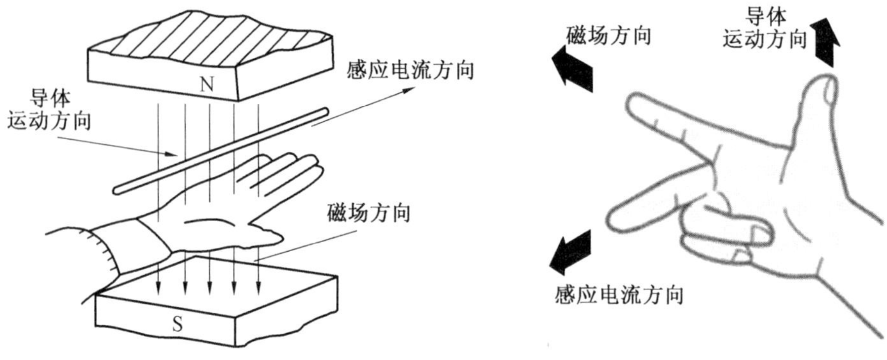

图 1.2.4

思考与练习

1. 光滑金属杆 AB、CD、PQ、MN 构成一个矩形框架放置在光滑水平面上并处于静止状态,如图 1.2.5 所示. 现将一条形磁体沿竖直方向在框架中心上方附近向上或向下移动,试讨论分析:

(1)框架的中心面积将怎样变化?

(2)从上往下俯视,框架中的感应电流方向是怎样的?

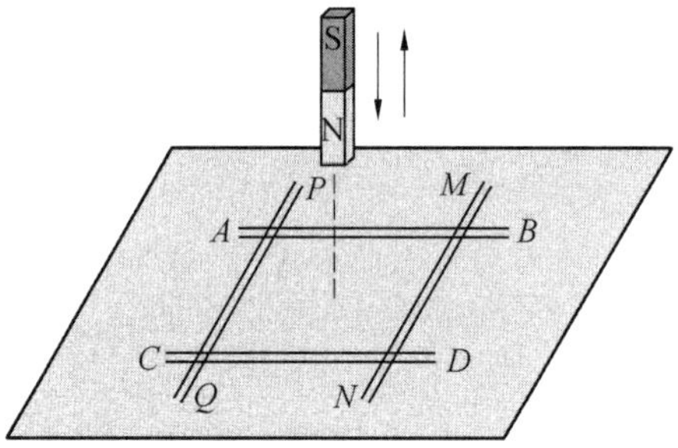

图 1.2.5

2. 缺口金属环 A 与闭合金属环 B 在同一平面内,A 与电源、开关及滑动变阻器组成回路,如图 1.2.6 所示. 闭合开关,当滑动变阻器的滑片向左或向右滑动时,金属环 B 中是否有感应电流? 试说明理由,如若有感应电流,其方向是怎样的?

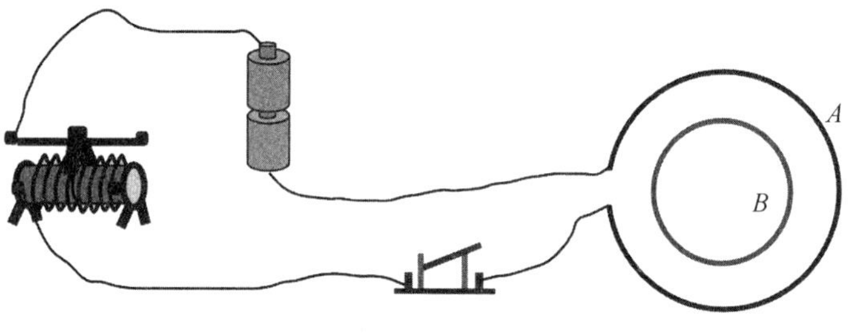

图 1.2.6

若金属环 B 用一个闭合弹簧圈代替,那么在上述过程中,B 所包围的面积将怎样变化?

3. 如图 1.2.7 所示,有一个闭合线圈从条形磁铁正上方下落,依次经过 a、b、c 三个位置. 试用楞次定律判断线圈经过 a、b、c 三个位置时感应电流的方向.

4. 如图 1.2.8 所示,A、B 是两个长度粗细都相同的空心管子,其中 A 是金属管、B 是绝缘管. 取两个相同的磁铁分别从 A、B 管正上端同一高度处由静止释放,它们是否能同时从两管下端管口掉出? 为什么?

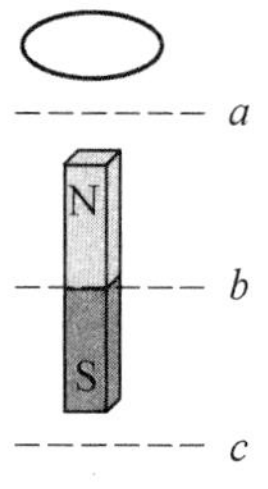

图 1.2.7

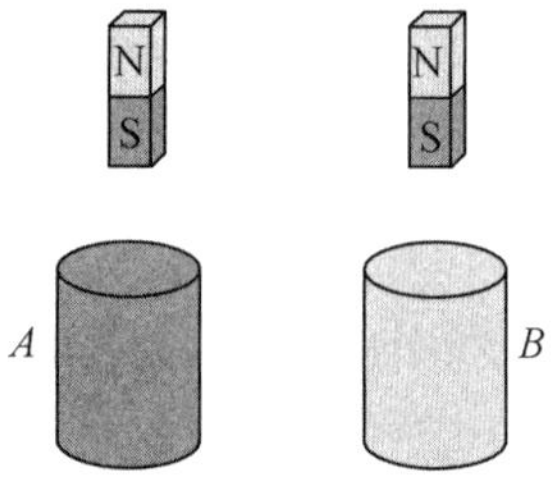

图 1.2.8

5. 超导是当今科技热点之一. 当一块磁体靠近超导线圈时,线圈中会产生强大的电流,对磁体有排斥作用,这种排斥作用能使磁体悬在空中,超导磁悬浮列车就是利用这个原理制成的. 关于这种磁悬浮,下列说法正确的是(　　).

A. 线圈中电流产生的磁场方向与磁体的磁场方向相同

B. 线圈中电流产生的磁场方向与磁体的磁场方向相反

C. 超导体使磁体处于失重状态

D. 超导体对磁体的磁力与磁体受到的重力相互平衡

6. 如图 1.2.9 所示,把一个可以绕支点旋转的铝框放在蹄形磁铁的两磁极之间. 旋转磁铁,铝框将跟着转动,这种现象叫电磁驱动. 试解释这一现象.

7. 如图 1.2.10 所示,轻弹簧上端固定、下端与一条形磁铁组成能够上下振动的大系统. 若在磁铁下方固定一闭合金属环,那么磁铁振动起来后将会很快就停止下来,这种现象叫电磁阻尼. 试解释这一现象.

8. 如图 1.2.11 所示,点 O 正下方有一具有理想边界的匀强磁场,一个铜环在点 A 由静止释放,第一次向右摆动能达到最高点 C. 若不考虑空气阻力,那么,下列说法正确的是(　　).

A. A、C 两点在同一水平线上　　B. 铜环将做等幅摆动

C. 铜环的摆动幅度将逐渐减小　　D. 铜环的机械能逐渐转化为焦耳热

图 1.2.9

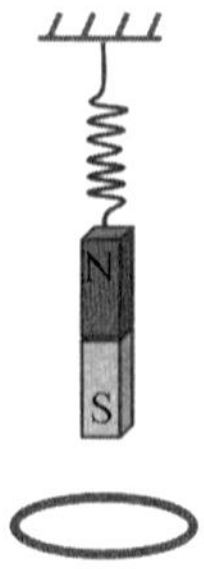

图 1.2.10

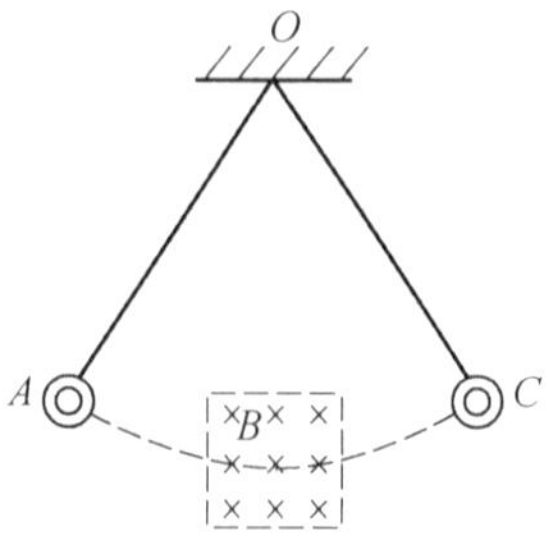

图 1.2.11

1.3　感应电动势与电磁感应定律

· 法拉第电磁感应定律是否是法拉第总结出来的?

· 感应电动势的表达式 $E=\dfrac{\Delta\Phi}{\Delta t}$ 与 $E=Blv\sin\theta$ 有什么区别?

· 磁通量 Φ 与磁通量变化量 $\Delta\Phi$、磁通量变化率 $\dfrac{\Delta\Phi}{\Delta t}$ 的区别.

一、感应电动势

1. 感应电动势的概念

电磁感应过程中产生的电动势叫电磁感应电动势,简称感应电动势. 在电磁感应现象中,产生感应电动势的那部分导体就是电源.

2. 影响感应电动势的因素

在图 1.1.7 所示的实验中,磁铁插入或拔出线圈的速度越大、线圈匝数越多,电流计示数就越大;在图 1.2.3 所示的实验中,导体棒 PQ 运动速度越大,电流计示数就越大. 这说明:感应电动势与磁通量的变化快慢有关.

二、电磁感应定律

纽曼(F. E. Neumann)、韦伯(W. E. Weber)在对电磁感应的理论和实验资料进行严格分析后,于 1845 年和 1846 年先后得出电磁感应电动势遵循的规律.

闭合电路中感应电动势的大小,跟穿过这一电路的磁通量的变化率成正比.

$$E=k\frac{\Delta\Phi}{\Delta t}\quad(1\ \mathrm{V}=1\ \mathrm{Wb/s})$$

这一规律称为法拉第电磁感应定律.

(1)在国际单位制中，$k=1$，于是

$$E=\frac{\Delta\Phi}{\Delta t}$$

(2)实际应用中，闭合电路往往是一个匝数为 n 的线圈，而且穿过每匝线圈的磁通量相同，这时

$$E=n\frac{\Delta\Phi}{\Delta t}$$

其中，$\frac{\Delta\Phi}{\Delta t}$常称为每匝磁通量的变化率. 一般地，$\Delta\Phi$ 往往是由于磁场变化引起或是由于导体运动引起的，因此，实际问题的处理中，通常用

$$E=n\frac{S\cdot\Delta B}{\Delta t}\text{(感生电动势)}\quad\text{或}\quad E=n\frac{B\cdot\Delta S}{\Delta t}\text{(动生电动势)}$$

(3)若电路不闭合，但当穿过电路的磁通量发生变化时，同样有感应电动势.

例如：如图 1.3.1(a)所示，有一匝数为 $n=100$ 匝、横截面积 $S=0.5\ \mathrm{m}^2$ 的螺线管与有关元件组成闭合回路(图中未画出)，螺线管处在一变化的磁场中，磁场方向与螺线管的横截面垂直. 若磁感应强度随时间的变化关系如图 1.3.1(b)所示. 那么，螺线管产生的感应电动势为

$$E=n\frac{\Delta\Phi}{\Delta t}=n\frac{S\cdot\Delta B}{\Delta t}=100\times0.5\times\frac{1.6-1.0}{0.5}=60\ (\mathrm{V})$$

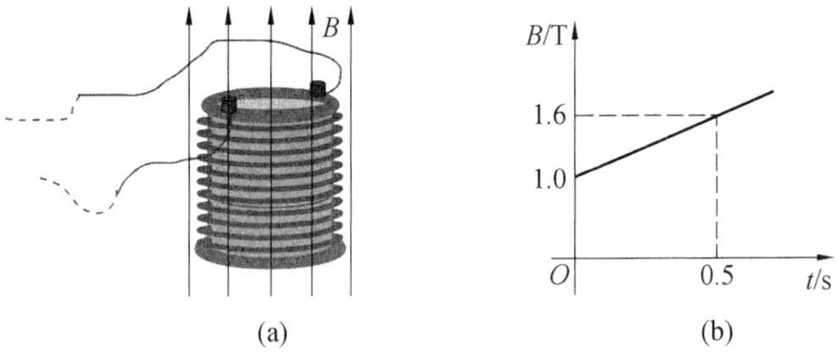

图 1.3.1

三、导线切割磁感线运动时产生的感应电动势

如图 1.3.2 所示，金属框架 PQ、MN 处在磁感应强度为 B 的匀强磁场中，磁场方向与框架平面成 θ 角. 长为 L 的金属杆 AB 垂直框架放置并以速度 v 沿框架运动. 那么，金属杆产生的感应电动势为

$$E=\frac{\Delta\Phi}{\Delta t}=\frac{\Delta\Phi}{\Delta t}=B\sin\theta\cdot\frac{\Delta S}{\Delta t}=B\sin\theta\cdot\frac{L\cdot v\cdot\Delta t}{\Delta t}=BLv\sin\theta$$

当 $\theta=90°$，即运动方向与磁场方向垂直时，上式简化为

$$E=\frac{\Delta\Phi}{\Delta t}=BLv$$

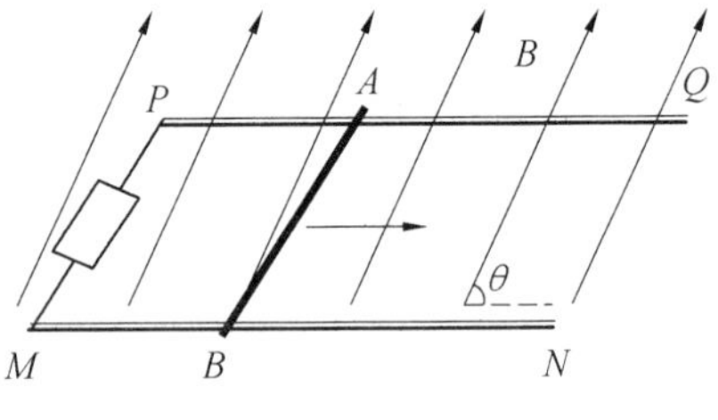

图 1.3.2

一般地，$E=n\frac{\Delta\Phi}{\Delta t}$通常用来计算平均感应电动势，而 $E=BLv\sin\theta$ 通常用来计算瞬时感应电动势.

思考与练习

1. 如图 1.3.3 所示是法拉第发明的世界第一台发电机示意图. 铝盘处在蹄形磁铁的两磁极之间安装在水平铜轴 O 上，其边缘与电刷 C 接触，转动手柄，电路中就有感应电流.

(1)试说明该发电机的原理,指出其正、负极.

(2)若铝盘的半径为 r、等效电阻为 R_0,两磁极间近似等效为磁感应强度为 B 的匀强磁场,电路中负载电阻为 R、其他电阻不计. 现转动手柄,使铝盘以角速度 ω 按图示方向匀速转动,那么,发电机产生的感应电动势为多少? 转轴 O 与电刷 C 之间的电压有多大?

2. 如图 1.3.4 所示,矩形线圈在匀强磁场中绕 OO' 转动时,线圈中会产生随时间变化的感应电动势,试分析其原因. 设线圈的边长分别为 L_1、L_2,转动角速度为 ω,磁场的磁感应强度为 B. 试证明:线圈转至图示位置时,感应电动势为

$$E=BS\omega \quad (\text{其中 } S=L_1L_2)$$

3. 间距为 d 的两竖直、平行且足够长的金属导轨处在磁感应强度为 B 的匀强磁场中,磁场方向与导轨平面垂直,两导轨之间连接一个定值电阻 R_0,一质量为 m、有效电阻为 R 的金属杆 MN 可与导轨近贴无摩擦地下滑,如图 1.3.5 所示. 求:金属杆 MN 下滑的最大速度及此时回路中消耗的电功率.

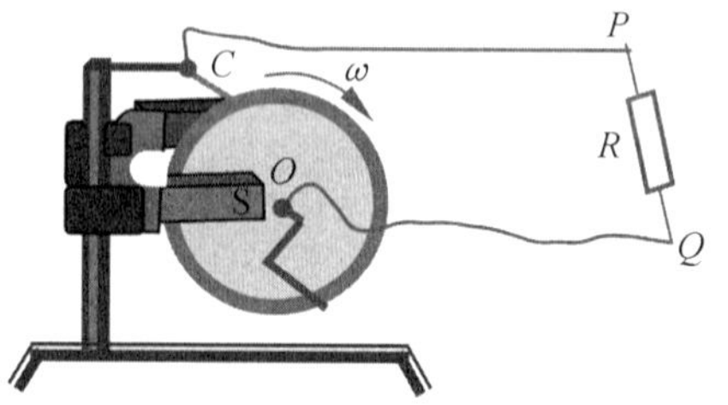

图 1.3.3

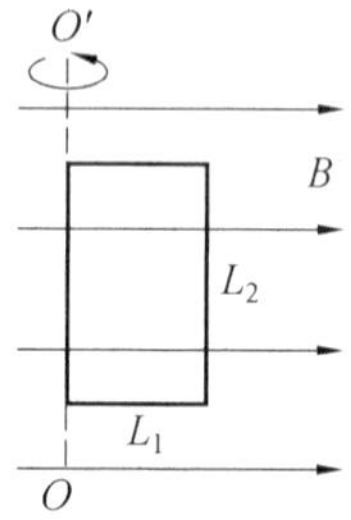

图 1.3.4

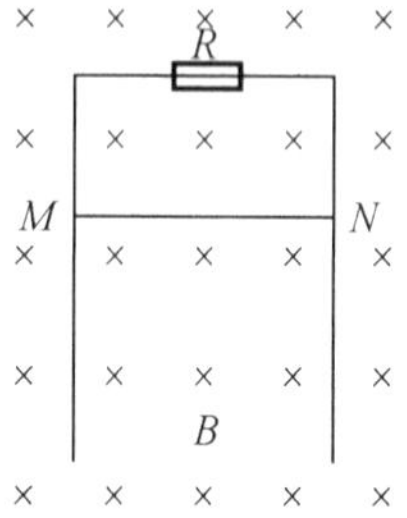

图 1.3.5

4. 如图 1.3.6 所示是一个自制简易风速测量仪. 图中的永磁体固定在风车的转轴上,可随风车转动,绕在铁架上的线圈与保护电阻、开关及交流电流表构成回路. 试分析:

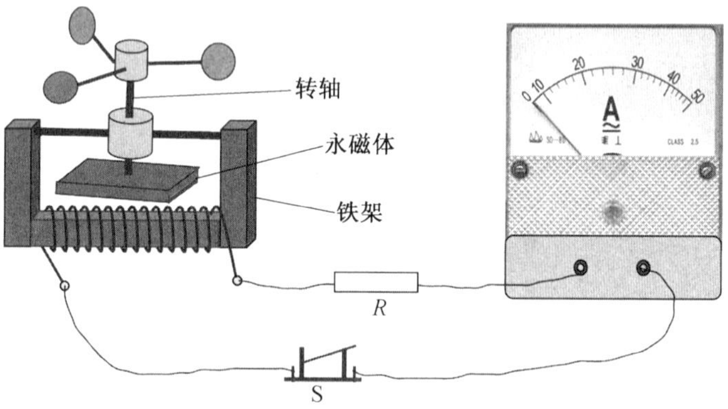

图 1.3.6

(1)该风速测量仪的工作原理.

(2)能否用直流电流表取代交流电流表? 为什么?

(3)若当风车以某一角速度匀速转动时,穿过线圈的磁通量 Φ 随时间 t 的变化关系如图 1.3.7(a)所示,那么,线圈产生的电动势 E 随时间 t 的变化关系应该是图 1.3.7(b)中的哪一个?

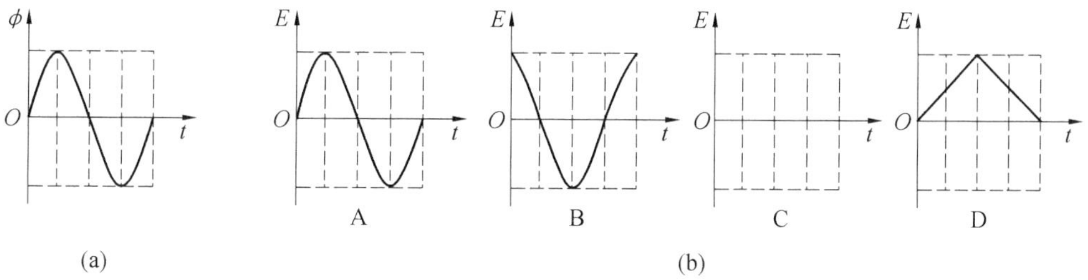

图 1.3.7

1.4 涡流与自感

· 所有金属都能产生明显的涡流吗?
· 电磁炉专用锅为什么要用铁质材料?
· 日光灯电路中的镇流器和启辉器的作用分别是什么?
· 如何理解自感电流方向描述中"阻碍"的含义?

一、涡流现象与电磁炉

1. 涡流现象

观察分析这样一个实验.

用漆包线在一长约 15 cm、直径约 10 cm 的底面平整的圆柱形铁块和铝块上绕制四个 150 匝左右的螺线管,给两个相同的小铁碗和两个相同的小纸杯中分别盛等量的温度(室温)相同的水少许.

把四个螺线管按如图 1.4.1 所示接在低压工频交流电源上,将盛水小铁碗、盛水小纸杯放在铁芯螺线管和铝芯螺线管上,闭合开关,通电 5 ~ 8 min.

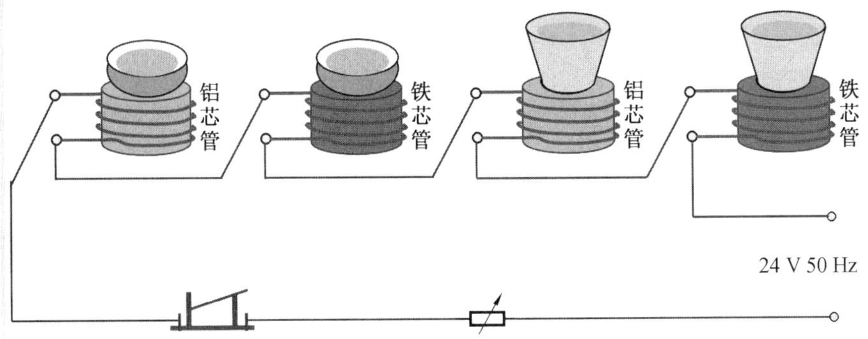

图 1.4.1

· 铁芯管上铁碗中水的温度有明显升高.
· 铁芯管上纸杯中水的温度有较明显升高.
· 铝芯管上铁碗中水的温度有一定的升高.
· 铝芯管上纸杯中水的温度几乎没有变化.

实验表明:铁芯螺线管和铁锅有很明显的电流热效应,铝芯螺线管和纸杯几乎没有或没有电流热效应. 为什么呢?

处在磁场中的金属块,垂直磁场方向的任意一个截面都可以看成是由若干个大小不等的闭合金属环构成,这些闭合金属环就是一个一个的闭合回路. 当穿过这些闭合回路中的磁通量发生变化时,每个回路中都会产生漩涡状的感应电流,如图 1.4.2 所示. 这种漩涡状的感应电流就叫涡电流,简称涡流. 线圈中通交变电流或高频振荡电流,就能产生变化的磁场.

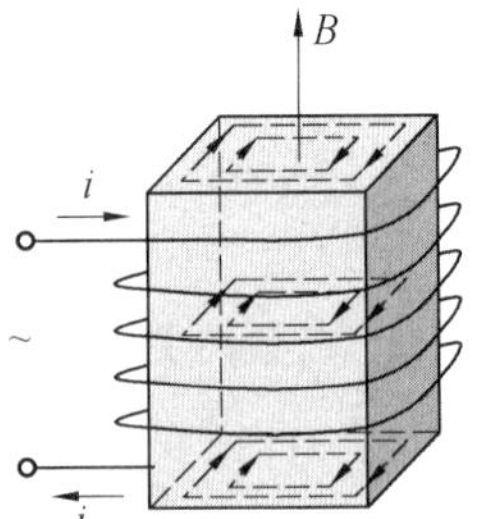

图 1.4.2

(1) 并不是所有金属都会产生明显的涡流现象. 一般地,导磁性能好的铁磁性材料($\mu_r=\dfrac{B}{\mu_0 H}\gg 0$,比如:铁、钴、镍、坡莫合金等)会产生明显的涡流现象,而导磁性能很差的顺磁性材料($\mu_r=\dfrac{B}{\mu_0 H}>\approx 1$,比如:铝)和抗磁性材料($\mu_r=\dfrac{B}{\mu_0 H}<\approx 1$,比如:铜、水等)几乎没有涡流现象.

(2) 涡流现象有利也有弊. 高频焙烧炉和电磁炉是涡流现象的典型利用,而变压器的铁芯用若干块硅钢片叠合而成就是为了防止产生强大涡流造成损坏.

2. 电磁炉

如图 1.4.3 所示是某型号电磁炉内部结构. 电磁炉分两大类型,即工频电磁炉和高频电磁炉.

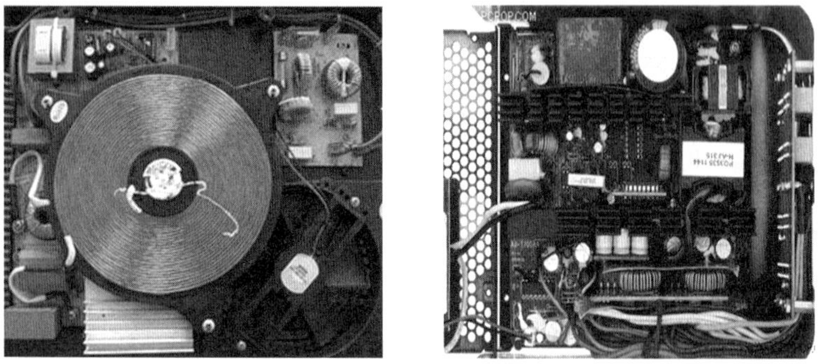

图 1.4.3

(1)工频电磁炉.

工频电磁炉的结构如图 1.4.4 所示,由励磁线圈和励磁铁芯构成工频励磁器,直接用 220 V 50 Hz 交流电给励磁线圈供电. 接通电源后,两组励磁线圈通以 50 Hz 交变电流产生变化磁场,从而使锅体产生涡流.

(2)高频电磁炉.

图 1.4.5 是高频电磁炉结构示意图. 接通电源后,220 V 50 Hz 交变电流先经过整流和滤波变为直流电流,然后再通过电子开关的迅速导通和截止,使两组加热线圈产生 20 ~ 50 Hz 的高频振荡电流. 高频振荡电流产生高频变化磁场,从而使锅体产生涡流.

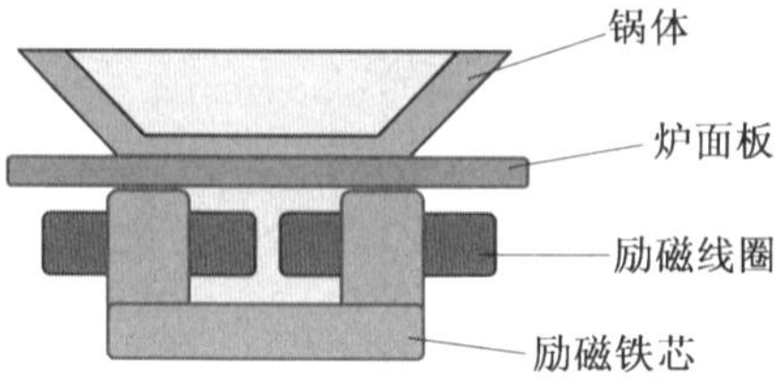

图 1.4.4

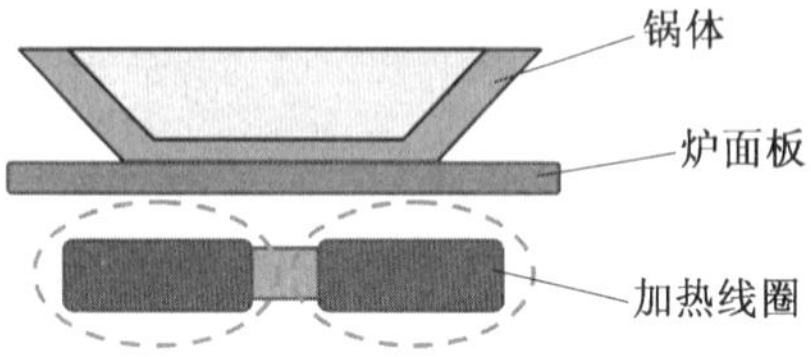

图 1.4.5

二、自感现象与日光灯

1. 自感现象

先做一个实验,注意观察两只小灯泡的亮度变化.

把两只小灯泡 A、B 分别跟带铁芯的螺线管和滑动变阻器并联,并连接成如图 1.4.6 所示的电路.

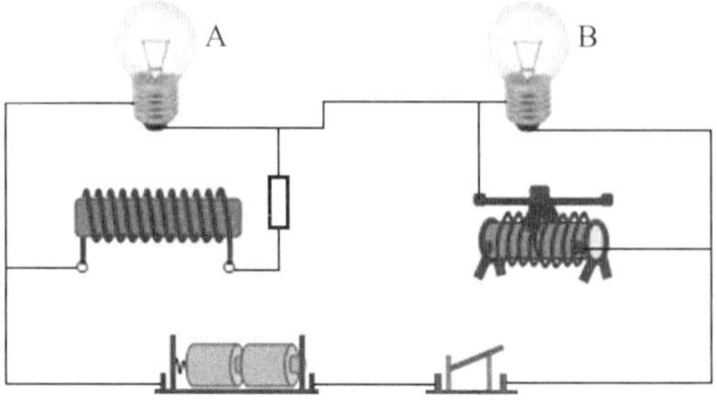

图 1.4.6

· 接通电路,调节滑动变阻器使 A、B 两灯泡的亮度相同.

· 突然断开开关,B 灯立即熄灭,A 灯闪亮一下再熄灭.

实验表明:突然断开开关后的瞬间,灯泡 A 中还继续有电流通过. 那么这电流从哪里来的呢?

当开关突然断开时,线圈中的电流迅速减小,使得穿过线圈的磁通量随之减小,从而使线圈产生感应电动势. 这样,灯泡 A 与线圈组成的回路还继续有电流通过,因此,灯泡 A 不立即熄灭.

物理学中,把由于导体自身电流发生变化而产生的电磁感应现象叫作自感现象,简称自感. 自感现象中产生的感应电动势称为自感电动势.

(1) 自感电动势大小.

理论与实践证明,自感电动势的大小跟通电线圈的自感系数成正比,跟电流变化率成正比.

$$E=L\frac{\Delta I}{\Delta t}\quad(1\ \mathrm{H}=10^3\ \mathrm{mH}=10^6\ \mu\mathrm{H})$$

式中,L 为自感系数,与线圈的匝数、横截面积、长度和几何形状,以及线圈有无铁芯有关.

(2) 自感电流方向.

自感电流总是阻碍引起自感现象的电流变化.

引起自感现象的电流通常称为原电流,自感电流的方向有时称为自感电动势方向.

原电流增大,自感电流方向与原电流方向相反;原电流减小,自感电流方向与原电流方向相同.

2. 日光灯原理

如图 1.4.7 所示是日光灯工作原理和启辉器内部结构示意图. 日光灯直接用 220 V 50 Hz 交流电供电,接通电路后,启辉器氖管产生辉光放电,使双金属片温度升高而膨胀与静触片接触,电流经镇流器、灯丝、启辉器形成回路. 随即双金属片与静触片之间接触电阻减小、发热减少、温度降低而分开,致使镇流器中电流迅速减小、磁通量迅速减少而发生自感产生约 1 500 V 左右的高压,从而使灯管正常发光. 灯管正常工作后,其两端的电压比 220 V 低得多,一般只有 100 V 左右.

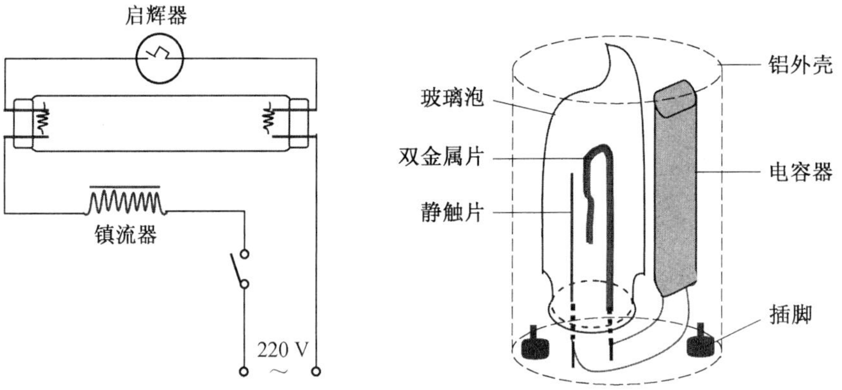

图 1.4.7

(1) 镇流器作用:灯管启辉阶段产生高压,灯管正常工作阶段稳压限流.

(2) 启辉器作用:自动开关.

(3) 电容器作用:消除瞬间产生的高压滤波,延长启辉器触点的寿命.

思考与练习

1. 为什么变压器的铁心都是用硅钢片叠制而成的,而电磁铁的铁心却用整根的软铁棒?

2. 如图 1.4.8 所示,线圈 L 的自感系数很大而电阻却几乎为 0,A 和 B 是两只相同的小灯泡.

(1) 当开关 S 由断开变为闭合时,A、B 两灯泡的亮度将怎样变化?

(2) 当开关 S 由闭合变为断开时,A、B 两灯泡的亮度又将怎样变化?

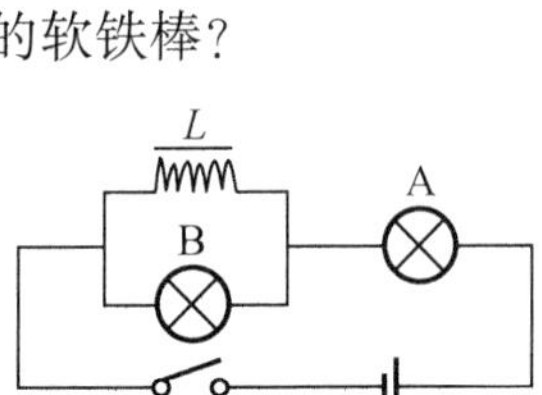

图 1.4.8

3. 乘坐飞机的乘客登机前都要接受严格的安全检查. 如图 1.4.9 所示是一种手持式安全检查报警器(金属探测仪),其内部是一个由电子开关、直流电源和检测线圈构成的检测系统,工作时电子开关的迅速导通和截止可使线圈中产生高频电流. 试分析该安全检查报警器检测过程中若乘客携带有枪支等金属管制物品时为什么会发出报警声?

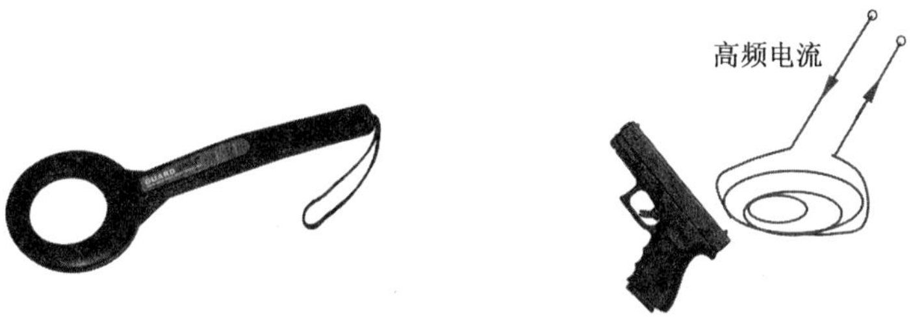

图 1. 4. 9

4. 查阅有关工具书等或上网查询,了解什么是互感现象?互感现象与自感现象有什么关系?

第2章 交变电流和电能的远距离输送

2.1 交变电流及其产生

· 交变电流是否一定按正弦规律或余弦规律变化?

· 磁通量 Φ、磁通量变化率$\dfrac{\Delta\Phi}{\Delta t}$及感应电动势 e 随时间的变化关系.

· 负载电压 u、电流 i 随时间的变化规律与感应电动势 e 变化同步应满足的条件.

· 交变电流瞬时值表达式与计时起点的对应关系.

一、交变电流

图2.1.1所示的是用示波器显示的几种电流波形,这些电流有一个共同的特点,它们的方向都随时间发生周期性变化.

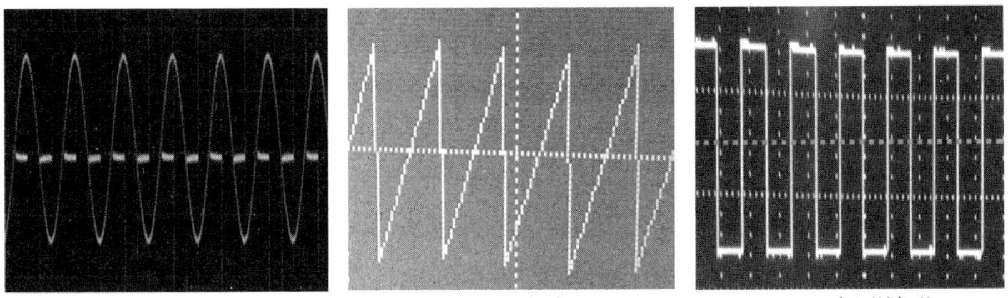

(a) 正弦波形　　(b) 锯齿波形　　(c) 矩形波形

图2.1.1

物理学中,把电流方向随时间发生周期性变化的电流叫交变电流,简称交流电(AC).相对地,电流方向不随时间变化的电流叫直流电流,简称直流电(DC).在没有特别说明的情况下,通常所说的交流电,都是指正弦交流电.

二、交变电流的产生

图2.1.2所示的是交流发电机的原理图.设矩形线圈在磁场中以某一角速度逆时针匀速转动,图2.1.3所示的是从图2.1.2(a)位置(中性面)开始计时,线圈转过的角度 θ 与穿过线圈的磁通量 Φ、磁通量变化率$\dfrac{\Delta\Phi}{\Delta t}$及感应电动势 e 随时间的变化的对照关系.

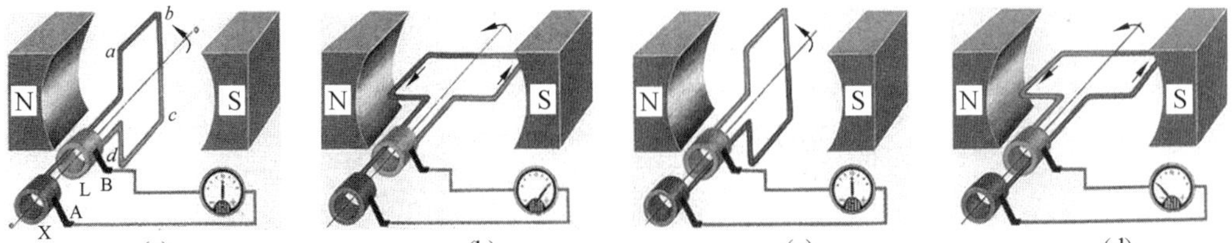

(a)　　(b)　　(c)　　(d)

图2.1.2

(1)穿过线圈的磁通量 Φ 的大小、正负都随时间发生周期性变化,是线圈中产生交变电流的原因.

(2)磁通量 Φ 最大时,磁通量变化率$\frac{\Delta\Phi}{\Delta t}$最小、感应电动势 e 最小;磁通量 Φ 最小时,磁通量变化率$\frac{\Delta\Phi}{\Delta t}$最大、感应电动势 e 最大.

(3)磁通量 Φ 若按余弦规律变化,磁通量变化率$\frac{\Delta\Phi}{\Delta t}$和感应电动势就按正弦规律变化;磁通量 Φ 若按正弦规律变化,磁通量变化率$\frac{\Delta\Phi}{\Delta t}$和感应电动势 e 就按余弦规律变化.

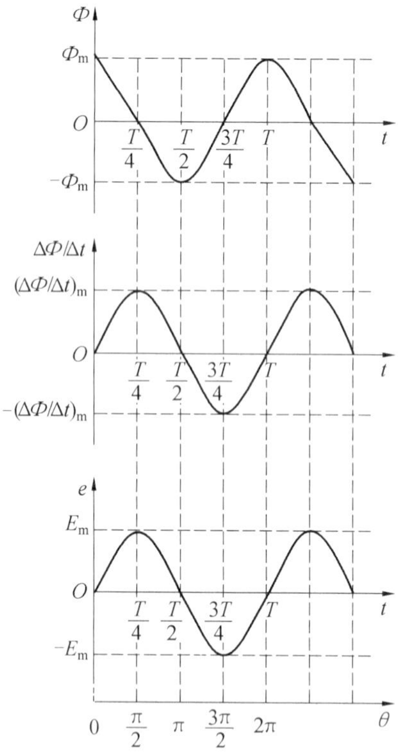

图 2.1.3

三、交变电流的变化规律

设面积为 S 的线圈在磁感应强度为 B 的匀强磁场中按图 2.1.2所示的以角速度 ω 匀速转动,负载为纯电阻元件.

(1)若从穿过线圈的磁通量 Φ 最大时计时,则感应电动势随时间的变化规律为

$$e=E_m\sin\omega t$$

其中,$E_m=BS\omega$ 称为电动势的最大值或峰值. 负载两端的电压 u 及负载电流 i 随时间的变化规律也按正弦规律变化,即

$$u=U_m\sin\omega t$$

$$i=I_m\sin\omega t$$

式中,U_m、I_m 分别是负载两端的电压 u 及负载电流 i 的峰值.

(2)若从穿过线圈的磁通量 Φ 为零时计时,那么,e、u、i 分别为

$$e=E_m\cos\omega t$$

$$u=U_m\cos\omega t$$

$$i=I_m\cos\omega t$$

四、发电机发展简介

1831 年,英国物理学家法拉第发明世界第一台旋转铜盘发电机.

1832 年,法国发明家皮克西制成世界第一台手摇发电机.

1834 年,美国工程师达文波特制造世界第一台直流发电机.

1867 年,德国工程师西门子制造了世界第一台自励式发电机.

1880 年,美国发明家爱迪生改进了西门子发电机.

1882 年,美国发明家爱迪生建立了世界上第一个火力发电站.

1958 年,中国上海电机厂制成世界第一台双水内冷发电机.

思考与练习

1. 将一蹄形磁铁靠近正在发光的白炽灯,仔细观察灯丝,可以看到什么现象?试解释看到的现象.

2. 如图 2.1.4 所示,边长分别为 L_1、L_2 的竖直矩形导线框 $KLMN$ 处于磁感应强度是 B 的匀强磁场中绕竖直固定轴以角速度 ω 逆时针匀速转动,MN 边水平. 求:

(1)线框产生的最大电动势;

(2)当 MN 边转到与磁场方向成30°角时,线框中的电动势大小;

(3)写出从线框平面跟磁场方向平行时开始计时的电动势瞬时值随时间变化的表达式.

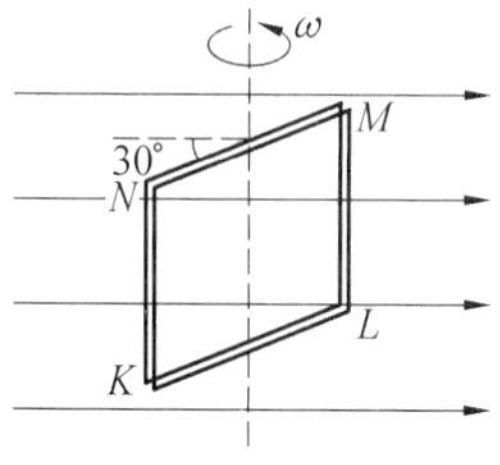

图 2.1.4

3. 某交流发电机的电动势为 $e=E_m\cos\omega t$. 若将该发电机的转子转速减为原来的一半,其他条件不变,这时产生的电动势为(　　).

A. $e=E_m\cos\omega t$　　B. $e=\frac{1}{2}E_m\cos\omega t$　　C. $e=E_m\cos\left(\frac{1}{2}\omega t\right)$　　D. $e=\frac{1}{2}E_m\cos\left(\frac{1}{2}\omega t\right)$

2.2　表征交变电流的物理量

· 公式 $E=\frac{E_m}{\sqrt{2}}$、$U=\frac{U_m}{\sqrt{2}}$和 $I=\frac{I_m}{\sqrt{2}}$的成立条件及应用.

· 矩形波交变电流及某些非稳定直流电流有效值的计算.

一、周期和频率

交变电流是随时间周期性变化的. 物理学中,把交变电流完成一次周期性变化所需的时间,称为交变电流的周期;交变电流在 1 s 内完成的周期性变化的次数,叫交变电流的频率.

1. 周期与频率的关系

$$T=\frac{1}{f}\quad 或\quad f=\frac{1}{T}$$

2. 角速度与周期频率的关系

$$\omega=\frac{2\pi}{T}=2\pi\cdot f$$

二、峰值和有效值

交变电流的峰值是指交变电流在变化过程中能够达到的最大数值,一般可用来描述电流的强弱或电压的高低.

若让交变电流与恒定电流分别通过大小相同的电阻,如果在相同时间内两个电阻产生的热量相等,就把这一恒定电流称为这一交变电流的有效值.

1. 正弦交变电流的有效值与峰值的关系

$$E=\frac{E_m}{\sqrt{2}},U=\frac{U_m}{\sqrt{2}},I=\frac{I_m}{\sqrt{2}}$$

图 2.2.1 所示的两个正弦交变电流的频率和峰值都相同. 可以看出,在任意一个周期内,OA 段与 $C'D'$段、AB 段与 $O'A'$段、BC 段与 $A'B'$段、CD 段与 $B'C'$段的变化规律相同. 因此,如果让这两个交变电流通过相同的电阻 R,那么,它们具有相同的热效应,即具有相同的电流有效值 I 和电压有效值 U.

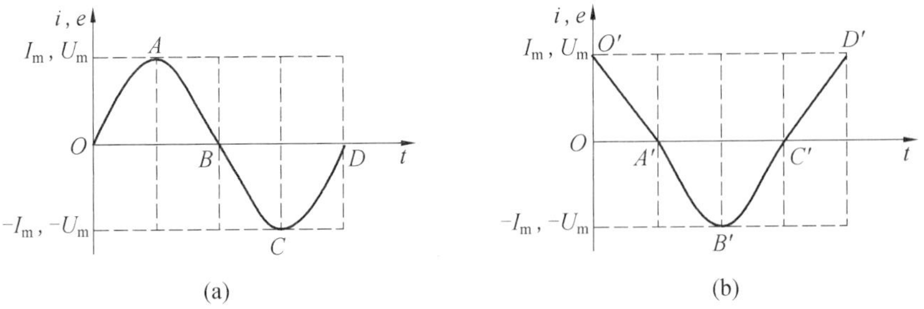

图 2.2.1

在一个周期内,这两个交变电流通过电阻 R 产生的热量之和可以表示为

$$Q=Q_1+Q_2=(I_m\sin\omega t)^2RT+(I_m\cos\omega t)^2RT=I_m^2RT$$

由于

$$Q_1=Q_2=I^2RT$$

故有

$$2I^2RT=I_m^2RT$$

因此

$$I=\frac{I_m}{\sqrt{2}}$$

同样，在一个周期内，这两个交变电流通过电阻 R 产生的热量之和还可以表示为

$$Q=Q_1+Q_2=\frac{(U_m\sin\omega t)^2}{R}T+\frac{(U_m\cos\omega t)^2}{R}T=\frac{U_m^2T}{R}$$

同理

$$Q_1=Q_2=\frac{U^2T}{R}$$

$$2\frac{U^2T}{R}=\frac{U_m^2T}{R}$$

所以

$$U=\frac{U_m}{\sqrt{2}}$$

2. 矩形波交变电流的有效值计算

在一个周期内，根据各电流值、电压值对应分配的时间比例关系进行计算.

例如：如图 2.2.2 所示，设图（a）对应的电流有效值为 I，那么

$$I^2RT=I_m^2R\cdot\frac{T}{2}+I_n^2R\cdot\frac{T}{2}$$

即

$$I=\sqrt{\frac{I_m^2+I_n^2}{2}}$$

同理，设（b）图对应的电压有效值为 U，那么

$$\frac{U^2T}{R}=\frac{U_n^2}{R}\cdot\frac{T}{3}+\frac{U_m^2}{R}\cdot\frac{2T}{3}$$

因此

$$U=\sqrt{\frac{U_n^2+2U_m^2}{3}}$$

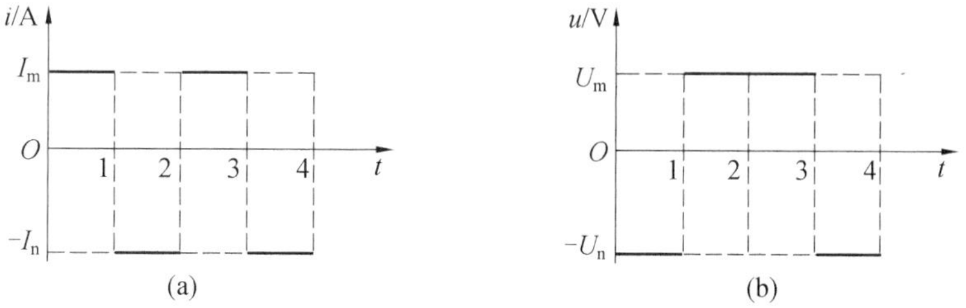

图 2.2.2

3. 电器铭牌及电子元件的标识

通常所说的照明电路电压 220 V，各种电气仪表上所显示或测量出来的交流量值，以及各种交流电器铭牌所标识的电压、电流值都是指交变电流的有效值.

对于电气设备和电子元件（比如：电容器、晶体管等）对电压或电流的耐压极限，就要考虑交变电流的峰值而不是有效值.

思考：如图 2.2.3 所示的两种电器设备或电子元件，能否将它们直接接在 380 V 正弦式交变电路中工作？为什么？

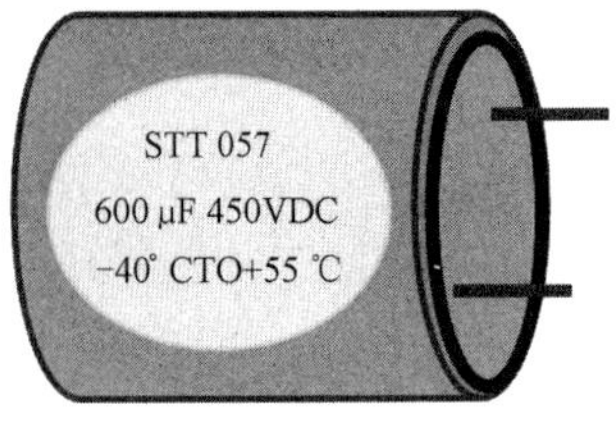

图 2.2.3

非稳定直流电流也有有效值，计算方法与交变电流有效值的计算是相符的. 交变电流或非稳定直流电流的有效值跟电流、电压的平均值是不同的概念，不能混淆. 一般地，电路中涉及能量计算的情况通常考虑电流、电压的有效值，而涉及电量计算的情况则考虑电流、电压的平均值.

思考与练习

1. 图 2.2.4 是通过一个 $R=1\ \Omega$ 的电阻的电流 i 随时间 t 变化的曲线. 试根据图中信息完成下列问题：

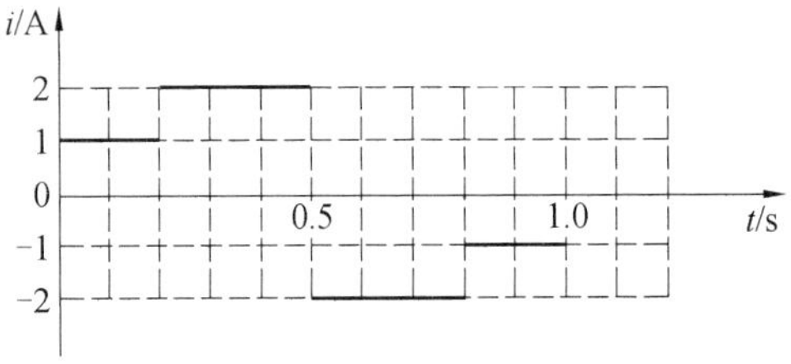

图 2.2.4

(1) 计算通电 1 s 内电阻产生的热量.

(2) 如果有一个大小、方向都不变的恒定电流通过这个电阻，也能在 1 s 内产生同样多的热量，那么，这个电流是多大？

2. 日光灯的发光原理是受激发光. 加在灯管两端的电压使灯管内的低压 Hg 蒸气电离发出紫外线，紫外线激发灯管壁上的荧光粉发光. 日光灯因发光柔和、明亮、节能而普遍用于家庭及单位照明，但长期使用对视力保护不利，因为照明电路中正常工作的日光灯每秒要闪烁 100 次. 试解释照明电路中日光灯闪烁的原因.

3. 一根电阻丝接入 100 V 的直流电路中，1 min 内产生的热量为 Q，把该电阻丝接入某正弦式交流电路中，2 min 内产生热量 Q. 这一正弦交流电路中的电压的最大值为(　　).

A. 141.4 V　　B. 100 V　　C. 70.7 V　　D. 40.5 V

4. 图 2.2.5 所示的是四种非恒定电流或电压在一个周期内随时间变化的情况. 现分别用它们给一个 $R=10\ \Omega$ 的电阻供电，1 min 内各自产生多少热量？

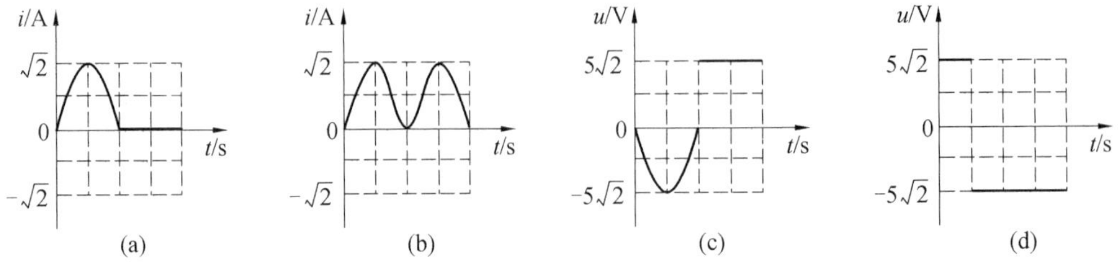

图 2.2.5

5. 理想二极管的正向电阻为零，而反向电阻无限大. 图 2.2.6 所示的是接在 24 V 50 Hz 正弦交变电源上的半波整流电路. 试画出负载电阻 R 两端的电压 u 随时间 t 变化的图线，图中交流电压表的示数是多少？

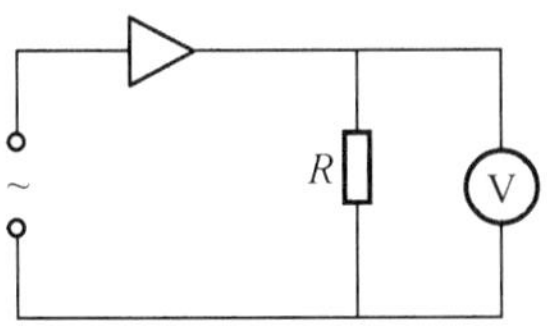

图 2.2.6

2.3　交变电路中的电容和电感

· 电容量 C 越大、交变电流频率 f 越高，容抗就越小.

· 电容器具有“通交流、阻直流，通高频、阻低频”的特性.

· 电感量 L 越大、交变电流频率 f 越高，感抗就越大.

· 电感器具有“通直流、阻交流，通低频、阻高频”的特点.

观察分析这样一个实验.

将 3 只完全相同的小灯泡 L_1、L_2、L_3 和电阻器 R、电容器 C、电感器 L 及开关 S、S′按图 2.3.1 连接电路.

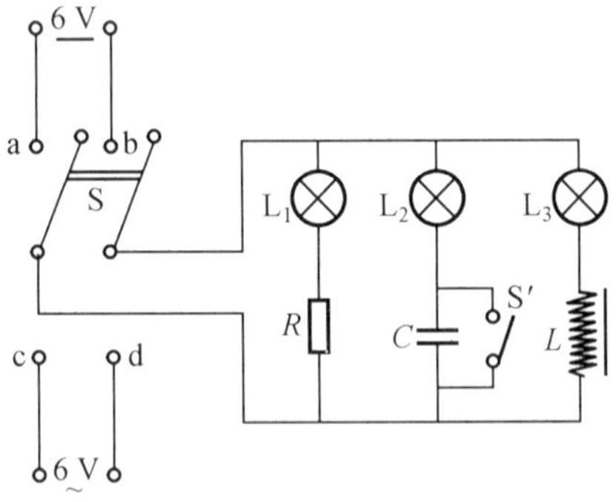

图 2.3.1

· 将 S 闭合 ab，让 S′分别处于闭合与断开状态，观察并记录 3 只灯泡的发光情况，填入表 2.3.1 中.

· 将 S 闭合 cd，让 S′分别处于闭合与断开状态，观察并记录 3 只灯泡的发光情况，填入表 2.3.1 中.

表 2.3.1　小灯泡发光情况

亮度 / 灯泡 / 电源	L_1	L_2	L_3
直流电源（S′断开）			
直流电源（S′闭合）			
交流电源（S′断开）			
交流电源（S′闭合）			

实验分析表明：电阻器对直流电流和交流电流的影响是相同的；电容器不让直流电流通过却让交流电流通过，但对交流电流有一定的阻碍作用；电感器既让直流电流通过也让交流电流通过，但对交流电流有一定的阻碍作用.

一、电容器对交变电流的作用

1. 电容器导通交变电流的机理

电容器接在交变电源两端时，电容器两极板之间的瞬时电压不断变化. 当电压升高时，电容器充电，电荷向电容器的极板聚集，形成充电电流；当电压降低时，电容器放电，电荷从电容器的极板退出，形成放电电流. 图 2.3.2 所示的是电容器充电和放电的过程，由于交变电源加在电容器两极板上的电压大小和正负都在不断变化，电容器就交替地进行充电和放电，电路中就有了电流.

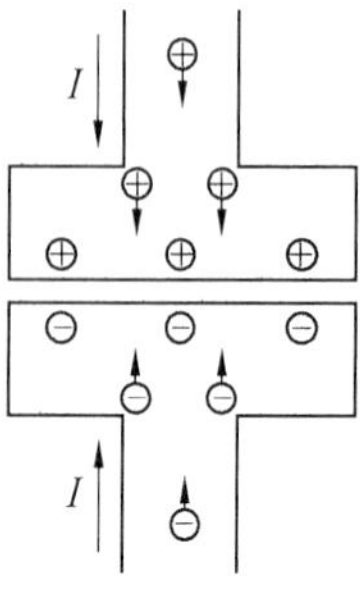

(a) 电容器充电

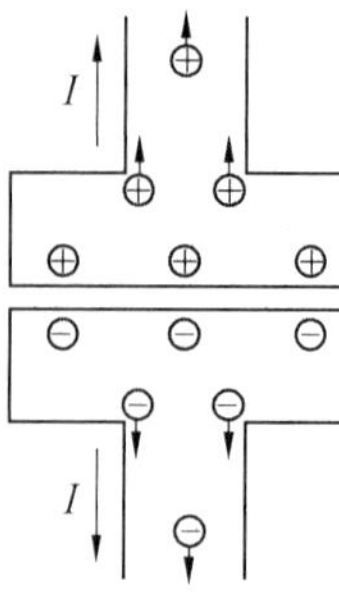

(b) 电容器放电

金属中的电流是由负电荷定向移动引起的，它等效于正电荷向相反方向移动。图中用到了这种等效画法。

图 2.3.2

电容器导通交变电流，实质只是电容器两极板之间的电场发生改变，自由电荷并没有通过两极板之间的绝缘介质.

2. 电容器的容抗

物理学中，把电容器对交变电流的阻碍作用叫作容抗. 电容器的容抗 X_C 与电容器自身的电容量 C 及交变电流的频率 f 有关：电容量 C 越大，交变电流频率 f 越高，容抗就越小.

没有直流电阻的理想电容器对交变电流阻碍的实质是把电场能进行储存或转移，而自身并不消耗能量.

理论与实践研究表明，电容器的容抗 X_C 跟电容器自身的电容量 C 成反比，跟交变电流的频率 f 成反比，即

$$X_C=\frac{1}{2\pi fC}$$

在国际单位制中，容抗的单位跟电阻的单位相同，都是欧姆(Ω).

3. 电容器的应用

分析影响电容器容抗的因素可知，电容器具有“通交流、阻直流，通高频、阻低频”的作用，这在电子技术中有着很好的应用.

(1) 隔直电容器.

图 2.3.3 所示的电子电路中电容器 C 称为隔直电容器，也称耦合电容器. 前级输入端输入的交直流混合电流只有交流成分从后级输出端输送到下一级电路.

(2) 高频旁路电容器.

电子设备从电路的某一级输出的电流既含有高频成分又含有低频成分，而下一级电路只需要其中的低频成分. 这时只需在下一级电路的输入端并联一个电容器，就可使高频成分从旁路通过该电容器，如图 2.3.4 所示，这样就只有低频成分输送到下一级电路了. 这个电容器就叫高频旁路电容器.

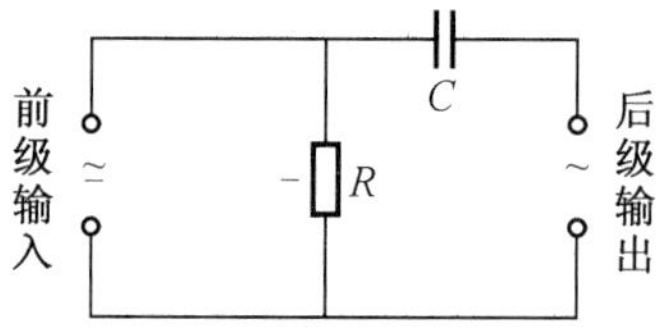

图 2.3.3

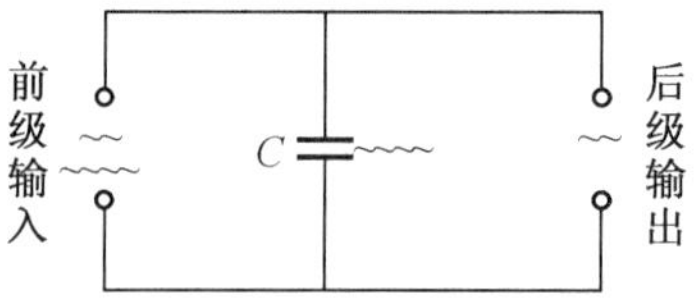

图 2.3.4

二、电感器对交变电流的作用

1. 电感器阻碍交变电流的机理

电感器接在交变电源两端时，由于电感器中瞬时电流的大小和方向都在不断变化而产生自感电动势. 自感电动势“总是阻碍引起自感现象的电流变化”的，因而就对交变电流起到了阻碍作用.

2. 电感器的感抗

电感器对交变电流的阻碍作用叫作感抗. 电感器的感抗 X_L 与电感器自身的电感量(自感系数)L 及交变电流的频率 f 有关:电感量 L 越大、交变电流频率 f 越高,感抗就越大.

没有直流电阻的理想电感器对交变电流阻碍的实质是把电场能与磁场能进行相互转化或储存,而自身并不消耗能量.

实践表明,电感器的感抗 X_L 跟电感器自身的电感量 C 成正比,跟交变电流的频率 f 成正比,即

$$X_L = 2\pi fL$$

在国际单位制中,感抗的单位也跟电阻的单位相同,也都是欧姆(Ω).

3. 电感器的应用

电感器具有"通直流、阻交流,通低频、阻高频"的特点,电工技术和电子技术中常用的扼流圈就是利用电感器对交变电流的阻碍作用制作的.

(1)低频扼流圈.

低频扼流圈由闭合铁芯和绕在铁芯上的铜线圈构成,如图 2.3.5 所示. 这种扼流圈的线圈一般有几千匝甚至上万匝,电感量很大,为几十亨,即使频率很低(比如 50 Hz)的交变电流都会使它产生很大的感抗. 这种扼流圈在电子电路中可以起到"通直流、阻交流"的作用.

(2)高频扼流圈.

高频扼流圈的线圈一般绕在空心铁氧体上,如图 2.3.6 所示. 这种扼流圈的线圈匝数为几十匝到几百匝,电感量只有几毫亨. 这种扼流圈只对频率很高的交变电流有很大的阻碍作用,对低频交变电流的阻碍很小,在电子电路中可以起到"通低频、阻高频"的作用.

图 2.3.5

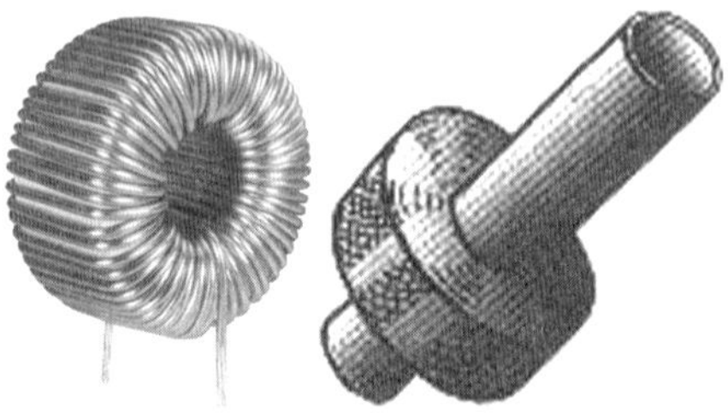

图 2.3.6

思考与练习

1. 图 2.3.7 所示的是部分电子电路,其中电源输出的电流既有交流成分又有直流成分. 为了经可能减少通过电阻 R_2 中电流的交流成分,应该怎样选择电感器 L 的电感量和电容器 C 的电容量? 为什么 R_2 两端的直流电压与 R_1 两端几乎相等,而交流电压却比 R_1 两端小得多?

2. 在图 2.3.8 所示的电路中,当电源供电电压为 $u_1 = U_m \sin \omega_1 t$ 时,图中三只电流表 A_1、A_2、A_3 的示数相等,当电源供电电压为 $u_2 = U_m \sin \omega_2 t$ 且 $\omega_2 = 2\omega_1$ 时,这三只电流表示数的大小关系正确的是(　　).

A. $I_1>I_2>I_3$　　B. $I_1<I_2<I_3$　　C. $I_2>I_1>I_3$　　D. $I_2<I_1<I_3$

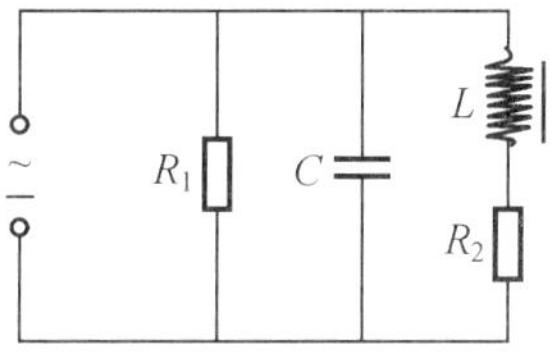

图 2.3.7

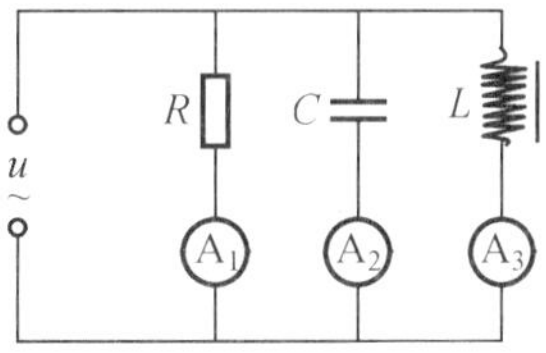

图 2.3.8

3. 图 2.3.9 所示的是某品牌电风扇的两种调速器,试分析它们的工作原理.

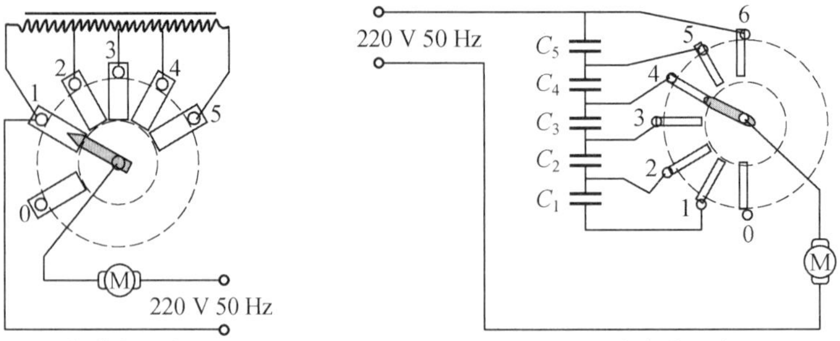

(a) 电感式调速器　　(b) 电容式调速器

图 2.3.9

4. 滤波是电子技术中的专用术语. 滤波就是通过一些电子元件组成的滤波电路把输入端输入的高、低频混合信号中的高频成分进行过滤,使其不进入输出端. 图 2.3.10 是某电子仪器的电源部分的 π 型滤波电路,试简单分析这个电路的原理.

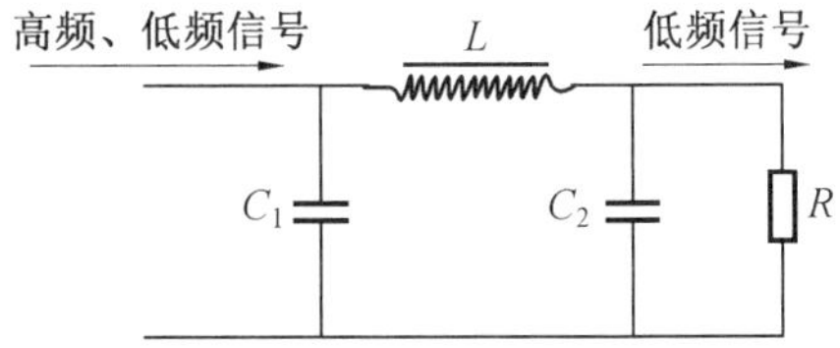

图 2.3.10

2.4 变　压　器

· 变压器的原理就是电磁感应.

· 理解 $E_1=n_1\dfrac{\Delta\Phi}{\Delta t}$;$E_2=n_2\dfrac{\Delta\Phi}{\Delta t}$.

· 掌握 $P_1=P_2$、$\dfrac{U_1}{U_2}=\dfrac{n_1}{n_2}$、$\dfrac{I_1}{I_2}=\dfrac{n_2}{n_1}$.

演示分析这样一个实验.

用漆包线在可拆闭合铁芯上绕制两组线圈 A 和 B 各 50 匝左右,其中,线圈 A 有两个接线端 a 和 b,线圈 B 有三个接线端“1”“2”和“3”. 把自制线圈与学生电源、开关及小灯泡按图 2.4.1 所示连接电路,并将学生电源调到“交流 12 V”位置.

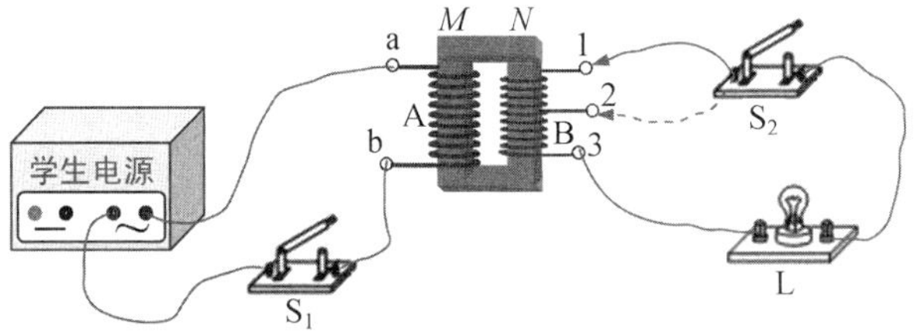

图 2.4.1

· 把导线活动端分别与“1”“2”连接,先后闭合 S_2、S_1,观察小灯泡发光变化情况.

· 保持两只开关呈闭合状态,将铁芯的可拆铁块 MN 慢慢拆下,观察小灯泡的发光变化情况.

实验分析表明:改变 A、B 两组线圈的匝数关系可以改变线圈 B 两端的电压;铁芯具有良好的导磁作用. 像这种通过改变绕在闭合铁芯上的两组或多组线圈的匝数关系而达到改变电压的设备,就叫作变压器. 变压器上与电源相连接的线圈称为原线圈或初级线圈,与负载相连接的线圈称为副线圈或次级线圈.

把正常工作状态下没有能量损失的变压器叫作理想变压器.

一、变压器的原理

当变压器的原线圈接上交变电源时,由于交变电流发生变化将产生变化的磁通量,变化的磁通量通过铁芯的作用既穿过原线圈又穿过副线圈,因而原、副线圈都产生感应电动势.

设某理想变压器的原线圈匝数为 n_1、副线圈匝数为 n_2，穿过原、副线圈的每匝磁通量变化率为$\frac{\Delta\Phi}{\Delta t}$. 根据法拉第电磁感应定律可知，原、副线圈产生的感应电动势 E_1、E_2 分别为

$$E_1=n_1\frac{\Delta\Phi}{\Delta t},E_2=n_2\frac{\Delta\Phi}{\Delta t}$$

可以看出：原、副线圈产生的感应电动势 E_1、E_2 之比等于它们的匝数比，即

$$\frac{E_1}{E_2}=\frac{n_1}{n_2}$$

显然，若副线圈与负载连接成闭合回路时，副线圈中就有电流通过.

像变压器这样，绕在同一铁芯上的两组或多组线圈，由于其中的某一组线圈的电流发生变化而导致其他组线圈产生电磁感应的现象叫作互感.

二、理想变压器的三个重要关系

一般地，变压器的原、副线圈匝数分别用 n_1、n_2 表示，原、副线圈两端的电压分别用 U_1、U_2 表示，原、副线圈中的电流分别用 I_1、I_2 表示，原线圈的输入功率和副线圈的输出功率分别用 P_1、P_2 表示，如图 2. 4. 2 所示.

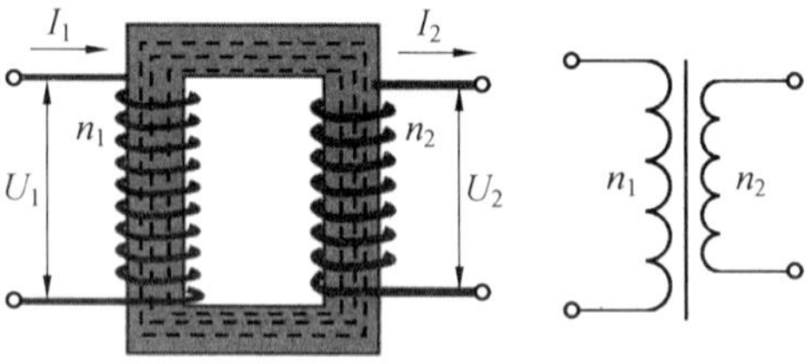

图 2. 4. 2

1. 输入功率与输出功率的关系

$$P_1=P_2$$

即，原线圈的输入功率等于副线圈的输出功率. 其中，$P_1=I_1U_1$，$P_2=I_2U_2$.

2. 电压与匝数的关系

$$\frac{U_1}{U_2}=\frac{n_1}{n_2}$$

即，原、副线圈两端的电压之比等于它们的匝数比. 其中，在空载（副线圈两端不接用电器而处于断路状态）情况下，$U_1=E_1$，$U_2=E_2$.

3. 电流与匝数的关系

$$\frac{I_1}{I_2}=\frac{n_2}{n_1}$$

即，原、副线圈中的电流之比等于它们的匝数反比. 根据 $P_1=I_1U_1$，$P_2=I_2U_2$ 和 $P_1=P_2$ 容易给出其证明. 这一反比关系仅适用于只有一组原线圈和只有一组副线圈的理想变压器.

实际应用中的很多变压器，往往有多组副线圈. 对于功率及原、副线圈的匝数、电压、电流关系要复杂一些.

图 2. 4. 3 所示的是一个有两组副线圈的变压器. 设原线圈的输入功率为 P_1、感应电动势为 E_1，副线圈的输出功率分别为 P_2 和 P_3，感应电动势分别为 E_2 和 E_3，其余有关量如图中标注所示.

（1）输入功率与输出功率的关系

$$P_1=P_2+P_3$$

即，原线圈的输入功率等于各副线圈的输出功率之和. 其中

$$P_1=I_1U_1,P_2=I_2U_2,P_3=I_3U_3$$

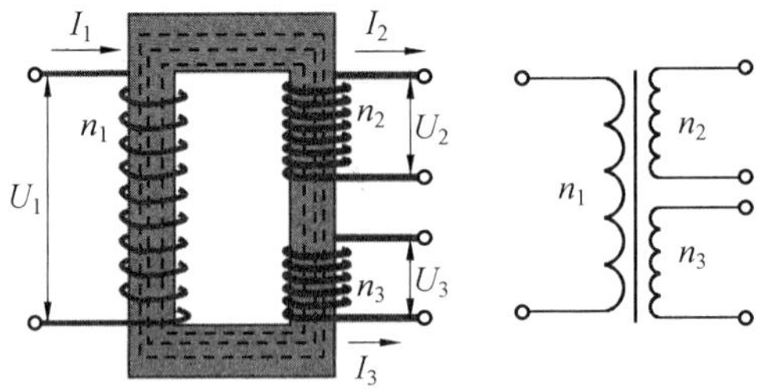

图 2. 4. 3

(2)电压与匝数的关系

$$\frac{U_1}{U_2}=\frac{n_1}{n_2},\frac{U_1}{U_3}=\frac{n_1}{n_3},\frac{U_2}{U_3}=\frac{n_2}{n_3}$$

即,各组线圈两端的电压之比等于它们的匝数比. 其中,在空载(副线圈两端不接用电器而处于断路状态)情况下,$U_1=E_1$,$U_2=E_2$,$U_3=E_3$.

(3)电流与匝数的关系

$$n_1I_1=n_2I_2+n_3I_3$$

即,原线圈匝数与电流的乘积等于各副线圈匝数与电流的乘积之和.

三、涉及变压器的另外两个问题

1. 常见变压器

变压器的种类比较多,功率大小及外观体型、体积差别也很大.

(1)电力变压器.

这种变压器用于电力网,功率一般为几十千瓦到几十万千瓦,体积一般为几个立方米.

(2)自耦变压器.

这种变压器就是通常说的调压器,只有一组线圈. 一般来说,线圈的起始端既是原线圈的一端又是副线圈的一端,靠滑动触头移动来改变副线圈的匝数,从而起到调节电压的作用.

(3)互感器.

这种变压器实际上是与电压表、电流表组合来测量交变电路中高电压、强电流的专用仪表.

(4)电源变压器.

这种变压器主要用于各类家用电器(电视机、收音机等)和电子产品(手机、手提电脑等)的电源,将220 V 市用电压变为所需电压.

2. 变压器的损耗

变压器的损耗包括铜损(线圈电阻损耗)、磁损(铁芯漏磁损耗或磁滞损耗)和铁损(铁芯涡流损耗).

由于技术的改进,变压器的损耗都很小,在不太精准的计算中可不予考虑.

思考与练习

1. 下列关于变压器的说法中正确的是(　　).

A. 变压器能改变交流电的电压　　B. 变压器能改变交流电的频率

C. 变压器能改变交流电的电流　　D. 变压器能改变交流电的输送功率

2. 交变电流中高电压、强电流不能直接用电压表和电流表直接测量,但可用变压器将高电压、强电流变为低电压、弱电流后就解决了. 这样的变压器叫互感器,如图 2. 4. 4 所示. 试分析图中两种互感器的工作原理.

3. 图 2. 4. 5 所示的是一种触电保安器原理图. 在同一闭合铁芯上绕有两组线圈 A 和 B,其中线圈 A 由火线和零线双线并列绕制而成,线圈 B 与继电器 J 相连接. 一旦发生火线对地漏电事故,线圈 B 中就会产生感应电流，令继电器 J 切断电源. 试分析该触电保安器的工作原理.

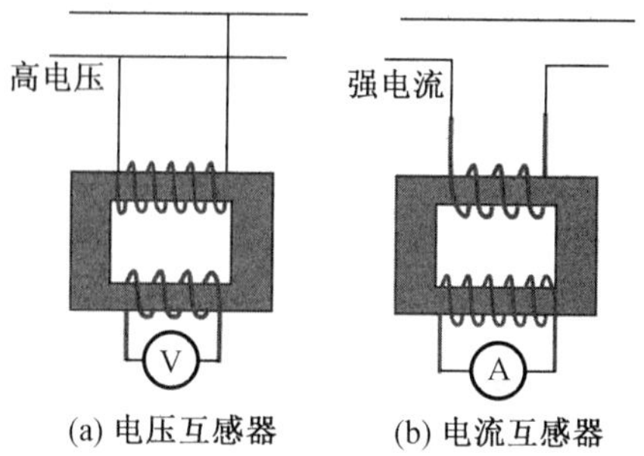

图 2.4.4

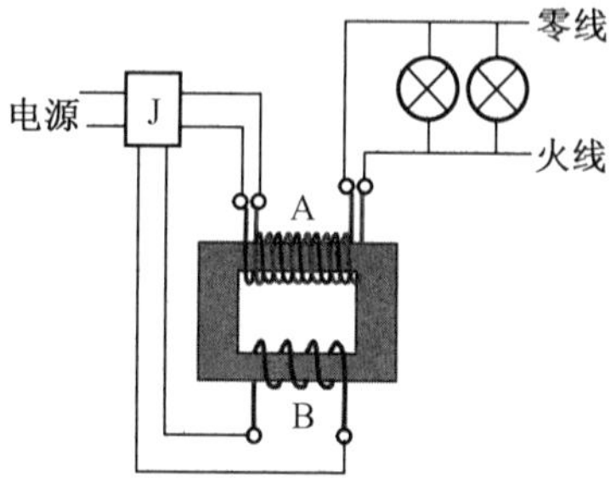

图 2.4.5

4. 图 2.4.6 所示的是街头变压器通过降压给用户供电的示意图. 变压器的输入电压是市区电网电压，负载变化时输入电压不会有大的波动. 输出电压通过输电线输送给用户，两根输电线的总电阻用 R_0 表示，变阻器 R 代表用户用电器的总电阻，当用电器增加时，相当于 R 的阻值减小. 若不考虑变压器的能量损失，当用户用电器增加或减少时，图中各电表的示数怎样变化？

5. 一个理想变压器的原线圈匝数 $n_1=1\ 100$ 匝，接在 $U_1=220$ V 的交流电源上. 设它对 11 盏 36 V 60 W并联的灯泡供电并使这些灯泡正常发光. 求：(1) 该变压器的副线圈匝数和原线圈中的电流是多少？(2) 若关闭 5 盏灯泡，原线圈中的电流又是多少？

6. 图 2.4.7 所示的是汽油机的点火电路，试分析该点火电路的工作原理.

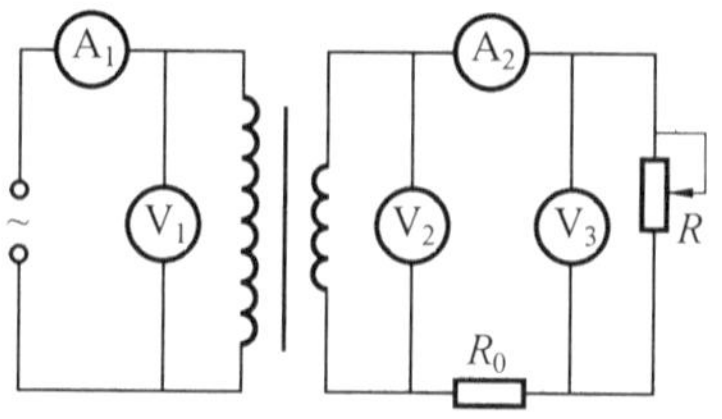

图 2.4.6

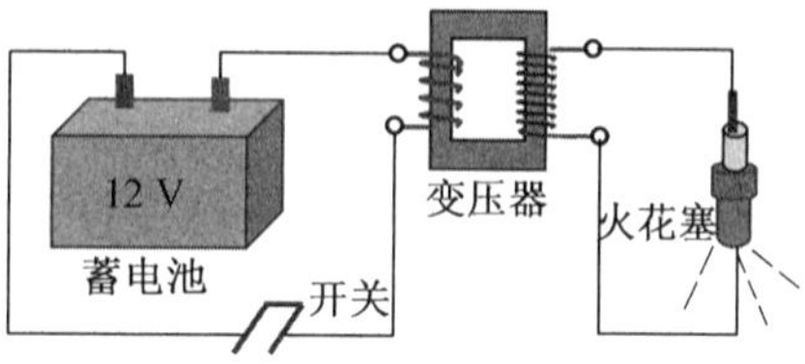

图 2.4.7

2.5　电能的远距离输送

· 解决远距离输电中输电线上能量损失的最有效途径.

· 从公式 $P_{线损}=I^2R_{线}=\left(\frac{P_0}{U}\right)^2R_{线}=\frac{P_0^2}{U^2}R_{线}$ 分析理解影响输电线上能量损失的因素.

解决远距离输电中输电线上能量损失的途径有两条：一是减小输电线的电阻；二是减小输电线中的电流强度. 实际中减小输电线电阻是不客观的，而采用提高输电线的电压就很方便实现减小电流，从而减小输电线上的能量损失.

一、高压输电的必要性

先来做这样一个对比模拟实验.

将学生电源（交流输出端），两只开关 S_1 和 S_2、四个阻值均为 10 Ω 的电阻 R、三只额定电流均为 0.6 A的电流表 A_1 和 A_2 及 A_3，两只“6 V 0.3 A”的小灯泡 L_1 和 L_2，两只自制变压器 B_1 和 B_2（其中 B_1 的原线圈 100 匝、副线圈 400 匝，B_2 的原线圈 400 匝、副线圈 100 匝.）按图 2.5.1 所示连接电路.

(1) 闭合开关 S_1、S_2，调节学生电源使 A_3 示数为 0.3 A，此时 A_1、A_2 的示数分别约为 0.16 A 和 0.08 A. 小灯泡 L_1 发光很暗，小灯泡 L_2 正常发光.

(2) 调节学生电源使其输出电压略为升高或降低，三只电流表示数及两只小灯泡的发光情况随之变化，但总是 $I_3>I_1>I_2$、L_2 比 L_1 亮.

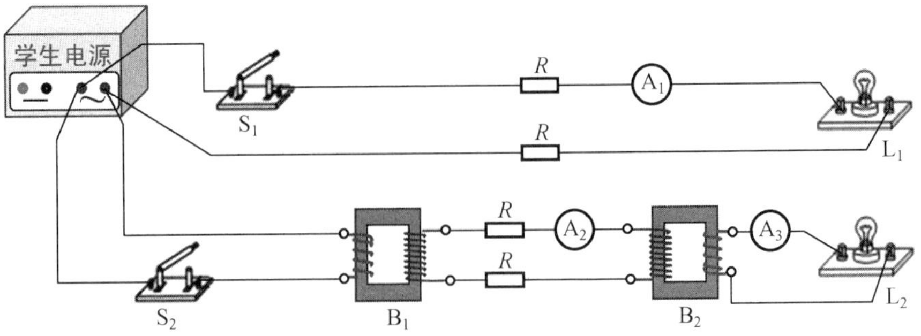

图 2.5.1

实验表明:输电线路中的电流大,输电线的电阻损失能量就多,负载获得的能量就少;提高输电线路的输送电压,可以减小输电线路中的电流而减少输电线路的能量损失,负载就能尽可能多地获得能量,提高电能输送的使用效率.

二、高压输电的原理

设电源提供的电功率 P_0 恒定,输出电压 U 可调,输电线路中的电流强度为 I,输电线的电阻为 $R_{线}$. 那么,输电线路损耗的电功率为

$$P_{线损}=I^2R_{线}=\left(\frac{P_0}{U}\right)^2R_{线}=\frac{P_0^2}{U^2}R_{线}$$

显然,在电源输送电功率恒定的情况下,输电线路损耗的电功率,跟输出电压的平方成反比,跟输电线路的电阻成正比.

在处理实际问题时,必须结合远距离输电回路中的电流强度与输电系统的实际负载匹配情况以及输电线电阻的约束关系,回路中的电流强度不可能无限制地增大. 设输电线路功率损失率为

$$\eta=\frac{P_{线损}}{P_0}\quad(显然,\eta<1)$$

那么

$$P_{线损}=I^2R_{线}=\eta P_0<P_0$$

一般地,η 与输送功率、输送电压、输电线路的电阻,以及负载匹配有关.

思考与讨论

1. 能不能用公式 $P_{线损}=\frac{U^2}{R_{线}}$ 来计算输电线路损耗的电功率? 为什么?

2. 根据 $P_{线损}=I^2R_{线}$ 和 $P_0=IU$,在 P_0 恒定时,若 U 很小,则 I 就会很大,这时就会出现 $P_{线损}=I^2R_{线}>P_0$. 结合远距离输电的基本线路结构和能的转化以及守恒定律展开讨论,分析出现的问题.

三、高压输电系统

高压输电系统包括高压交流输电系统和高压直流输电系统,如图 2.5.2 所示.

高压交流输电系统在结构上要简单一些,但在电能的传输方面高压直流输电系统却有着更多的优越性.

1. 直流输电不需要考虑交流发电机的同步运行问题.
2. 在输送相同电功率的电能时,直流输电所用线材只有交流输电的三分之二.
3. 稳定直流输电没有容抗和感抗引起的损耗.

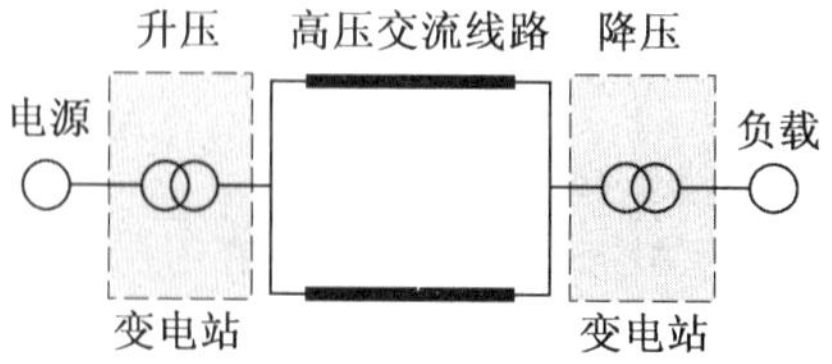

(a) 高压交流输电系统

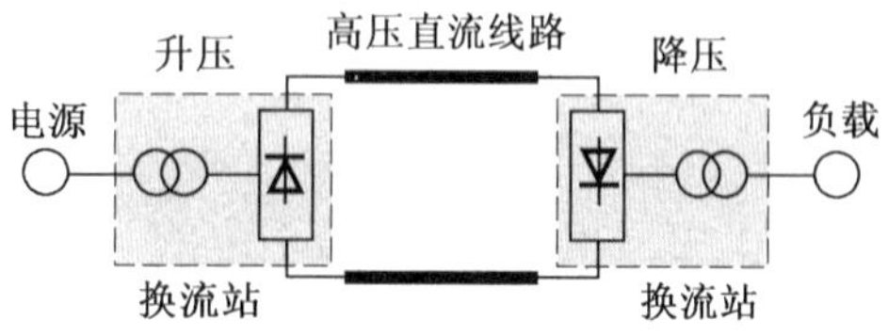

(b) 高压直流输电系统

图 2.5.2

四、电能输配电网

发电厂与用电客户往往不是“一对一”的供电方式，而是采用电网供电方式.

通过网状输电线，变电站将多电厂和多用电客户连接起来，形成全国性或地区性的输电网络，叫作电能输配电网，简称电网.

目前，我国电网有6个跨省大区电网和5个独立省网. 比如：华东地区的中国华东电网，由广东、广西、贵州和云南四省区电网互联组成的中国南方联营电网等.

电能输配电网的重要作用就是合理调配、输送电能，使电力资源能得到更充分、更有效的应用.

思考与练习

1. 有这样一段关于输电线电能损失的描述与推导.

将电能从发电站送到用电客户，在输电线上会损失一部分功率. 设输电线的电阻为 $R_{线}$，输电电压为 U，则输电线的功率损失为

$$P_{线损}=UI=U\cdot\left(\frac{U}{R_{线}}\right)=\frac{U^2}{R_{线}}$$

为此，要减小输电线上的功率损失 $P_{线损}$，就应该降低输电电压 U 采用低压送电和增大输电线的电阻 $R_{线}$.

试分析这段描述与推导是否正确，并说明理由.

2. 发电厂向 10 km 处的用电客户输送 4 800 kW 的电功率，假设两条输电线的电阻为 0.1 Ω/km. 那么，采用 110 kV 高压输电，输电线上损失的电功率是多少？若采用 110 V 低压输电，输电线上损失的电功率又是多少？通过计算，结合能的转化和守恒定律分析出现的问题.

3. 某小型水电站发电机的输出功率为 100 kW，输出电压为 250 V. 通过升压变压器升高电压后向远处输电，输电线的总电阻为 8 Ω，在用户端用降压变压器把电压降为 220 V. 若要求在输电线上损失的功率为 5 kW，那么：

(1) 降压变压器的输出电流是多少？输电线上通过的电流是多少？

(2) 输电线上损失的电压是多少？升压变压器的输出电压是多少？

(3) 两个变压器的原、副线圈匝数比分别是多少？

2.6 三相交变电流

· 三相交流发电机的原理.

· 三相交流电动势表达式 $\begin{cases}e_U=E_m\sin\omega t\\ e_V=E_m\sin(\omega t-120°)\\ e_W=E_m\sin(\omega t+120°)\end{cases}$.

· 发电机与负载的星形接法和三角形接法的匹配关系.

一、三相交流发电机

1. 结构

三相交变电流是由三相交流发电机产生的. 图 2. 6. 1 是一个三相交流发电机的结构示意图. 它主要由两部分组成,里面旋转的部分称为转子,在转子的线圈(励磁线圈)中通以直流电流,则在空间产生一个按正弦规律分布的磁场;外面固定不动的部分称为定子,在定子的铁芯槽内分别嵌入三个结构完全相同的线圈 U_1-U_2、V_1-V_2、W_1-W_2,它们在空间的位置互差 120°,称为三相定子绕组,U_1、V_1、W_1 称为三个绕组的始端,U_2、V_2、W_2 称为末端.

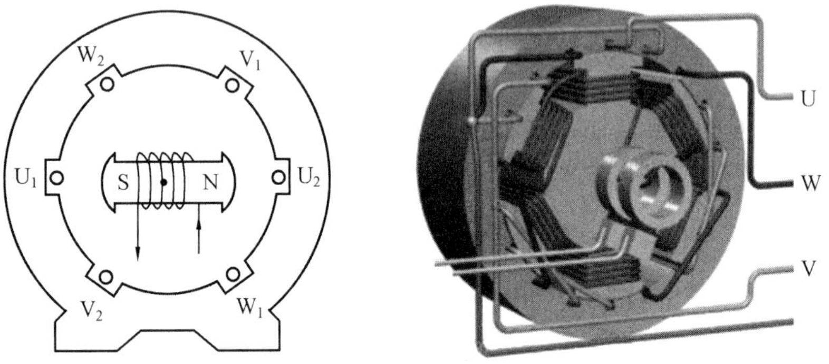

(a) (b)

图 2. 6. 1

2. 原理

当发动机带动转子以角速度 ω 匀速旋转时,三相定子绕组就会切割磁力线而感应出幅值相等、频率相同、相位互差 120°的正弦电动势. 这样的三相电动势称为对称三相电动势,设各相电动势方向为由末端指向始端,如图 2. 6. 2 所示. 如果以 e_U 为参考量,则三个电动势的瞬时值表达式为

$$\begin{cases} e_U = E_m \sin \omega t \\ e_V = E_m \sin(\omega t - 120°) \\ e_W = E_m \sin(\omega t + 120°) \end{cases}$$

相应的波形图如图 2. 6. 3 所示. 任一瞬时,对称的三相电动势之和为零.

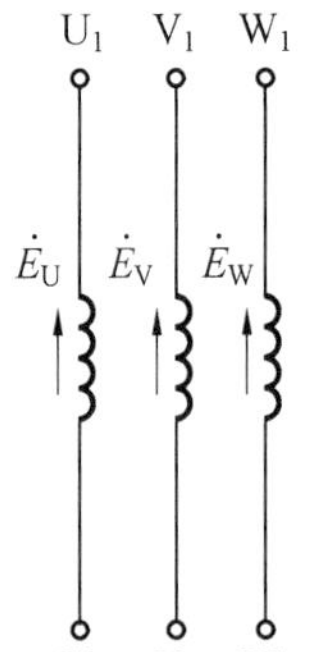

图 2. 6. 2

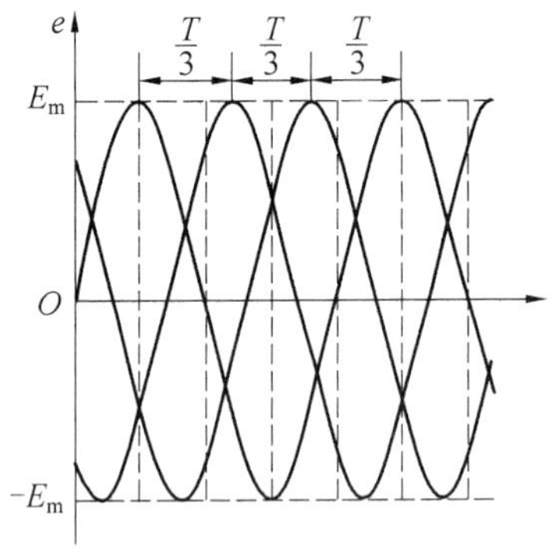

图 2. 6. 3

3. 相序

三相电源中三个电动势依次达到最大值(或零值)的先后次序称为三相电源的相序. 上式表示的三相电源的相序为 U-V-W-U,即 V 相滞后于 U 相,W 相滞后于 V 相,称之为正序. 如果相序为 W-V-U-W,则称为逆序. 工程上通用的是正序. U 相是可以任意假定的,但 U 相一经确定,那么比 U 相滞后 120°的就是 V 相,比 V 相超前 120°的则是 W 相,这是不可混淆的. 工业上通常在交流发电机引出线及配电装置的三相母线上涂上了黄、绿、红三色,用以表示 U、V、W 三相.

二、电源与负载的连接方式

1. 星形接法

将发电机的三个线圈的尾端 U_2、V_2、W_2 连在一起，形成公共点 N，叫星形接法（用符号 Y 表示），也称三相四线制接法，如图 2.6.4 所示. 从三个线圈的首端 U_1、V_1、W_1 引出的导线叫相线，也叫端线或火线，从点 N 引出的导线叫中性线. 任意一根火线与中性线之间的电压叫相电压，任意两根火线之间的电压叫线电压. 火线中通过的电流叫线电流，负载中通过的电流叫相电流.

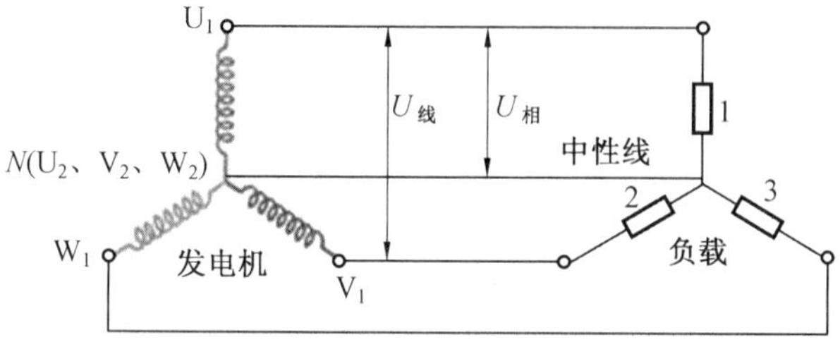

图 2.6.4

在星形接法中，相电压与线电压、相电流与线电流之间的关系分别满足

$$U_{线}=\sqrt{3}\,U_{相},I_{线}=I_{相}$$

我国生活照明和有关仪器使用的 220 V 电压，就是星形接法中的相电压；而工农业生产中使用的 380 V电压，就是星形接法中的线电压.

在星形接法中，若三相负载对称相等，那么中性线中电流将为零. 星形接法的发电机，也可以与三角形接法的负载相匹配.

2. 三角形接法

将发电机的三个线圈首尾依次相连接，形成一个三角形，叫三角形接法（用符号 Δ 表示），也称三相四线制接法，如图 2.6.5 所示.

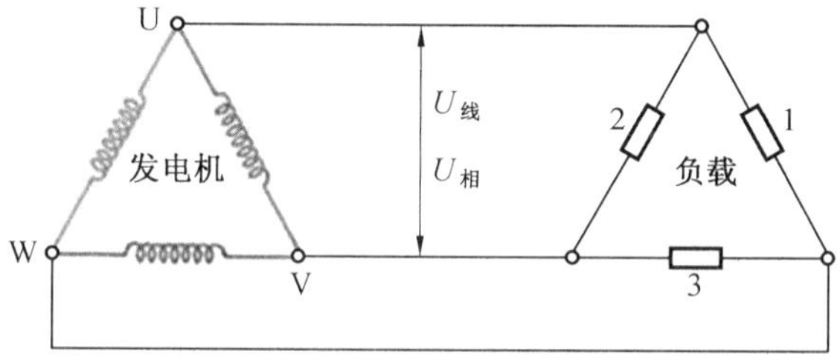

图 2.6.5

在三角形接法中，相电压与线电压、相电流与线电流之间的关系分别满足

$$U_{线}=U_{相},I_{线}=\sqrt{3}\,I_{相}$$

在三角形接法中，只有三根相线或火线，没有中性线. 三角形接法的发电机，也可以与星形接法的负载相匹配.

思考与练习

1. 如图 2.6.6 所示，A、B、C 为三相交流发电机 3 组线圈的输出，上面连着对称的三相负载，发电机的输出电压为 380/220 V. 图中负载采用的是哪种接法？各相负载两端电压是多少？

2. 图 2.6.7 所示的是一座大楼的供电线路示意图. A、B、C 为三相交流发电机的 3 个绕组，发电机的输出电压为 380/220 V，图中有 3 组额定电压为 220 V 的灯泡.

（1）发电机的绕组采用的是哪种接法？

(2)3 组灯泡的接法有无错误？若有错误，试加以改正.

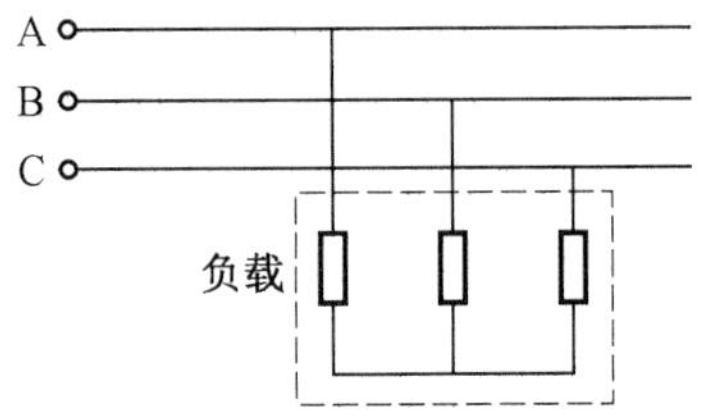

图 2.6.6

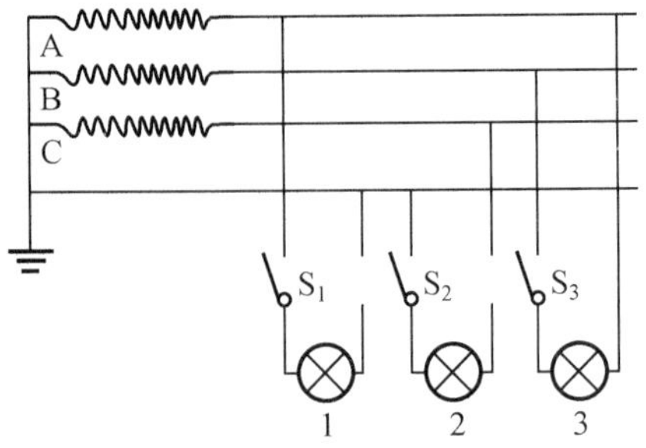

图 2.6.7

3. 某同学房间的灯泡突然熄灭了，其他房间的灯却继续亮着. 他用测电笔检测，发现碰触火线和零线测电笔都发光，那么故障的原因是(　　).

A. 一定是零线出现了断路　　　　B. 可能是零线碰到了火线

C. 可能是火线出现了断路　　　　D. 一定是电灯胆灯丝断了

4. 如果某三相交流电源的相电压是 110 V，对称的三相负载的定电压都是 190 V. 那么，电源应采用哪种接法？负载应采用哪种接法？

5. 在相电压为 220 V 某三相四线制电路中，现装有“220 V、100 W”的灯泡 90 盏. 其中，第一相装 40 盏，第二相装 30 盏，第三相装 20 盏. 求灯泡全部正常发光时各个相电流和线电流，并画出电路图.

第3章 传感器及其应用

3.1 传感器的原理

· 传感器的概念.
· 构成传感器的几个管家部件及其作用.
· 干簧管等几种传感器的输入物理量与输出物理量.
· 列举生活中常见的传感器的类型和原理.

演示一个小实验.

(1)器材:侧壁安装有小灯泡或发光二极管的密封小纸盒(内装元件未知)1个,条形磁铁1块.

(2)操作:如图3.1.1所示,将条形磁铁移动到盒子上方一定距离处(但不接触盒子),然后再移开远离盒子.

(3)现象:条形磁铁在盒子上方距离盒子较近时,小灯泡或发光二极管发光;条形磁铁离盒子较远时,小灯泡或发光二极管熄灭.

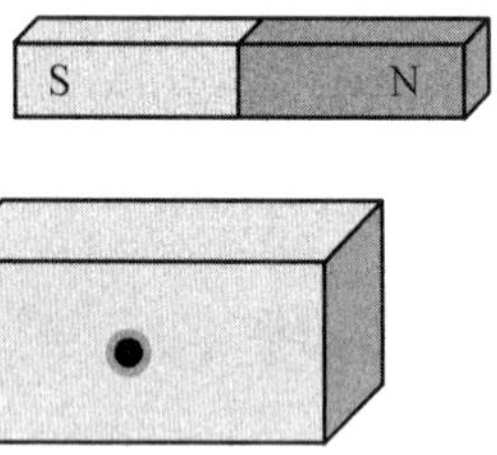

图3.1.1

实验表明:小盒子里面的有关元件对磁很敏感,是磁敏感元件.

一、什么是传感器

1. 传感器的概念

传感器是通过测量外界的物理量、化学量或生物量来捕捉和识别信息,并将不易被测量的量(一般为非电学量)转换为容易被测量的量(一般为电学量)的装置.

2. 传感器的构成

传感器一般由敏感元件、转换元件和转换电路构成,如图3.1.2所示.有时还需要加辅助电源.有些传感器很简单,仅由一个敏感元件(兼转换元件)构成.

图3.1.2

(1)敏感元件:传感器的核心.利用材料的某种敏感效应(如:热敏、光敏、压敏、湿敏及气敏等)制成.

(2)转换元件:将敏感元件输出的、与被测物理量、化学量或生物量成一定关系的非电信号转换成电信号的电子元件.

(3)转换电路:将电信号转换成易于传输或测量的电学量输出.

二、几种传感器的工作原理

1. 干簧管

干簧管是电子电路中常用的电子元件.其结构简单,就是在玻璃管内封入两根或三根软磁性材料制成的簧片,有两种类型,如图3.1.3所示.

当有磁体靠近干簧管时,簧片被磁化而接通.因此,干簧管是一种能够感知磁场的传感器.

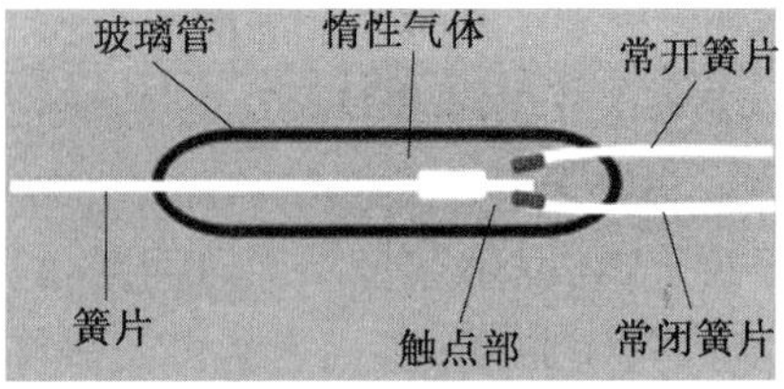

(a) 转换开关型

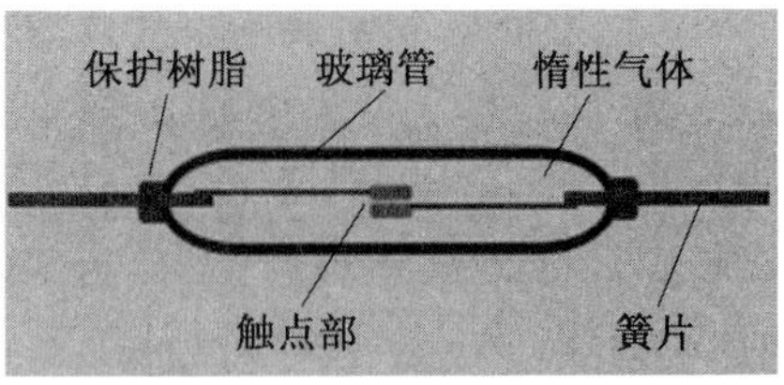

(b) 中心型

图 3. 1. 3

2. 光敏电阻

光敏电阻往往是由半导体材料(硫化镉)制成的,其电阻随着光照强度的增加而减小. 没有光照射时,载流子(电子-空穴对)极少,导电性能不好;当有光照射时,载流子增多,导电性能变好.

光敏电阻能把光照强度这个光学量转换为电阻这个电学量.

3. 金属热电阻和热敏电阻

金属的电阻率随温度的升高而增大,如图 3. 1. 4 所示的 a 图线. 用金属丝可以制作温度传感器,称作金属热电阻. 常用的一种金属热电阻是用金属铂制作的.

有些半导体材料(氧化锰)的导电性能随温度的升高而增强,如图 3. 1. 4 所示的 b 图线. 因此,用半导体材料可以制作温度传感器,叫热敏电阻.

金属热电阻和热敏电阻能把温度这个热学量转换为电阻这个电学量.

4. 霍尔元件

霍尔元件就是在一个很小的半导体(砷化铟)材料的薄片上制作四个电极,如图 3. 1. 5 中的 E、F、M、N 所示. 在 E、F 间通入恒定电流,同时外加与薄片垂直的磁场 B,那么薄片中的载流子在洛伦兹力的作用下,向着与电流和磁场都垂直的方向漂移,使 M、N 之间出现电压,称为霍尔电压 U_H. 可以证明

$$U_H = k\frac{IB}{d}$$

式中,d 为薄片的厚度,k 为霍尔系数,其大小与薄片的材料有关. 一个霍尔元件的 d、k 为定值,若再保持 I 恒定,则 U_H 的变化与 B 成正比.

霍尔元件能把磁感应强度这个磁学量转换为电压这个电学量.

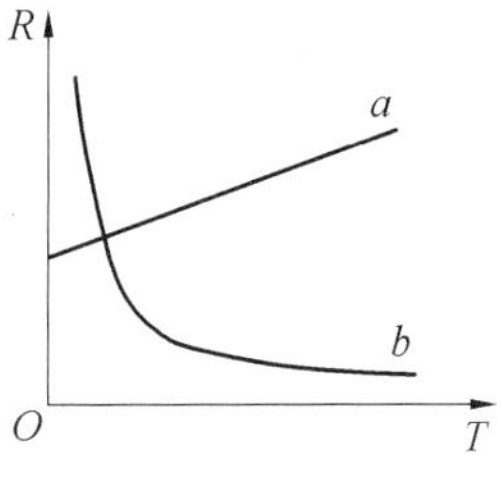

图 3. 1. 4

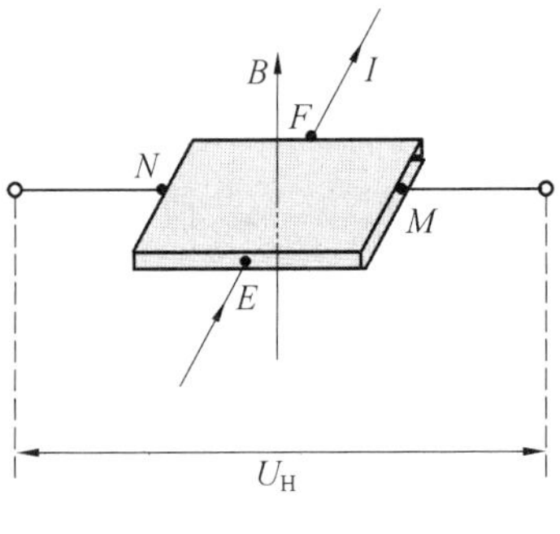

图 3. 1. 5

三、传感器的类型

传感器有多种不同的分类方法. 根据测量的不同,可把传感器分为物理型传感器、化学型传感器和生物型传感器.

1. 物理型传感器

物理型传感器利用被测物理量变化时,敏感元件的电学量(如:电阻、电压、电容等)发生明显变化的特性制成. 比如光电传感器、力电传感器、声电传感器及热电传感器等.

2. 化学型传感器

化学型传感器利用能把化学物质的成分、浓度等化学量转换为电学量的敏感元件制成. 比如烟雾传感器、气敏传感器等.

3. 生物型传感器

生物型传感器利用生物体组织的各种生物、化学与物理效应制成. 比如酶传感器、免疫传感器、抗原体传感器等.

机器人中安装有各种传感器，比如触觉传感器、温度传感器、距离传感器、视觉传感器、听觉传感器等. 利用各种传感器去感知外界环境和本身状态的变化，通过电脑进行决策，并控制机器人的动作.

思考与练习

1. 图 3.1.6 所示的是一个电容式位移传感器的原理图. 电介质板可随被测物体的移动在电容器极板之间平移，这种传感器能将力学量位移转换为电学量电容. 试分析其工作原理，并设计与它相连接的电路，简要说明测量电容变化的方法.

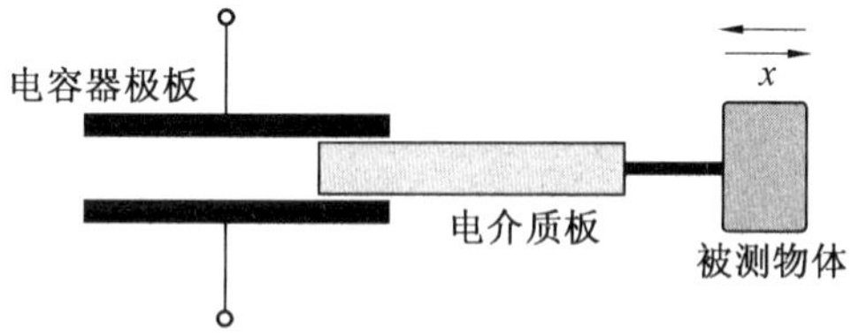

图 3.1.6

2. 图 3.1.7 所示的是两种电感式微小位移传感器的原理图. 活动软铁芯可随待测物体的移动而平移，这两种传感器能将力学量位移转换为电学量电感. 试分析它们的工作原理，并设计它们的线圈工作电路，简要说明测量电感变化的方法.

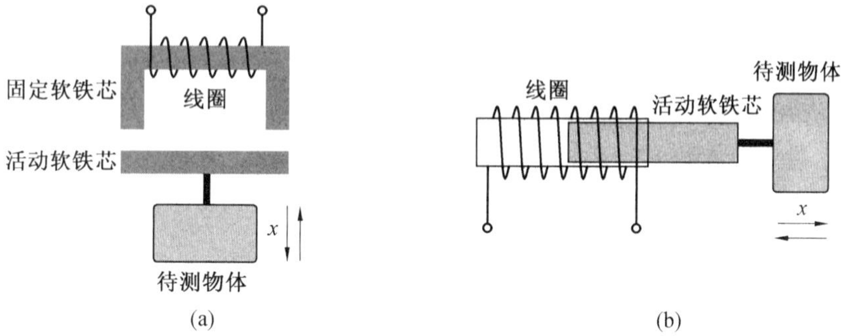

图 3.1.7

3. 宾馆、商场及很多服务单位都装有一种自动门. 当有人走近时门会自动打开，人走过后门又自动关闭. 你知道这种门上安装的是什么传感器吗？试简单说说它的工作原理.

4. 有的抽油烟机上装有自动控制装置. 当抽油烟机周围的油烟浓度达到一定值时，抽油烟机会自动开启. 这种自动控制装置是根据什么原理制成的？

3.2　传感器的应用

· 传感器应用的一般模式.
· 身边最熟悉的传感器.
· 信息时代离不开传感器.

一、传感器应用的一般模式

传感器输出的信号一般是很微弱的，难以带动执行机构去实现控制动作，因此要把这个信号进行放大. 如果需要远距离传输，还要把它转换成其他信号以抵御外界干扰.

从传感器获得或经放大后的信号，可以用指针式电表或液晶板显示测量的数据；也可用来驱动继电器或其他元件来执行诸如开通、关闭管道阀门或电动机等动作；还可以通过计算机对获得的数据进行处理，发出更复杂的指令. 图 3. 2. 1 所示的是传感器应用的一般模式.

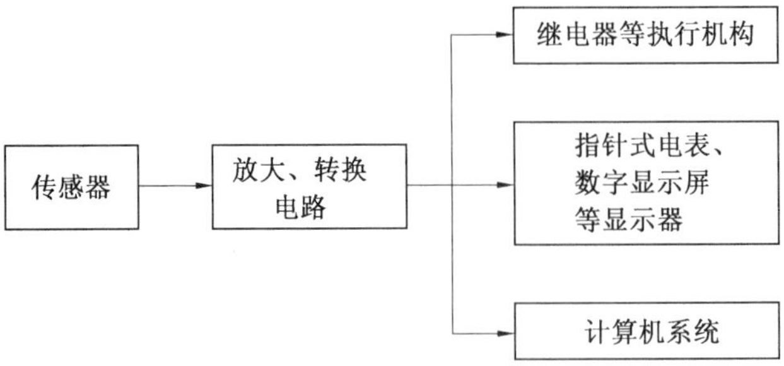

图 3. 2. 1

二、传感器在生活中的几个应用实例

1. 电子秤

电子秤的种类很多，图 3. 2. 2 所示的电子秤是一种常见的应变式压力传感器. 这种传感器由金属梁和半导体材料制成的应变片组成，如图 3. 2. 3 所示.

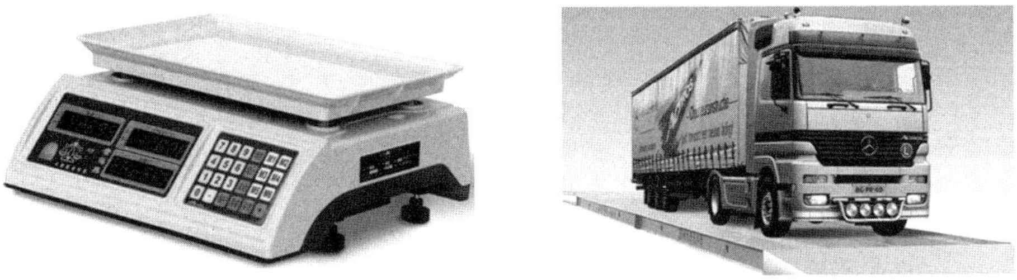

(a) (b)

图 3. 2. 2

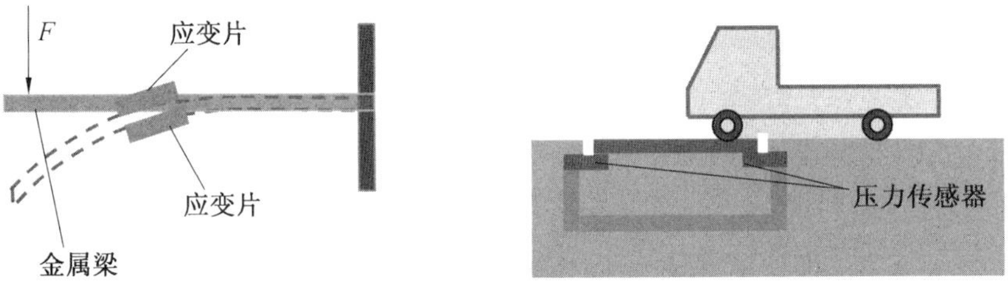

(a) (b)

图 3. 2. 3

金属梁的一端固定，上下表面各有一个应变片. 当金属梁的自由端受力 F 发生弯曲时，上表面被拉伸而应变片电阻变大导致应变片两端的电压变大，下表面被压缩而应变片电阻变小导致应变片两端的电压变小. 传感器把这两个电压的差值输出，力越大，输出端电压的差值就越大.

应变片能把力学量形变转换为电学量电压.

2. 电熨斗

图 3. 2. 4 所示的是电熨斗的结构示意图. 电熨斗能根据设定的不同温度实现自动控制，靠的是其中的双金属片温度传感器.

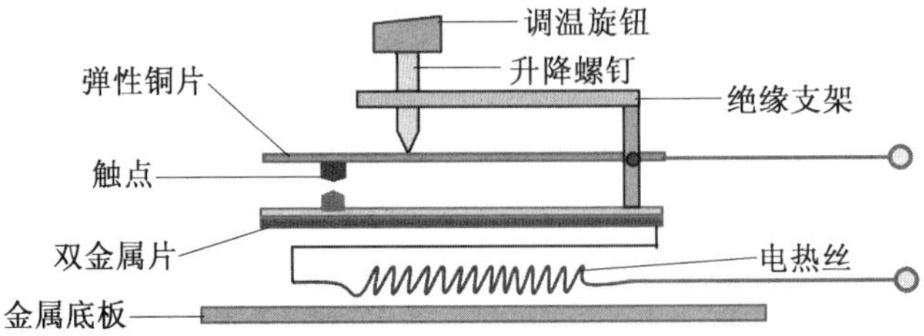

图 3. 2. 4

双金属片的上层金属的热膨胀系数大于下层金属的热膨胀系数. 当温度高于设定温度时,双金属片向下弯曲,上下触点分离而停止加热;当温度低于设定温度时,双金属片向上弯曲,上下触点合拢而进入加热状态.

显然,双金属片温度传感器的作用是控制电路的通断.

3. 烟雾报警器

烟雾报警器的全称是烟雾散射式火灾报警器. 顾名思义,这种报警器是利用烟雾对光的散射来工作的.

图 3. 2. 5 是烟雾报警器的原理图. 带孔的罩子内装有发光二极管 LED、光电三极管和不透光的挡板. 通常情况下,光电三极管接收不到 LED 发出的光,呈现高电阻状态;当进入罩内的烟雾达到一定的浓度时,由于烟雾对光的散射作用,使部分光线照射到光电三极管,其电阻变小. 与传感器连接的检测电路检测出这种变化,就会发出报警信号.

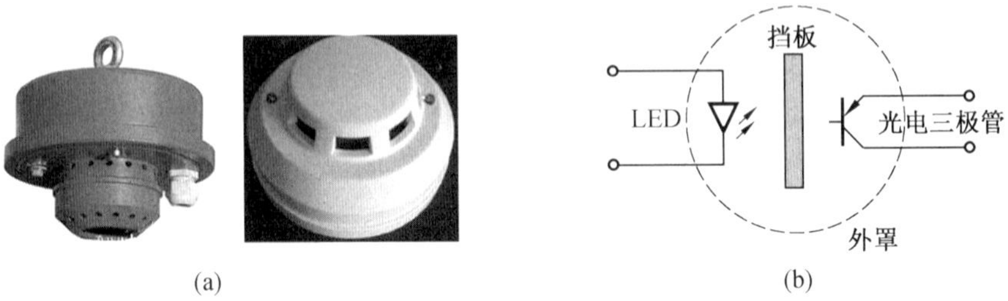

图 3. 2. 5

三、信息时代与传感器

1. 随处可见的传感器

(1) 红外测温仪.

(2) 数码相机与摄像机.

(3) 酒精浓度测试仪.

(4) 煤气报警器.

(5) 家用电器上的传感器.

(6) 蔬菜种植大棚中的传感器.

2. 信息社会离不开传感器

传感器的使用,使人类收集信息的能力得到极大的扩展和延伸,获取信息的手段更方便、更快捷,涉及的领域更广阔、更深入.

世界各国对传感器技术的研发和利用都高度重视,将传感器技术列为重点发展的尖端技术. 我国从事传感器研究的单位就有好几千个之多.

将传感器与计算机构成一个整体,就是智能传感器. 机器人上就有很多的智能传感器.

遥感遥测的基本原理是通过遥感传感器对观测目标产生的电磁波、热辐射进行远距离收集、转换,用计算机处理、识别,得出结论.

遥感遥测技术在地球资源勘测、环境监控、气象预报及军事侦察等方面的突出功能是其他测控方法无法取代的.

思考与练习

1. 图 3. 2. 6 所示的是位移传感器示意图. 物体 M 在导轨上平移时,带动滑动变阻器的金属杆 p 移动电压表的示数发生改变,由此可反映物体位移的大小. 当物体运动时,下列说法正确的是(　　).

A. 通过电源的电流会发生变化

B. 通过电源的电流不会发生变化

C. 若物体 M 向左运动，那么电压表的示数变小

D. 若物体 M 向左运动，那么电压表的示数变大

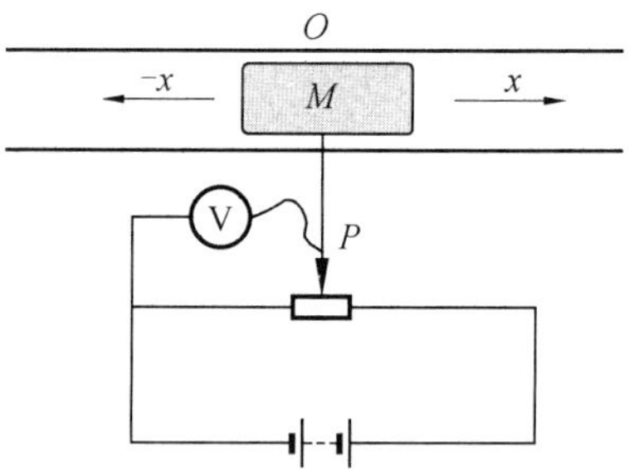

图 3.2.6

2. 许多楼道灯具有这样的功能：天黑时，出现声音就开启；白天，即使有声音也没有反应.

（1）它的控制电路接入了哪几种传感器？

（2）从这几种传感器发出来的信号，通过一个门电路后，进入执行电路. 应该选用哪种门电路？

3. 当前大量使用的磁敏器件是霍尔元件与集成电路制在一起的磁传感器，它有“线性型”和“开关型”两种.

（1）“线性型”的是将霍尔元件和放大器集成在一个芯片内，其输出的电压与感受到的磁感应强度成正比地连续变化. 试提出一种方案，利用它来测量电流大小.

（2）“开关型”的是当磁场强到一定程度时才会输出高电平，而在磁场弱到一定程度时才会输出低电平（或者相反），即只能在高低电平之间跃变. 试提出一种方案，利用它来测量物体的转速.

4. 在老师或专业人员的指导下，拆开一个电饭锅，研究它的温度传感器是怎样工作的.

选　修　3-3

第 1 章　分子动理论

1.1　分子动理论的基本观点

· 物质由大量分子构成.

· 分子永不停息地做无规则运动.

· 分子间存在相互作用力.

在热学研究中,常常以物质结构的基本图像为出发点,把物质的热学性质和规律看作微观粒子热运动的宏观表现. 这样建立的理论,叫作分子动理论.

分子动理论认为:物质由大量分子构成;分子永不停息地做无规则运动;分子间存在相互作用力. 这就是物质结构的基本图像.

一、物质由大量分子构成

1. 分子数目非常大

1 mol 任何物质都含有相同的分子数或原子数,即含有阿伏伽德罗常数个分子. 阿伏伽德罗常数为

$$N_A = 6.02\times10^{23}\ \text{mol}^{-1}$$

阿伏伽德罗常数 N_A 是联系宏观量与微观量之间的纽带. 宏观物质所含有的分子数目是非常巨大的,比如:仅 1 g H_2O 就含有 $n=\frac{6.02\times10^{23}}{18}=3.34\times10^{22}$ 个水分子数.

算一算:根据最新统计数据,目前世界人口总数约 73 亿. 若全世界人都同时来数水分子,且平均每人每秒数 1 个,那么,数 1 g 水的水分子需要多少秒? 合多少年?

2. 分子质量和体积都非常小

(1)1 mol 任何物质的质量即摩尔质量 M_O,都等于以“g”为单位该物质的分子量或原子量. 比如:1 mol H_2O 的质量为 18 g;1 mol Cu 的质量为 64 g. 摩尔质量 M_O 与分子质量 $m_{分子}$之间的关系为

$$m_{分子}=\frac{M_O}{N_A}$$

一般地,分子质量的数量级为 10^{-27} kg ~ 10^{-25} kg. 比如:$m_{水分子}=3.0\times10^{-26}$ kg.

(2)1 mol 固体或液体物质的体积即摩尔体积 V_O 与分子体积 $v_{分子}$之间的关系满足

$$v_{分子}=\frac{V_O}{N_A}$$

对于气体物质,由于分子间间隙很大(约为分子直径的 10 倍),因此$\frac{V_O}{N_A}$表示的是分子占据的平均空间.

算一算:通常 1 g 水的体积为 1 cm^3,那么 1 个水分子的体积是多大? 若把水分子看成球形,那么水分子的直径又是多大?

若用 ρ 表示物质的密度,那么 $\rho=\frac{M_O}{V_O}$.

一般地,分子直径的数量级为 10^{-10} m.

3. 用油膜法测量油酸分子直径

(1)两个基本假设:①分子呈球形;②分子间无间隙.

(2)测量原理:油酸(分子式 $C_{17}H_{33}COOH$,其中的羧基"—COOH"对水有极强的亲和力而浸入水中,另一部分"$C_{17}H_{33}$—"对水没有亲和力而冒出水面)滴在水面上,将会近似形成单分子排列的油膜. 若油滴体积为 V,油膜面积为 S,那么油膜厚度即油酸分子的直径 $d=\frac{V}{S}$.

①配置浓度(质量分数)为 0.2% ~0.5% 的油酸酒精溶液 500 mL 左右.

②用注射器或胶头滴管将油酸酒精溶液一滴一滴地滴入量筒中,记下每毫升滴数. 根据溶液浓度,算出平均每滴溶液中的油酸体积 V.

③在浅水盘中倒入适当的清水,在水面上轻轻地均匀地撒一层痱子粉,用注射器或胶头滴管向浅水盘中滴一滴配制好的油酸酒精溶液.

④当油层稳定不再扩散后,将玻璃板盖在浅水盘上,用彩笔在玻璃板上画出油膜轮廓图线,如图 1.1.1(a)所示.

⑤将画有画油膜轮廓图线的玻璃板放在坐标纸上,如图 1.1.1(b)所示,算出油膜面积 S.

⑥根据 $d=\frac{V}{S}$ 算出油膜厚度即油酸分子的直径,如图 1.1.1(c)所示.

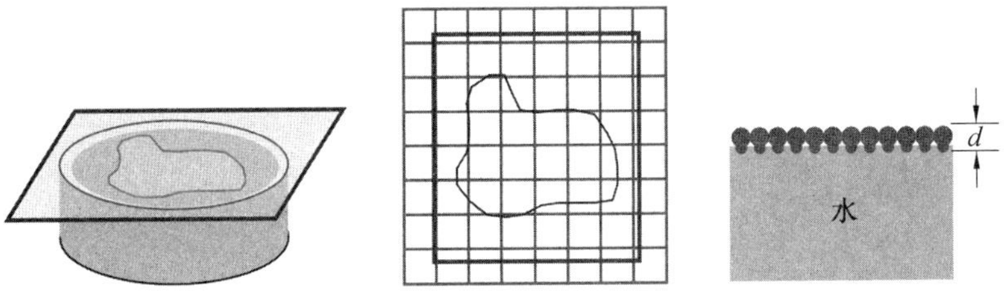

(a) (b) (c)

图 1.1.1

二、分子永不停息地做无规则运动

一切物质的分子都在不停地做无规则运动,有两个典型的实验基础,即扩散现象和布朗运动.

1. 扩散现象

如图 1.1.2 所示,相互接触的两种或多种物质的分子,彼此进入对方分子间隙的现象叫作扩散.

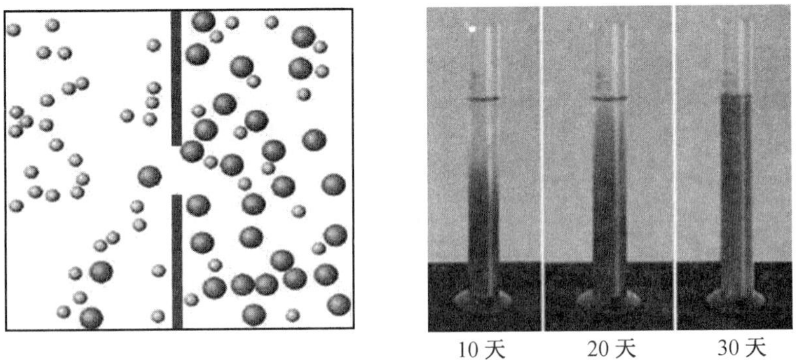

(a) 扩散模型 (b) $CuSO_4$ 和 H_2O 的扩散

图 1.1.2

(1)扩散的本质是物质分子的无规则运动. 扩散不是外界作用的结果,也不是化学反应的结果.

(2)任何物质的分子都会扩散. 一般地,气体分子扩散最快,液体分子扩散较快,固体分子扩散最慢.

(3)扩散与温度有关. 温度越高,扩散越快.

(4)扩散在科学技术中有着重要应用. 比如:在纯净半导体中掺入其他元素(称为半导体的掺杂)就是在高温下通过分子的扩散来完成的.

2. 布朗运动

如图1.1.3所示,悬浮在液体或气体中的固体小颗粒,由于受到液体分子或气体分子的频繁撞击而产生的无规则运动叫布朗运动.

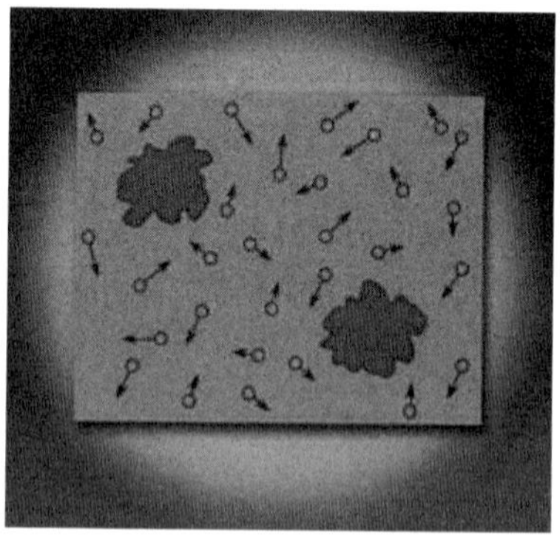

(a) 布朗运动的成因

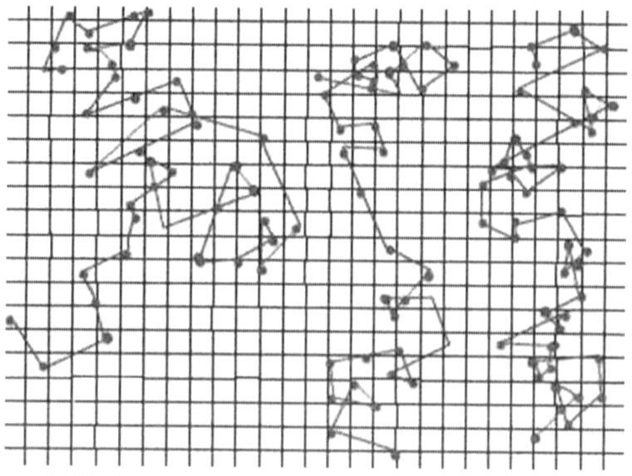

(b) 显微镜下1次/30 s记录的墨汁炭粒运动位置连线

图1.1.3

(1)布朗运动的本质不是分子运动. 布朗运动是布朗颗粒被分子频繁碰撞过程中各个方向受力不均匀的结果.

(2)布朗运动跟温度和布朗颗粒有关. 温度越高、布朗颗粒越小,布朗运动就越明显.

思考:阳光从门窗照入室内时,可看见光路中亮晶晶的尘埃的无规则运动. 尘埃的这种运动是否是布朗运动? 它的成因是什么?

3. 热运动

在物理学中,把凡是与温度有关的现象,都叫作热现象. 物质分子永不停息地做无规则运动就叫作热运动.

三、分子间的作用力

气体很容易被压缩、水和酒精混合后总体积会减小以及所有物质的扩散现象都说明分子之间有间隙. 但为什么大量分子能够聚在一起形成液体和固体且能维持一定的体积,而又都不容易被压缩呢?

分子间同时存在引力$f_{引力}$和斥力$f_{斥力}$,分子间的作用力F是指分子间引力$f_{引力}$和斥力$f_{斥力}$的合力. 分子间的$f_{引力}$、$f_{斥力}$和F都与分子间的距离r有关,如图1.1.4所示.

$f_{引力}$和$f_{斥力}$都随分子间距离的增大而迅速减小,$f_{引力}$的变化比$f_{斥力}$的变化快.

当$r<r_0$时,$f_{引力}<f_{斥力}$,F表现为引力.

当$r=r_0$时,$f_{引力}=f_{斥力}$,$F=0$,即表现为合力为0.

当$r>r_0$时,$f_{引力}>f_{斥力}$,F表现为斥力.

当$r\to\infty$时,$f_{引力}\to 0$,$f_{斥力}\to 0$,$F\to 0$.

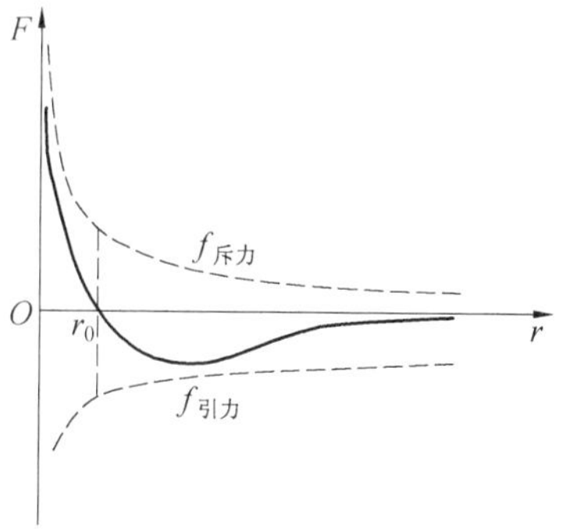

图1.1.4

r从0变化到∞的过程中,F先减小、后增大、再减小.

r_0称为平衡位置距离,其数量级为10^{-10} m. 固体和液体分子间的距离与r_0比较接近,但液体分子间的距离比固体分子间的距离略大. 气体分子间的距离很大,通常为$10r_0$甚至更大,所以,气体分子间的作用力很小,一般可以忽略不计.

思考与练习

1. 已知铜的密度为 8.9×10^3 kg/m^3，铜的摩尔质量为 6.4×10^{-2} kg/mol. 若把铜分子看成球形，试估算铜分子的直径.

2. 已知氧气的摩尔质量为 3.2×10^{-2} kg/mol. 试计算：在标准状态下，氧气分子之间的平均距离是多大？

3. 在做“用油膜法估测分子直径”的实验时，每 10^4 mL 油酸酒精溶液中含有纯油酸 6 mL，用注射器测得 75 滴该溶液为 1 mL. 把 1 滴这样的溶液滴入盛水浅盘里，在玻璃板上画出的油酸膜轮廓如图 1.1.5 所示. 图中坐标纸的小方格边长为 1 cm.

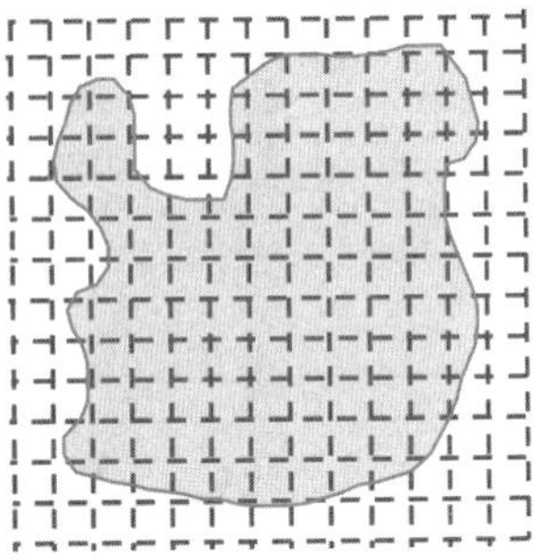
图 1.1.5

(1) 1 滴油酸酒精溶液中含有纯油酸的体积是多少？

(2) 油酸膜的面积有多大？

(3) 油酸分子的直径是多大？

4. 在高倍显微镜观察每 30 s 记录 1 次的 3 颗墨汁炭粒运动位置连线如图 1.1.6 所示. 关于这个现象，下列说法正确的是(　　).

A. 该图形记录的是水分子无规则运动的情况

B. 该图形记录的是墨汁炭粒无规则运动的情况

C. 该图形间接反映墨汁炭粒无规则运动的情况

D. 该图形间接反映水分子无规则运动的情况

5. 如图 1.1.7 所示，把一块洗净的玻璃板用弹簧秤起，使玻璃板水平接触水面，然后竖直向上拉弹簧秤. 如果要想把玻璃板拉离水面，那么拉力必须大于玻璃板的重力. 做一做，并解释这一现象.

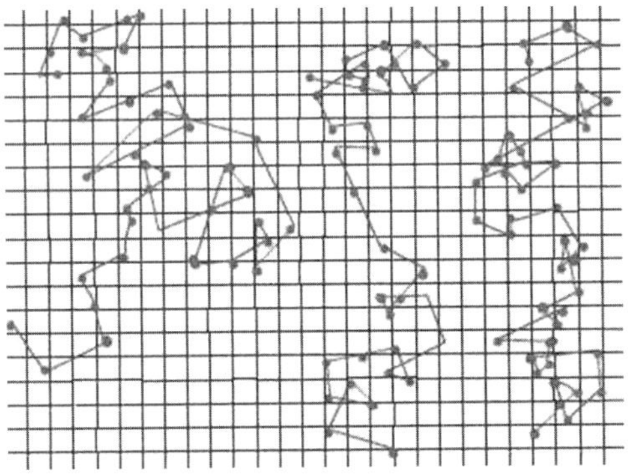
图 1.1.6　显微镜下 1 次/30 s 记录的墨汁炭粒运动位置连线

图 1.1.7

6. 试描述：当两个分子间的距离 r 从 $r<r_0$ 逐渐增大，直到 $r\to\infty$ 的过程中，分子间的引力 $f_{引力}$ 如何变化？分子间的斥力 $f_{斥力}$ 如何变化？分子间的作用力 F 如何变化？

1.2　气体分子速率分布与压强

· 大量偶然事件遵循一定的统计规律.

· 气体分子速率满足正态分布统计规律.

· 气体分子频繁碰撞容器壁产生气体压强.

一、统计规律

先来做两个实验.

实验 1：全班同学各随意投掷一枚硬币 1 次和 10 次，将投掷结果按学号顺序填入表 1. 2. 1，并对全班的总结果进行统计.

表 1. 2. 1

学号		1	2	3	4	5	…	43	44	45	46	47	48	49	50
1 次	正面														
	反面														
10 次	正面														
	反面														

（1）每人投掷 1 次，全班同学投掷总次数 $N=$________，正面朝上的次数 $N_1=$________，比值 $\frac{N_1}{N}=$________；反面朝上的次数 $N_2=$________，比值 $\frac{N_2}{N}=$________.

（2）每人投掷 10 次，全班同学投掷总次数 $N=$________，正面朝上的次数 $N_1=$________，比值 $\frac{N_1}{N}=$________；反面朝上的次数 $N_2=$________，比值 $\frac{N_2}{N}=$________.

实验 2：将大量的豌豆一颗接一颗地投入如图 1. 2. 1 所示的伽尔顿板中，注意观察各狭槽中豌豆颗粒数的变化过程及最终结果.

（1）投入的前 10 颗豌豆是否是“5”号狭槽 2 颗，而其余狭槽各 1 颗？

（2）投入的前 50 颗豌豆，各狭槽中的豌豆颗粒数是否几乎平均分配？

（3）投掷完毕后，画出各狭槽中豌豆堆积高矮的轮廓图线.

实验统计结果说明什么问题？从中能得到什么启示？

实验数据研究表明，个别事件的出现纯粹是偶然的，而大量的偶然事件却会表现出一定的规律.

图 1. 2. 1

大量偶然事件表现出来的整体规律，叫作统计规律.

（1）个别事件表现偶然性，大量事件表现必然性.

（2）大量偶然事件整体遵循一定的统计规律.

（3）不同的事件表现的规律一般不相同.

二、气体分子速率分布规律

1859 年，英国物理学家麦克斯韦运用统计方法，找到了气体分子速率分布函数，从而确定了气体分子速率分布规律. 图 1. 2. 2 所示的是气体分子的麦克斯韦分布曲线.

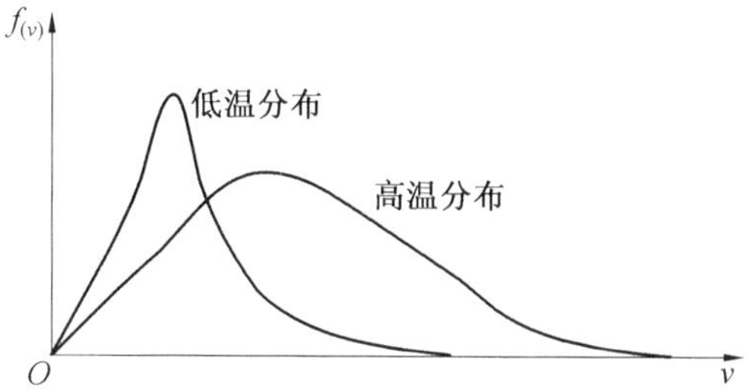

图 1. 2. 2

气体多数分子的速率集中在某区域附近，表现出“中间多、两头少”的正态分布规律.

温度升高时，气体分子的速率增大，分布曲线的峰值向速率大的方向移动.

气体分子的速率与温度有很大的关系.通常情况下,气体分子的平均速率为 400 ~ 500 m/s. 表 1.2.2 是科学家们用实验的方法在 0 ℃和 100 ℃时测出的氧气分子的速率分布.

表 1.2.2

按速率大小划分的速度区间 $v/(m \cdot s^{-1})$	不同温度下各速率区间的分子数占总分子数的百分比/%	
	0 ℃	100 ℃
100 以下	1.4	0.7
100 ~ 200	8.1	5.4
200 ~ 300	17.0	11.9
300 ~ 400	21.4	17.4
400 ~ 500	20.4	18.6
500 ~ 600	15.1	16.7
600 ~ 700	9.2	12.9
700 ~ 800	4.5	7.9
800 ~ 900	2.0	4.6
900 以上	0.9	3.9

麦克斯韦统计理论指出:对于一个由大量微观粒子组成的系统,利用统计方法一旦找到了某个微观量的分布函数,便可求出这个微观量的统计平均值,而这个统计平均值正好等于该系统的相应宏观量.这样,就把分子的微观运动跟物体的宏观表现紧密地结合起来了.

思考:气体分子的速率一般为 400 ~ 500 m/s. 为什么在教室前排洒香水,要过好几秒后,后排才能闻到香水味?

三、气体的压强

按照图 1.2.3 所示,用台秤和豌豆粒做一个类比试验,模拟气体压强产生的机理.

(1)把 1 颗豌豆粒从台秤上方 20 cm 处释放到秤盘上,观察台秤指针的摆动情况.

(2)把 100 颗或更多豌豆粒从台秤上方 20 cm 处连续释放到秤盘上,观察台秤指针的摆动情况.

(3)把 100 颗或更多豌豆粒从台秤上方 30 cm 处连续释放到秤盘上,观察台秤指针的摆动情况.

(4)把 100 颗或更多豌豆粒从台秤上方 50 cm 处连续释放到秤盘上,观察台秤指针的摆动情况.

图 1.2.3

实验表明:大量豌豆粒连续不断地碰撞秤盘时,台秤指针几乎稳定在某一刻度值;台秤的示数跟豌豆粒的密集程度和速度大小有关.

容器中大量的气体分子高速无规则运动,频繁碰撞容器壁,使容器壁受到一个稳定的压力,因而对容器壁产生压强.

(1)气体压强是大量气体分子频繁碰撞容器壁而产生的.

(2)大量气体分子向各个方向碰撞的概率相等,碰撞效果相同,因此,气体内部压强处处相等.

(3)从微观角度看,气体压强跟气体分子的密集程度和平均速率(平均动能)有关.

(4)从宏观角度看,气体压强跟气体的密度(单位体积的分子数)和温度有关.

思考与练习

1. 图 1.2.4 所示的是两条古老的阶梯，它们记录着千千万万人次的脚印. 仔细观察可以发现，这些阶梯的中间部分磨损较多，都比较平整光洁，两边磨损较少而显得粗糙. 试用统计思想分析其成因.

图 1.2.4

2. 试在不同季节对当地气象台天气预报中的“明天降水概率”做连续 10 天或 1 个月的记录，并对照次日实际天气情况，填入自己设计的表格中，给气象台对不同季节降水预报的准确度进行评价.

3. 由于受基因、年龄等因素的影响，人群中每个人的身高一般不相同. 图 1.2.5 所示的是某小学三年级学生的身高统计直方图. 试根据图像完成下列问题：

(1)学生身高有什么规律?

(2)出现人数最多的身高是多少?

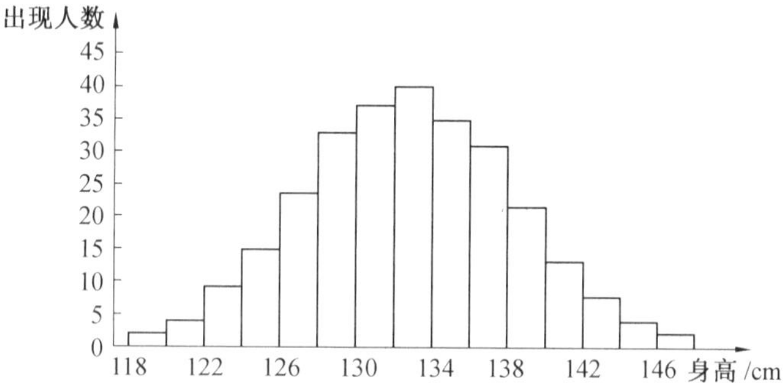

图 1.2.5

4. 一打足气的篮球从某一高度自由下落. 在此过程中，关于球内气体压强的下列描述中正确的是(　　).

A. 由于篮球处于失重状态，故球内气体压强为零

B. 由于篮球处于失重状态，故球内气体压强小于大气压强

C. 由于篮球处于超重状态，故球内气体压强大于大气压强

D. 不管篮球处于失重状态还是超重状态，球内压强都大于大气压强

1.3　热力学第零定律与温标

· 热力学系统及其状态参量.

· 平衡态与热平衡的区别.

· 摄氏温标与热力学温标的关系

一、热力学系统与状态参量

1. 热力学系统

由大量微观粒子组成，并与其周围环境以任意方式相互作用着的宏观客体，叫作热力学系统，简称系统. 热力学系统就是热力学研究对象. 系统之外与系统发生相互作用的其他物体统称外界.

比如：用酒精灯加热容器中的气体，把气体作为研究对象，气体就是一个热力学系统，而容器和酒精灯就是外界.

热力学系统可根据不同的分类方式分成若干类型，通常按系统与外界相互作用方式进行分类和按系统物质的化学成分进行分类.

(1) 按系统与外界相互作用方式进行分类.

①孤立系统：与外界没有任何相互作用的系统.

②封闭系统：与外界只有能量交换而没有物质交换的系统.

③开放系统：与外界既有能量交换又有物质交换的系统.

④绝热系统：与外界没有热量交换的系统. 可以是封闭系统，也可以是开放系统.

(2) 按系统物质的化学成分进行分类.

①单元系统：只含有一种化学成分的系统.

②多元系统：含有两种或两种以上化学成分的系统.

2. 状态参量

在物理学中，为了确定物体或系统的状态而用到的物理量，叫作状态参量.

比如：在力学中为了确定物体机械运动状态时，使用了坐标（空间参量）和速度（力学参量）两个参量.

描述热力学系统的状态参量通常有体积 V（空间参量）、压强 p（力学参量）和温度 T（热学参量）.

3. 平衡态

在没有外界干扰的情况下，经过足够长的时间，系统内各部分的状态参量不再发生变化而达到的稳定状态，叫作平衡态.

平衡态是指一个系统的状态.

比如：将两箱不同压强、不同温度的气体注入同一容器中，压强大的会向压强小的一方流动，温度高的会向温度低的一方传热. 若容器没有与外界发生能量交换，经过一段时间后，容器内各点的压强和温度就都不再变化. 这样，容器内的气体就达到了平衡态.

两个温度不同的物体相互接触，这两个物体组成的系统处于非平衡态.

二、热力学第零定律与温度

1. 热力学第零定律

相互传热的两个或多个热力学系统，经过一定时间后，它们的热学参量不再发生变化，称这两个或多个系统的传热达到了热平衡.

热平衡概念也适用于原来没有发生过作用的两个或多个热力学系统. 即只要两个或多个热力学系统在发生相互作用时，它们的热学参量不发生变化，就可以说这两个或多个热力学系统原来是处于热平衡的.

图 1.3.1 所示的 A、B 两个热力学系统相互作用前后的温度都为 300 K，因此 A、B 两个系统原来就是处于热平衡的.

实验表明：如果两个热力学系统分别与第三个热力学系统达到热平衡，那么这两个热力学系统彼此之间必定处于热平衡. 这一结论叫作热平衡定律，也称热力学第零定律.

热平衡是指两个或多个热力学系统之间的关系.

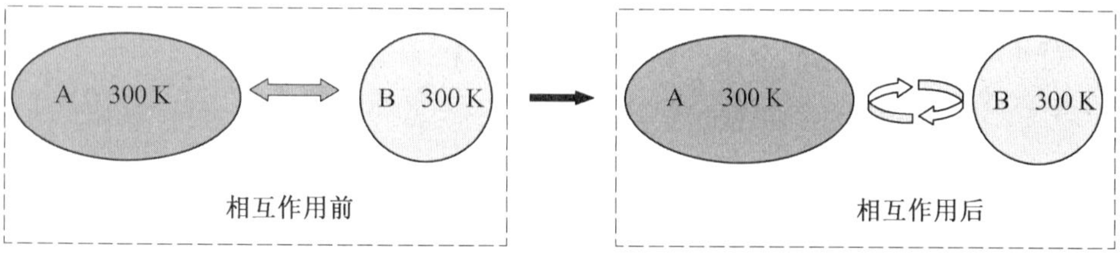

图 1.3.1

2. 温度

温度是物体的冷热程度. 两个处于热平衡的热力学系统具有共同的热学性质,这个共同的热学性质就是温度.

物理学中,把表征处于热平衡的两个或多个热力学系统具有的共同热学性质特征的物理量叫作温度.

三、温标与温度计

1. 温标

定量描述温度或表示温度数值的方法叫作温标.

选定来做测量温度的物质,叫测温物质. 温标往往要根据测温物质某个测温特性来制定. 目前,用得比较多的温标有摄氏温标和华氏温标.

用摄氏温标表示的温度叫摄氏温度,用华氏温标表示的温度叫华氏温度. 摄氏温度与华氏温度之间的关系为

$$t_F=\frac{9}{5}t_C+32\ ^\circ F \quad 或 \quad t_C=\frac{5}{9}t_F-\frac{160}{9}\ ^\circ C$$

(1) 摄氏温标:规定在 1 标准大气压下,水的冰点为 0 ℃、水的沸点为 100 ℃,在 0 ℃到 100 ℃之间平均分成 100 等分,每一等分就是 1 ℃.

(2) 华氏温标:规定在 1 标准大气压下,水的冰点为 32 ℉、水的沸点为 212 ℉,在 32 ℉到 210 ℉之间平均分成 180 等分,每一等分就是 1 ℉.

像摄氏温标和华氏温标这样,依赖于测温物质特性的温标,常称为经验温标. 现代科学中用得最多的是热力学温标. 热力学温标又称绝对温标,它不依赖任何测温物质的任何测温特性.

用热力学温标表示的温度叫热力学温度或绝对温度. 热力学温度是国际单位制中七个基本物理量之一,用 T 表示,单位是开尔文,符号为 K.

(3) 热力学温标:规定在 1 标准大气压下,水的三相点为 273.16 K、水的冰点为 273.15 K,理论温度最低极限为 0 K.

1960 年,国际计量大会确定了摄氏温标与热力学温标的关系:摄氏温标由热力学温标导出,摄氏温标所确定的温度用 t 表示,它与热力学温度 T 之间的关系是

$$t=T-273.15\ ^\circ C \quad 或 \quad T=t+273.15\ K$$

2. 温度计

测量温度的仪器就叫温度计.

根据测温物质的不同测温特性可制造不同类型的温度计. 比如:利用气体作为测温物质的气体温度计;利用液体作为测温物质的液体温度计;利用固体作为测温物质的固体温度计.

最早的温度计是伽利略发明的空气温度计,如图 1.3.2 所示.

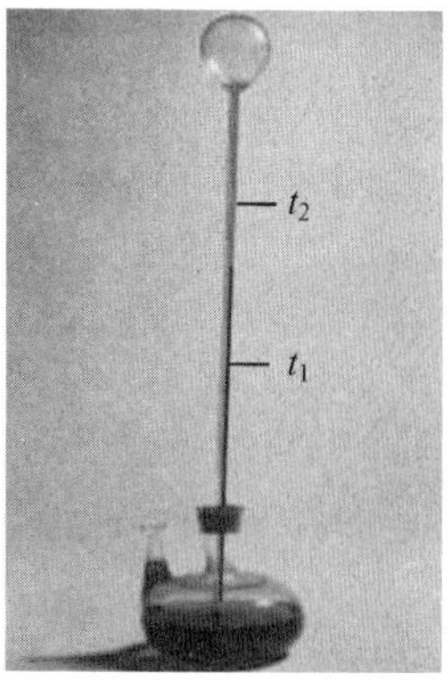

图 1.3.2

1593 年,伽利略根据空气的热膨胀特性,发明了世界上第一支温度计. 这种温度计是用一根细长的玻璃管制成的. 玻璃管的上端呈封闭空心圆球形,里面有一定量的空气,细长部分装有适量的带颜色的水,下端开口并插入盛水的容器中,在

玻璃管上等距离地标上刻度.

(1)玻璃管内液面的高低与温度有什么关系？图中 t_1 与 t_2 哪个大？

(2)大气压对这种温度计的读数有什么影响？

不同温度计的测温范围一般不相同，甚至差别很大. 目前，测温范围最大的温度计要算热电偶温度计. 热电偶温度计有的可测量高达 3 000 ℃的高温，有的可测接近绝对零度(-273.15 ℃)的低温.

思考与练习

1. 入冬以后，有些地区早晚温差比较大. 天气预报某地某日最高气温 15 ℃，最低气温-5 ℃. 它们分别是多少℉？多少 K？

2. 已知某物理量 X 与热力学温度 T 成正比，把这个关系用等式表示出来. 若用摄氏温度 t 表示温度，则这个关系式又该怎么表示？试分别粗略画出 $X-T$ 图像和 $X-t$ 图像.

3. 图 1.3.3(a)表示某金属丝的电阻 R 随摄氏温度 t 的变化关系. 把这段金属丝做测温探头，与电池、电流表连成图，如图 1.3.3(b)所示，并把电流表的电流刻度改为温度刻度，于是就得到一个简单的电阻温度计. 如果电池的电动势和内电阻都是不变的，试完成下列问题.

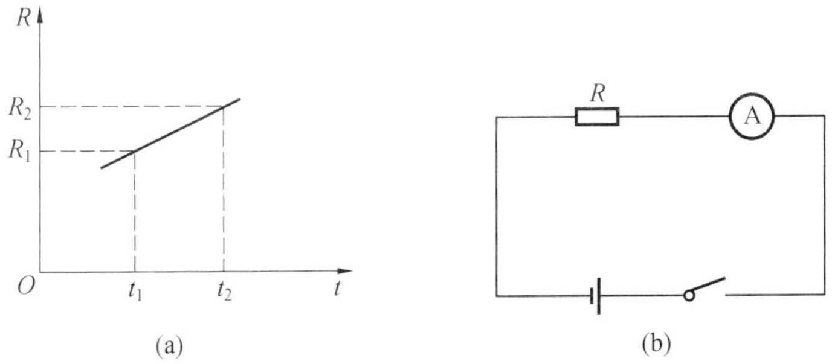

图 1.3.3

(1)写出温度 t 与电阻 R 之间的函数关系.

(2)电流表上代表 t_1、t_2 的两点，哪个应该标在电流比较大的刻度上？

4. 双金属温度计是将两种不同热膨胀系数的金属绕成螺纹旋形的双金属片的热感温器件. 其中一端固定，称为固定端，另一端连接在一根细轴上，称为自由端，并把它装在保护套管内. 在自由端细轴上装有指针，表壳材料一般是钢板、铸合金或不锈钢板. 当双金属片的温度高于设定的常态温度时，将会向热膨胀系数小的一侧发生弯曲；反之，温度低于设定的常态温度时，将会向热膨胀系数大的一侧发生弯曲. 双金属温度计普遍用于工业生产中，其测温范围根据不同的用途差别比较大，一般为-80～550 ℃. 图 1.3.4 所示的是双金属温度计的原理结构及实物图，试分析其工作原理.

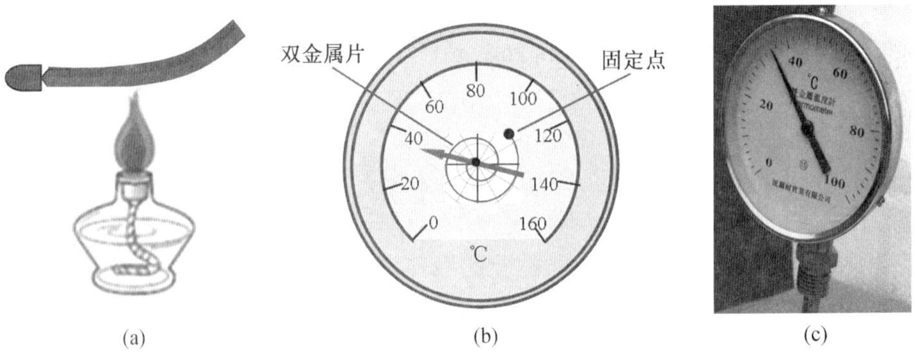

图 1.3.4

1.4　内　　能

· 分子热运动的平均动能跟物体的热力学温度成正比.
· 从 E_p–r 曲线和 f–r 曲线理解分子力做功与分子势能的变化关系.
· 做功和热传递对于改变内能的实质有什么不同?

一、分子平均动能

1. 分子动能

根据分子动理论,一切物质的分子都在做永不停息的无规则热运动. 物体中分子无规则运动而具有的能叫分子动能.

2. 分子平均动能

物体中分子热运动的速率各不相同,并且随时变化. 因此,各个分子的动能大小也不相同,也在随时变化. 把物体中大量分子动能的平均值叫作分子热运动的平均动能,简称分子平均动能.

3. 温度的微观本质

扩散现象和布朗运动告诉我们,物体的温度越高,分子无规则运动越剧烈. 因此,物体的温度升高,分子热运动加剧,分子平均动能增加;物体的温度降低,分子热运动减慢,分子平均动能减少.

因此,温度是物体内分子热运动平均动能的标志. 这就是温度的微观本质.

进一步研究表明,对于理想气体,分子热运动的平均动能与物体的热力学温度成正比,即

$$E_k=\frac{1}{2}mv^2=\frac{2}{3}kT$$

式中,$k=1.38\times10^{-23}$ J/K,称为玻尔兹曼常数.

思考:温度相同的不同物质的物体,它们的分子平均动能是否相等? 物体的温度升高,是否物体中所有分子的速率和动能都变大?

二、分子势能

1. 分子势能

分子之间存在着分子力. 实践证明,分子力做功与万用引力、电场力一样,与路径无关,只与运动的始末位置有关,因此分子之间同样存在由分子间相对位置决定的势能.

物理学中,把由分子间相对位置决定的势能叫作分子势能.

2. 分子势能变化

分子势能的变化由分子力做功来决定. 分子力做正功,分子势能减少;分子力做负功,分子势能增加.

分子势能的变化比引力势能、电势能及弹性势能的变化要复杂得多. 图 1.4.1 所示的是两个相互作用的分子,它们之间的分子势能 E_p 和分子力 f 随分子间的距离 r 变化的关系曲线.

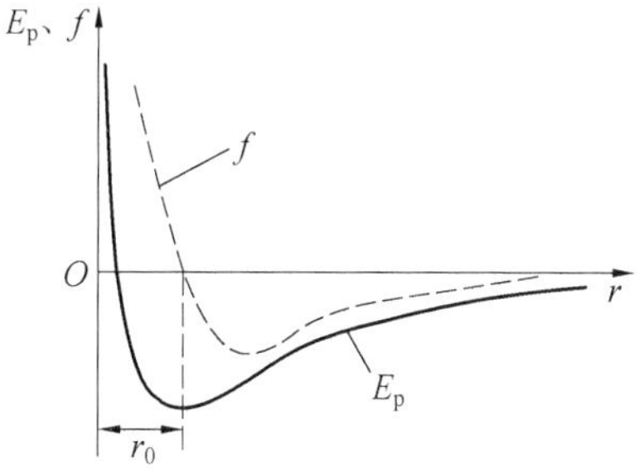

图 1.4.1

(1) 如何理解 E_p–r 曲线和 f–r 曲线?

(2) 当 f 为极大值时,E_p 是否为极大值?

(3) 当 r 由 $r<r_0$ 逐渐变化到 $r\gg r_0$ 的过程中,E_p 怎样变化?

(4) 当 $r=r_0$ 时,E_p 是最大值? 还是最小值?

当分子间的距离 $r<r_0$ 时,分子力 f 表现为斥力,分子势能 E_p 随 r 的增大而减小;当分子间的距离 $r>r_0$ 时,分子力 f 表现为引力,分子势能 E_p 随 r 的增大而增大;当分子间的距离 $r=r_0$ 时,分子力 $f=0$,分子势能 $E_p<0$ 且为最小值.

物体内分子间的距离发生变化,宏观上表现为物体的体积变化. 因此,分子势能跟物体的体积有关.

思考:①对于一个给定的热力学系统,当它的体积增大时,它的分子势能将怎样变化? 当它的体积减

小时,它的分子势能又将怎样变化?

②物质由固态变为同温度的液态或由液态变为同温度的气态时,它的分子势能怎样变化? 为什么?

三、物体的内能

1. 内能

物体中所有分子的热运动动能和分子势能之和叫物体的内能. 一般地,内能通常用符号“U”表示.

实践证明:分子的热运动永远不会停止,分子间的作用力也不会消失. 因此,一切物体都具有内能.

内能是不同于机械能的另一种形式的能,机械运动与内能没有关系. 从宏观角度看,内能决定于物体的温度和体积,与其他因素无关.

思考:对于一个给定的热力学系统,比如“温度为 30 ℃、体积 20 cm^3”的铜块,能计算出它的内能的大小吗?

2. 内能的变化

当物体的温度或体积发生变化时,物体的内能就会发生变化.

使物体内能发生改变的方法有两种:做功和热传递.

思考:①列举做功和热传递改变内能的例子各 3 个以上,并说明这些例子中的能量转化或转移问题.

②做功和热传递对于改变物体内能是等效的,其他方面还等效吗? 举出几个等效或不等效的例子加以说明.

(1)做功改变内能的实质是其他形式的能与内能相互转化. 在这一过程中,内能 U 的变化量等于外界对系统所做的功 W.

$$\Delta U=W$$

①外界对系统做正功(压缩气体做功),即 $W>0$ 时,系统内能增加,$\Delta U>0$.

②外界对系统做负功(气体膨胀做功),即 $W<0$ 时,系统内能减少,$\Delta U<0$.

(2)热传递改变内能的实质是内能的转移. 在这一过程中,内能的变化量等于外界对系统传递(系统吸收或放出)的热量 Q.

$$\Delta U=Q$$

①系统吸热,即 $Q>0$ 时,系统内能增加,$\Delta U>0$.

②系统放热,即 $Q<0$ 时,系统内能减少,$\Delta U<0$.

思考与练习

1. 表 1.4.1 中列举了几种物质的摩尔质量和比热容. 结合表中相关数据计算、分析下列问题.

表 1.4.1

物质名称	摩尔质量/($g\cdot mol^{-1}$)	比热容/($J\cdot(kg\cdot ℃)^{-1}$)
H_2O	18	4.20×10^3
Al	27	0.88×10^3
Fe	56	0.46×10^3
Cu	64	0.39×10^3

(1)让 1 mol 水和 1 mol 铜分别都吸收 360 J 的热量,它们的温度各升高多少?

(2)使 50 g 铝和 50 g 铁分别都吸收 500 J 的热量,它们的温度各升高多少?

(3)定性分析:温度相同的不同物质的物体,它们的分子平均动能是否相等?

2. 动手按步骤完成问题.

第一步:将一把干燥的沙子放入一个带盖的厚壁塑料容器中.

第二步:用温度计测量沙子的温度并记录.

第三步:盖上盖子,然后用力摇动容器 1 ~2 min.

第四步:猜想沙子的温度会发生怎样的变化,然后打开盖子用温度计测量,验证你的猜想.

第五步:把金属容器替代塑料容器,重复以上操作.然后结合有关知识,试解释两次操作中看到的现象.

3. 如图 1.4.2 所示,绝热连通器的两侧盛有相同的液体.开始时,左侧液面较右侧液面高,阀门 K 处于关闭状态.两侧的活塞 S_1 和 S_2 也是绝热的,且与容器壁及液面都紧密接触而无摩擦.现将阀门 K 打开一小缝隙,让两侧液体缓慢流动直至稳定的过程中(　　).

A. 大气压对活塞做正功,液体内能增加

B. 大气压对活塞做负功,液体内能减少

C. 大气压对活塞不做功,液体内能增加

D. 大气压对活塞不做功,液体内能减少

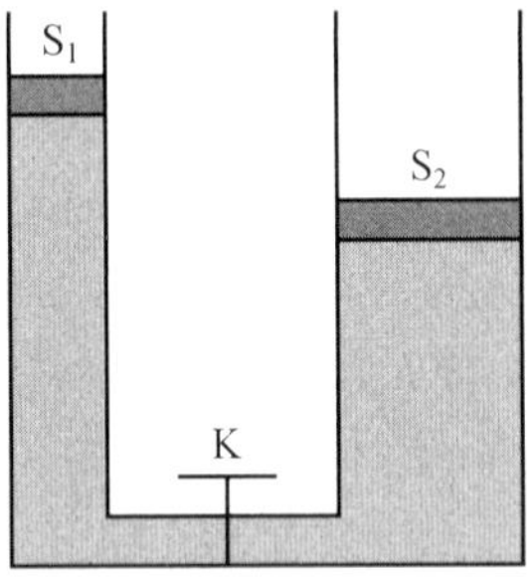

图 1.4.2

第2章　固体、液体和物态变化

2.1　固体结构

· 从是否具有熔点的角度区分晶体与非晶体.
· 从物质沿各个方向的物理性质角度区分单晶体与多晶体.
· 从纳米材料和纳米技术看新型材料的开发及应用前景.

一、晶体和非晶体

固体物质分为晶体和非晶体两大类. 图2.1.1是晶体和非晶体的熔化曲线.

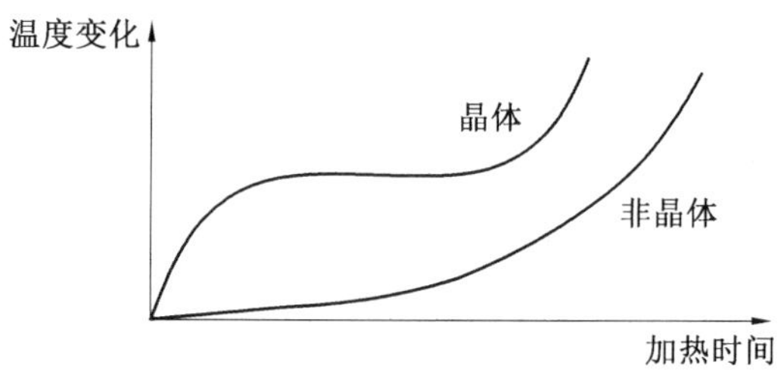

图2.1.1

晶体熔化过程中温度不变化.

非晶体熔化过程中温度不逐渐升高.

1. 晶体

具有一定熔点的固体叫作晶体. 构成晶体的最小重复单元叫晶胞. 比如:金刚石、水晶、云母、食盐、味精、铜、铝等. 其中,晶胞空间取向一致的晶体叫单晶体(比如:食盐);晶胞空间取向杂乱的晶体叫多晶体(比如:铜).

2. 非晶体

没有一定熔点的固体叫非晶体. 比如:玻璃、蜂蜡、松香、沥青、橡胶等.

3. 晶体和非晶体的基本特点

现在,我们来做一个实验.

将熔化的石蜡薄薄地均匀地涂抹在玻璃薄片、铝薄片、云母薄片上. 把缝衣针烧热后分别接触三个薄片的石蜡层背面不要移动. 一小段时间后,观察比较三个薄片上的石蜡熔化形状,如图2.1.2所示.

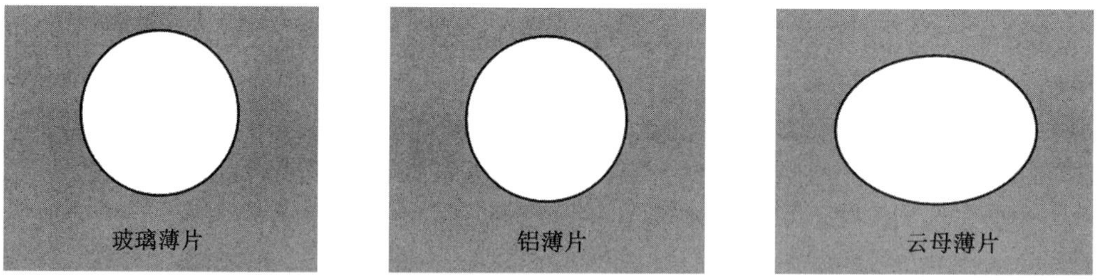

图2.1.2

从三个薄片上的石蜡熔化形状的差异,说明什么问题?

实验表明:玻璃薄片和铝薄片向各个方向的传热效果是相同的,而云母薄片向各个方向的传热效果不相同.

物理学中,把物质沿各个方向的(导热特性、导电特性及光学特性等)物理性质相同的现象称为各向同性;把物质沿各个方向的物理性质不相同的现象称为各向异性.

晶体和非晶体的基本特点比较如表2.1.1所示.

表 2.1.1　晶体和非晶体的基本特点比较

- 固体→
  - 晶体→具有一定熔点→
    - 单晶体→
      - 具有规则的天然几何外形.
      - 各向异性.
    - 多晶体→
      - 没有规则的天然几何外形.
      - 各向同性.
  - 非晶体→没有一定熔点→
    - 各向同性.
    - 没有规则的天然几何外形.

二、晶体的结合类型

根据晶体粒子的种类及粒子间相互作用的不同，可将晶体物质分为离子晶体、分子晶体、原子晶体、金属晶体及混合晶体等.

1. 离子晶体

在离子化合物中，由正、负离子通过离子键结合而成的晶体叫离子晶体. 如图 2.1.3 所示的 NaCl 晶体就是典型的离子晶体. 组成 NaCl 晶体的 Cl^- 和 Na^+ 在空间互相垂直的方向上等距离交替排列，每个 Cl^- 周围有 6 个 Na^+，同样每个 Na^+ 周围有 6 个 Cl^-，形成正立方体型的空间结构.

图 2.1.3

一般来说，离子晶体结合牢固、熔点较高、不易导电.

2. 分子晶体

分子化合物的分子或惰性气体原子，通过分子间作用力(称为范德瓦耳斯力，又称范德华力)结合形成的晶体叫分子晶体.

雪花晶体就是比较常见的分子晶体. 雪花的形成是很复杂的，雪花的形状各异，有几十种之多，图 2.1.4所示的是其中比较典型的几种.

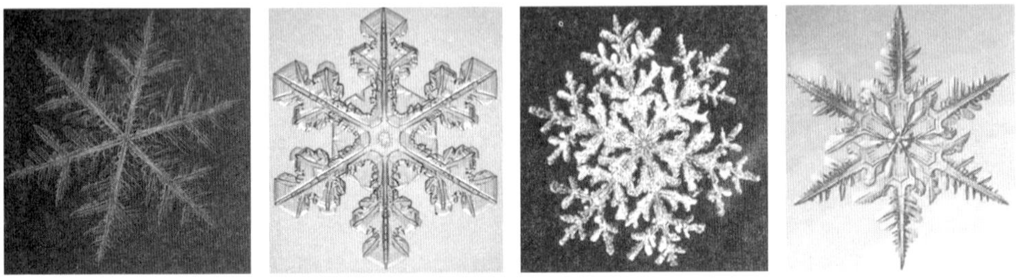

图 2.1.4

科学家们研究发现，雪花实际上能够被分成 39 种一般形状. 这些一般形状包括柱状晶体、不规则雪花粒子和平面晶体(传统意义上六边形雪花的组成成分)，具体产生何种形状则依赖于温度和湿度.

当水结冰时，连在一起的水分子就会结晶形成六边形显微结构，六边形的每个顶点上都是两组氢氧原子对连到一个氧原子的两边. 结冰过程中，越来越多的水分子加入这个显微结构中，导致显微结构分别在它的六个方向扩展，最后形成了雪花.

3. 原子晶体

相邻原子之间通过共价键结合而成的晶体叫原子晶体. 通常说的金刚石、SiO_2 晶体都是典型的原子晶体，它们的结构也很相似，都呈正四面体型.

在金刚石晶体中，每个碳原子都与另外 4 个碳原子形成共价键，构成正四面体. 而 SiO_2 晶体中的每个硅原子都与相邻的 4 个氧原子形成共价键，构成正四面体，硅原子处于该 4 个氧原子的中心. 图 2.1.5 所示的是金刚石和 SiO_2 晶体的模型.

原子晶体中的共价键都很强，所以原子晶体硬度大，熔点极高. 原子晶体中所有的价电子都被限制在共价键区域，没有自由电子，所以原子晶体不导电.

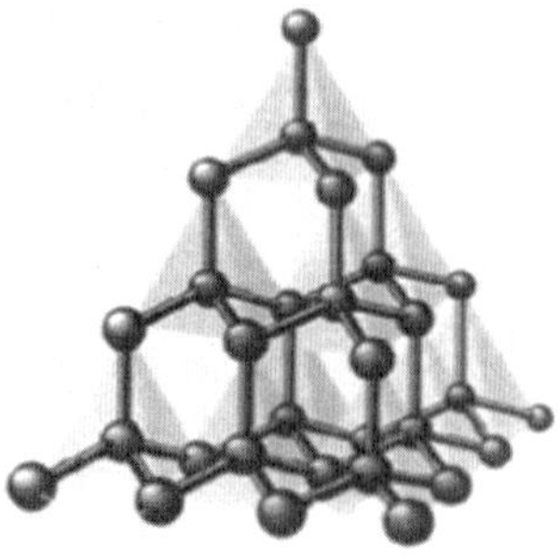

(a) 金刚石

(b) SiO_2 晶体

图 2.1.5

宝石欣赏

钻石,钻石是指经过雕琢打磨的金刚石.金刚石是一种天然矿物,是钻石的原石,是在地球深部高压、高温条件下形成的一种由碳元素组成的单质晶体,属等轴晶系.

钻石是唯一由单一元素组成的宝石.钻石中常含有0.05% ~0.2% 的杂质元素,其中最重要的是N和B,它们的存在关系到钻石的类型和性质.钻石晶体形态多呈八面体、菱形十二面体、四面体及它们的聚形.纯净的钻石无色透明,由于微量元素的混入而呈现不同颜色.图 2.1.6 所示的是比较珍贵的钻石饰品.

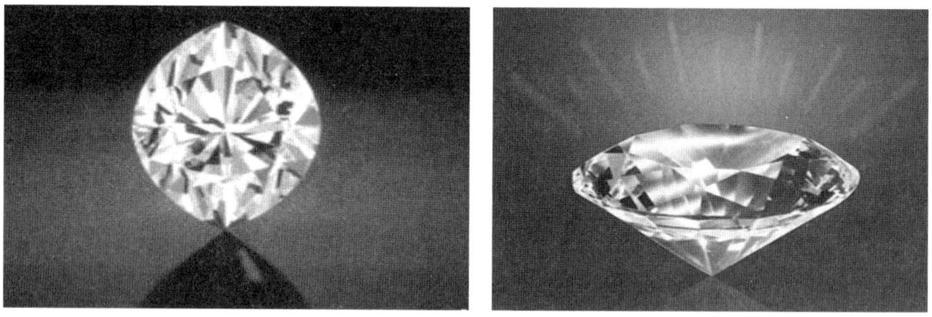

图 2.1.6

水晶,稀有矿物,宝石的一种,石英结晶体,在矿物学上属于石英族,主要化学成分是二氧化硅(SiO_2).纯净的水晶是无色透明的晶体,当含微量元素 Al、Fe 等的水晶呈紫色、黄色、茶色等.

结晶完美的水晶晶体属三方晶系,常呈六棱柱状,柱体为一头尖或两头尖,多条长柱体连接在一块,通称晶簇,美丽而壮观,如图 2.1.7 所示.

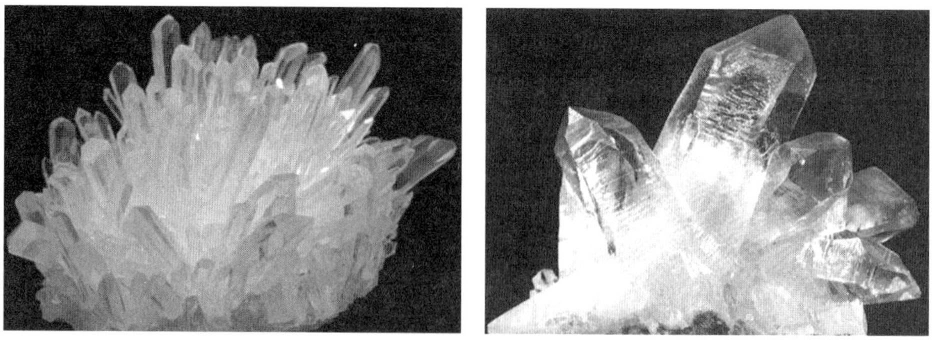

图 2.1.7

4. 金属晶体

物质微粒(金属原子、金属阳离子及自由电子)之间通过金属键结合而成的晶体叫金属晶体.镁、铝、铁、铜、银、金都是常见的金属晶体.

金属离子(或金属原子)总是紧密地堆积在一起,金属离子和自由电子之间存在较强烈的金属键,自由电子在整个晶体中自由运动. 金属晶体的主要结构类型为面心立方密堆积、立方体心密堆积和六方密堆积三种,如图 2.1.8 所示.

(a) 面心密堆　　(b) 立方体心密堆　　(c) 六方密堆

图 2.1.8

金属晶体有金属光泽、不透明,是热和电的良好导体,有很好的延展性. 但不同的金属晶体的熔点、硬度差别较大.

5. 混合晶体

有一些晶体,晶体内同时存在着若干种不同的作用力或化学键,具有若干种晶体的结构和性质,这类晶体称为混合晶体,又称为过渡晶体. 石墨晶体就是一种典型的混合晶体.

石墨晶体的每一个碳原子都以 sp_2 杂化轨道与其他碳原子形成平面大共轭分子,由多层平面大共轭分子排列起来就构成了具有层状结构的石墨晶体. 如图 2.1.9 所示,处在平面层的每一个碳原子都采用 sp_2 杂化轨道与相邻的三个碳原子以 σ 键相连接,形成由无数个正六角形连接起来的,相互平行的平面网状结构层. 每个碳原子还剩下一个电子,其轨道与杂化轨道平面垂直. 这些 p 电子都参与形成同层碳原子之间的 π 键,这种由多个原子共同形成的 π 键叫作大 π 键,大 π 键中的电子沿层面方向的活动能力很强,与金属中的自由电子有某些类似之处(石墨可作电极材料),故石墨沿层面方向电导率大. 石墨层内相邻碳原子之间以共价键结合,相邻两层间的距离相对较远,因此层与层之间引力较弱,与分子间的作用力相仿. 正是由于层与层之间的结合力弱,因此,当石墨晶体受到与石墨层相平行的力的作用时,各层较易滑动,裂成鳞状薄片,故石墨可用作铅笔芯和润滑剂.

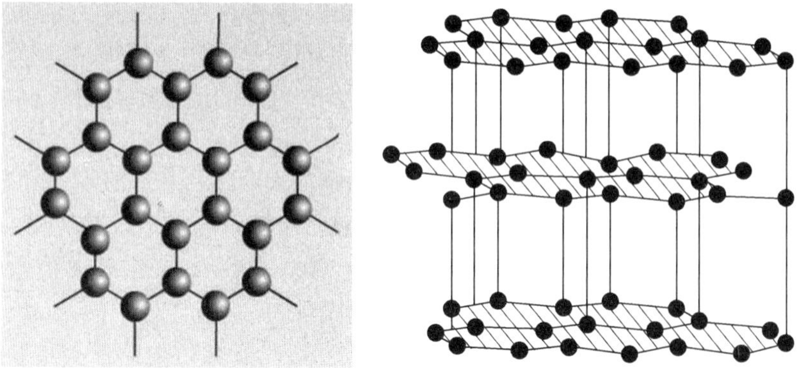

图 2.1.9

属于混合晶体的物质还有 CaI_2、CdI_2、MgI_2、$Ca(OH)_2$、云母、黑磷、纤维状石棉等.

三、晶体和非晶体的相互转化

1. 晶体和非晶体可以相互转化

天然水晶是晶体,而经熔化再凝结的水晶即石英玻璃就是非晶体;非晶体的玻璃经过相当长的时间,会生成微小的晶体,形成透明性减弱的模糊斑点,故古老建筑的窗玻璃常出现局部结晶的现象.

2. 在冷却得足够快且冷却到足够低的温度时,几乎所有材料都能成为非晶体.

熔化的晶体硫,使它的温度超过 300 ℃,然后倒入冷水中冷却就能得到柔软的非晶体硫.

四、新型材料与技术

1. 纳米技术与纳米材料

纳米是长度单位,$1\ \text{nm}=10^{-10}\ \text{m}$,只有头发直径的十万分之一. 纳米技术的研究对象就是尺寸在 1 ~ 100 nm之间的物质世界,纳米材料是纳米技术的重要组成部分.

纳米材料是指组成物质的最小单元只包含原子、分子,尺寸在 1 nm ~ 100 nm 之间的材料. 在纳米材料尺寸范畴的物质有很多新的特性. 比如:通常的金块呈黄色,但由 10 nm 的金颗粒组成的金块却是绿色的,而由 1 nm 的金颗粒组成的金块却是红色的.

2. 形状记忆合金

某些合金(比如:金镉合金、钛镍合金)的形状改变后,一旦加热到一定的温度后它又恢复原来的形状的现象称为形状记忆效应. 具有形状记忆效应的合金叫作形状记忆合金.

关于形状记忆效应,1932 年瑞典人奥兰德在金镉合金中就首次观察到了. 目前,形状记忆合金已经在许多领域得到应用. 比如:人造卫星上的抛物面天线可以用记忆合金制作. 发射之前,将天线折叠起来装进星体,当人造卫星达到预定高度后,只需加温,折叠天线就展开,恢复成抛物面形状.

还有一些记忆合金,在较低温度下是一种形状,加热后却变成另一种形状. 这种合金在加热和冷却两个过程中都具有记忆功能,因此有更广泛的应用.

思考与练习

1. 关于晶体和非晶体,下列说法中正确的是(　　).

A. 不具有规则几何外形的物体一定没有确定的熔点

B. 晶体熔化时,温度不变,则内能也不变

C. 通常的金属材料在各个方向的物理性质都相同,所以这些金属都是非晶体

D. 晶体和非晶体在适当的条件下会互相转化

2. 某同学为了检验一块薄片是不是晶体,做了一个实验. 以薄片正中央 O 为坐标原点建立 xOy 平面直角坐标系,在两坐标轴上分别取 x_1 和 y_1 两点,使 x_1 和 y_1 到点 O 的距离相等. 在 x_1 和 y_1 处分别固定一个测温元件,再将一个针状热源放在点 O. 实验显示,x_1 和 y_1 两点的温度都慢慢升高且温度高低没有差异. 于是得出这块薄片是非晶体的结论.

试分析说明:这一实验结论是否正确? 它的科学依据是什么? 还存在什么科学问题?

3. 晶体衍射是晶体的显著光学特征. 试查阅资料,了解晶体衍射的特点及其应用,并就此写一篇科技说明文章.

4. 查阅有关资料,就新材料的发明与应用写一篇科学报告.

2.2　液体和液晶

· 用表面张力的概念分析解释有关实例.

· 浸润与不浸润是分子间作用力的表现.

· 毛细现象普遍存在于生产与生活中,用毛细现象分析相关实例.

· 液晶态是物质存在的一种状态,液晶在科技发展中有广泛的应用前景.

一、液体的微观结构

液体汽化时,体积增大可达上千倍,而液体凝固时体积缩小量不超过 10%,这说明液体和固体的分子

间距离比气体分子间的距离小得多. 而液体能流动,也没有一定的形状,这说明液体分子之间的作用力比固体分子间的作用力要小.

1. 表面张力

先做一个简单的实验. 如图 2.2.1 所示,把一个棉线圈系在铁丝环上,使环上布满肥皂泡沫.

(1)仔细观察棉线圈的形状.

(2)然后用烧热的针先将圈内的薄膜刺破,再仔细观察线圈的形状所发生的变化.

(3)分析液体表面有什么性质?

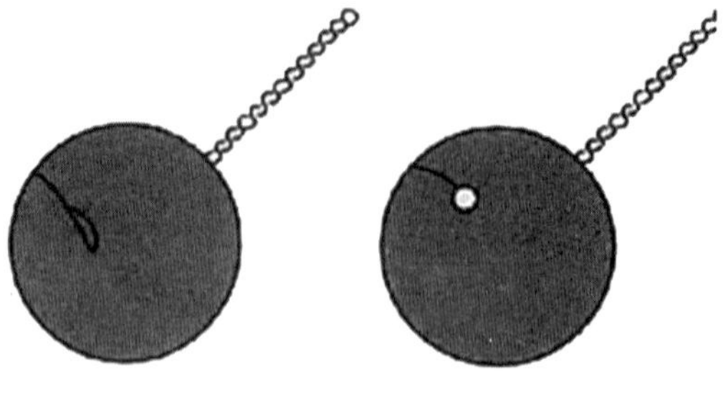

图 2.2.1

实验分析知道,液体表面有收缩的趋势. 这说明液体表面层中分子间的距离比液体内部分子间的距离要大,且大于分子间的平衡距离 r_0,如图 2.2.2 所示. 因此,液体表面层的分子间的相互作用力表现为引力. 如果在液体表面任意画一条分界线 MN,那么线两侧的液体将产生垂直于分界线的拉力,其作用效果是力求使液体表面绷紧,如图 2.2.3 所示.

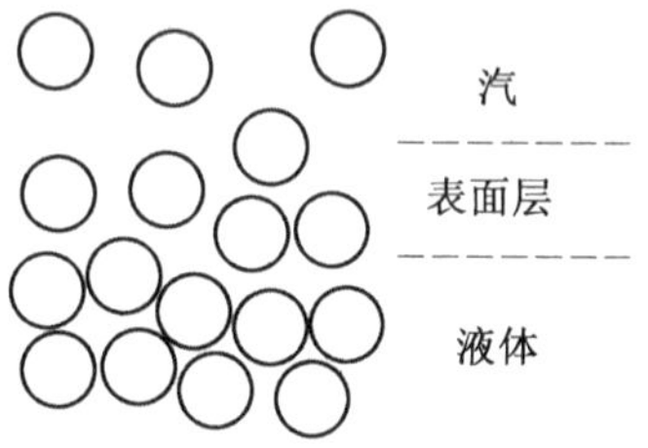

图 2.2.2

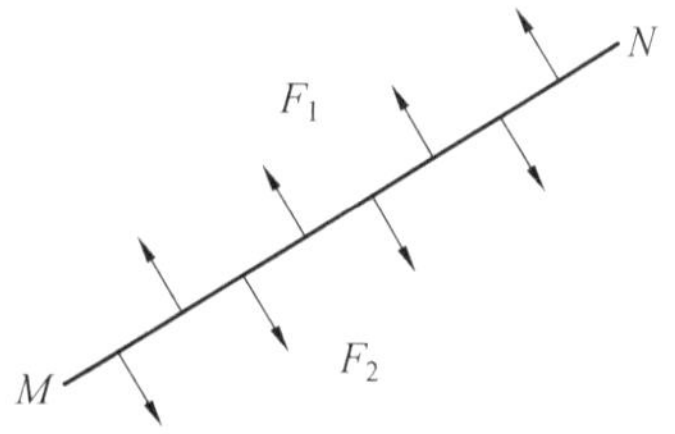

图 2.2.3

液体表面任意相邻两部分之间垂直于它们分界线的相互作用的拉力,叫作液体的表面张力.

图 2.2.4 所示的是由于表面张力的存在形成的一些日常生活中常看到的特殊现象.

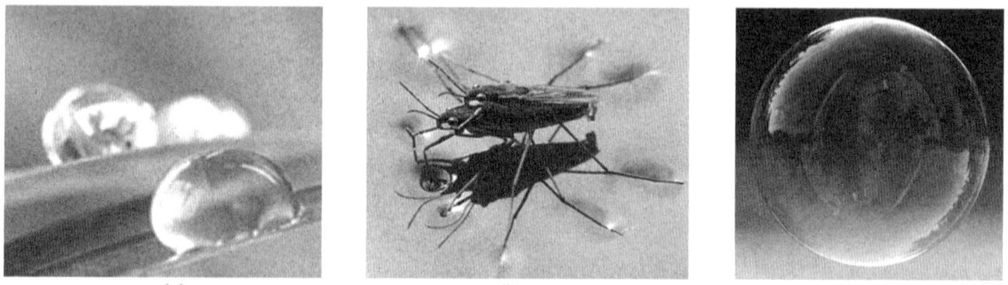

(a)　(b)　(c)

图 2.2.4

表面张力机理和大小

表面张力的形成与处在液体表面薄层内的分子的特殊受力状态密切相关. 如图 2.2.5 所示,比较液体内的分子 A 和液面分子 B 的受力情况. 以分子力的有效力程为半径作以分子 A 为中心的球面,则所有对分子 A 有作用的分子都在球面之内. 选取一段较长的时间 T(是分子两次碰撞之间的平均时间),由于对称,在这段时间内,各个分子对 A 的作用力的合力等于零. 以分子 B 为中心的球面中的一部分在液体当中,另一部分在液面之外,这部分分子密度远小于液体部分的分子密度. 如果忽略这部分分子对 B 的作用,则由于对称,CC'和 DD'之间所有分子作用力的合力等于零;对 B 有效的作用力是由球面内 DD'以下的全体分子产生的向下合力. 由于处在边界内的每一个分子都受到指向液体内部的合力,所以这些分子都有向液体内部下降的趋势,同时分子与分子之间还有侧面的吸引力,即有尽量收缩表面的趋势. 这种情况使流体的表面好像蒙在一个表面积比它大的固体外面的弹性薄膜.

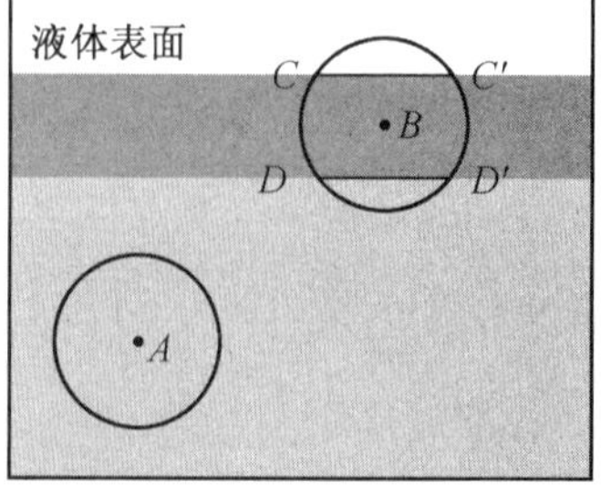

图 2.2.5

在室温(20 ℃左右)下,大部分液体的表面张力在 20 ~ 40 达因/厘米(1 达因/厘米 = 10^{-3} N/m)范围以内,但也有大于此数的,如水的表面张力为 72 达因/厘米;水银表面张力为 470 达因/厘米. 液态金属的表面张力都比较大,如 1 131 ℃液态铜的表面张力为 1 103 达因/厘米. 一些在常温下为气态的元素,在低温下处于液态时,表面张力却很小,如 4.3 K 液氦的表面张力仅有 0.098 达因/厘米,90.2 K 液氢的表面张力为 0.02 达因/厘米,理论分析还指出,对于同一种液体,温度升高,表面张力降低.

2. 浸润与不浸润

液体能够浸湿固体,会附着在固体表面的现象叫浸润. 液体不能够浸湿固体,不会附着在固体表面的现象叫不浸润.

一种液体是否浸湿某种固体,与这两种物质的性质都有关系. 比如:水能浸润玻璃,但不能浸润荷叶;水银能浸润铅,但不能浸润玻璃.

从浸润与不浸润的角度仔细观察,图 2.2.6 所示的鸡和鸭的羽毛有什么不同.

(a) (b)

图 2.2.6

浸润与不浸润是分子间作用力的表现.

当液体与固体接触时,接触处会形成一比较薄的液体附着层. 附着层中的液体分子一方面受到液体内部分子的吸引力即内聚力,另一方面受到固体分子的吸引力即附着力. 当内聚力大于附着力时,附着层的分子比液体内部稀疏,就表现出液体对固体的不浸润现象;当内聚力小于附着力时,附着层的分子比液体内部紧密,就表现出液体对固体的浸润现象. 由于浸润或不浸润的缘故,使得容器中的液体表面往往是弯曲的,如图 2.2.7 所示的是玻璃试管中的水和水银的弯曲表面.

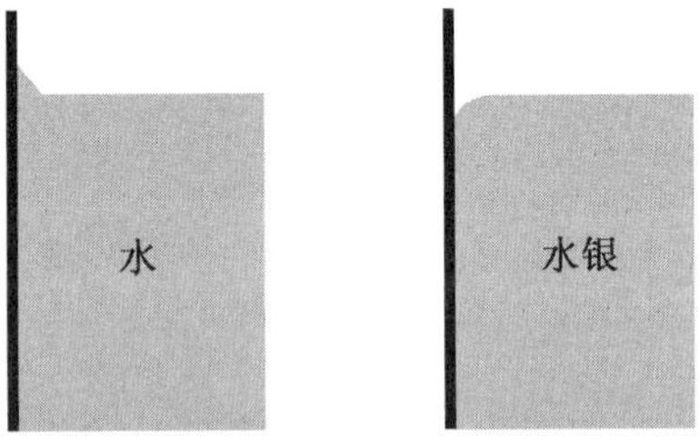

(a) (b)

图 2.2.7

3. 毛细现象

先做这样一个实验.

(1)把几根两端开口内径不同的玻璃管插入水槽中,如图 2.2.8(a)所示. 观察管内水面的形状,比较各管中水面的高度.

(2)把几根两端开口内径不同的玻璃管插入水银槽中,如图 2.2.8(b)所示. 观察管内水银面的形状,比较各管中水银面的高度.

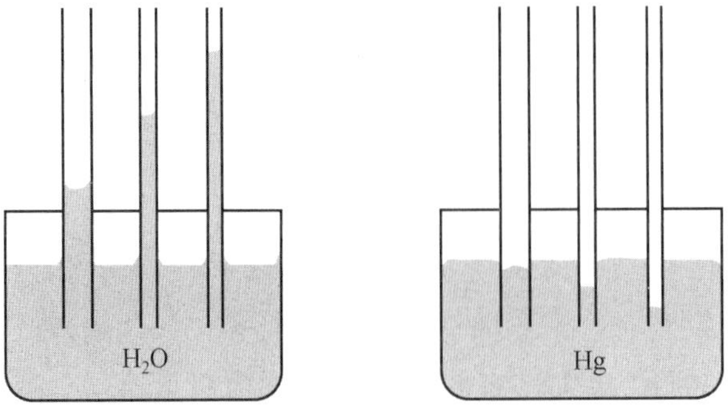

(a) (b)

图 2.2.8

浸润液体在细管中上升或不浸润液体在细管中下降的现象叫毛细现象. 能够发生毛细现象的细管叫毛细管.

从实验中可看出，毛细管越细，毛细现象就越显著.

由于液体表面张力 F 的缘故，毛细管中液面上升或下降的高度 h 满足(图 2.2.9)

$$2F\cos\theta=mg=\rho gSh$$

式中，θ 称为接触角，ρ 为液体密度，S 为毛细管的横截面积.

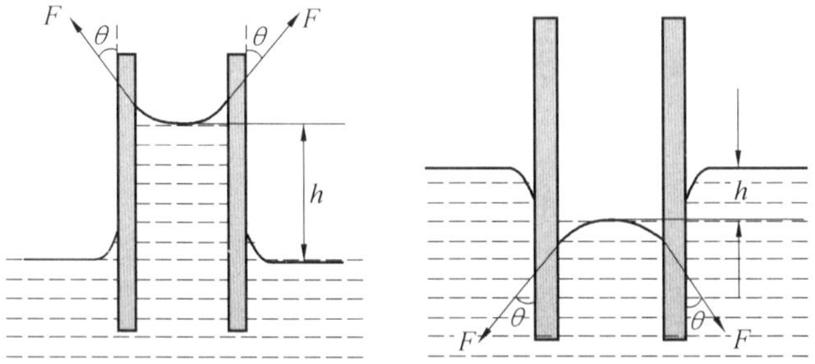

图 2.2.9

二、液晶

在物理学中，把既具有液体的流动性和连续性，同时又具有晶体的各向异性等某些特点的流体叫作液晶.

液晶的发现

19 世纪末的 1888 年，奥地利植物学家莱尼茨尔(F. Reinitzer)在做胆甾醇苯酸酶加热实验时发现，当加热到 145.5 ℃时，晶体融成一片白色混浊的液体，继续加热到 178.5 ℃时，混浊的液体又变得清澈透明；再把液体冷却，液体颜色又从紫、橙到绿各色变化. 开始时，他认为这种物质具有两个熔点，并怀疑是由某种不纯因素造成的. 同年 3 月 14 日，莱尼茨尔把样品附一封长信寄给德国卡斯鲁尔大学的年轻物理学家勒曼(D. Lehmann). 勒曼在偏光显微镜下发现，这种奇异的液体具有与晶体类似的双折射性质，并首次把这种状态的液体命名为“液晶”. 从此，科学家开始了对液晶的深入研究.

有些物质在特定的温度范围之内呈现液晶态；有些物质在适当溶剂中溶解时，浓度在一定的浓度范围呈现液晶态. 并不是所有的物质都能呈现液晶态，天然液晶并不多，多数液晶是人工合成的，目前有 5 000多种.

液晶有很多奇特效应，在科技发展中有着广阔的应用前景.

有些液晶具有电光效应，通过改变它的电场强弱可以控制它的透光与不透光或透光的强弱情况. 目前比较普及的电脑、电视机的液晶显示器(LCD)就是根据这一特性制成的.

LCD 显示原理

图 2.2.10 所示的是 LCD(Liquid Crystal Display 的简称)液晶显示器的原理图. LCD 的构造是在两片平行的玻璃基板当中放置液晶盒，下基板玻璃上设置 TFT(薄膜晶体管)，上基板玻璃上设置彩色滤光片，通过 TFT 上的信号与电压改变来控制液晶分子的转动方向，从而达到控制每个像素点偏振光出射与否而达到显示目的. LCD 自 1967 年问世以来，以很高的速度发展. 现在 LCD 已经替代 CRT(阴极射线显示器)成为主流，价格也已经下降了很多，并已充分地普及.

有些液晶具有温度效应. 这种液晶会随温度改变颜色，可用作探测温度.

有些液晶具有压电效应. 当对这种液晶施加压力时，其两端会产生电压.

有些液晶具有化学效应. 这种液晶遇到某些化合物蒸气时会变色，且灵敏度极高，可用作对有毒气体的防范设施.

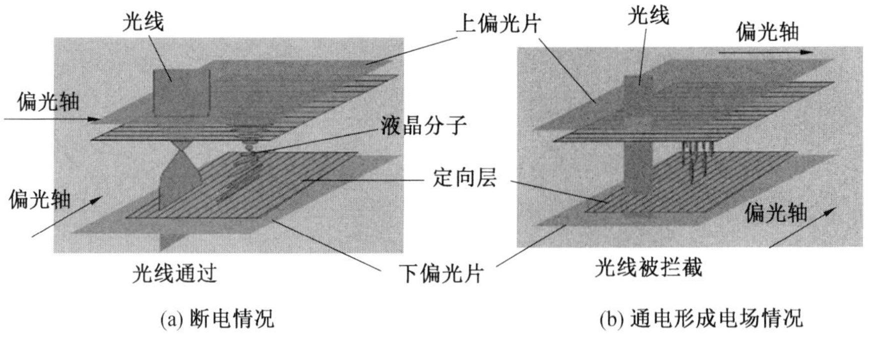

图 2.2.10

有些液晶具有辐射效应.这种液晶受到放射线照射时会变色,可用以测量放射性射线的剂量.

思考与练习

1. 把玻璃管的裂口放在火焰上烧熔,它的尖端就会变钝,为什么?

2. 在地面上,玻璃盘中较小的水银滴接近球形,较大的水银滴呈扁平形,那么处于太空中绕地球正常飞行的宇宙飞船中的一大滴水银会呈什么形状?

3. 要想把凝在衣料上的蜡去掉,只要将两层绵纸分别放在蜡迹的上面和下面,然后用热熨斗在绵纸上来回熨烫即可.试解释为什么这样做可以去掉衣料上的蜡?

4. 在棉花、玉米等农作物的生长期,必须经常锄松农作物根部附近的泥土.这样做是为了加快还是减慢土壤中水分的蒸发?为什么?

5. 奥地利植物学家莱尼茨尔在1888年做胆甾醇苯酸酶晶体加热实验时发现,当加热到145.5 ℃时,温度不再上升,晶体逐渐融成一片白色混浊的流体;晶体全部熔化完后,流体温度随之升高继续加热到178.5 ℃时,温度又不再上升,而且混浊的流体又逐渐变得清澈,最后完全透明.如图2.2.11所示是根据莱尼茨尔实验画出的胆甾醇苯酸酶晶体由固态逐渐变化到液态的过程中温度随加热时间变化的图像.试根据图像完成下列问题:

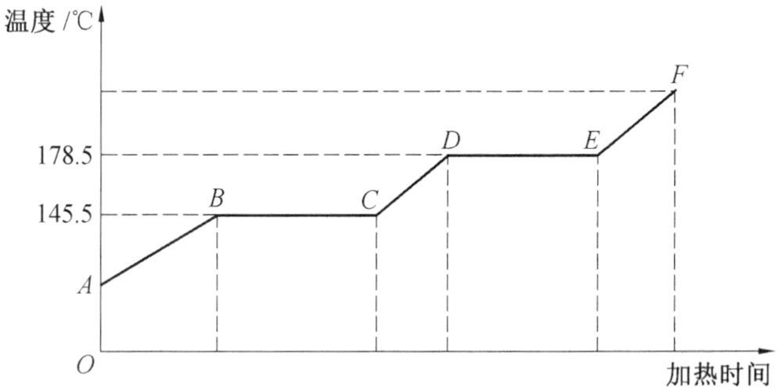

图 2.2.11

(1) 从 A 经 B 一直到 F 的过程中,分子势能和分子平均动能分别怎样变化?

(2) 指出图中对应液晶态的线段.

(3) 图中的线段 BC 和线段 EF 分别表示什么状态?

6. 关于液晶能够显示数码和图像的原理,下列说法中正确的是(　　).

A. 有些液晶具有电光效应,通过改变电场强弱可以控制它的透光强弱

B. 有些液晶具有温度效应,通过改变温度高低可以控制它的颜色深浅

C. 有些液晶具有压电效应,通过改变压力大小可以控制它的电压高低

D. 有些液晶具有辐射效应,通过改变照射射线强弱可以控制它的颜色深浅

2.3　饱和汽与饱和汽压

- 沸点与液体表面气压有关系：气压越高，沸点也越高.
- 饱和状态是一种动态平衡.
- 沸点是指液体的饱和汽压等于外界压强时所对应的温度.
- 影响水分蒸发快慢的是相对湿度而不是绝对湿度.

一、液体的沸点与气压的关系

物质由液态变成气态叫汽化. 汽化有两种方式，即蒸发和沸腾. 蒸发是在任意温度下且只发生在液体表面的汽化现象；沸腾是在一定温度下且在液体表面和内部同时发生的剧烈汽化现象. 液体沸腾时的温度叫沸点. 沸点与液体表面气压有关系，气压越高，沸点也越高. 图 2.3.1 所示的是水的沸点与气压的关系曲线.

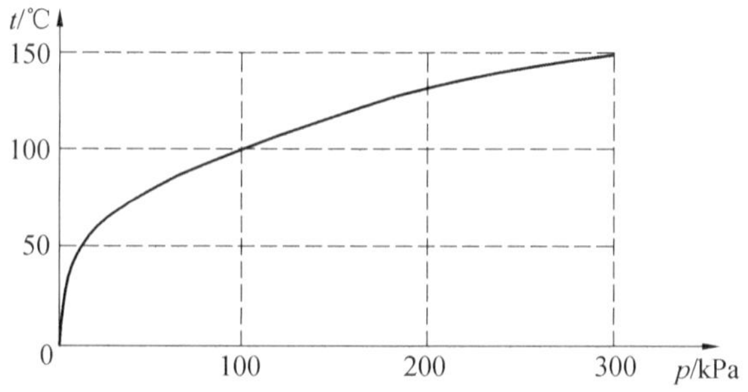

图 2.3.1

水的低压沸腾

如图 2.3.2 所示，在烧瓶中装适量的 90 ℃左右的热水. 然后用冷水浇烧瓶底或用注射器抽出烧瓶中部分气体，烧瓶中的水就会沸腾起来.

图 2.3.2

> **思考与讨论**
>
> 装在敞口容器中的液体，由于汽化，过一段时间就会消失. 而装在密闭容器中的液体却不会随时间的推移而减少，为什么？

二、饱和汽与饱和汽压

1. 饱和汽的形成

液体表面同时进行两个相反的过程：一方面，液体分子不断从液体表面飞出离开液体；另一方面，液体蒸气分子不停地做无规则运动，有的分子碰撞到液体表面又回到液体中.

在敞口容器中，相同的时间里，飞出液体的分子数总是多于回到液体的分子数，故容器中的液体总在减少直至消失.

在密闭容器中，由于液体不断地蒸发，液体表面上方的蒸气分子数不断增多，蒸气分子的密度不断增大，相同时间内回到液体的分子数也不断增多. 随着时间段推移，液体表面上方的蒸气分子的密度不再增大，液体不再减少. 这时，相同时间里，飞出液体的分子数等于回到液体的分子数. 液体和气体之间达到一种动态平衡状态，常称为饱和状态.

思考与讨论

液体和气体之间处于动态平衡时，蒸发是否就停止了？为什么？

物理学中，把与液体处于动态平衡时的蒸气叫饱和汽. 没有达到饱和状态的蒸气叫未饱和汽.

2. 饱和汽压

某种液体的饱和汽产生的压强，叫作该液体的饱和汽压. 在同一温度下，同种液体的未饱和汽的压强小于饱和汽压.

饱和汽压与温度有密切关系. 当温度升高时，液体分子的平均动能增大，单位时间从液体表面飞出的分子数增多，原来的动态平衡被破坏，蒸气的压强继续增大，直至达到新的动态平衡. 图 2.3.3 所示的是水的饱和汽压与温度的关系.

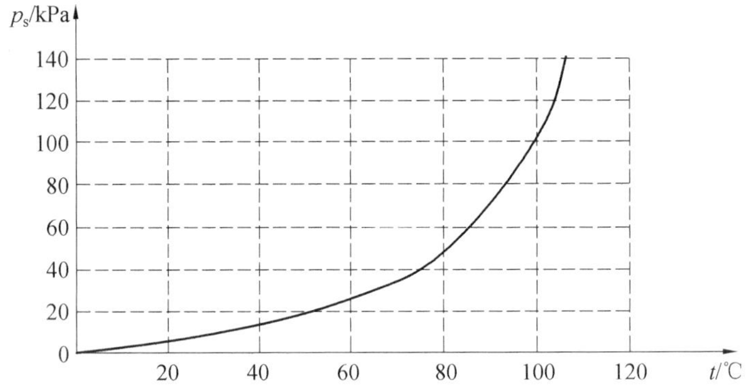

图 2.3.3

思考与讨论

对比图 2.3.1 和图 2.3.3，并查阅相关资料，找一找"沸点与饱和汽压对应温度"之间的关系. 看一看，能否得到"沸点是指液体的饱和蒸汽压等于外界压强时所对应的温度"这样的结论.

3. 未饱和汽与饱和汽的转变

物质由气态变成液态叫液化. 气体的液化与温度有关，任何气体的液化都有一个最高温度.

物理学中，把某气体能够发生液化的最高温度叫作该气体液化的临界温度.

气体的液化，还必须把未饱和汽转变成饱和汽.

把未饱和汽转变成饱和汽的方法有两种：一种是降低温度；另一种是增大压强即增大未饱和汽的分子密度.

思考与讨论

1. 气体液化必须满足什么样的条件？

2. 使气体液化的方法有几种？分别举例加以说明.

三、空气的湿度与湿度计

1. 湿度

空气的干湿程度叫作湿度.

湿度是反映单位体积的空气中所含水蒸气多少的物理量. 单位体积的空气中所含水蒸气多，就会感觉潮湿；反之，单位体积的空气中所含水蒸气少，就会感觉干燥.

在相同温度下，水蒸气的分子密度与水蒸气的压强成正比. 因此，通常用空气中所含水蒸气的压强来表示湿度.

2. 绝对湿度与相对湿度

空气中所含水蒸气的压强叫作空气的绝对湿度.

空气中所含水蒸气的压强（绝对湿度）与同一温度下水的饱和汽压的比值叫空气的相对湿度.

$$\text{相对湿度}=\frac{\text{水蒸气的实际压强}}{\text{同温度水的饱和汽压}}=\frac{\text{绝对湿度}}{\text{同温度水的饱和汽压}}$$

由于饱和汽压随温度的升高而增大，因此，在绝对湿度相同的条件下，相对湿度随温度的升高而减小.

影响水分蒸发快慢或影响人们对干燥与潮湿感受的因素不是绝对湿度，而是相对湿度. 相对湿度越大，水分蒸发就越慢，感觉就越潮湿；反之，相对湿度越小，水分蒸发就越快，感觉就越干燥.

3. 湿度计

测量湿度的仪器叫湿度计.

图 2.3.4 是使用得较多的干湿泡湿度计. 这种湿度计由两支完全相同的温度计组成，其中一只温度计按常规使用，另一支温度计的玻璃泡上包着棉纱布，棉纱布下端浸入水中，使玻璃泡保持潮湿. 由于水的蒸发，湿泡温度计的读数总是要低一些，空气中相对湿度越大，两支温度计的读数差值就越小. 根据两支温度计的读数及其差值，结合“干湿温度对照表”（湿度计框架上固定的或纸质的）即可查出相应的相对湿度.

干湿泡湿度计测量比较准确，但不便于携带，使用不太方便.

图 2.3.5 所示的是几种现代采用传感器技术的湿度计即湿度传感器，与电子温度计甚至与电子时钟装在一起，使用、携带都极为方便.

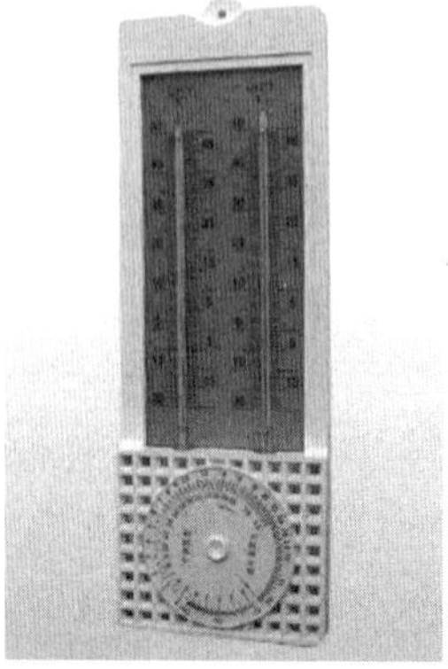

图 2.3.4

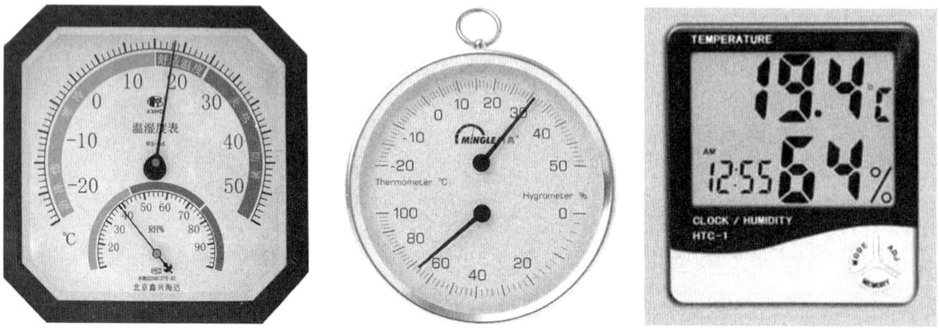

(a)　(b)　(c)

图 2.3.5

思考与练习

1. 有一高压锅的限压阀质量 $m=50$ g，排气孔的横截面积 $S=2.5\ \text{mm}^2$. 试结合表 2.3.1 中列出的水的沸点与气压的对应关系计算说明该高压锅中的水沸腾时的温度.

表 2.3.1

气压/kPa	98	101	113	130	148	170	180	200	300
沸点/℃	99	100	103	107	111	115	117	120	149

2. 一瓶矿泉水，喝了一半后将瓶盖拧紧，过了一会后瓶内水的上方就形成了水的饱和汽. 当温度降低时，瓶内水饱和汽的密度会减小. 试从微观角度分析水饱和汽的密度减小的过程.

3. 气温降低时，空气中的未饱和的水蒸气逐渐接近饱和状态. 当气温降到某一特定值时，水蒸气达到饱和状态，这时将有水蒸气凝结成水，在物体表面形成一层细小露滴. 空气里的水蒸气刚好达到饱和状态时的温度叫作露点. 空气中含水蒸气较多时，气温只要稍微降低一点，就会达到露点，水蒸气就会达到饱和；反之，空气中含水蒸气较少时，气温就需降得较低才能达到露点，水蒸气才会达到饱和.

试根据上述知识分析：在南方的秋冬季节，如果白天阳光普照，那么夜晚就容易上露水，为什么？

4. 查阅水的饱和汽压与温度对照表知道，20 ℃时水的饱和汽压是 2.3×10^3 Pa. 求：当空气的绝对湿度是 2.1×10^3 Pa，气温为 20 ℃时，空气的相对湿度是多大？

5. 空气湿度对人们的生活有很大的影响. 医学研究表明，夏季引发中暑有三个临界点：

①气温在 30～31 ℃，相对湿度大于 85%；

②气温超过 38 ℃，相对湿度大于 50%；

③气温超出 40 ℃，相对湿度大于 30%.

重庆、武汉和南京被称为长江流域的“三大火炉”. 根据上述研究结果并查找有关资料加以分析，生活在重庆、武汉和南京等地区的人们，夏天常感到很闷热的原因.

2.4 物态变化中的能量交换

· 物态变化过程中需要吸收或放出热量.

· 晶体的熔化热与压强有关.

· 物质的汽化热与温度和压强都有紧密关系.

物质由一种状态变化到另一种状态叫作物态变化. 通常说的物态变化是物质的固态、液态、气态之间的变化.

在物态变化过程中，需要改变分子间的作用力从而改变分子势能. 因此，物态变化过程中需要吸收或放出热量，这就是物态变化过程中的能量交换.

知识回顾与思考

1. 在图 2.4.1 中的“[ ]”内填写出物态变化的名称，在“( )”内填写出能量交换情况.

2. 物质存在的状态是不是只有固态、液态和气态三种？为什么？

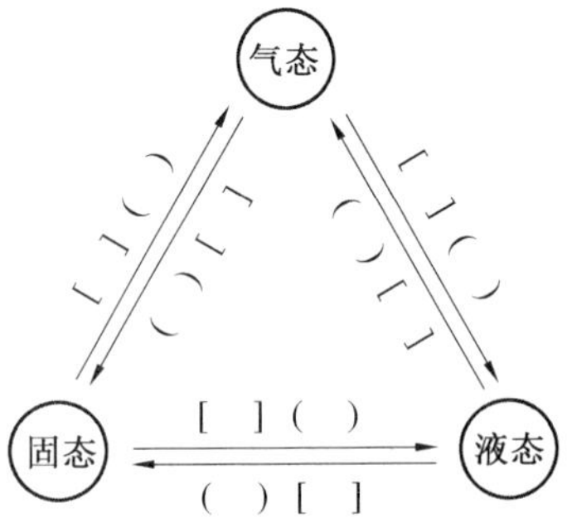

图 2.4.1

一、熔化热

单位质量的某种晶体物质在熔化过程中所需要吸收的热量，叫作这种晶体的熔化热.

单位质量的某种晶体溶液在凝固过程中所需要放出的热量同样等于该晶体的熔化热.

不同的晶体其结构不同，要改变它们分子间的作用力需要做的功也就不同. 因此，不同晶体的熔化热不同(表 2.4.1).

表 2.4.1 几种物质在 1 标准大气压时的熔化热

物质名称	H_2O	Al	Cu	$CaCO_3$	NaCl	CO_2
熔化热/$(kJ\cdot kg^{-1})$	333.8	395.7	205.2	527.5	517.1	108.9

非晶体熔化过程温度会不断变化,而不同温度下物质由固态变成液态吸收的热量不同,所以非晶体没有确定的熔化热.

晶体熔点与压强的关系

晶体熔点与压强是有依赖关系的. 一般地,凝固时体积缩小的晶体,熔点随压强的增大而升高;凝固时体积增大的晶体,熔点随压强的增大而降低. 因此,描述晶体的熔化热时,必须注明压强的大小情况.

二、汽化热

在一定压强下,单位质量的某种物质由液态汽化成同温度的气态过程中所需要吸收的热量,叫作这种物质的汽化热.

在一定压强下,单位质量的某种物质由气态液化成同温度的液态过程中所需要放出的热量同样等于这种物质的汽化热.

物质的汽化热与温度和压强都有紧密的关系(表 2.4.2),图 2.4.2 所示的是在 1 标准大气压下水的汽化热与温度的关系.

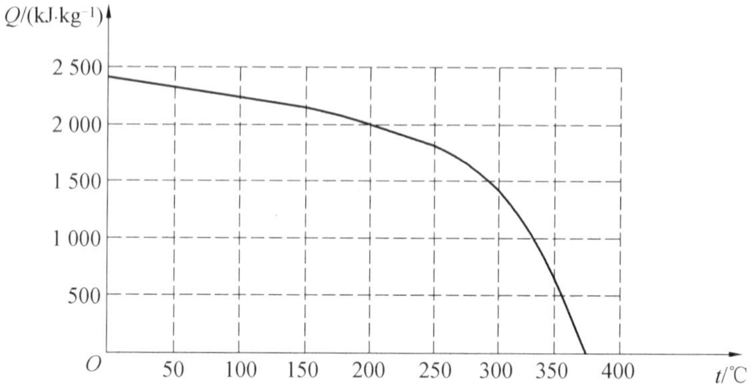

图 2.4.2

表 2.4.2 几种物质在 1 标准大气压、温度为沸点时的汽化热

物质名称	水	乙醇	氧	氮	硅	钠
沸点/℃	100	78.3	-182.96	-195.8	2 355	882.9
汽化热/$(kJ\cdot kg^{-1})$	2.26×10^3	8.55×10^2	2.13×10^2	2.00×10^2	1.06×10^4	3.90×10^3

热管技术与应用

热管技术是 1963 年美国洛斯阿拉莫斯(Los Alamos)国家实验室的乔治格罗佛(George Grover)发明的一种称为“热管”的传热元件,它充分利用了热传导原理与相变介质的快速热传递性质,透过热管将发热物体的热量迅速传递到热源外,其导热能力超过任何已知金属的导热能力. 热管种类较多,图 2.4.3 所示的是一种热管的网络截图.

热管(heat pipe)技术以前被广泛应用在宇航、军工等行业,自从被引入散热器制造行业,使得人们改变了传统散热器的设计思路,摆脱了单纯依靠高风量电机来获得更好散热效果的单一散热模式,采用热管技术使得散热器即便采用低转速、低风量电机,同样可以得到满意效果,使得困扰风冷散热的噪音问题得到良好解决,开辟了散热行业新天地. 现在常见于 cpu 的散热器上.

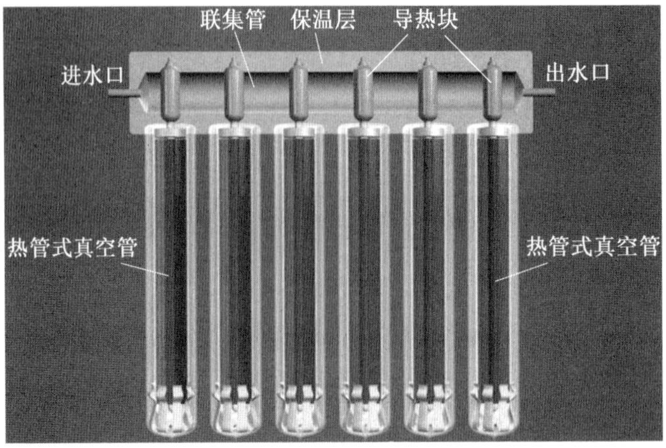

图 2.4.3

从热力学的角度看，为什么热管会拥有如此良好的导热能力呢？物体的吸热、放热是相对的，凡是有温度差存在的时候，就必然出现热从高温处向低温处传递的现象. 从热传递的三种方式来看（辐射、对流、传导），其中对流传热最快. 热管是利用介质在热端蒸发后在冷端冷凝的相变过程（即利用液体的蒸发潜热和凝结潜热），使热量快速传导. 一般热管由管壳、吸液芯和端盖组成. 热管内部是被抽成负压状态（真空度的高低，充入工作物质并启动后其实就不存在真空了），充入适当的液体工作物质，这种液体沸点低，容易挥发. 管壁有吸液芯，其由毛细多孔材料构成. 热管一端为蒸发端，另外一端为冷凝端，当热管一端受热时，毛细管中的液体迅速汽化，蒸气在热扩散的动力下流向另外一端，并在冷端冷凝释放出热量，液体再沿多孔材料靠毛细作用流回蒸发端，如此循环不止，直到热管两端温度相等（此时蒸汽热扩散停止）. 这种循环是快速进行的，热量可以被源源不断地传导开来.

思考与练习

1. 图 2.4.4 所示的是一种古老的农村小作坊酿造白酒的最后工序的示意图. 这种方式酿造的白酒口感香醇纯正，因而几千年来经久不衰. 为了能够有效地出酒，其中的天锅水要不断地更换，维持其温度处于较低的状态.

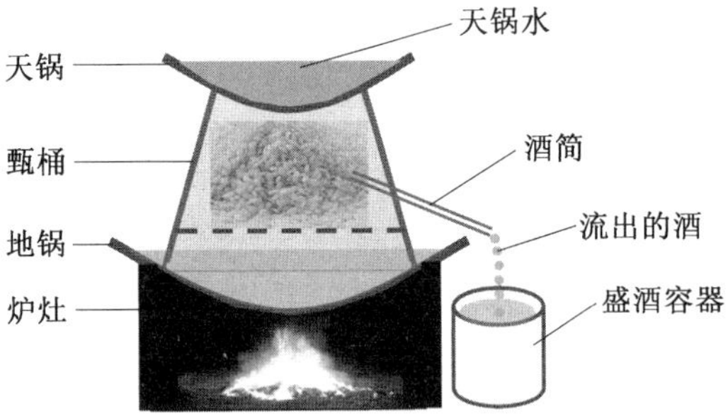

图 2.4.4

（1）试分析这种酿酒方式的出酒原理；

（2）这种酿酒方式酿造的白酒其实是酒与蒸馏水的混合物，酒精浓度都不太高. 试设计一个可行性方案将其提纯，以增加酒精浓度. 要求画出示意图并简述其工作原理.

2. 图 2.4.2 是在 1 标准大气压强时，水的汽化热与温度的关系图线. 那么，根据这一图线可知（　　）.

A. 大气压强为 1.01×10^5 Pa 时，水的沸点随温度的升高而减小

B. 温度越高，单位质量的水汽化时需要的能量越小

C. 水蒸气液化时，放出的热量与温度有关

D. 水蒸气的临界温度约为 374 ℃，即大约在 374 ℃以后就不存在液态水

3. 某校研究性学习小组为估测太阳对地面的辐射功率，制作了一个直径为0.2 m的0 ℃的冰球. 在环境温度为0 ℃时，用黑布把冰球包裹后用弹簧测力计吊起放在太阳光下，经过40 min后弹簧测力计的示数减少了3.49 N. 假如冰的熔化热为3.35×10^5 J/kg，试计算太阳垂直照射在地面上每平方米的辐射功率.

4. 轻量级举重运动员参赛前常在高温环境中通过大量排汗达到减少体重的目的. 一位体重为60 kg的运动员某次训练的排汗量是0.5 kg，假如这些汗水都是从运动员身上蒸发了而没有流掉，这将导致运动员的体温降低多少？（常温下水的汽化热为2.4×10^6 J/kg，人体的比热容可认为与水的比热容相等.）

第3章　气体实验定律

3.1　描述气体的状态参量

· 处于平衡状态的气体宏观上表现为压强均匀、温度均匀、密度均匀.
· 当温度不太低、压强不太大时,所有的实际气体都可看成理想气体.
· 无限接近平衡状态的变化过程叫准平衡过程或准静态过程.

一、气体的状态参量

在1.3节中,描述热力学系统的状态参量通常有压强p(力学参量)、温度T(热学参量)和体积V(几何参量).

一个热力学系统的状态参量不再发生变化,就称系统达到平衡状态.

1. 用p、T、V描述气体状态

一定量的气体是一个由大量分子组成的热力学系统. 它所放映的宏观性质多种多样,有力学性质、热学性质、几何性质等,跟它们对应的物理量就是压强、温度和体积.

因此,描述气体的状态参量同样是压强p(力学参量)、温度T(热学参量)和体积V(几何参量).

2. 平衡状态气体的宏观表现

处于平衡状态的气体宏观上表现为压强均匀、温度均匀、密度均匀.

二、气体状态变化的研究

1. 建立理想气体模型

实际的气体是比较复杂的. 不同气体的分子大小和结构不同,同时分子间还存在着随距离不断变化的引力和斥力作用.

为了便于研究,需要把实际气体理想化.

在物理学中,把忽略分子本身体积和分子间作用力的气体叫作理想气体.

大量实验表明,当温度不太低、压强不太大时,所有的实际气体都可看成理想气体.

2. 设想准静态过程

气体实际经历的状态变化过程往往是瞬息万变的. 为了研究问题方便,设想气体变化经历一系列的中间状态,这些中间状态都无限接近平衡状态.

在物理学中,把这些无限接近平衡状态的变化过程叫准平衡过程或准静态过程.

在处理实际问题时,形如"温度缓慢升高或降低""压强缓慢增大或减小"及"体积缓慢增大或减小"等的过程都是准静态过程.

3. 采用控制变量法

气体的温度、体积、压强这三个参量之间有着密切联系,当它们都发生变化时,情况比较复杂. 在实际研究中,往往保持其中一个参量不变,研究其他两个参量之间的变化规律,进而确定三个参量之间的变化规律.

(1)等温变化过程.

使一定质量的气体在温度保持不变的情况下发生的状态变化过程叫等温变化过程,简称等温过程或等温变化.

(2)等容变化过程.

使一定质量的气体在体积保持不变的情况下发生的状态变化过程叫等容变化过程,简称等容过程或等容变化.

(3)等压变化过程.

使一定质量的气体在压强保持不变的情况下发生的状态变化过程叫等压变化过程,简称等压过程或等压变化.

思考与讨论

在实验中,对关于"怎样实现一定质量的气体的等温变化过程、等容变化过程及等压变化过程"的问题,有人提出了下列的几种方案:

1. 使气体的压缩或膨胀缓慢地进行,就可以忽略气体温度的变化,这就是一种等温变化过程.

2. 对密闭容器内的气体缓慢地加热,忽略容器的热膨胀,这就是一种等容变化过程.

3. 让密闭气体始终在大气压下缓慢地膨胀或压缩,这就是一种等压变化过程.

你认为这些方案是否合理?提出你的看法,并与同学交流.

思考与练习

1. 已知地球半径 $R=6\ 370$ km,试设计一个简单的实验,估算包围地球的大气总质量.要求列出实验器材,说明实验方法,写出测量结果表达式.

2. 水银气压表是1643年由托里拆利发明的测量大气压强的仪表,也是当今气象部门不可或缺的气象测量仪表之一,其测量精度相当高,相对误差只有0.01%.图3.1.1所示的是槽式水银气压表的示意图,分为动槽式(福丁式)水银气压表和定槽式(寇乌式)水银气压表两种类型.试登录有关网页或查阅相关资料了解水银气压表的工作原理和使用方法,并完成下列问题:①用水银气压计1天分早、中、晚3次测量记录1周内当地大气压强的变化情况;②到当地气象部了解本地区一年内大气压强的变化情况.

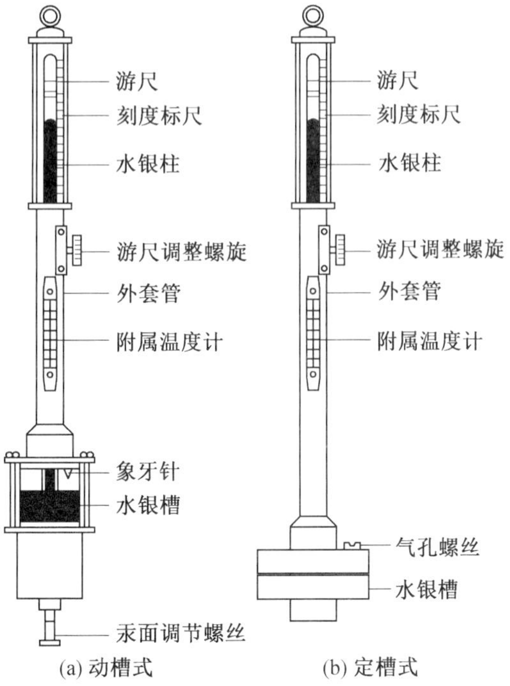

图3.1.1

综合两份材料，写一份测量调查报告.

3. 著名的马德堡半球实验可简化成图 3.1.2 所示的示意图. 设两个半球壳拼成的球形真空容器的半径为 R，大气压强为 P. 要使这两个半球壳分离，施加的拉力至少为（　　）.

A. $4\pi R^2P$　　B. $2\pi R^2P$

C. πR^2P　　D. $\frac{\pi R^2P}{2}$

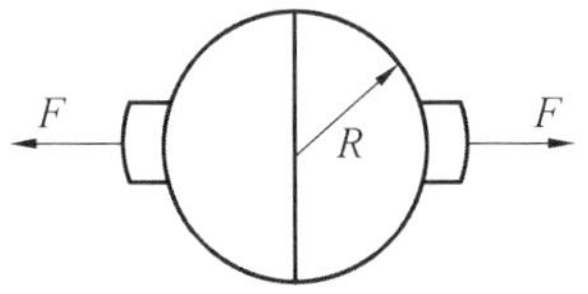

图 3.1.2

3.2　波义耳-马略特定律

· 比较 p-V 图像与 p-$\frac{1}{V}$ 图像.

· 质量 m 相同的某种气体，不同温度 T 的条件下的等温线不相同；温度 T 相同的条件下，质量 m 不同的某种气体的等温线不相同.

一、探究气体的等温变化过程

做一个探究实验.

如图 3.2.1 所示，固定的注射器下端开口处用橡胶帽封塞住，注射器的上端与压强计（又称压力表）的力感应端铰接，橡胶帽与活塞下端之间封闭的一定质量的空气柱就是研究对象.

（1）记录下环境温度，用手握住压强计下部缓慢向下压或向上提，将几组压强计示数 p 和相应的空气柱体积 V 记录入表 3.2.1.

表 3.2.1

次数	1	2	3	4	5
压强/Pa					
体积/cm^3					

（2）根据记录数据分析压强 p 与体积 V 的变化关系，建立平面直角坐标系，做出 p-V 或 p-$\frac{1}{V}$ 图像.

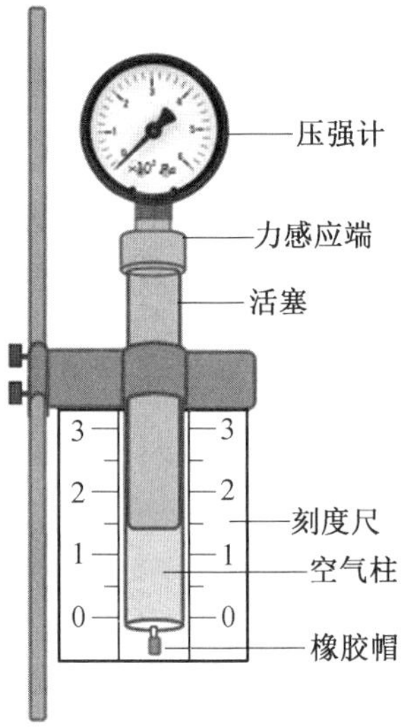

图 3.2.1

二、波义耳-马略特定律

英国科学家波义耳（R. Boyle，1627—1691）和法国科学家马略特（E. Mariotte，1620—1684）各自通过实验发现气体的等温变化规律，并分别于 1662 年和 1676 年予以公布.

一定质量的某种气体，在温度不变的情况下，其压强 p 与体积 V 成反比.

$$p\propto\frac{1}{V}\quad 或\quad pV=C\quad 亦或\quad p_1V_1=p_2V_2$$

式中，C 为常量.

这一规律称为波义耳-马略特定律，简称波义耳定律.

三、气体的等温变化图像

1. p-V 图像和 p-$\frac{1}{V}$ 图像

以体积 V 为横坐标、压强 p 为纵坐标，建立 pOV 平面直角坐标系，将图 3.2.1 所示的实验中所记录的数据描绘出图 3.2.2 所示的图像. 图线为双曲线，直观反映了一定质量的某种气体在某一不变温度下压强 p 与体积 V 之间的变化规律，因此称之为气体的等温变化曲线，简称等温线.

在气体的等温问题的实际处理中，为了便于检查气体的压强与体积之间是否存在线性关系，常建立 $p\text{-}O\text{-}\frac{1}{V}$ 坐标系，描绘出图 3.2.3 所示的线性图线.

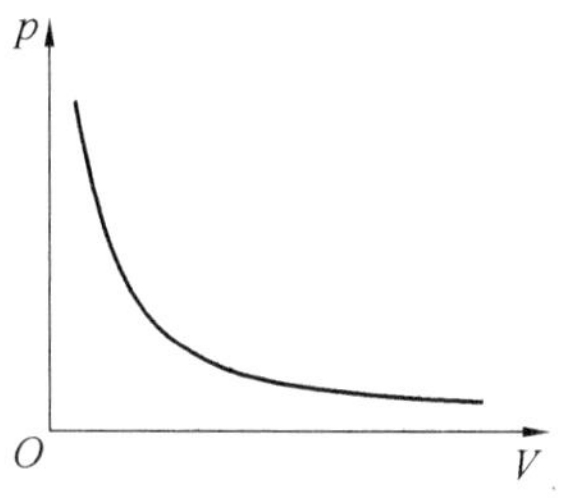

图 3.2.2

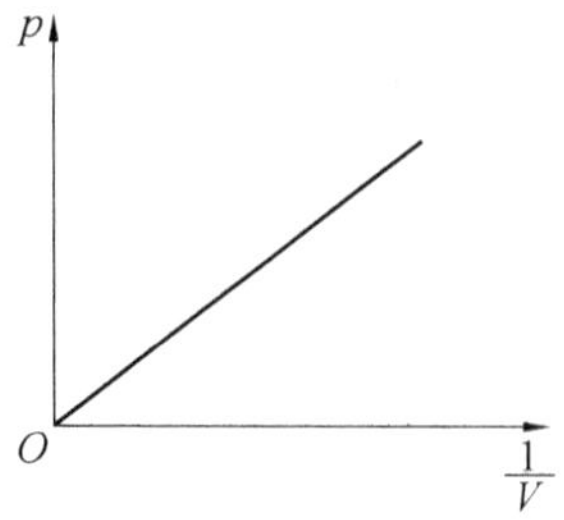

图 3.2.3

2. 温度或质量对等温线的影响

实验研究表明：对于质量 m 相同的某种气体，不同温度 T 的条件下的等温线不同，如图 3.2.4 所示；对于温度 T 相同的条件下，质量 m 不同的某种气体的等温线不同，如图 3.2.5 所示.

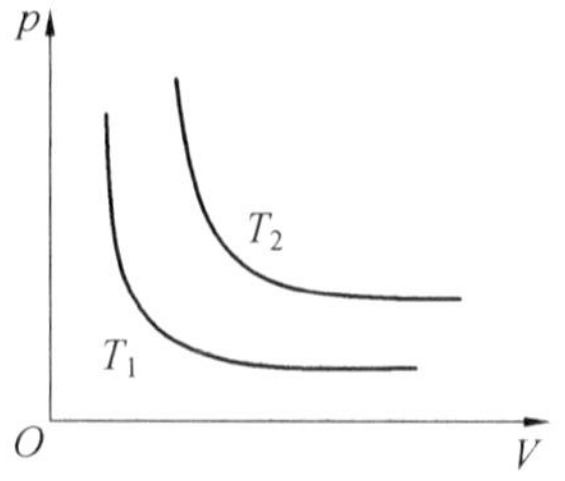

图 3.2.4

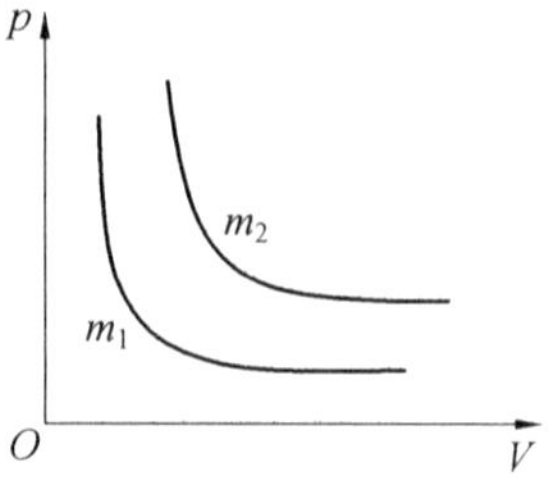

图 3.2.5

思考与讨论

1. 图 3.2.4 中的 T_1 和 T_2 哪个大?
2. 图 3.2.5 中的 m_1 和 m_2 哪个大?

四、波义耳-马略特定律的微观解释

我们已经知道，关于气体压强产生的原因，从微观上看与分子的平均动能和分子的密度有关. 所以在宏观上，气体压强跟温度和体积有关.

一定质量的气体，分子密度跟体积成反比，而温度不变时，分子的平均动能不变. 所以，温度不变时，压强跟体积成反比.

思考与练习

1. 为适应太空环境，太空中的宇航员都要穿航天服. 航天服是一种高科技产品，它有一套完善的生命保障系统(其中包括压力调节系统)，能为宇航员提供合适的温度、氧气和气压. 试分析：航天服为什么要有完善的压力调节系统.

2. 用打气筒给自行车内胎打气. 该自行车的内胎容积为 2.0 L，每次可打入压强为 1.0×10^5 Pa 的空气 125 cm^3. 若胎内原来没有空气，并设打气过程中胎内温度不变，那么，打 20 次后，胎内空气的压强有多大?

3. 给定一支大号注射器，试添置有关器材，设计一个实验，粗略验证波义耳-马略特定律. 要求：①写出实验主要步骤；②写出需要测量的物理量；③列出相关表达式.

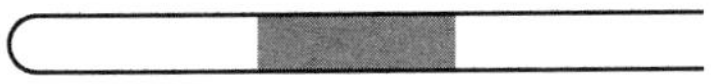

图 3.2.6

4. 如图 3.2.6 所示,在一根一端封闭的粗细均匀的玻璃管中有一小段水银柱封闭着一定质量的空气. 现在要用它来测定大气压,那么:

(1)还必须需要一种什么器材?

(2)说明实验主要步骤和需要测量的物理量.

(3)用实验中测量出的物理量表示出大气压强.

5. 某水银气压计中混入一个气泡上升到水银柱上方,致使水银柱上方不再是真空,因此该气压计的读数就不准确. 当实际大气压为 758 mmHg 时,该气压计示数为 750 mmHg,此时管中水银面到管顶的距离为 80 mm. 若环境气温保持不变,那么,当该气压计示数为 740 mmHg 时,实际大气压强是多少?

6. 某地区由于矿产的无节制开采和汽车尾气排放,导致空气污染严重. 一位同学从桶装纯净水得到启发,提出用桶装净化压缩空气供气. 设每人 1 min 内呼吸 16 次,每次需吸入 1 atm($1\ \text{atm}=1.01\times10^5\ \text{Pa}$)的净化空气 500 mL,而每个桶装 10 atm 净化空气 20 L. 假定桶装净化压缩空气可以全部被吸完,且温度保持不变,估算一下每人每天需吸多少桶净化空气? 并对该同学的提议进行评价.

3.3 查理定律

· 比较 p–t 图像与 p–T 图像.

· 质量 m 相同的某种气体,不同体积 V 的条件下的等容线不同;体积 V 相同的条件下,质量 m 不同的某种气体的等容线不同.

一、探究气体的等容变化过程

实验探究:准备足够的生石灰(CaO)和硝酸铵(NH_4NO_3),将压强计、温度计、烧瓶、盛水容器按图 3.3.1 所示安装好,压强计将烧瓶中的空气密闭.

(1)将适量的生石灰放入盛水容器,搅拌均匀,使水的温度迅速升高到 60 ℃以上,然后使其在室温环境中缓慢降温,每隔 3 min 记录 1 次温度计和压强计的示数填入表 3.3.1.

(2)待水温降至接近环境温度后,将适量的硝酸铵放入盛水容器,搅拌均匀,使水的温度迅速降低到接近 0 ℃. 然后使其在室温环境中缓慢升温,每隔 3 min 记录 1 次温度计和压强计的示数填入表 3.3.1.

表 3.3.1

次数	1	2	3	4	5	6	7	8
温度/℃								
压强/Pa								

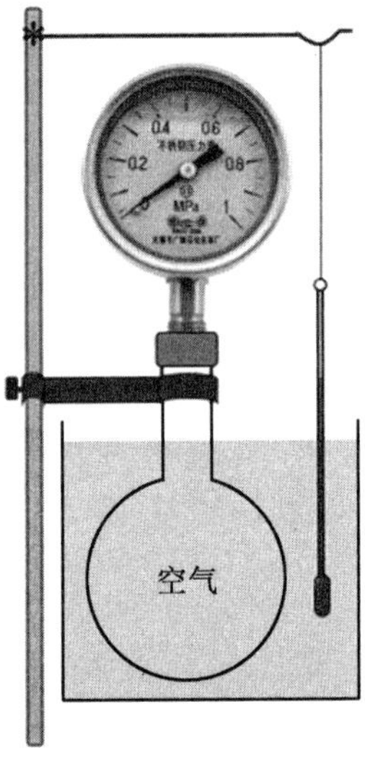

图 3.3.1

(3)根据记录数据分析压强 p 与温度 t 的变化关系,建立平面直角坐标系,做出 p–t 图像.

二、查理定律

法国科学家查理(J. A. C. Charles,1746—1823)通过实验发现气体的等容变化规律.

一定质量的某种气体,在体积不变的情况下,其压强 p 与热力学温度 T 成正比.

$$\frac{p}{T}=C \quad 或 \quad \frac{p_1}{T_1}=\frac{p_2}{T_2}$$

式中,C 为常量.

这一规律称为查理定律.

三、气体的等容变化图像

1. $p-t$ 图像与 $p-T$ 图像

建立 pOt 平面直角坐标系，根据图 3. 3. 1 所记录的实验数据可描绘出如图 3. 3. 2 所示的图像. 图线反映了一定质量的某种气体在体积不变的情况下其压强 p 与温度 t 之间的变化关系，因此称气体的等容变化曲线，简称等容线.

根据热力学温度与摄氏温度之间的关系 $T=t+273.15$ K，可将等容线改画成图 3. 3. 3 所示的图线.

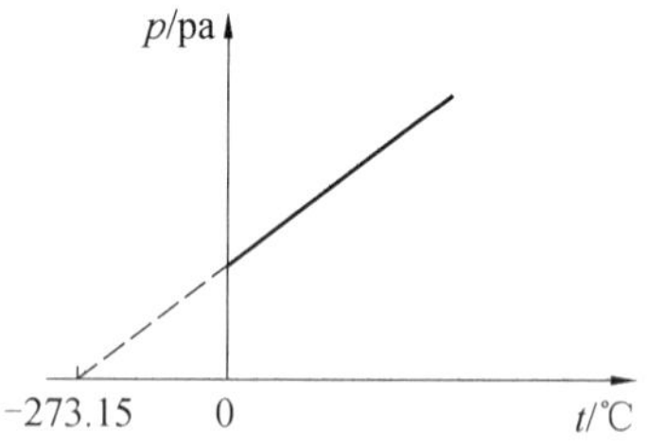

图 3. 3. 2

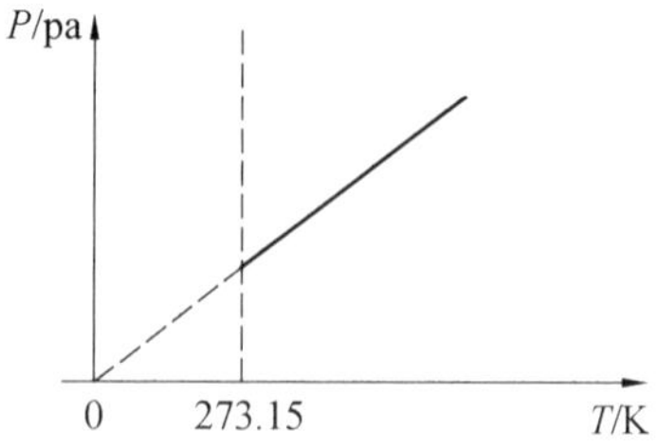

图 3. 3. 3

2. 体积和质量对等容线的影响

实验研究表明：对于质量 m 相同的某种气体，不同体积 V 的条件下的等容线不相同，如图 3. 3. 4 所示；对于体积 V 相同的条件下，质量 m 不同的某种气体的等容线不同，如图 3. 3. 5 所示.

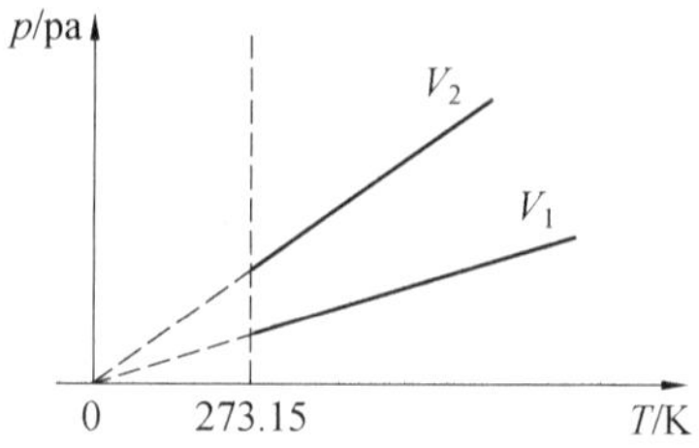

图 3. 3. 4

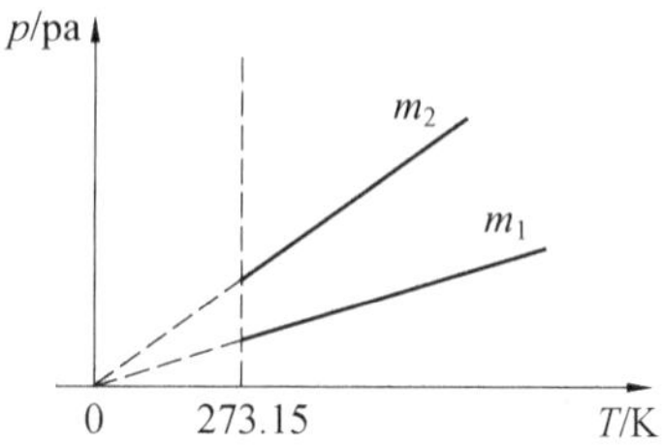

图 3. 3. 5

思考与讨论

1. 图 3. 3. 4 中的 V_1 和 V_2 哪个大？
2. 图 3. 3. 5 中的 m_1 和 m_2 哪个大？

四、查理定律的微观解释

根据分子动理论和气体压强的微观机理可知，一定质量的气体，体积不变时，分子的密度保持不变. 当温度升高时，分子的平均动能增大，单位面积单位时间内分子碰撞容器壁的次数增多，因而压强增大；当温度降低时，分子的平均动能减小，单位面积单位时间内分子碰撞容器壁的次数减少，因而压强减小.

思考与练习

1. 某登山运动员在一次攀登珠穆朗玛峰的过程中，他的手表的表面玻璃没有受到任何撞击却突然爆裂了. 已知当时气温为 -13 ℃，试根据该手表的产品说明书给出的图 3. 3. 6 所示的部分信息计算手表表面玻璃爆裂时：(1) 表内气体压强有多大？(2) 外界大气压强有多大？

图 3.3.6

出厂温度:27 ℃;内部压力:1.0×10^5 Pa;内外压力差:$\leq6.0\times10^4$ Pa

2. 冬天,剩有半瓶热水的保温瓶经过一个夜晚,第二天拔瓶口的软木塞时觉得很紧,不易拔出来.其主要原因是(　　).

A. 软木塞受潮膨胀　　B. 瓶口因温度降低而收缩变小

C. 白天气温高,大气压强变大　　D. 瓶内气体因温度降低而压强减小

3. 有一根两端开口的细玻璃管,一端通过橡皮塞与一个玻璃泡相连,另一端竖直插入水槽中,并使管内吸入一段水柱,如图 3.3.7 所示.这就构成了一支伽利略温度计.

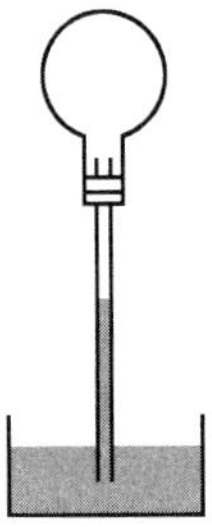

图 3.3.7

(1)试分析伽利略温度计的测温原理,并说明大气压强对温度测量的影响.

(2)有人认为,利用这一装置可以粗略验证查理定律.你认为这一看法是否合理?若你认为不合理,请说明理由;若你认为合理,请提出实验方案.

4. 氧气瓶在氧气生产车间充气后,瓶内压强达到 1.5×10^7 Pa.当把氧气瓶运送到某工地后,测得瓶内压强降低至 1.35×10^7 Pa.已知车间温度为 27 ℃,工地温度为−3 ℃.试通过计算判断氧气瓶在运输过程中是否漏气.

5. 某校科技活动小组在老师的指导下,设计如图 3.3.8 所示的装置来验证查理定律.将薄壁玻璃瓶、带孔橡胶塞、玻璃管及橡皮软管按图示安装,把玻璃瓶浸入盛水水槽中,再由右管注入适量水银,这样,左管和玻璃瓶中的空气就被封闭了.

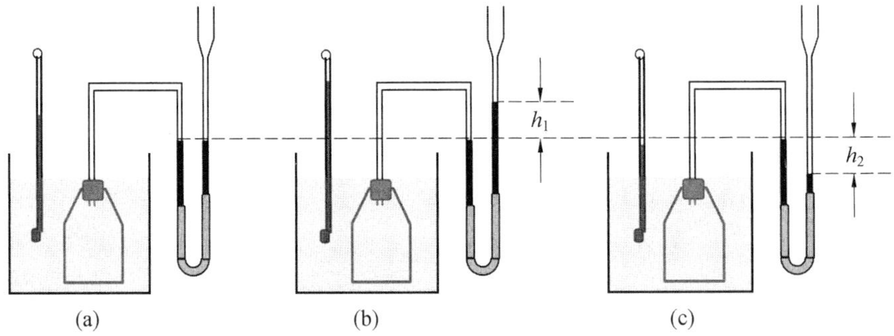

图 3.3.8

进行数据测量时,必须保持左管中水银面高度不变.当水温与环境温度 T_0 相等时,调节右管,使左右两管的水银面相平,如图(a)所示;向水槽中慢慢注入适量浓硫酸,搅拌均匀后,当温度计示数为 T_1 时,调节右管,测得左右两管水银面高度差为 h_1,如图(b)所示;将适量硝酸铵放入水槽中,搅拌均匀后,当温度计示数为 T_2 时,调节右管,测得左右两管水银面高度差为 h_2,如图(c)所示.

(1)为什么测量有关数据时,应保持左管中水银面高度不变?

(2)试用上述测量数据和大气压强 P_0 表示出验证查理定律的表达式.

3.4　盖·吕萨克定律

· 比较 $V-t$ 图像与 $V-T$ 图像.

·质量 m 相同的某种气体，不同压强 p 的条件下的等压线不同；压强 p 相同的条件下，质量 m 不同的某种气体的等压线不同.

一、探究气体的等压变化过程

实验探究：准备足够的生石灰（CaO）和硝酸铵（NH_4NO_3），将注射器、温度计、盛水容器及砝码按图 3.4.1 安装好，注射器的活塞与橡胶帽将空气密闭.

（1）将适量的生石灰放入盛水容器，搅拌均匀，使水的温度迅速升高到 60 ℃以上. 然后使其在室温环境中缓慢降温，每隔 3 min 记录 1 次温度计和压强计的示数填入表 3.4.1.

（2）待水温降至接近环境温度后，将适量的硝酸铵放入盛水容器，搅拌均匀，使水的温度迅速降低到接近 0 ℃. 然后使其在室温环境中缓慢升温，每隔 3 min 记录 1 次温度计和压强计的示数填入表 3.4.1.

表 3.4.1

次数	1	2	3	4	5	6	7	8
温度/℃								
体积/cm^3								

（3）根据记录数据分析体积 V 与温度 t 的变化关系，建立平面直角坐标系，作出 V-t 图像.

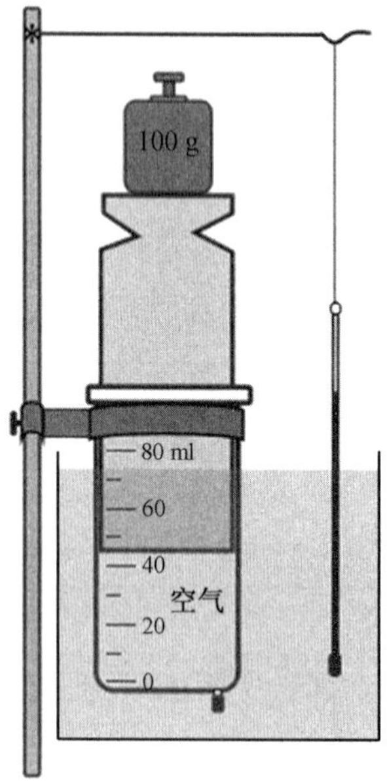

图 3.4.1

二、盖·吕萨克定律

法国科学家盖·吕萨克（J Gay Lussac，1778—1850）首先通过实验发现气体的等压变化规律.

一定质量的某种气体，在压强不变的情况下，其体积 V 与热力学温度 T 成正比，即

$$\frac{V}{T}=C \quad 或 \quad \frac{V_1}{T_1}=\frac{V_2}{T_2}$$

式中，C 为常量.

这一规律称为盖·吕萨克定律.

三、气体的等压变化图像

1. V-t 图像与 V-T 图像

建立 VOt 平面直角坐标系，根据图 3.4.1 所记录的实验数据可描绘出图 3.4.2 所示的图像. 图线反映了一定质量的某种气体在压强不变的情况下其体积 V 与温度 t 之间的变化关系，因此称气体的等压变化曲线，简称等压线.

根据热力学温度与摄氏温度之间的关系 $T=t+273.15$ K，可将等压线改画成图 3.4.3 所示的图线.

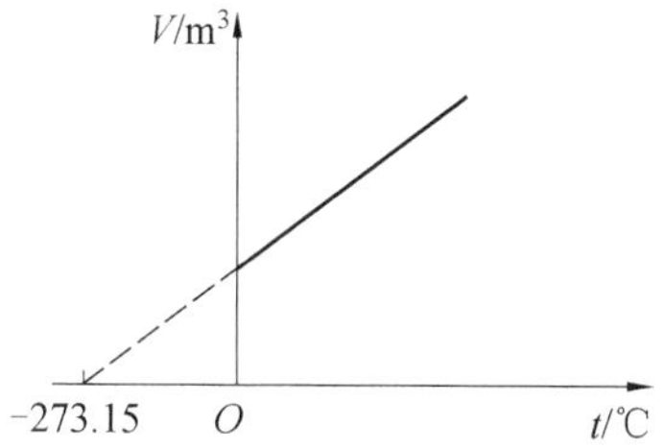

图 3.4.2

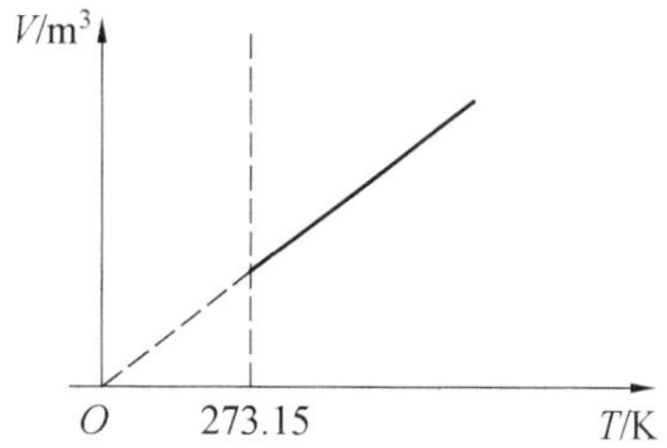

图 3.4.3

2. 压强和质量对等压线的影响

实验研究表明:对于质量 m 相同的某种气体,压强 p 不同的条件下的等压线不同,如图 3. 4. 4 所示;对于压强 p 相同的条件下,质量 m 不同的某种气体的等压线不同,如图 3. 4. 5 所示.

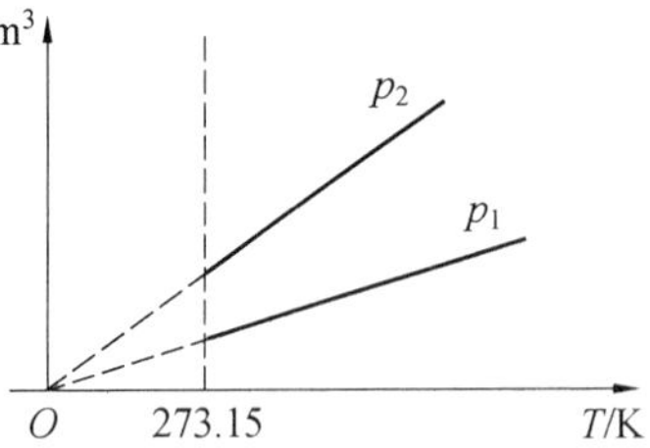

图 3. 4. 4

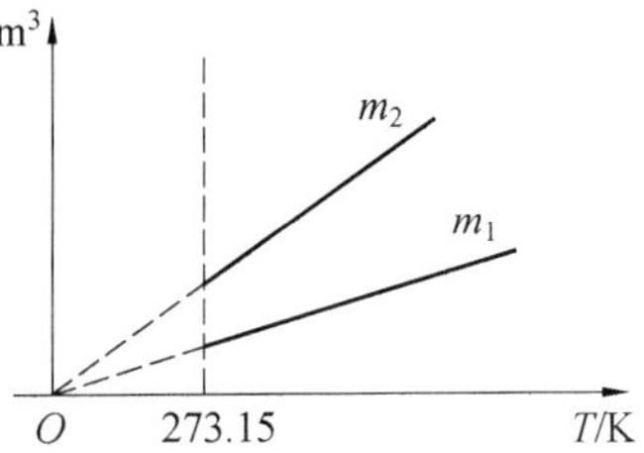

图 3. 4. 5

思考与讨论

1. 图 3. 4. 4 中的 p_1 和 p_2 哪个大?

2. 图 3. 4. 5 中的 m_1 和 m_2 哪个大?

四、盖·吕萨克定律的微观解释

根据分子动理论和气体压强的微观机理可知,一定质量的气体,当温度升高时,分子的平均动能增大,为了维持压强不变,单位体积的分子数就相应减少,因而体积增大;当温度降低时时,分子的平均动能减小,为了维持压强不变,单位体积的分子数就相应增多,因而体积减小.

思考与练习

1. 某同学提出一种粗略验证盖·吕萨克定律的实验方法,部分装置如图 3. 4. 6 所示,即在一较大的集气瓶中插入一根带橡皮塞的弯成直角的玻璃管,玻璃管的水平部分留有一滴带色水滴. 试完成下列问题:

(1)分析其物理原理;

(2)还应添加哪些必要的器材;

(3)写出实验主要步骤和应测量的物理量,并用所测量的物理量表示出盖·吕萨克定律.

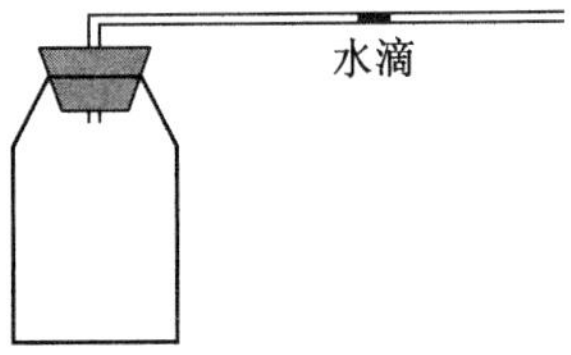

图 3. 4. 6

2. 在不考虑大气压变化影响的情况下,如图 3. 4. 6 所示的装置就是一个简易的温度计. 若集气瓶的有效容积是 360 cm^3,玻璃管粗细均匀,其横截面积为 0. 2 cm^2,竖直部分很短,水平部分长 20 cm. 当温度为 25 ℃时,水滴离管口 10 cm.

(1)在玻璃管上标刻温度值时,刻度是否应该均匀?

(2)这个温度计的测量范围大约是多少?

3. 如图 3. 4. 7 所示,气缸 A 中封闭有一定量的气体,活塞 B 与 A 之间接触光滑且不漏气,在 B 上放一重物 C,B 和 C 的总重为 G,大气压为 P_0. 若当气缸内气体的温度为 20 ℃时,活塞与气缸底部的距离为 h,那么当气缸内气体的温度为 100 ℃时,活塞与气缸底部的距离为是多少?

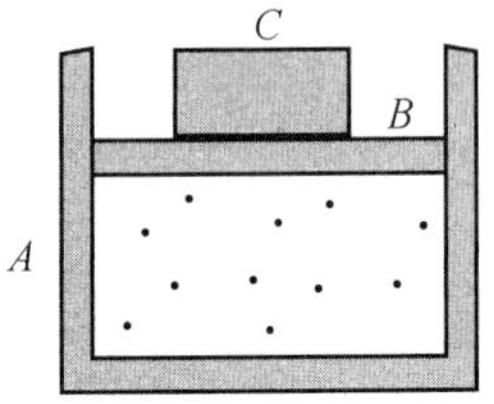

图 3. 4. 7

4. 内壁光滑的导热气缸竖直浸放在盛有冰水混合物的水槽中,用不计质量的活塞封闭压强为 1.0×10^5 Pa、体积为 2.0×10^{-3} m^3 的一定量的某种气体. 现在活塞上方缓慢倒上沙子,使封闭气体的体积变为原来的一半,然后将气缸移出水槽并缓慢对它加热使气体温度变为 127 ℃.

(1)求气缸内气体的最终体积;

(2)若大气压强为 1.0×10^5 Pa,试在图 3.4.8 中画出整个过程中气缸内气体的状态变化.

5. 一定质量的某种气体经过这样一个循环过程:由状态 A 经等温膨胀到状态 B,再等容升温到状态 C,然后等压压缩回到状态 A,其 $p-V$ 图像如图 3.4.9 所示.

(1)若状态 A 对应的温度为 0 ℃,那么状态 C 对应的温度是多少?

(2)试画出该循环过程的 $p-T$ 图像和 $V-T$ 图像.

(3)简单分析该循环过程的 $p-V$ 图像中状态 A、B、C 构成的封闭曲线围成的面积的物理意义. 在这样的一个循环过程中,气体是吸收热量还是放出热量?

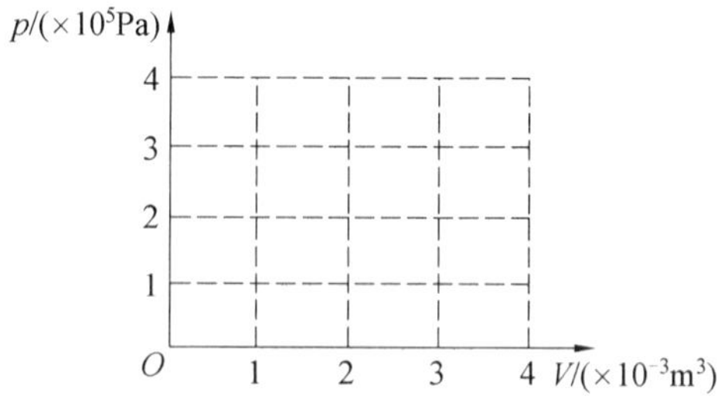

图 3.4.8

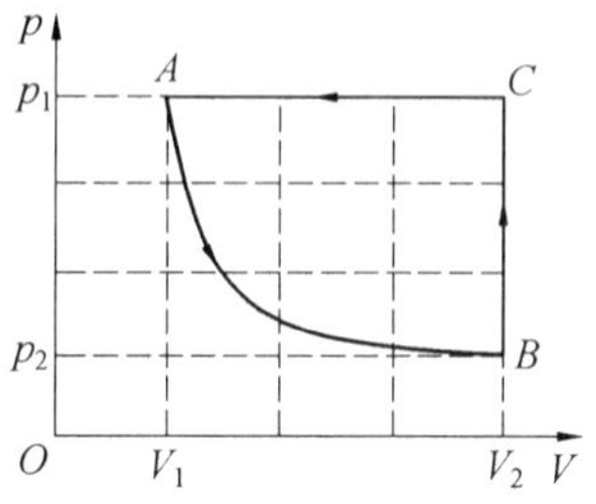

图 3.4.9

3.5　理想气体状态方程

· 理想气体状态方程 $\frac{p_1V_1}{T_1}=\frac{p_2V_2}{T_2}$ 的推导.

· 普适气体常量 $R=\frac{p_0V_{mol}}{T_0}=8.31$ J/(mol · K).

· 克拉珀龙方程 $pV=nRT=\frac{m}{M}RT$.

从 3.1 节知道,理想气体是指忽略分子本身体积和分子间作用力的气体. 也可以说,理想气体是能严格遵从气体实验定律的气体.

如果一定质量的理想气体的三个状态参量(p、T、V)同时发生变化时,变化前后的参量之间遵循什么规律呢?

一、理想气体状态方程

设一定质量的理想气体初始状态 A 对应的参量为 p_A、T_A、V_A,末状态对应的参量为 p_B、T_B、V_B.

设立这样的一个中间状态 $C(p_C、T_C、V_C)$:状态 A 经等温变化到状态 C,状态 C 经等容变化到状态 B,如图 3.5.1 所示. 那么,有

$$T_C=T_A,V_C=V_B$$

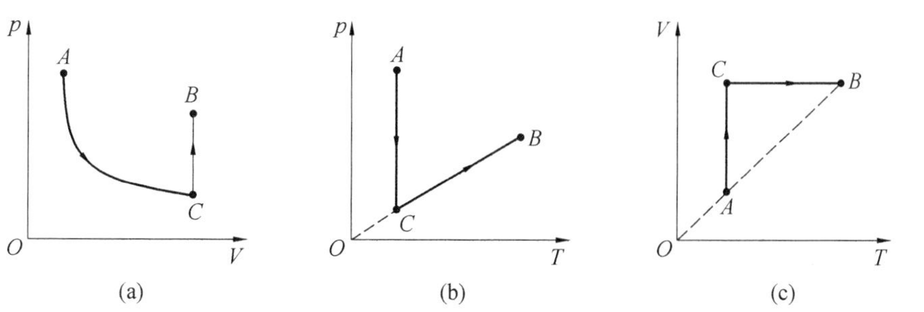

图 3.5.1

因此，由波义耳－马略特定律和查理定律可得

$$p_A V_A = p_C V_C = p_C V_B$$

$$\frac{p_C}{T_C} = \frac{p_A}{T_A} = \frac{p_B}{T_B}$$

化简整理，得

$$\frac{p_A V_A}{T_A} = \frac{p_B V_B}{T_B}$$

上式表示，一定质量的某种理想气体，处在不同状态时，其压强与体积的乘积跟热力学温度的比值保持不变. 这一结论称为理想气体状态方程.

$$\frac{pV}{T} = C(\text{恒量}) \quad 或 \quad \frac{p_1 V_1}{T_1} = \frac{p_2 V_2}{T_2}$$

思考与讨论

1. 有同学这样推导理想气体状态方程：因为 $p_1V_1 = p_2V_2$、$\frac{p_1}{T_1} = \frac{p_2}{T_2}$、$\frac{V_1}{T_1} = \frac{V_2}{T_2}$，将各式左右两边对应相乘，有 $\frac{p_1^2 V_1^2}{T_1^2} = \frac{p_2^2 V_2^2}{T_2^2}$，开平方，得 $\frac{p_1 V_1}{T_1} = \frac{p_2 V_2}{T_2}$. 你认为这样的推导是否合理？为什么？

2. 分别用等温过程和等压过程以及等容过程和等压过程推导理想气体状态方程，并分别在 $p-V$ 图、$p-T$ 图及 $V-T$ 图上表示出来.

二、普适气体常量

实验表明，理想气体状态方程 $\frac{pV}{T} = C$（恒量）中的恒量 C 跟气体的质量和种类有关.

1. 普适气体常量

对于 1 mol 的任何气体，在标准状态下，即在压强 $p_0 = 1.013 \times 10^5$ Pa、温度 $T_0 = 273$ K 时，其体积 $V_{\text{mol}} = 22.4$ L $= 22.4 \times 10^{-3}$ m^3. 因此，对于 1 mol 的任何气体，都有这样一个常量

$$R = \frac{p_0 V_{\text{mol}}}{T_0} = \frac{1.013 \times 10^5 \times 22.4 \times 10^{-3}}{273} \text{ J/(mol·K)} = 8.31 \text{ J/(mol·K)}$$

这个常量 R 称为普适气体常量，也称摩尔气体常量，是热学中的一个重要常量，适用于任何气体.

2. 克拉珀龙方程

对于摩尔质量为 M、质量为 m 的理想气体，其摩尔数为 $n = \frac{m}{M}$，那么

$$pV = nRT = \frac{m}{M} RT$$

这就是任意质量的理想气体状态方程，也称克拉珀龙方程.

气体实验定律

阿伏伽德罗定律、道尔顿分压定律与波义耳－马略特定律、查理定律、盖·吕萨克定律一起，统称气体

实验定律.

阿莫迪欧·阿伏伽德罗(Amedeo Avogadro,1776—1856,意大利化学家)通过实验发现了气体体积与分子数之间的规律.

在相同温度和相同压强条件下,相同体积的任何气体都具有相同的分子数.

$$pV=nRT=\frac{m}{M}RT$$

这一规律称为阿伏伽德罗定律,也就是克拉珀龙方程.根据阿伏伽德罗定律可得出一些比较重要的推论.

(1)在相同温度和相同压强时,气体的体积之比等于摩尔数之比.

(2)在相同温度和相同体积时,气体的压强之比等于摩尔数之比等于分子数之比.

(3)在相同温度和相同质量时,气体的体积之比等于摩尔质量之比.

(4)在相同温度和相同压强时,气体的摩尔质量之比等于密度之比.

约翰·道尔顿(John Dalton,1766—1844,英国化学家和物理学家)通过大量实验发现密闭容器中混合气体产生压强的规律.

密闭容器中不发生化学反应的混合气体所产生的压强,等于在相同温度和相同体积条件下,混合气体的各组成成分单独存在时产生的压强之和.

$$p=\sum_{i=1}^{m}p_i=\frac{n_1}{V}RT+\frac{n_2}{V}RT+\cdots+\frac{n_m}{V}RT$$

这一规律称为道尔顿分压定律.

思考与练习

1. 一定质量的理想气体发生状态变化时,其状态参量 p、T、V 的变化情况可能的是(　　).

A. p、T、V 都增大　　B. p 减小,T 和 V 增大　　C. p 和 V 减小,T 增大　　D. p 和 T 增大,V 减

2. 一个容积为 30 L 的特制钢瓶中装有一定量的氢气.在一次气焊过程中,其压强由 4.9×10^6 Pa 降低到 9.8×10^5 Pa,温度由 27 ℃降低到 7 ℃.那么,钢瓶里原来的氢气是多少?这次焊接过程中用掉了多少?

3. 为了估测湖水的深度,将一根试管开口向下缓缓压到壶底,测得进入管中的水的高度为管长的 $\frac{3}{4}$.若湖底水温为 4 ℃,湖面水温为 10 ℃,大气压强为 76 cmHg,那么湖水深度是多少?

4. 图 3.5.2 所示的是医院输液装置的一部分,其中,输液瓶的高度是 h_1,瓶中 A 处空气柱的最小高度是 h_2.在正常的输液过程:

(1)瓶中 A 处的气体压强随液面的下降将发生怎样的变化?为什么?若大气压强为 p_0,药液密度为 ρ,那么,A 处气体的最小压强和最大压强分别是多少?

(2)B 处药液下降速度是否变化?为什么?

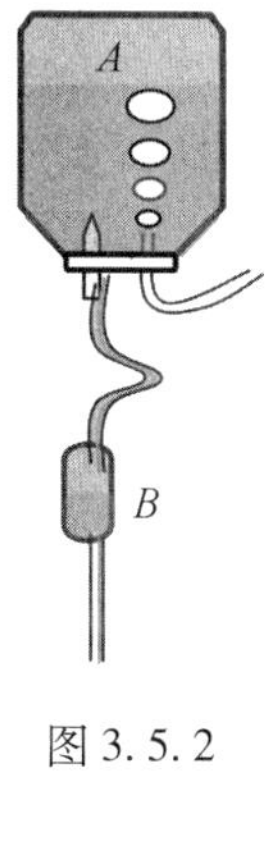

图 3.5.2

5. 某柴油机的气缸容积为 0.83×10^{-3} m^3,压缩冲程前其中的空气温度为 47 ℃、压强为 0.8×10^5 Pa.在压缩冲程中,活塞把空气压缩到原体积的 $\frac{1}{17}$,压强增大到 4×10^6 Pa.若把气缸里的空气看作理想气体,试估算此时空气的温度.

*6.(第十五届全国中学生物理竞赛预赛试题)1 mol 理想气体缓慢地经过了一个循环过程,在 $p-V$ 图中这一过程是一个椭圆,如图 3.5.3 所示.已知此气体若处在与椭圆中心点 O' 所对应的状态时,其温度为 $T_0=300\ \mathrm{K}$.求:整过循环过程气体的最高温度 T_1 和最低温度 T_2 各是多少?(提示:利用该椭圆的参数方程,pV 最大时温度就最高,反之温度就最低.$T_1=549.6\ \mathrm{K}$,$T_2=125.4\ \mathrm{K}$)

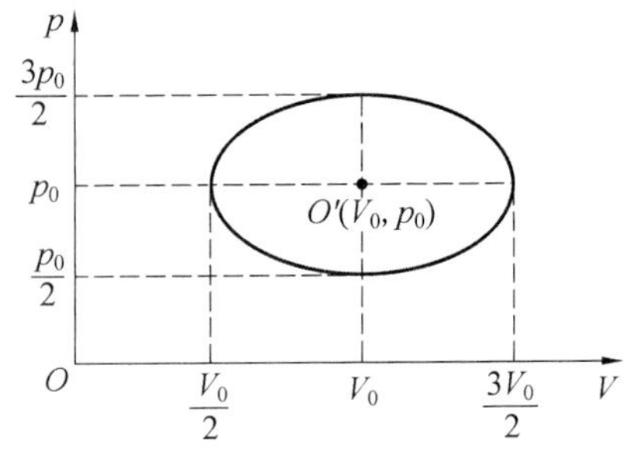

图 3.5.3

第 4 章　热力学定律

4.1　热力学第一定律与能量守恒定律

· 绝对的绝热系统和导热系统都是理想化模型.
· 热力学第一定律数学表达式 $\Delta U=W+Q$ 中各量正负的含义.
· 能量转化和守恒定律是众多科学家共同研究的结晶.
· 自然界的一切物质都处在运动之中,不同的运动形式对应不同形式的能量.

一、热力学第一定律

在 1.4 节中已经知道,改变物体或热力学系统内能的方式有做功和热传递,而且这两种方式对于改变内能来说是等效的.

1. 绝热系统与绝热过程

一个物体或热力学系统,如果它既不能从外界吸收热量也不能向外界放出热量,只能由于外界对它做功或它对外界做功而与外界发生能量交换. 这样的系统叫作绝热系统.

绝热系统对外界做功或外界对绝热系统做功而与外界发生能量交换的过程叫作绝热过程.

对于任意一个绝热过程,内能 U 的变化量等于外界对系统所做的功 W.

$$\Delta U=W$$

(1)外界对系统做正功(压缩气体做功),即 $W>0$ 时,系统内能增加,$\Delta U>0$.

(2)外界对系统做负功(气体膨胀做功),即 $W<0$ 时,系统内能减少,$\Delta U<0$.

思考与讨论

1. 一定物质的量的理想气体的内能只与温度有关,为什么?

2. 一定质量的理想气体,在绝热膨胀或绝热压缩过程中,它的温度和内能分别怎样变化? 试在 $p-V$ 图中进行分析.

2. 导热系统与导热过程

一个物体或热力学系统,如果它既不能对外界做功外界也不能对它做功,只能由从外界吸收热量或向外界放出热量而与外界发生能量交换. 这样的系统叫作绝对导热系统,简称导热系统.

绝对导热系统从外界吸收热量或向外界放出热量而与外界发生能量交换的过程叫作绝对导热过程,简称导热过程.

对于任意一个导热过程,内能的变化量等于外界对系统传递的热量.

$$\Delta U=Q$$

(1)系统吸热,即 $Q>0$ 时,系统内能增加,$\Delta U>0$.

(2)系统放热,即 $Q<0$ 时,系统内能减少,$\Delta U<0$.

思考与讨论

1. 一定质量的理想气体，在等容升压或等容降压过程中，其温度是升高还是降低？它的内能怎样变化？试在 p-V 图中进行分析.

2. 夏天，用棉被包裹着的冰棍不易融化，而用棉被包裹着的人体却感觉很闷热，为什么？棉被与冰棍或棉被与人体组成的系统可看成是绝热系统还是导热系统？

3. 热力学第一定律

绝对的绝热系统和导热系统都是理想化模型.

一般地，当一个系统的状态发生变化时，做功和热传递往往同时存在. 这时，系统的内能变化 ΔU 与外界对系统做的功 W 及系统从外界吸收的热量 Q 之间满足这样的关系

$$\Delta U = W + Q$$

也就是说，一个热力学系统的内能变化量等于外界对它所做的功与外界向它传递的热量之和. 这一关系 1850 年克劳修斯首次用数学形式表达出来，1853 年威廉·汤姆生在焦耳、迈尔等人研究的基础上给出了精确表述，物理学中把它叫作热力学第一定律.

思考与讨论

1. 结合绝热过程和导热过程的有关表述，分析理解 $\Delta U = W + Q$ 中各量正负的含义.

2. 一定质量的理想气体，在等压膨胀或等压压缩过程中，是吸收热量还是放出热量？它的温度和内能分别怎样变化？试在 p-V 图中进行分析.

3. 一定质量的理想气体，在等温膨胀或等温压缩过程中，是吸收热量还是放出热量？它的温度和内能分别怎样变化？试在 p-V 图中进行分析.

二、能量守恒定律

1. 迈尔的发现和贡献

德国医师迈尔（J. R. Mayer，1814—1878）从生理学开始对能量进行研究.

（1）1840 年，乘船从荷兰开往爪哇，偶然发现船员在赤道附近时的静脉血比在欧洲时鲜红. 迈尔认为这与能量转化有关系，是因为在热带高温的情况下，有机体只需要较少的热量，所以有机体中食物的氧化过程减弱了，静脉血中留有较多的氧，因而热带地区人体的静脉血颜色比较鲜红.

（2）通过搅拌纸浆实验，测出纸浆升高的温度，计算出做一定的机械功所产生的热量. 从空气在压强一定时和体积一定时的比热容关系，推算出热功当量的值.

（3）1842 年，迈尔在《关于无机界能量的说明》中，从“无不生有，有不变无”的哲学信念出发，首次完整地提出能量转化和守恒原理.

2. 焦耳的实验研究

英国物理学家焦耳（J. P. Joule，1818—1889）认为，热是一种能量. 他以机械运动与热运动的联系和转化为突破口，从 1840 年开始，到 1878 年近 40 年时间，利用机械量热法和电热量热法设计并做了 400 余次实验对能量转化和守恒进行细致的定量研究，最终找出了热和功之间的当量关系，彻底否定了热质说，为能量转化与守恒定律奠定了坚实的基础.

（1）机械量热法实验.

图 4. 1. 1 所示的是焦耳机械量热法实验装置. 这一实验中，重物下落带动叶片转动而搅拌绝热量热器中的水，引起水的温度升高.

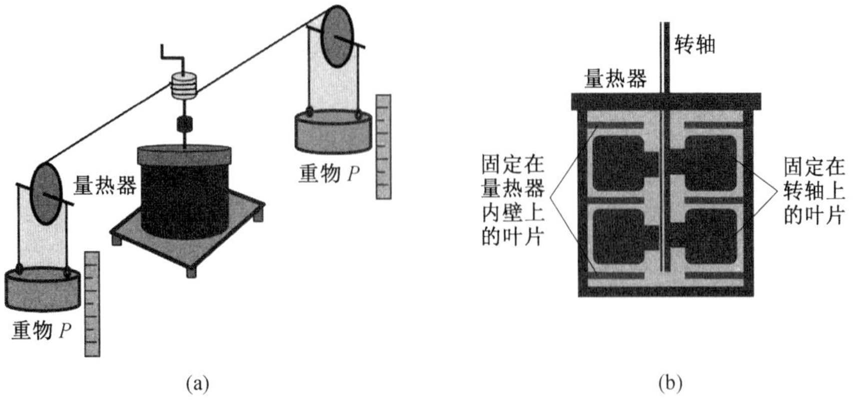

图 4.1.1

实验表明:不管怎样改变重物质量 $m_{重物}$ 和下落的高度 h,只要重力所做的功相同,量热器中水的温度升高的数值 Δt 就都相同. 设水和量热器叶片的等效质量为 $m_水$、等效比热容为 c,那么

$$m_{重物}gh = cm_水\ \Delta t$$

焦耳通过这一实验,定量确定了机械功与热量的关系,比较精确地测定了热功当量的数值,即

$$1\ \text{cal} = 4.2\ \text{J}$$

(2)电热量热法实验.

图 4.1.2 所示的是焦耳电热量热法实验装置. 重物下落带动发电机发电产生电流,电流通过浸没在绝热量热器水中的电阻丝发热,引起水的温度升高.

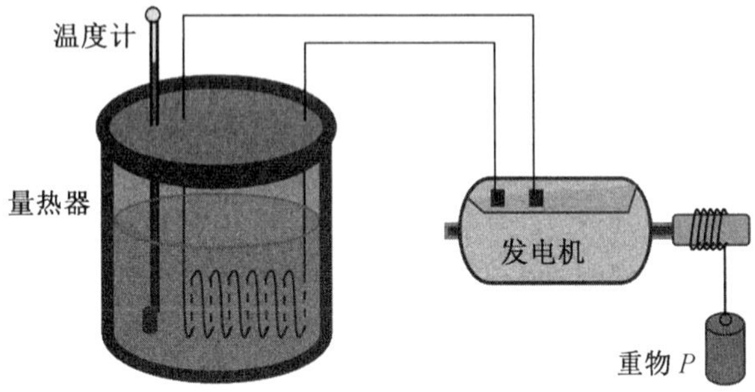

图 4.1.2

这一实验表明:不管怎样改变电流 I 的大小和通电时间 t 的长短,只要电流所做的功 W 相同,量热器中水的温度升高的数值 Δt 就都相同. 设水的质量为 $m_水$、比热容为 c,电阻丝的电阻为 R,那么

$$I^2Rt = cm_水\ \Delta t$$

焦耳通过这一实验,定量确定了电流做功与热量的关系,同时再次测定热功当量的数值.

3. 亥姆霍兹的理论概括

德国生理学家、物理学家亥姆霍兹(H. Helmholtz,1821—1894). 从生理学问题开始对能量守恒进行研究.

(1)1847 年,从理论上把力学中的能量守恒原理推广到热学、光学、电学、磁学,以及化学反应过程中,揭示了它们之间的统一性.

(2)从理论上完善地概括了能量转化和守恒定律,并彻底否认"永动机"存在的可能性.

4. 能量转化和守恒定律

能量既不能凭空产生,也不能凭空消失,它只能由一种形式转化为另一种形式,或者由一个物体(系统)转移到另一个物体(系统),在转化或转移过程中其总量保持不变. 这就是能量转化和守恒定律,简称能量守恒定律. 它与细胞学说和进化论并称为 19 世纪自然科学的三大发现.

(1)自然界的一切物质都处在运动之中,不同的运动形式对应不同形式的能量.

(2)不同形式的能量可以相互转化,在转化过程中总伴有内能的损失.

(3)除核能外,人类利用的能量都直接或间接来自于太阳能.

三、第一类永动机

在能量守恒定律建立之前,很多工程师、学者及科学家都幻想设计这样一种不消耗任何能量却能永远对外做功的机器. 这类机器称为第一类永动机.

第一类永动机的模型有几百种之多,如图 4.1.3 所示的是其中的几种. 这些模型的设计分别包含了力学、热学、电学、磁学、光学等方面的思想,但在实践应用中都以失败告终.

(a)　(b)　(c)

图 4.1.3

思考与讨论

1. 热力学第一定律与能量转化和守恒定律有什么关系?

2. 各种模型的第一类永动机在实践应用中都以失败告终,为什么?

3. 试揣测图 4.1.3 所示的几种永动机模型的设计思想,并从设计者的角度分析它们的工作原理.

思考与练习

1. 如图 4.1.4 所示,在气缸的活塞左侧封闭着一定质量的压强为 1 大气压的空气. 若把气缸和活塞固定,使气缸内的空气升高一定的温度,空气吸收的热量为 Q_1;若让活塞可以无摩擦且不漏气地在气缸内自由滑动,也使气缸内的空气升高相同的温度,空气吸收的热量为 Q_2.

(1)比较 Q_1 和 Q_2 哪个大?

(2)通过计算比较说明,气体的定容(体积不变)比热容与定压(压强不变)比热容有什么不同?

图 4.1.4

2. 如果用 Q 表示物体吸收的热量、用 W 表示物体对外所做的功、用 ΔU 表示物体内能的增量,那么,热力学第一定律可以表示为 $Q=W+\Delta U$. 怎样理解这一表达式的物理意义?

3. 热力学第一定律可以表述为“第一类永动机是不可能制成的”,为什么?

4. 某校科技小组为了测算太阳辐射到地面的辐射能,把一个横截面积是 300 cm^2 的矮圆筒内壁涂黑、外壁用保温材料包裹后内装 600 g 水,然后让阳光垂直照射筒口 2 min,测得水的温度升高了 1 ℃. 试据此估算太阳垂直照射地面时的功率.

5. 图 4.1.5 所示的是一个现代燃煤蒸汽发电厂的运行流程图,试从能量角度分析各环节(燃烧室、锅炉、涡轮机、发电机、冷凝器)之间的能量转化或转移情况.

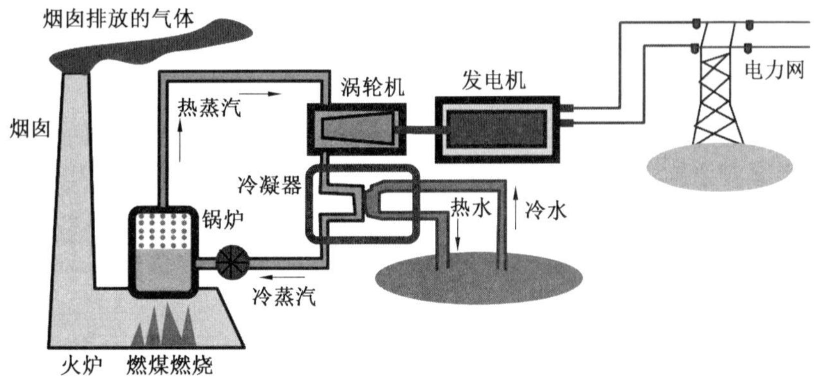

图4.1.5

4.2 热力学第二定律

· 凡是与热现象有关的宏观过程都是不可逆的，具有方向性.

· 理想热机的效率 $\eta=\frac{W}{Q_1}=\frac{Q_1-Q_2}{Q_1}=\frac{T_1-T_2}{T_1}$.

· 热力学第二定律的各种表述具有等价性；第二类永动机违背了热力学第二定律.

一、自然过程的方向性

我们先设想一些过程，这些过程都没有违背能量守恒定律，但是你观察过这些现象吗？

(1)把刚煮好的熟鸡蛋放在冷水中，过一会儿，鸡蛋温度降低、水的温度升高，最后水和鸡蛋的温度相同. 是否可能发生这样的现象：温度相同的熟鸡蛋和水，过一会儿，水的温度自发降低而鸡蛋的温度自发地升高，熟鸡蛋变成生鸡蛋？

(2)把一滴墨汁滴入一杯清水中，过一会儿，由于扩散作用，水和墨汁就混合均匀. 能否有这样的过程：混合均匀的水和墨汁自发地分离成墨汁和清水？

(3)将手中的一杯豌豆粒释放，豌豆粒将随机撒落在地上. 会不会发生这样的现象：撒落在地上的豌豆粒自发地回到手中？

显然，自然界中的很多过程都是不可逆的，而是具有方向性的. 因此，即使不违背热力学第一定律或能量守恒定律的过程也不一定都能发生.

1. 可逆过程与不可逆过程

一个系统由某一状态 A 经过某一过程 $\vec{F}$ 到另一状态 B. 若能存在另一过程 $\overleftarrow{F}$，它能使系统回到状态 A，同时能消除过程 $\vec{F}$ 中对外界的一切影响，那么过程 $\vec{F}$ 称为可逆过程，这时过程 $\overleftarrow{F}$ 称为过程 $\vec{F}$ 的逆过程. 如果用什么方法都不能使系统和外界复原，那么过程 $\vec{F}$ 称为不可逆过程.

(1)热传递是不可逆的，具有方向性.

热量只能由高温物体自发地传给低温物体或由物体的高温部分自发地传给低温部分，而不能由低温物体自发地传给高温物体或由物体的低温部分自发地传给高温部分.

(2)功转变为热是不可逆的，具有方向性.

(3)热转变为功是不可逆的，具有方向性.

(4)凡是与热现象有关的宏观过程都是不可逆的，具有方向性.

思考与讨论

1. 列举几个功转变为热和热转变为功不可逆的例子,与同学或老师讨论.

2. 不涉及热现象的宏观过程是否都是可逆的? 举例说明.

3. 理想气体的绝热膨胀过程或等温膨胀过程是不是可逆过程? 为什么?

2. 理想热机的启示

热机是把内能转化为机械能的机器. 最早期的热机是蒸汽机,如图 4. 2. 1 所示的是瓦特改进后的一种蒸汽机模型. 目前普遍应用的热机主要有内燃机、蒸汽轮机和燃气轮机.

(1)卡诺原理.

1824 年,法国物理学家、工程师卡诺(S. Carnot,1796—1832)分析了各种热机的工作过程后,运用理想模型的研究方法,概括了各种热机的工作原理,通常称卡诺原理.

所有热机必须联系两个温度不同的热源,工作物质从高温热源吸收热量,其中的一部分用来对外做功,同时另一部分传递给低温热源而散失.

图 4. 2. 2 所示的是理想热机的工作原理示意图. 热机每完成一个工作循环,一定会放掉一些热量. 比如,四冲程内燃机工作时的每一个工作循环,工作物质(空气与燃料的混合气)在气缸内燃烧推动活塞做功后,变为废气必须排出后才能进行下一个工作循环.

图 4. 2. 1

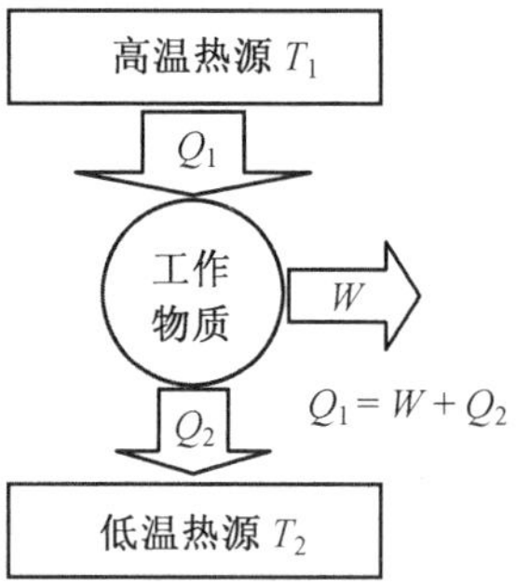

图 4. 2. 2

(2)理想热机的效率.

设理想热机工作物质在一个工作循环中从高温热源 T_1 吸收的热量为 Q_1,对外做功 W,向低温热源 T_2 放出的热量为 Q_2,那么

$$Q_1 = W + Q_2 \quad 或 \quad W = Q_1 - Q_2$$

所以,理想热机的效率为

$$\eta = \frac{W}{Q_1} = \frac{Q_1 - Q_2}{Q_1} < 1$$

研究指出,理想热机的效率完全由两个热源的热力学温度决定,因此,理想热机的效率还可以表示为

$$\eta = \frac{W}{Q_1} = \frac{Q_1 - Q_2}{Q_1} = \frac{T_1 - T_2}{T_1} < 1$$

思考与讨论

1. 假如有一种完全没有摩擦的理想热机,它的效率是否能够达到 100%? 为什么?

2. 要想进一步提高热机效率,应该主要朝哪些方向展开研究?

3. 热机必须有良好的冷却系统(散热装置),为什么? 内燃机的冷却系统通常有水冷式和风冷式,查阅资料了解这两种冷却系统的主要结构,比较它们的优劣性.

二、热力学第二定律

自然过程的发生除了必须遵从热力学第一定律和能量守恒定律外，还必须遵从另外一条重要规律，即所谓的热力学第二定律. 热力学第二定律是对自然过程的发生具有方向性即不可逆性的阐释，它的表述有很多种，最典型的是克劳修斯表述和开尔文表述.

1. 克劳修斯表述(1850 年)

不可能使热量从低温物体（或物体的低温部分）传到高温物体（或物体的高温部分）而不引起其他变化.

这种表述可从几个方面来理解.

(1)“不引起其他变化”是指“不消耗任何其他的能量”以及“物质的状态、状态参量和形状等”没有任何变化.

(2)热量不能自发地从低温物体（或物体的低温部分）传到高温物体（或物体的高温部分）.

(3)如果使热量从低温物体（或物体的低温部分）传到高温物体（或物体的高温部分），就一定会引起其他变化.

(4)在引起其他变化的前提下，热量可以从低温物体（或物体的低温部分）传到高温物体（或物体的高温部分）. 比如，电冰箱消耗电能后，就把热量从电冰箱内温度较低的冷冻室、冷藏室传到电冰箱外温度较高的空气中.

电冰箱的制冷原理

电冰箱由压缩机、冷凝器、毛细管（节流阀）、蒸发器四个部分组成. 这四个部分由管道连接，组成一个密闭的连通器系统，制冷剂即工作物质经管道输送一次经过四个部分就完成一个工作循环.

图 4. 2. 3 所示的是电冰箱的制冷循环回路. 压缩机是电冰箱的“心脏”，它消耗电能，对来自低温环境（冷冻室和冷藏室）中蒸发器的制冷剂低温低压蒸汽做功，使它变成压强 $p\approx9.1$ atm、温度 $t\approx46$ ℃的高温高压蒸汽.

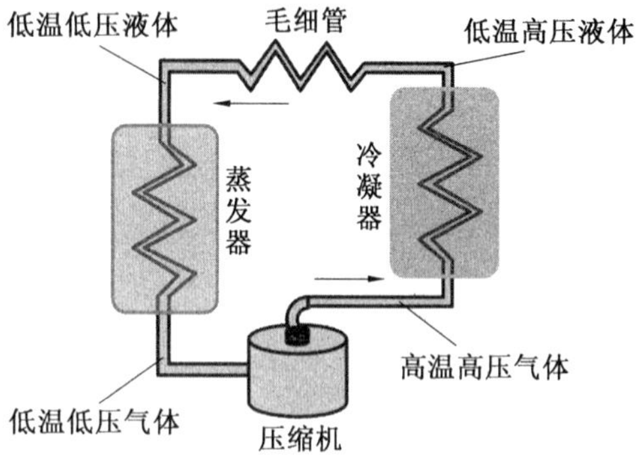

图 4. 2. 3

然后这些高温高压蒸汽来到冷凝器，向高温环境（空气）放热，同时自己被冷却而凝结成压强 $p\approx8.9$ atm、温度 $t\approx37.4$ ℃的低温高压的液体.

这些低温高压液态制冷剂进入毛细管后，经节流膨胀，变为压强 $p\approx1.5$ atm 的低温低压液体，随后进入蒸发器. 在那里，这些低温低压液态制冷剂在低压条件下迅速汽化，从冰箱内吸收大量的热，使冰箱里的温度降低. 这样，就完成了一个制冷循环.

2. 开尔文表述

1851 年，英国物理学家威廉·汤姆生从热机工作特点出发，把热力学第二定律表述为：

不可能从单一热源吸收热量使之完全变为有用功而不引起其他变化.

这种表述阐明了能量转化的方向性，可从这样的几个方面来理解.

(1)“不引起其他变化”是指“不消耗任何其他的能量”以及“物质的状态及状态参量和形状等”没有任何变化.

(2)如果“从单一热源吸收热量使之完全变为有用功”，那么就一定会“引起其他变化”.

(3)在“引起其他变化”的前提下，“从单一热源吸收的热量是有可能完全变为有用功”的.

(4)机械能可以转化为内能，而内能却无法全部用来做功转化为机械能. 比如，两个相互接触并发生相对运动的物体，会由于摩擦而静止下来，这一过程中，它们的机械能全部转化为内能；但相反的过程不可能自发进行,即两物体的内能不可能自发地转化为机械能而使物体重新运动起来.

思考与讨论

1. 理想气体经等温自由膨胀对外做功的过程,系统的内能不变,系统吸收的热量完全转化为功.这是否与热力学第二定律不吻合?

2. 如何理解热力学第二定律的克劳修斯表述与开尔文表述的等价性?

3. 第二类永动机

第一类永动机失败后,有人又设计这样一种能够直接从海洋和大气中吸收热量并使之完全变为机械功的机器.

海洋和大气的热量是取之不尽用之不竭的,因而这种机器可以永不停息地运转做功.

从单一热源吸收的热量并使之完全变为有用功而不引起其他变化的机器,叫作第二类永动机.图 4.2.4 所示的是第二类永动机的设计原理.

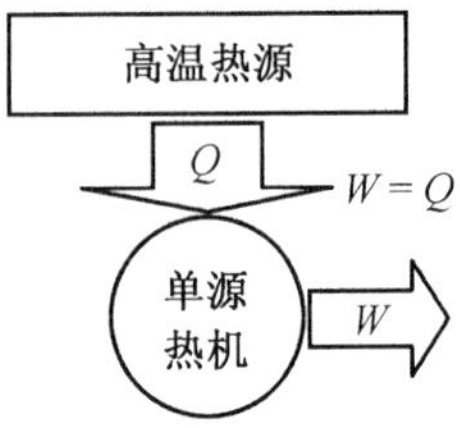

图 4.2.4

思考与讨论

1. 第二类永动机的原理是否违背热力学第一定律或能量守恒定律?

2. 地球上的海水总质量达 1.4×10^{21} kg,如果能制造这样一种机器把这些海水的温度降低 1 ℃,那么将能放出 9×10^{18} kW·h 的热量,这些热量足够全世界用 4 000 多年.这种设想是否违背能量守恒定律?能否制造出这样的机器?

思考与练习

1. 热力学第二定律可以表述为“第二类永动机是不可能制成的”,为什么?

2. 某同学为了估测燃气灶烧水的效率,他在开水壶里装了 2.5 L 水,测得烧水前水的温度是 15 ℃,水烧开后即停止加热.烧水前后燃气表的示数如图 4.2.5 所示.若当时的大气压强为 1 标准大气压,若要想得出燃气灶烧水的效率,还应知道哪些数据?试用字母表示相关数据,指出所用单位,列出计算燃气灶烧水的效率的表达式.

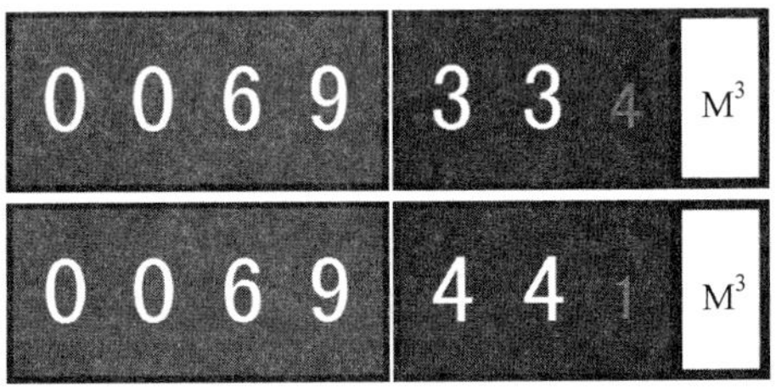

图 4.2.5

3. 以下过程中能够发生的有(   ).

A. 桶中浑浊的泥水静置一段时间后,泥沙下沉,上面的水变得清澈

B. 蒸汽机把蒸汽的内能全部转化成内能

C. 一杯热茶打开杯盖,茶会自动变得更热

D. 电冰箱通电后把低温物体的热量传递给高温物体

4. 热力学第二定律的两种常见表述是指“克劳修斯表述”和“开尔文表述”.图 4.2.6(a)是根据“克劳修斯表述”画出的制冷机工作示意图.

(1)试简述制冷机的工作原理.

(2)试根据“开尔文表述”在图 4.2.6(b)中画出热机工作示意图,并简述热机的工作原理.

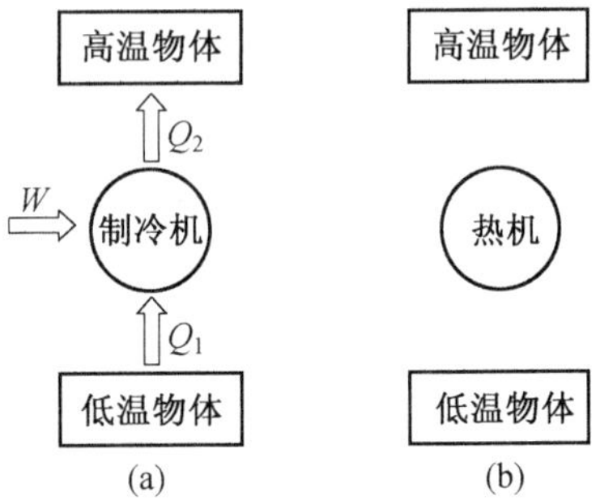

图 4.2.6

5. 设一台蒸汽机中,1 kg 煤燃烧放出 2.9×10^7 J 热量,其分配如下:锅炉损失 5.9×10^6 J,传送蒸汽损失 1.2×10^6 J,蒸汽冷凝损失 4.0×10^6 J,

废弃带走损失 1.4×10^{7} J，机械磨损损失 0.7×10^{6} J. 试画出该蒸汽机工作过程的能量流向示意图，并计算这台蒸汽机的效率是多少？

4.3　熵与热力学第三定律

· 一切自发（不可逆）过程总是沿着大量分子热运动无序程度增大的方向进行.

· 在任何自发（不可逆）过程中，孤立系统的熵总不会减少.

· 一切不可逆过程的发生，总是使系统的熵在增加. 与此同时，能量的品质在退化，可用能量在减少.

· 热力学定律是以宏观事实为基础的，它告诉我们热力学系统所发生的热学现象、经历的热学过程遵循的规律. 而系统的宏观表现源于组成系统的微观粒子的统计规律. 因此，有必要从微观角度说明为什么涉及热运动的宏观过程都会有一定的方向性.

一、有序和无序　宏观态和微观态

先来看一个游戏的不同规则.

扑克牌装盒

每副完整的扑克牌都有54张. 其中，包括桃、杏、梅、方都从1至K各13张，另有大鬼、小鬼各1张. 但一副完整的扑克牌可以按不同的规则或要求进行装盒，比如：

规则1：每盒一副完整扑克牌54张.

规则2：每盒一副完整扑克牌54张，并按大鬼、小鬼、桃、杏、梅、方顺序从上到下叠放.

规则3：每盒一副完整扑克牌54张，并按大鬼、小鬼、桃、杏、梅、方顺序从上到下叠放，且各花色从1至K符合小号在上、大号在下排列.

显然，“规则1”比较粗糙，“规则2”比较细致，而“规则3”就更加细化一些.“规则2”在“规则1”的范围之内、“规则3”在“规则1”和“规则2”的范围之内，他们之间符合图4.3.1所示的数学逻辑关系.

图4.3.1

1. 有序和无序

生活中常说到有序和无序这两个概念. 一般地，某系统中发生的事件如果符合所规定的规则，就称该事件的发生是有序的；反之，某系统中发生的事件如果不符合所规定的规则，就称该事件的发生是无序的.

有序和无序是相对的. 上述扑克牌的装盒问题中，“规则1”的有序程度最低，“规则3”的有序程度最高.

无序意味着各处都一样，平均，没有差别，有序则相反.

> **思考与讨论**
>
> 1. 在上述扑克牌装盒游戏中，若认为符合“规则1”为有序，那么符合“规则2”和“规则3”是否为有序？若认为符合“规则3”为有序，那么符合“规则1”和规则“2”是否为有序？
>
> 2. 在上述扑克牌装盒游戏中，若认为符合“规则1”或“规则2”或“规则3”都为有序，那么洗牌之后它们是否还有序？

2. 宏观态和微观态

生活中也常提到事物的宏观状态与微观状态，即宏观态与微观态. 一般地，以粗线条的规则描述系统事件的状态称为宏观态;以比较细化的规则描述系统事件的状态称为微观态.

其实,规定了系统的事件发生的某种规则就是规定一个宏观态.比如,扑克牌的花样顺序是一个宏观态,扑克牌的大小顺序又可以是另一个宏观态.

宏观态和微观态是相对的.

一个宏观态可以对应一个或多个微观态.比如,上述扑克牌游戏中,“规则1”描述的宏观态只要满足每盒装一副完整的扑克牌就行,对花色顺序和号码大小顺序就没有具体的要求,因此,每个位置对什么花色、大小如何的一张扑克牌来说就有很大的随机性.而每个位置放一张不同花色或不同号码的扑克牌就是一个不同的微观态,所以,“规则1”这一宏观态就对应着 P_{54}^{54} 个微观态.

二、热力学第二定律的微观本质

如果一个宏观态对应的微观态比较多,就说这个宏观态很无序.一般地,宏观态对应的微观态越多,宏观态就越无序.我们通过两个案例,探讨与热现象有关的宏观自发过程的方向性.

案例1:气体向真空扩散

一个箱子被挡板分为左右两室,左室有气体,右室为真空.撤去挡板,气体将会由左室向右室扩散.为了简单好说明问题,假设只有A、B、C、D共4个分子.根据分子热运动规律,撤去挡板后,每个分子都可以在箱中的任何位置.如果粗略地按左右两侧各有几个分子来区分,这样可以分为5个宏观态,如表4.3.1所示;如果细致地区分哪个分子在哪侧,这样一个一个的状态就是不同的微观态.

表4.3.1

宏观态5个	左0右4	左1右3	左2右2	左3右1	左4右0
微观态 n 个					

(1)分别写出各个宏观态具体对应的微观态,并统计出相应微观态的个数填入上表.

(2)5个宏观态共对应几个微观态?比较分析各个宏观态对应的微观态个数会有什么规律?

(3)假设共有6个分子,那么,将会有几个宏观态?这些宏观态分别对应几个微观态?哪种宏观态对应的微观态最多?

案例2:摆积木

一箱子杂乱无章的积木通常认为是无序的,而按图摆成小屋的积木通常认为是有序的.若把“装在箱子里的积木”和“摆成小屋的积木”看成两个宏观态,那么这两个宏观态对应的微观态的多少就有很大的差别.

(1)哪个宏观态对应的微观态较多?

(2)把箱子里的积木随意拨动能否会出现小木屋?

(3)若随意拨动摆好的小木屋,将会出现怎样的现象?小木屋是否还会存在?

在案例1中,5个宏观态共对应着16个微观态,原则上各个微观态出现的概率是一样的,但各个宏观态对应的微观态不一样,如图4.3.2所示.其中,“左2右2”的宏观态对应的微观态最多,而“左0右4”和“左4右0”对应的微观态最少.

一个宏观态对应多个微观态的情况下,从宏观上观察不能区分这些微观态.比如“左2右2”的宏观态对应的6个微观态,从宏观上不能区分它们,只能知道这6种情况下左右两室中分子数的密度相等.故而,“左2右2”是最无序的宏观态.

在实际气体系统中的分子数大得惊人,扩散趋于稳定后,两室中分子数的密度相同或大致相同的可能性比两室分子数相差很多的可能性大得多.因此,后撤去挡板后,只能观察到气体向真空扩散,不可能观察到气体分子重新聚集在一室的现象.

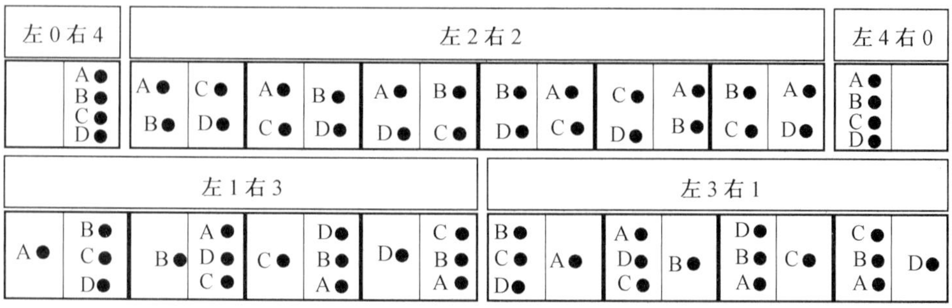

图 4.3.2

在案例2中，“装在箱子里的积木”对应的微观态比“摆成小屋的积木”对应的微观态多得多. 将一批积木随意倾倒在箱子里，这些木块的各种排列都可能发生，但能碰巧排成小木屋的可能性几乎等于零，而排列成乱糟糟的可能性岂止千万种. 所以，随意倾倒的木块不会出现房子.

从以上两个案例的分析知道，一切自发(不可逆)过程总是沿着大量分子热运动无序程度增大的方向进行. 这就是热力学第二定律的微观本质.

三、熵和熵增加原理

1. 熵

处于不同状态的物体，分子运动的无序程度不同. 在物理学中，把系统的无序程度叫作熵. 在热力学中，熵和温度、热量都是同样重要的物理量. 熵用符号 S 表示，只与热力学变化过程的初态和末态有关，与变化的中间过程无关.

1877 年，玻尔兹曼提出了熵 S 与微观态数目 Ω 之间的关系

$$S \propto \log_e \Omega = \ln \Omega$$

即，熵与系统微观态数目的自然对数成正比. 后来普朗克把这一正比例关系式写成了等式

$$S = k\log_e \Omega = k\ln \Omega$$

式中，$e = 2.718\cdots$ 是一个无理数，$k \approx 1.38\times10^{-23}$ J/K 叫作玻尔兹曼常数.

2. 熵增加原理

由于自发(不可逆)过程总是沿着无序程度增大的方向进行，而熵是无序程度大小的量度. 所以，在任何自发(不可逆)过程中，孤立系统的熵总不会减少. 这一规律叫作熵增加原理.

熵增加原理其实就是用熵的概念表示的热力学第二定律.

由熵的定义可知，熵较大的宏观态就是无序程度较大的宏观态，也就是出现概率较大的宏观态.

在自发过程中熵总是增加的，其原因并非有序是不可能的，而是通向无序的渠道要比通向有序的渠道多得多. 把事情搞得乱糟糟的方式要比把事情做得井井有条的方式多得多，正如要让学生站好队比较麻烦，但要让站好队的学生解散那就非常的简单.

思考与讨论

1. 热传递改变内能的过程是不可逆的，如何理解这个过程中熵的增加?

2. 做功改变内能的过程是不可逆的，如何理解这个过程中熵的增加?

3. 一盆水在寒冷的天气中放到户外就要结冰. 由于液态水的分子无序程度比冰高，所以相同质量的水的熵比冰的熵要大. 那么，结冰的过程是否违背熵增加原理? 为什么?

3. 能量守恒与能量退降

一切不可逆过程的发生，总是使系统的熵在增加. 与此同时，也使系统的能量逐渐丧失做功的本领，能量从可用状态逐渐转化为不可用状态，就是说能量的品质退化了，这种现象称为能量退降.

能量守恒定律告诉我们，自然界的能量在总量上是不变的，只能从一种形式转化为另一种形式；热力学第二定律告诉我们，自然界的能量品质正在不断退化，可用的能量越来越少. 因此，必须节约能源，提高能源的利用效率，积极开发新能源.

四、热力学第三定律

低温研究，向绝对零度逼近，一直都是科学界的热门课题. 表 4.3.2 列出了目前已经了解和能够达到的一些低温数值. 从表中可以看出，实验室中的低温已经非常接近热力学零度了. 随着科学技术的发展，还有希望获得更低的温度. 然而，科学家们发现，温度越低，降温越困难.

表 4.3.2

地球上出现的最低温度	185 K
月球背阴面	90 K
氮的沸点	77 K
氦的沸点	4.2 K
微波背景辐射的温度	2.7 K
实验室激光冷却法获得的最低温度	2.4×10^{-11} K

在德国科学家 W. H. 能斯脱等人的研究基础上，科学界于 20 世纪初总结了这样的一条规律：不可能通过有限的过程把一个物体冷却到绝对零度. 这条规律称为热力学第三定律.

尽管热力学零度不可能达到，但温度总是有可能降低的. 热力学第三定律不阻止人们想尽办法尽可能地接近绝对零度.

思考与练习

1. 成语“覆水难收”指的是一盆水泼出去后是不可能再回到盆中的. 试从不同宏观态所对应的微观态数目不同这个角度，解释为什么水不能自发地聚集到盆中.

2. 热力学第二定律的开尔文表述指出，内能与机械能的转化具有方向性. 试结合熵的变化加以解释.（提示：符合熵增加原理的过程，系统从一个宏观态变化到另一个宏观态的过程中不会引起其他变化. 反之，将会引起其他变化.）

3. 一个铁球从高处落下，与地面经若干次碰撞-反弹-碰撞……，最后处于静止状态. 试分析这一过程中熵的变化.

4. 熵的概念常用于管理科学和社会科学中. 把熵的概念由于学习自我管理过程时，若出现学习方法不正确、思想混乱处于混沌状态、学习思路不清晰、心烦意乱等状况熵值就很大，往往造成学习效率低下. 试结合自己的实际情况思考分析，在平时的学习中如何自我调整自己的熵值，提高学习效率.

5. 理想热机的效率可表示为 $\eta=\dfrac{T_1-T_2}{T_1}$，其中 T_1 是高温热源的热力学温度、T_2 是低温热源的热力学温度. 试结合热力学第三定律分析：理想热机的效率是否可以达到 100% ？为什么？

选　修　3-4

第 1 章　机械振动

1.1　简谐运动及其描述

· 振动是一种往复运动，而往复运动不一定是振动.

· 简谐运动的基本特征可表示为 $F=-kx$ 或 $a=-\frac{k}{m}x$.

· 振幅是描述振动剧烈程度或强弱的物理量.

· 振动的周期和频率都只由振动系统决定，与其他因素无关.

一、机械振动

我们来看几个生活实例.

(1)微风吹过，树枝会左右摇摆.

(2)荡秋千的过程中，人在秋千绳的作用下总是围绕最低位置时高时低地做往复运动.

(3)垂钓过程中，鱼儿上钩后鱼竿往往会上下摆动.

(4)拨动的琴弦总是围绕某一位置做往复运动.

仔细分析这些例子可以发现，它们有两个共同的特点：①物体总是围绕某一平衡位置做往复运动，在平衡位置时速度最大；②物体运动过程中总受到这样一个指向平衡位置的力，其作用效果是使物体回到平衡位置.

1. 机械振动

物体在受到总指向某一平衡位置的力的作用下，围绕该平衡位置所做的往复运动叫机械振动，简称振动.

在机械运动过程中，一次往复运动常称一次全振动.

2. 回复力

在机械运动过程中，物体受到的总指向平衡位置的力叫回复力.

这里要特别说明：回复力和向心力一样，都是按效果命名的；物体运动到平衡位置时，回复力等于零.

二、简谐运动

1. 弹簧振子的振动过程

如图 1.1.1 所示，在一根两端固定的水平光滑金属丝上穿一根轻质螺旋弹簧，弹簧的一端固定，另一端和一个质量为 m 的带孔小球(振子)相连接，这样就构成了一个弹簧振子.

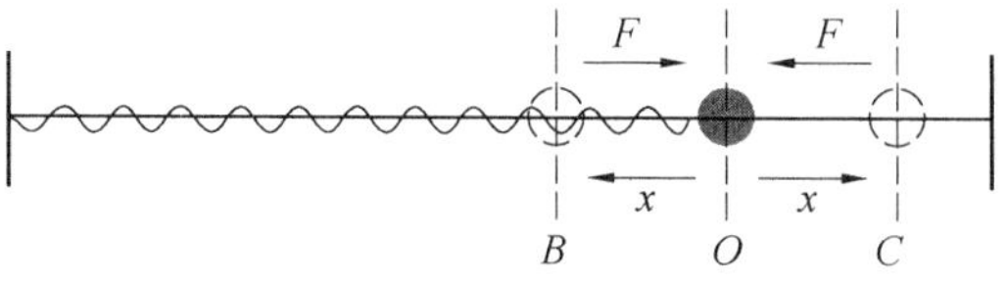

图 1.1.1

小球可在金属丝上的 B、C 之间绕平衡位置点 O 左右自由滑动，小球与金属丝的摩擦可以忽略不计，弹簧质量与小球质量相比也可以忽略. 以平衡位置 O 为参考点，分析球的受力情况和运动情况.

(1)当小球处在点 O 时,弹簧对小球的弹力等于________.

(2)当小球处在点 O 左侧时,弹簧对小球的弹力方向向________.

(3)当小球处在点 O 右侧时,弹簧对小球的弹力方向向________.

(4)根据胡克定律,弹簧对小球的弹力 F 跟小球离开点 O 的位移 x 之间应该满足的关系是________.因此,由运动学公式和牛顿第二定律可知,小球在运动过程中,离点 O 越近,速度越________,而加速度越________.

显然,小球绕点 O 振动过程中,受到的回复力(弹簧弹力)F 跟离开点 O 的位移 x 之间满足这样的关系

$$F=-kx$$

式中,k 是弹簧的劲度系数,负号表示回复力 F 的方向跟位移 x 的方向相反.

2. 简谐运动

物体在振动过程中,如果回复力 F 的大小跟离开平衡位置的位移的大小成正比,回复力 F 的方向跟离开平衡位置的位移 x 的方向相反,即

$$F=-kx$$

那么,这样的振动叫作简谐振动,又称简谐运动. 式中 k 为比例系数.

若设物体的质量为 m,那么物体的加速度 a 跟离开平衡位置的位移 x 的关系为

$$a=\frac{F}{m}=-\frac{k}{m}x$$

式中,m 和 k 都是定值. 因此,做简谐运动的物体,其加速度的大小跟位移的大小成正比,加速度的方向跟位移方向相反.

思考与讨论

1. 要判断一个物体的运动是否是简谐运动,其基本思路应该是怎样的?

2. 由一轻质弹簧和一小球构成一个弹簧振子,使其在竖直方向振动. 试证明:该弹簧振子的运动是简谐运动.

三、简谐运动的描述

由于简谐运动是周期性的往复运动,并且不同的振动其强弱一般也不同. 因此,除了用位移、速度、加速度描述振动外,还必须引入振幅、周期和频率等物理量来描述.

1. 振幅

为了描述振动物体振动的剧烈程度或强弱,引入振幅这一概念. 在物理学中,把振动物体离开平衡位置的最大距离叫作振幅.

图 1.1.1 中的 $|OB|$ 和 $|OC|$ 都是振幅,振幅通常用字母 A 来表示. 一个稳定的振动,振幅是不变的.

思考与讨论

1. 振幅是标量还是矢量?

2. 有人说,"弹簧振子在振动过程中,其振幅随位移的增大或减小而增大或减小". 你认为这一说法对不对? 为什么?

2. 周期和频率

振动物体完成一次全振动所需要的时间叫作振动的周期;单位时间内完成全振动的次数叫作振动的频率.

周期和频率互为倒数，若周期用字母 T 表示，频率用字母 f 表示，那么

$$T=\frac{1}{f} \quad 或 \quad f=\frac{1}{T}$$

图 1.1.2 所示的是一水平方向的弹簧振子在一次全振动过程中，每间隔 $\frac{1}{8}T$ 的 8 个相继时刻的位置. 从图中可以看出，一次全振动包括 $O \to B \to O \to C \to O$.

振动系统的周期和频率都是描述振动快慢的物理量，它们都只由振动系统本身的属性决定，与其他因数无关. 因此，通常把振动系统的周期和频率称为系统的固有周期和固有频率. 对于做简谐运动的系统，其周期和频率可分别表示为

$$T=2\pi\sqrt{\frac{m}{k}} \quad 或 \quad f=\frac{1}{2\pi\sqrt{\frac{m}{k}}}$$

式中，k 为描述回复力与位移之间关系的比例系数(对于弹簧振子，就是弹簧的劲度系数.)，m 为振动物体的质量.

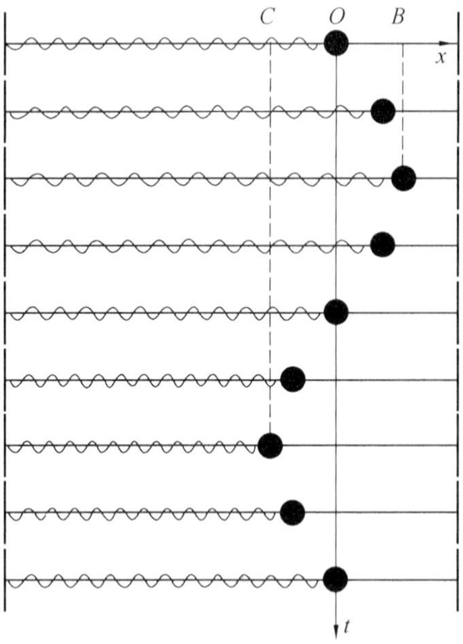

图 1.1.2

思考与讨论

1. 做简谐运动的物体，在完成一次全振动过程中所通过的路程与振幅有什么关系？
2. 若使一个振动系统的振幅减小为原来的一半，那么它的振动周期会发生怎样的变化？

思考与练习

1. 试分析图 1.1.2 中的小球在一次全振动过程中的位移、回复力、加速度及速度的变化情况并填入表 1.1.1.

表 1.1.1

小球位置	位移	回复力	加速度	速度
$O \to B$				
$B \to O$				
$O \to C$				
$C \to O$				

2. 如图 1.1.3 所示，一长方体木块漂浮在一大水池的水面上. 用力将木块稍稍向下压少许，放手后木块将在竖直方向上下做往复运动. 试证明：木块的运动是简谐运动.

图 1.1.3

3. 一个由轻质弹簧和小球组成的弹簧振子，当以振幅 10 cm 做简谐运动时，其周期是 2 s. 那么，当①将振幅减小为 5 cm；②将弹簧劲度系数减小一半时；③将小球质量减小一半时，其周期分别是多少？

4. 体育运动中“ 50 m 往返接力跑”是不是振动？为什么？

5. 某同学看到一只鸟落在如图 1.1.4 所示树枝上的 P 处，树枝在 10 s 内上下振动了 6 次，鸟飞走后，他把约 50 g 的石块挂在 P 处，发现树枝在 10 s 内上下振动了 12 次. 将约 50 g 的石块换成约 500 g 的石块

后,他发现树枝在 15 s 内上下振动了 6 次,你估计鸟的质量最接近(　　).

A. 50 g　　B. 200 g

C. 500 g　　D. 550 g

图 1.1.4

6. 一个简谐振子沿 x 轴振动,平衡位置在坐标原点. $t=0$ 时刻振子的位移 $x=-0.1$ m; $t=\frac{4}{3}$ s 时刻 $x=0.1$ m; $t=4$ s 时刻 $x=0.1$ m. 该振子的振幅和周期可能是(　　).

A. 0.1 m, $\frac{8}{3}$ s　　B. 0.1 m,8 s　　C. 0.2 m, $\frac{8}{3}$ s　　D. 0.2 m,8 s

7. 一个质点在平衡位置点 O 附近做简谐运动. 若从质点经过点 O 开始计时,经 0.5 s 质点第一次经过点 M,再继续运动,又经 0.2 s 质点第二次经过点 M,则质点第三次经过点 M 的时间为(　　).

A. 0.6 s　　B. 1.9 s　　C. 2.2 s　　D. 2.5 s

1.2　简谐运动的图像、位移公式和能量

· 振动图像是一种位移−时间图像;简谐运动的图像是一条正弦曲线或余弦曲线.

· 简谐运动位移公式的一般表达式: $x=A\sin(\omega t+\varphi)$.

· 振动的能量由振动系统自身属性和振动的振幅决定;简谐运动是一种理想化模型.

一、简谐运动的图像

观察一个弹簧振子振动过程中不同时刻的位置关系.

图 1.2.1 所示的是一竖直方向的弹簧振子在一次全振动过程中,每间隔 $\frac{1}{8}T$ 的 8 个相继时刻的位置. 用平滑曲线将不同时刻的小球位置连接起来,所得的图像有什么特点?

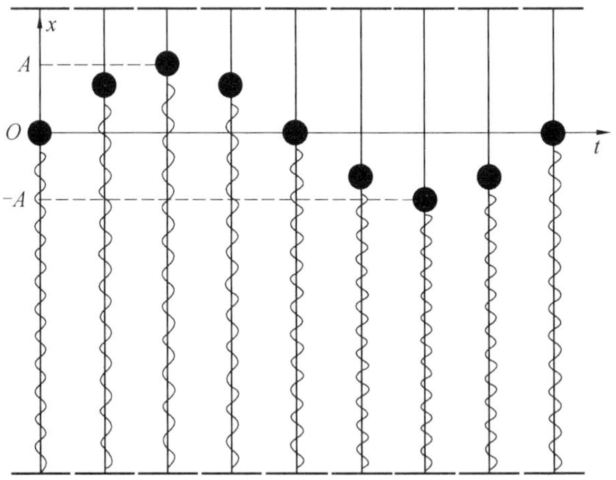

图 1.2.1

图 1.2.1 反映了弹簧振子振动过程中,小球离开平衡位置的位移与时间的关系. 用平滑曲线将不同时刻的小球位置连接起来,就构成一条正弦曲线. 像这种描述振动物体离开平衡位置的位移与时间的关系的图形叫振动图像.

1. 简谐运动的图像是一条正弦曲线或余弦曲线.

如图 1.2.2 所示的是一条正弦曲线,是从振动物体沿正方向通过平衡位置作为计时零点的振动图像.

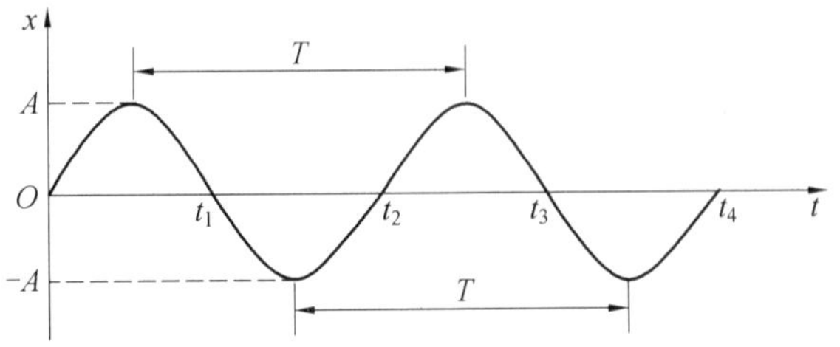

图 1.2.2

2. 振动图像是位移-时间图像

由于振动图像反映了振动物体离开平衡位置的位移与时间的变化关系. 因此振动图像是一种位移-时间图像.

思考与讨论

仔细观察图 1.2.2,思考下列问题.

1. 从振动图像上能够直接或间接获得哪些信息?

2. 从振动图像上如何体现振动物体的速度随时间的变化关系?

二、简谐运动的位移公式

简谐运动的图像是一条正弦曲线或余弦曲线,说明简谐运动的位移随时间是按正弦规律变化或按余弦规律变化的. 因此,可以用正弦函数或余弦函数定量地把简谐运动规律表示出来.

1. 从振动物体沿正方向通过平衡位置开始计时

如图 1.2.2 所示的情况下,振动物体的位移随时间变化的关系可表示为

$$x=A\sin\omega t$$

式中,$\omega=\frac{2\pi}{T}=2\pi\cdot f$,称为简谐运动的圆频率.

2. 从振动物体在正方向最大位移开始计时

图 1.2.3 所示的余弦曲线是从振动物体运动到正向最大位移开始计时的振动图像. 这种情况下,振动物体的位移随时间变化的关系可表示为

$$x=A\cos\omega t$$

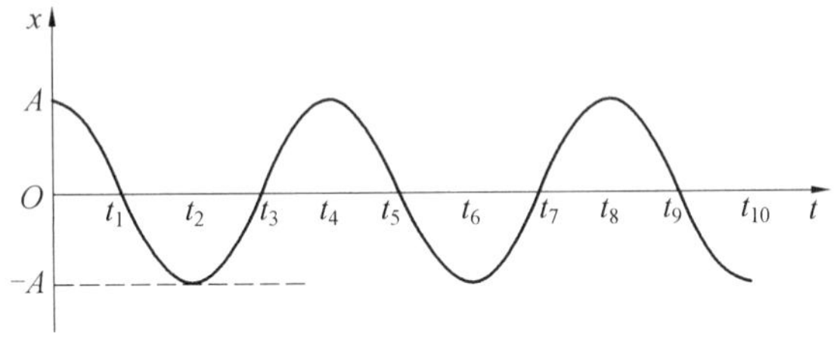

图 1.2.3

3. 一般表达式

如果从振动物体运动到某一任意位置开始计时,那么,简谐运动的位移公式一般表示为

$$x=A\sin(\omega t+\varphi)$$

式中,$\omega t+\varphi$ 称为相位. 其中,当 $t=0$ 时的相位 φ 称为初相.

相位是描述振动步调关系的物理量. 对于频率相同的两个振动系统 P_1 和 P_2,若它们的振动规律分别为

$$x_1=A_1\sin(\omega t+\varphi_1)$$

$$x_2=A_2\sin(\omega t+\varphi_2)$$

那么，当它们之间的相位差 $|\varphi_1-\varphi_2|=2k\pi$（$k$ 为整数）时，P_1 与 P_2 的振动步调一致；当 $|\varphi_1-\varphi_2|=(2k+1)\pi$（$k$ 为整数）时，P_1 与 P_2 的振动步调相反.

匀速圆周运动的投影是简谐运动

如图 1.2.4 所示，设质点 P 以点 O 为圆心，以 A 为半径的圆周上以角速度 ω 逆时针做匀速圆周运动.

将质点的运动沿圆周平面投影在与直径 MN 平行的屏上. 设 $t=0$ 时刻的投影在点 O'，经过某一任意时刻 t 运动到 P' 时的投影在点 R，点 R 相对于点 O' 的位移为 x，那么，由图可知

$$x=A\sin\omega t=A\sin\frac{2\pi}{T}t=A\sin 2\pi ft$$

式中，T 和 f 分别是圆周运动的周期和频率.

上式与简谐运动的位移公式是一致的. 因此，匀速圆周运动的投影是简谐运动.

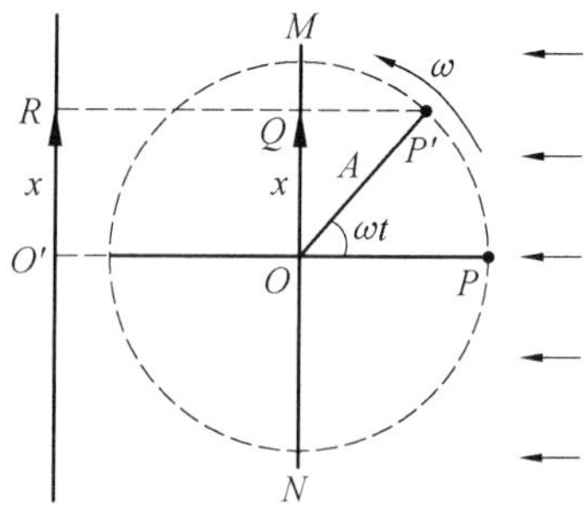

图 1.2.4

三、简谐运动的能量

机械振动的能量是指振动系统的机械能，是振动过程中的动能和势能的总和. 比如，对于如图 1.2.1 所示的弹簧振子来说，振动的能量就是弹簧的弹性势能和小球的动能之和.

由于振动具有周期性，因此，振动系统在振动过程中，动能和势能也呈周期性的相互转化.

（1）振动的能量由振动系统自身属性和振动的振幅决定.

对于同一个振动系统，振动越剧烈即振幅越大，振动能量就越多. 对于不同的振动系统，振动能量的多少要通过计算才能比较. 一般地，对于振幅相等的弹簧振子，弹簧的劲度系数越大，振动能量就越多.

（2）简谐运动过程中，振动系统的机械能守恒.

由于摩擦和介质阻力的原因，机械振动过程中总在不断损失能量. 因此，简谐运动是一种理想化模型.

思考与练习

1. 图 1.2.5 是某弹簧振子做简谐运动的振动图像. 已知该弹簧振子的弹簧劲度系数 $k=0.1$ N/m，振子质量 $m=40$ g. 试结合图中信息完成下列问题：

（1）写出该振动的位移公式；

（2）在 2 个周期内计算 $x=3$ cm 对应的时刻和加速度大小；

（3）计算 t 分别等于 1.5 s 和 20.5 s 时刻对应的位移；

（4）通过理论计算出振子在 $x=-5$ cm 位置时，弹簧的弹性势能 $E_p=1.25\times10^{-4}$ J，那么，振子通过平衡位置时的速度有多大？

2. 在弹簧振子的小球上安装一支绘图笔，让一条纸带在与小球振动方向垂直的方向上运动，笔在纸带上就画出小球的振动图像，如图 1.2.6 所示.

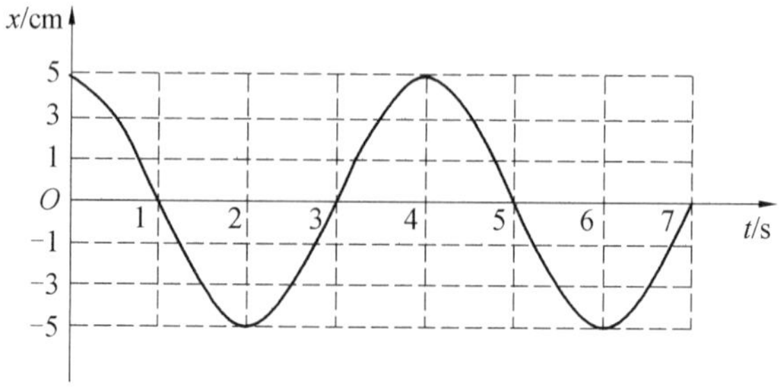

图 1.2.5

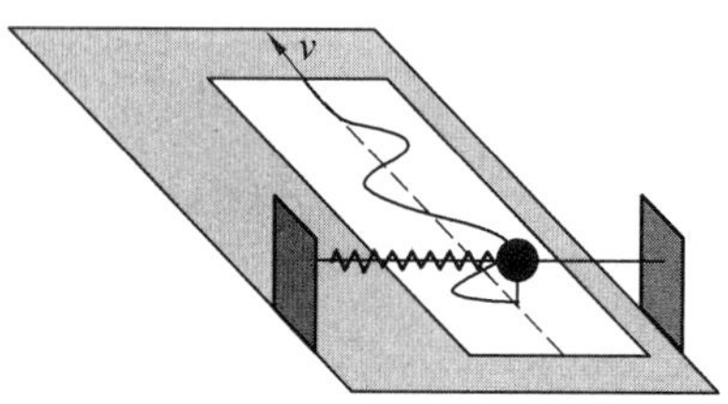

图 1.2.6

(1)若纸带做匀速运动,其速度 $v=3.5\ \text{cm/s}$,测得纸带上的有关数据如图1.2.7所示.那么,小球在1 min时间内通过的路程是多少?

(2)若小球的振动周期 $T=4\ \text{s}$,纸带做匀变速运动,测得纸带上的有关数据如图1.2.8所示.那么,纸带运动的加速度是多大?

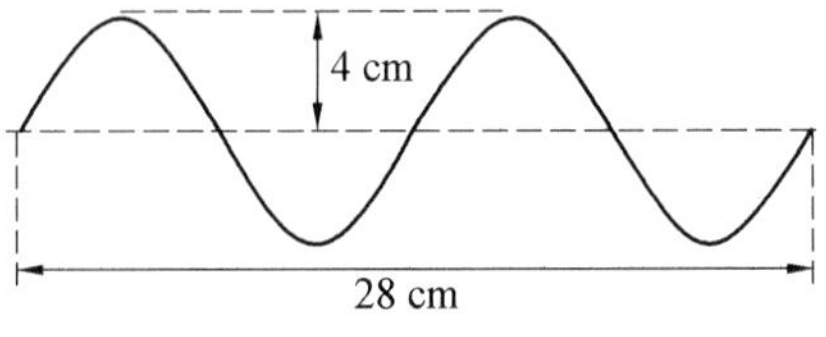

图1.2.7

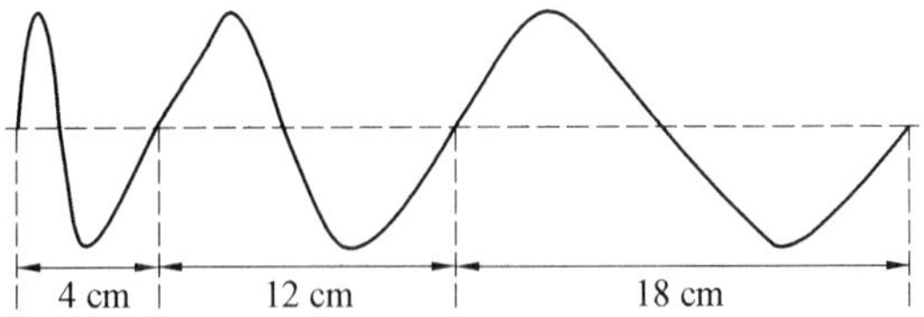

图1.2.8

3. 甲、乙两个简谐运动的周期都是4 s,其中甲的振幅为2 cm,乙的振幅为3 cm,乙的相位比甲落后 $\frac{\pi}{4}$,且 $t=0$ 时刻,甲的位移为2 cm.试在同一坐标系中画出这两个简谐运动的 $x-t$ 图像,并写出相应的 $x-t$ 函数表达式.

1.3　单　　摆

·单摆是一种理想化的模型.

·单摆的小角振动既是绕平衡位置的准简谐运动,又是绕悬挂点的圆周运动.其振动的回复力随 θ 的增大而增大,而圆周运动的向心力则随 θ 的增大而减小.

·单摆的周期公式 $T=2\pi\sqrt{\frac{l}{g}}$ 是一个近似公式.

一、单摆的振动

用一根不可伸长、质量不计的细线悬挂一大小可忽略的小球而构成的装置叫作单摆.

我们用实验来研究单摆的振动情况.

如图1.3.1所示,用一根细线悬挂一装有细沙的小漏斗,这样构成的单摆常称为沙摆.让沙摆在竖直平面内做小角度振动,将一张白纸片在沙摆下方沿与振动方向垂直的方向匀速拖动,沙摆漏出的沙就在纸片上绘出沙摆的振动图像.

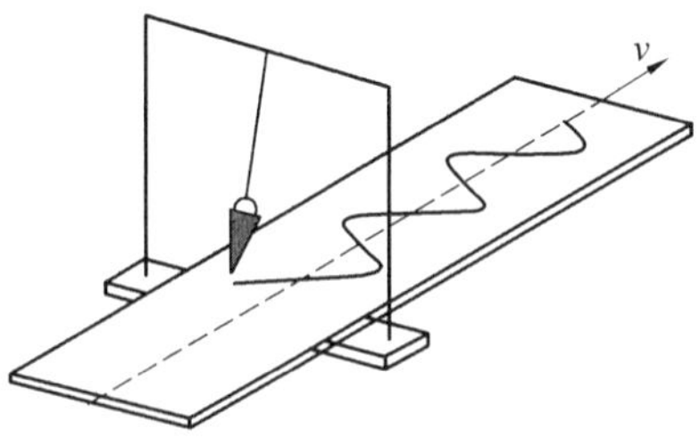

图1.3.1

思考:沙摆的振动是不是简谐运动?

理论和实验表明:在摆角较小的情况下,单摆的振动图像是一条正弦曲线或余弦曲线.那么,单摆的小角度振动是不是简谐运动呢?

二、单摆的回复力

如图1.3.2所示,单摆悬挂于点 M,绕平衡位置点 O 振动.振动过程中摆球受到重力 G 和摆线拉力 F_T,其中,重力 G 沿摆线方向的分力

$$f=G\cos\theta$$

和摆线的拉力 F_T 都与运动方向垂直,对摆球的速度没有影响,而重力 G 沿切线方向的分力

$$F=G\sin\theta$$

就是摆球沿圆弧振动的回复力.

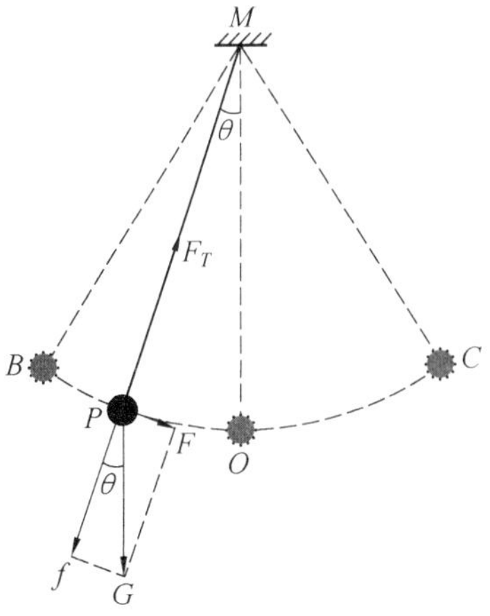

图1.3.2

以 O 为原点,并规定向右的方向为正方向.由图可以看出,摆球偏离

平衡位置的位移 x 的方向跟回复力 F 的方向相反. 而当 θ 较小的条件下,位移 x 的大小跟 θ 角所对的弧长或弦长近似相等,因此

$$\sin\theta=\frac{x}{l}$$

所以,单摆振动的回复力 F 与位移 x 之间的关系为

$$F=-\frac{G}{l}x=-\frac{mg}{l}x=-kx$$

其中,l 为摆长,m 为摆球质量,g 为重力加速度,$k=\frac{mg}{l}$均为定值. 这说明单摆的小角度振动过程中,摆球所受的回复力大小跟位移大小成正比,回复力的方向跟位移方向相反. 因此, 单摆的小角度振动是简谐运动.

单摆运动的多角度剖析

单摆的运动(小角振动)既是绕平衡位置的准简谐运动,又是绕悬挂点的圆周运动. 由图 1.3.2 可知,准简谐运动的回复力摆球重力沿切线方向的分力,即

$$F_{回复}=G\sin\theta$$

而圆周运动的向心力是摆球重力沿摆线方向的分力与摆线拉力的合力,即

$$F_{向心}=F_T-G\cos\theta=m\frac{v^2}{l}$$

显然,回复力随 θ 的增大而增大,而向心力则随 θ 的增大而减小.

当摆球运动到平衡位置时,回复力等于零,而向心力却最大. 因此,振动系统的平衡位置,合外力不一定等于零. 此时摆线的拉力也为最大,即

$$F_T=G+m\frac{v^2}{l}$$

当摆球运动到振幅位置时,回复力最大,而向心力却等于零. 此时摆线的拉力为最小,即

$$F_T=G\cos\theta$$

三、单摆的周期

先做这样一个简单的实验,定性分析单摆的振幅、质量及摆长对周期的影响.

准备几种规格的小钢球各若干个和足够的细棉线,做两个摆球和摆线都容易调换的单摆. 将两单摆固定在铁架台上做小角度振动,如图 1.3.3 所示. 观察下列几种情况下它们的振动周期有何异同.

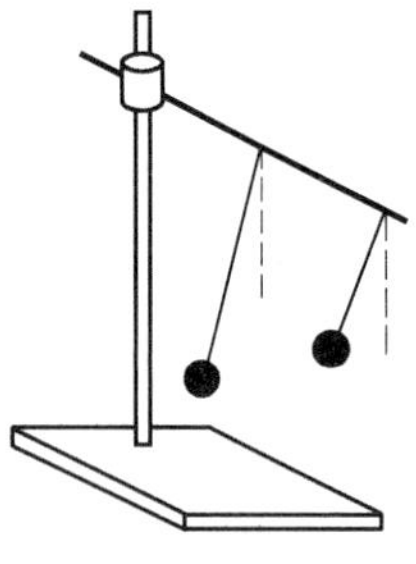
图 1.3.3

(1)两摆动振幅不同,摆长和质量相同.

(2)两摆的质量不同,摆长和振幅相同.

(3)两摆的摆长不同,质量和振幅相同.

(4)两摆的摆长相同,质量和振幅不同.

(5)两摆的质量相同,摆长和振幅不同.

(6)两摆的振幅相同,摆长和质量不同.

比较各种情况下两摆的周期,可以得出什么结论?

实验表明:单摆的振动周期与摆球质量和振幅(小角度振动)无关,但与摆长有关,摆长越长,周期越大.

惠更斯(Christiaan Huygens,1629—1695,荷兰物理学家、天文学家和数学家)结合精确实验数据,通过理论计算,给出了单摆做小角度振动时的周期 T 与摆长 l 的近似关系

$$T=2\pi\sqrt{\frac{l}{g}}$$

也就是说,单摆小角度振动的周期 T 跟摆长 l 的平方根成正比,跟重力加速度 g 的平方根成反比.

单摆振动周期的精确公式

单摆振动的周期其实不仅与摆长有关,而且还与摆角有关系. 单摆周期的精确理论公式为

$$T=2\pi\sqrt{\frac{l}{g}}\left(1+\frac{1}{2^2}\sin^2\frac{\theta_m}{2}+\frac{1}{2^2}\cdot\frac{3^2}{4^2}\sin^4\frac{\theta_m}{2}+\cdots\right)$$

式中,θ_m 为振动过程中摆线与竖直方向的最大夹角,即摆角. 所以,单摆振动的周期随摆角的增大而增大. 只有在摆角比较小的情况下,才可简化为通常用的近似公式

$$T=2\pi\sqrt{\frac{l}{g}}$$

用近似公式计算是要产生误差的,这一误差也随摆角的增大而增大,比如:当摆角 $\theta_m=5°$ 时,误差为 0.01%;当摆角 $\theta_m=7°$ 时,误差为 0.1%;当摆角 $\theta_m=15°$ 时,误差为 0.5%;当摆角 $\theta_m=23°$ 时,误差为 1%……. 显然,在摆角 $\theta_m<10°$ 的条件下,近似公式的计算值已经很精确了.

四、用单摆测量重力加速度

1. 测量原理

由单摆周期公式可得 $g=\frac{4\pi^2 l}{T^2}$. 显然,只要测出单摆的摆长 l 和周期 T,就可以求出重力加速度 g.

2. 测量仪器

毫米米尺;游标卡尺或螺旋测微计;秒表;小钢球;细棉线;铁架台.

3. 测量步骤

(1)按要求组构单摆,并将单摆安装在铁架台上;

(2)用毫米米尺测量悬挂点至摆球的棉线长度 l_0,用游标卡尺或螺旋测微计测量摆球直径 d,计算出摆长 $l=l_0+\frac{d}{2}$;

(3)用秒表测量 n 次全振动的总时间 t,计算出周期 $T=\frac{t}{n}$;

(4)将测出的摆长 l 和周期 T 代入 $g=\frac{4\pi^2 l}{T^2}$,计算出重力加速度 g;

(5)改变摆长 3 ~ 5 次,重复操作(2)(3)(4)步骤.

4. 数据处理

方案一:选取 n 组摆长 l 和周期 T 的测量数据,分别计算出 n 个重力加速度 $g_1,g_2,\cdots,g_n$,然后求多个重力加速度的平均值,即

$$\bar{g}=\frac{g_1+g_2+g_3+\cdots+g_n}{n}$$

方案二:分别以周期平方 T^2、摆长 l 为横坐标和纵坐标,建立 l-T^2 直角坐标系,做出函数 $l=\frac{g}{4\pi^2}T^2$ 的图像,如图 1.3.4 所示,这是一条经过原点的直线. 根据图像计算出其斜率 k,由于斜率 $k=\frac{g}{4\pi^2}$,进而可求出重力加速度 $g=4k\pi^2$.

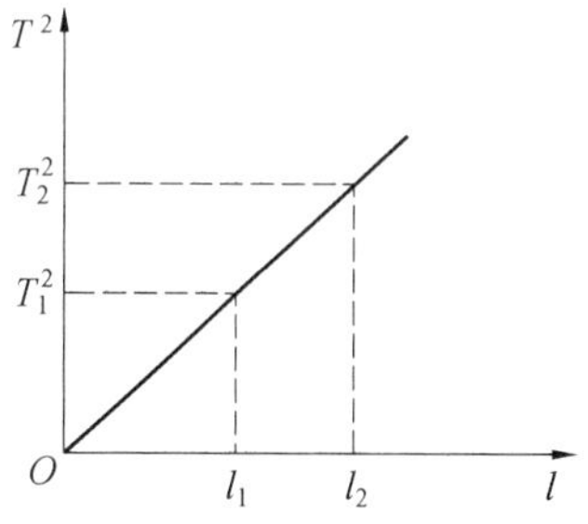

图 1.3.4

5. 注意事项

(1)摆角 $\theta_m<10°$.

(2)摆线的选择应充分考虑“不可伸长、柔软、轻质”，同时长度尽可能大一些. 因此，通常选取长度为 50 ~ 100 cm 的细棉线.

(3)摆球的选择应充分考虑“质量大、体积小”，故一般选择直径为 1 ~ 2 cm 的小钢球.

(4)摆线上端必须固定不能松动，且固定点必须在悬挂物的正下檐.

(5)摆长 l 是指悬挂点到摆球的棉线长度 l_0 与摆球半径$\frac{d}{2}$之和，即 $l=l_0+\frac{d}{2}$. 而不是 $l=l_0+d$，也不是 $l=l_0$.

(6)从某次摆球经过平衡位置开始计时数数，以后摆球每经过一次平衡位置都数一次数. 测量 n 次全振动的总时间 t，计算出周期 $T=\frac{t}{n}$.

傅 科 摆

1851 年法国物理学家傅科(J. Foucault)在巴黎万圣殿教堂用单摆演示了地球的自转效应，如图 1.3.5 所示. 这个单摆的摆长为 67 m、摆锤 28 kg、振幅达 3 m、周期约 17 s. 由于摆的机械能很大，因而可以长时间摆动而振幅无显著衰减. 摆锤在来回摆动的过程中，由于科里奥利力的作用，摆锤的轨迹不断右偏，即摆动平面相对于地面顺时针旋转. 而实际上摆动平面的方向是不变的，因此可以证明地面相对惯性空间逆时针转动. 目前，世界各地都有傅科摆模型，如图 1.3.6 所示的是北京天文馆的傅科摆.

图 1.3.5

图 1.3.6

思考与练习

1. 周期为 2 s 的单摆叫秒摆，试计算秒摆的摆长是多少？已知月球上自由落体的加速度为 1.6 m/s^2. 把一个地球上的秒摆拿到月球上去，它在月球上做 50 次全振动需要多长时间？

2. 摆钟是根据单摆原理制成的. 我国南极科学考察队在一次科考中，将一座在北京调准的摆钟带到了南极，试问：

(1)该摆钟的走时是否会发生变化？是变快了还是变慢了？

(2)如果该摆钟的走时发生了变化，应该怎样调整它的摆长才能让走时准确？

3. 将一摆长为 l 的单摆悬挂在竖直运动的升降机中沿竖直平面做小摆角振动. 当升降机以加速度 $a(a<g)$ 向下加速运动时，单摆的振动周期是(　　).

A. $2\pi\sqrt{\frac{l}{g}}$　　B. $2\pi\sqrt{\frac{l}{a}}$　　C. $2\pi\sqrt{\frac{l}{g+a}}$　　D. $2\pi\sqrt{\frac{l}{g-a}}$

4. 某校物理科技小组的同学在一次科技活动中准备了如图 1. 3. 7 所示的器材以及透明粘胶带、游标卡尺和秒表等. 请你从这些器材中选取合适的部分,设计一个可行的方案测定出不锈钢碗的半径.

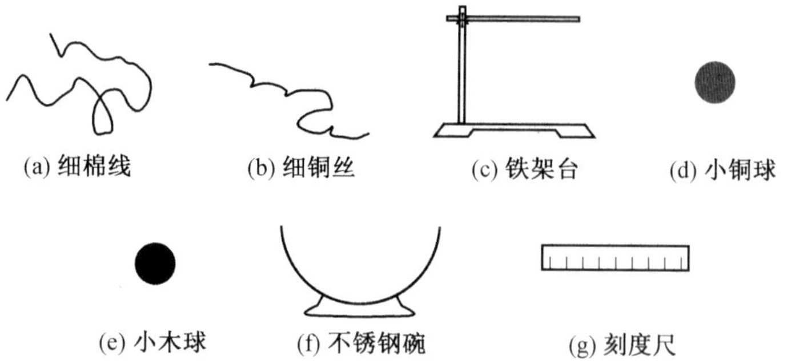

图 1. 3. 7

5. 某登月宇航员乘坐登月舱着陆月球后,准备测量月球表面的重力加速度,但他携带的可供选用的物品中只有:手表一块,卷尺一把,黄金吊坠一枚,摄像机及其支架一副,捆扎用细线若干. 请你帮该宇航员设计一个比较准确的测量方案,并简述测量方法.

1.4　外力作用下的振动

· 振动系统在振动过程中,由于受到摩擦阻力或介质阻力等外力作用,导致系统的机械能逐渐损失,从而使振幅逐渐减小,最终停止振动.

· 受迫振动的周期等于驱动力的周期,与固有周期无关.

· 驱动力周期越接近固有周期,受迫振动的振幅就越大;当驱动力周期等于周期时,振幅最大.

一、阻尼振动

先来做一个简单的实验.

如图 1. 4. 1 所示的两只完全相同的弹簧振子 A、B,其中 A 的小球浸在水中. 让 A、B 都偏离各自的平衡位置相同距离同时开始振动,观察它们振动过程中的情况变化.

振幅的衰减快慢以及振动时间的长短有什么不同? 为什么?

实验表明:振子 A 振动过程中由于受到水的阻力较大,振幅衰减很快,短时间内就停止振动;振子 B 振动过程中由于受到空气的阻力较小,振幅衰减较慢,能够振动较长的时间.

振动系统在振动过程中,由于受到摩擦阻力或介质阻力等外力作用,导致系统的机械能逐渐损失,从而使振幅逐渐减小的振动叫作阻尼振动. 图 1. 4. 2 是阻尼振动的图像.

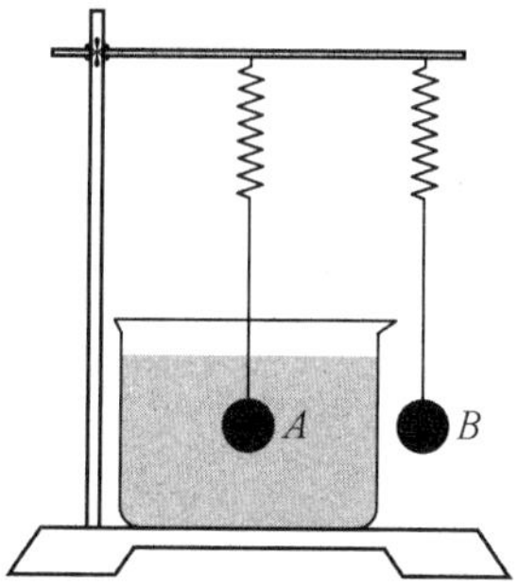

图 1. 4. 1

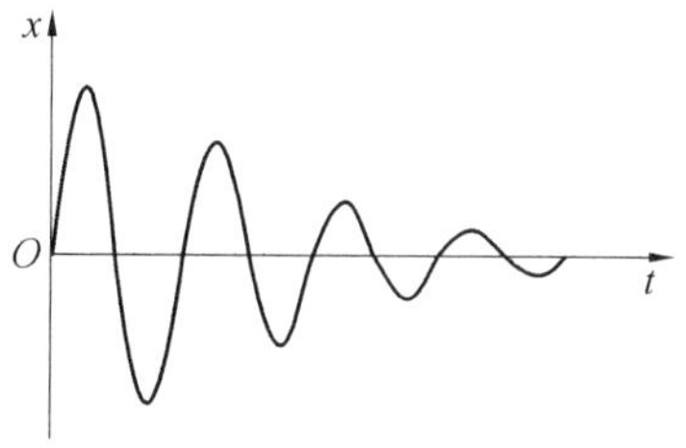

图 1. 4. 2

二、受迫振动与共振

1. 受迫振动

实际上的弹簧振子和单摆等振动系统在振动过程中，总要受到摩擦阻力或介质阻力的作用，使机械能逐渐损失而使振幅逐渐减小，最终停止振动.

如果要想使振幅不衰减、振动不停止，就必须不断补充因阻力影响而损失的能量. 荡秋千过程中，靠人工不断补充能量. 在工程技术中，通过自动装置来控制能量的补充. 比如，机械钟表是依靠发条的弹性势能或重物的重力势能来补充能量，电子钟表是依靠电池的化学能来补充能量. 图1.4.3是机械摆钟的能量补充及控制装置示意图，由于擒纵叉和擒纵轮的作用，周期性地给摆锤一个驱动力，一份一份地给摆钟补充能量.

在物理学中，把振动系统在周期性驱动力作用下的振动叫受迫振动.

2. 共振

我们用实验来研究受迫振动的周期与振幅的变化规律.

图 1.4.4 所示的是一种受迫振动演示仪，匀速转动手柄，就可以周期性地给弹簧振子施加驱动力，使振子做受迫振动.

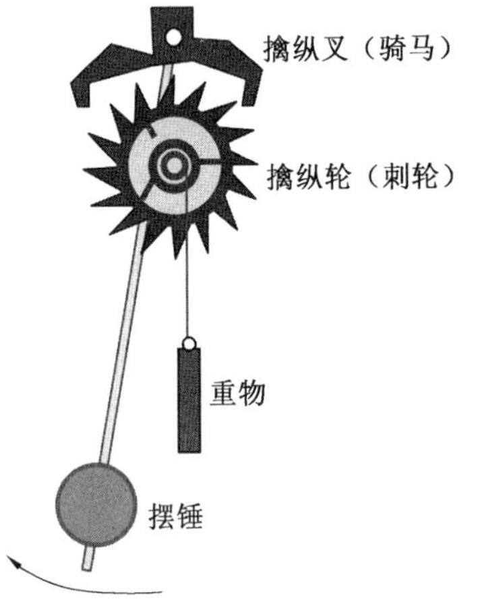

图 1.4.3

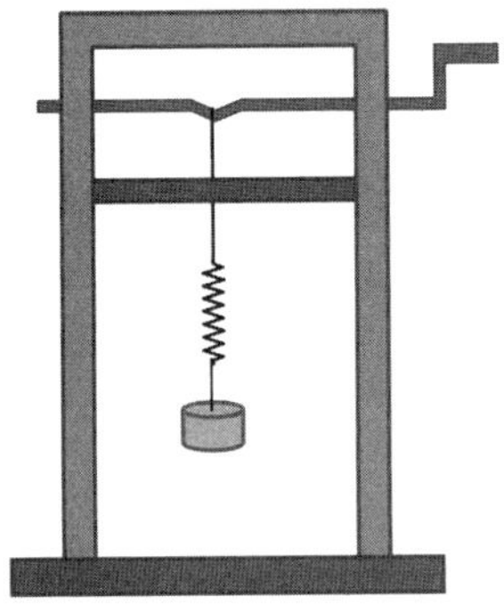

图 1.4.4

(1) 让弹簧振子自由振动，测出它的固有周期并填入表 1.4.1.

(2) 匀速转动手柄，使转动周期小于振子的固有周期，待振动稳定后，分别记下手柄的转动周期和振子的振动周期及振幅大小并填入表 1.4.1.

(3) 匀速转动手柄，使转动周期大于振子的固有周期，待振动稳定后，分别记下手柄的转动周期和振子的振动周期及振幅大小并填入表 1.4.1.

(4) 匀速转动手柄，使转动周期等于振子的固有周期，待振动稳定后，分别记下手柄的转动周期和振子的振动周期及振幅大小并填入表 1.4.1.

表 1.4.1

弹簧振子的固有周期	$T_{固}=$		
手柄的转动周期	$T_{固}>T_1=$	$T_{固}<T_2=$	$T_{固}=T_3=$
弹簧振子受迫振动的周期	$T_1'=$	$T_2'=$	$T_3'=$
弹簧振子受迫振动的振幅			

比较振子的受迫振动周期与振子的固有周期及手柄转动周期，能发现受迫振动什么规律吗？比较振

子做不同频率的受迫振动下的振幅,又能发现受迫振动的什么规律?

实验表明,受迫振动的周期和振幅都跟驱动力的周期有关,具有这样的规律:

(1)受迫振动的周期等于驱动力的周期,与固有周期无关.

(2)驱动力周期越接近固有周期,受迫振动的振幅就越大;当驱动力周期等于周期时,振幅最大.

在物理学中,把当驱动力频率(周期)等于振动系统的固有频率(周期)时,振动系统做受迫振动的振幅最大,这种现象叫作共振.

思考与讨论

1. 如图 1.4.5 所示,悬挂在一根绳子上的几个单摆,让小球 C 做自由振动,那么其余小球的振动周期与振幅有什么异同?

2. 汽车在丘陵地带的山路行驶过程中,往往速度在某一特殊值时车身颠簸最剧烈,为什么?

图 1.4.6 是某振动系统的共振曲线. 共振曲线反映了受迫振动的振幅与驱动力频率之间的关系.

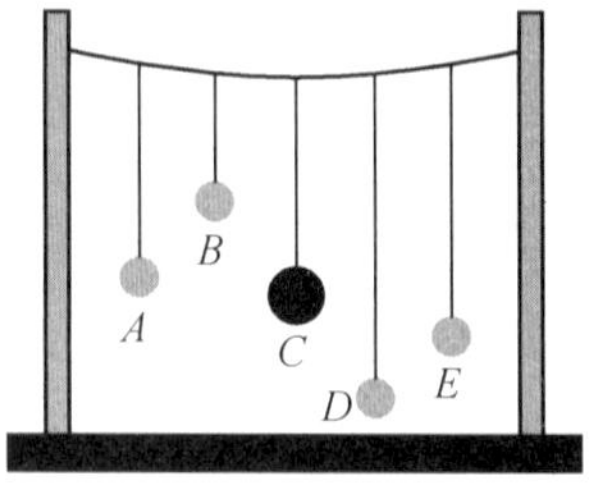

图 1.4.5

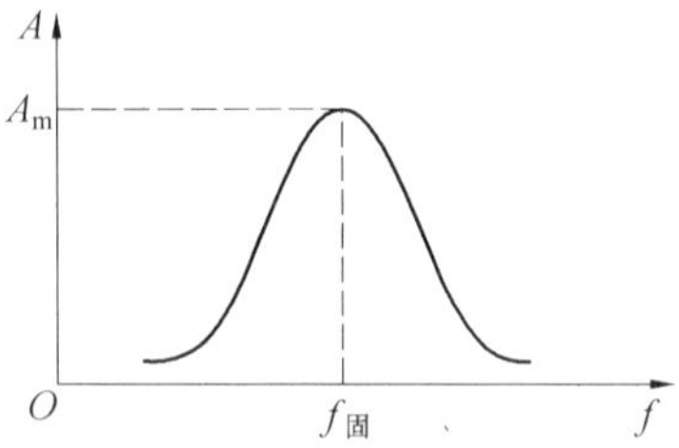

图 1.4.6

生活与共振

共振是生活和生产中常见的现象. 共振与其他任何事物一样,都具有两面性,即都既具有有利的一面,又都具有不利的一面.

(1)1940 年,美国刚建成 4 个月的塔科马悬索桥遭受一场实际风速不到设计风速 1/3 的暴风袭击中垮塌.

(2)1906 年的一天,一队沙俄骑兵以整齐的步伐通过彼得堡封塔克河上的爱纪毕特桥,刚走到桥心时,突然间桥竟自动地裂成数段坠入河内,很多人和马因此而落入水中. 但骑兵队通过这座大桥时,人与马匹对桥的压力并没有超过桥能负担的重量,桥坍毁前也没有任何损伤.

(3)建造高楼、桥梁浇灌混凝土时,用共振棒使水泥沙石剧烈振动而互相挤紧.

(4)微波炉和光波炉是比较普及的家用炊具,微波炉或光波炉的微波频率与食物中水分子振动的固有频率 2 500 MHz 非常接近. 当微波炉或光波炉的微波照射到被加热的食物时,食物中的水分子做剧烈受迫振动且处于共振状态,从而使食物的温度迅速升高.

(5)吉他、二胡、琵琶及小提琴、大提琴等弦乐器都有一个音箱常称共鸣箱,当这类乐器发声时音箱里的空气做受迫振动而产生共鸣.

思考与练习

1. 我国汉代有一种用青铜制造的称为"鱼洗"的盆,如图 1.4.7 所示. 盆的边缘有两只耳环,盆底有浮雕的鱼. 在盆里注入适量的清水,用潮湿的双手来回摩擦铜盆的两个耳环时,伴随着鱼洗发出的铮铮声,犹如泉涌的水柱从跃然欲出的鱼嘴中喷出,高可达数十厘米. 令人惊叹不已. 试解释这一现象.

2. 一条公路在穿过某村庄的路段每 10 m 安有一根减速带，交警用某型号的警车进行限速测试时，发现以 54 km/h 的速度通过该路段时，车身颠簸最剧烈. 那么，这辆警车的固有频率是多少？

3. 图 1.4.8 是一个单摆的共振曲线，试根据图中信息完成下列问题.

(1) 计算该单摆的摆长.

(2) 计算该单摆的摆角.

(3) 若将该单摆带到月球上做受迫振动，共振峰将会怎样移动？

图 1.4.7

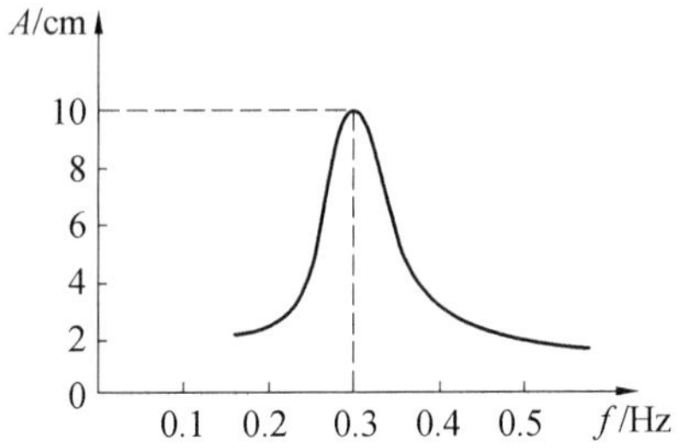

图 1.4.8

第2章 机 械 波

2.1 机械波的形成和传播

· 机械波的产生必须要有波源和弹性介质.
· 任何质点的起振方向都跟波源的起振方向相同.
· 波是传递能量的一种形式.
· 波在传播过程中,不仅传递振动模式,还传递能量和信息.

一、机械波

1. 机械波

先看几个简单的实验.

实验1:用胶头滴管滴一滴水滴在盛水的浅盘中,仔细观察水面形状的变化,并分析水表面振动模式的移动情况.

实验2:将一根柔软细绳的一端固定,用手上下摆动细绳的另一端,仔细观察细绳的形状变化,分析细绳上振动模式的移动情况.

实验3:如图2.1.1所示,用手轻轻推动水平悬挂的轻质弹簧左端,使弹簧左端左右振动,仔细观察弹簧形状的变化,分析弹簧上振动模式移动的情况.

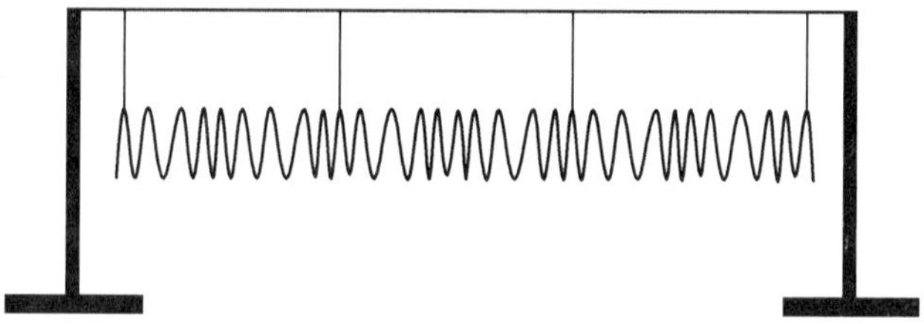

图2.1.1

在物理学中,把机械振动在介质中的传播叫作机械波.这里的介质就是指传播机械波的物质,比如水、空气、绳子等.在机械波中,最开始振动的质点叫作波源.

2. 横波与纵波

在上面的实验中,水波和绳波的质点振动方向跟波的传播方向是垂直的,而弹簧波的质点振动方向跟波的传播方向是在同一条直线上的.

物理学中,把质点振动方向跟波的传播方向是垂直的波叫横波.在横波中,凸起部分的最高处称为波峰,凹陷部分的最低处称为波谷.

物理学中,把质点振动方向跟波的传播方向在同一条直线上的波叫作纵波.在纵波中,质点分布较密集的部分称为密部,质点分布较稀疏的部分称为疏部.声波是最常见的纵波.

二、机械波的形成与传播

1. 机械波的形成过程

我们以图2.1.2所示的一列向右传播的绳波为例分析机械波的形成过程.设想绳子由很多小段组

成，每一小段可以看成一个质点，相邻质点之间存在相互作用. 当绳子的一端做竖直方向的简谐运动时，绳端质点就带动其相邻的质点振动，相邻的质点又带动更远一些的质点振动……于是，绳子上的各个质点都相继振动起来. 这样，绳子中就形成了一系列凸部、凹部向前移动的波形.

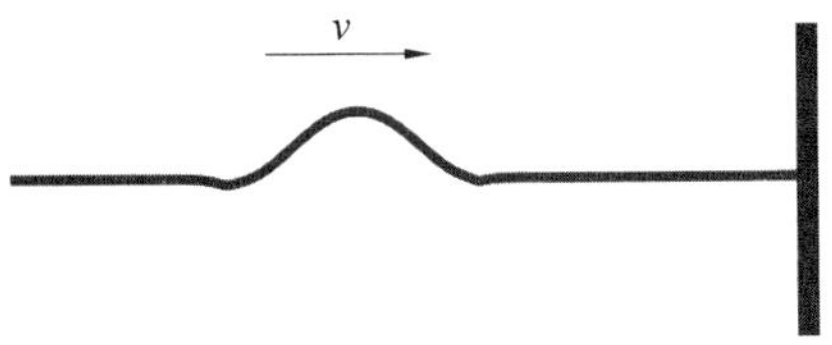

图 2.1.2

图 2.1.3 所示的是在一个周期内各个质点依次振动的情况.

(1) $t=0$ 时刻，各个质点都处于平衡位置，第 1 个质点开始向上振动.

(2) $t=\frac{T}{4}$ 时刻，第 1 个质点运动到正向振幅位置，第 3 个质点开始向上振动.

(3) $t=\frac{T}{2}$ 时刻，第 1 个质点回到平衡位置向下运动，第 5 个质点开始向上振动.

(4) $t=\frac{3T}{4}$ 时刻，第 1 个质点运动到负向振幅位置，第 7 个质点开始向上振动.

(5) $t=T$ 时刻，第 1 个质点回到平衡位置向上运动，第 9 个质点开始向上振动.

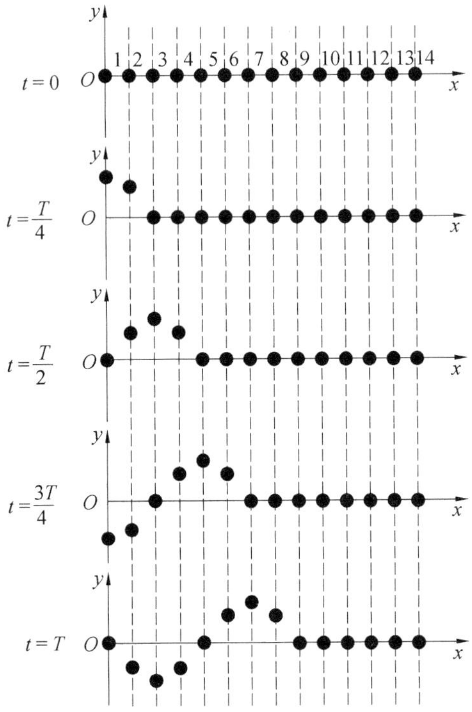

图 2.1.3

2. 机械波的条件和质点的起振

从上面的分析可以知道，机械波的产生必须要有波源和弹性介质.

我们把质点的开始振动称为起振. 机械波的形成和传播过程中，任何质点的起振方向都跟波源的起振方向相同.

思考与讨论

1. 仿照绳波的分析方法，以弹簧波为例分析纵波的形成过程.
2. 波在传播过程中，每个质点的运动情况是怎样的？会不会随波发生迁移？

3. 波的本质

在水波、绳波和弹簧波实验中，波在传播过程中，原来静止的各个质点相继发生振动而具有能量，但并不随波迁移，传播的只是振动这种运动模式和能量. 同时，不同的波往往还带有不同的信息.

因此，波是传递能量的一种形式. 波在传播过程中，不仅传递振动模式，还传递能量和信息.

研究表明：纵波能在固体、液体、气体中传播，而横波只能在固体或液体表面传播.

思考与讨论

1. 你知道冲浪吗？冲浪运动员主要是利用什么传递给他的巨大能量实现冲浪运动的？
2. 查阅资料或登录相关网站，了解无线电波和光波能够传递哪些信息？

地震波

地震波是指从震源产生向四周辐射的弹性波. 地震发生时，震源区的介质发生急速的破裂和运动，这种扰动构成一个波源. 由于地球介质的连续性，这种波动就向地球内部及表层各处传播开去，形成了连续介质中的弹性波.

地震波按传播方式分为三种类型:纵波(P波)、横波(S波)和面波(L波),其中,纵波和横波均属于体波.

纵波是推进波,地壳中传播速度为5.5~7 km/s,最先到达震中,它使地面发生上下振动,破坏性较弱.横波是剪切波,在地壳中的传播速度为3.2~4.0 km/s,第二个到达震中,它使地面发生前后、左右抖动,破坏性较强.面波是由纵波与横波在地表相遇后激发产生的混合波,其波长大、振幅强,只能沿地表面传播,是造成建筑物强烈破坏的主要因素.

思考与练习

1. 皮球掉进水塘里,尝试往水塘中投石头,看看水波能否将石头冲到岸边,并解释原因.

2. 2004年12月26日,印度洋发生的地震引起海啸,造成十几万人死亡和数以万计的房屋倒塌.从这一事件中,你能理解波的本质上传播的是什么吗?

3. 关于振动和波的关系,下列说法中正确的是(　　).

A. 有振动就一定有波　　B. 波是传递波源振动能量的一种形式

C. 波是质点由近及远的移动过程　　D. 波源振动停止,波就立即停止传播

4. 区分横波和纵波的依据是(　　).

A. 质点沿水平方向还是沿竖直方向振动

B. 波是沿水平方向还是沿竖直方向传播

C. 质点振动方向跟波的传播方向是垂直还是共线

D. 波传播的距离近还是远

5. 图2.1.4是某绳波形成过程的示意图.质点1在外力作用下沿竖直方向做简谐运动,带动2,3,4,…各质点依次上下振动,把振动由绳的左端传递到右端.已知$t=0$时,质点1开始向上运动;$t=\frac{T}{4}$时,质点1达到最上方,质点5开始向上运动.问:

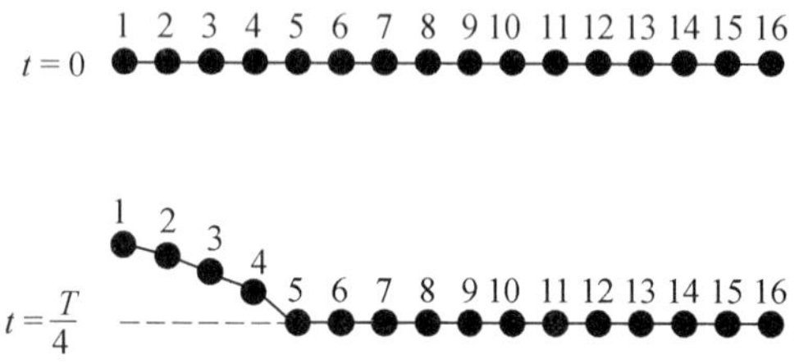

图2.1.4

(1)$t=\frac{T}{2}$时,质点8、12、16的运动状态如何?

(2)$t=\frac{3T}{4}$时,质点8、12、16的运动状态如何?

(3)$t=T$时,质点8、12、16的运动状态如何?

2.2 机械波的描述

· 波动图像是描述波动物体的各个部分在同一时刻离开平衡位置的位移关系的图像.

· 简谐波的图像是一条正弦曲线或余弦曲线,故简谐波又常称正弦波.

· 同一列波在不同介质中的传播速度不同,但频率不会发生变化.

一、波动图像

图2.2.1反映了一根绳子在波动过程中,某一时刻各个质点离开平衡位置的位移的空间关系.用平滑曲线将不同位置的质点连接起来,就构成一条正弦曲线.像这种描述波动物体各个部分离开平衡位置的位移的空间关系的图形叫波动图像.波动图像又称波的图像,简称波形图.

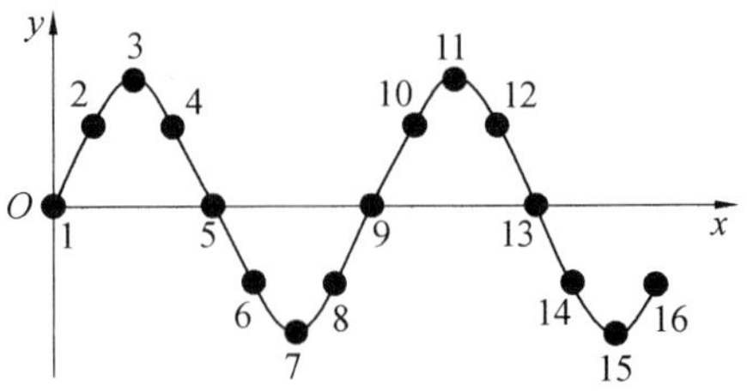

图 2.2.1

思考与讨论

从研究对象、物理意义等方面比较波的图像和振动图像，并将你的理解分别填入表 2.2.1 中.

表 2.2.1

	振动图像	波动图像
图像	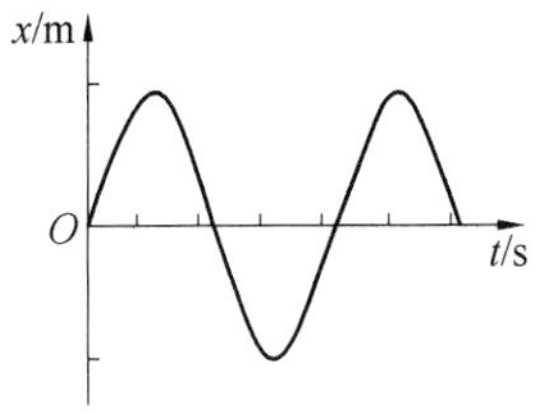	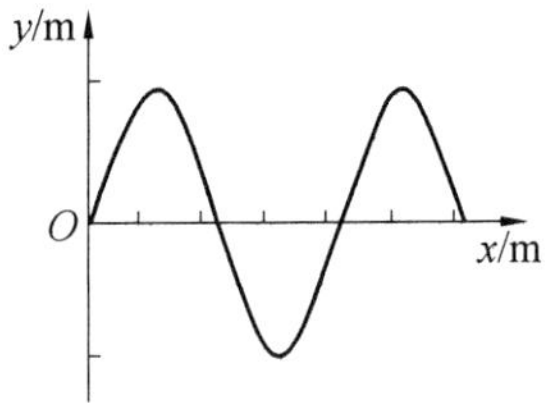
研究对象		
物理意义		
横坐标		
从图像上直接得到的信息		

1. 如果仍然用图 2.2.1 所示的图像表示纵波的波动情况，那么，密部和疏部分别相当于图中的什么位置？

2. 如何从波动图像和振动图像上分析某时刻某质点的振动方向？

二、频率、波长和波速

1. 周期和频率

波最基本的特征就是具有周期性. 在波动中，各个质点振动的周期（或频率）都等于波源振动的周期（或频率），而波源振动的周期（或频率）就是波的周期（或频率）.

2. 波长

在波动中，相对于平衡位置的位移总相等的相邻两个质点之间的距离叫作波长. 波长通常用 λ 表示.

在横波中，相邻两个波峰或波谷之间的距离等于一个波长，如图 2.2.2(a) 所示.

在纵波中，相邻两个密部或疏部之间的距离等于一个波长，如图 2.2.2(b) 所示.

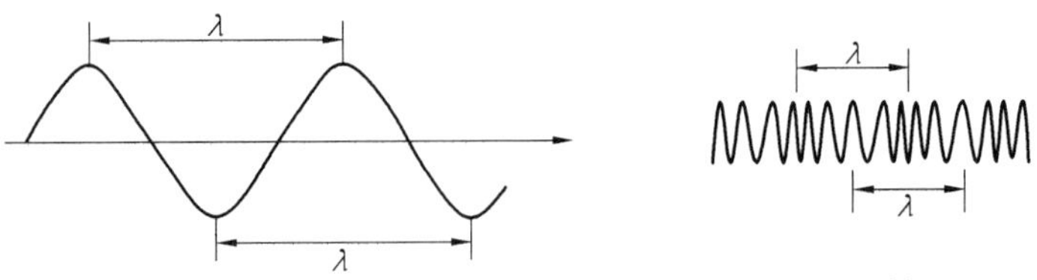

(a) (b)

图 2.2.2

3. 波长、频率与波速的关系

波的传播速度叫作波速.

在均匀介质中,波是匀速传播的. 在一个周期内,波沿传播方向传播的距离等于一个波长. 因此,波速 v 与周期 T(或频率 f) 和波长 λ 之间满足

$$v=\frac{\lambda}{T}=\lambda f$$

波的频率由波源的振动频率决定,而波在不同介质中的传播速度不同. 因此,同一列波在不同介质中传播时波长不同.

思考与讨论

1. 波的传播速度与质点振动速度是否是指同一个速度？它们之间有什么区别？
2. 波的传播距离与波长和振幅分别有什么关系？

思考与练习

1. 湖面上停有两只船,它们相距 30 m. 一列水波正在湖面传播,每只船每分钟上下浮动 30 次,当甲船位于波峰时,乙船位于波谷,且两船之间还有一个波峰. 求水波的速度.

2. 一列波在第一种介质中的波长为 λ_1、在第二种介质中的波长为 λ_2,且 $\lambda_1=3\lambda_2$. 那么,这列波在这两种介质中的频率值比和波速之比分别是(　　).

A. 3 ∶ 1、1 ∶ 1　　B. 1 ∶ 3、1 ∶ 1　　C. 1 ∶ 1、3 ∶ 1　　D. 1 ∶ 1、1 ∶ 3

3. 关于波长的下列说法中正确的是(　　).

A. 是一个周期内质点走过的路程　　B. 横波中相邻的两个波峰之间的距离

C. 一个周期内振动状态传播的距离　　D. 两个振动速度相同的质点之间的距离

4. 一列沿正方向传播的简谐波某时刻的波形图如图 2.2.3 所示,P 为介质中的一个质点,以下说法正确的是(　　).

A. 质点 P 此时刻的速度沿 x 轴的正方向

B. 质点 P 此时刻的速度沿 y 轴的正方向

C. 再过半个周期,质点 P 的位移为负值

D. 再过一个周期,质点 P 通过的路程为 $4a$

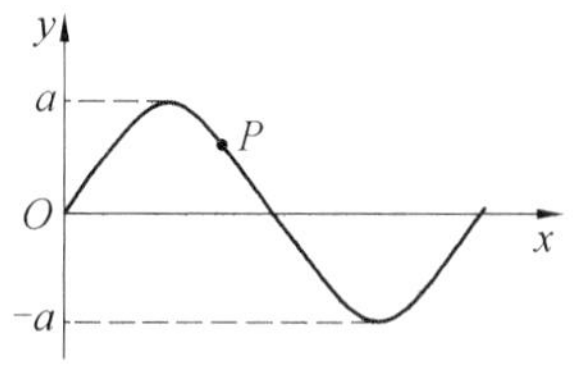

图 2.2.3

5. 一列简谐波某时刻的波形图如图 2.2.4(a) 所示,图 2.2.4(b) 表示介质中某质点此后一段时间内的振动图像. 试结合图中信息完成下列问题.

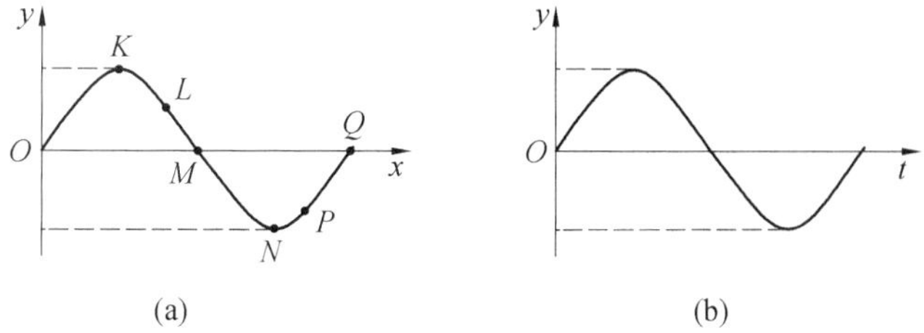

图 2.2.4

(1) 若波是沿 x 轴正方向传播,那么图(a)中 L、N、P 三个质点,哪个最先回到平衡位置？图(b)是哪个质点的振动图像？

(2) 若波是沿 x 轴负方向传播,那么图(a)中 L、N、P 三个质点,哪个最先回到平衡位置？图(b)是哪个质点的振动图像？

(3)若波沿 x 轴正方向传播,且此时波前刚传到质点 Q,那么波源的起振方向是什么方向?试画出 $\frac{T}{4}$ 时刻的波形图.

6. 地震是一种破坏性极大的自然灾害,它源于地壳内岩层的突然破裂. 岩石发生破裂处称为震源,震源一般在地表下几千米到几百千米的地方,震源上方的地表处称为震中.

设地震波的纵波(P 波)速度 $v_P=9.9\ \text{km/s}$,横波(S 波)$v_S=4.5\ \text{km/s}$,表面波(L 波)速度 $v_L<v_S$.

(1)图 2.2.5 所示的是位于震中某实验室内的两个摆 A 和 B,地震发生时,最先摆动的是哪一个?

(2)该实验室的地震观测仪记录的地震图像如图 2.2.6 所示,由图推断图中 a、b、c 三种波形各对应于哪种地震波?如果通过地震图像测得 P 波和 S 波的时间差为 7.5 s,则该地震观测仪距震源多远?

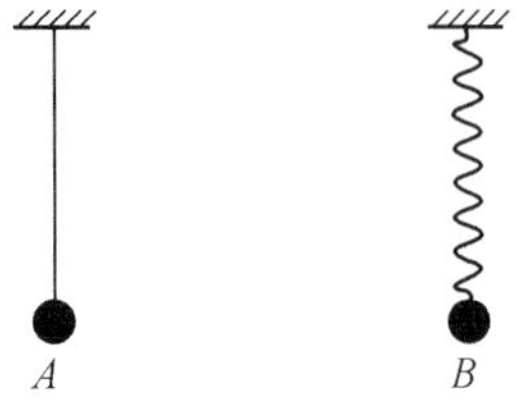

图 2.2.5

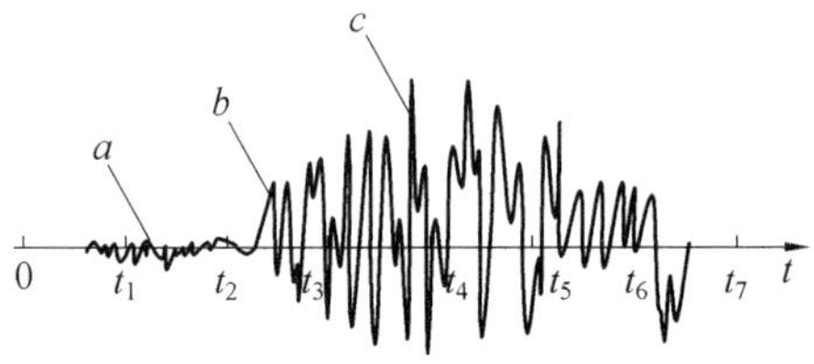

图 2.2.6

7. 图 2.2.7 中的实线是一列正弦波在某一时刻的波形图,经过 0.5 s 后的波形图如图中虚线所示. 设这列波的周期大于 0.5 s,试计算下列问题.

(1)如果波是向右传播的,那么波速和周期分别是多大?

(2)如果波是向左传播的,那么波速和周期分别是多大?

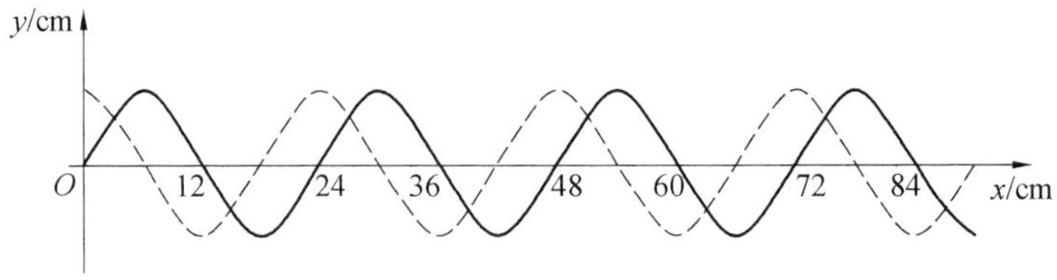

图 2.2.7

2.3 机械波的反射和折射

· 波线跟波阵面总是垂直的.
· 波在传播过程中,任意时刻所有子波的包络面就是该时刻的波阵面.
· 波的反射定律和折射定律都具有普适性,对于一切波都成立.
· 波的反射定律和折射定律都可以用惠更斯原理进行解释.

一、惠更斯原理

波是一种特殊的运动形式. 波既具有一般运动遵循的普遍规律,又有区别于其他运动形式的特殊规律.

我们先看两个小实验.

取一个水波槽,并在水波槽中倒入适量(2 cm 深左右)的水,准备一支铅笔和一把直尺备用.

实验 1:用铅笔尖端不断触动水波槽中央的水面,大约每秒触动 2 次,如图 2.3.1(a)所示. 注意观察水波的形状.

实验 2:用直尺不断触动水波槽中的水面,大约每秒触动 2 次,如图 2.3.1(b)所示. 注意观察水波的形状.

比较两种水波的形状和传播情况,有什么异同?

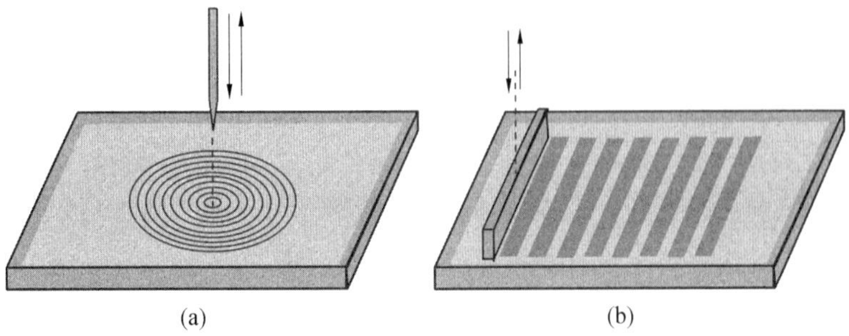

图 2.3.1

1. 波阵面

波源发出的波,经过同一传播时间到达的各点所组成的面叫波阵面,波阵面简称波面. 上述实验中产生的水波,每一道水波纹就是一个波阵面. 波阵面是球面的波称为球面波,如图 2.3.1(a)所示;波阵面是平面的波称为平面波,如图 2.3.1(b)所示.

2. 波线

从波源出发,用来表示波的传播方向的直线叫作波线. 波线跟波阵面总是垂直的,如图 2.3.2 所示.

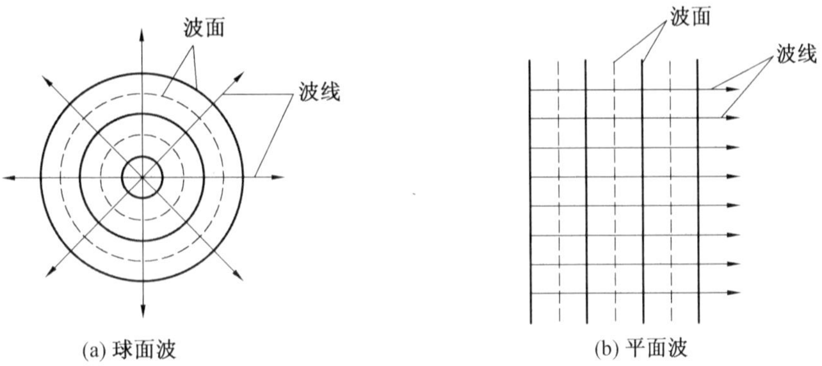

图 2.3.2

3. 子波

波在传播过程中,会以传播途径上的点作为新的波源产生新的波,这些新的波源产生的新波就叫作子波.

4. 惠更斯原理

波在传播过程中,任意时刻所有子波的包络面(与所有子波相切的面)就是该时刻的波阵面. 这就是惠更斯原理.

波的传播可用惠更斯原理来解释. 如图 2.3.3 所示,传播速度为 v 的波在传播过程中,t 时刻的波面上的各点产生的子波在 Δt 时间内沿波线传播的距离为 $v\Delta t$. 在 $t+\Delta t$ 时刻所有子波的包络面就是 t 时刻的波面在 $t+\Delta t$ 时刻的新位置,表示波在 Δt 时间向前传播了 $v\Delta t$ 的距离.

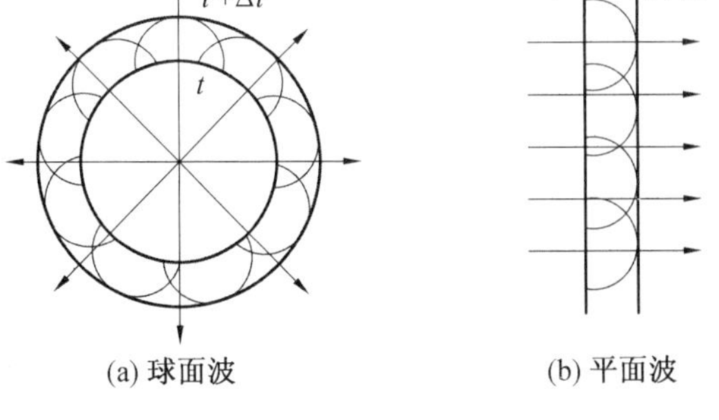

图 2.3.3

二、波的反射

波在传播过程中遇到不同的介质时，在两种介质交界面会返回原介质继续传播的现象叫波的反射.

1. 反射定律

反射波线、入射波线和法线在同一平面内，反射波线和入射波线分居法线两侧，反射角等于入射角. 这就是波的反射定律. 波的反射定律具有普适性，对于一切波都成立.

2. 用惠更斯原理解释波的反射定律

如图 2.3.4 所示，设有一波速为 v 的波向介质分界面 MN 传播. 考察波面上等间距的三条波线，在 t_0 时刻的波面为 AB，此时点 A 到达介质面；经时间 t_1，波面上的点 B 到达介质面点 D，此时的波面为 DE. 现以点 A 为圆心，以 $v(t_1-t_0)$ 为半径所作的圆面恰能与 DE 相切；同理，以点 C 为圆心，以 $\frac{1}{2}v(t_1-t_0)$ 为半径所作的圆面也恰能与 DE 相切，同时也与 AB 相切.

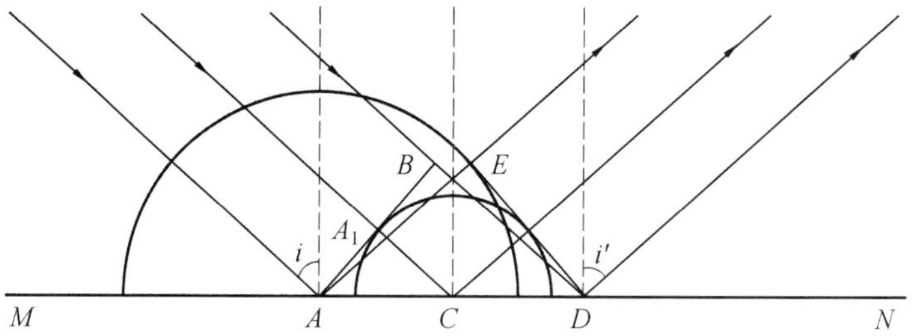

图 2.3.4

声　呐

声呐是英文缩写“SONAR”的音译，其中文全称为：声音导航与测距. 声呐是一种利用声波在水下的传播特性，通过电声转换和信息处理，完成水下探测和通信任务的电子设备，如图 2.3.5 所示.

在水中进行观察和测量，具有得天独厚条件的只有声波. 这是由于其他探测手段的作用距离都很短，光在水中的穿透能力很有限，即使在最清澈的海水中，人们也只能看到十几米到几十米内的物体. 在深海中爆炸一个几公斤的炸弹，在两万公里外还可以收到信号.

图 2.3.5

三、波的折射

波在传播过程中，有一种介质进入另一种介质时，传播方向发生偏折的现象，叫作波的折射.

1. 折射定律

折射波线、入射波线和法线在同一平面内，折射波线和入射波线分居法线两侧，入射角 i 与折射角 i' 的正弦值之比等于波在折射前后两种介质中的速度 v_1 与 v_2 之比，即

$$\frac{\sin i}{\sin i'}=\frac{v_1}{v_2}$$

这就是波的折射定律. 波的折射定律具有普适性，对于一切波都成立.

2. 用惠更斯原理解释波的折射定律

设一列波由介质 1 进入介质 2 时，波速由 v_1 变到 v_2，且 $v_1>v_2$，如图 2.3.6 所示. 假定 t_0 时刻，入射波面 AB 上的点 A 到达界面；t_1 时刻，波面上的点 A_1 到的达界面点 C；t_2 时刻，波面上的点 B 到达界面的点 D，此时的波面为 DE. 现以点 A 为圆心，以 $v_2(t_2-t_0)$ 为半径所作的圆面恰能与 DE 相切；同理，以点 C 为圆

心,以 $v_2(t_2-t_1)$ 为半径所作的圆面也恰能与 DE 相切. 由图可知

$$BD=v_1(t_2-t_0)=AD\sin i$$
$$AE=v_2(t_2-t_0)=AD\sin i'$$

两式相除,得

$$\frac{\sin i}{\sin i'}=\frac{v_1}{v_2}$$

这就解释了波的折射定律.

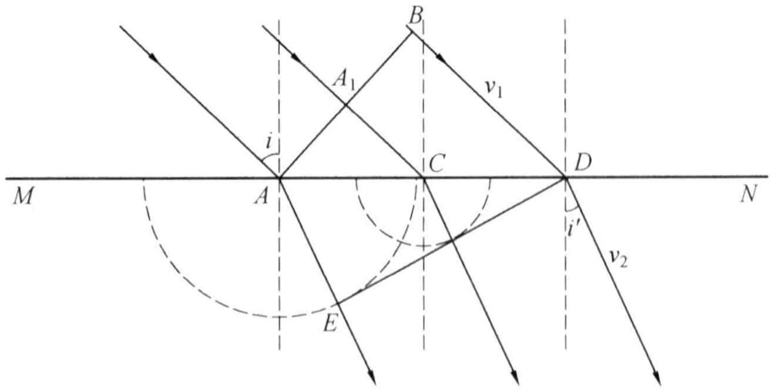

图 2. 3. 6

思考与练习

1. 关于波的以下认识,正确的是(　　).

A. 潜艇利用声呐探测周围物体的分布情况,用的是波的反射原理

B. 隐形飞机怪异的外形及其表面涂有特殊的隐形物质,是为了减少波的反射达到隐形的目的

C. 雷达工作原理是利用波的反射

D. 水波由深水区传到浅水区时改变传播方向的现象,是波的折射现象

2. 为了测量一根长铁管的长度,甲同学用耳朵贴在铁管的一端,乙同学在铁管的另一端敲击一下铁管,测得甲同学听到两次响声的时间间隔为 0.5 s. 如果声音在铸铁和空气中的传播速度分别是 3 910 m/s 和 340 m/s,那么,这根铁管的长度是多少?

3. 图 2. 3. 7 所示的是一列机械波从一种介质进入另一种介质发生的折射现象. 已知该波在介质Ⅰ和介质Ⅱ中的速度分别是 v_1、v_2,则 $v_1 : v_2$ 为(　　).

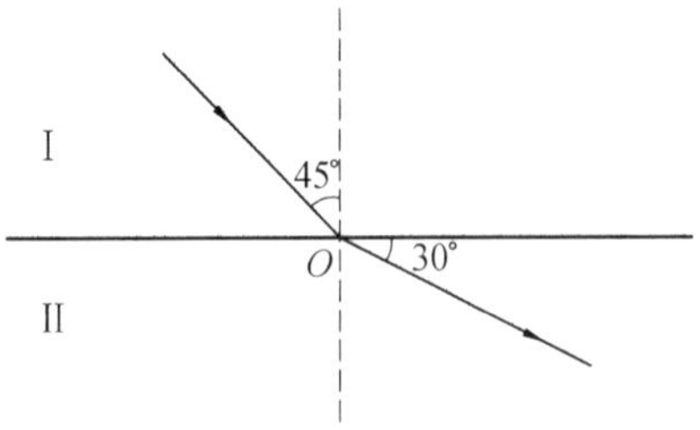

图 2. 3. 7

A. $1:\sqrt{2}$　　　　B. $\sqrt{2}:1$

C. $\sqrt{3}:\sqrt{2}$　　　　D. $\sqrt{2}:\sqrt{3}$

2.4　机械波的干涉和衍射

· 频率相等、相差恒定是两列或多列波发生干涉的充分必要条件.

· 机械波的衍射过程中,当障碍物或孔的尺寸比波长大或跟波长相差不大时,就能发生明显的衍射.

· 干涉和衍射都是波的特有现象.

一、波的干涉

1. 波的独立性和叠加原理

先看一个简单的小实验.

两位同学各执同一根长约 10 m 的水平绳子的两端，同时抖动绳子，形成分别向左和向右沿绳子传播的两列波，如图 2.4.1 所示.

(1)注意观察波峰与波谷相遇前后及相遇过程中两列波的传播情况和形状.

(2)注意观察波峰与波峰相遇前后及相遇过程中两列波的传播情况和形状.

(3)注意观察波谷与波谷相遇前后及相遇过程中两列波的传播情况和形状.

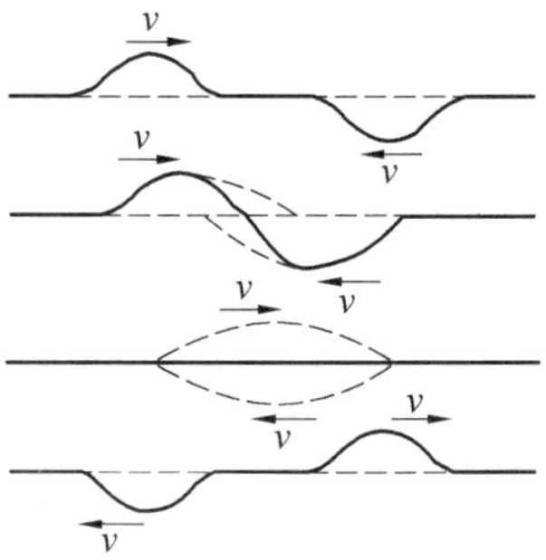

图 2.4.1

我们发现，两列波相遇前后的形状和传播情况都是一致的. 但是，两列波在相遇的过程中，波峰与波峰相遇时，会形成一个振幅更大的波峰；波峰与波谷相遇时，会形成一个振幅较小的波峰或波谷；波谷与波谷相遇时，会形成一个振幅更大的波谷.

实践证明：几列波相遇时能够保持各自的特性(频率、波长、振动方向等)继续传播，互不影响. 在相遇的区域里，任意质点的位移是各列波单独存在时在该点引起位移的矢量和，如图 2.4.2 所示. 这就是波的独立性和叠加原理.

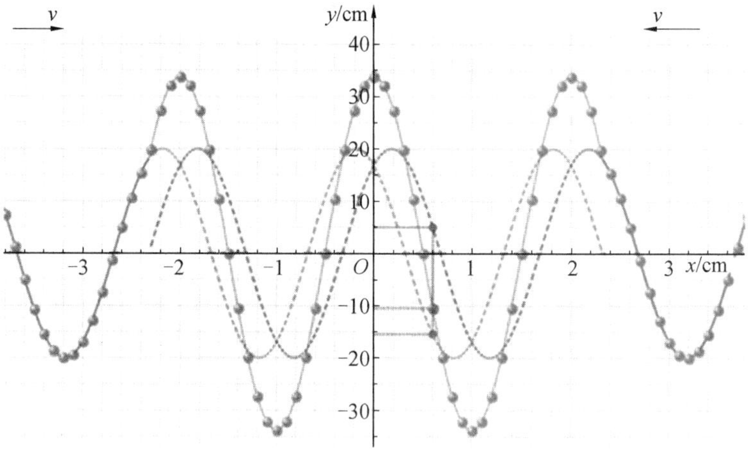

图 2.4.2

2. 波的干涉

图 2.4.3(a)所示的是大海海面上的不稳定的水波图样，图 2.4.3(b)所示的是用水波发生器在水波槽的水面上激起的两列频率相等的水波叠加形成的稳定的水波图样.

(a) 海面上的水波

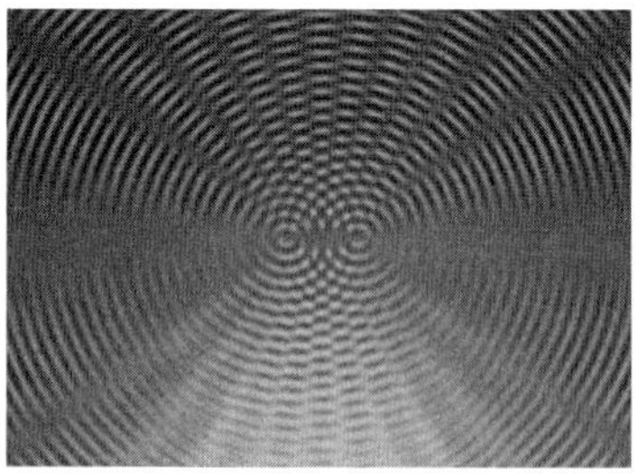
(b) 水波槽的水波

图 2.4.3

研究表明：图 2.4.3(b)所示的两列波具有频率相等、振动方向相同、传播速度相等且性质相同等特点. 在物理学中，把具有这样一些特点的两列或多列波叫作相干波. 产生相干波的波源称为相干波源. 相干波的特点或其充分必要条件可简单地表述为频率相等、相差恒定.

两列或多列相干波相互叠加时，形成振动加强区域永远加强，振动减弱区域永远减弱，且加强区域与减弱区域互相间隔的现象叫作波的干涉，如图 2.4.4 所示. 波的干涉形成的稳定图样称为干涉图样.

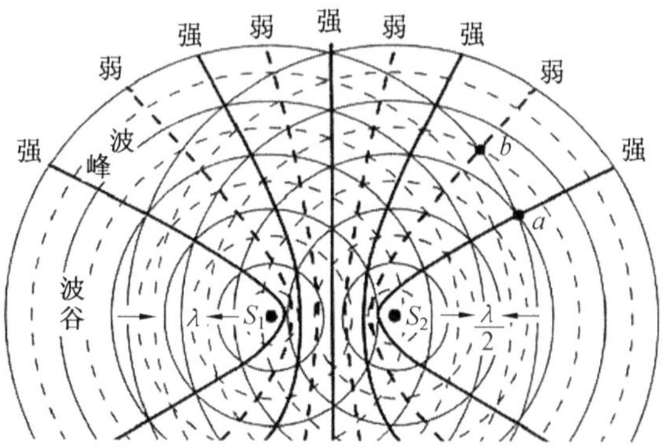

图 2.4.4

思考与讨论

波的干涉中,加强区域是否永远处在波峰位置或波谷位置?减弱区域是否永远处在平衡位置?为什么?

干涉是波的特有现象,所有的波都能产生干涉现象.

二、波的衍射

波绕过障碍物或通过孔继续传播的现象叫作波的衍射.图 2.4.5(a)所示的是水波通过水库入水口时产生的衍射情景,图 2.45(b)所示的是水波槽中水波通过小孔发生衍射的图片.通常说的“闻其声而不见其人”就是声波衍射的典型例子.

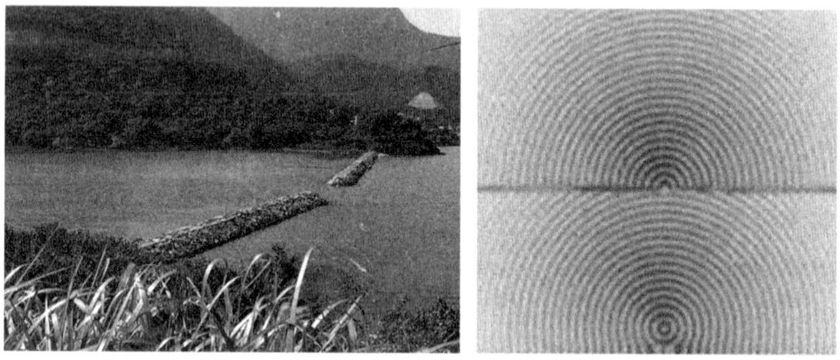

(a) (b)

图 2.4.5

波发生衍射的明显程度跟波的波长和障碍物或孔的尺寸有关系.大量事实表明:机械波的衍射过程中,当障碍物或孔的尺寸比波长大或跟波长相差不大时,就能发生明显的衍射.

衍射是波的特有现象,所有的波都能发生衍射.

次声波与超声波

频率低于 20 Hz 的声波叫作次声波,频率高于 20 000 Hz 的声波叫作次声波.

次声波不容易衰减,不易被水和空气吸收.次声波的波长往往很长,因此能绕开某些大型障碍物发生衍射,有些次声波甚至能绕地球 2 至 3 周.

某些频率的次声波由于和人体器官的振动频率相近甚至相同,容易和人体器官产生共振,干扰人的神经系统的正常功能,危害人体健康.一定强度的次声波,能使人头晕、恶心、呕吐、丧失平衡感甚至精神沮丧.晕车、晕船的一个重要原因就是车、船在运行时伴生的次声波引起的.住在十几层高的楼房里的人,遇到大风天气,往往感到头晕、恶心,这也是因为大风使高楼摇晃产生次声波的缘故.更强的次声波还能使人耳聋、昏迷、精神失常甚至导致血管破裂而死亡.

在自然界中,海上风暴、火山爆发、大陨石落地、海啸、电闪雷鸣、波浪击岸、水中漩涡、空中湍流、龙卷风、磁暴、极光、地震等都可能伴有次声波的发生.在人类活动中,诸如核爆炸、导弹飞行、火炮发射、轮船航行、汽车争驰、高楼和大桥摇晃,甚至像鼓风机、搅拌机、扩音喇叭等在发声的同时也都能产生次声波.

超声波的频率高、波长短,物理清洗就是应用超声波的这一特点.超声波在液体中传播,使液体与清洗槽在超声波频率下一起振动,液体与清洗槽振动时有自己的固有频率,这种振动频率是声波频率,所以人们就听到嗡嗡声.随着清洗行业的不断发展,越来越多的行业和企业运用到了超声波清洗机.

超声波清洗机的原理是由超声波发生器发出的高频振荡信号,通过换能器转换成高频机械振荡而传播到介质——清洗溶剂中,超声波在清洗液中疏密相间的向前辐射,使液体流动而产生数以万计的直径为 50 ~ 500 μm 的微小气泡,存在于液体中的微小气泡在声场的作用下振动.这些气泡在超声波纵向传播的负压区形成、生长,而在正压区,当声压达到一定值时,气泡迅速增大,然后突然闭合,并在气泡闭合时产生冲击波,在其周围产生上千个大气压,破坏不溶性污物而使他们分散于清洗液中,当团体粒子被油污裹着而黏附在清洗件表面时,油被乳化,固体粒子即脱离,从而达到清洗件净化的目的.在这种被称之为"空化"效应的过程中,气泡闭合可形成几百度的高温和超过 1 000 个气压的瞬间高压.

思考与练习

1. 查阅资料或登录网页,了解并分析轿车排气管上的消声器的工作原理.

2. 有两列振动方向相同的声波波源质点的振动情况分别为:$x_1=A_1\cos(\omega t+\varphi_1)$,$x_2=A_2\cos(2\omega t+\varphi_2)$.若这两列声波同时在某一空间区域传播,能否发生干涉?为什么?

3. 如图 2.4.6 所示,S 是水波槽的波源,d 是小孔. A、B、C、D 表示波源产生的水波经小孔衍射的情况,其中正确的是(　　).

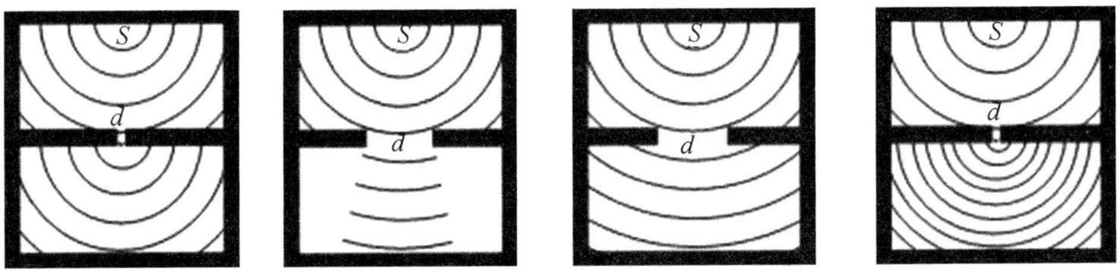

A.　　B.　　C.　　D.

图 2.4.6

4. 列举一些生活中应用机械波干涉和衍射的例子,并简单进行原理分析.

2.5　多普勒效应

· 只要波源与观察者之间的相对距离发生变化,就能发生多普勒效应.

· 波源与观察者之间的相对距离的变化规律不同,观察频率 f 与波源频率 f_0 之间的关系也不同.

· 波源与观察者之间的相对距离变化越快,多普勒效应就越明显.

一、多普勒效应

先思考这样的两个问题.

问题 1:如图 2.5.1 所示,小男孩每 2 s 发出一个小球,且假定小球以每秒 1 m 匀速运动.那么,在下列几种情况下,小女孩多长时间接一个小球?

(1)小女孩站在原位置接小球.

(2)小女孩在以每秒 0.5 m 向左移动的过程中接小球.

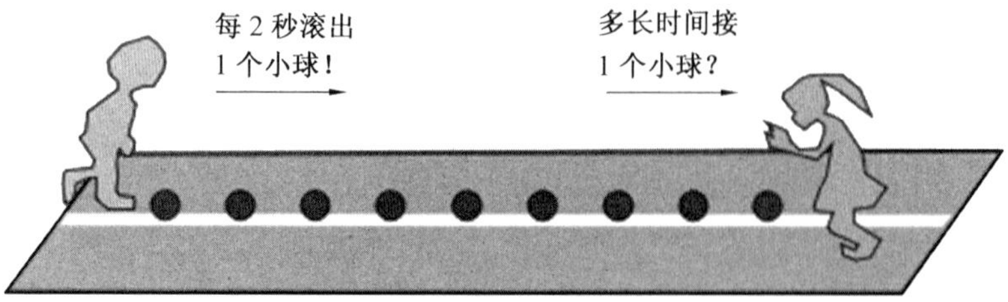

图2.5.1

(3)小女孩在以每秒0.5 m向右移动的过程中接小球.

通过简单的计算说明:在这几种情况下,小男孩发球的频率与小女孩接球的频率有什么关系.

问题2:你站在铁路旁,当鸣笛奔驰的列车逐渐向你靠近又逐渐远离的过程中,你会感觉到汽笛声的音调有什么变化吗?

由于波源与观察者之间的相对运动致使相对距离发生变化,从而导致观察者接收的频率与波源频率不相等的现象叫作多普勒效应.

多普勒效应是奥地利物理学家多普勒于1842年的某一天带着他的女儿在铁道旁散步时首先发现的.

二、观察频率与波源频率之间的关系

波源与观察者之间的相对距离发生变化时,就能发生多普勒效应.实践表明:波源与观察者之间的相对距离的变化规律不同,观察频率f与波源频率f_0之间的关系也不同(表2.5.1).

表2.5.1

相对距离的变化		观察频率f与波源频率f_0之间的关系
增大	匀速率增大	$f<f_0$且保持不变
	匀加速增大	$f<f_0$且逐渐减小
	匀减速增大	$f<f_0$且逐渐增大
减小	匀速率减小	$f>f_0$且保持不变
	匀加速减小	$f>f_0$且逐渐增大
	匀减速减小	$f>f_0$且逐渐减小

显然,波源与观察者之间的相对距离变化得越快,多普勒效应就越明显.

三、多普勒效应的应用

各种不同的波都能产生多普勒效应,多普勒效应在生产、生活及科学研究中有着重要应用.

交通警察利用超声波或电磁波的多普勒效应对行驶的车辆进行测速和电子摄像,判定车辆是否违章或超速行驶.市区及高速公路上安装的电子测速摄像装置(电子眼)就是根据多普勒效应的原理工作的.

渔业行业中,通常利用超声波的多普勒效应对鱼群进行跟踪定位,便于有目的的捕捞.

医学上利用超声波的多普勒效应测定人体的血液流动速度的变化情况,就是通常说的“彩超”,可以检查心脏、大脑的病变.

尖端科学中,常根据地外星球辐射的电磁波的多普勒效应,即通常说的“红移”或“蓝移”现象,来判断星球远离或靠近地球的情况.科学研究表明:宇宙正在以一定的速度不断膨胀.1929年,美国天文学家哈勃(E. P. Hubble)经过仔细测量发现,恒星越远,红移量越大,远离速度就越大,远离速度v_f与距离地球的距离D(Mpc:百万秒差距)成正比,即

$$v_f=H_c\cdot D$$

这就是著名的哈勃定律,其中 H_c(km/s · Mpc)叫作哈勃常数. 哈勃定律是宇宙大爆炸理论的重要依据之一.

冲击波

如图 2.5.2 所示,当波源速度 v_s 超过波速 v_0 时,任一时刻波源本身超过它此前发出的波前. 当波源在 A 位置时,发出的波在其后 t 时刻的波面半径为 v_0t,而此时波源已经前进了 v_st 的距离,到达 B 位置. 在波源的前方,没有任何波动产生. 在时间 t 内,系列波面的包络面形成圆锥面,这个圆锥面叫作马赫锥. 有时可以看到当船速超过水波的速度,就会在水中激起以船为顶端的 V 形波;当飞机或炮弹超音速飞行时,就会在空气中激起圆锥形的波,这就是冲击波.

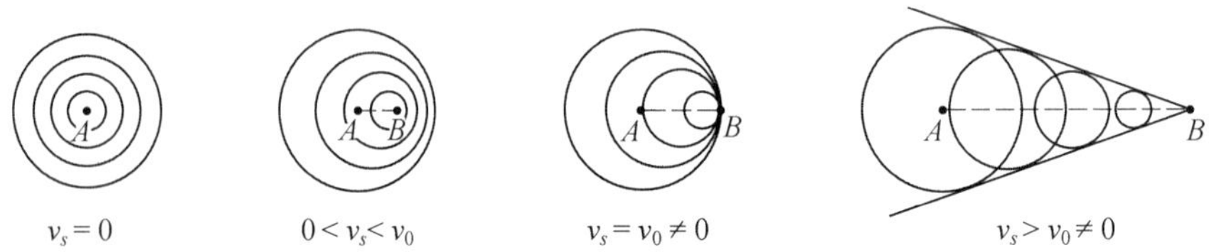

图 2.5.2

思考与练习

1. 有一种由钢丝操纵做匀速圆周飞行的飞机模型,装有两冲程的活塞式发动机作为动力. 操纵者站在圆心,在他看来,发动机工作时发出的声音的频率是平稳不变的. 场边的观察者则听到发动机的声音的音调忽高忽低地周期性变化,这是由于____________,这种现象叫作____________.

2. 根据多普勒效应,下列说法正确的是(　　).

A. 当波源与观察者有相对运动时,观察者的接收频率一定不等于波源频率

B. 当波源与观察者同向运动时,观察者的接收频率一定比波源频率低

C. 当波源与观察者相向运动时,观察者的接收频率一定比波源频率高

D. 当波源与观察者反向运动时,观察者的接收频率一定比波源频率低

第 3 章　电磁场与电磁波

3.1　麦克斯韦电磁场理论

· "场"的概念使人们对物质概念的认识上升到一个新的高度.
· 变化的磁场产生电场，变化的电场产生磁场.
· 电磁场由近及远向空间传播，这就形成了电磁波.
· 电磁波是横波，电磁波在真空中的速度恰好等于光速.
· 赫兹实验不仅发现了电磁波，而且证明了电磁波在真空中的传播速度等于光速.

一、法拉第对电磁理论的贡献

法拉第不仅发现了电磁感应定律，还创造性地用"场"和"力线"来描述电荷之间、磁体之间以及电与磁之间的相互作用.

"场"的概念使人们对物质概念的认识上升到一个新的高度，即物质存在两种形态：一种是分子、原子等实物，另一种是场.

"场"的概念是牛顿时代以来在物理学概念方面最重要的变革，爱因斯坦认为：场的价值甚至要比电磁感应的发现高出许多.

二、麦克斯韦电磁场理论的两大支柱

麦克斯韦在库伦、安培、奥斯特、亨利及法拉第等对电磁学的研究基础上，提出了"变化的磁场产生电场""变化的电场产生磁场"的假说，这就是电磁场理论的两大支柱.

1. 变化的磁场产生电场

根据法拉第电磁感应定律，在变化的磁场中放入一个闭合线圈，线圈中将产生感应电流，如图 3. 1. 1(a)所示. 麦克斯韦认为，这是变化的磁场在线圈及线圈周围产生的电场推动线圈中自由电荷做定向运动的结果. 因此，即使没有闭合线圈，变化磁场的周围同样要产生电场，如图 3. 1. 1(b)所示.

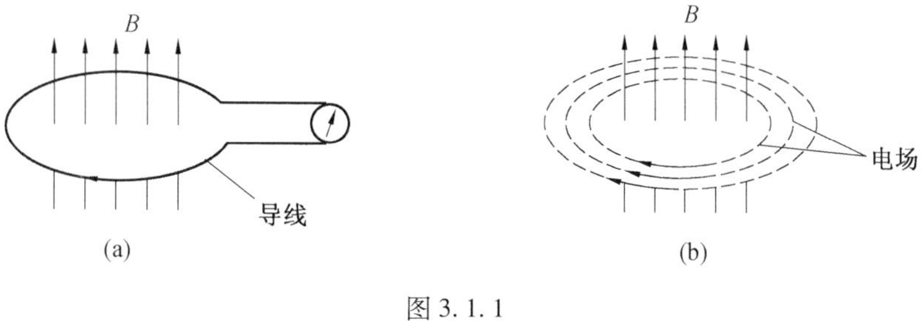

图 3. 1. 1

2. 变化的磁场产生电场

在图 3. 1. 2 所示的含有电容器的交流电路中，接通电路时，导线中是有交变电流的，导线周围存在变化的磁场. 那么，电容器中是否有电流呢？电容器两极板之间是否存在磁场呢？

麦克斯韦认为，这个电路中通以交变电流时，电容器两极板之间虽然没有电荷通过，但两极板上的电荷和极板间的电场都随时间发生变化. 因此，电路中的电流应该是闭合的，电容器两极板变化的电场应该具有电流的特征. 于是，麦克斯韦创新性地引入“位移电流”这一全新概念. 相对地，导体中由于电荷定向移动形成的电流叫作传导电流.

麦克斯韦根据奥斯特实验做出了大胆的假设，既然电荷运动形成的电流能在周围空间产生磁场. 那么由变化的电场引入的位移电流也能产生磁场，即变化的电场产生磁场.

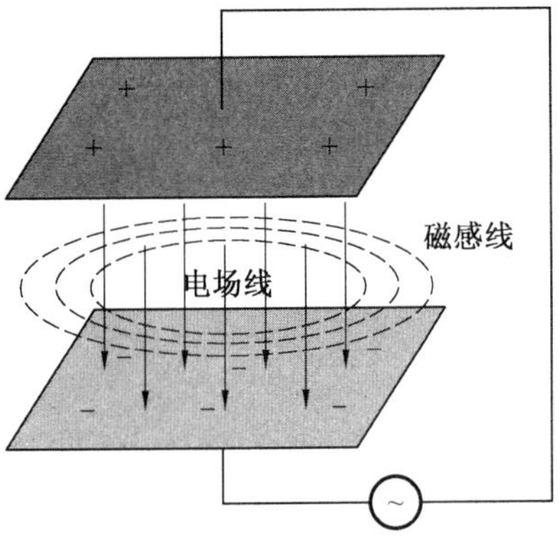

图 3.1.2　变化的电场产生磁场

三、电磁场理论及电磁波

1. 电磁场理论

麦克斯韦根据电磁学的实验事实和两个假设，建立电磁理论方程组，常称麦克斯韦方程组，用来描述他的电磁场理论.

电磁场理论
- 变化的磁场产生电场
  - 均匀变化的磁场产生恒定电场
  - 磁场变化不均匀，产生的电场是变化的
  - 正弦变化的磁场产生余弦变化的电场
- 变化的电场产生磁场
  - 均匀变化的电场产生恒定磁场
  - 电场变化不均匀，产生的磁场是变化的
  - 正弦变化的电场产生余弦变化的磁场

2. 电磁场与电磁波

麦克斯韦认为，不均匀的变化磁场和电场相互耦连，形成不可分割的统一的电磁场. 变化的电场会在周围空间产生变化的磁场，这个变化的磁场又在较远的空间产生变化的电场. 电场与磁场相互激发，使得这个不可分割的统一的电磁场由近及远向空间传播，这就形成了电磁波，如图 3.1.3 所示.

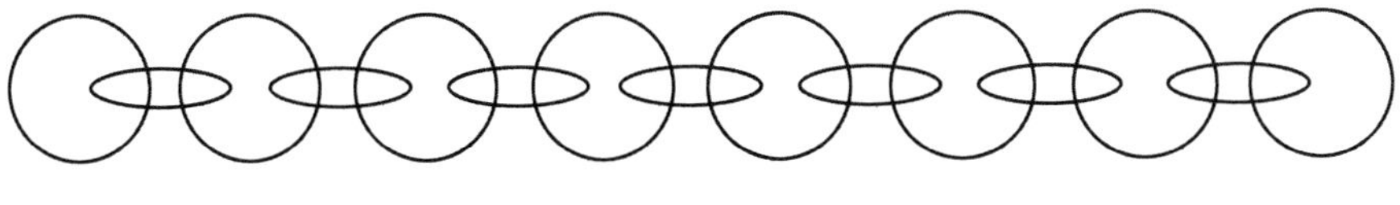

图 3.1.3　电磁波的形成

麦克斯韦从他建立的电磁场方程组得到：互相激发的变化电场和变化磁场相互垂直并且都垂直传播方向，如图 3.1.4 所示，即电磁波是横波；电磁波在真空中的传播速度恰好等于光速.

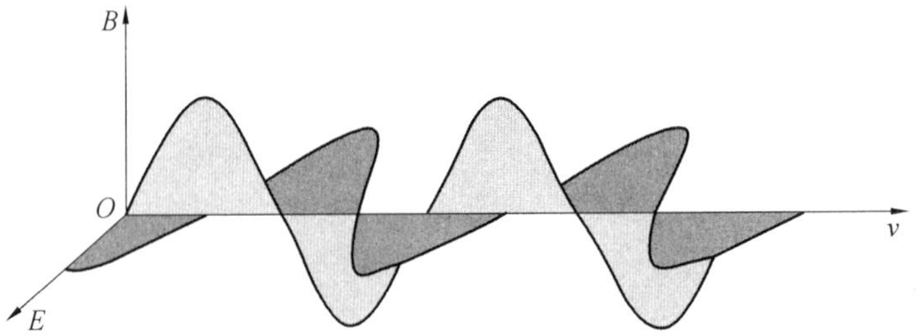

图 3.1.4　B、E、v 两两相互垂直

四、赫兹实验

1886 年，赫兹设计了如图 3.1.5 所示的装置，试图用它来发射和接收电磁波. 整个装置由两个部分组成：一是发射部分，包括由装有两个光滑小铜球的两块金属板、线圈和电源组成的振荡器；二是接收器，是一个带有两个光滑小铜球的开口金属环.

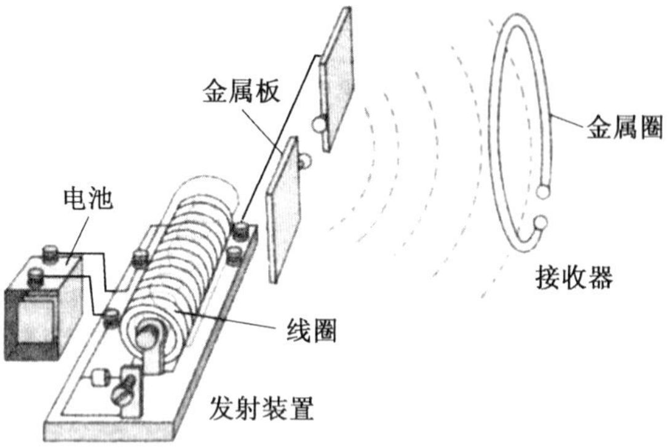

图 3.1.5

在振荡器两端加上电压时，两个小铜球之间就产生电火花. 赫兹发现，当发射装置的两小球产生电火花时，调节接收器的方位和小球间的距离，接收器的两小球也会产生电火花. 这样，困扰物理学界 20 多年的电磁波是否存在的难题，就被赫兹通过实验发现和证实了.

赫兹又通过系列实验，观察到了电磁波的反射、折射、干涉、偏振和衍射等现象. 还通过测量证明，电磁波在真空中具有与光相同的速度. 这样，赫兹实验就证明了麦克斯韦电磁场理论的正确性，为人类利用电磁波奠定了坚实的重要的基础，预示着广泛利用电磁波技术的时代即将到来.

思考与练习

1. 麦克斯韦根据什么现象认为“变化的磁场产生电场”？关于“变化的电场产生磁场”的观点，他是在什么情况下提出的？为什么说他的两个假设是正确的？

2. 麦克斯韦关于电磁场理论的主要论点是什么？请用麦克斯韦电磁场理论说明电磁波是怎样产生的？

3. 你能否用实验说明电磁波的存在？今天，人人都可以做发现电磁波的实验，但在 19 世纪，证明电磁波存在的问题却困扰了科学界几十年. 为此，请你谈谈赫兹实验的意义.

4. 关于对麦克斯韦的两个假设的理解正确的是(　　).

A. 变化的电场一定产生变化的磁场，变化的磁场不一定产生变化的电场

B. 变化的磁场一定产生变化的电场，变化的电场不一定产生变化的磁场

C. 均匀变化的电场产生恒定磁场，均匀变化的磁场产生恒定电场

D. 恒定磁场产生均匀变化的电场，恒定电场产生均匀变化的磁场

5. 关于电磁场与电磁波的下列说法正确的是(　　).

A. 麦克斯韦预言电磁波的存在并通过实验证实其正确性

B. 赫兹预言电磁波的存在并通过实验证实其正确性

C. 麦克斯韦预言电磁波的存在，赫兹通过实验证实其正确性

D. 赫兹预言电磁波的存在，麦克斯韦通过实验证实其正确性

E. 麦克斯韦预言电磁波的存在,而且还推测电磁波在真空中的速度等于光速

F. 赫兹证实了电磁波的存在,而且还测定了电磁波在真空中的速度等于光速

G. 电场与磁场叠加形成的复合场就是电磁场

3.2 电磁振荡

· 电磁振荡的过程,就是电场能与磁场能相互转化的过程.

· 电路是一种理想化模型.

· 电路的周期或频率只由线圈的自感系数和电容器的电容决定,与其他因数无关.

一、电磁振荡的产生

要想产生持续的电磁波,需要变化的电磁场;要产生变化的电磁场,需要变化的电流.

1. 振荡电路与振荡电流

在如图 3.1.5 所示的赫兹实验装置中,其中由装有两个光滑小铜球的两块金属板、线圈和电源组成的用来发射电磁波的部分就叫作振荡器. 构成振荡器的电路就叫作振荡电路. 其中,线圈 L 和电容器 C 组成的部分称为 LC 电路. 振荡电路的作用就是产生大小和方向都迅速变化的电流,即产生振荡电流.

图 3.2.1 就是两个简单的振荡电路. 其中,图(a)中的开关 S 先与电源 E 连接使电容器 C 充电后再与线圈 L 连接,电路中将会产生振荡电流,但电流计的指针摆动幅度衰减很快;而图(b)中电流计的指针摆动幅度是比较稳定的.

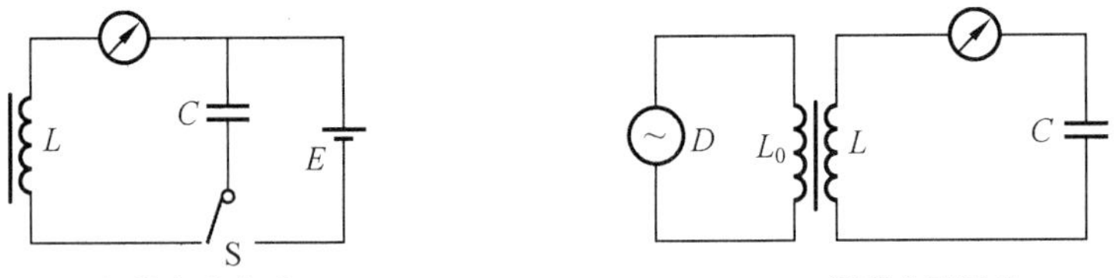

(a) 振荡电流衰减　　(b) 振荡电流稳定

图 3.2.1

2. 电磁振荡的产生

在振荡电路中,振荡电流的变化过程叫作电磁振荡.

我们来分析 LC 电路的振荡情况. 充电后的电容器未放电时,电路中没有电流,电容器内电场最强,此时,电路中的能量全部是电容器里储存的电场能. 电容器放电过程中,电路中的电流逐渐增大,电场能逐渐转化为磁场能,当放电完毕时,电路中的电流最大,这时,电场消失,磁场最强,电场能全部转化为磁场能. 随后,电容器进行反向充电,磁场能又逐渐转化为电场能……LC 电路中电场能和磁场能就这样周而复始地相互转化. 图 3.2.2 表示 LC 电路的电磁振荡在一次周期性变化过程中的情况.

电磁振荡的过程,就是电场能与磁场能相互转化的过程.

这里的 LC 电路是一种理想化模型. 实际上的振荡电路,由于电阻等因素造成能量损失,使振荡电流衰减很快. 因此,需要用电子器件构成的振荡器对振荡电路不断地补充能量,才能得到持续的振荡电流稳定(振幅不变)的电磁振荡(等幅振荡).

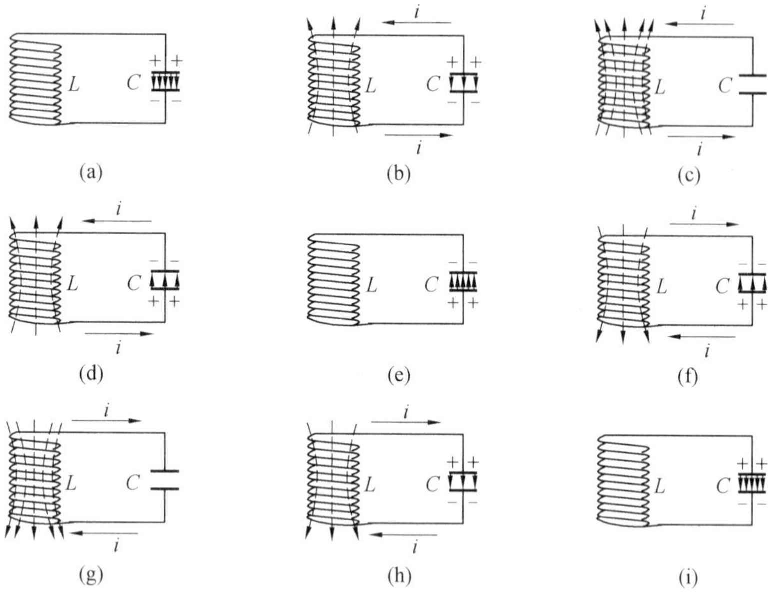

电磁振荡的能量转化

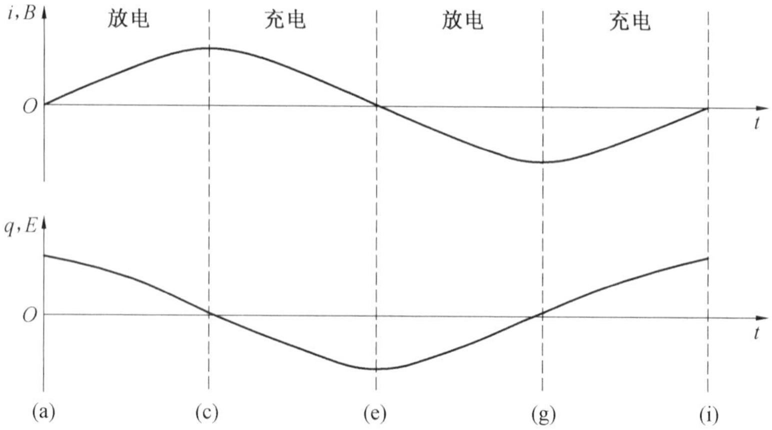

电磁振荡中 i、B、q、E 随时间的变化

图 3.2.2　电磁振荡

二、电磁振荡的周期和频率

在 LC 电路中，电磁振荡完成一次周期性变化所需要的时间叫作周期；1 s 内完成的周期性变化的次数叫作频率.

1. 影响周期与频率的因数

理论与实践研究表明：在 LC 电路中周期 T 跟线圈的自感系数 L 的平方根成正比，跟电容器的电容 C 的平方根成正比，即

$$T=2\pi\sqrt{LC}$$

由于频率 f 与周期 T 互为倒数，所以

$$f=\frac{1}{2\pi\sqrt{LC}}$$

式中，T、f、L、C 的单位分别是秒（s）、赫兹（Hz）、亨利（H）、法拉（F）.

2. 固有周期与固有频率

电路的周期或频率只由线圈的自感系数 L 和电容器的电容 C 决定，与其他因数无关. 因此，常称为固有周期或固有频率.

通过改变组成电路的线圈的电感和电容器的电容,就可以达到改变振荡电路的周期和频率的目的和要求.

现代的实际电子电路中,使用的振荡器多数是晶体(半导体)振荡器.

晶体振荡器

振荡器就是可以产生一定频率的交变电流信号的电路.

晶体振荡器通常简称晶振,是利用了晶体的压电效应制造的,当在晶片的两面上加交变电压时,晶片会反复地机械变形而产生振动,而这种机械振动又会反过来产生交变电压.当外加交变电压的频率为某一特定值时,振幅明显加大,比其他频率下的振幅大得多,产生共振,这种现象称为压电谐振.晶振产生振荡必须附加外部时钟电路,一般是一个放大反馈电路,只有一片晶振是不能实现振荡的.

石英晶体振荡器是一种高精度、高稳度的振荡器.被广泛应用于彩电、计算机、遥控器等各类振荡电路中,以及通信系统中用于频率发生器、为数据处理设备产生信号和为特定系统提供基准信号.

石英电子钟的振荡器(时钟振荡器)就是一种石英晶体振荡器,通常还要含有温度补偿电路,让振荡频率能更加准确.

晶振振荡器的等效电路也可以认为是一个 LCR 振荡电路.

思考与练习

1. 从能量转化的角度分析,为什么只含有电阻和电容的电路或只含有电阻和线圈的电路都不可能产生电磁振荡.

2. 在 LC 电路中,电容器上的电压从零变化到最大值所需要的时间是(　　).

A. $\frac{\pi\sqrt{LC}}{4}$　　B. $\frac{\pi\sqrt{LC}}{2}$　　C. $\pi\sqrt{LC}$　　D. $2\pi\sqrt{LC}$

3. 在一个 LC 电路中,电流 i 随时间 t 的变化规律为 $i=0.01\sin 100t$. 已知电容器的电容 $C=20\ \mu F$,求线圈的自感系数 L.

4. 发生雷电时,正在正常收音播放的收音机中常常会传出很响的“咔嚓”声,这是为什么? 同样,将正在收音播放的收音机放在旋转的电风扇旁也会有明显的杂音,为什么?

3.3　电磁波的发射、传播和接收

· 要有效地发射电磁波,振荡电路必须满足这样两个特点:振荡频率足够高和电场与磁场能分散到尽可能大的空间.

· 无线电波通常有地波、天波和空间波等 3 种传播途径.

· 空中用来接收电磁波的导体,就是接收天线.

一、电磁波的发射

空间某处只要有交替变化的电场和磁场,就会产生电磁波.比如,开关电灯的瞬间,附近的收音机会产生轻微杂音,电视机会出现图像轻微变形.

电磁波的主要用途是传递信息.如何才能有效地发射电磁波,并用它来传递各种信息呢?

1. 开放电路

要有效地发射电磁波,振荡电路必须满足这样两个特点:

(1)振荡频率足够高.

(2)电场和磁场能分散到尽可能大的空间.

具有这样特点的振荡电路称为开放电路.如图 3.3.1 所示,振荡电路由闭合电路逐渐演变成开放电路,电磁场的分布范围就逐渐增大.

实际的 LC 电路是采用图 3.3.2 所示的感应耦合电路. 由电容 C 和电感 L_0 构成振荡电路产生高频振荡电流，通过 L_0 与 L 的互感作用，使线圈 L 产生同频率的振荡电流传输到发射天线，在天线四周的空间产生电磁波.

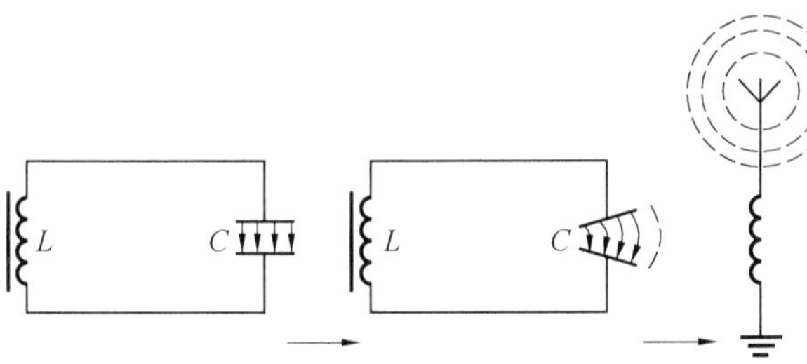

图 3.3.1　LC 电路的演变

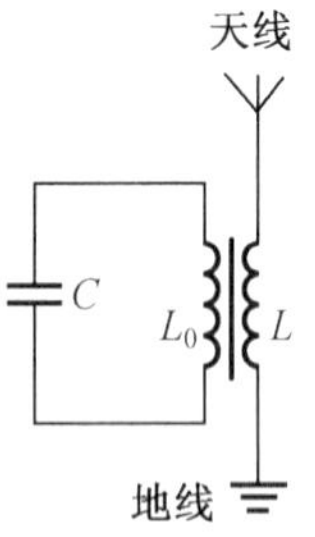

图 3.3.2　开放电路

2. 调制

要把声音、图像传送出去，首先要将它们转变成电信号. 这种电信号的频率很低，不能直接向空间发射，必须“加载”到高频振荡电流上才能发射出去. 这种把低频信号“加载”到高频振荡电流上的过程叫作调制.

调制过程包括调幅和调频两种方式，如图 3.3.3 所示. 其中，调幅是使高频电磁波的振幅随低频信号的强弱而改变的调制方式；调频是使高频电磁波的频率随低频信号的强弱而改变的调制方式.

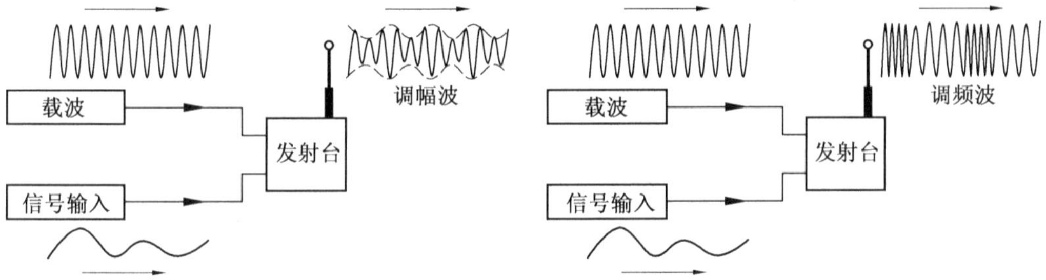

(a) 调幅　　(b) 调频

图 3.3.3　电磁波的调制与发射

一般地，调频波的抗干扰能力较调幅波的强，在传递过程中的失真也比较小. 在实际应用中（表 3.3.1），为了减小不同发射机构（广播电台、电视台）发射的电磁波的相互干扰，必须对不同调制方式的电磁波的频率范围及频道间隔都有严格的规定. 我国的调幅广播频率规定为中波 535 ~ 1 605 kHz、短波 2 ~ 30 MHz，频道间隔 9 kHz. 调频广播频率范围规定为 88 ~ 108 MHz.

在利用高频电磁波传递信息的过程中，高频电磁波就相当于所需“传递信息”的运输工具，故常称为载波.

表 3.3.1　无线电波（$\lambda>1$ mm、$f<300$ GHz 的电磁波）的波段划分及主要用途

波段		波长/m	频率/Hz	传播方式	主要应用
长波		30 000 ~ 3 000	0.01 ~ 0.1	地波	调幅（AM）广播、导航
中波		3 000 ~ 200	0.1 ~ 1.5	地波和天波	
中短波		200 ~ 50	1.5 ~ 6	天波	调幅（AM）广播 电报、通信
短波		50 ~ 10	6 ~ 30	天波	
微波	米波（VHF）	10 ~ 1	30 ~ 300	近似直线传播	调频（FM）广播 电视、导航
	分米波（UHF）	1 ~ 0.1	300 ~ 3 000	直线传播	电视 雷达 导航
	厘米波	0.1 ~ 0.01	3 000 ~ 30 000	直线传播	
	毫米波	0.01 ~ 0.001	30 000 ~ 300 000	直线传播	

二、电磁波的传播

波长不同的电磁波有不同的传播特性. 其中,无线电波通常有地波、天波和空间波 3 种传播途径,如图 3.3.4 所示.

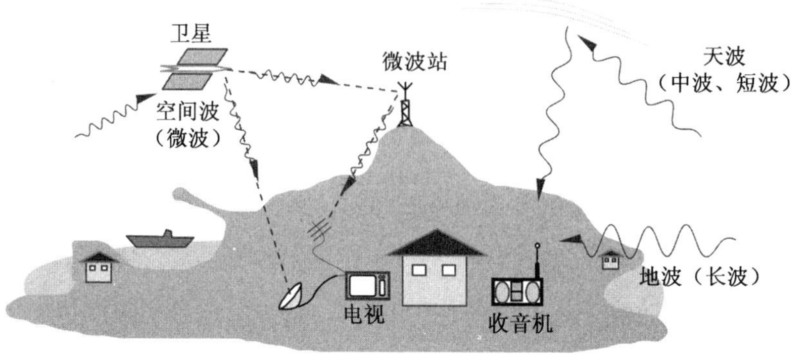

图 3.3.4　电磁波的传播

1. 地波

沿着地球表面传播的无线电波叫作地波.

在无线电技术中,通常采用地波的形式来传输长波和中长波. 因为长波和中长波的波长可达 3 000 m 以上,衍射效果很明显,能够绕过很大的山脉. 中波和中短波也能很好地绕过高大的建筑物,但损失能量较多,所以中波段收音机只能收听到本地或附近省市的电台效果好一些.

2. 天波

靠大气层中电离层的反射传播的无线电波叫作天波.

电离层对电磁波的反射和吸收与频率有关,频率越高、吸收越少;频率越低、吸收越多. 所以,短波最适合用天波传播. 但由于电离层容易受到太阳的辐射而发生变化,造成反射的天波时强时弱,故短波段收音机听到的声音忽大忽小,不够稳定. 这种现象特别在晴朗的白天中午时段最为明显.

3. 空间波

沿直线传播的无线电波叫作空间波.

这种传播方式适用于超短波和微波通信. 发射天线越高,传播距离就越远,所以电视台的发射天线和电视机的接收天线应尽量架设得高一些. 空间波能够穿透电离层,因此可以用空间波与太空中的宇宙飞船、人造卫星取得联系. 另外,卫星中转通信、卫星电视的转播等也主要以空间波为传播途径.

三、电磁波的接收

电磁波在传播过程中如果遇到导体,就会使导体产生感应电流. 因此空中的导体可以用来接收电磁波,这就是接收天线.

1. 电谐振

空中总是弥漫着各种不同的电磁波,要从中选出需要的部分,就需要一个可以调节频率的接收电路即所谓的调谐电路,如图 3.3.5 所示就是收音机的一种调谐电路. 通过调节调谐电路中可变电容器的电容,使需要的电磁波引起的感应电流最强,这种现象叫作电谐振.

2. 调谐

使接收电路即调谐电路中产生电谐振的现象叫作调谐. 收音机、电视机等选台的过程就是调谐过程.

3. 检波

调谐电路接收到的感应电流是经调制过的高频振荡电流,如果把这个信号直接输入耳机,并不能听到电台的播音,还需要从高频调制电磁波中把音频信号卸载下来. 通过某一装置即检波电路把音频信号从高频调制电磁波中卸载，此过程叫作检波. 检波是调制的逆过程，因此检波又常称为解调.

解调之后就得到了原来的信号，经过放大器放大就可以在扬声器或显像管中重现了.

图 3.3.6 所示的就是收音机晶体二极管的检波电路. 二极管具有单向导电性，高频振荡电流通过二极管变成单项脉动电流. 这个脉动电流既含有高频部分又含有音频部分. 其中，高频部分通过高频旁路电容 C_2 滤掉，音频部分则通过耳机，使耳机振动片随信号振动而发声.

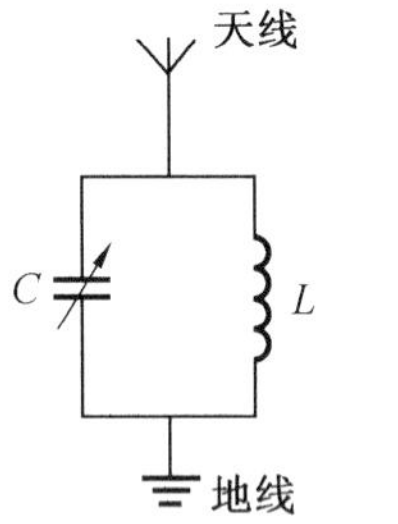

图 3.3.5　调谐电路

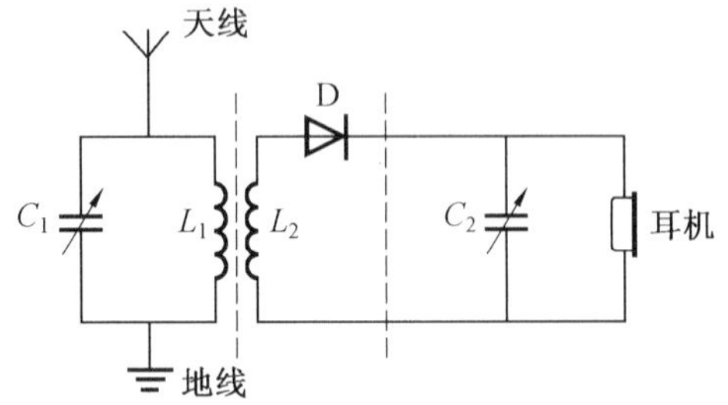

图 3.3.6　简单半波整流晶体管收音机原理图

简易无线话筒的制作

按图 3.3.7 所示的电路图设计并制作一块电路板，将检测好的元件焊接在电路板上(表 3.3.2). 其中，三极管 VT、线圈 L、电容器 C_1 构成高频振荡电路，作用是输出频率能够随声音频率的变化而变化的高频电流. 振荡的中心频率由 L、C_1 决定. 当话筒输出的音频电压加到三极管发射极时，发射极电流发生变化，振荡频率就会随着音频信号变化，从而达到调频的目的. 调频后的高频电流经电容器 C_2 通过天线发射出去.

测试工作性能时，振荡发射频率调在远离广播电台的地方(在 100 MHz 左右)，调节工作电流为0.4 mA、工作距离在 30 m 以上. 然后，用调频收音机检验效果.

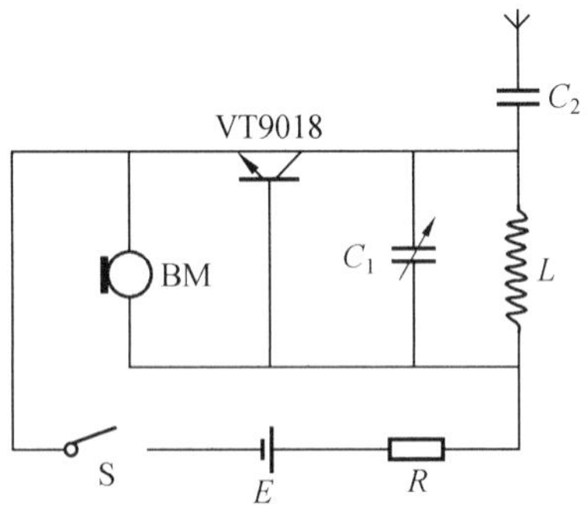

图 3.3.7　无线话筒

表 3.3.2　简易无线话筒元件参数表(仅参考)

序号	名称	规格型号	使用说明
1	三极管 VT	9018	NPN 型高频三极管
2	电容器 C_1	18 PF 半可变电容	高频瓷介质电容
3	电容器 C_2	4.7 PF	瓷片电容
4	线圈 L	自制	用 1 mm 漆包线在圆铅笔上饶 4 匝
5	电阻 R	1.8 kΩ	1/8 W 金属膜电阻
6	发射天线	直径 1 mm、长 30 cm	1 mm 漆包线
7	电源 E	5 号干电池	
8	驻极体话筒 BM	CRZ-2	

思考与练习

1. 调谐电路的可变电容器的动片完全旋入和完全旋出都无法接收到某较高频率的电台所发出的信号. 若要求能够收到该电台的信号，应采用的方法是(　　).

A. 增加调谐电路的线圈匝数　　B. 加大电源电压

C. 减少调谐电路的线圈匝数　　D. 减少电源电压

2. 我国第一颗人造地球卫星用20.009 MHz 和19.995 MHz 的电磁波发送信号. 这两种电磁波的波长分别是多少? 它们分别属于什么波段?

3.4 电磁波谱和电磁波的应用与防护

· 太阳辐射的能量主要集中在红外线、可见光、紫外线三个区域,特别是可见光区域.

· 利用红外遥感可以在飞机和卫星上勘测地热、寻找水源、监视森林火情、预报风暴和寒潮等.

· 关于电磁污染的防护,可以在电磁波源、电磁波的传播途径,以及受辐射的区域这三个方面采取防护措施.

一、电磁波谱

电磁波包括无线电波、红外线、可见光、紫外线、γ 射线等. 把这些电磁波按照波长或频率顺序排列起来,就叫电磁波谱,如图 3.4.1 所示.

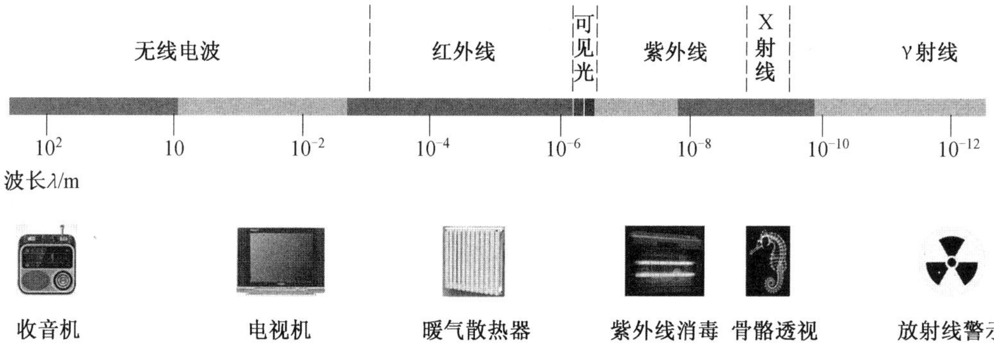

图 3.4.1 电磁波谱

1. 电磁波的能量

电磁波是运动中的电磁场.

电磁波跟其他任何形式的波一样,不仅具有能量,还能够传递能量和信息. 微波炉、收音机、电视机、雷达等都是靠电磁波传递能量及信息的.

2. 太阳辐射的能量

太阳辐射包括电磁波谱中各种不同波长的电磁波,通常所说的阳光是指太阳辐射中的可见光. 太阳辐射的能量主要集中在红外线、可见光、紫外线三个区域,特别是可见光区域,如图 3.4.2 所示.

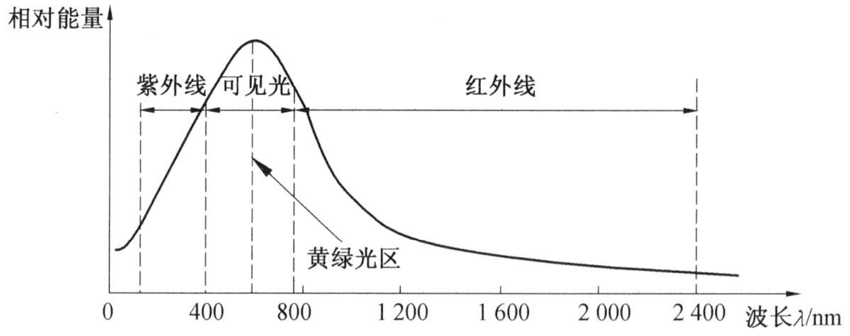

图 3.4.2 太阳辐射的能量

在波长是 5.5×10^{-7} m 的黄绿光附近,太阳辐射的能量最强,人和很多动物的眼睛恰好对这个区域的电磁辐射最敏感. 眼睛把太阳最强辐射区的辐射作为接受对象,这样就能看到更多的东西,能够获得更丰富的信息. 这不是巧合,而是生物进化中自然选择的结果.

二、电磁波的应用

电磁波的应用很广泛，已经深入到生产、生活，以及国防和科技等方面的各个领域.

1. 无线电波

波长 $\lambda>1$ mm、频率 $f<300$ GHz 的电磁波就是无线电波. 无线电波是波长最长的电磁波，主要用于通信、广播、电视、雷达等方面.

2. 红外线

红外线的波长比无线电波的波长短，但大于可见光的波长. 任何物体都在发射出红外线，温度越高的物体辐射的红外线越强.

红外探测器能在较冷的背景上测出较热物体的红外线辐射，这就是夜视仪器和红外摄影的基础. 用灵敏的红外探测器吸收远处物体发出的红外线，然后用电子电路对信号进行处理，可以得到被测对象的形状及温度、湿度等参数，这就是红外遥感技术. 利用红外遥感可以在飞机和卫星上勘测地热、寻找水源、监视森林火情、预报风暴和寒潮等.

3. 可见光

可见光是指波长约在 400～760 nm 之间的电磁波，其作用主要是感光效应.

阳光穿过大气层会发生散射，同时也会被大气吸收. 波长越短的电磁波散射越明显，故晴朗的天空往往呈蓝色. 大气对波长短的电磁波吸收也比较强，因此，早晨和傍晚阳光穿过厚厚的大气层时，大部分的蓝光和紫光被吸收掉了，剩下红光和橙光通过大气层照射到地球，所以，早晨和傍晚阳光呈红色.

4. 紫外线

波长约在 5～370 nm 之间的电磁波就是紫外线.

紫外线具有较高的能量，足以破坏细胞核中的物质. 因此，紫外线可以用来灭菌消毒.

人体接受适当的紫外线照射，可以促进对钙的吸收，改善身体健康. 但过强的紫外线对眼睛和皮肤有较大的伤害. 另外，紫外线会加速癌细胞的扩散，因此，皮肤癌患者特别要避免受到紫外线的照射.

紫外线具有荧光效应. 人民币中的“水印”就是根据紫外线的荧光效应而设置的防伪标识.

5. X 射线

X 射线是波长比紫外线的波长更短的电磁波. X 射线对生命物质有较强的作用，过量的 X 射线辐射会引起生命体的病变.

X 射线能够穿透物质. 医学上用 X 射线检查人体内部器官，通常说的照光、照片、作 CT（计算机辅助 X 射线断层摄影）等是 X 射线在医学上的应用.

在工业上利用 X 射线检查金属零件内部的缺陷. 机场、车站的安全检查就是利用 X 射线对密闭箱体内进行窥视检查的.

6. γ 射线

γ 射线是波长最短的电磁波.

γ 射线具有很高的能量，能够破坏生命物质. 医学上利用 γ 射线的这一特点所形成的技术（γ 刀）摧毁癌细胞，治疗某些癌症.

γ 射线的穿透本领很强，可以用来检查金属零件内部的缺陷.

三、电磁污染及防护

电磁污染即电磁波污染，又称电磁辐射污染. 随着无线电技术、微波技术的迅速发展，电磁辐射的密度和功率大幅度增加，电磁污染日趋严重. 因此，电磁防护已刻不容缓.

1. 电磁污染的广泛性

电磁辐射会危害人体健康. 电磁波的波长越短，对人体的作用就越强，危害就越大.

电磁辐射会给人们的生活和生产带来不利的影响. 比如，电磁辐射的干扰使电视图像不清晰或变形，并发出令人烦躁的噪音.

电磁污染会干扰通信系统,使自动控制装置发生故障,使飞机导航仪表发生错误和偏差,影响地面微波站对人造卫星、宇宙飞船的控制等.

2. 电磁防护

电磁防护涉及科学、技术与社会诸多因素. 从物理学角度看,可以在电磁波源、电磁波的传播途径以及受辐射的区域这三个方面采取防护措施.

在电磁波源防护:通过技术革新减小发射功率;用通信电缆或光缆传输取代空间发射.

在电磁波的传播途径中防护:采用屏蔽方法将波源与被保护区域隔离;将辐射源建立在远离人群或被保护区域的地方.

在被保护区域防护:穿防护衣,佩戴防护头盔和防护眼镜等.

思考与讨论

1. 高压输电电网或大功率变电站往往架设或建在人口密度较低的区域,为什么?

2. 卫生医疗部门规定,长期从事放射工作的人员在作业时,必须穿戴防护衣帽. 还规定,长期从事放射工作的人员的退休年龄较其他工种的工作人员要提前5年左右. 这样做的意义是什么?

电磁波屏蔽与反射

一个带盖的铁质金属盒(比如油漆盒或婴儿奶粉盒)就是一个电磁波屏蔽与反射实验仪,如图3.4.3所示.

(1) 将一只手机甲放入金属盒内,并用金属盖将金属盒盖住. 用另一只手机乙拨打手机甲,手机乙将收到"您拨打的电话暂时无法接通"或"您拨打的电话不在服务区"的反馈提示音.

(2) 将一只手机甲放入金属盒内,并用手机甲拨打另一只手机乙,待手机乙响铃后,用金属盖将金属盒盖住. 之后,手机乙还将继续响铃,直至手机甲发出"嘟-嘟-嘟"无人应答的提示音为止.

(3) 将一只手机甲放入金属盒内,用另一只手机乙拨打手机甲,待手机甲响铃后用金属盖将金属盒盖住,同时挂断手机乙. 之后,手机甲还会在较长一段时间内继续响铃.

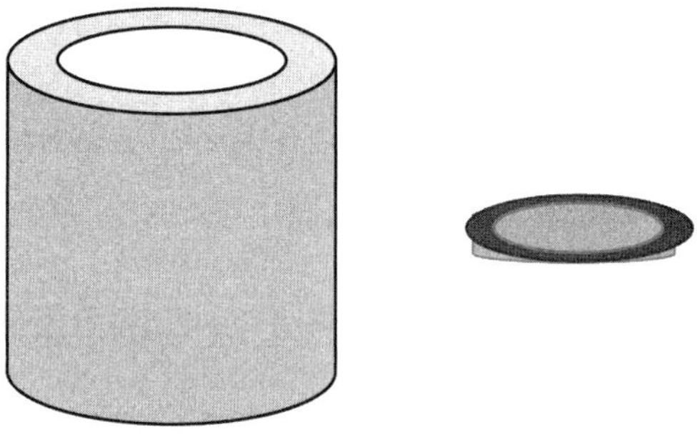

(a) 铁质金属盒　　(b) 铁质金属盖

图3.4.3

你能解释这些现象吗?

这是因为,铁质性金属导体在电磁场中,会产生电磁场感应,也就是导体在电磁场的电场分量方向上感应出正、负电荷,在磁场分量方向上被磁化而形成N、S极.

(1) 当放置有手机的金属盒处在移动通信网络基站覆盖区域并被基站发射的手机电磁波辐射时,金属盒上某一时刻的感应电荷和感应磁荷产生的感应电场分量E'和感应磁场分量B'分别与基站辐射电磁波的电场分量E和磁场分量B大小相等而方向相反,导致金属盒空腔内电磁波的强度为零,如图3.4.4所示(未画出传播方向). 因此,空腔内的手机接收不到呼叫信号而不会响铃.

这一现象表明,金属盒能够使其空腔内不受外界的电磁波干扰,这就是电磁波屏蔽,也就是通常说的电磁屏蔽.

(2) 当用金属盒内的手机拨打外面的手机时,金属盒内的手机就是发射电磁波的波源,金属盒上某一时刻的感应电荷和感应磁荷及其产生的感应电场分量E'和感应磁场分量B'与金属盒内的手机发射的电

磁波的电场分量 E 和磁场分量 B 如图 3.4.5 所示(未画出传播方向). 这时的金属盒就相当于盒内手机的外置发射天线,因此,盒外手机能够收到基站转发射来的盒内手机的拨打信号而响铃.

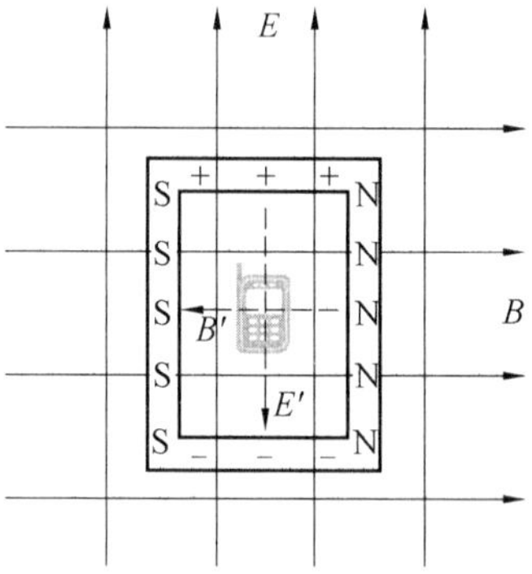

图 3.4.4

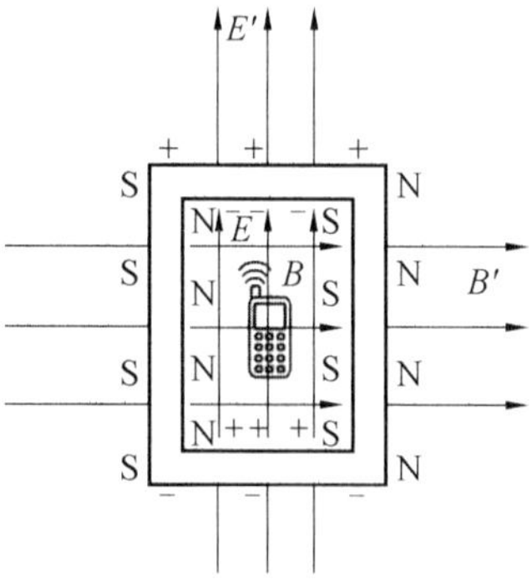

图 3.4.5

(3)将一部手机放入金属盒内,用另一部手机拨打盒内手机,盒内手机响铃后用金属盖将金属盒盖住,同时挂断盒外手机之后,金属盒未加盖之前,基站转发射手机乙信号的电磁波充斥了金属盒空腔. 将金属盒加盖后,由于金属盒对电磁波的屏蔽作用,盒内手机虽然不能再继续接受基站发射的电磁波,但加盖之前辐射入金属盒空腔内的电磁波在盒内反复反射仍然被盒内手机接收. 但由于金属盒的透射、吸收以及电磁波传播过程中衰减等原因,金属盒内的电磁波在反复反射过程中将逐渐减弱,从而使盒内手机在金属盒加盖并挂断手机乙后继续响铃一段时间(一般可达 30 s 以上)而停止.

思考与练习

1. 通过查找资料和访问,了解移动通信的原理. 调查当地移动通信的发展情况,写一篇调查报告.

2. 过去的城镇特别是大中城市的居民收看电视时,都是依靠各地的电视差转台将接收到的电视信号放大后通过天线向空间发射被电视用户的电视机接收并播放,这种方式通常称为无线电视. 现在城镇居民收看电视,往往是依靠各地的电视差转台将接收到的电视信号放大后通过电缆或光缆传输给电视用户,这种方式称为有线电视. 试从减小电磁污染的角度出发,分析有线电视较无线电视的优越性.

3. 手机已经逐渐成为人们日常生活中不可或缺的工具,由于长期使用手机是有危害的,为此,与手机应运而生的就是手机使用过程中的电磁波防护装置. 曾有商家推出一种据说利用电磁波屏蔽原理制造的称作"电磁防"的手机电磁波专用防护设备. 几年前有多家省级电视台在每天晚上都花大量时间对这一产品做广告,其中有一条很响亮的广告词"对电波的屏蔽率达百分之九十八、对磁波的屏蔽率达百分之九十五". 试查阅有关资料或登录相关网页,比较深入地了解电磁污染的相关问题,然后结合实际分析这一广告的真伪性.

第4章　光的波动性

4.1　光的反射和折射

·反射过程和折射过程中光路都是可逆的.

·某种介质的折射率等于光在真空中的传播速度 c 与光在这种介质中的传播速度 v 的比值,即 $n=\frac{c}{v}$.

·对于同一种介质,频率越高的光(电磁波)折射率就越大.

一、反射和折射

光在同一种均匀介质里是沿直线传播的. 那么,光在不同介质或不均匀介质里的传播路径是怎样的呢?

如图4.1.1所示,一束光线 AO 从介质1射到介质2的表面时,一部分光线 OB 返回介质1,这种现象叫作光的反射;另一部分光线 OC 进入介质2,这种现象叫作光的折射.

在光的反射和折射中,光线 AO 叫入射光线,光线 OB 叫反射光线,光线 OC 叫折射光线,通过入射点 O 且与两种介质交界面垂直的直线 MN 叫作法线. 入射光线与法线的夹角 α 叫入射角,反射光线与法线的夹角 β 叫反射角,折射光线与法线的夹角 θ 叫折射角.

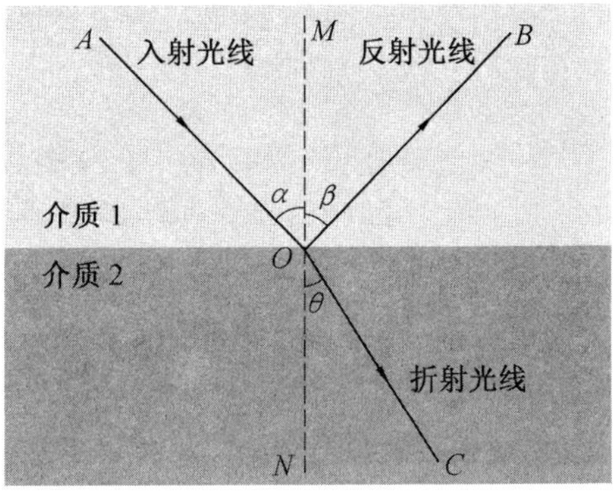

图4.1.1　反射和折射

二、反射定律和折射定律

光的反射和折射与机械波相类似,同样遵循反射定律和折射定律.

1. 反射定律

光在发生反射过程中,反射光线与入射光线及法线在同一平面内,反射光线与入射光线分居法线的两侧,反射角等于入射角. 这就是光的反射定律.

(1)反射光线决定于入射光线,反射角决定于入射角.

(2)反射过程中光路是可逆的.

(3)平面镜成虚像遵循光的反射定律.

平面镜只能成虚像吗?

平面镜只能成虚像吗? 要回答这个问题其实并不困难.

将一张不透明的纸中间部位剪一个面积约为 3~5 mm^2 的小孔,然后将其粘贴在一块通常的平面镜上,这样就制作了一个微小平面镜 O. 在这个微小平面镜的前面安装一个发光物体或点燃一支蜡烛,并在反射光的区域适当位置放置白屏,如图4.1.2所示. 那么,白屏上将会呈现发光物体或蜡烛的倒立像 A_1B_1. 同时,在反射光区域逆着反射光看,会看到微小平面镜的后面有等大的正立虚像 A_2B_2.

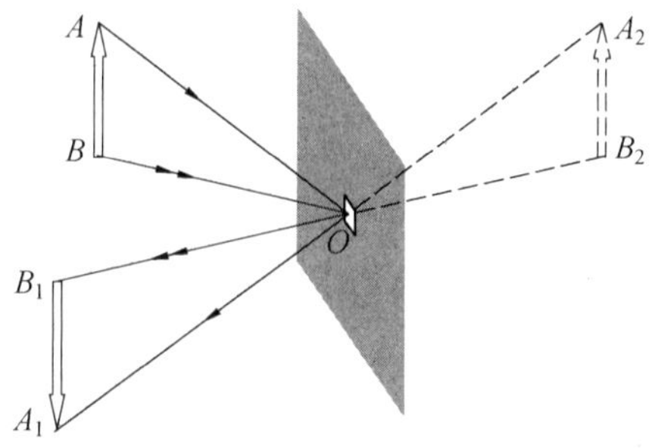

图 4.1.2 微小平面镜成像

2. 折射定律

光在发生折射过程中,折射光线与入射光线及法线在同一平面内,折射光线与入射光线分居法线的两侧,入射角的正弦与折射角的正弦成正比,即

$$\frac{\sin\alpha}{\sin\theta}=n_{12}$$

这就是光的折射定律.

(1)折射光线决定于入射光线,折射角决定于入射角.

(2)折射过程中光路是可逆的.

(3)n_{12}是由介质 1 和介质 2 及照射光的频率所决定的一个相对常数.

3. 折射率

光由真空射入某种介质发生折射时,入射角 α 的正弦与折射角 θ 的正弦之比,叫作这种介质的绝对折射率,简称这种介质的折射率.

$$n=\frac{\sin\alpha}{\sin\theta}$$

(1)某种介质的折射率等于光在真空中的传播速度 c 与光在这种介质中的传播速度 v 的比值,即 $n=\frac{c}{v}$.

(2)折射率与介质和光的频率有关. 同一频率的光对不同的介质的折射率一般不同;不同频率的光对同一种介质的折射率不同. 一般地,对于同一种介质,频率越高的光(电磁波)折射率就越大.

(3)在$\frac{\sin\alpha}{\sin\theta}=n_{12}$中,$n_{12}$常称为介质 2 相对于介质 1 的折射率.

实验:测定玻璃的折射率

如图 4.1.3 所示,当光以一定的入射角透过一块玻璃砖时,只要找出与入射光线 AO 相对应的出射光线 $O'D$,就能画出光从空气入射玻璃后的折射光线 OO',于是就能测量入射角 θ_1 和折射角 θ_2. 根据折射定律,就能求出玻璃的折射率了.

怎样确定入射光线 AO 和相应的出射光线 $O'D$ 呢?

把玻璃砖放在木板上,下面垫一张白纸,在纸上描出玻璃砖的两个边 a 和 a'. 然后,在玻璃砖的一侧插上两颗大头针 A、B,AB 的延长线与直线 a 的交点就是 O.

眼睛在另一侧透过玻璃砖看两颗大头针,使 B 将 A 挡住. 在眼睛这一侧插上第三颗大头针 C,使它把 A、B 都挡住,再插上第四颗大头针 D,使它把前三颗都挡住,那么后两颗大头针就确定了从玻璃砖射出的光线 $O'D$.

(1)为了能较准确地测出玻璃砖的折射率,除了以上给出的器材外,还需要哪些测量工具?

(2)大头针之间的距离应尽可能大一些还是小一些? 入射角是大一些还是小一些?

(3)这种测量折射率的方法对于其他形状的玻璃砖或透明体是否适用?

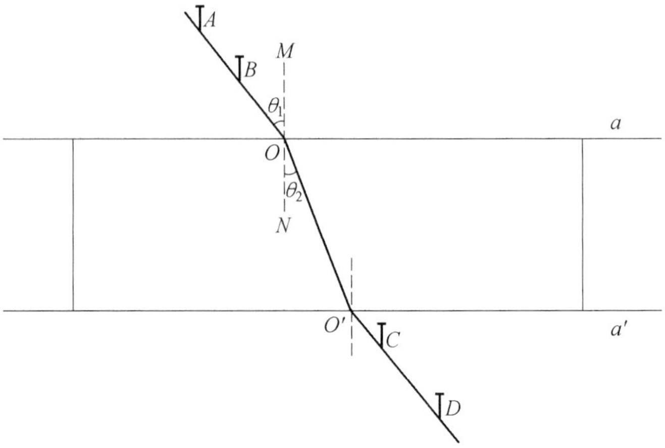

图 4.1.3

思考与练习

1. 某同学在一大平面镜前练竞走. 若速度方向与镜面成 45°角,速度大小为 2 m/s,那么该同学相对于他的像的速度是多大?

2. 如图 4.1.4 所示,鱼鹰发现了水下的鱼群,同时,鱼群也发现鱼鹰正在对它们造成威胁. 试做出大致光路分析:

(1)鱼鹰看到的水中鱼群是实像还是虚像? 比实际位置高还是比实际位置低?

(2)水中鱼群看到的鱼鹰是实像还是虚像? 比实际位置高还是比实际位置低?

图 4.1.4

3. 如图 4.1.5 所示,一个水杯的底面直径和高都是 10 cm. 空杯时,从点 A 沿杯的边缘恰能看到点 B;当向杯中倒入半杯饮料时,从点 A 沿杯的边缘恰能看到点 C. 若测得 B、C 之间的距离为 2.5 cm,求:饮料的折射率和光在饮料中的速度.

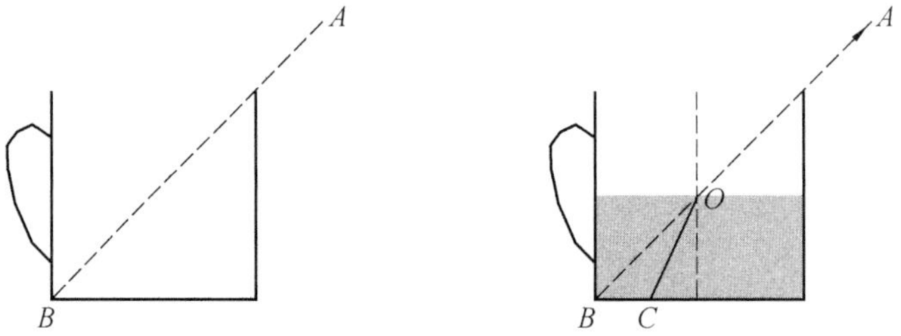

(a) 空杯时恰能看到点 B　　(b) 有饮料时恰能看到点 C

图 4.1.5

4. 图 4.1.6 所示的是表示光从空气射入半圆形玻璃砖又从玻璃砖射入空气的光路图,其中,可能发生的是(　　).

A. 甲　　B. 乙　　C. 丙　　D. 丁

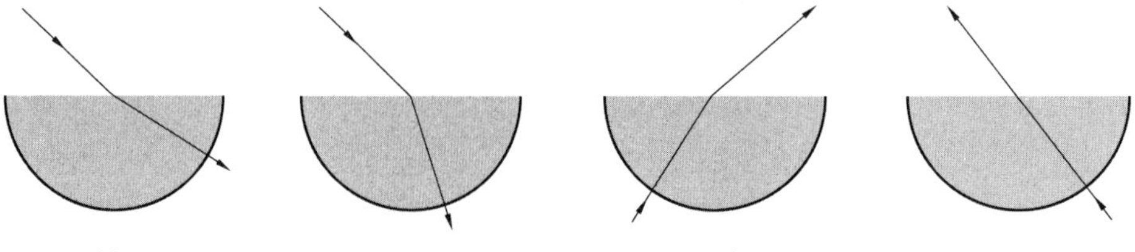

图 4.1.6

4.2　光的全反射与光导纤维

· 一般认为，当入射角等于或大于临界角时就会发生全反射.

· 光由某种介质射入空气（真空），临界角 C 与该介质的折射率 n 之间的关系满足 $\sin C=\frac{1}{n}$. 不同频率或同一频率的光对于相同或不同的介质的临界角一般不同.

· 光在传输过程中，符合能的转化和守恒定律.

一、全反射

1. 光密介质和光疏介质

不同介质的折射率往往不同. 一般地，把折射率较大的介质称为光密介质，折射率较小的介质称为光疏介质.

（1）光密介质和光疏介质具有相对性.

（2）从 $n=\frac{c}{v}$ 可知，光在光密介质中的速度比在光疏介质中的速度小.

2. 全反射

根据折射定律，光由光密介质射入光疏介质时，折射角大于入射角. 那么，随着入射角的增大，会发生什么现象呢？我们通过实验来说明这一问题.

实验与观察

如图 4.2.1 所示，让一束光线（最好用市售激光笔作光源）沿着半圆形玻璃砖的半径射到它的平直边上，在这个边与空气的交界面上会发生反射与折射. 逐渐增大入射角，观察反射光线和入射光线的变化.

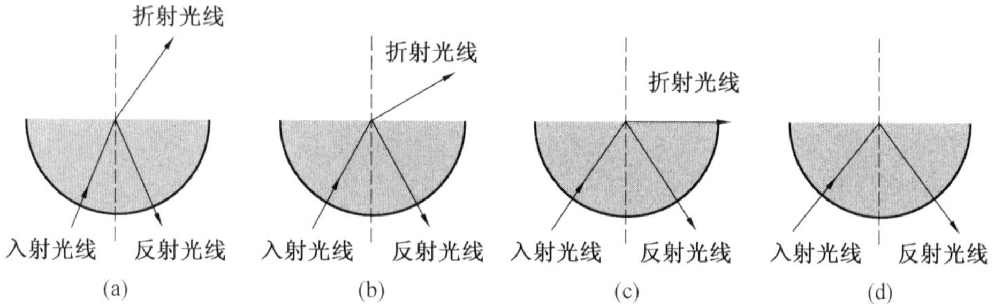

图 4.2.1

实验表明：当光线光由光密介质射入光疏介质时，随着入射角的增大，折射角和反射角也随之增大，同时折射光线逐渐减弱而反射光线逐渐增强. 当入射角增大到某一特定值时，折射角恰增大到 90°，这时折射光线也几乎消失且沿着两种介质的分界面，继续增大入射角，折射光线将完全消失而只剩下反射光线，这种现象叫作光的全反射，简称全反射.

在光的全反射过程中，把折射角等于 90°时的入射角称作临界角，通常用字母 C 表示.

（1）一般认为，当入射角等于或大于临界角时就会发生全反射.

（2）光由某种介质射入空气（真空），临界角 C 与该介质的折射率 n 之间的关系满足 $\sin C=\frac{1}{n}$. 不同频率或同一频率的光对于相同或不同的介质临界角一般不同.

（3）光在传输过程中，符合能的转化和守恒定律.

二、光导纤维

用作传输光信息的玻璃细丝就叫光导纤维，简称光纤. 光导纤维的结构一般由内芯、外套和保护层组成. 光在光导纤维里传输的过程中，就在内芯与外套的界面上发生全反射，如图 4.2.2 所示.

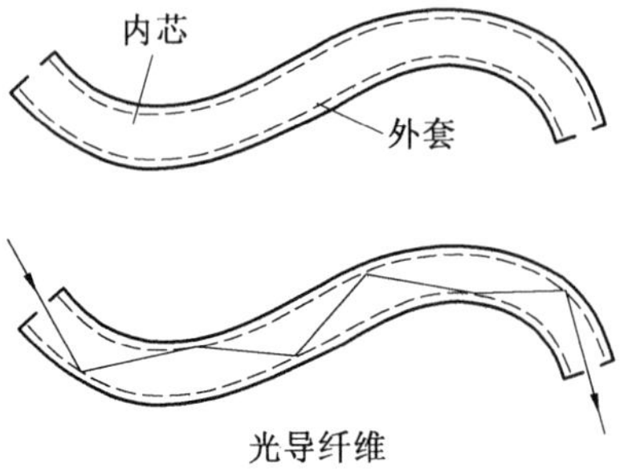

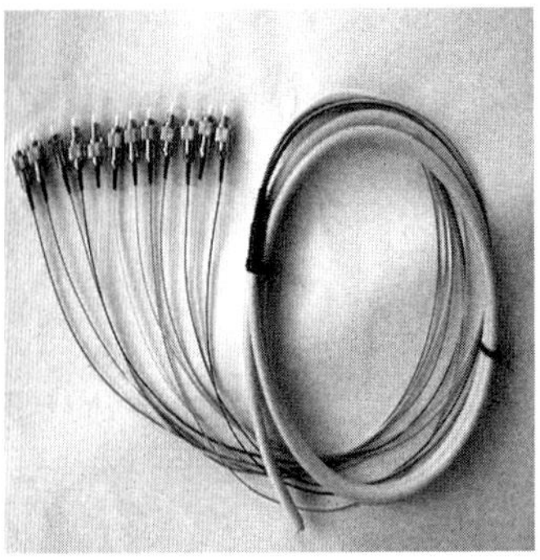

图 4. 2. 2

光导纤维理论的建立经历较长的发展过程. 1870 年英国物理学家丁达尔做了一个简单而著名的光沿水流传播的全反射实验,由此激起科学家们对利用光来传输信息的思考. 1966 年,年仅 33 岁的华裔科学家高琨博士提出了比较完善的用玻璃纤维(光导纤维)传输大量光信息的理论而获得 2009 年诺贝尔物理学奖.

光导纤维的主要成分是二氧化硅(SiO_2).

思考与讨论

1. 光导纤维的内芯与外套的折射率相对来说哪个较大? 为什么?

2. 我国的光纤通信技术的很多领域是世界领先水平. 试登录有关网页,了解我国光纤通信的发展和现状,并与同学讨论.

3. 夏天,较远处的柏油路面上方往往会出现明亮的"水面",为什么?

思考与练习

1. 光从介质 a 射向介质 b,如果要在 a、b 的分界面上发生全反射,那么必须满足的条件是(　　).

A. a 是光密介质,b 是光疏介质

B. 光在介质 a 中的速度必须大于在介质 b 中的速度

C. 光的入射角必须大于或等于临界角

D. 光必须是单色光

2. 在一深 5 m 的湖底有一球形光源向四周发出强光. 若水的折射率为 1. 4,那么水面能被该光源的光照亮的区域面积有多大?

3. 图 4. 2. 3 是一个用折射率 $n=2.4$ 的透明介质做成的四棱柱的横截面示意图,其中 $\angle A=\angle C=90^\circ$, $\angle B=60^\circ$. 现有一束光线从图示位置垂直射到棱镜的 AB 面上,试画出光路图,确定每个界面的反射光线和折射光线.

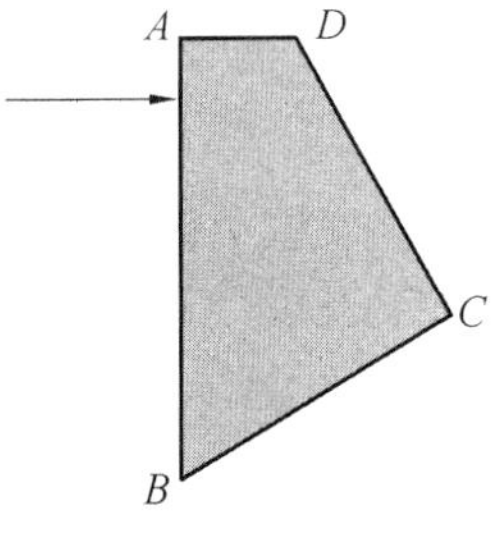

图 4. 2. 3

4.3　光的干涉和衍射

· 要使两列光发生干涉,那么两列光必须满足频率相等、相差恒定.

· 在双缝干涉中,条纹间距 Δy 跟双缝间距 d 成反比,跟双缝与光屏之间的距离 l 成正比,跟光的波长 λ 成正比.

· 光通过尺寸等于其波长几百倍的障碍物或孔、缝时,就会发生明显衍射.

· 光栅衍射图样是单缝衍射和多缝干涉的结果.

光既具有波动性,又具有粒子性,即波具有波粒二象性. 光的干涉和衍射是波的波动性的有力证据.

一、光的干涉

先看一个实验.

将单色线光源、一块开有一条狭缝的挡光板(单缝)S、一块开有两条平行狭缝的挡光板(双缝)S_1 与 S_2 和光屏按图4.3.1所示摆放在光具座上,并调整 S 使之与 S_1 和 S_2 的距离相等. 打开光源,光屏上将出现明暗相间且等间距的条纹;如果将 S_1 或 S_2 遮蔽,光屏上将不会有明暗相间的条纹. 这是为什么呢?

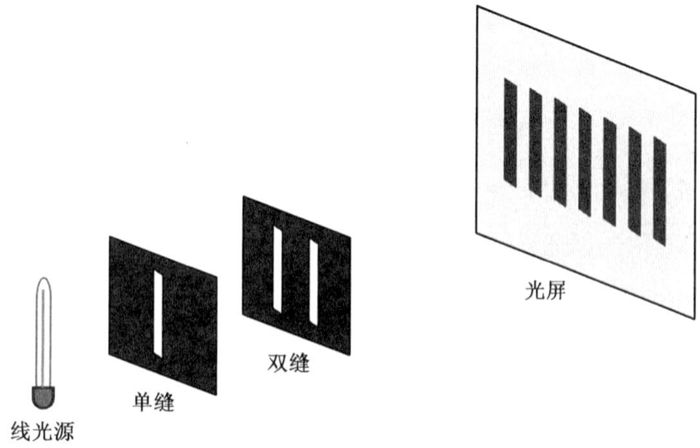

图4.3.1

两束光相遇时,光强度会相互叠加. 实验表明:在一定条件下,两束光相互叠加会形成有些区域光强加强、有些区域光强减弱,且加强区域和减弱区域相互间隔,这种现象叫作光的干涉.

要使两列光发生干涉,那么两列光必须满足频率相等、相差恒定(振动方向相同、波长相同,波速相等).

思考与讨论

1. 图4.3.1所示的装置中,单缝和双缝的作用分别是什么? 如果将线光源用点光源替代,且单缝和双缝分别换成单孔和双孔,那么,光屏上会出现什么样的图案?

2. 图4.3.1所示的装置中,用白光源替代单色光源,光屏上会出现什么样的图案? 若再将一块红色滤光片和一块蓝色滤光片分别遮蔽双缝 S_1 和 S_2,光屏上又会出现什么样的图案?

1. 杨氏双缝干涉

1810年,英国物理学家托马斯·杨(Thomas Young,1773—1829)首次在实验室采用如图4.3.1所示的双缝干涉装置成功进行了光的干涉实验. 因此,双缝干涉实验又称杨氏干涉实验.

(1)明暗相间的干涉条纹是怎样产生的?

如图4.3.2所示,将单缝、双缝和光屏平行放置,且在它们的中轴线上放置单色线光源. 这样,光源发出的经双缝 S_1 和 S_2 的两束光线到光屏中心 P_0 的路程(常简称光程)相等. 这两束光线在点 P_0 总是波峰与波峰相遇或总是波谷与波谷相遇,叠加的结果使得点 P_0 的光强度总是加强的,因此,点 P_0 就出现亮条纹,这一条亮条纹通常称之为中央亮纹或0级亮纹. 特别说明,两束光线在光屏上某点 P 叠加的总是光强度加强的点,都是出现亮条纹的点,这些点分布在点 P_0 上下两侧,依次称为±1级亮纹、±2级亮纹、±3级亮纹…….

若光源发出的经双缝 S_1 和 S_2 的两束光线在光屏上某点 P 总是波峰与波谷相遇,叠加的结果使得点 P 光强度总是减弱的,那么,点 P 就出现暗条纹. 同理,这些暗条纹分布在点 P_0 上下两侧,同样依次称为±1级暗纹、±2级暗纹、±3级暗纹…….

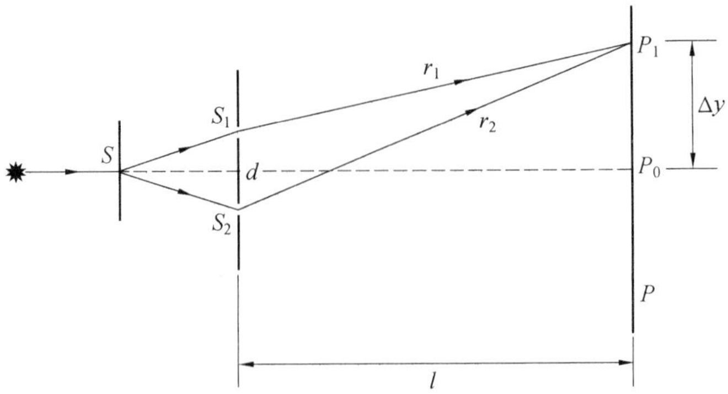

图 4. 3. 2

图 4. 3. 2 中,光源发出的经过 S、S_1、S_2 的两束光到光屏上某点的光程差可以表示为 $|r_2-r_1|$,理论和实践证明:

当 $|r_2-r_1|=2n\cdot\dfrac{\lambda}{2}(n=0,\pm1,\pm2,\pm3,\cdots)$ 时,点 P 就出现亮条纹;

当 $|r_2-r_1|=(2n+1)\cdot\dfrac{\lambda}{2}(n=0,\pm1,\pm2,\pm3,\cdots)$ 时,点 P 就出现暗条纹.

思考与讨论

1. 在图 4. 3. 2 中,若光源和单缝不在中轴线上,应该怎样计算光源到光屏上某点的两束光线的光程差?这时中央亮纹在光屏上的位置是否会变化?怎样变化?

2. 在图 4. 3. 2 中,若在光路 1 或光路 2 的某位置放置一块透明玻璃板,中央亮纹在光屏上的位置是否会变化?怎样变化?

(2)影响干涉条纹间距的因素有哪些?

干涉条纹间距简称条纹间距,是指相邻两条亮条纹或相邻两条暗条纹之间的距离,如图 4. 3. 2 所示. 研究表明:在双缝干涉中,条纹间距

$$\Delta y=\frac{l}{d}\cdot\lambda$$

即,条纹间距跟双缝间距 d 成反比,跟双缝与光屏之间的距离 l 成正比,跟光的波长 λ 成正比.

显然,可以通过对干涉条纹间距的测量来实现对光的波长的测量. 图 4. 3. 3 所示的是实验室常用的杨氏双缝干涉实验仪,用这一装置不仅可以清晰地观察光的干涉现象,而且还能比较精确地测定光的波长.

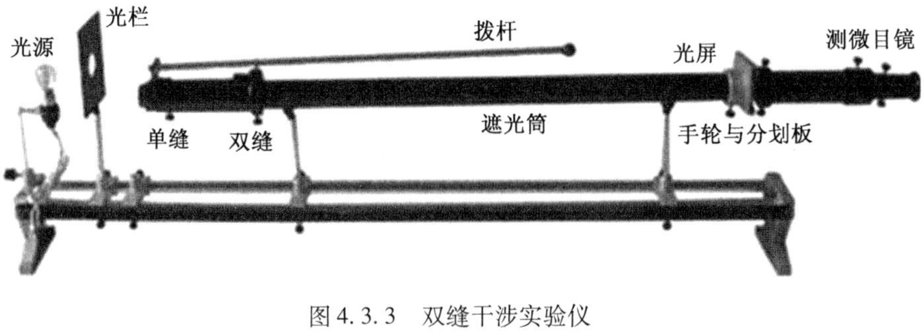

图 4. 3. 3　双缝干涉实验仪

杨氏双缝干涉仪使用说明书

一、结构

杨氏双缝干涉仪结构如图 4.3.3 所示. 遮光筒直径约 6 cm，长约 1 m. 测微目镜置于光屏后，用于测量干涉条纹间距.

二、原理

光源发出的光通过单缝成线光源，经双缝便产生稳定的干涉图样，可以在光屏看到彩色条纹. 若在单缝前面的光路上安装上滤光片，则在光屏上观察到等间距的单色光干涉条纹. 由于双缝间距 d 已知，双缝到光屏的距离 l 可以用刻度尺测出，条纹间距 Δy 可用测量头测出. 根据

$$\lambda = \frac{d}{l} \cdot \Delta y$$

便可算出单色光的波长.

三、共轴调整

把遮光筒水平放在光具座上，筒的一端装有单缝和双缝，另一端装有毛玻璃光屏. 取下单缝和双缝，调节光源的高度和方向，使光源发出的光能够沿着遮光筒的轴线把光屏照亮. 然后放好单缝和双缝，单缝和双缝之间的距离为 5 ~ 10 cm，注意使单缝与双缝相互平行，缝的中心大致位于遮光筒的轴线上.

四、测量头的使用方法

测量头包括分划板、手轮（与千分尺活动螺杆相连接）、测微目镜等构成. 转动手轮，分划板会左右移动，同时通过千分尺可以测出其移动的距离.

(1) 测量时，应调节手轮使分划板中心刻线对准视场中某条纹的中心，记下此时千分尺的示数.

(2) 转动手轮，使分划板中心刻线对准视场另一条纹的中心，记下此时千分尺的示数. 千分尺的两次读数之差就是前后两条条纹之间的距离. 由于条纹间距很小，可测出 n 条亮（暗）条纹之间的距离 S，那么相邻两条亮（暗）条纹之间的距离即条纹间距为

$$\Delta y = \frac{s}{n-1}$$

(3) 由于千分尺的螺杆存在间隙，手轮在向左和向右转动时对准同一目标读数会有差异（回程误差）. 因此，测量两点间距离时，应先将螺杆向某一方向移动过头，再回转移动，在同一移动方向下读数.

2. 薄膜干涉

肥皂泡、马路上的油膜、光碟、蜻蜓翅膀等在阳光下往往呈现出色彩斑斓的图案，这是为什么呢？

实验观察与思考

在酒精中溶解一些氯化钠，酒精灯焰就会发出明亮的黄光（为什么?）. 将附有肥皂液薄膜的铁丝圈放在酒精灯旁，薄膜上就会出现断裂的像，如图 4.3.4 所示.

(1) 灯焰的像是怎样形成的？为什么会断裂？

(2) 灯焰像的上部和下部的断裂情况有什么不同？

(3) 灯焰像的明亮部分与灯焰相比哪个更明亮？

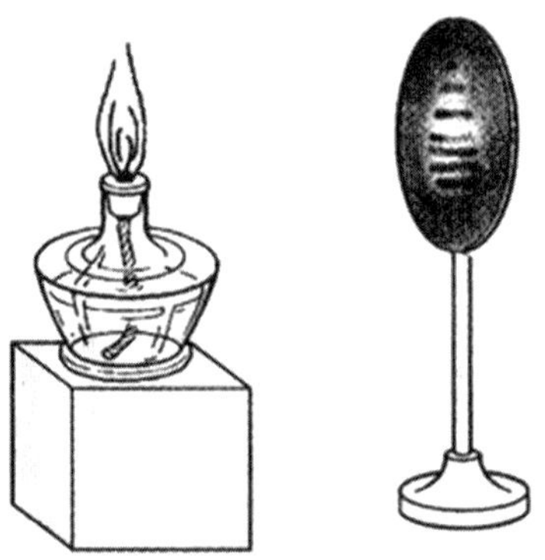

图 4.3.4

研究表明，这是由于光经过薄膜的两个面反射的两束光相遇发生相互干涉的结果，如图 4.3.5 所示. 像这种由于透明薄膜的两个面的反射光波相遇而产生的干涉现象，就叫作薄膜干涉.

酒精灯焰的断裂像是灯焰经过薄膜的两个面反射的两束光相遇发生干涉而形成的明暗相间的干涉条纹. 当两束反射光在反射光场中叠加使光强加强（波峰与波峰相遇或波谷与波谷相遇）时，薄膜表面则呈现亮条纹；而当两束反射光在反射光场中叠加使光强减弱（波峰与波谷相遇）时，薄膜表面则呈现暗条纹.

实践表明，薄膜厚度 d（其 2 倍即 $2d$ 为两束反射光的光程差）和光在薄膜中的波长 λ 与干涉亮（暗）条纹之间满足下列关系：

（1）当 $2d=(2n+1)\cdot\frac{\lambda}{2}$ 即 $d=(2n+1)\cdot\frac{\lambda}{4}(n=0,1,2,3,\cdots)$ 时，产生暗条纹. 照相机、摄像机镜头的增透膜就是根据这一原理制成的，用以增强光的透射率，膜的厚度一般等于光在膜中波长的 1/4.

（2）当 $2d=2n\cdot\frac{\lambda}{2}$ 即 $d=2n\cdot\frac{\lambda}{4}$ 或 $d=n\cdot\frac{\lambda}{2}(n=1,2,3,\cdots)$ 时，产生亮条纹. 农业生产中，有一种用于诱杀昆虫的灯具，其反射罩的表面有一层薄薄的反射膜，用以增强光的反射率，膜的厚度一般等于光在膜中波长的 $\frac{1}{2}$.

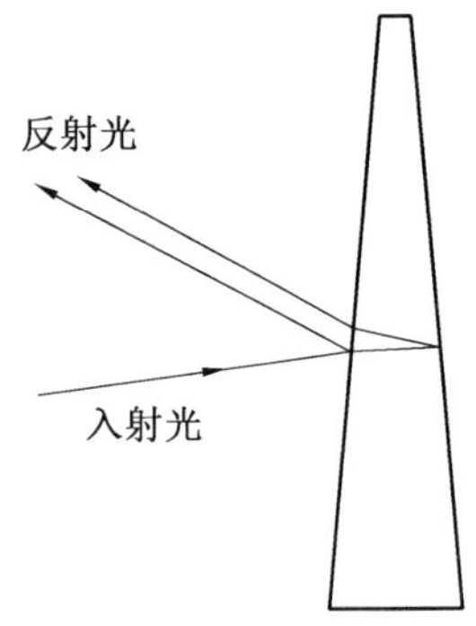

图 4.3.5

半波损失

光由光疏介质射向光密介质发生反射的过程中，反射光在离开反射点时的振动方向相对于入射光到达入射点时的振动方向恰好相反，这种现象叫作半波损失.

根据波动理论，光的振动方向相反相当于光多走了或少走了半个波长的光程. 入射光在光疏介质中前进遇到光密介质界面时，在掠射和垂直入射的情况下，反射过程中都将产生半波损失. 如果入射光在光密介质中前进遇到光疏介质界面时，即使是掠射和垂直入射的情况，也不会产生半波损失.

二、光的衍射

将单色线光源、一块开有一条狭缝的挡光板（单缝）和光屏按图 4.3.6 所示摆放在光具座上，并调整适当位置. 打开光源，光屏上将出现明暗相间的条纹. 如果用白色光光源替代单色光源，那么光屏上产生彩色条纹.

光在传播过程中，遇到障碍物或孔、缝时，光会绕过障碍物或孔、缝的边缘偏离直线传播的现象叫作光的衍射. 光的衍射在生活中是很普遍的光现象.

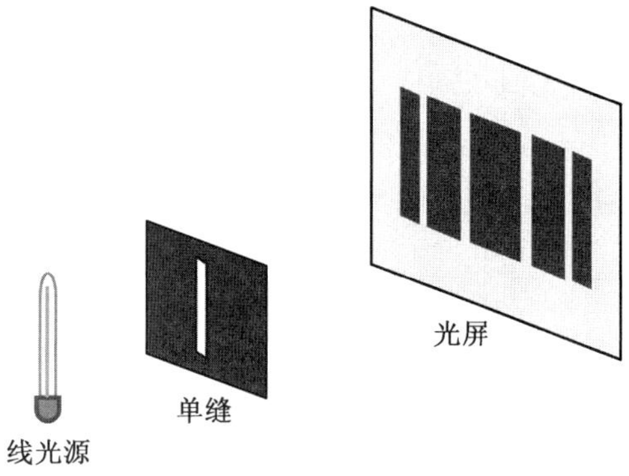

图 4.3.6

1. 光发生明显衍射的条件

机械波发生明显衍射时，障碍物或孔的尺寸比机械波的波长小或跟机械波的波长差不多，但光发生明显衍射的条件跟机械波有着较大的差别. 孔、缝的限度与光的波长对应的光的传播形式如下：

$1\lambda\sim L\sim10\lambda$	零星斑点
$10\lambda\sim L\sim100\lambda$	散射
$100\lambda\sim L\sim1\ 000\lambda$	衍射
$L\sim1\ 000\lambda$ 以上	直线传播

通常情况下，光通过尺寸等于其波长几百倍的障碍物或孔、缝时，就会发生明显衍射.

2. 圆屏衍射与圆孔衍射

光线通过单缝会发生衍射，通过圆屏或圆孔，也会产生衍射. 我们先来观察两个实验.

实验观察与思考

用黑色签字笔在一块边长约 10 cm 的无色玻璃板上点上直径约为 0.6 mm 的一个小圆点，这就制作了一个圆屏；用墨汁将一块边长约 10 cm 的无色玻璃板均匀涂黑，待其晾干后用小刀片轻轻将中心部位的墨汁去掉，制作一个直径约为 0.6 mm 的透光圆孔.

（1）将圆屏和光屏摆放在水平桌面上，调整高度和方位，让它们满足共轴要求. 用激光笔发出的光沿轴线照射圆屏（小黑点），光屏上将有衍射图案，如图 4.3.7 所示. 仔细观察，衍射图案有什么特点？将光屏沿轴线前后移动，衍射图案有什么变化？

(2) 将圆孔替代圆屏，重复(1)的操作，光屏上也有衍射图案. 仔细观察，衍射图案有什么特点？将光屏沿轴线前后移动，衍射图案有什么变化？

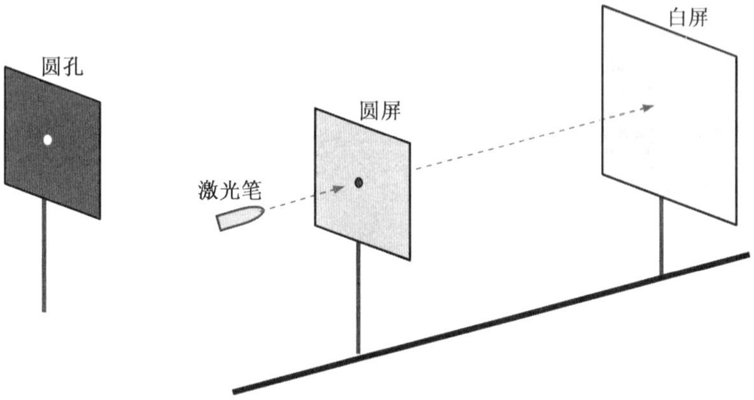

图 4. 3. 7

理论和实验研究表明：

(1) 圆屏衍射过程中，中部衍射图案的阴暗背景中央总有一个亮斑，如图 4. 3. 8(a) 所示. 这个亮斑就是物理学史上著名的泊松亮斑.

(2) 圆孔衍射过程中，衍射图案的中央随着光屏与圆孔的相对位置的不同而变化，有时是亮斑，有时是暗斑，如图 4. 3. 8(b) 所示. 圆孔衍射的中央亮斑特别明亮，通常称为爱里斑.

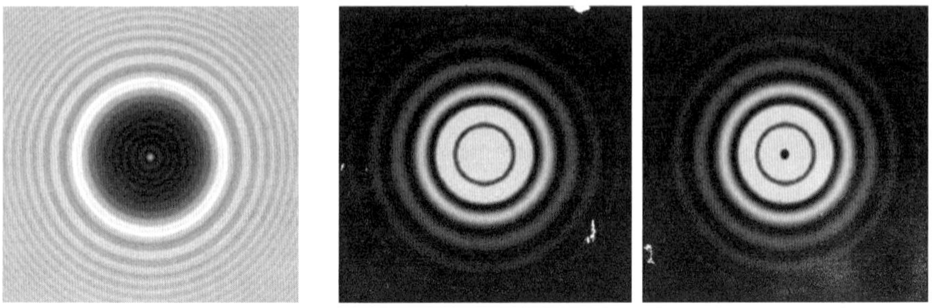

(a)　　(b)

图 4. 3. 8

3. 衍射光栅

由许多等宽的狭缝或狭槽等距离地排列起来形成的光学元件叫作衍射光栅. 衍射光栅是光谱分析一种常用的重要光学元件，其种类繁多，最常见的是透射光栅和反射光栅. 在高透光率的玻璃上均匀地刻上很多等间距的平行细槽就得到透射光栅，而在高反光率的金属上均匀地刻上很多等间距的平行细槽就得到反射光栅. 孔雀的细密羽毛、彩蝶的翅膀都相当于反射光栅，在阳光的照射下，使多束反射光相互干涉形成闪烁绚丽的色彩，如图 4. 3. 9 所示.

(a)　　(b)

图 4. 3. 9

(1)光栅衍射图样是单缝衍射和多缝干涉的结果.

(2)多缝干涉的结果使光栅衍射的亮条纹宽度比单缝衍射时狭窄得多,这样,就可以在几乎黑暗的背景看到一系列又细又亮的明条纹.

思考与练习

1. 杨氏双缝干涉实验中,两缝中心距离为 0.60 mm,紧靠双缝的凸透镜 2.50 m,屏置于透镜的焦平面上.

(1)用某单色光垂直照射双缝,测得屏上的条纹间距为 2.30 mm,求该入射光的波长.

(2)当用波长分别是 480 mm 和 680 mm 的两种单色光垂直照射双缝时,它们的第三极亮条纹相距多远?

2. 某同学用图 4.3.10(a)所示的装置测量单色光的波长. 已知双缝间距是 0.5 mm,双缝与屏之间的距离为 2.0 m. 调节测量头,当分划板的中心刻线先后与 A、B 两条亮条纹对齐时,其上的游标卡尺的读数分别如图 4.3.10(b)所示. 那么,该单色光的波长是多少? 这种单射光是属于哪个频率段的电磁波? 在不改变其他条件的情况下,用绿色滤光片替换图 4.3.10(a)中的滤光片,屏上的条纹间距会发生怎样的变化? 为什么?

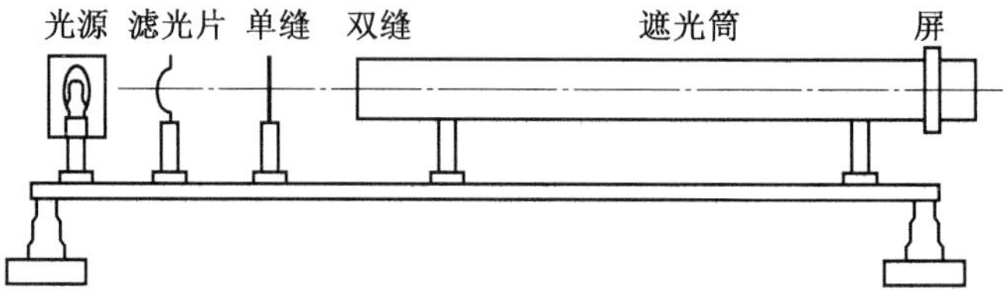

(a)

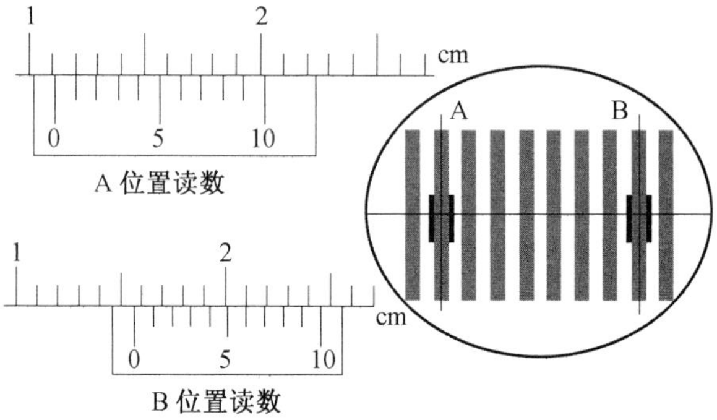

(b)

图 4.3.10

3. 登录相关网页或查阅资料,了解摄像机、照相机等光学仪器上的增透膜原理以及衍射光栅的应用.

4. 利用光的薄膜干涉可以检测平整度,试查阅有关资料或登录网页对其检测原理进行较深入地了解.

4.4 光的偏振和色散

· 偏振是横波的特有现象.

· 只沿着某一特定方向振动的横波通常称作偏振波.

· 理论与实践研究表明,光是一种横波.

· 自然光经过水面或比较平整的表面反射后能够产生偏振光.

· 各种频率的光按照其波长(频率或颜色)有序排列就叫作光谱.

一、光的偏振

1. 偏振现象

我们知道，横波的传播方向与振动方向垂直，纵波的传播方向跟振动方向在一条直线上. 但只这样描述横波和纵波的区别还不够，先观察这样一个实验.

准备一根轻质软绳子、一根轻质软弹簧、木条（板）或带狭缝的木板若干块.

（1）用轻绳形成一列横波，观察横波穿过狭缝的情况，如图 4.4.1(a) 所示.

（2）用轻弹簧形成一列纵波，观察纵波穿过狭缝的情况，如图 4.4.1(b) 所示.

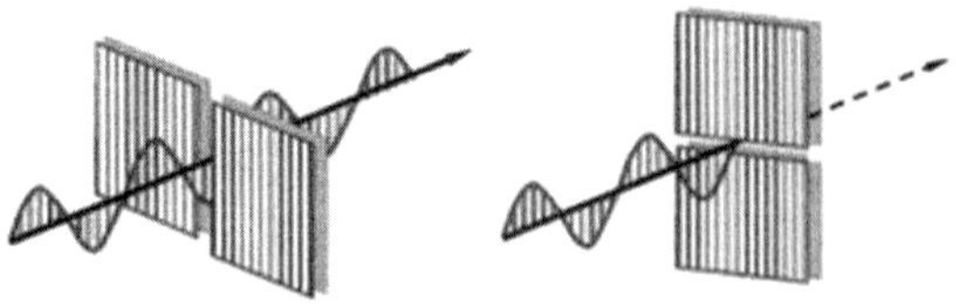

(a) 横波穿过狭缝的情况

(b) 纵波穿过狭缝的情况

图 4.4.1

实验表明：只有沿着狭缝方向振动的横波才能穿过狭缝，而纵波总能够穿过狭缝，其原因是纵波只有唯一的振动方向，而横波可沿垂直传播方向的平面上的任意方向振动.

横波只沿着某一特定方向振动的现象叫作波的偏振.

（1）只沿着某一特定方向振动的横波通常称作偏振波.

（2）偏振是横波的特有现象，因此，可以根据偏振现象鉴别横波与纵波.

2. 光的偏振

理论与实践研究表明，光是一种横波. 光在垂直传播方向的平面只沿某一特定方向振动的现象叫作光的偏振.

（1）自然光.

在垂直传播方向的平面沿任意方向振动的光强分布均匀的光称为自然光. 一般地，光源发出的光都是自然光.

（2）偏振光.

在垂直传播方向的平面沿各个方向振动的光强分布不均匀的光或只沿某一特定方向振动的光叫作偏振光. 偏振光的种类是比较复杂的，最常见的是椭圆偏振光和线偏振光，图 4.4.2 是偏振光与自然光的光强对照示意图.

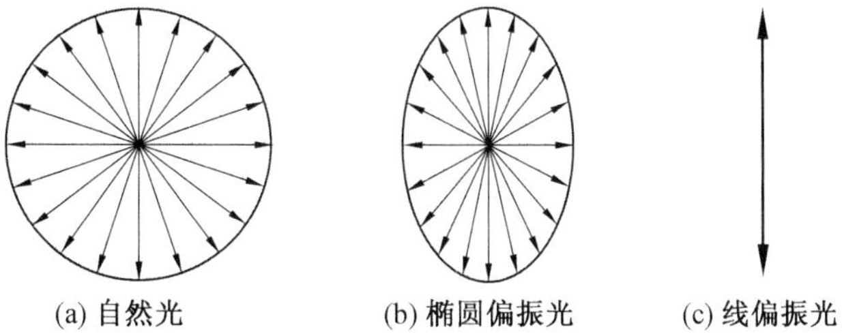

(a) 自然光　　(b) 椭圆偏振光　　(c) 线偏振光

图 4.4.2

(3)偏振片.

只让某一方向振动的光通过而不让其他方向振动的光通过的光学元件就叫作偏振片. 偏振片是用特殊材料做成的一簇簇相互平行的狭缝,类似于透射式衍射光栅. 偏振片的狭缝方向常称为透振方向或透光方向.

让自然光照射偏振片就可获得偏振光,这种方式获得的偏振光是线偏振光. 振动方向跟偏振片的透振方向一致的光能够完全通过偏振片,振动方向跟偏振片的透振方向垂直的光完全不能通过偏振片. 图 4.4.3 是检验光偏振情况的示意图. 当两块偏振片(起偏器和检偏器)的透振方向一致时,光屏就最亮. 而当两块偏振片的透振方向垂直时,光屏就最暗. 自然光通过起偏器和检偏器的光强变化情况如图 4.4.4 所示.

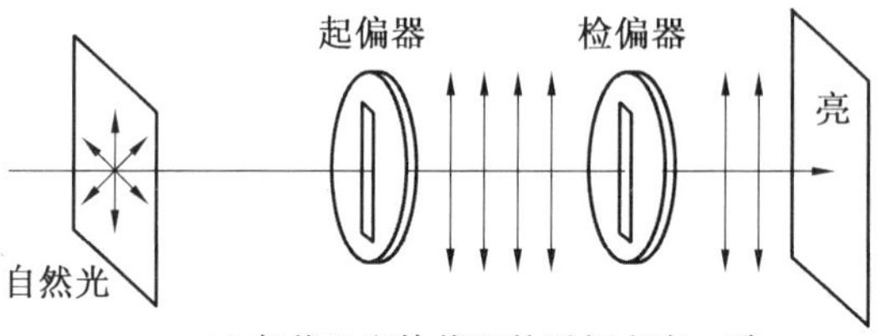

(a) 起偏器和检偏器的透振方向一致

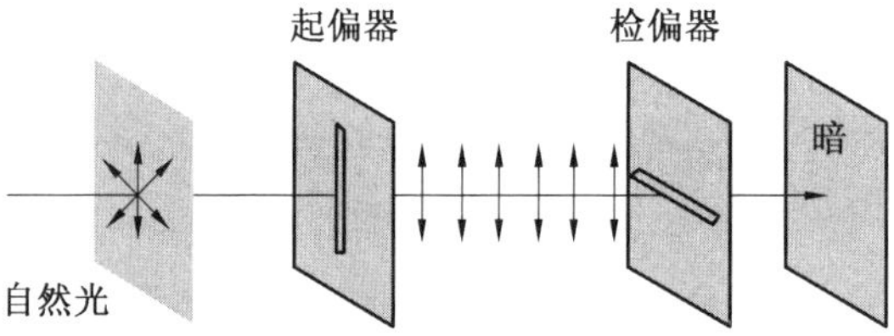

(b) 起偏器和检偏器的透振方向垂直

图 4.4.3

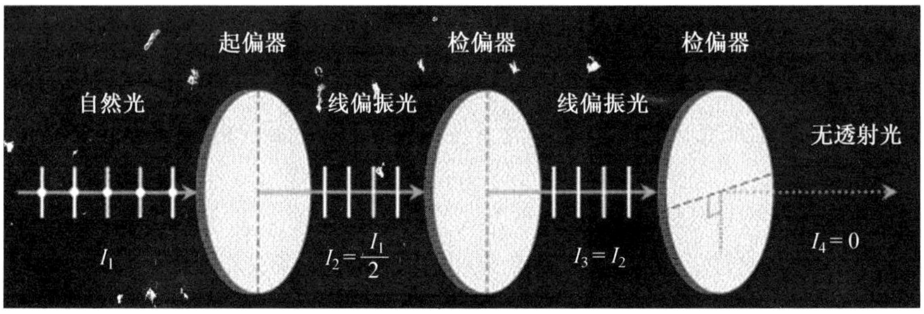

图 4.4.4

椭圆偏振光的获得方式是一个动态变化的比较复杂的过程,可查阅相关资料或登录有关网页做进一步的了解.

自然光经过水面或比较平整的表面反射后能够产生偏振光. 立体电影拍摄过程是双镜头拍摄的,放映也是双镜头放映,放映镜头的前面各有一块偏振片,这两块偏振片的透振方向是相互垂直的. 看立体电影时必须要佩戴一副特殊的眼镜,这副特殊的眼镜实际也是透振方向相互垂直的偏振片.

二、光的色散

在杨氏双缝干涉实验中,根据条纹间距与波长的关系式 $\Delta y=\frac{l}{d}\cdot\lambda$ 知道,不同颜色的光波长不同. 而光的颜色是由光的频率决定的,光的频率不同,其波长就不同,颜色就不同.

1. 单色光与复色光

只含有一种频率的光叫单色光. 含有两种或两种以上频率的光叫复色光. 通常看到的光,往往都是复色光.

2. 光的色散

在物理学中,把将复色光分解成单色光的过程叫作光的色散. 含有多种频率的光被分解后,各种频率的光按照其波长(频率或颜色)有序地排列就叫作光谱.

图 4.4.5 所示的是太阳光穿过大气层后摄制的太阳光谱,太阳光谱在连续的背景上有一些暗线(为什么?).

图 4.4.5

光的色散是很普遍的现象. 在白光的双缝干涉、薄膜干涉及单缝衍射中都有明显的色散现象,图 4.4.6所示的是白光通过玻璃三棱镜所产生的色散现象.

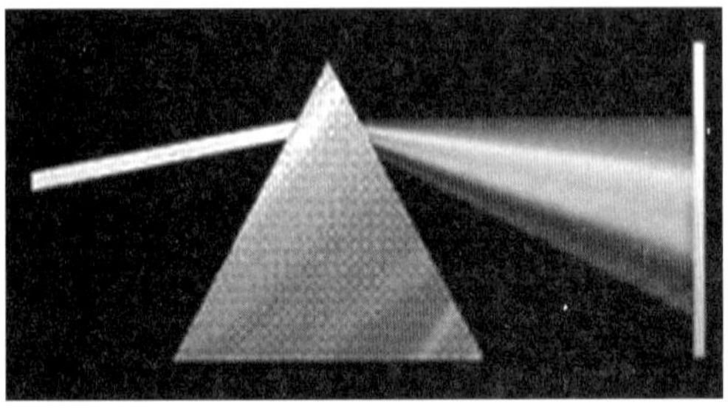

图 4.4.6

思考与练习

1. 市场上有一种太阳镜叫作偏振眼镜,如图 4.4.7 所示,它的镜片是偏振片. 试登录有关网页或查阅资料,回答下列问题:

(1) 偏振眼镜的用途主要是什么?

(2) 偏振眼镜和普通的太阳镜相比有什么突出的特点? 安装时它的透振方向应沿什么方向?

(3) 利用偏振眼镜可以做哪些实验?

2. 交通部门规定,夜间行车会车时不能开远光灯,其原因是远光灯会因灯光刺眼使对方造成极大的交通安全隐患. 如果将汽车的大灯玻璃和前窗玻璃都用偏振片(偏振玻璃)取代,那么夜间行车会车时开远光灯是否还会因灯光刺眼存在交通安全隐患? 为什么? 如果存在这样的偏振玻璃,应该怎样安装汽车大灯玻璃和前窗玻璃的透振方向?

3. 一玻璃砖里有一"三棱镜"形气泡,如图 4.4.8 所示. 现有一束白光透过玻璃砖照射到该"三棱镜"上发生散射,试画出散射的光谱颜色排列情况.

图 4.4.7

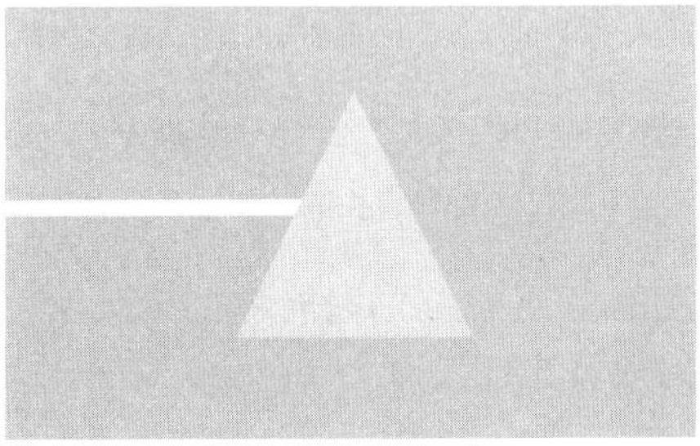

图 4.4.8

4.5 激光与全息照相

· 激光能在很小的空间和很短的时间聚集很大的能量，在$\frac{1}{1\ 000}$ s内可使物体的被照射部分产生几千万度的高温.

· 全息图记录的不是被摄景物的影像，而是由物光和参考光相互干涉形成的带有被摄景物信息的复杂干涉条纹.

一、激光及其特性

1. 什么叫激光?

根据原子结构理论，不同元素的原子，其核外电子都是在一定的不同可能轨道上绕原子核运动，电子处在不同的轨道就对应原子处于不同的能量状态. 原子吸收或放出能量时，核外电子的轨道会发生变换，对应原子的能量状态也发生改变，这一过程叫作跃迁. 原子在受到强烈高温、撞击、强光照射及强电场或强磁场作用（受激）时，核外电子往往会由低轨道变换到高轨道，对应原子由低能量状态变化到高能量状态. 处于高能量状态的原子是不稳定的，常常会向低能量状态跃迁，这时释放出的能量就以光的形式向外辐射.

按照一定的要求，使原子发生受激辐射而产生的光就叫作激光.

思考与讨论

1. 查阅资料或登录网页，了解“激光”与“极光”有什么区别和联系?

2. 20世纪60年代，第一台红宝石激光器问世以来，各种各样的激光器相继问世. 试登录相关网页，了解激光器在生产、生活和科技发展中的积极作用.

2. 激光的特性

我们做一个简单的实验.

实验观察与思考

取激光笔和手电筒各一支，三棱镜一个. 观察激光和普通光通过三棱镜折射后的传播情况.

(1) 激光和普通光在传播方向、颜色、亮度等方面有什么不同?

(2) 如果用激光做杨氏干涉双缝实验，能够预想到有什么样的效果?

实验观察与分析可总结出激光的很多特点. 由于激光的独特特性，激光在很多领域都有重大应用.

(1) 单色性好，即频率单一.

(2) 相干性好，即激光是一种很好的相干光. 激光的相干性主要用于传输信息，光纤通信就是激光和光导纤维相结合的产物.

(3) 方向性好，即平行度高（发散角只有0.06°）. 激光的高方向性常用于读出VCD机、CD机、DVD机、计算机光盘及商品条形码上记录的信息等，还可用于精确测量距离.

(4) 亮度高，即能在很小的空间和很短的时间聚集很大的能量，在$\frac{1}{1\ 000}$ s内可使物体的被照射部分产生几千万度的高温. 激光的高能量、高亮度在工业上用于切割布料、金属材料等，在医学上用于碎石，治疗近视、耳朵，或鼻翼打孔等.

二、全息照相

利用光的干涉原理实现记录物体的全部信息，又通过光的衍射原理实现物体信息再现的方法就叫作全息照相. 全息照相又常称为全息影像技术，包括全息记录和全息再现两个过程.

1. 全息记录

图 4.5.1 是全息记录(摄制)的原理图. 分束镜将激光器发出的一束激光分成两束,其中一束经扩束后直接照射在全息干板(用感光材料采用特殊工艺涂抹在透明玻璃板上制成)上,这一束光称为参考光. 另一束光经反射、扩束后照射到被摄景物,再经被摄景物发生漫反射后照射在全息干板上,这一束光携带被摄景物的信息,因此称为物光.

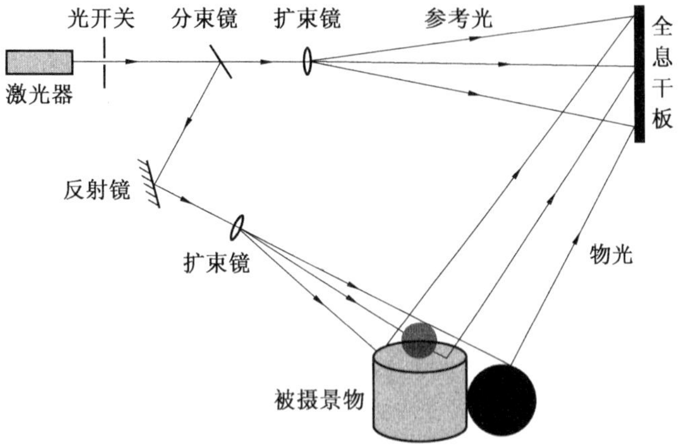

图 4.5.1

物光和参考光在全息干板上发生干涉,全息干板就记录下有被摄景物信息的复杂干涉条纹. 制作好的全息干板常称为全息图.

2. 全息再现

全息图记录的不是被摄景物的影像,而是由物光和参考光相互干涉形成的带有被摄景物信息的复杂干涉条纹. 因此,全息图相当于一个透射型衍射光栅.

用与参考光完全相同的光(再现光)照射全息图,经过全息图衍射后将产生三部分衍射光,分别称为 0 级衍射光、+1 级衍射光和-1 级衍射光,如图 4.5.2 所示.

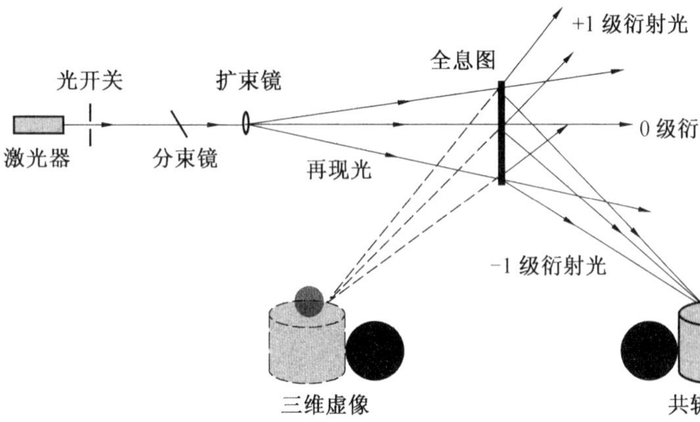

图 4.5.2

(1)0 级衍射光实际就是入射再现光的衰减光.

(2)+1 级衍射光为发散光束,其反向延长线将在原被摄景物位置汇聚形成被摄景物的逼真三维虚像. 这一级衍射光束若被人的眼睛接收,人的眼睛感受到的是全息记录时的物光.

(3)-1 级衍射光为汇聚光束,将在与原被摄景物位置关于全息图对称的位置汇聚形成共轭实像.

由于被摄景物的漫发射作用,使得全息图的每一部分都记录有被摄景物的全部信息. 因此,即使被打碎的全息图,取其中的任一碎片也能实现全息再现.

自 20 世纪 60 年代激光问世以来,全息影像技术有了长足的发展. 目前,已经有了用白光实现全息再现的技术.

思考与练习

1. 纳米技术是跨世纪的新技术. 将激光束的宽度集中在纳米范围内,可修复人体已损坏的器官,可对DNA分子进行超微型基因修复,把诸如癌症、遗传疾病等根除. 在这些技术中,主要利用了激光的(　　).

A. 单色性　　B. 单向性　　C. 高亮度　　D. 相干性

2. 脉冲激光器的耗电功率为 2×10^{3} W,每秒输出10个光脉冲,每个光脉冲持续时间为 1.0×10^{-8} s、携带的能量为0.2 J. 则每个光脉冲的功率是________ W,该激光器将电能转化为激光能量的效率为________.

3. 红宝石激光器发出的激光是不连续的一道一道的闪光,每道闪光称为一个光脉冲. 现有一红宝石激光器,发射功率为 1.0×10^{10} W,发射的每个光脉冲持续的时间为 1.0×10^{-11} s,波长为693.4 nm. 那么,每个光脉冲的长度是多少?

4. 市场上有一种用特殊方法制作的光栅三维立体画,如图4.5.3所示. 这种立体画从不同的角度观看有不同的视觉效果,颇受人们青睐. 试登录有关网页,了解这种光栅三维立体画的制作技术,它与全息影像技术有什么区别和联系. 光栅立体画面与一般平面画面有什么主要区别.

(a)　　(b)

图4.5.3

第 5 章　相对论初步

5.1　相对论诞生的基础

·力学规律在任意惯性参照系中都是相同的.

·不论光源与观察者做怎样的相对运动,光相对于观察者的速度都相等.

·相对“以太”运动的物体,其运动方向上的长度缩短.

·要想证明物质的绝对运动即要证明物质相对于“以太”的运动是不可能的.

19 世纪末,对物理学来说,大有“山雨欲来风满楼”之势. 许许多多实验和理论研究,都已经为狭义相对论的出现奠定了基础.

1899 年的最后一天,英国皇家学会的新年庆祝会上,英国著名物理学家威廉·汤姆生(即开尔文勋爵)在新年祝词中充满自信地宣称“物理大厦已经落成,所剩的只是一些修饰工作”,同时又说“动力理论肯定了热和光是运动的两种方式,现在,它的美丽而晴朗的天空却被两朵乌云笼罩了,第一朵乌云出现在光的波动理论上,第二朵乌云出现在关于能量均分的麦克斯韦-玻尔兹曼理论上”.

威廉·汤姆生所说的“第二朵乌云”催生了量子理论的建立,而“第一朵乌云”的散尽迎来了相对论的曙光.

一、经典相对性原理

1. 惯性参照系和非惯性参照系

在经典力学中,如果牛顿运动定律在某个参照系中成立,那么这个参照系就叫作惯性参照系. 相对某个惯性参照系做匀速直线运动或静止的参照系也是惯性参照系.

相反地,如果牛顿运动定律在某个参照系中不成立,那么这个参照系就叫作非惯性参照系. 相对某个非惯性参照系做匀速直线运动或静止的参照系也是非惯性参照系.

2. 伽利略相对性原理

在通常的情况下,人们可以通过观察与实验知晓物理规律. 但是,伽利略早于 1632 年已在《关于两个世界的对话》一书中指出:在一艘平稳行驶的大船里,无法通过船上得到的物理规律与地面得到的规律的比较,来判断大船是在行驶还是处于静止.

上述事实表明:力学规律在任意惯性参照系中都是相同的. 这一论述就叫作经典相对性原理,又称伽利略相对性原理.

经典相对性原理有不同的表述. 比如,可表述为:在一个惯性参照系中进行的任何力学实验,都不能判断这个惯性参照系是否相对于另一个惯性参照系做匀速直线运动. 还可表述为:任何惯性参照系都是平权的.

二、电磁场理论引发的怪异问题

根据麦克斯韦电磁理论可以直接得到电磁波在真空中的速度,并不涉及参照系的问题. 当时的科学界普遍认为,麦克斯韦电磁理论只适用于某一特殊的惯性参照系“以太”.

如果光相对于某个惯性参照系的速度为 c,那么,当观察者在该参照系中以速度 v 顺着光的方向运动或逆着光的方向运动时,观察到的速度分别是多大?

1. 经典力学原理的分析

根据经典力学的速度合成公式,即绝对速度、牵连速度、相对速度之间的关系,不难得出:

(1)当观察者顺着光的方向运动时,$u=c-v$.

(2)当观察者逆着光的方向运动时,$u=c+v$.

2. 迈克尔孙-莫雷实验

1886 年,迈克尔孙(A. A. Michelson)和莫雷(E. W. Morley)利用可以自由转动的装置(迈克尔孙-莫雷干涉仪,如图 5.1.1 所示)在水平面内对光进行干涉实验. 实验和观测得到一个令人十分困惑的怪异结果:不论光源与观察者做怎样的相对运动,光相对于观察者的速度都相等,即 $u=c$.

图 5.1.1

三、相对论诞生的前昼

在令人困惑的事实面前,科学家们有两种选择. 一种是修正现有的理论,去适应实验结果;另一种是彻底摆脱现有的某些观念的束缚,创建符合实验结果的新物理学理论框架.

1. 洛伦兹对相对论的贡献

荷兰物理学家洛伦兹(Hendrik Antoon Lorentz)为了说明迈克尔孙-莫雷实验的结果,在 1892 年独立地提出长度收缩的假说,认为相对"以太"运动的物体,其运动方向上的长度缩短. 并于 1895 年确定了长度收缩的准确公式.

1899 年,洛伦兹讨论了惯性系之间坐标和时间的变换问题,并得出电子质量与速度有关的结论.

1904 年,洛伦兹证明,当把麦克斯韦的电磁场方程组用伽利略变换从一个参考系变换到另一个参考系时,得出真空中的光速将是一个不变的量. 为此,洛伦兹提出一个新的坐标变换(即著名的洛伦兹变换)方式和质量与速度关系式,使麦克斯韦方程组及各种电磁效应对不同惯性系的观察者来说能够保持不变. 后来,爱因斯坦把洛伦兹变换用于力学关系式,创立了狭义相对论.

2. 庞加莱的相对论思想

法国数学家、物理学家庞加莱(H. Poincare)是创建新理论的代表. 1895 年,他首次提出了相对性原理的思想,认为"要想证明物质的绝对运动即要证明物质相对于'以太'的运动是不可能的".

1899 年,庞加莱又进一步提出,"对于所有的观察者来说,光速都是常数",并强调这一假设的必要性.

庞加莱的思想为爱因斯坦创立狭义相对论提供了借鉴.

思考与练习

1. 威廉·汤姆生 1899 年说:"物理大厦美丽而晴朗的天空笼罩着两朵乌云."第一朵乌云,主要是指迈克尔孙-莫雷实验结果和以太漂移说相矛盾;第二朵乌云,主要是指热学中的能量均分定则在气体比热以及热辐射能谱的理论解释中得出与实验不等的结果,其中尤以黑体辐射理论出现的"紫外灾难"最为突出. 试登录网页,了解这一段物理学史实和"紫外灾难"的基本含义,并与同学交流.

2. 一艘轮船在静水中的航行速度为 30 km/h. 如果这艘轮船在长江中航行,江水速度为 4 km/h,那么,轮船顺水航行和逆水航行的速度分别多大?

5.2　狭义相对论初步

· 在不同的惯性参照系中，一切物理规律都是相同的.

· 真空中的光速在不同的惯性参照系中都是相同的.

· 洛伦兹变换中的$\sqrt{1-\frac{v^2}{c^2}}$称为相对论因子.

· 任何质量 m 都与一定的能量 mc^2 相对应.

一、狭义相对论的建立

1. 两个基本假设

假设有两个开始完全重合的参照系 X 和 X'，有一个事件 P 在这两个参照系中的位置和时间分别为 x、y、z、t 和 x'、y'、z'、t'. 如果参照系 X' 相对参照系 X 沿 x 方向的速度为 v，那么

$$\begin{cases}x=x'+vt\\y=y'\\z=z'\\t=t'\end{cases}$$

这一关系式称为伽利略变换. 它既隐含了时间跟参照系无关($t=t'$)，也隐含了不同惯性参照系之间速度的合成法则($u=u'+v$).

事实上，经典物理学的时空观集中体现在伽利略变换中. 经典物理学认为，空间和时间是脱离物质而存在的，空间与时间之间也没有联系.

爱因斯坦认为，空间和时间在本质上是统一的，而不是分离的. 为此，他为了构建一个新的时空框架和构建一个新的物理学体系，首先提出两个基本假设.

(1) 狭义相对性原理.

在不同的惯性参照系中，一切物理规律都是相同的. 这个假设通常称为狭义相对性原理.

物体的速度、位移以及电场强度、磁感应强度等物理量可能因所选择的参照系不同而不同，但它们所遵从的物理规律却是相同的. 也就是说，在一切惯性参照系中，物理定律的数学形式完全相同.

(2) 光速不变原理.

真空中的光速在不同的惯性参照系中都是相同的. 这个假设叫作光速不变原理.

光速不变原理说明的是光速与光源、观察者之间的相对运动没有关系.

2. 洛伦兹变换

假设有两个开始完全重合的参照系 X 和 X'，有一个事件 P 在这两个参照系中的位置和时间分别为 x、y、z、t 和 x'、y'、z'、t'. 如果参照系 X' 相对参照系 X 沿 x 方向的速度为 v. 根据空间和时间不可分离的观点，爱因斯坦创造性地提出如下的坐标变换

$$\begin{cases}x=a_{11}x'+a_{12}t'\\y=y'\\z=z'\\t=a_{21}x'+a_{22}t'\end{cases}$$

这一关系式与伽利略变换的最大区别在于该关系式充分体现空间与时间的不可分离性($x=a_{11}x'+a_{12}t'$和 $t=a_{21}x'+a_{22}t'$). 这体现了一种新的时空观，其中引入的系数 a_{11}、a_{12}、a_{21}、a_{22}需要四个条件才能导出. 爱因斯坦根据这一新的时空性质和光速不变原理，导出以下关系

$$\begin{cases} x=\dfrac{x'+vt'}{\sqrt{1-\dfrac{v^2}{c^2}}} \\ y=y' \\ z=z' \\ t=\dfrac{t'+\dfrac{v}{c^2}x'}{\sqrt{1-\dfrac{v^2}{c^2}}} \end{cases}$$

这一变换式通常称为洛伦兹变换,其中 c 为光速.

3. 狭义相对论

爱因斯坦的狭义相对性原理和光速不变原理都只涉及无加速运动的惯性参照系. 爱因斯坦根据他的这两个基本假设和洛伦兹变换建立的相对论通常叫作狭义相对论. 通常把洛伦兹变换中的 $\sqrt{1-\dfrac{v^2}{c^2}}$ 称为相对论因子.

狭义相对论建立在摒弃经典物理学时空观的基础之上. 因此,狭义相对论认为,不但时间与空间相互联系,而且空间和时间与物质的运动状态也是相互联系的.

狭义相对论是20世纪物理学的伟大成就之一. 它引发了物理学史上一次深刻的变革,它与量子力学并称为近代物理学的两大支柱.

二、时间和空间的相对性

作为狭义相对论的推论,现在我们来讨论一下时间和空间的相对性.

1. "同时"相对性

设想一列以很快的速度 v 行驶的火车,在它的一节车厢的正中间有一观察者 A 和一台闪光器,该节车厢的前端和后端各有一台光接收器 P 和 Q,在站台上有另一个观察者 B,如图 5. 2. 1 所示.

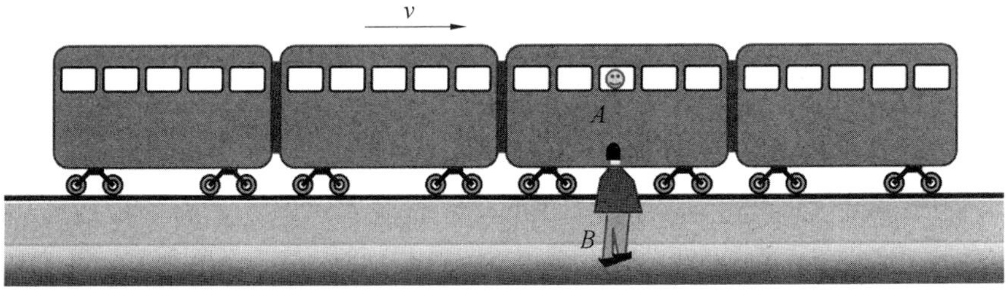

图 5. 2. 1

火车驶过站台,在 A 和 B 相遇的瞬间,闪光器发出一次闪光,这个闪光会被光接收器 P 和 Q 同时接收到吗? 观察者 A 和观察者 B 的结论一致吗?

观察者 A 认为,闪光信号以光速 c 相对于他(或火车)传播,光接收器 P 和 Q 到闪光器的距离相同,因此,闪光信号到达 P 和 Q 的时间是相同的,即两个光接收器同时接收到闪光信号,$t_P=t_Q$.

而观察者 B 认为,闪光信号也以光速 c 相对于他(或站台)传播. 假设站台所在的参照系为 X,火车所在的参照系为 X',在 A 和 B 相遇时两个参照系完全重合,且 X'相对于 X 沿 x 方向的速度为 v. 根据洛伦兹变换,闪光信号到达光接收器 P 和 Q 的时间分别为

$$t_P=\frac{t'+\dfrac{v}{c^2}x'}{\sqrt{1-\dfrac{v^2}{c^2}}},\quad t_Q=\frac{t'-\dfrac{v}{c^2}x'}{\sqrt{1-\dfrac{v^2}{c^2}}}$$

显然，t_P 和 t_Q 并不相等，闪光信号先到达 Q，后到达 P，即两个光接收器不是同时接收到闪光信号，$t_P>t_Q$.

因此，从狭义相对论的角度看，不存在全宇宙普适的"同时"概念. 也就是说，"同时"相对的，跟观察者选取的参照系有关.

2. 长度相对性

设想一列以很快的速度 v 行驶的火车的某节车厢中有一根沿运动方向放置的杆 MN 和一个观察者 A，在站台上有另一个观察者 B，且 A 和 B 手中都各有一把刻度尺，如图 5.2.2 所示.

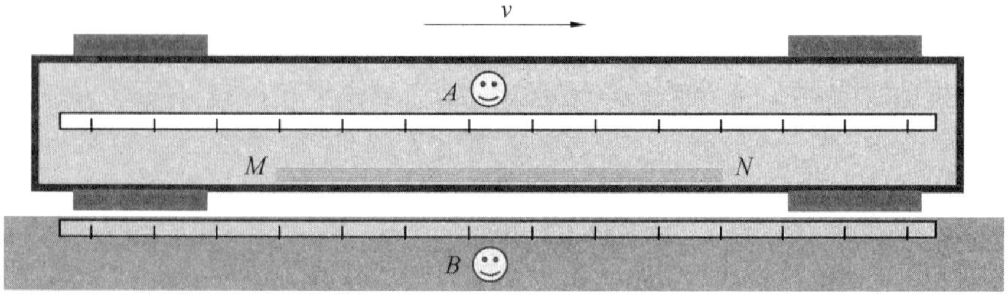

图 5.2.2

火车驶过站台，在 A 和 B 相遇的瞬间，他们各自用手中的刻度尺杆的长度进行测量. 他们测得的结果相同吗？

经典物理学中，这种测量与参照系的选择是无关的. 因此，观察者 A 和观察者 B 的测量结果是相同的，即 $l_A=l_B$.

狭义相对论认为，长度的测量跟参照系的选择是有关的，观察者 A 和观察者 B 的测量结果满足

$$l_B=l_A\sqrt{1-\frac{v^2}{c^2}}$$

该式说明：观察者 A 和观察者 B 的测量结果不相同. 运动惯性参照系中对沿运动方向放置且相对该参照系静止的杆的长度的测量结果，总大于静止惯性参照系中对该杆的长度的测量结果，即 $l_A>l_B$. 这一效应称为运动长度收缩效应或运动尺缩效应. 尺缩效应体现了空间的相对性.

三、几个重要结论

现在我们来了解一下爱因斯坦根据狭义相对论导出的另外几个重要结论.

1. 速度变换公式

仍以高速运动的飞船为例. 设飞船相对于地球的速度为 v，飞船上的某物体以速度 u' 沿飞船前进方向相对飞船运动. 那么，物体相对地球的速度是多少呢？ 研究表明

$$u=\frac{u'+v}{1+\frac{u'v}{c^2}}$$

如果飞船上某物体的运动方向与飞船相对于地球运动的方向相反，那么 u' 取负值. 由上式可以得出下列结论：

（1）当 v 和 u' 为光速时，物体相对于地球的速度 $u=c$. 这就表明，一切物体的速度都不会超过光速，光速是物体运动速度的极限.

（2）当 v 和 u' 远小于光速时，$\frac{u'v}{c^2}\approx 0$，上式就演变成 $u=u'+v$. 这样就得到经典时空观下的速度合成公式. 所以，经典的速度合成公式，可以看成是速度远小于光速时的一种特殊情况.

2. 时钟延缓效应

还以高速列车为例. 设列车以速度 v 行驶，其车厢里安装着一墨水瓶，它每隔一定时间滴出一滴墨水，如图 5.2.3 所示. 地上的人测得滴出前后两滴墨水的时间间隔为 Δt，而车上测得滴出前后两滴墨水的时

间间隔为 $\Delta t'$. 那么

$$\Delta t=\frac{\Delta t'}{\sqrt{1-\frac{v^2}{c^2}}}$$

图 5.2.3

这一关系式说明,若惯性参照系 X' 相对于惯性参照系 X 以速度 v 运动,那么在 X' 中测得某一过程经历的时间 $\Delta t'$ 要比在 X 中测得同一过程所经历的时间 Δt 要短. 这一现象称为时钟延缓效应. 从以上关系式可以得出下面结论:

(1)时钟延缓效应随 v 增大变得更加明显. 当 $v=c$ 时,$\Delta t'=0$,即在 X' 中经历任何过程都不花费时间.

(2)当 $v\ll c$ 时,$\Delta t\approx\Delta t'$. 因此,经典理论的时间间隔关系($\Delta t=\Delta t'$)可看成是速度远小于光速时的一种特殊情况.

3. 质量关系

根据牛顿第二定律,在一定的外力作用下,物体将以恒定的加速度运动,只要经过足够长的时间,就会达到任意的速度. 也就是说,物体的速度可以达到甚至超过光速. 这是建立在物体质量不变的经典物理框架基础之上的论断,但实际情况并非如此.

爱因斯坦认为,物体的质量随运动速度的增大而增大. 物体以速度 v 运动时的质量 m 跟它静止时的质量 m_0 之间的关系为

$$m=\frac{m_0}{\sqrt{1-\frac{v^2}{c^2}}}$$

实际上,在高能物理实验室中,质量随速度的增加而增大是很常见的现象. 比如,在回旋加速器中被加速的粒子,在速度增大后质量随之增大,因此做圆周运动的周期变大,与加在 D 形盒上的交变电压周期不同步,致使回旋加速器加速的粒子能量受到限制. 要想获得更高能量的粒子,需要采用超大型的直线加速器.

由上式得到以下结论:

(1)当 $v\to c$ 时,$m\gg m_0$. 这就说明,物体的速度越大,就越难使之进一步进行有效加速.

(2)当 $v\ll c$ 时,$m\to m_0$. 经典理论的质量关系($m=m_0$)可看成是速度远小于光速时的一种特殊情况.

4. 质能关系

狭义相对论认为,物体的质量与能量是有联系的. 1905 年,爱因斯坦推导出物体的能量 E 与质量 m 之间的下列关系

$$E=mc^2$$

这一关系式通常叫作爱因斯坦质能方程,也称爱因斯坦质能关系. 它表明,任何质量 m 都与一定的能量 mc^2 相对应.

在一个物理过程中,当物体的质量发生变化时,其能量也相应发生变化. 若质量变化为 Δm,那么,相应的能量变化为

$$\Delta E=\Delta mc^2$$

爱因斯坦质能关系的发现具有划时代的意义,它在近现代的核能开发、利用和维护世界和平中都已发挥了巨大的作用,在未来的世界里,还将继续发挥其更大的作用.

四、时空观的深刻变革

狭义相对论时空观把人们的思想引领到一个全新的思维境地,它与经典物理学的绝对时空观之间存在着很大的差别. 主要体现在两个方面.

首先,狭义相对论时空观把原来认为毫无联系的时间、空间和物质的运动密切联系起来了,揭示出它们之间的依赖关系. 绝对时空观把空间看成是与"外界任何事物无关"的空架子,把时间看成是与"任何其他外界事物无关的流逝着"的河流.

其次，狭义相对论表明了时间和空间的相对性与绝对性的辩证统一. 在狭义相对论中，从不同的惯性参照系来看，虽然两个事件的空间间隔和时间间隔分别都是相对的，但是，相对论的时空观却使时间和空间整体具有了绝对性.

思考与练习

1. 假设地球上有一对孪生兄弟，哥哥乘坐宇宙飞船遨游太空，弟弟留在地球上. 经若干年后，哥哥返回地球时，根据狭义相对论中"时钟延缓效应"，有人认为哥哥相对于地球运动，因此比弟弟更显得年轻；也有人认为，弟弟相对于飞船运动，因此比哥哥更显得年轻. 这就是所谓的"孪生子佯谬". 请你试就"哥哥与弟弟哪个更显得年轻些"谈谈你的观点，并与同学交流.

2. 在图 5. 2. 1 所示的理想实验中，如果列车的行驶速度远小于光速，即 $v \ll c$，那么试用洛伦兹变换推导 $t_P = t_Q$.

3. 一核弹含 20 kg 钚，爆炸后生成物的静止质量比原来小$\frac{1}{10\ 000}$. 求该核弹爆炸中释放的能量.

5.3　广义相对论简介

· 由于太阳引力场作用，遥远的星光经过太阳附近时会发生弯折射向地球.

· 在强有力的星球附近，原子发光频率要比同种原子在地球上发光的频率低.

· 由于太阳的引力场作用，使周围空间发生弯曲，结果导致行星轨道每绕太阳一圈都不闭合.

一、狭义相对论的缺陷

在狭义相对论建立后的 1907 年，爱因斯坦在《我是如何创立相对论》的演说中说："我对狭义相对论并不满意，因为它被严格地限制在一个相互具有恒定速度的参照系中，它不适用于一个任意运动的参照系……"

诚然，狭义相对论只能解决惯性参照系中的问题，而不能解决非惯性参照系中所涉及的问题.

万有引力和电磁力有很多相似之处，都属于非接触力. 然而，狭义相对论指出，电磁相互作用的传播速度是自然界中速度的极限. 那么，引力作用以什么速度传递呢？狭义相对论回答不了这样的问题.

二、广义相对论的建立

爱因斯坦基于狭义相对论的局限性，几乎是一个人经过长达 8 年的研究，将相对性原理从惯性参照系推广到非惯性参照系，于 1915 年建立了广义相对论.

1. 两个基本假设

(1) 广义相对性原理.

爱因斯坦在狭义相对论的基础上，创造性地将狭义相对性原理进行推广，提出了以下的假设：

在任何参照系（非惯性参照系、惯性参照系）中，物理过程和规律都是相同的. 这一假设称为广义相对性原理.

(2) 等效原理.

先来思考这样的几个问题.

问题 1：设想你站在静止的电梯里，当电梯突然启动上升时，你有什么感受？想象一下，如果电梯一直加速上升，你又会有什么感受？

问题 2：设想你在全封闭的宇宙飞船里，你与外界没有任何联系. 当你看到飞船内没有支撑的物体以某一加速度落向舱底时（图 5. 3. 1），你的感觉是什么？是飞船停泊在某星球的引力场中还是飞船处于远离任何天体的太空中加速飞行？

问题3:设想你在引力可以忽略的空间中的一艘宇宙飞船里,一束光垂直于运动方向射入宇宙飞船.如果飞船做匀速直线运动或匀加速直线运动,你猜想一下将看到的光线轨迹会是什么样子?是直线还是曲线?

在问题1中,我们会有一个被向下压的感觉,也就是说,电梯加速上升的过程中,好像地球对我们的引力增加了.

在问题2中,我们不能鉴别飞船是停泊在某星球的引力场中还是处于远离任何天体的太空中加速飞行.

在问题3中,飞船做匀速直线运动或匀加速直线运动,光线的轨迹分别如图5.3.2中的倾斜虚线和弯曲实线所示.

为此,爱因斯坦提出了这样的假设:一个均匀的引力场与一个匀加速运动的参照系等价.这一假设称为爱因斯坦等效原理.

在图5.3.2中,当飞船做匀加速直线运动时飞船里的观察者观察到光线向船尾弯折.相当于船尾方向有一个巨大的物体,它的引力场影响了飞船内的物理过程,即物体的引力场使光线发生弯曲.

(a) 静止在星球表面　(b) 太空中加速飞行

图5.3.1

图5.3.2

2. 广义相对论

爱因斯坦在狭义相对论的基础上,根据广义相对性原理和等效原理建立的相对论叫作广义相对论.

广义相对论是一种关于万有引力本质的理论.爱因斯坦曾经一度试图把万有引力定律纳入狭义相对论的框架,几经失败后,他终于认识到,狭义相对论容纳不了万有引力定律.于是,他将狭义相对性原理推广到广义相对性,又利用在局部惯性系中万有引力与惯性力等效的原理,建立了用弯曲时空的黎曼几何描述引力的广义相对论理论.

广义相对论认为,一切物体都有惯性和引力两个完全不同的属性.惯性质量(m_i)是物体惯性属性的量度,由牛顿第二定律定义.引力质量(m_g)是物体引力属性的量度,由牛顿万有引力定律定义.

三、广义相对论的几个结论

从广义相对论的两个基本假设出发,可以直接得出一些意想不到的结果.

1. 光线弯曲

由于太阳引力场作用,我们能够看到太阳后面的恒星.图5.3.3所示的是遥远的星光经过太阳附近时发生弯折射向地球的情景,这是因为地球是绕太阳转动的非惯性参照系的缘故.这种情景在平时的明亮天空是无法观察到的,最好的观察时机是发生日全食的过程中.

1919年5月29日正逢日全食,英国两支考察队分赴几内亚和巴西进行天文观测,其结果证实了爱因斯坦的预言,从而首次验证了广义相对论的正确性.

2. 引力红移

引力场的存在使得空间不同位置的时间进程出现差别.在强有力的星球附近,时间进程会变慢,就像我们看到在高速运动的列车上时间进程变慢一样.

这个结论同样在天文观测中得到了证实. 宇宙中有一类被称为矮星的恒星,体积很小,质量却不小. 矮星表面的引力很强,按照广义相对论,那里的时间进程比较慢,那里的原子发光频率要比同种原子在地球上发光的频率低,看起来应该偏红. 这种现象叫作引力红移.

理论计算表明,同样的原子钟在地球上走上1年的时间里,在太阳上就要慢1 min,在白矮星上就要慢2.6 h.

引力红移现象的预言不仅被天文观测所证实,而且也被现代技术在地球上予以证实. 1959年,科学家完成了第一个地面上的引力红移实验,得到的数据与理论计算符合得相当好;1961年,科学家们观测到太阳光中的钠谱线的引力红移与理论结果比较符合.

3. 时空弯曲

广义相对论认为,由于时空中物质的质量或能量分布,致使时空几乎在每一点上都是弯曲的,如图5.3.4所示. 只有在没有质量的情况下,时空才没有弯曲. 质量越大,时空弯曲也越大. 太阳的引力场强度比地球的引力场强度大27倍,它使时空弯曲达到这样的程度,以致于它周围的行星要依从这一弯曲而沿着一种特定的轨道运行.

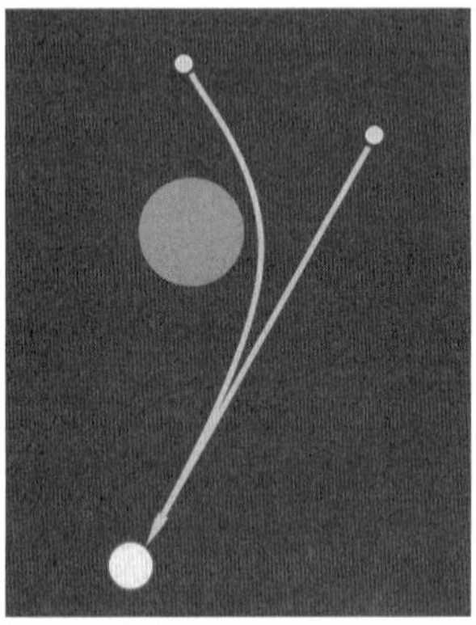

图5.3.3

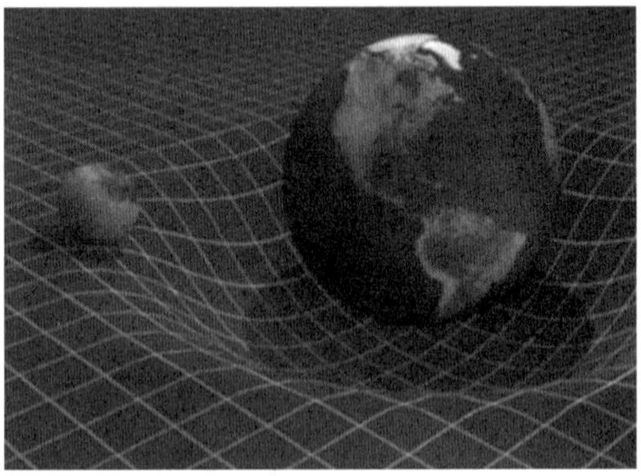

图5.3.4

牛顿力学认为,行星的轨道是以太阳为焦点的椭圆,是一条封闭曲线,如图5.3.5所示. 而实际上,天文观测表明,行星的运动轨迹并不是严格的椭圆,而是每转一圈其"椭圆"轨道的长轴就会偏转一个角度,如图5.3.6所示. 这种现象称行星的轨道进动,通常也称行星进动. 太阳系的所有行星中,水星进动是最为明显的,这是因为水星是离太阳最近的行星. 图5.3.7是水星进动的示意图.

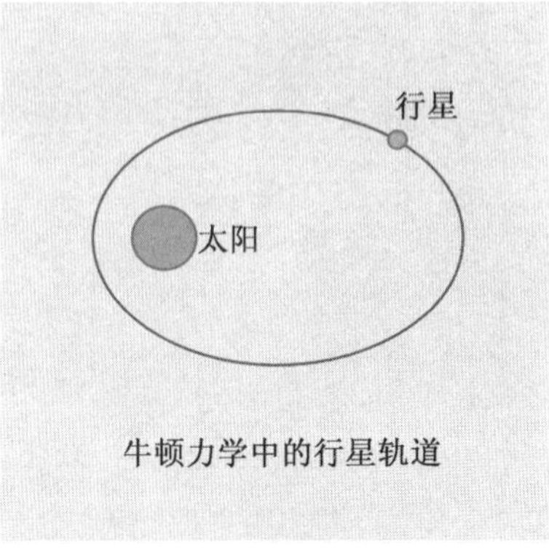

图5.3.5

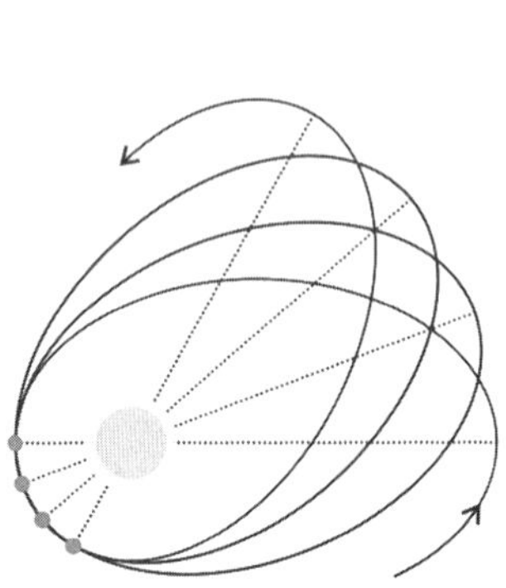

图5.3.6

牛顿力学对水星轨道进动进行修正与解释,预言水星近日点每100年应有5 557.62″的进动,但水星进动的实际天文观测值是5 600.73″,比牛顿力学的理论计算值多43.11″. 这一微小的偏差引起天文学家的高度关注,但半个世纪过去仍未给出合理的解释. 直到1915年,爱因斯坦根据广义相对论才给予圆满的回答. 广义相对论认为,由于太阳的引力场作用,使周围空间发生弯曲,结果导致行星轨道每绕太阳一圈都不闭合.

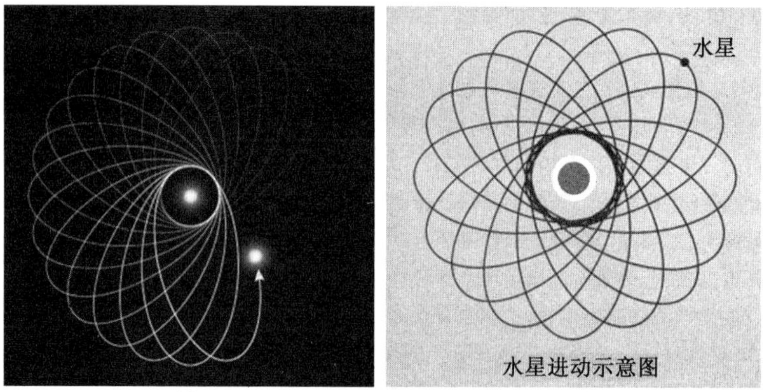

(a) (b)

图 5. 3. 7

思考与练习

1. 在外层空间的宇宙飞船上,如果你正在一个以加速度 $a=9.8\ \mathrm{m/s^2}$ 向头顶方向运动的电梯中举起一个小球自由放下. 试分析小球的运动情况,并与自由落体运动相比较.

2. 为什么我们不能看到由于地心引力而引起的光线弯曲现象?

3. 查阅有关相对论书刊或登录网页,在同学中举办小型研讨会.

选　修　3–5

第1章 动量守恒定律

1.1 动量和动量定理

· 力对物体有冲量的过程中力不一定对物体做功.
· 某一个力对物体的冲量只与这个力和该力的作用时间有关,与其他任何因素无关.
· 合外力对物体的冲量等于各个力对物体的冲量的矢量和.
· 动量变化与初、末状态的动量之间的关系符合矢量合成法则.
· 动量定理不仅对于恒力作用的情况成立,而且对于变力作用的情况也同样成立.

一、冲量

先来研究这样一个问题:将一大小可调整的恒力 F 作用在一个质量 $m=2$ kg 的物体上,使该物体获得 $v=10$ m/s 的速度. 那么,作用时间 t 与作用力 F 之间有怎样的关系? 试通过计算,将表1.1.1中的数据补充完整.

表1.1.1

F/N	1	5	10	100
t/s		4		
$F\cdot t$/(N·s)	20			
$m\cdot v$/(kg·m·s^{-1})				

思考与讨论

1. 从表格中的数据能总结出哪些规律?
2. 用图像表示出 t 与 F 之间的函数关系,并分析图像的物理意义.

从表格中不难看出,这一案例中,作用时间与作用力之间成反比例关系. 力与时间的乘积即力对物体的冲量为定值.

在物理学中,为了描述力与时间的积累效应,把作用在物体上的力与作用时间的乘积,称为力对物体的冲量. 冲量通常用字母 I 表示.

$$I=Ft$$

冲量是矢量,其方向跟作用力的方向一致. 冲量的单位是"牛顿·秒",用符号"N·s"表示.

思考与讨论

1. 功是力的空间积累效应,冲量是力的时间积累效应. 那么,力对物体做了功,力对物体是否一定有冲量? 反之,力对物体有冲量,是否对物体一定做功?

2. 合外力对物体的冲量的计算与合外力对物体做功的计算有什么区别和联系?

冲量的计算遵循以下两条基本原则:

(1)某一个力对物体的冲量只与这个力和该力的作用时间有关,与其他任何因素无关.

(2)合外力对物体的冲量等于各个力对物体的冲量的矢量和.

二、动量和动量变化

1. 动量

在物理学中,把物体的质量与其运动速度的乘积,叫作物体的动量.动量通常用字母 p 表示.

$$p=mv$$

动量是矢量,其方向跟速度的方向一致,动量的单位为"千克·米/秒",用符号"kg·m/s"表示.

2. 动量变化

物体在某一运动过程中,末状态的动量与初状态的动量之间的差值,称为这一过程物体的动量变化.

$$\Delta p=p_t-p_0=mv_t-mv_0$$

(1)动量变化与动量是不同的物理量.动量是状态量,动量变化是过程量.

(2)动量变化与初、末状态的动量之间的关系符合矢量合成法则.

思考与讨论

1. 结合本节开始的案例,对其表格中补充完整后的数据进行认真分析,看看物体受到的冲量跟物体的动量变化之间有什么关系?

2. 质量为 m 的物体以速度 v 做匀速圆周运动.在1/4个周期过程中,向心力对物体做了多少功?物体的动量变化是多少?向心力对物体的冲量是多少?

三、动量定理

我们通过下面的模型来探究物体的动量变化与受到的冲量之间的关系.

质量为 m 的物块在光滑水平面上以速度 v_0 运动,现将一个大小是 F 的水平恒力作用在物块上,经时间 t 后物块的速度变为 v_t,如图1.1.1所示.

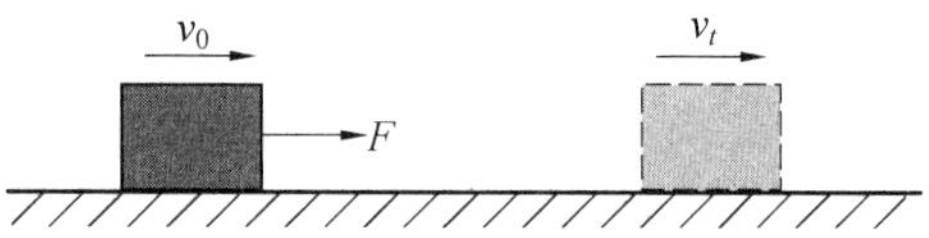

图1.1.1

根据牛顿第二定律

$$F=ma$$

和匀变速直线运动中加速度与速度的关系式

$$a=\frac{v_t-v_0}{t}$$

可得

$$F=\frac{mv_t-mv_0}{t}$$

这一关系式通常称为牛顿第二定律的动量表达式,可将它变形为

$$Ft=mv_t-mv_0$$

即,合外力对物体的冲量等于物体的动量变化.这就是动量定理.

特别说明,动量定理不仅对于恒力作用的情况成立,而且对于变力作用的情况也同样成立.

思考与练习

1. 在5 m高处以10 m/s水平抛出一质量为1 kg的小球.求:在整个运动过程中,小球的动量变化以及重力对小球的冲量.(不计空气阻力,$g=10\ m/s^2$.)

2. 在篮球运动会上，运动员投篮时，篮球以 10 m/s 的速度水平击中篮板后，又以 8 m/s 的速度原方向反弹回来. 若篮球的质量为 1.5 kg，求篮球与篮板碰撞过程中，篮球的动量变化.

3. 台球运动是备受人们青睐的一项休闲娱乐活动. 台球桌一般有 6 个仓，其中 4 个底仓、2 个中仓，如图 1.1.2 所示. 台球运动的规则比较多，其中最为简单的一种是这样的：比赛各方按照一定的次序依次轮换将球杆给入射球一个冲量，入射球获得一定速度后沿着一定路径去与被碰球相碰，若被碰球能够进入某一个仓记上相应的分数，最后所记总分多者为胜. 某次台球比赛中，入射球受到球杆的冲量后，沿图中的虚线运动以 0.5 m/s的速度碰撞被碰球后静止，被碰球则沿图中虚线运动进入底仓. 若每个球的质量都是 100 g，且碰撞过程中无能量损失. 求：碰撞过程中，入射球和被碰球的动量变化分别是多少？

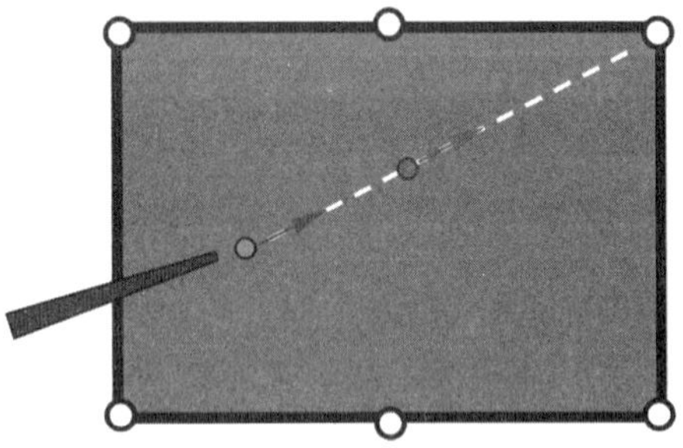

图 1.1.2

4. 质量是 1 kg 的小球自 20 m 高处自由落下，与水平地面碰撞后反弹的最大高度为 5 m. 若不计空气阻力，小球与地面碰撞的时间为 0.1 s，重力加速度为 10 m/s^2. 那么，小球与地面碰撞过程中受到地面的平均作用力是多少？

5. 从 1990 年起，我国香港的中学生每年都要举行趣味科学比赛，其中的一个项目叫作“鸡蛋碰地球”. 之后，内地很多中学也将“鸡蛋碰地球”列入学校的物理科技活动项目之一. 要求参赛者设计一个保护装置，使鸡蛋从约 20 m 的高度落地后完好无损. 假如你受邀请参加比赛，你的方案是什么？ 你制定方案的依据是什么？ 试根据你的方案将你的保护装置制作出来，并进行实际试验，看看你是否能够成功.

6. 一质量为 40 kg 的男孩从一高坎跳下，以 5 m/s 的速度竖直落地. 求下列两种情况下，男孩落地时受到地面的平均作用力的大小.

(1) 落地时采用屈膝方式，用了 1 s 停下来.

(2) 落地时未采用屈膝方式，只用了 0.1 s 就停了下来.

7. 高压水切割是一种高科技工艺加工技术. 为完成飞机制造工程中高难度的工艺加工而特制了一种高压水切割坐标机器人，该机器人的喷嘴直径为 0.5 mm，喷嘴水的射流速度为 1 200 m/s. 假如水流射到工件上速度即变为零，试计算高压水流在工件上产生的压力.

1.2　动量守恒定律

· 动量守恒定律的研究对象是系统而不是单独的一个物体.
· 系统若在某一方向不受力或该方向的合力为零，则该方向的分动量守恒.
· 系统若所受的合外力远小于内力，则系统的动量近似守恒. 这类问题仍然用动量守恒定律处理.

一、内力和外力

1. 系统

在物理学中，把由两个或两个以上的物体所组成的研究对象，称为系统. 很多物理问题，比如，本章主要研究的碰撞问题和爆炸问题等的研究对象往往都是系统而不是一个单独的物体.

2. 内力和外力

系统内各个物体之间的相互作用力叫作内力，而系统以外的物体对系统内各个物体的作用力叫作外力.

比如，台球运动中，发生相互碰撞的两个球在碰撞过程中的相互作用力是内力，而桌面对两个球的摩擦力和支持力以及两个球受到的重力等都是外力.

二、动量守恒定律

1. 动量守恒的条件

我们通过实验来探究动量守恒的条件.

实验1:图1.2.1所示的"牛顿摇篮"是5个完全相同的单摆.各个摆的悬线相互平行且在同一竖直平面内,各个摆球静止时恰好相切.

使摆球"1"沿5个单摆共同的竖直面偏离竖直位置一定角度,然后无初速度释放,各个相邻摆球将依次发生碰撞.

(1)注意观察各个摆球依次碰撞过程中发生的现象.

(2)分析碰撞过程中的实验现象,总结其蕴含的物理规律.

上述实验现象表明,各个相邻的摆球在依次碰撞过程中,相邻两球构成的系统总动量保持不变.这一模型中,空气的阻力是很小的,可以忽略.因此,各个摆球在依次碰撞过程中,水平方向可认为不受外力.

实验2:图1.2.2所示的是水平放置的气垫导轨.导轨两端及其上的两个滑块(带遮光条)"1"和"2"两端都安装了圈形弹簧片.导轨上还安装了两个光电门,测量出遮光条通过光电门的时间就可以计算出滑块的速度.

(1)取滑块"1"的质量为200 g、滑块"2"的质量为100 g,使两滑块以不同速度做相向运动发生碰撞.测出碰撞前后各自的速度,计算并比较碰撞前后系统的动量.

(2)取两滑块的质量都为200 g,使两滑块以不同速度做同向追击运动发生碰撞.测出碰撞前后各自的速度,计算并比较碰撞前后系统的动量.

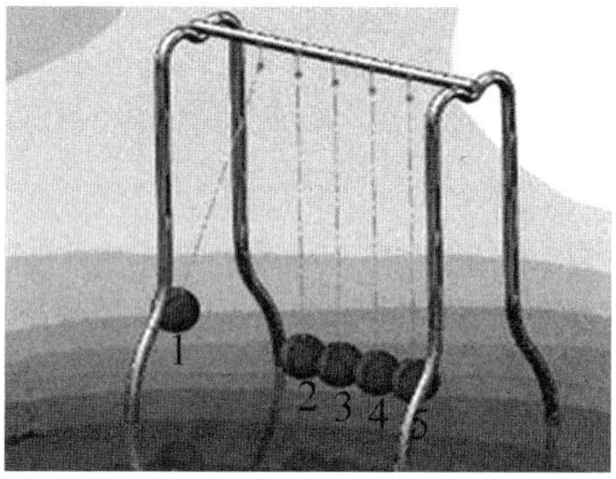

图1.2.1

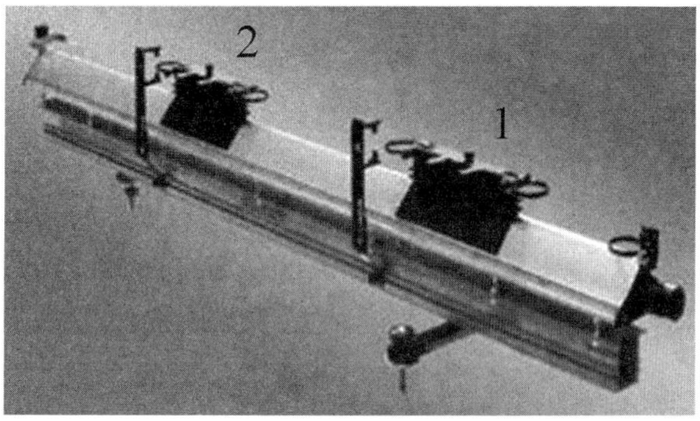

图1.2.2

实验结果说明,两滑块在碰撞过程中,系统的总动量是保持不变的.这一模型中系统在水平方向不受外力,而竖直方向的合力为零.

2. 动量守恒定律

综上所述,一个系统如果不受外力或受到的合外力为零,那么该系统的总动量保持不变.这一规律就叫动量守恒定律.

动量守恒定律是自然界普遍使用的基本规律之一.在通常的低速宏观物体运动以及高速微观粒子运动中都有着重要应用.

关于动量守恒定律的应用,需做几点说明:

(1)动量守恒定律的研究对象是系统而不是单独的一个物体.

(2)系统若在某一方向不受力或该方向的合力为零,则该方向的分动量守恒.

(3)系统若所受的合外力远小于内力,则系统的动量近似守恒.比如,爆炸、碰撞等问题都属于这一类,这类问题仍然用动量守恒定律处理.

三、动量守恒定律的推导

能够用于证明动量守恒定律的模型很多,我们这里选用一维碰撞的一般化模型予以说明.

设在光滑水平面上，质量为 m_1、m_2 的两小球 A 和 B 分别以速度 v_1、v_2 做同向运动，且 $v_1>v_2$. 当 A 追上 B 发生碰撞后又分别以速度 v_1'、v_2'沿原方向动，如图 1.2.3 所示.

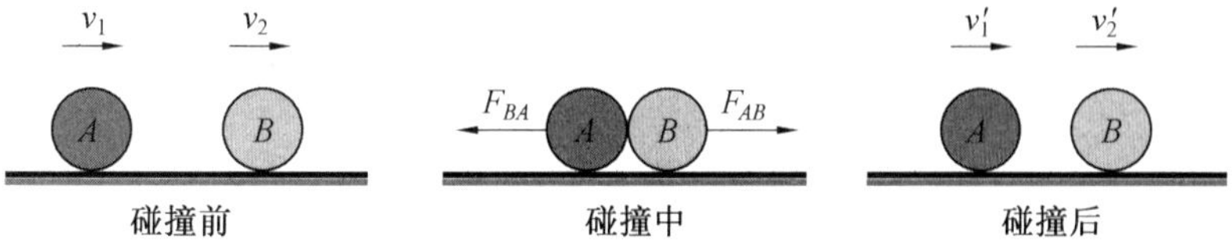

图 1.2.3

假定 A 对 B 的作用力为 F_{AB}，B 对 A 的作用力为 F_{BA}，它们之间的作用时间为 t. 在水平方向分别对 A、B 运用动量定理，有

$$F_{BA}\cdot t=m_1v_1'-m_1v_1$$
$$F_{AB}\cdot t=m_2v_2'-m_2v_2$$

根据牛顿第三定律可知

$$F_{AB}\cdot t=-F_{BA}\cdot t$$

所以

$$m_2v_2'-m_2v_2=-(m_1v_1'-m_1v_1)$$

因此

$$m_1v_1+m_2v_2=m_1v_1'+m_2v_2'$$

上式表明，在合外力为零的条件下，A、B 两球在碰撞前后的总动量保持不变. 也就是说，A、B 两球组成的系统总动量守恒.

思考与练习

1. 如图 1.2.4 所示，在风平浪静的水面上停着一艘帆船，船尾有一台电风扇，正把风水平地吹向帆面. 船能否向前行驶？为什么？如果将帆卸下，只让电风扇继续按原方向吹风，船能否向前行驶？为什么？

2. 如图 1.2.5 所示，在水平桌面上有 A、B 两辆静止的小车，质量分别是 0.5 kg 和 0.2 kg. 两车用细线拴住，中间有一被压缩的弹簧. 剪断细线，小车被弹开，若 A 车以 0.8 m/s 的速度向左运动，那么，B 车的速度是多大？方向如何？试将该题改成验证动量守恒定律的实验题，写出你的实验方案.

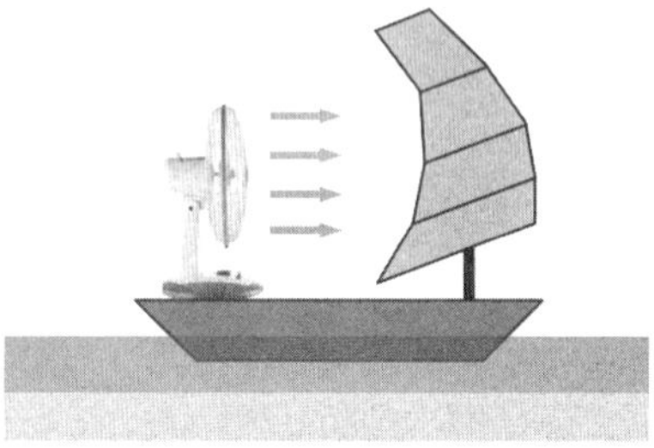

图 1.2.4

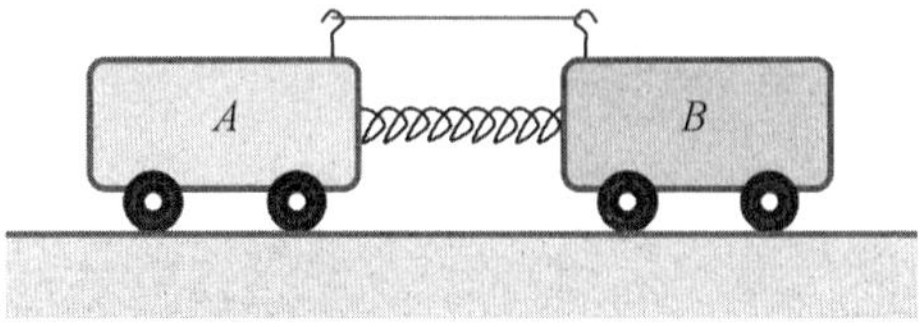

图 1.2.5

3. 取一只乒乓球，在其上挖一个圆孔，再向球里填入一些碎泡沫塑料或橡皮泥，然后将球放在桌子边缘处，如图 1.2.6 所示. 用玩具枪水平瞄准圆孔，扣动扳机，让子弹射入乒乓球内与乒乓球一同水平抛出. 只需测出乒乓球质量 M、子弹质量 m、桌子的高度 h 和乒乓球落地点与桌子边缘的水平距离 s，就可估算出玩具枪子弹的射出速度 v. 你能推导出计算速度 v 的表达式吗？试着做一做这个实验.

4. 用长为 l 的细线吊着一个质量是 M 的沙袋就构成一个单摆. 有一质量为 m 的子弹水平射入沙袋中随沙袋一起摆动，测得摆线的最大偏角为 θ，如图 1.2.7 所示. 求子弹射入沙袋前的速度.

5. 如图 1.2.8 所示，甲、乙两个小孩各乘坐一辆冰车在水平冰面上游戏. 甲和他的冰车的质量共为

$M=30$ kg，乙和他的冰车的质量也共为 $M=30$ kg. 游戏时，甲推着一个质量为 $m=15$ kg 的箱子和他一起以大小为 $v_0=2$ m/s 的速度滑行，乙以同样大小的速度迎面滑来，为了避免相碰，甲突然将箱子沿冰面推给乙，箱子滑到乙时乙迅速把它抓住. 若不计冰面的摩擦力，求：

(1)甲至少以多大的速度(相对于冰面)将箱子推出，才能避免与乙相碰.

(2)在能够避免与乙相碰的条件下，甲推箱子过程中至少对箱子做多少功.

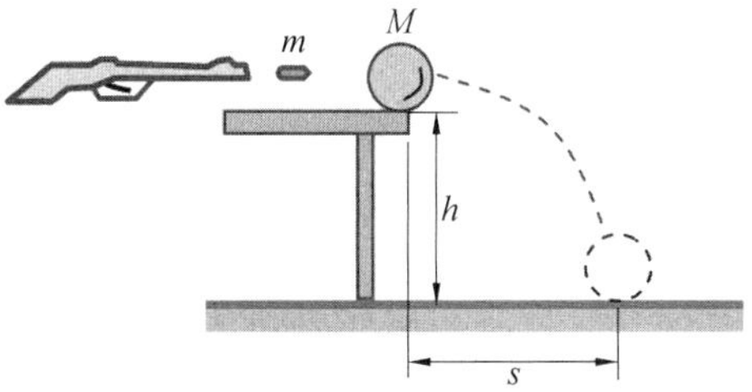

图 1.2.6

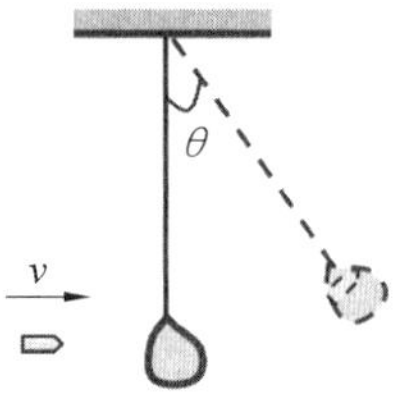

图 1.2.7

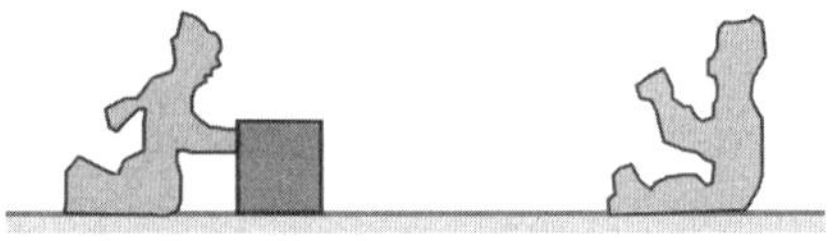
图 1.2.8

6. 在研究图 1.2.2 所示水平气垫导轨上的滑块“1”和滑块“2”的碰撞实验中，某次滑块“1”和滑块“2”做同向追击运动，碰撞前后两遮光条的频闪照片如图 1.2.9 所示，图中尺寸与实际装置的尺寸一致. 已知滑块“1”的质量为 200 g，滑块“2”的质量为 100 g，频闪周期为 0.1 s. 试用毫米刻度尺测量出必要的数据，然后计算下列问题.

(1)两滑块碰撞前后的动量分别是多少？碰撞前后的总动量分别是多少？

(2)两滑块碰撞前后的动能分别是多少？碰撞前后的总动能分别是多少？

(3)根据计算结果说明，在误差范围内，这一实验中，两滑块组成的系统在碰撞过程中总动量和总动能是否守恒？

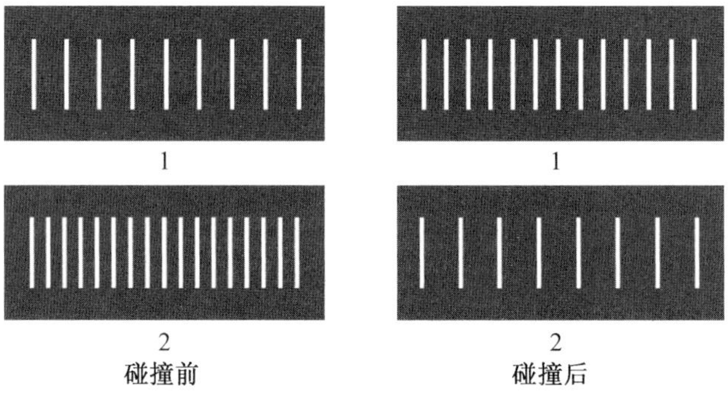

图 1.2.9

1.3 碰　　撞

· 弹性碰撞是一种较为理想化的物理过程.

· 完全非弹性碰撞是碰撞过程中损失机械能最多的碰撞.

· 微观粒子发生对心碰撞的概率相当小，所以多数粒子经碰撞后散射到四面八方.

碰撞是指两个相对运动的宏观物体或微观粒子，在极短时间内通过接触或准接触方式发生的比较强烈的相互作用. 碰撞过程中，参与碰撞的物体的运动状态、动量和能量都要发生改变.

根据碰撞过程中系统的机械能是否损失，一般将碰撞分为弹性碰撞和非弹性碰撞两大类.

一、弹性碰撞

1. 弹性碰撞的概念

在 1.2 节图 1.2.1 所示的实验表明，各个相邻的摆球在依次碰撞过程中，小球“5”几乎能够摆到与小球“1”释放点等高的位置. 这表明这一模型中各个小球在碰撞过程中，不仅系统的总动量守恒，而且机械能也是守恒的.

在物理学中,把碰撞过程中没有机械能损失的碰撞,叫作完全弹性碰撞,简称弹性碰撞. 在宏观物体的研究对象中,弹性碰撞是一种较为理想化的物理过程.

2. 弹性碰撞的速度关系

确定弹性碰撞过程中各个物体的速度关系是比较困难的,这里给出一维弹性碰撞模型的一般推导方法及表达式.

设光滑水平面上质量分别为 m_1、m_2 的两球,分别以速度 v_1、v_2 在同一直线上运动并发生弹性正碰. 若它们相互碰撞后的速度分别用 v_1'、v_2'表示,那么

$$\begin{cases} m_1v_1+m_2v_2=m_1v_1'+m_2v_2' \\ \dfrac{1}{2}m_1v_1^2+\dfrac{1}{2}m_2v_2^2=\dfrac{1}{2}m_1v'^2_1+\dfrac{1}{2}m_2v'^2_2 \end{cases} \tag{1}$$

这是一个关于 v_1'、v_2'的二元二次方程组. 这一方程组有完美的对称性,其解法也存在极大的技巧. 先将式(1)简化为

$$\begin{cases} m_1(v_1-v_1')=m_2(v_2'-v_2) \\ m_1(v_1+v_1')(v_1-v_1')=m_2(v_2'+v_2)(v_2'-v_2) \end{cases} \tag{2}$$

显然,当 $v_1-v_1'=0$ 时,必然有 $v_2-v_2'=0$,反之亦然. 这时,即有

$$\begin{cases} v_1'=v_1 \\ v_2'=v_2 \end{cases} \tag{3}$$

这种情况是指两球还没有发生碰撞,因此,没有实际意义.

当 $v_1-v_1'\neq0$、$v_2-v_2'\neq0$ 时,将式(2)中第二个方程式与第一个方程式左右两边分别相除,可得

$$v_1+v_1'=v_2'+v_2 \tag{4}$$

把式(4)代入式(2)中第一个方程式,易得

$$\begin{cases} v_1'=\dfrac{m_1v_1-m_2v_1+2m_2v_2}{m_1+m_2} \\ v_2'=\dfrac{m_2v_2-m_1v_2+2m_1v_1}{m_1+m_2} \end{cases} \tag{5}$$

特别说明,以上各式中的 v_1、v_2、v_1'、v_2'必须符合矢量运算法则. 处理实际问题时,只要做好正、负方向的规定,会使问题的思维方式简单化一些.

二、非弹性碰撞

1. 非弹性碰撞的概念

实际上,在绝大多数的碰撞过程中,系统的机械能都总要损失. 损失的机械能往往以热量的形式散失掉了,没有采用很好的方法进行有效利用.

在物理学中,把碰撞过程中有机械能损失的碰撞,叫作非弹性碰撞.

非弹性碰撞通常又分为完全非弹性碰撞和非完全弹性碰撞两种情况. 其中,发生碰撞的两个物体在碰撞之后黏在一起(构成一个整体,具有共同的速度)的碰撞称为完全非弹性碰撞. 而发生碰撞的两个物体在碰撞之后没有共同速度的非弹性碰撞称为非完全弹性碰撞.

2. 非弹性碰撞的机械能损失

完全非弹性碰撞是碰撞过程中损失机械能最多的碰撞. 非完全弹性碰撞的能量损失介于弹性碰撞和完全非弹性碰撞之间. 若沿用上述弹性碰撞研究的模型,那么,碰撞过程中损失的机械能可表示为

$$\Delta E_{损失}=\left(\frac{1}{2}m_1v_1^2+\frac{1}{2}m_2v_2^2\right)-\left(\frac{1}{2}m_1v'^2_1+\frac{1}{2}m_2v'^2_2\right)$$

(1) 当 $\Delta E_{损失}=0$ 时,为弹性碰撞.

(2) 当 $\Delta E_{损失}>0$ 时,为非弹性碰撞. 其中,$v_1'=v_2'$时,为完全非弹性碰撞;$v_1'\neq v_2'$时,为非完全弹性碰撞.

三、微观粒子的散射

在粒子物理和核物理中,常常要研究微观粒子的碰撞问题.微观粒子的碰撞过程中,由于粒子间的电磁作用等原因,不会像宏观物体那样"接触".在物理学中,通常把微观粒子的碰撞称为散射.

由于微观粒子发生对心碰撞(正碰)的概率相当小,绝大多数都是斜碰.所以多数粒子经碰撞后散射到四面八方,图 1.3.1 是轰击金箔的散射示意图.

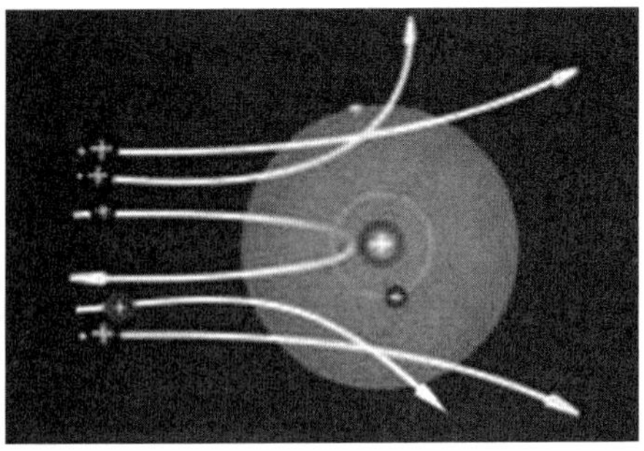

图 1.3.1

微观粒子间的散射过程中,如果只有动能的交换,而没有粒子的种类、数目或内部运动状态的改变,称为弹性散射;如果不仅交换动能,而且还有粒子能态的跃迁或粒子的产生和湮灭,则称为非弹性散射.在粒子物理学中捕捉获取散射粒子的信息,是极为重要的研究课题.

思考与练习

1. 现有甲、乙两滑块,质量分别为 3 m 和 m,以相同速率在光滑水平面上相向运动发生碰撞.已知碰撞后甲静止不动,那么这一碰撞是(　　).

A. 弹性碰撞　　B. 非完全弹性碰撞

C. 完全非弹性碰撞　　D. 条件不足,无法确定

2. 质量为 1 kg 的物体在光滑水平面上以 6 m/s 的速度运动,与质量是 2 kg、速度为 2 m/s 的物体 B 发生碰撞.关于碰撞后 A、B 两物体的速度可能是(　　).

A. $v_A=5$ m/s,$v_B=2.5$ m/s　　B. $v_A=2$ m/s,$v_B=4$ m/s

C. $v_A=-4$ m/s,$v_B=7$ m/s　　D. $v_A=7$ m/s,$v_B=1.5$ m/s

3. 如图 1.3.2 所示,有一摆长为 L 的单摆的摆球 A 自水平位置摆下,在水平位置跟置于光滑水平面上的 B 球发生弹性碰撞,之后 B 球又跟同一水平面上的 C 球发生完全非弹性碰撞.假设 A、B、C 三球的质量都为 m,那么:

(1)A、B 两球相碰后 A 球的速度是多少?

(2)B、C 两球相碰后它们的速度分别是多少?

4. 质量分别为 m_1、m_2 的两小球在同一直线上运动并发生碰撞,它们碰撞前后的 $s-t$ 图像如图 1.3.3 所示.若 $m_1=1$ kg,那么 m_2 的质量为多少?

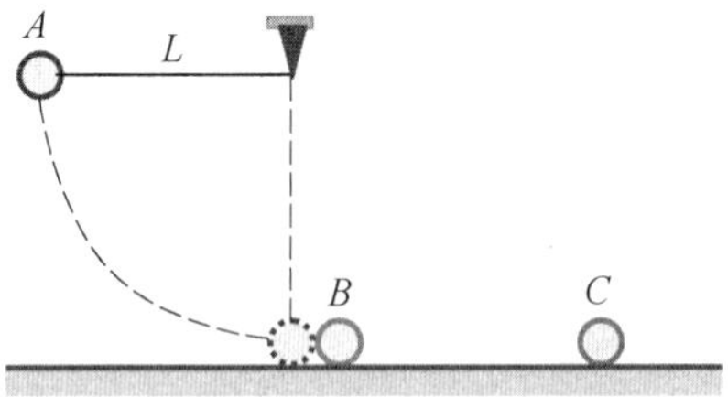

图 1.3.2

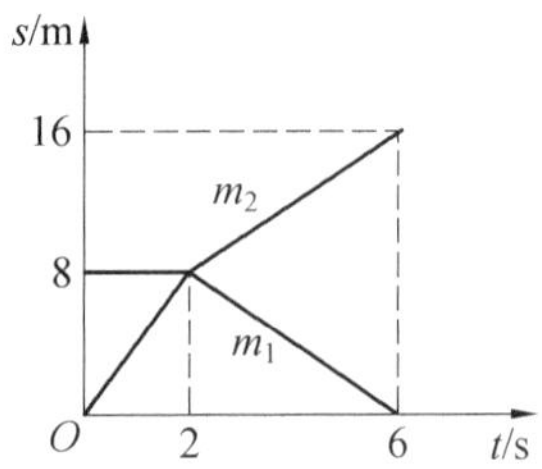

图 1.3.3

5. 某未知粒子跟静止的氢原子核正碰后测出氢原子核的速度是 3.3×10^7 m/s,该未知粒子跟静止的氮原子核正碰后测出氮原子核的速度是 4.7×10^6 m/s.已知氢原子核的质量是 m_H,氮原子核的质量是 $14m_H$,上述碰撞都是弹性碰撞,求该未知粒子的质量.这实际是历史上查德威克测量中子质量从而发现中子的实验.请你根据以上查德威克的实验数据计算的结果,说明中子质量与氢核的质量 m_H 有什么关系?

6. 用两根光滑的细棒组成水平轨道，架在两张凳子上并固定起来. 在轨道上放两组质量相同的比例球或小钢球，如图 1.3.4 所示. 每次分别拨动 A 组的 1 个、2 个、3 个……小球去碰 B 组的小球. 先猜想会出现什么样的现象？然后用实验验证你的猜想，并用所学的知识加以解释.

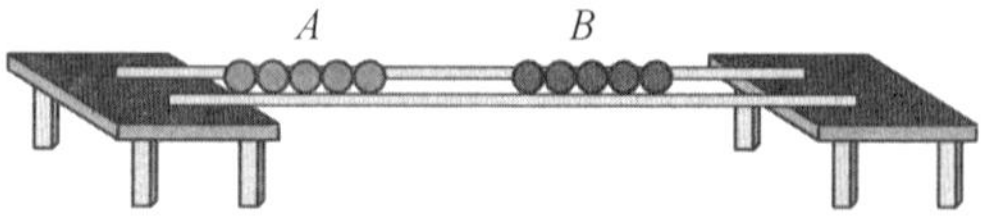

图 1.3.4

1.4　反冲运动和爆炸

· 火箭喷出的燃气的速度越大，火箭喷出物质的质量与火箭本身质量之比越大，火箭获得的速度就越大.

· 爆炸发生破坏作用的根本原因，是构成爆炸的体系内存有高压气体或在爆炸瞬间生成的高温高压气体.

· 爆炸不一定都要有热量或光的产生.

一、反冲运动

如果一个静止的物体在内力的作用下分裂成两部分，一部分向某个方向运动，另一部分必然向相反的方向运动. 这种现象叫作反冲. 在反冲现象中，物体受到的反冲作用叫作反冲力. 由反冲力引起的运动叫反冲运动. 反冲运动满足动量守恒定律.

1. 火箭的反冲运动

根据动量守恒定律，火箭原来的动量为零，喷气后火箭与燃气的总动量仍然应该是零. 设火箭在极短的时间 Δt 内喷射燃气的质量为 Δm，喷出的燃气相对于喷气前火箭的速度为 u，喷出燃气后火箭的质量为 m. 火箭在这样一次喷气后增加的速度为 Δv，那么

$$m \cdot \Delta v+\Delta m \cdot u=0$$

因此

$$\Delta v=-\frac{\Delta m}{m} \cdot u$$

上式表明，火箭喷出的燃气的速度越大、火箭喷出物质的质量与火箭本身质量之比越大，火箭获得的速度就越大.

现代火箭喷气的速度在 2 000～4 000 m/s，最初设计的火箭的质量比（火箭起飞时的总质量与火箭除燃料外的箭体质量之比）参数都比较高（一般小于 10，否则火箭结构的强度就成了问题）. 但是，这样的火箭还是达不到发射人造地球卫星的最低速度 7.9 km/s.

为了解决这个问题，苏联科学家齐奥尔科夫斯基提出了多级火箭的概念. 如图 1.4.1 所示，把火箭一级一级地接在一起，第一级燃料用完之后就把箭体抛弃，减轻负担，然后第二级开始工作，这样一级一级地连起来，理论上火箭的速度可以提得很高. 但是实际应用中一般不会超过四级，因为级数太多时，连接机构和控制机构的质量会增加得很多，工作的可靠性也会降低.

2. 喷气式飞机的飞行原理

喷气式飞机的飞行应用了反冲的原理，是靠喷出气流的反冲作用而获得巨大速度的. 现代的喷气式飞机，靠连续不断地向后喷出气体，飞行速度能够超过 1 000 m/s. 歼击机、战斗机等都是喷气式飞机.

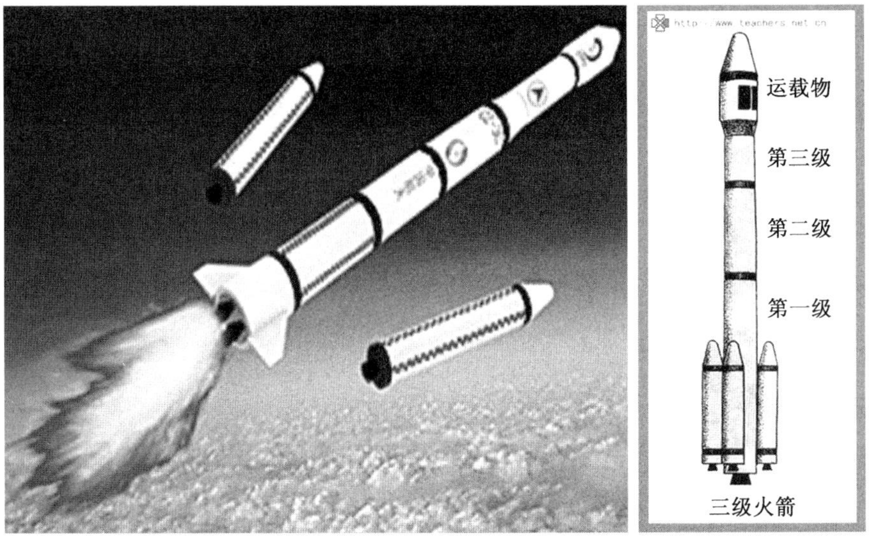

图 1.4.1

二、爆炸

在较短时间和较小空间内，能量从一种形式向另一种或几种形式转化并伴有强烈机械效应的过程叫作爆炸. 普通炸药爆炸是化学能向机械能的转化，核爆炸是原子能（核能）向机械能的转化. 爆炸过程中系统的动量是守恒的.

爆炸是比较普遍的现象，可燃性气体在空气中达到一定浓度时，遇明火都会发生爆炸.

爆炸是一种极为迅速的物理或化学的能量释放过程. 在此过程中，空间内的物质以极快的速度把其内部所含有的能量释放出来，转变成机械功、光和热等能量形态. 所以一旦失控，发生爆炸事故，就会产生巨大的破坏作用. 爆炸过程通常同时伴随有强烈放热、发光和声响的效应.

爆炸发生破坏作用的根本原因，是构成爆炸的体系内存有高压气体或在爆炸瞬间生成的高温高压气体.

爆炸最重要的特征是爆炸体系和它周围的介质之间发生急剧的压力突变，这种压力突变是产生爆炸破坏作用的直接原因.

爆炸不一定都要有热量或光的产生. 例如一种叫熵的炸药 TATP（三聚过氧丙酮炸药），其爆炸只有压力变化和气体生成，而不会有热量或光的产生.

爆炸声音的产生，主要是源自爆炸时所产生的气体膨胀速度高于空气中的声速所致.

思考与练习

1. 如图 1.4.2 所示，质量为 50 kg 的人站在质量为 200 kg 的小船上以 2 m/s 的速度从船头走到船尾. 若不计水对小船的阻力，那么小船的后退速度是多少？若小船的长为 3 m，那么人从船头走到船尾过程中，小船后退的距离是多少？

2. 一枚在空中以速度 v 水平飞行的火箭，质量为 m. 在某点炸裂成两块，如图 1.4.3 所示. 其中质量为 m_1 的一块沿着与 v 相反的方向以速度 v_1 飞去，求另一块的速度 v_2.

3. 镭（$^{226}_{88}\mathrm{Ra}$）原子核是不稳定的，它会自发地以一定的速度放出一个 α（$^{4}_{2}\mathrm{He}$）粒子，然后变成氡（$^{224}_{86}\mathrm{Rn}$）原子核. 已知质子和中子的质量相等，α 粒子离开镭原子核时的速度是 1.5×10^7 m/s，求氡原子核的速度.（提示：原子核$^{m}_{n}\mathrm{X}$ 表示有 n 个质子和 $m-n$ 个中子，其中 n 称为质子数，m 称为质量数，质量与质量数成正比.）

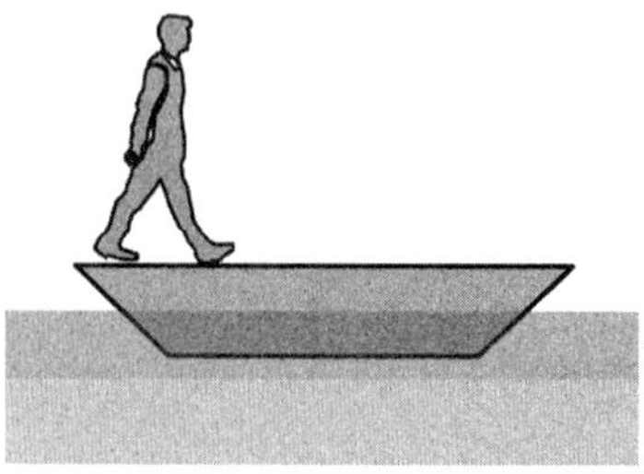

图1.4.2

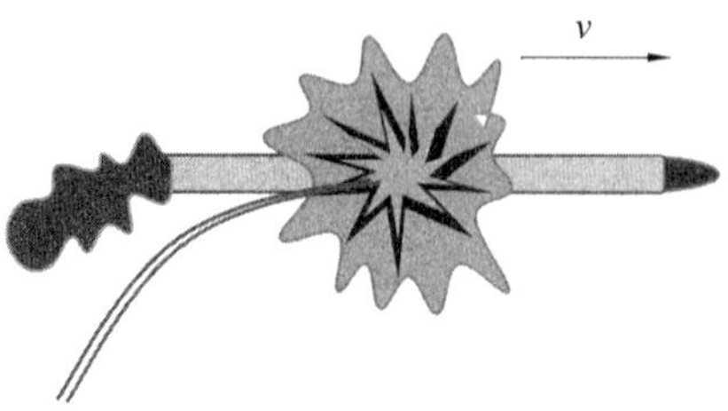

图1.4.3

4. 登录网页了解水火箭的制作原理，然后准备相关器材自制一枚水火箭．将自己的水火箭与同学的进行一次发射比赛，看看谁的水火箭射程最远．

第2章　波粒二象性

2.1　能量量子化

· 温度升高，各种波长的辐射强度都增加，且辐射强度的峰值向波长短的方向移动.
· 瑞利曲线反映出的，波长趋于零时辐射频率趋于无穷大的现象称为“紫外灾难”.
· 振动着的带电微粒的能量只能是某一最小能量值 ε 的整数倍.
· 黑体辐射中的能量是量子化的. 只有这样，理论计算结果才能与实验事实相符.

一、热辐射与黑体

1. 热辐射

一切物体随时都在辐射电磁波，由于这种辐射与物体的温度紧密相关，因此通常叫作热辐射.

（1）热辐射的强度按波长的分布情况随物体温度的不同而不同.

物体温度较低时，热辐射的主要成分是波长较长的电磁波，不能被人观察到. 当温度升高时，热辐射中较短波长的成分越来越强. 比如给一铁块不断加热，铁块依次呈现暗红、赤红、橘红等颜色，直至成为黄白色.

（2）热辐射一般还与物体的材料种类及表面状况有关.

2. 黑体

除了热辐射之外，物体表面还能吸收和反射外界射来的电磁波. 不同物体对电磁波吸收或反射的本领一般不相同. 通常说的深色物体，对电磁波的吸收本领很强而反射本领很弱，而浅色物体则对电磁波的吸收本领很弱而反射本领很强.

思考与讨论

一栋已粉刷且门窗打开的屋子，假如在阳光明媚的天气你从远处观看，你会发现什么？为什么？

如果某种物体能够完全吸收入射的各种波长的电磁波而不发生反射，这样的物体就称作绝对黑体，简称黑体. 黑体是一种理想化的模型.

如图 2.1.1 所示，在空腔壁上开一个很小的孔，从小孔射入空腔的电磁波在空腔内表面会发生多次反射和吸收，最终不能再从小孔射出. 这个小孔就成了一个绝对黑体.

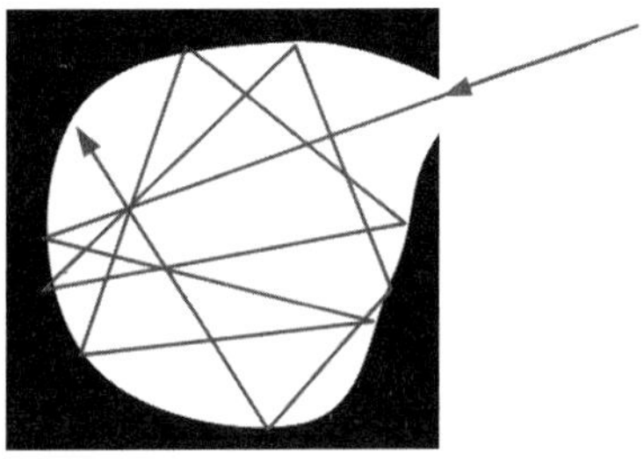
图 2.1.1

二、黑体辐射的规律

顾名思义，黑体辐射就是黑体向外辐射电磁波的现象. 黑体辐射只与温度有关，与其他因素无关.

1. 黑体辐射实验曲线

加热图 2.1.1 中的空腔，空腔的温度不断升高，小孔就成了不同温度的黑体，从小孔向外的辐射就是黑体辐射. 利用分光技术和热电偶等设备，能够测出黑体辐射的电磁波强度按波长分布的情况.

图 2.1.2 所示的是在四种温度下黑体辐射的强度与波长的关系. 从图中可以看出黑体辐射有两个特点：

(1)温度升高,各种波长的辐射强度都增加.

(2)温度升高,辐射强度的峰值向波长短的方向移动.

2. 维恩曲线和瑞利曲线

如何从理论上解释黑体辐射的实验规律呢?

1896 年德国物理学家维恩从热力学理论出发,得到了一个公式,但它只是在短波部分与实验相符,在长波部分与实验存在明显的差异,如图 2. 1. 3 中点画线所示.

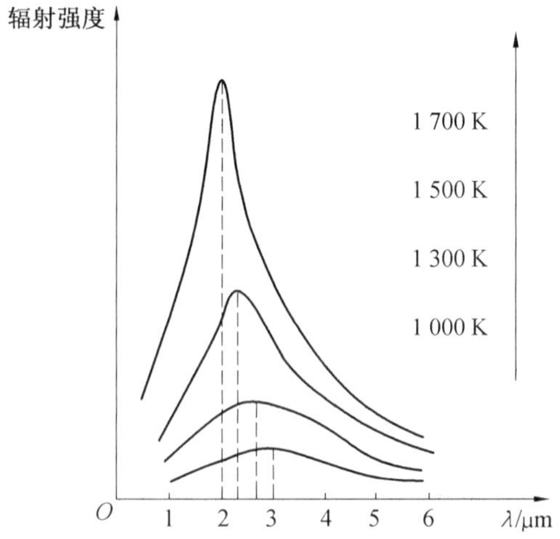

图 2. 1. 2

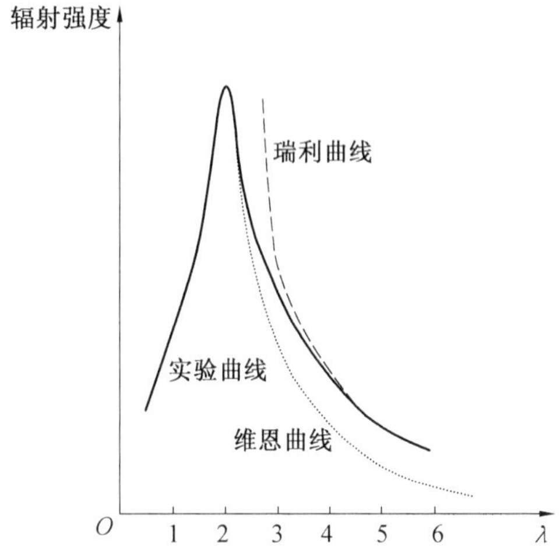

图 2. 1. 3

1990 年,英国物理学家瑞利从经典电磁理论出发推导出另一个公式,这一公式在长波部分与实验吻合得很好,而在短波部分偏差较大,如图 2. 1. 3 中虚线所示. 尤其在紫外端,当波长趋于零时,辐射频率将趋于无穷大,显然这是荒谬的,这在物理学中被称为“紫外灾难”.

三、能量量子化

为了得出与实验相符的黑体辐射公式,德国物理学家普朗克做了多种尝试,进行了激烈的思想斗争. 感慨概到“微观世界的某些规律,在宏观世界看来可能非常奇怪”.

1900 年底,普朗克做出了一个大胆的假设,并由此给出了黑体辐射的完美解释. 卢瑟福对他的解释感到很震惊和惶恐,“我的发现,要么是荒诞无稽的,要么也许是牛顿以来物理学最伟大的发现”.

1. 能量子

振动着的带电微粒的能量只能是某一最小能量值的整数倍. 当带电微粒辐射或吸收能量时,也是以这个最小能量值为单位一份一份地辐射或吸收的. 这个不可再分的最小能量值 ε 叫能量子.

$$\varepsilon = h\nu$$

式中,ν 是电磁波的频率,h 是一个常量,后来称之为普朗克常量,其值为

$$h = 6.63 \times 10^{-34}\ \mathrm{J \cdot s}$$

2. 能量量子化

微观世界中能量不能连续变化,只能取分立值的现象叫作能量量子化. 因此,黑体辐射中的能量是量子化的. 只有这样,理论计算结果才能与实验事实相符.

3. 普朗克曲线

普朗克根据能量量子化的假设,得出了黑体辐射的强度按波长分布的公式. 如图 2. 1. 4 所示,图中的实线是根据普朗克公式做出的理论曲线,小圆圈是实验值.

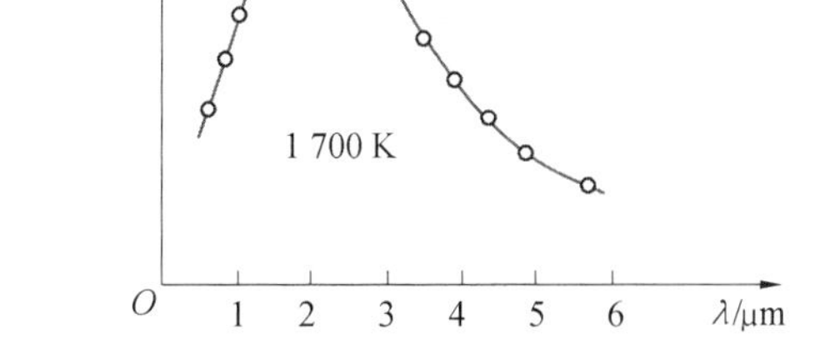

图 2. 1. 4

由此可见,普朗克理论与客观事实融合之完美性. 德国

实验物理学家为此赞叹这一实验结果“令人满意地相符”.

思考与讨论

什么样的物体可以看成黑体？黑体是不是一定是黑色的？试登录网页或查阅资料了解黑体,并与同学进行交流.

量子力学之父

1900 年 12 月 14 日,普朗克(M. Planck)在德国物理学会会议上宣读了论文《关于正常光谱的能量分布定律的理论》,公布了他的研究成果.

普朗克为此开启了量子论之门. 因此,这一天变成了量子论的诞生日. 后来,科学界也因此赞誉普朗克为量子力学之父.

然而,由于能量子假设与经典物理学理论格格不入,当时物理学界虽承认与实验相符的普朗克公式,却不能接受能量子假设. 普朗克本人也对能量子假设惴惴不安,总想回到经典物理学理论的立场.

1911 年,普朗克认为,能量仅在发射过程中才是量子化的,而吸收完全是连续进行的;1914 年他干脆取消了能量子假设,认为发射过程也是连续的. 后来,普朗克回忆起这一段经历时,百感交集:“企图使基本作用量子与经典理论调和起来的这种徒劳无益的打算,我持续了很多年,它使我付出了巨大的精力. 我的很多同事认为这近乎一个悲剧,但是我对此有不同的感觉,因为我由此而获得的透彻的启示是更有价值的. 现在我知道了这个基本作用的量子在物理学中的地位远比我最初所想象的要重要得多,并且承认这一点使我清楚地看到在处理原子问题时引入一套全新的分析方法和推理方法的必要性.”

思考与练习

1. 以下的宏观概论中,哪些是“量子化”的(　　).

A. 物体的长度　　B. 物体所受的重力　　C. 物体的动能　　D. 人的个数

2. 炼钢工人通过观察炼钢炉内的颜色,就可以估计炉内的温度,其依据是什么？

3. 对应 3.4×10^{-19} J 的能量子,其电磁辐射的频率和波长各是多少？

4. 人体表面辐射本领的最大值落在波长为 940 μm 处,它对应的能量子值是多大？

2.2　光的粒子性

· 只有照射光的频率高于截止频率时才能发生光电效应.

· 不同金属材料的截止频率不同. 按化学元素周期表,金属活动性越强的金属,截止频率越低.

· 光电效应说明光具有能量,而康普顿效应说明光不仅具有能量还具有动量.

一、光电效应

先做一个简单实验.

把一块锌板连接在验电器上,并使锌板带负电,验电器指针张开. 然后用紫外线照射锌板,如图 2.2.1 所示.

(1)观察验电器指针张角的变化.

(2)观察到的现象说明了什么问题？

实验中发现,验电器的指针张角先逐渐减小到零,然后又逐渐变大. 这一现象表明验电器原来所带的负电荷逐渐减少到零,然后又逐渐带上正电荷. 进一步说明锌板在紫外线的照射过程中,有电子从锌板上逸出.

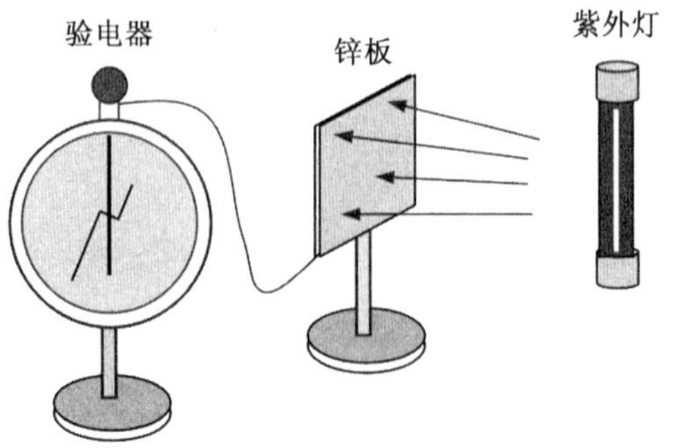

图 2.2.1

在物理学中,把金属在光的照射下逸出电子的现象叫作光电效应.

1887 年,赫兹在研究电磁波实验中偶尔发现,接收电路的间隙如果受到光照,就更容易产生电火花,如图 2.2.2 所示.这就是最早观察到的光电效应.后来,德国物理学家 P. 勒纳德、英国物理学家 J. J. 汤姆孙等相继进行了实验,证实了这一现象.光电效应过程中发射的电子通常称为光电子.

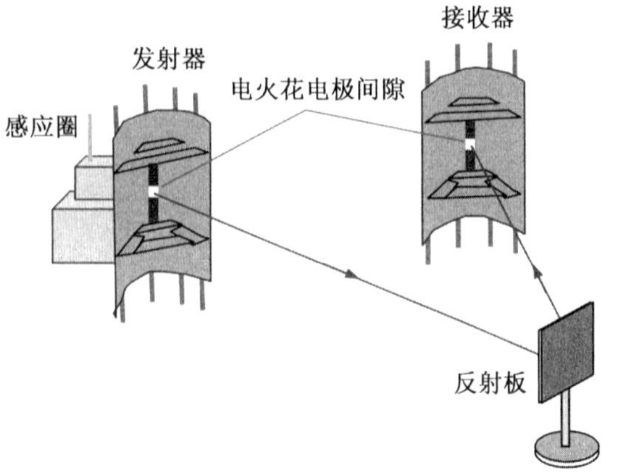

图 2.2.2

1. 光电效应的实验规律

我们用光电管来研究光电子的发射情况与照射光的强弱、频率等物理量之间的关系.光电管是一个真空管,其中的电极 K 为阴极,一般用碱金属制成;电极 A 为阳极,通常用合金制成.

(1)存在饱和光电流.

如图 2.2.3(a)所示,在光电管上加正向电压.这时,当光照条件不变的条件下,随着电压的增加,光电流逐渐趋于一个饱和值,即饱和光电流.也就是说,当光电流较小时会随着电压的增加而增大,当光电流增大到一定值之后将不再随电压的增大而改变,如图 2.2.4 所示.在照射光的强度不变的条件下,饱和光电流还与照射光的频率有关.

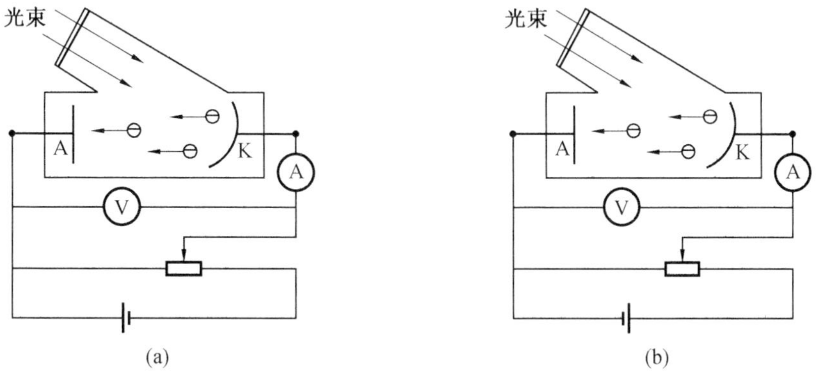

图 2.2.3

①在一定光照的条件下,单位时间阴极 K 发射出的光电子数目是一定的. 因此,当电压增大到一定值,若所有光电子都已经被阳极吸收后,即使再增大电压,光电流也不会增大.

②在照射光频率不变的条件下,饱和光电流跟照射光的强度成正比. 即单位时间内发射的光电子数目跟照射光的强度成正比.

③在照射光强度不变的条件下,饱和光电流随照射光频率的增大而增大.

(2)存在遏止电压.

如图 2.2.3(b)所示,在光电管上加反向电压. 这时,随着反向电压的增大,光电流会逐渐减小,直至为零. 通常把使光电流减小到零时的反向电压称为遏止电压. 遏止电压的存在意味着光电子具有一定的初速度或初动能.

①光电子的最大初动能 E_{km} 与遏止电压 U_c 之间的关系满足

$$E_{km}=\frac{1}{2}m_e v_c^2=eU_c$$

②遏止电压与照射光的频率和光电管的阴极材料有关,与照射光的强度无关. 同种材料的遏止电压随着照射光的频率的增大而增大,如图 2.2.4 所示.

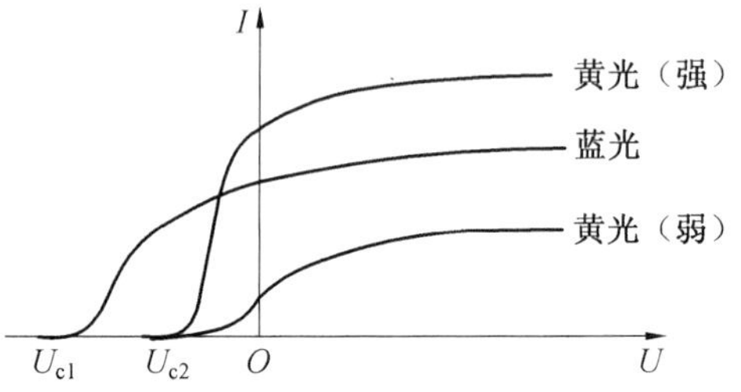

图 2.2.4

③光电子的最大初动能只与照射光的频率和光电管的阴极材料有关.

(3)存在截止频率.

实验表明,对于某种金属材料,当照射光的频率减小到某一数值时,即使不加反向电压也没有光电流,这表明已经没有光电子逸出了. 通常把恰好不能使某种金属发生光电效应的照射光的频率,称为这种金属的截止频率或极限频率. 截止频率用 v_c 表示.

①截止频率只与金属材料有关,不同金属材料的截止频率不同. 按化学元素周期表,金属活动性越强的金属,截止频率越低.

②照射光的频率低于截止频率时不能发生光电效应.

(4)光电效应的瞬时性.

照射光的频率大于截止频率时,光电效应瞬间即可发生.

①精确测量表明,产生光电效应的时间不超过 10^{-9} s.

②光电效应的产生不需要时间积累.

2. 光电效应解释的局限性

(1)逸出功.

金属原子的外层电子会脱离原子核的束缚做热运动,同时金属表面存在一种约束力阻碍电子的逃逸运动. 电子要从金属中挣脱出来,就必须克服这种阻碍做功. 使电子脱离某种金属所做功的最小值,叫作这种金属的逸出功(表 2.2.1). 逸出功通常用 W_0 表示.

①不同金属的逸出功不同.

②按化学元素周期表,金属活动性越强的金属,逸出功就越小.

表 2.2.1　几种金属的逸出功和截止频率

金属	钨	钙	钠	钾	铷
$v_c/10^4$ Hz	10.95	7.73	5.53	5.44	5.15
W_0/eV	4.54	3.20	2.29	2.25	2.13

(2)经典电磁理论能够解释的问题.

按照经典电磁理论,可得出这些与实验相吻合的结论:

①当光照射到金属表面时,电子吸收能量.

②若电子吸收的能量与原有的热运动能量之和超过逸出功，电子就从金属表面逸出，即产生光电子.

③光越强，逸出的光电子就越多，光电流就越大.

(3)经典电磁理论不能解释的问题.

按照经典电磁理论，还可以得出这些与实验不吻合的结论：

①光越强，光电子的初动能越大. 因此，遏止电压 U_c 与光的强弱有关.

②不管光的强弱如何，只要光足够强，电子都可以获得足够能量从而逸出金属表面，不应存在截止频率.

③如果光很弱，电子需要经过几分钟到十几分钟甚至更长的时间才能获得逸出金属表面所需的能量，这个时间远远大于 10^{-9} s.

3. 爱因斯坦光电效应方程

(1)光子.

爱因斯坦认为，普朗克关于电磁波只在吸收和辐射时才显示出不连续性的观点不够彻底，实际上电磁辐射本身就是不连续的. 因此，爱因斯坦发展了普朗克的能量子观点. 他认为，光不仅在发射和吸收时能量是一份一份的，而且光本身就是由一个个不可分割的能量子组成的，这些光的能量子称为光子. 频率为 ν 的光子的能量为 $h\nu$，即

$$\varepsilon = h\nu$$

(2)光电效应方程.

在光电效应中，金属中的电子吸收一个光子获得能量 $h\nu$ 后，将其中的一部分用来克服金属的逸出功 W_0，其余部分转化为逸出的光电子的最大初动能 E_{km}，即

$$E_{km} = h\nu - W_0 = \frac{1}{2}m_e v^2$$

这就是爱因斯坦光电效应方程. 爱因斯坦根据这一方程式对光电效应进行了完美的解释.

①光电子的最大初动能 E_k 与照射光的频率 ν 有关，与光的强度无关. 只有 $h\nu > W_0$ 时才有光电子逸出，$\nu_c = \frac{W_0}{h}$就是光电效应方程的截止频率.

②电子一次性吸收光子的全部能量，不需要积累能量的时间，光电流几乎瞬间产生.

③对于频率相同的照射光，光强度大的包含的光子数多，照射金属时单位时间产生的光电子多，因而饱和电流大.

爱因斯坦因提出光子说，发现光电效应规律，并用之完美地解释了光电效应而获得 1921 年的诺贝尔物理学奖.

二、康普顿效应

在物理学中，把光在介质中与物质微粒相互作用，而使传播方向发生改变的现象叫作光的散射.

1. 康普顿效应

1918—1922 年，美国物理学家康普顿(1892—1962)在研究石墨对 X 射线的散射时，发现在散射的 X 射线中，除了有与入射波长 λ_0 相同的成分外，还有波长大于 λ_0 的成分. 在光的散射中，散射光波长大于入射光波长的现象叫作康普顿效应. 中国留学生吴有训(1897—1977)测试了多种物质对 X 射线的散射，证实了康普顿效应的普遍性.

2. 光子的动量

康普顿认为，光子不仅有能量而且有动量.

根据爱因斯坦的狭义相对论：一定的质量 m 与一定的能量 E 相对应，即

$$E = mc^2$$

和爱因斯坦光子说：频率为 ν 的光子的能量为 $h\nu$，即

$$\varepsilon = h\nu$$

可以得到

$$h\nu=mc^2$$

所以,可将光子的质量理解为

$$m=\frac{h\nu}{c^2}$$

根据动量的定义,可得光子的动量

$$p=mc=\frac{h\nu}{c^2}\cdot c=\frac{h\nu}{c}$$

由于

$$\frac{c}{\nu}=\lambda$$

所以,光子的动量可表示为

$$p=\frac{h}{\lambda}$$

2. 康普顿效应的解释

(1)解释经典电磁理论的矛盾.

光是电磁振荡的传播.入射光引起物质内部带电微粒的受迫振动,振动着的带电微粒从入射光吸收能量,并向四周辐射,这就是散射光.

散射光的频率等于带电粒子受迫振动的频率,也就是等于入射光的频率,因而散射光的波长 λ 等于入射光的波长 λ_0.这与 $\lambda>\lambda_0$ 的实验事实不相符.

(2)解释光子模型的成功.

康普顿认为,在 X 射线的散射中,X 射线不仅具有能量,而且也像其他粒子那样具有动量.X 射线的光子与晶体中的电子碰撞时,遵守能量守恒定律和动量守恒定律.

设频率为 ν_0 的光子与静止的电子发生弹性碰撞,如图 2.2.5所示.碰撞后,光子的频率变为 ν,电子获得 E_{ke} 的动能和 p_e 的动量.那么,根据能量守恒定律和动量守恒定律,有

$$\begin{cases}h\nu_0=h\nu+E_{ke}\\ \dfrac{h\nu_0}{c}=\dfrac{h\nu}{c}+p_e\end{cases}$$

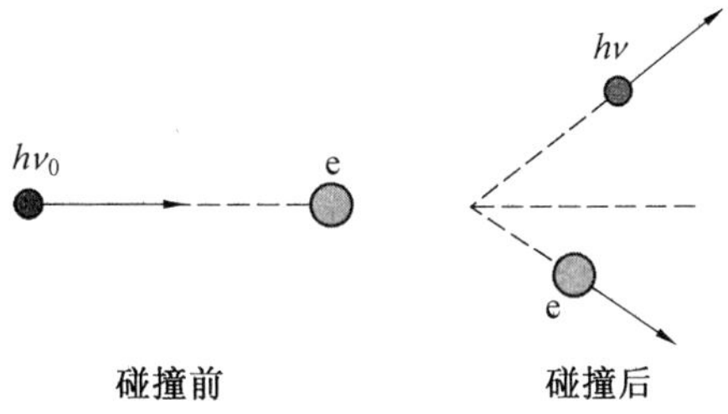

图 2.2.5

亦或

$$\begin{cases}h\nu_0=h\nu+E_{ke}\\ \dfrac{h}{\lambda_0}=\dfrac{h}{\lambda}+p_e\end{cases}$$

康普顿通过求解类似的方程得出散射光的波长变化的理论值 $\Delta\lambda=\lambda-\lambda_0$ 与实验结果符合得很好.

康普顿从光子具有能量和动量出发,完美地解释了散射光波长 λ 大于入射光波长的现象,并因此获得 1927 年的诺贝尔物理学奖.

思考与练习

1. 最先观察到光电效应的科学家是(　　).

A. 赫兹　　B. 汤姆孙　　C. 爱因斯坦　　D. 普朗克

2. 爱因斯坦光电效应方程给出了光电子的最大初动能 E_{km} 与照射光频率 ν 的关系.但是,很难直接测出光电子的动能,容易测出的是金属的截止电压 U_c.你怎样根据 $E_{km}=\frac{1}{2}m_ev_c^2=eU_c$ 和 $E_{km}=h\nu-W_0=\frac{1}{2}m_ev^2$ 两式得出 U_c 与 ν、W_0 之间的关系?

3. 表 2.2.2 是按照密立根的方法进行实验时得到的某金属 U_c 和 ν 的几组数据. 试作出 U_c-ν 图像,然后根据图像求出这种金属的截止频率和普朗克常量.

表 2.2.2

U_c/V	0.541	0.637	0.714	0.809	0.878
$\nu/10^{14}$ Hz	5.644	5.888	6.098	6.303	6.504

4. 在康普顿效应实验中,一频率为 ν 的光子与一静止的电子发生弹性正碰后频率变为 ν 而反向散射. 那么,在此过程中电子获得的动能 E_{ke} =________,获得的动量 p_e =________.

2.3　光的本性和物质波

· 1927 年,戴维孙和 G. P. 汤姆孙的电子晶体衍射实验首次证明了微观粒子具有波动性.
· 普朗克常量 h 架起了粒子性与波动性之间的桥梁.
· 一切运动的物体都具有波粒二象性.

一、光的本性

1. 波粒二象性

人类对光的认识经历一个漫长而曲折的过程. 从古代的微粒说到托马斯 · 杨和菲涅尔的波动说,从麦克斯韦电磁理论到爱因斯坦的光之理论. 这一过程充分说明了光的本性问题,即光既具有波动性,又具有粒子性,也就是说光具有波粒二象性.

2. h 的重要作用

光子的能量 ε 和动量 p 的表达式

$$\varepsilon = h\nu$$

和

$$p = \frac{h}{\lambda}$$

是描述光的性质的基本关系式. 能量 ε 和动量 p 是描述物质的粒子性的重要物理量,频率和波长是描述物质的波动性的典型物理量. 不难看出,普朗克常量在物质的波动性和粒子性之间起着重要的作用. 也就是说,普朗克常量 h 架起了粒子性与波动性之间的桥梁.

二、物质波

1. 实物粒子的波动性

1924 年,法国巴黎大学德布罗意把普朗克的能量子和爱因斯坦的光之理论进行推广,提出了实物粒子的波动性假设:实物粒子也具有波动性. 即每一个运动的粒子都与一个对应的波相联系,粒子的能量 ε 和动量 p 跟它对应的波的频率 ν 和波长 λ 之间也像光子跟光波一样,遵从

$$\nu = \frac{\varepsilon}{h}$$

和

$$\lambda = \frac{h}{p}$$

的关系. 在物理学中,把这种与实物粒子相对应的波称为德布罗意波,又叫作物质波.

2. 高速粒子流的衍射

1927 年,戴维孙和他的学生革末首先通过实验观测到电子的衍射现象,图 2.3.1 所示的是他们的实验装置. 入射电子束经过金属板发生反射式散射,通过电流计检测出不同方向上的散射电子形成的电流

强度,就可判断不同位置的散射电子衍射情况.

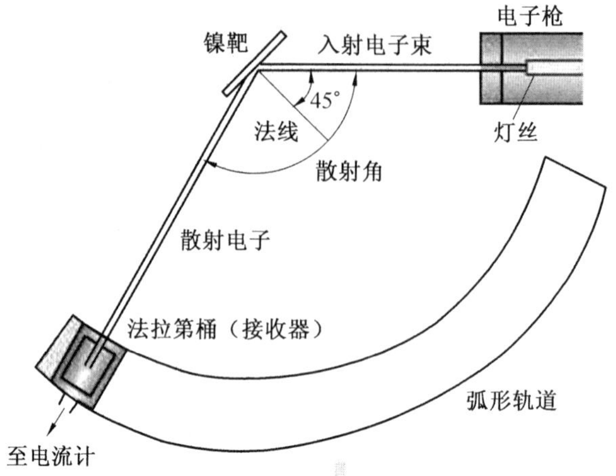

图 2.3.1　戴维孙电子衍射实验装置

几乎在同一时期,G. P. 汤姆孙利用图 2.3.2 所示的装置更加精确地观测到电子的衍射情况. 阴极射线管的阴极产生的电子经高压电场加速后由毛细管形成细束高速电子流,高速电子流轰击晶体箔而发生透射式散射,通过荧光屏观察散射电子明显的衍射图样. 图 2.3.3 所示的是 G. P. 汤姆孙早期得到的电子衍射图样. 戴维孙和 G. P. 汤姆孙的工作有力地证实了电子的波动性,为此他们获得了 1937 年的诺贝尔物理学奖.

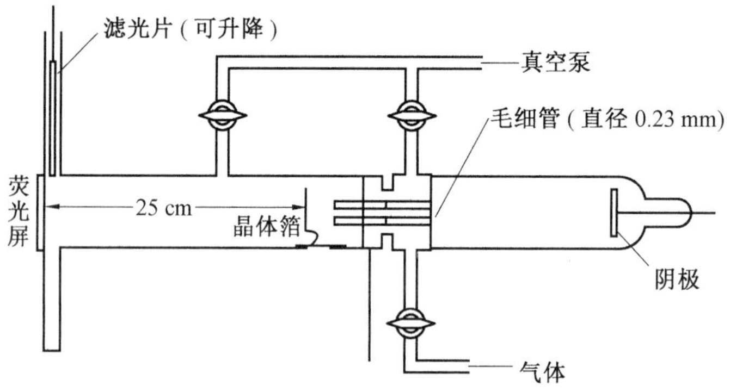

图 2.3.2　G. P. 汤姆孙电子衍射实验装置

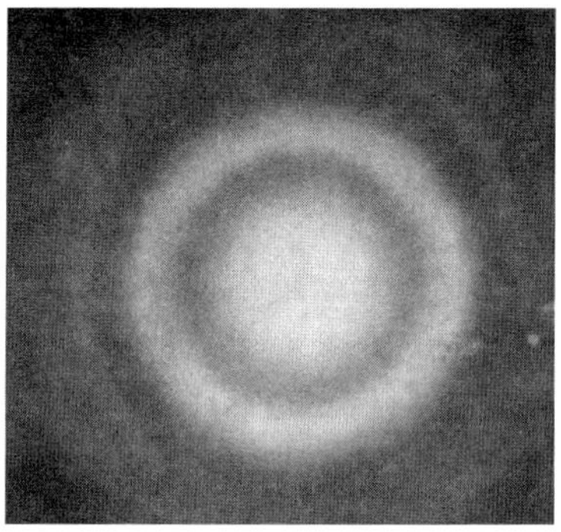

图 2.3.3

后来,科学家们陆续证实了质子、中子以及原子、分子的波动性. 对于这些粒子,同样符合德布罗意给出的频率 $\nu=\dfrac{\varepsilon}{h}$ 和波长 $\lambda=\dfrac{h}{p}$ 的关系. 德布罗意为此获得 1929 年的诺贝尔物理学奖.

一切运动的物体都具有波粒二象性. 宏观物体的质量比微观粒子的质量大得多,运动过程中的动量很大,对应的德布罗意波长很小,因此,根本观察不到它们的波动性.

思考与练习

1. 1927 年,戴维孙和革末完成了电子衍射实验,这一实验是荣获诺贝尔奖的重大近代物理实验之一. 图 2.3.4 是该实验装置的简化图,下列说法中不正确的是(　　).

A. 亮条纹是电子到达概率大的地方　　B. 该实验说明物质波理论是正确的

C. 该实验再次说明该光子具有波动性　　D. 该实验说明实物粒子具有波动性

2. 一个电子和一个质子具有相同的动能时,试通过计算比较它们的德布罗意波的波长哪个大?

3. 射击运动员射击时,是否会因为子弹的波动性而“失准”? 试根据现实情况下,子弹的质量、速度大小德布罗意波长来做定性说明.

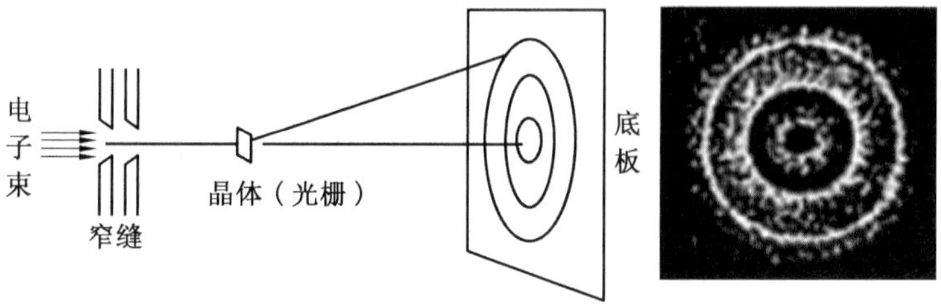

图 2.3.4

2.4　概率波与不确定关系

·任意时刻的确定位置和速度以及时空中的确定轨道是经典物理学中粒子运动的基本特征,而经典波的基本特征是具有频率和波长即具有时空的周期性.

·粒子的波动性不是粒子之间的相互作用引起的,而是粒子自身固有的性质.

·在测定微观粒子位置、动量等物理量时,总是存在一种不确定性.

一、概率波

1. 粒子和波的经典观念

经典物理学中,在分析物理现象和建立科学理论时,往往对研究对象建立粒子模型和波动模型. 利用这些模型,解释了众多的科学问题. 比如,利用波动模型解释声音的干涉和衍射,利用粒子模型解释气体的压强等.

物质要么具有粒子性,要么具有波动性. 而粒子和波是两种不同的研究对象,具有非常不同的表现.

经典物理学认为,粒子的运动具有确定性,遵循牛顿运动定律,即根据其初始条件,就可以确定以后任意时刻的位置、速度进而描绘空间确定的轨迹. 也就是说,粒子运动具有由任意时刻确定的位置、速度以及时空确定的轨道一一对应的基本特征. 而波是在空间弥漫开来的,具有连续性,其运动特征是具有频率和波长,也就是具有时空的周期性.

2. 概率波

德布罗意波的本质是什么？我们还是从物质的波粒二象性来探讨这个问题.

图 2.4.1 所示的是电子的双源(两个电子枪)双缝干涉的实验装置. 电子束经双缝产生干涉在屏上形成与光的双缝干涉相似的图样,控制到屏上的电子数的多少的不同,可得到不同的干涉图样,如图 2.4.2 所示. 从图中可以知道,当到达屏上的电子数较少时,体现出个别电子的随机行为,电子的粒子性表现较为明显;当到达屏上的电子数很多时,体现出群体电子的统计行为,电子的波动性表现较为明显. 随着到达屏上的电子数逐渐增多,电子的粒子性就逐渐减弱,而波动性就逐渐增强. 干涉图样上的明暗条纹,体现电子到达屏上概率的大小. 这一现象表明,物质波是一种概率波. 实践证明,电磁波也是概率波. 需要特别指出,概率波具有这样的特性,粒子的波动性不是粒子之间的相互作用引起的,而是粒子自身固有的性质.

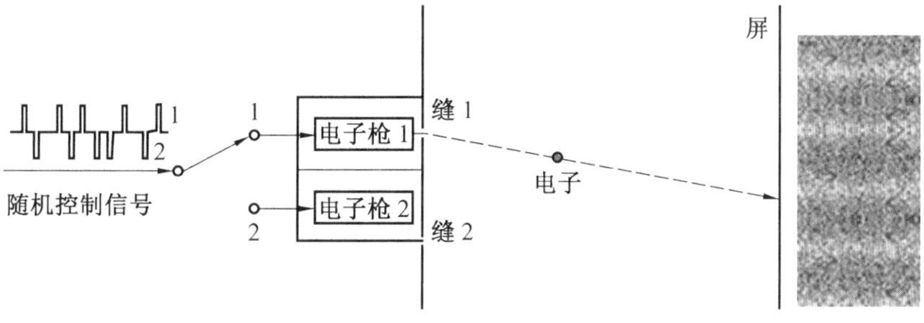

图 2.4.1　电子双源双缝干涉实验

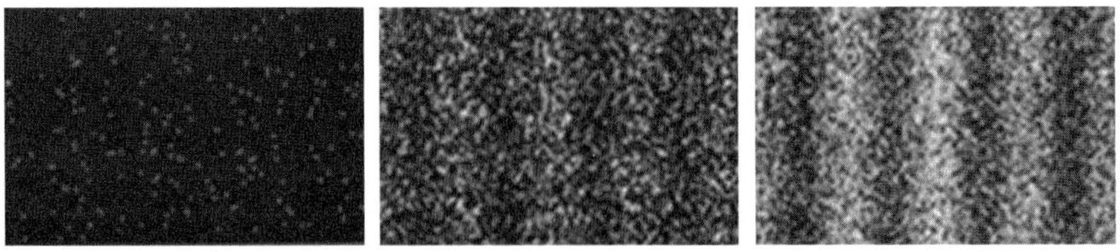

(a) 1 000 个电子　　(b) 10 000 个电子　　(c) 100 000 个电子

图 2.4.2

二、不确定关系

微观粒子由于波动性，已经不再遵守牛顿运动定律，因此不能精确地同时测定微观粒子的位置和速度.

1. 不确定关系

1927 年，德国物理学家海森伯提出：在测定微观粒子位置、动量这些物理量时，总是存在一种不确定性. 以电子单缝衍射为例，来说明这一问题. 如图 2.4.3 所示，一束电子以速度 v 射向宽度为 d 的狭缝，屏上可以观察到与光的单缝衍射相似的图样.

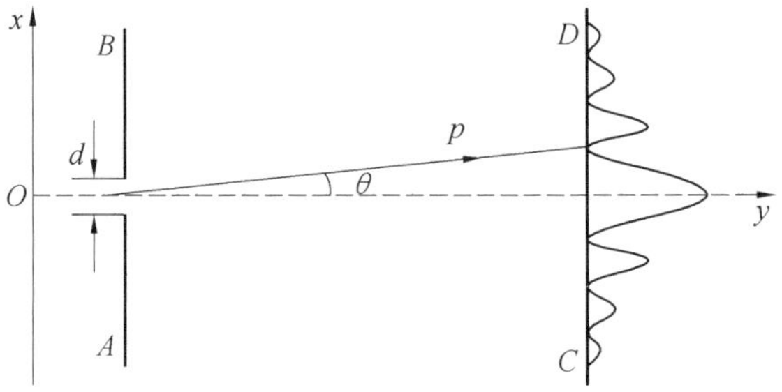

图 2.4.3　电子单缝衍射

对于电子来说，我们不能确定它们是从缝中哪一点通过狭缝的，其位置沿 x 方向的不确定量为

$$\Delta x=d$$

由于电子具有波动性，通过狭缝后会发生衍射，大部分落在中央“亮条纹”内. 这些电子在到达狭缝前沿 y 方向运动，通过狭缝后，一些电子具有了 x 方向的动量. 由于电子到达屏上的位置是不确定的，所以电子在 x 方向的动量也具有不确定性，其不确定量由中央“亮条纹”的宽度决定

$$\Delta p_x=p\sin\theta$$

若减小狭缝的宽度，电子位置的不确定量会减小. 但由于衍射，这时屏上中央“亮条纹”的宽度会变宽，即动量的不确定量相应增加了. 海森伯通过理论分析和数学推导得出：微观粒子在某一方向 x 上的位置的不确定量 Δx 与粒子在该方向的动量不确定量 Δp_x 的乘积满足

$$\Delta x\cdot\Delta p_x\geqslant\frac{h}{4\pi}$$

这就是著名的不确定关系，又称测不准关系或测不准原理. 不确定关系是量子力学的一条基本原理，是物质波粒二象性的生动体现.

2. 电子云

在经典力学中，可以同时精确地测出物体的位置和动量. 在量子力学中，根据不确定关系，如果要精确地确定物体的位置（使 Δx 更小），那么对动量的测量一定会更不精确（Δp_x 更大），因而就不可能用“轨道”来描述粒子的运动. 因此，量子力学在描述电子绕原子核运动时，用“电子云”取代了玻尔理论的“电子轨道”.

量子力学

1925 年，海森堡基于物理理论只处理可观察量的认识，抛弃了不可观察的轨道概念，并从可观察的辐射频率及其强度出发,和玻恩、约尔当一起建立起矩阵力学;1926 年,薛定谔基于量子性是微观体系波动性的反映这一认识,找到了微观体系的运动方程,建立了波动力学. 不久,薛定谔等人证明矩阵力学和波动力学在数学上是等价的,于是两种理论融合为量子力学. 以后又由于狄拉克等人的进一步发展,量子力学称为逻辑严谨、方法齐备的崭新理论.

当微观粒子处于某一状态时,它的力学量(如坐标、动量、角动量、能量等)一般不具有确定的数值,而具有一系列可能值,每个可能值以一定的概率出现. 当粒子所处的状态确定时,力学量具有某一可能值的概率也就完全确定. 这就是 1927 年,海森伯得出的测不准关系,同时玻尔提出了并协原理,对量子力学给出了进一步的阐释.

量子力学和狭义相对论的结合产生了相对论量子力学. 经狄拉克、海森伯和泡利等人的工作发展了量子电动力学. 20 世纪 30 年代以后形成了描述各种粒子场的量子化理论——量子场论,它构成了描述基本粒子现象的理论基础.

思考与练习

1. 我们能感知光现象,是因为我们接收到了一定能量的光. 一个频率是 10^6 Hz 的无线电波的光子能量是多大? 一个频率是 6×10^{14} Hz 的绿色光子和频率是 10^{18} Hz 的 γ 光子的能量各是多大? 试结合以上光子能量的大小,从概率波的角度说明:为什么低频电磁波的波动性显著而高频电磁波的粒子性显著.

2. 已知$\frac{h}{4\pi}=5.3\times10^{-35}$ J · s,试求下列情况中速度测定的不确定量,并根据计算结果,讨论在宏观和微观世界中进行测量的不同情况.

(1)一个球的质量为 $m=1$ kg,测定其位置的不确定量是 $\Delta x=10^{-6}$ m.

(2)电子的质量是 $m_e=9.0\times10^{-31}$ kg,测定其位置的不确定量是 $\Delta x=10^{-10}$ m.

第3章　原子结构

3.1　电子的发现

· 19 世纪末物理学的三大发现：1895 年，伦琴发现了 X 射线；1896 年，贝克勒尔发现了放射性；1897 年，J. J. 汤姆孙发现了电子.

· 阴极射线的本质是高速运动的电子流.

· 电荷是量子化的，即任何带电体的电荷只能是电子电荷量的整数倍.

人们很早就在探索构成物质的最小微粒了. 古希腊哲学家德谟克利特等人建立了早期的原子论，认为宇宙间存在一种或多种微小实体，叫作原子（希腊语中的含义是“不可分割的东西”）. 这些原子在虚空中运动，可按照不同的方式重新结合或分散. 我国战国时期的思想家墨子则认为物体是由一种称作“端”的不可分割的最小单元构成的.

19 世纪末，科学家们发现了电子，从而认识到：原子是可以分割的，是由更小的微粒组成的.

一、阴极射线

1. 阴极射线管

在如图 3. 1. 1 所示的涂有荧光物质的真空管中装上圆板形电极（阴极）K 和环状电极（阳极）A，这样就是一个阴极射线管. 管中的“十字状”物体是一个金属片.

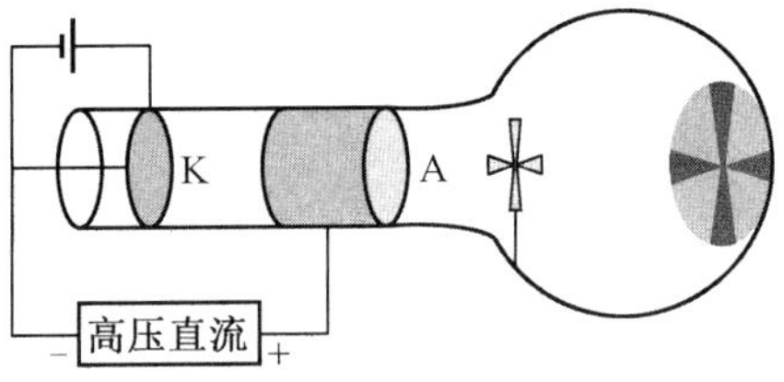

图 3. 1. 1

先用阴极射线管与高压直流电源来观察一个实验.

将阴极射线管的两电极与感应圈的输出端连接. 接通电源，感应圈就在两电极间加上近万伏电压.

（1）观察管端玻璃壁上的亮度变化及其他一些比较明显的现象.

（2）分析所观察到的现象所产生的原因.

实验过程中可看到这样两个现象：一个是玻璃壁上有淡淡的荧光，另一个是荧光背景上有管中“十字状”物体的影子.

实验现象表明，阴极射线管的阴极一定有某种射线产生.

2. 阴极射线

早在 1858 年，德国物理学家普吕克尔就在实验中观察到了上述现象. 1876 年德国物理学家戈德斯坦认为管壁上的荧光是由于玻璃壁上的荧光物质受到阴极发出的某种射线撞击而引起的，并把这种射线命名为阴极射线. 顾名思义，阴极射线就是阴极射线管在强电场作用下产生的射线. 阴极射线能够使荧光物质发出强烈的辉光，如图 3. 1. 2 所示.

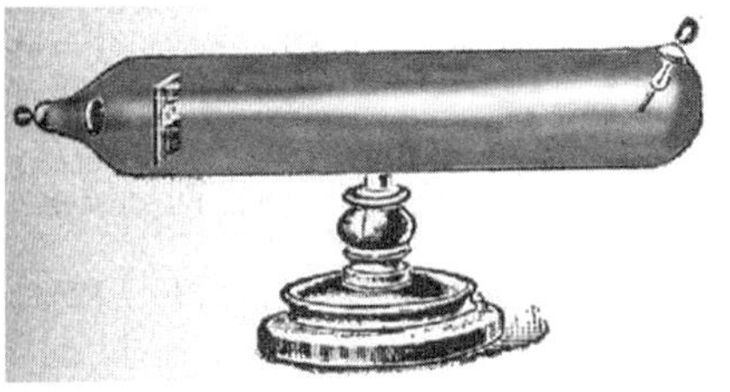
图 3. 1. 2

阴极射线的本质是什么？是光？是原子？它带电吗？

19 世纪，对阴极射线的本质认识有两种观点. 一种是以英国克鲁克斯为首的粒子观点，认为阴极射线是带电的粒子流. 另一种是以德国赫兹为首的电磁辐射观点，认为阴极射线是一种类似紫外辐射的波长很短的电磁波.

3. 三大发现

为了探究阴极射线的本质,科学家们纷纷走进实验室,都试图探明阴极射线的性质.

对阴极射线的研究,引发了19世纪末物理学的三大发现:1895年,伦琴发现了X射线;1896年,贝克勒尔发现了放射性;1897年,J. J. 汤姆孙发现了电子.

二、电子的发现

对阴极射线的认识,J. J. 汤姆孙是粒子观的支持者,认为阴极射线是带电的粒子流. 为了证实这一观点,从1890年起他就做了一系列的实验研究. 图3.1.3是他当时使用的气体放电管示意图. 由阴极K发出的带电粒子经强电场加速后通过小孔 A、B 形成一束细细的射线. 射线穿过两片平行的金属板 D_1、D_2 之间的空间,到达右端带有标尺的荧光屏上. 通过在金属板 D_1、D_2 之间加上电场和磁场,根据射线产生的荧光位置,可以研究射线的径迹.

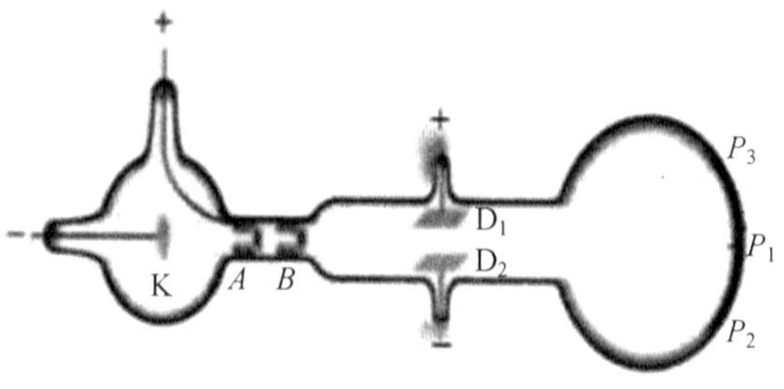

图3.1.3

1. 电子的发现

1897年,J. J. 汤姆孙根据阴极射线在电场和磁场中的偏转情况断定,阴极射线的本质是带负电的粒子流,并测出其荷质比

$$\frac{q}{m}\approx 10^{11}\ \mathrm{C/kg}$$

这个比值大约是氢离子荷质比的2 000倍. 换用不同的阴极材料仍然得出相同的结果. 为此,汤姆孙认为,组成阴极射线的粒子的电荷量大小跟氢离子一样,而质量比氢离子小得多.

1898年,汤姆孙测出这种粒子的电荷量与氢离子的电荷量接近,从而证明该粒子的质量小于氢离子质量的1/1 000. 因此得出,阴极射线的本质是高速运动的粒子流,组成阴极射线的粒子是一种质量很小的带负电的粒子. 汤姆孙将这种粒子称之为电子.

2. 电子电量的精确测定

电子电荷量的精确测定是在1909—1913年间,由美国科学家密立根通过著名的"油滴实验"测出的. 电子电荷量的现代值为

$$e=1.602\ 177\ 33(49)\times 10^{-19}\ \mathrm{C}$$

密立根实验更重要的发现是:电荷是量子化的,即任何带电体的电荷只能是电子电荷量 e 的整数倍. 根据实验中测到的荷质比及 e 的数值,可以确定电子的质量为

$$m_e=9.109\ 389\ 7\times 10^{-31}\ \mathrm{kg}$$

质子质量与电子质量的比值为

$$\frac{m_p}{m_e}=1\ 836$$

测定阴极射线荷质比的第一人

从1858年普吕克尔首次观察到阴极射线到汤姆孙确认电子的存在,其间经历了近40年. 这期间对阴极射线的研究从未间断,甚至有人也测出组成阴极射线微粒的荷质比 ,但是谁都不敢承认还有比原子更小的粒子,因而错过了发现电子的良机.

电磁波的发现者赫兹是"阴极射线是电磁波"的支持者. 他也曾在阴极射线管中施加垂直于阴极射线的电场,但是没有看到偏转. 因此,阴极射线是不带电的. 其实这是由于管中真空度不高造成的. 汤姆孙重复赫兹的这个实验时,起初也没有看到偏转. 后经仔细分析,发现了问题,于是改善真空条件,终于如愿以偿.

赫兹和他的学生还观察到,阴极射线可以像光透过透明物质一样透过薄铝片,可是他们并不相信有

比原子更小的粒子,并且认为只有波才能穿过实物,因此他们把这个事实当成"阴极射线是电磁波"的证据. 但同时这个实验,汤姆孙认为,正是阴极射线透过薄铝片的事实,说明阴极射线微粒比原子小.

1890 年舒斯特在对阴极射线的测量中发现,构成阴极射线的微粒的荷质比应该在氢离子荷质比的 1 000 倍以上. 但他认为,粒子质量不到氢离子质量的 1‰,这样的结论是荒谬的. 因此他假定:阴极射线粒子的质量大小与氢原子一样,而电荷量却较氢离子大得多.

1897 年考夫曼测得的 e/m 数值远比汤姆孙要精确,与现代值只差 1%. 考夫曼还观察到 e/m 值随粒子速度的改变而改变,这正是若干年后爱因斯坦的相对论所预言的. 但是,因为他不承认"阴极射线是粒子"的假设,所以他当时没有发表这些结果,直到 1901 年他才把结果公布于世.

科学研究并不只是"客观地"揭露事实,有时候研究者的主观意识会起到决定性的作用. 创造性的发现需要洞察力.

思考与练习

1. 一个半径是 1.64×10^{-4} cm 的带负电的油滴,处在电场强度等于 1.92×10^{5} V/m 的竖直向下的匀强电场中. 如果油滴受到的电场力恰好与重力平衡,那么该油滴带有几个电子的电荷?(油的密度为 0.851×10^{3} kg/m^{3})

2. 加在阴极射线管内阴极和阳极之间的电压为 4×10^{3} V,如果电子离开阴极表面时的速度可视为 0,那么,电子到达阳极时的速度有多大?

3. 图 3.1.4 是一种测定电子荷质比的装置. 真空玻璃馆内,阴极 K 发出的电子经与阳极 A 之间的高电压加速后形成细细的一束电子流,沿图示方向经过两极板 C、D 之间的区域后打在荧光屏上. 若两极板 C、D 之间无电压,电子将打在荧光屏的点 O;若在两板之间按图示施加电压 U,电子径迹将发生偏转而打在荧光屏的点 P;这时又在两板之间施加方向向外、磁感应强度大小为 B 的匀强磁场,则电子又将打在点 O. 已知极板长度 $l=5.00$ cm,极板 C、D 间的距离 $d=1.50$ cm,极板区中点 M 到荧光屏中点 O 的距离 $L=12.5$ cm,$U=200$ V,$B=6.3\times10^{-4}$ T,P 到点 O 的距离 $y=3.0$ cm. 试求出电子的荷质比.(提示:荧光屏的弯曲程度很小,因此,点 P 到点 O 之间可近似认为是直线.)

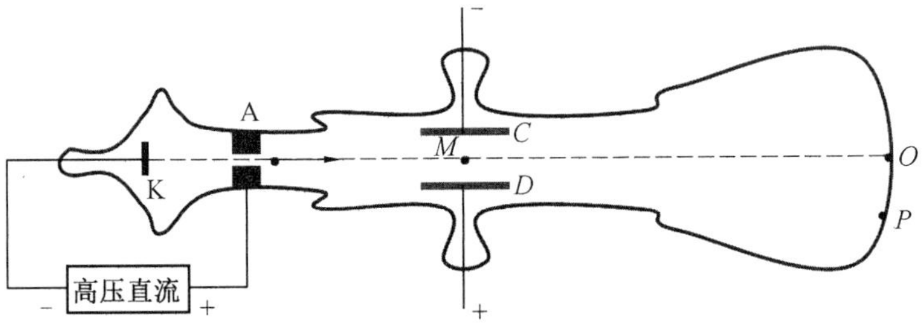

图 3.1.4

4. 根据电子是物质的组成部分,请你猜想原子结构会是什么样子?然后登录网页或查阅资料验证你的猜想.

5. 登录网页或查阅资料,了解汤姆孙是怎样利用图 2.1.3 所示的装置测定组成阴极射线的粒子的荷质比的.

6. 登录网页或查阅资料,了解密立根是怎样测定出电子电量的.

3.2 原子核式结构模型

· 汤姆孙认为,原子就像一个实心球体.
· 勒纳德的电子穿透金属膜实验首次证明原子内部是很空的.

·卢瑟福认为,除非原子的几乎质量和正电荷都集中在原子中心的一个很小的核上,否则,α 粒子的大角度散射是不可能的.

电子的发现,激发人们探索原子内部结构的热情. 原子内部除了电子外,还有些什么? 原子的内部结构又是怎样的?

在 19 世纪末和 20 世纪最初期,科学家还无法通过实验手段来直接揭示原子的内部结构. 于是,利用假设的方法构思出一个一个的原子模型.

一、汤姆孙模型

1. 汤姆孙模型

汤姆孙发现电子后,随即于 1898 年提出了一种原子模型,即所谓的"枣糕模型",如图 3.2.1 所示. 汤姆孙认为:

(1)原子就像一个实心球体,正电荷均匀分布在整个球体内,电子就像枣糕上的枣子一样镶嵌在球中,被正电荷吸引着.

(2)原子内正、负电荷相等,因此原子整体呈中性.

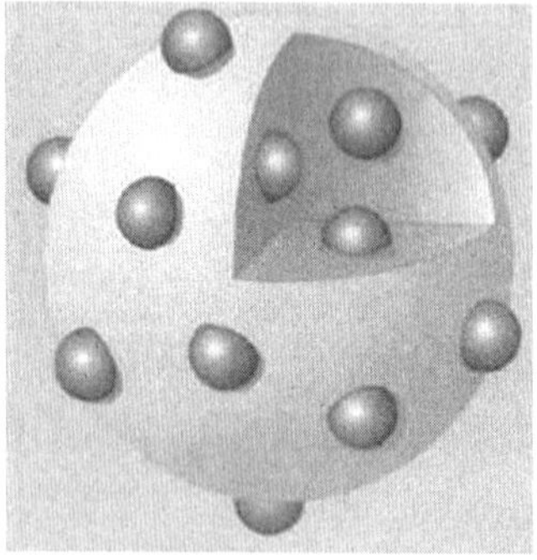

图 3.2.1

2. 勒纳德实验

德国物理学家勒纳德于 1902 至 1903 年间做了这样一个实验,即让高速电子流照射到金属薄片上. 实验发现,高速电子流(阴极射线)很容易穿过原子. 他从这一现象出发正确地推断出原子内部的空间相对来说是空虚的,而不是实心的.

二、α 粒子散射实验

1909 年,英国物理学家卢瑟福(E. Rutherford)为了检验汤姆孙原子模型的正确性,指导他的助手盖革(H. W. Geiger)和马斯登(E. Marsden)设计并实践了一个著名的实验,即 α 粒子散射实验.

1. 实验装置

实验装置如图 3.2.2 所示. 在一个小铅盒里放少量的放射性元素钋,它发出的 α 粒子从铅盒的小孔射出,形成很细的一束射线射到金箔(黄金)上. α 粒子穿过金箔后打在荧光屏上产生一个个的闪光点. 整个装置放在一个抽成真空的容器里. 荧光屏和观察闪光的显微镜能够围绕金箔在一个圆周上运动,可以在转到不同的方向对散射的 α 粒子进行观察.

2. 实验现象

实验表明:绝大多数 α 粒子穿过金箔后基本上仍然沿原方向运动;有少数 α 粒子(约占 1/8 000)发生了大角度偏转,偏转角度甚至大于 90°;极少数 α 粒子甚至被反弹回来. 图 3.2.3 是 α 粒子的散射示意图.

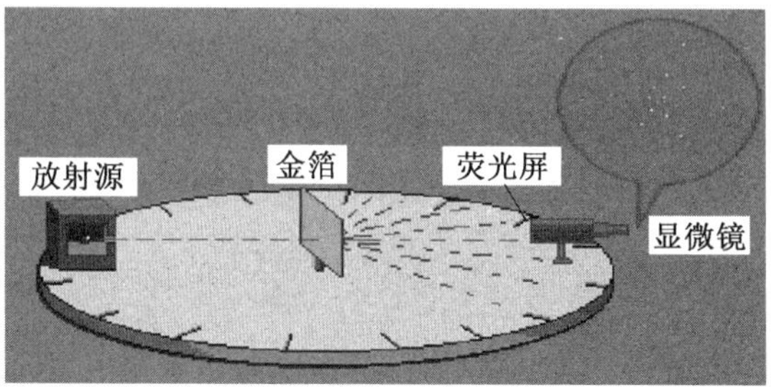

图 3.2.2

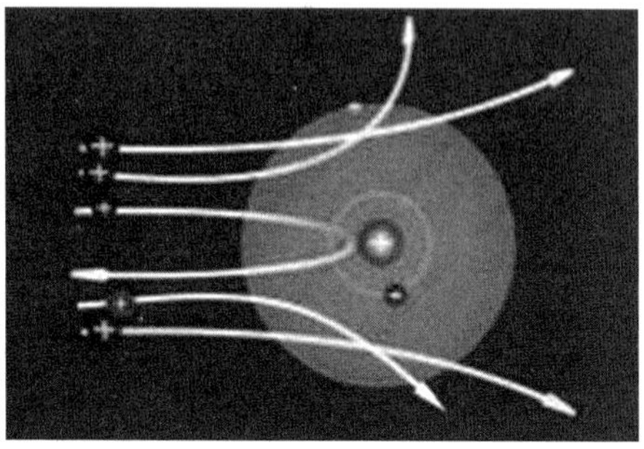

图 3.2.3

3. 实验解释

实验现象反映出原子的内部是很空的,原子并不是实心球体. 这与勒纳德实验反映的事物本质是完全一致的,这就彻底地否定了汤姆孙原子模型.

汤姆孙原子模型无法解释 α 粒子的大角度散射的实验事实. 卢瑟福认为:

(1)α粒子的大角度散射不是原子中的电子引起的,因为电子质量只有α粒子质量的1/7 300,这好比灰尘对枪弹没有多大的影响一样.

(2)原子中除了电子外,还存在其他质量很大且带正电的物质.这种物质是使α粒子产生大角度散射的原因,它在原子中只占据极小的空间.

(3)α粒子能与质量很大且带正电的物质发生近距离正碰的概率很小很小.因此,绝大多数α粒子穿过金箔后基本上仍然沿原方向运动,只有极少数的α粒子产生大角度散射和反弹,如图3.2.3所示.

三、原子核式结构模型

卢瑟福对实验数据进行计算和分析后认为,除非原子的几乎质量和正电荷都集中在原子中心的一个很小的核上,否则,α粒子的大角度散射是不可能的.卢瑟福在此基础上,把原子结构跟太阳系比较,于1911年提出原子核式结构模型.

(1)原子的中心有一个很小的核,叫原子核.即原子核是原子的中心,就像太阳是太阳系的中心一样.

(2)原子的全部正电荷和几乎全部质量都集中在原子核上.就像太阳质量远大于太阳系各大行星质量一样.

(3)带负电的电子在核外空间的不同轨道上绕核旋转,如图3.2.4所示.就像太阳系的各大行星在不同轨道上绕太阳旋转一样.

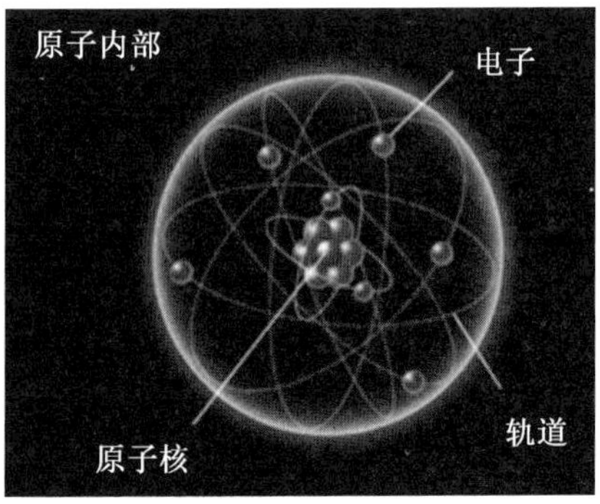

图3.2.4

如何计算原子核的大小?

由α粒子散射实验的数据可以估测出原子核的大小.当α粒子与核发生对心弹性碰撞时,α粒子以接近180°角返回.假定原子核静止不动,α粒子以一定的初动能接近原子核,达到离原子核的最小距离时,初动能完全转变为在原子核电场中的电势能,然后在α粒子与原子核正电荷的排斥作用下以接近180°角返回.假设α粒子的初速度为v_0、质量为m_α,金属薄片的原子序数为Z,α粒子接近原子核的最小距离为$r_{\min}$.根据初动能等于核电场中的电势能,即

$$\frac{1}{2}M_\alpha v_0^2=k\frac{2e\cdot Ze}{r_{\min}}$$

因此

$$r_{\min}=\frac{4ke^2Z}{M_\alpha v_0^2}$$

这一最近距离就粗略等于原子核的半径.计算表明,原子核半径的数量级为10^{-15} m.

思考与练习

1.图3.2.5为卢瑟福和他的同事们做α粒子散射实验的装置示意图,荧光屏和显微镜一起分别放在图中的A、B、C、D四个位置时,对于观察到的现象,下述说法中正确的是(　　).

A.放在A位置时,相同时间内观察到屏上的闪光次数最多

B.放在B位置时,相同时间内观察到屏上的闪光次数最多

C.放在C位置时,屏上仍然能观察到一些闪光,但次数很少

D.放在D位置时,屏上观察不到闪光

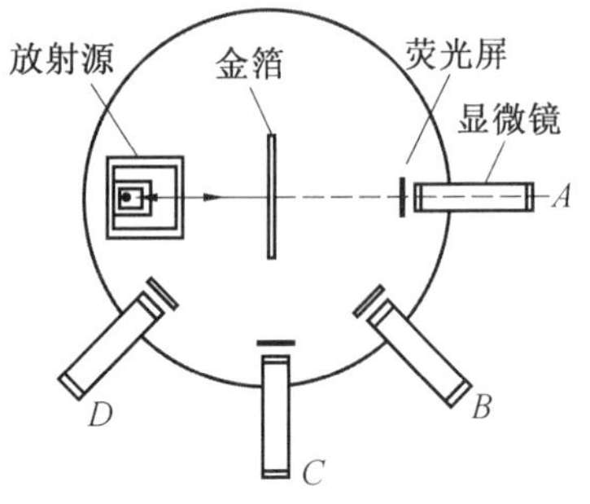

图3.2.5

2.在α粒子散射实验中,下列说法正确的是(　　).

A.如果一个α粒子跟金箔中的电子相碰撞,α粒子的动能和动量几

乎没有损失

B. 如果一个 α 粒子跟金箔中的电子相碰撞，α 粒子将会发生显著的偏转

C. 当 α 粒子接近金核时，α 粒子和金核组成的系统电势能最大

D. 当 α 粒子接近金核时，α 粒子的速度最大

3. 氢原子的直径约为 1.0×10^{-10} m，氢原子核的直径约为 3×10^{-15} m. 若把氢原子放大，使核的直径变为 1 mm，那么电子离核的距离有多大？

4. α 粒子的质量大约是电子质量的 7 300 倍. 如果 α 粒子以速度 v 与一个静止的电子发生弹性正碰，那么碰后 α 粒子的速度变化了多少？

3.3　玻尔原子模型

· 原子跃迁的过程实质就是电子变换轨道的过程.

· 电子在某一轨道上绕原子核运动的动能与电子–原子核系统相应的电势能之和就是原子在某一定态具有的能量.

一、量子化

1. 卢瑟福原子模型的弱点

按照经典电磁理论，电子绕原子核高速运动时，必然要向外连续辐射电磁波，辐射电磁波的频率等于电子绕核运动的频率；随着电磁波的辐射电子运动的轨道半径将连续减小，因而使得辐射的电磁波频率连续增大；电子运动的轨道呈螺旋线，最终落在原子核上，如图 3. 3. 1 所示. 但实际情况并不是这样的，原子的结构是相当稳定的.

卢瑟福原子结构模型解释不了原子的稳定性.

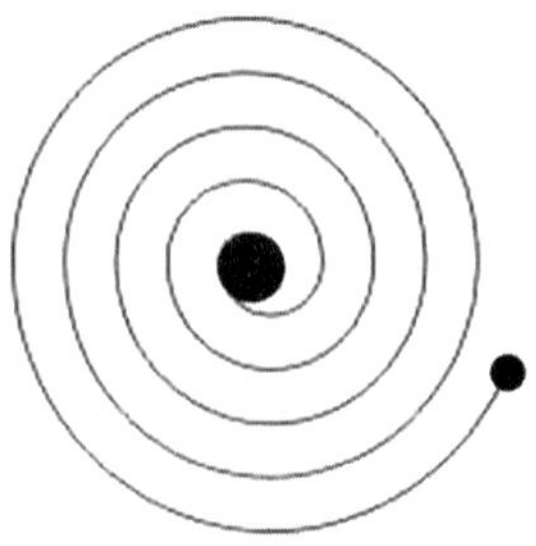

图 3. 3. 1

2. 量子化

在经典物理学中，对体系物理量变化的最小值没有限制，它们是可以任意连续变化的.

1900 年，德国物理学家普朗克在解决黑体辐射现象的时候提出了一种假设，即黑体辐射是不连续的，而是一份一份的. 由此，提出量子化的概念. 之后，科学家们逐步建立和完善了量子论（包括量子力学和量子场论）.

在量子力学中，物理量只能以确定的大小一份一份地进行变化，这种物理量只能采取某些分离数值的特征叫作量子化. 变化的最小份额称为量子. 具体的量子有多大要随体系所处的状态而定.

二、玻尔原子模型

1913 年，丹麦物理学家玻尔在卢瑟福模型的基础上，把普朗克的量子论引入原子系统，提出了两条基本假设，建立了玻尔原子模型.

1. 电子轨道量子化

原子只能处于一系列不连续的能量状态中，在这些状态中的原子是稳定的，这些状态叫作定态. 处于定态的原子并不对外辐射能量，只有当原子在两个定态之间跃迁时，才能产生电磁波的辐射或吸收.

(1) 原子跃迁的过程实质就是电子变换轨道的过程.

(2)“跃迁”有两层含义，一是指不连续，二是指时间极短（10^{-9} s 数量级）.

2. 原子辐射电磁波频率不连续

原子能量为 E_n 的定态跃迁到能量为 E_m 的定态时，辐射或吸收一定频率的光子，光子的能量由这两个定态的能量差决定，即

$$h\nu=E_m-E_n$$

式中,h 为普朗克常量,ν 为光子的频率.由于各个定态的能量不连续,所以辐射或吸收的光子频率也不连续.

(1)当 $E_m>E_n$,即原子由高能量态向低能量态跃迁时,辐射光子.

(2)当 $E_m<E_n$,即原子由低能量态向高能量态跃迁时,吸收光子.

(3)只有满足 $h\nu=E_m-E_n$ 的光子才能被吸收或辐射.

三、原子能量

1.原子能量

经典物理学认为,电子绕原子核运动时具有动能;电子与原子核之间有相互电场力作用,因此电子-原子核系统具有电势能.电子在某一轨道上绕原子核运动的动能 E_k 与电子-原子核系统相应的电势能 E_p 之和就是原子在某一定态具有的能量 E,即

$$E=E_k+E_p$$

玻尔理论继承了经典物理学的这一观点.若电子的质量为 m_e,绕原子核运动的速率为 v,那么

$$E_k=\frac{1}{2}m_e v^2$$

而 E_p 与零电势能的规定有关系.

2.玻尔半径和能量状态

玻尔在他的两条基本假设的基础上,计算出氢原子的电子可能轨道半径即玻尔半径与电子在各轨道运动时的氢原子能量

$$r_n=n^2r_1,E_n=\frac{1}{n^2}E_1\quad(n=1,2,3,\cdots,\text{称为量子数})$$

其中,r_1 表示第1条(离原子核最近)可能轨道的玻尔半径,E_1 表示电子在这一轨道上运动时氢原子的能量;r_n 表示第 n 条可能轨道的玻尔半径,E_n 表示电子在这一轨道上运动时氢原子的能量.电子所处的轨道半径越小,对应的原子能量越低.通常把原子的能量最低状态叫作基态,其他的能量状态称为激发态.

玻尔计算出的氢原子基态轨道半径 r_1 和基态原子能量 E_1 分别为

$$r_1=0.053\ \text{nm}=0.53\times10^{-10}\ \text{m},E_1=13.6\ \text{eV}$$

思考与练习

1.根据玻尔理论,某原子的电子从能量为 E 的轨道跃迁到能量为 E' 的轨道,辐射出波长为 λ 的光.若以 h 表示普朗克常量,c 表示真空中的光速,那么 E' 等于(　　).

A. $E-h\frac{\lambda}{c}$　　B. $E+h\frac{\lambda}{c}$　　C. $E-h\frac{c}{\lambda}$　　D. $E+h\frac{c}{\lambda}$

2.根据玻尔理论 $h\nu=E_m-E_n$,关于氢原子的跃迁,下列叙述中正确的是(　　).

A.用波长是60 nm的X射线照射,可使处于基态的氢原子电离出自由电子

B.用能量是10.2 eV的光子照射,可使处于基态的氢原子跃迁到激发态

C.用能量是11.0 eV的光子照射,可使处于基态的氢原子跃迁到激发态

D.用能量是12.5 eV的光子照射,可使处于基态的氢原子跃迁到激发态

3.1951年,科学家发现“电子偶素”.所谓“电子偶素”,就是由一个负电子和一个正电子绕它们的质量中心旋转形成的相对稳定的系统.设正、负电子的质量均为 m,“电子偶素”中,正、负电子绕它们的质量中心做匀速圆周运动的轨道半径、运动速度及电子的质量满足玻尔轨道量子化理论 $2mvr=\frac{nh}{2\pi}$(1,2,3,…),“电子偶素”的能量为正、负运动的动能与系统的电势能之和.若正、负电子相距 l 时,系统的电势

能为$E_p=-\frac{ke^2}{l}$,试求:(1)$n=1$时"电子偶素"的能量;(2)"电子偶素"由第 1 激发态跃迁到基态时辐射的光子的波长.

3.4　能级、原子光谱

·各种元素的原子的吸收光谱中的每一条暗线都跟这种原子的发射光谱中的一条亮线相对应.

·气体导电时,处于基态的原子受到高速运动电子的撞击,有可能跃迁到激发态.处于激发态的原子是不稳定的,会自发向能量较低的能级跃迁,放出光子,最终回到基态.这就是气体导电时发光的机理.

一、能级与能级图

1. 能级

根据玻尔模型,原子的能量状态是不连续的,因而各定态的能量只能取一些分立值.在物理学中,把原子在各定态的能量值叫作原子的能级.

(1)不同原子的能级分布不同.在轨道量子数相同的条件下,原子序数越大的原子,能级越低.

(2)对于同一种原子,轨道量子数越小,能级就越低.

2. 能级图

用来表示原子能级的图形叫作能级图.氢原子只有 1 个核外电子,它的能级图是最简单的,如图 3.4.1所示.正常情况下,原子处于能量最低的、最稳定的基态.处于基态或较低能级的激发态的原子吸收能量后将向较高能级的激发态跃迁,其中,基态或某一能级激发态的原子吸收足够能量跃迁到无限远的想象,叫作原子的电离.电离的实质就是核外电子摆脱原子核的束缚.给物体加热或用光照射物体时,物体中的某些原子能够通过相互碰撞或从照射光子中吸收一定的能量,从基态或较低能级的激发态向较高能级的激发态跃迁.处在高能级的原子由于不稳定,将会自发地向低能级激发态或基态跃迁,这一过程是以光子的形式辐射能量的过程.

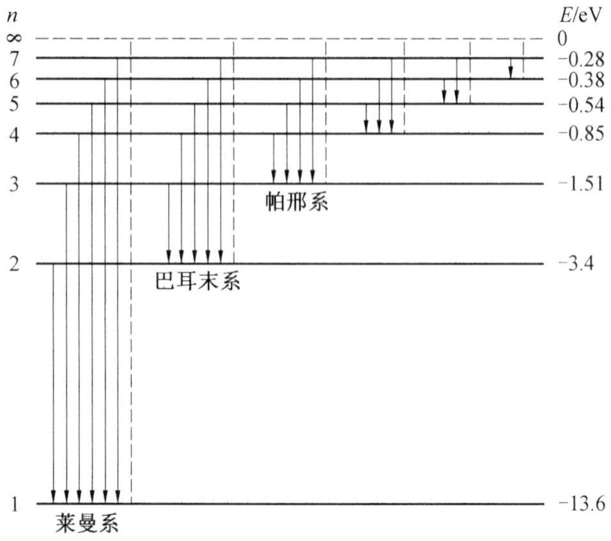

图 3.4.1　氢原子能级图

(1)原子跃迁时符合玻尔假设的频率条件,即满足

$$h\nu=E_m-E_n$$

(2)不同的原子从不同的能级电离所需要吸收的能量不同.

思考与讨论

1. 氢原子能不能吸收能量分别为 1.91 eV 和 10.5 eV 的光子？为什么？

2. 一个处于基态的氢原子，至少需要吸收多大能量的光子才能发生电离？

3. 一个处于第 3 激发态（$n=4$）的氢原子向低能级跃迁，可能有几种情况？

二、光谱和原子光谱

1. 光谱

通过光学元件（比如：光栅、棱镜等），把各种不同颜色的光按波长（频率）展开，获得的光的波长（频率）和强度分布的记录叫作光谱，如图 3.4.2 所示.

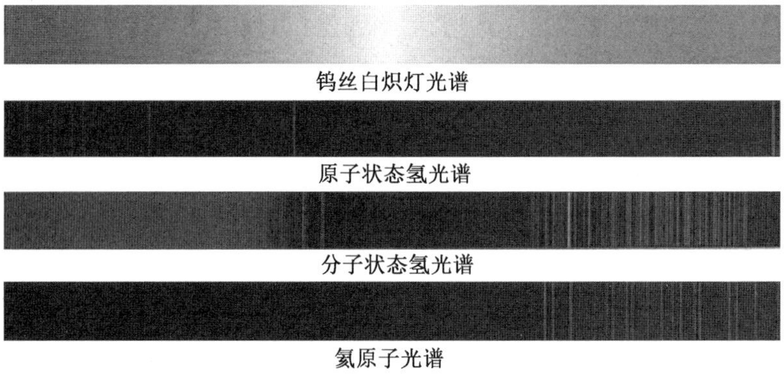

图 3.4.2　几种光谱

根据光谱形成过程的原因可将光谱分为发射光谱和吸收光谱，发射光谱又分为连续光谱和明线光谱.

（1）物体发光直接产生的光谱叫作发射光谱.

在发射光谱中，由不同颜色的光构成的连续光带称为连续光谱. 炽热固体、液体以及高压气体发光形成的光谱都是连续光谱，比如白炽灯丝，烛焰、炽热的钢水等发出的光都是连续光谱. 由不同颜色的分立亮线构成的光谱称为明线光谱. 一般地，稀薄气体（物质蒸气）发出的光是明线光谱.

（2）物体发出的白光，通过温度较低的物质蒸气时，某些波长的光被该物质吸收后形成的光谱叫作吸收光谱.

吸收光谱是在连续光谱的明亮背景上的一些分立暗线. 吸收光谱和明线光谱通常又都称作线状光谱，简称线状谱.

2. 原子光谱

各种不同元素的原子结构不同，能级分布也就各不相同. 它们可能发射（或吸收）的光的频率也不同，每种元素的原子发出（或吸收）的光都具有自己元素的原子特征. 在物理学中，把具有某种元素的原子特征的光谱，叫作该元素的原子光谱. 表征某元素原子光谱的光谱线，称为这种元素的特征谱线. 明线光谱的亮线和吸收光谱的暗线都是特征谱线，如图 3.4.3 所示.

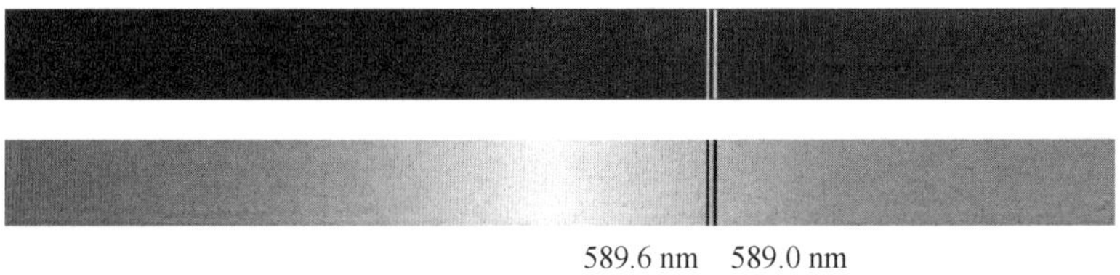

图 3.4.3　钠的特征谱线

(1)各种元素的原子的吸收光谱中的每一条暗线都跟这种原子的发射光谱中的一条亮线相对应.

(2)利用光谱来鉴别物质和确定物质化学成分的方法叫作光谱分析. 观测特征谱线是光谱分析中最重要的研究方法. 光谱分析的最大优点是非常灵敏和迅速的,某种元素在样品中只要含有 1×10^{-10} g,就可以从光谱中发现它的特征谱线,从而将该元素检测出来.

三、氢原子光谱的实验规律

光谱研究是探索原子结构的重要途径之一. 光谱研究中的重要工具是分光镜和气体放电管,如图 3.4.4 所示. 分光镜的一个关键部件是棱镜组,对入射光产生色散作用. 而不同的放电管中封闭有不同物质的稀薄蒸气.

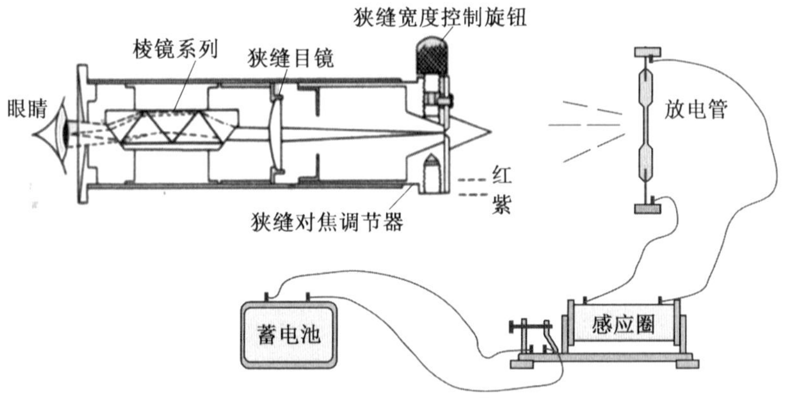

图 3.4.4

放电管中的稀薄蒸气在强电场作用下会电离成自由移动的正、负电荷,于是气体变成导体. 气体导电时,处于基态的原子受到高速运动的电子的撞击,有可能跃迁到激发态. 处于激发态的原子是不稳定的,会自发地向能量较低的能级跃迁,放出光子,最终回到基态. 这就是气体导电时发光的机理.

1. 巴耳末系

从氢放电管可以获得氢原子光谱. 1885 年,巴耳末对当时已知的在可见光区的四条谱线进行分析,发现它们可以用一个公式表示,即

$$\frac{1}{\lambda}=R\left(\frac{1}{2^n}-\frac{1}{n^2}\right)\quad(n=3,4,5,\cdots)$$

式中,$R=1.10\times10^7\ \mathrm{m}^{-1}$叫作里德伯常量,这一公式称为巴耳末公式. 由巴耳末公式确定的这一组谱线称为巴耳末系,它概括了氢原子从其他各激发态向第 1 激发态跃迁时产生的系列光谱线.

在物理学中,常把波长的倒数称为波数,用 $\tilde{v}$ 表示,即

$$\tilde{v}=\frac{1}{\lambda}$$

2. 莱曼系

氢原子光谱中,由莱曼公式

$$\frac{1}{\lambda}=R\left(\frac{1}{1^2}-\frac{1}{n^2}\right)\quad(n=2,3,4,\cdots)$$

确定的这一组谱线称为莱曼系. 莱曼系概括了氢原子从各激发态向基态跃迁时产生的系列光谱线,属于紫外光区.

3. 帕邢系

氢原子光谱中,由帕邢公式

$$\frac{1}{\lambda}=R\left(\frac{1}{3^2}-\frac{1}{n^2}\right)\quad(n=4,5,6,\cdots)$$

确定的这一组谱线称为帕邢系. 帕邢系概括了氢原子从各较高激发态向第 2 激发态跃迁时产生的系列光

谱线,属于红外光区.

玻尔理论能够对氢原子光谱做出很好的解释,但对其他元素的原子光谱的解释存在很大的偏差.

思考与练习

1. 一群氢原子处于量子数为 5 的激发态,可辐射出多少条数的光谱线?

2. 根据图 3.4.1 所示的氢原子能级图,分别计算莱曼系、巴耳末系和帕邢系中频率最低的一条谱线的波长,并分别与用莱曼公式、巴耳末公式和帕邢公式的计算结果相比较.

3. 处于基态的氢原子在某种光的照射下,只能发出频率分别为 ν_1、ν_2、ν_3 的三种光,且 $\nu_1<\nu_2<\nu_3$. 那么,该照射光的光子能量是(　　).

A. $h\nu_1$　　B. $h\nu_2$　　C. $h\nu_3$　　D. $h(\nu_1+\nu_2+\nu_3)$

4. 关于光谱分析,下列说法中正确的是(　　).

A. 进行光谱分析,可以用连续谱,也可以用吸收光谱

B. 光谱分析的最大优点是非常灵敏和迅速的

C. 使一种物质发出的白光通过另一种物质的低温蒸气,取得吸收光谱,就可以对前者的化学成分进行分析

D. 摄下月球的光谱,可以分析出月球是由哪些元素组成的

第4章　原子核与核能

4.1　放射性、原子核的组成

· 凡是原子序数大于或等于83的元素都具有放射性.

· 物质的放射性具有稳定性,不受物质存在的形式及外在压强、温度等因素的影响.

· 核反应过程中,质量数和电荷数都是守恒的.

一、天然放射现象

1. 物质射线的发现

1896年,法国物理学家贝克勒尔发现,铀和含铀的矿物质能够发出看不见的射线,这种射线可以穿过黑纸使照相底片感光.

波兰物理学家玛丽·居里和她的丈夫法国物理学家皮埃尔·居里受到贝克勒尔的鼓舞,对铀和含铀的各种矿石进行深入研究.他们发现有一种沥青含有铀物质,但实际测得的射线强度要比根据沥青中含铀物质的含铀量计算值要强得多.经过进一步研究后,发现沥青中还存在着两种能够发出更强射线的元素,玛丽·居里把其中的一种命名为钋(Po),另一种命名为镭(Ra).

2. 放射性和放射性元素

物质自发发射射线的性质叫作放射性,具有放射性的元素叫作放射性元素.研究表明:凡是原子序数大于或等于83的元素都具有放射性,原子序数小于83的有些元素也具有放射性.

放射性元素自发发射射线的现象叫作天然放射现象.

二、放射线的本质

放射性元素自发发射出的射线是什么?用什么方法来检验它们呢?

1. 实验检验

实验:将放射性元素放入厚壁铅盒中,在铅盒的小孔外侧加一强磁场或强电场,如图4.1.1所示.放射性元素发射的射线经小孔射出后形成1细束,射线经过磁场或电场时分成了3束.

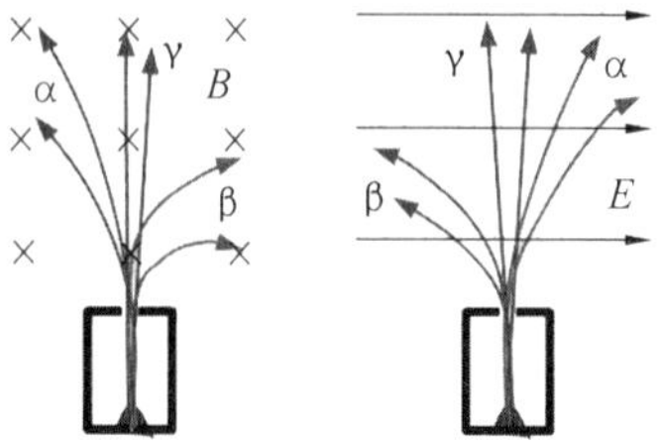

图4.1.1

放射线通过磁场或电场时分成了3束,其中有1束不发生偏转,说明这种射线不带电,称为γ射线;有2束分别向相反的方向偏转,说明它们分别带正、负电荷,把带正电荷的一种射线称为α射线,带负电荷的一种射线称为β射线.

2. 放射线的本质

科学家们经过深入研究,对各种放射线的质量和电荷量进行精确的测量和数据分析,确认出放射线的本质.

α射线是高速运动的氦原子核组成的高能粒子流,它的运动速度约为光速的$\frac{1}{10}$;β射线是高速运动的电子流,它的运动速度可达光速的$\frac{99}{100}$;γ射线是波长很短的电磁波.

不同放射线的电离本领和穿透本领不同,见表4.1.1.

表 4.1.1　几种放射线的电离本领及穿透本领对照表

射线种类	电离本领	穿透本领
α 射线	很强	极差,在空气中只能运动几厘米,一张纸也穿不过
β 射线	较强	较强,很容易穿透黑纸,能穿透几毫米厚的铝板
γ 射线	很弱	很强,能穿透几厘米厚的铅板甚至几十厘米厚的混凝土

物质的放射性具有稳定性,不受物质存在的形式及外在压强、温度等因素的影响.

从原子内部射出 α 射线、β 射线和 γ 射线都具有很高的能量.

这些事实使科学家们意识到放射线与核外电子无关,都来自于原子核.原子核是一个能量的宝库,原子核有着特殊的结构.

三、原子核的组成

1. 质子的发现

1919 年,卢瑟福做了用镭放射出的 α 粒子轰击氮原子核的实验,其实验装置如图 4.1.2 所示,在容器中放有放射性物质 A,从 A 放射出的 α 粒子能射到铝箔 F 上,铝箔后面是荧光屏 S.选择适当厚度的铝箔,使 α 粒子恰好不能穿透铝箔,用显微镜 M 观察,荧光屏没有闪烁的亮点.经阀门 T 向容器中加入氮气后,可在荧光屏上观察到闪烁的亮点.

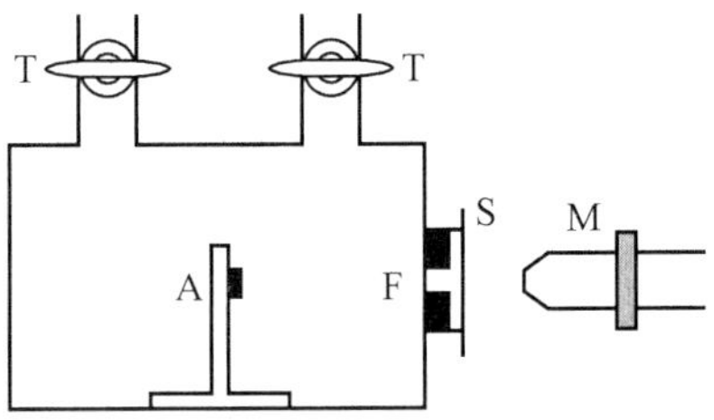

图 4.1.2

卢瑟福认为,α 粒子轰击氮原子核后打出了新的粒子.他将这种新粒子引入电场和磁场后会发生偏转,根据偏转情况测出其电量和质量,确定这种新的粒子是氢原子核,又叫质子.

卢瑟福用实验的方法发现质子后,科学家们用同样的方法从多种原子核中都打出了质子,这说明质子是原子核的组成部分.卢瑟福发现质子的过程可用原子核符号表示为

$$ {}_{2}^{4}\mathrm{He}+{}_{7}^{14}\mathrm{N} \longrightarrow {}_{8}^{16}\mathrm{O}+{}_{1}^{1}\mathrm{H} $$

在物理学中,原子核在外在或内在因素的作用下发生变化而产生新原子核的过程叫作核反应.其中,在人为外在因素作用下发生的核反应称为人工核反应,简称人工反应.

用原子核符号表示核反应过程的等式叫作核反应方程.核反应过程中,反应前各物质的质量数之和和电荷数之和分别等于反应后各物质的质量数之和和电荷数之和,也就是说核反应过程中质量数和电荷数都是守恒的.

2. 中子的发现

根据多种元素的原子核的电荷量跟质量的比值与氢原子核的荷质比之间的较大差异,卢瑟福预言原子核中还存在一种质量与质子质量差不多的但不带电的未知粒子,他把这种粒子称为中子.

1930 年 ,科学家们发现,用从钋发出的 α 射线轰击铍(Be)时,会产生一种不受电场和磁场影响,穿透力很强的射线.1932 年,约里奥·居里夫妇发现,用这种射线轰击石蜡,能从石蜡中打出质子,如图 4.1.3 所示.同年,卢瑟福的学生查德威克用云室对这种射线进行深入的研究,证实这种射线是一种不带电的粒子流,构成这种射线的粒子就是卢瑟福预言的中子.这就用实验证明了中子也是原子核的组成部分之一.

显然,中子的发现是许多科学家研究的结晶.

3. 原子核的组成

研究表明,原子核由质子和中子组成.其中质子带正电(每个质子所带的电荷量等于元电荷),中子不带电.对于任意元素的原子,都有如下的关系

核电荷数=质子数=原子序数=核外电子数

质量数=核子数=质子数+中子数

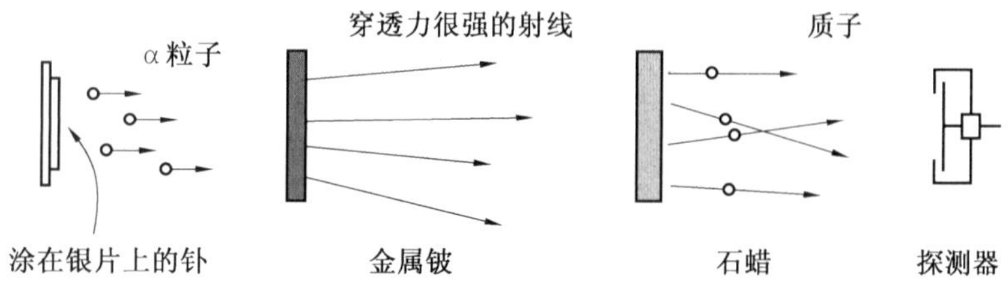

图 4.1.3

研究还发现,有些原子核,具有相同的质子数但却具有不同的中子数. 在物理学中,把具有相同的质子数,不同的中子数的原子互称为某元素的同位素. 氢元素有 3 种同位素,分别叫作氕、氘、氚.

同位素一般都具有放射性. 天然放射性同位素只有 40 多种,而人工放射性同位素有 1 000 多种,几乎每种元素都有了自己的同位素. 1934 年,约里奥·居里夫妇发现经过 α 粒子轰击的铝片中含有放射性磷$^{30}_{15}P$,其核反应方程为

$$^{4}_{2}He+^{27}_{13}Al\longrightarrow^{30}_{15}P+^{1}_{0}n$$

自然界中没有$^{30}_{15}P$,它是通过人工核反应生成的人工放射性同位素.

思考与练习

1. 查德威克等科学家用 α 粒子(氦($^{4}_{2}He$)核)轰击铍($^{9}_{4}Be$)核获得中子的实验中,产生的新核是什么?试写出这一核反应方程.

2. 原子序数的意义是(　　).

A. 元素在周期表上的顺序　　B. 原子核内核子的个数

C. 原子核内中子的个数　　D. 原子核内质子的个数

3. 完成下列核反应方程

$^{4}_{2}He+^{11}_{5}B\longrightarrow^{14}_{7}N+$________　　$^{4}_{2}He+^{23}_{11}Na\longrightarrow$________$+^{1}_{1}H$

4.2　放射性元素的衰变

· 研究表明,2 个中子和 2 个质子能十分紧密地结合在一起.

· β 衰变的实质是原子核中的中子转化为质子和电子.

· γ 射线是伴随 α 衰变或 β 衰变而产生的.

· 放射性元素的半衰期,描述的是大量微观事件的统计规律.

· 放射性元素衰变的快慢是由原子核内部自身因素决定的,跟原子所处的化学状态和外部条件没有关系.

听说过“点石成金”的故事吗? 这其实就类似于今天要学习的衰变. 石头真的能够“点”成金吗?

一、原子核的衰变

放射性元素的原子核放射出射线(α 射线和 β 射线)后,就变成了另一种元素的原子核. 物理学中,把这种类型的核反应叫作衰变. 衰变有两种形式,即 α 衰变和 β 衰变. γ 射线是伴随 α 衰变或 β 衰变而产生的,没有 γ 衰变的说法.

1. α 衰变的特点

$$^{m}_{n}X\longrightarrow^{m-4}_{n-2}Y+^{4}_{2}He$$

也就是说,原子核$^{m}_{n}X$ 发生一次 α 衰变(即放射出一个 α 粒子),质量数减少 4,电荷数减少 2,变成新原子核$^{m-4}_{n-2}Y$.

比如：铀 238（$^{238}_{92}U$）发生一次 α 衰变后变成钍 234（$^{234}_{90}Th$），其核反应方程为

$$^{238}_{92}U \longrightarrow ^{234}_{90}Th+^{4}_{2}He$$

研究表明，2 个中子和 2 个质子能十分紧密地结合在一起. 因此，在一定的条件下它们会作为一个整体从较大原子核中被抛射出来，这就是 α 衰变.

2. β 衰变的特点

$$^{m}_{n}X \longrightarrow ^{m}_{n+1}Y+^{0}_{-1}e$$

也就是说，原子核$^{m}_{n}X$ 发生一次 β 衰变（即放射出一个 β 粒子），质量数不变，电荷数增加 1，变成新原子核$^{m}_{n+1}Y$.

比如：钍 234（$^{234}_{90}Th$）发生一次 β 衰变后变成镤 234（$^{234}_{91}Pa$），其核反应方程为

$$^{234}_{90}Th \longrightarrow ^{234}_{91}Pa+^{0}_{-1}e$$

原子核内没有电子，那么，β 衰变中的电子来自哪里？研究发现，β 衰变的实质是原子核中的中子转化为质子和电子. 其转化方程为

$$^{1}_{0}n \longrightarrow ^{1}_{1}H+^{0}_{-1}e$$

这一转化过程中产生的大量电子发射到核外，就是 β 射线.

3. γ 射线的机理

原子核的能量和原子能量一样是不连续的，存在着能级，能级越低原子核就越稳定. 发生 α 衰变或 β 衰变时，蕴藏在核内的能量使产生的新原子核往往处于高能级，这时这些原子核就要向低能级跃迁，能量就以 γ 光子的形式辐射出来. 因此，γ 射线是伴随 α 衰变或 β 衰变而产生的.

放射性元素通常会发生连续衰变，因此，放射线中就会同时具有 α 射线、β 射线和 γ 射线.

二、元素的半衰期

放射性元素的衰变满足一定的规律，不同的放射性元素衰变的速率不同. 物理学中，用半衰期来描述放射性元素衰变的快慢. 某放射性元素的原子核有半数发生衰变所需要的时间，就叫作这种元素的半衰期.

不同元素的半衰期不同，甚至差别很大. 比如：氡 222 衰变为钋 218 的半衰期是 3.8 天，铀 238 衰变为钍 234 的半衰期长达 4.5×10^{9} 年.

1. 剩余质量 m

设某放射性元素的半衰期为 T，原来的质量为 m_0. 那么，经过时间 T 质量变为$\frac{1}{2}m_0$；经过时间 $2T$ 质量变为$\left(\frac{1}{2}\right)^2 m_0$；经过时间 $3T$ 质量变为$\left(\frac{1}{2}\right)^3 m_0$……依此类推，经过时间 t，即经过$\frac{t}{T}$个半衰期，该元素的剩余质量为

$$m=m_0\left(\frac{1}{2}\right)^{\frac{t}{T}}$$

2. 衰变曲线

可用衰变曲线表示放射性元素的剩余质量与时间 t 的变化关系，如图 4.2.1 所示. 其中，纵坐标$\frac{m}{m_0}$表示某放射性元素原子核的相对剩余质量.

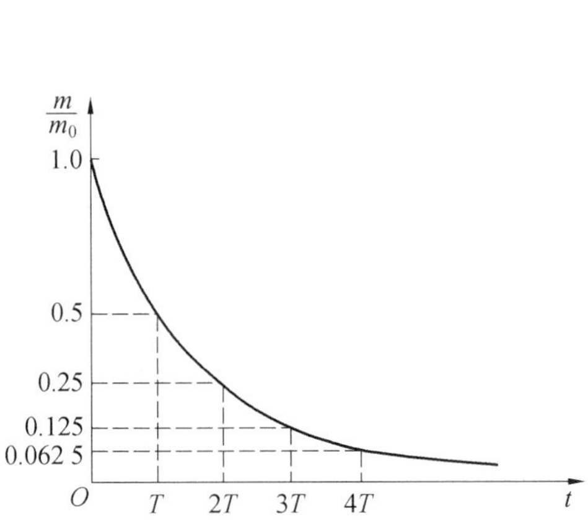

图 4.2.1

3. 衰变规律

剩余质量和衰变曲线都能反映放射性元素衰变过程中体现的规律性，它是大量数据的统计结果.

衰变是微观世界里原子核的行为，而微观世界规律的特征之一在于“单个微观事件是不可预测的”，即对一个特定的某放射性元素的原子核，我们不知道它将在何时发生衰变，我们只能

知道大量这样的原子核发生衰变的概率. 因此,放射性元素的半衰期,描述的是大量微观事件的统计规律.

放射性元素衰变的快慢是由原子核内部自身因素决定的,跟原子所处的化学状态和外部条件没有关系.

思考与练习

1. 某放射性元素的原子核发生 α 衰变后,产生的新原子核的原子序数在周期表中的位置是后移还是前移? 如果发生 β 衰变呢?
2. 写出下列各放射性元素的 β 衰变方程:(1) $^{244}_{83}\mathrm{Bi}$(铋核);(2) $^{210}_{84}\mathrm{Po}$(钋核).
3. 写出下列各放射性元素的 α 衰变方程:(1) $^{234}_{90}\mathrm{Th}$(钍核);(2) $^{66}_{29}\mathrm{Cu}$(铜核).
4. $^{238}_{92}\mathrm{U}$(铀核)衰变为 $^{222}_{86}\mathrm{Rn}$(氡核)要经过几次 α 衰变和几次 β 衰变?
5. 已知钍 234 的半衰期是 24 天,1 g 钍经过 120 天后还剩多少?

4.3　放射线的探测、应用与危害

· 放射线是肉眼看不见的,但通过放射线在某些特定条件下表现出来的现象,可以探知射线和各种运动粒子.

· 示踪原子、放射治疗、射线测厚等体现放射性在各个领域中的重要应用.

· 过量的射线照射对人体组织有极大的破坏作用.

一、放射线的探测方法

放射线是肉眼看不见的,但通过放射线在某些特定条件下所表现出来的现象,可以探知射线和各种运动粒子.

放射线使气体或液体电离,以这些离子为核心,过饱和蒸气会产生雾滴,过热液体会产生气泡. 放射线还会使照相乳胶感光和使荧光物质产生荧光. 根据放射线的这些效应,可以制成各种射线探测器.

1. 威尔逊云室

1912 年,英国物理学家威尔逊发明云室,如图 4.3.1 所示. 其结构是一个圆筒形容器,底部可以上下移动,相当于活塞,上盖是透明的,可以通过它观察粒子运动的轨迹. 云室里有干净的空气. 实验时,先往云室里加少量的酒精,使室内充满饱和的酒精蒸气,然后迅速向下拉活塞,室内气体膨胀,温度降低,酒精蒸气达到过饱和状态. 这时,如果有粒子在云室内的气体中飞过,使沿途的气体分子电离,过饱和酒精蒸气就会以这些粒子为核心凝结成雾滴,于是显示出射线的径迹.

图 4.3.1

根据径迹的粗细和长短可以判断粒子的性质,图 4.3.2 所示的分别是 α、β 和 γ 射线在云室中的运动径迹. 如果将云室放在磁场中,根据径迹的弯曲情况,还可以知道粒子的电性.

α粒子　　β粒子　　γ粒子

图 4.3.2

2. 气泡室

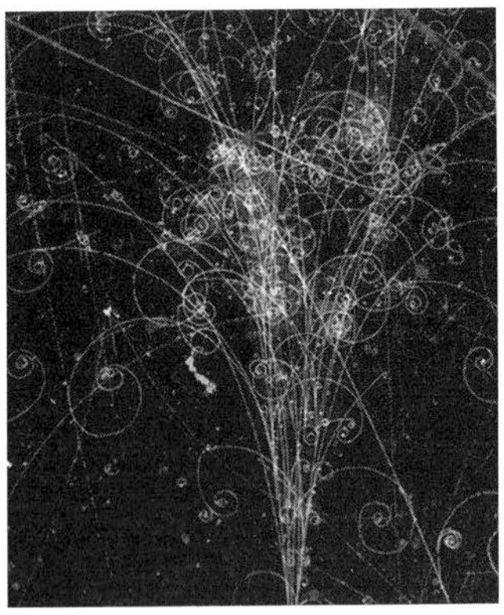

图 4.3.3

气泡室的原理跟云室类似，所不同的是气泡室里装的是液体，比如液态氢. 控制气泡室内液体的温度和压强，使温度略低于液体的沸点. 当气泡室的压强突然降低时，液体的沸点变低，因此液体过热，粒子通过液体时在其周围就有气泡形成. 图 4.3.3 所示的是气泡室中粒子径迹照片，其中弯曲的径迹是带电粒子受到磁场的洛伦兹力作用的结果.

根据照片可以分析粒子的动量、能量和带电情况.

3. 盖革-米勒计数器

1928 年，德国物理学家盖革与米勒研制成一种探测射线的计数装置，称为盖革-米勒计数器，又称为计数器，如图 4.3.4 所示.

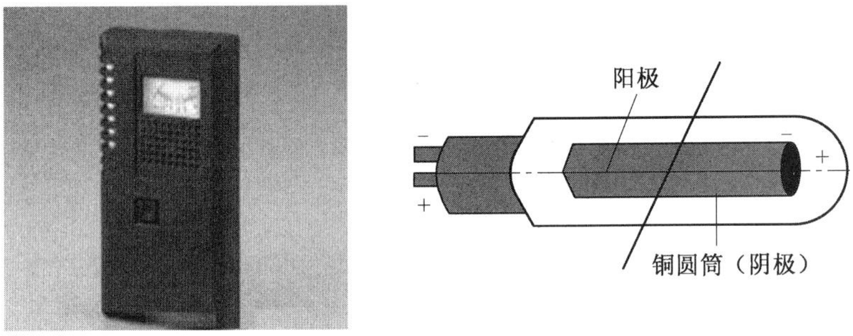

图 4.3.4

盖革-米勒计数器的主要部分是盖革-米勒计数管（一种辐射传感器），其外面是玻璃管，里面有一个接在电源负极的导电圆筒（或在玻璃管上镀导电膜代替），筒的中间有一根接电源正极的金属丝. 玻璃管中装有低压惰性气体（氩、氖等）及少量的酒精蒸气或溴蒸气，管中压强约为 10 ~ 20 kP. 金属丝与圆筒之间的电压稍低于管内气体的电离电压，为 100 V 左右.

当有射线进入玻璃管内时，射线将使管内的气体电离，产生的电子在电场中加速. 电子跟管中气体分子碰撞时又使气体分子电离，产生电子……这样，一个粒子进入管中可以产生大量电子. 这些电子到达阳极，正离子到达阴极，在电路中就产生一次脉冲放电，利用电子仪器可以把放电次数记录下来，如图 4.3.5 所示.

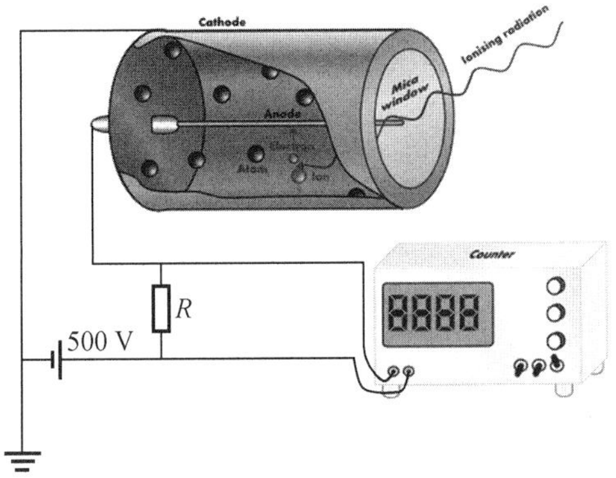

图 4.3.5

二、放射性的应用

1. 射线测厚度

工厂利用射线检测厚度. 例如，在轧钢厂的热轧机上安装上测厚仪，其探头探测到射线的强度与被测钢板的厚度有关，即轧出钢板越厚，透过的射线就越弱. 因此，通过计算机处理系统，就可以对钢板的厚度进行自动控制,如图 4.3.6 所示. 这样,就可以按要求轧出所需厚度的钢板.

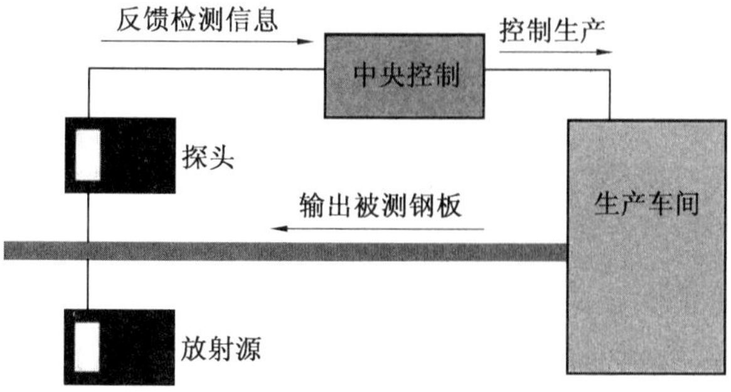

图 4.3.6

2. 放射治疗

医疗部门利用放射线对癌症患者进行放射治疗,即通常所说的放疗. 癌细胞组织分裂比正常细胞组织分裂快得多,因而,癌细胞组织对射线的耐受能力比正常细胞组织弱得多. 因此,可以用放疗方式杀死癌细胞或抑制癌细胞的繁殖.

3. 示踪原子

示踪原子是将一种稳定的化学元素和它的具有放射性的同位素混合在一起. 当它们参与各种系统的运动和变化时,由于放射性同位素能发出射线,测量这些射线便可确定它的位置与分量,只要测出了放射性同位素的分布和动向,就能确定稳定化学元素的各种作用. 示踪原子在生物学、医学、工业和农业等方面都有极为广泛的用途.

在农业生产中,将放射性磷混合在磷肥中使用,根据放射性磷在植物中的分布,便可了解植物对磷吸收的实际情况.

在医学上利用示踪原子主要是为了诊断病情. 例如,在人体内注入放射性的碘($^{131}_{53}I$)化钠,这些碘元素集中在甲状腺内. 然后定时用探测器检测甲状腺及邻近组织的放射强度,有助于诊断甲状腺疾病. 另外有些含放射性的原子能够附在骨髓、红细胞、肺部、肾脏或留滞在血液中,可被适当的仪器探测出来. 作为检查各部位病情的依据.

在工业上的很多操作过程中,都应用同位素. 例如,在石油工业中,探测石油时,将放射性的针放入试验井或插进地中,然后再测量放射线,穿过不同的岩石被散射的情况,记录下来各处所测的辐射线,据此画出地层的剖面图. 此图可告诉地质学家在何处打井较为适当.

4. 放射育种保鲜

利用 γ 射线照射种子,会使种子的遗传基因发生变异,经过筛选,可以培育出优良品种. 利用 γ 射线照射食品可以杀死使食物腐败的细菌,抑制发芽变质,延长保质期.

三、放射性的危害与防护

过量的射线照射对人体组织有极大的破坏作用. 比如,长期接受放疗的癌症患者常常出现严重的脱发现象. 因此,放疗是一种没有办法的办法,是过去和当前医学上的无奈之举.

有些水晶有色眼镜镜片中含有放射性钾 40($^{40}_{19}K$). 这类眼镜若不符合检测标准,长期佩戴将会产生严重的不良后果.

战争中如果大量使用杀伤性核武器,造成的危害不仅仅是当时的破坏作用,更严重的后果是其残留物的放射性能够长期存在. 医学证明,人体受射线的长期照射是导致白血病的主要原因之一.

使用放射性同位素时,必须严格遵守操作规程,注意人身安全. 同时要防止放射性物质对空气、水源及用具的污染.

贫铀弹

在 1999 年的科索沃战争中,贫铀弹被用于战场. 以美国为首的北约军队共发射 31 000 多枚贫铀弹.

贫铀弹的使用及其带来的严重后果,引起世界的关注.

所谓“贫铀”,就是从天然铀中提取铀235后的废料,99%以上的是铀238.由于铀238具有低水平的放射性,所以称之为贫铀.贫铀合金具有高密度、高强度和高韧性等特点,用它做弹芯可以摧毁坚固的建筑物甚至坦克等装甲目标.贫铀弹爆炸后的残留物有一定的放射性,对人体造成危害.由于残留物分布广泛,清理困难,所以贫铀弹的使用造成了环境灾难.

思考与练习

1. 用威尔逊云室探测射线时,为什么 α 粒子的径迹直而清晰?而 γ 粒子的径迹一般观察不到?

2. 威尔逊云室和盖革-米勒计数器都具有利用放射性使气体电离的性质.它们各用什么方法显示气体粒子的存在?

3. 写出下列人工转变的核反应方程.

(1) $^{23}_{11}\text{Na}$ 俘获1个 α 粒子后放出1个质子;

(2) $^{27}_{13}\text{Al}$ 俘获1个 α 粒子后放出1个中子;

(3) $^{16}_{8}\text{O}$ 俘获1个中子后放出1个质子;

(4) $^{30}_{14}\text{Si}$ 俘获1个质子后放出1个中子.

图4.3.7

4. 在射线危险的地方,常能看见如图4.3.7所示的标志.你在什么地方见到过这种标志?为了保护人身安全,在有这样标志的场所,应该注意什么?

4.4 核力与结合能

· 原子核内的弱力是引起原子核发生 β 衰变的原因,即引起中子-质子转变的原因.

· 随着 Z 的增加,稳定核素的中子数越来越大于质子数.

· 平均结合能反映了原子核结合的稳定程度或分裂的难易程度.平均结合能越大,原子核就越稳定,越难分裂成单个核子.

众所周知,电荷间存在相互电场力.那么,质子聚集在原子核的狭窄空间里,为什么不会分散开去?这是一个在构建出原子核模型时没有解释的问题.

一、四种基本相互作用与核力

1. 基本相互作用

自然界存在四种基本相互作用力,即强相互作用力、弱相互作用力、万有引力和电磁力.

在物理学中,把力发生作用的空间尺度叫作力程.研究表明,强相互作用力和弱相互作用力属于短程力,也就是发生作用的空间尺度很小,其中强力的力程在 1.5×10^{-15} m之内,弱力的力程更短,为 10^{-18} m数量级.而万有引力和电磁力属于长程力.在原子尺度内,这四种基本相互作用的强弱关系可表示为

$$F_{强力}\gg F_{电磁力}\gg F_{引力}\gg F_{弱力}$$

2. 核力

核力是一种强相互作用力.当核子之间的距离在 $0.8\times10^{-15}\sim1.5\times10^{-15}$ m范围时,核力表现为强大的吸引力;核子之间的距离大于 1.5×10^{-15} m时,核力急剧下降几乎消失;当核子之间的距离小于 0.8×10^{-15} m时,核力表现为排斥力核子不会融合在一起.因此,核力的存在使核子(质子和中子)能紧紧地被束缚在核内,形成稳定的原子核,同时,也决定了原子核的空间尺度.

研究发现,原子核内除核力外,还存在弱相互作用力.原子核内的弱力是引起原子核发生 β 衰变的原因,即引起中子-质子转变的原因.

二、原子核的稳定性

1. 核素

核素是指具有一定数目的质子和一定数目的中子的一种原子. 很多元素有质子数相同而中子数不同的几种原子. 例如,氢有 1H、2H、3H 三种原子,就是三种核素,它们的原子核中分别有 0、1、2 个中子,这三种核素互称为同位素;氧元素有 16O、17O、18O 三种核素.

具有多种核素的元素称多核素元素,自然界仅有一种核素存在的元素称为单核素元素.

2. 原子核中质子数与中子数的比例

图 4.4.1 所示的核素图表示稳定的原子核中质子数(Z)与中子数(N)之间的关系. 从图中可以看出,对于较轻的原子核,质子数与中子数大致相等,但对于较重的原子核,中子数明显多于质子数,越重的元素,两者相差越大. 这是为什么呢?

原子核内部同时存在核力和电磁力,但核力是短程力而电磁力是长程力. 因此,核力几乎只能发生在相邻的核子之间,而电磁力发生在任意质子之间. 对于较轻的核(质量数 $A \leqslant 40$),电磁力影响不大,这一区域 $N=Z$ 的核素比较稳定. 当 Z、N 增大到一定数值后,稳定区域逐渐向 $N>Z$ 的方向偏离. 因为这时若 N 保持与 Z 大致相等,那么电磁力的影响就越加明显,所以只能靠增多中子数来抵消电磁力的作用才能维持原子核的稳定. 因此,随着 Z 的增加,稳定核素的中子数越来越大于质子数.

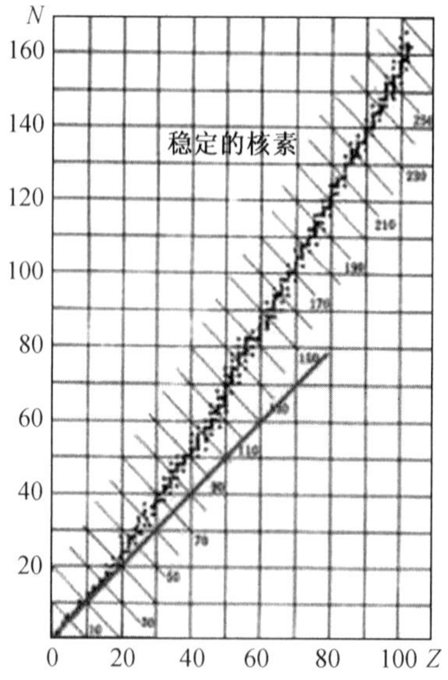

图 4.4.1

三、质量亏损与结合能

1. 质量亏损

研究表明,任何一个原子核的质量都小于组成它的所有核子的质量之和,这一差值叫作质量亏损.

2. 结合能

由于核子之间存在核力,因此,要把核子从原子核中分离,必须要外力克服核力做功而吸收能量. 当自由核子结合成原子核时,核力要做功而放出能量.

在物理学中,把核子从原子核中分裂过程中吸收的能量或把核子结合成原子核过程中所放出的能量叫作原子核的结合能,简称结合能.

根据爱因斯坦质能方程

$$E=mc^2$$

可知,原子核的结合能可表示为

$$\Delta E=\Delta mc^2$$

3. 原子质量单位

在原子物理中,通常采用 ^{12}C 质量的 $\frac{1}{12}$ 来衡量原子质量大小,称为原子质量单位,用符号 amu(一般简写为 u)表示. 可以证明

$$1\ \text{amu}=931.5\ \text{MeV}$$

也就是说,1 amu 相当于 931.5 MeV 的能量.

4. 平均结合能

每一种原子核对应一个结合能的数值. 不同原子核的核子数不同,质子数与中子数的比例不同,每个核子的结合能也不同,如图 4.4.2 所示. 不同原子核的结合能没有可比性,具有可比性的是每个核子的结合能.

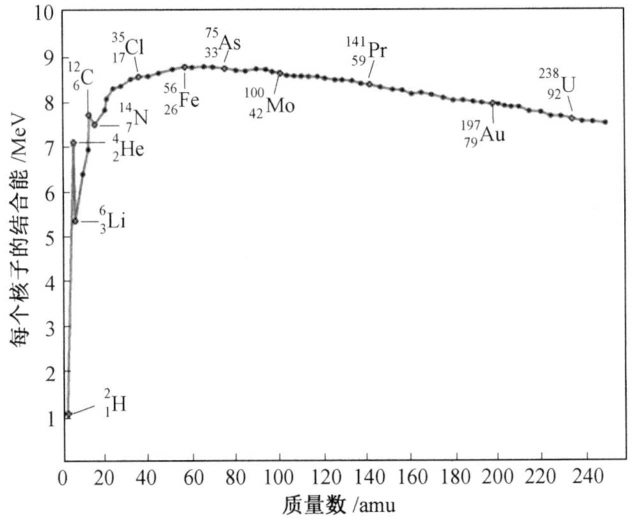

图 4. 4. 2

在物理学中，把平均每个核子的结合能叫作平均结合能. 平均结合能是核子结合成原子核时每个核子平均放出的能量，也是把核子从原子核中分裂成自由核子时每个核子平均吸收的能量. 平均结合能反映了原子核结合的稳定程度或分裂的难易程度. 平均结合能越大，原子核就越稳定、越难分裂成单个核子.

从图 4. 4. 2 所示的平均结合能曲线可以看出：重核的平均结合能比中等质量核的平均结合能小，所以，重核分裂成中等质量的核要放出能量. 轻核的平均结合能比稍重核的平均结合能小，所以，轻核聚集成较重核时也要放出能量.

思考与练习

1. 从以下几个方面比较核反应和化学反应的异同之处.

(1) 它们各自涉及四种基本力中的哪一种？

(2) 每种反应分别改变了或重新安排了什么？

2. 两个相距 10^{-15} m 的质子之间，库仑力和核力哪个更强？依据是什么？两个相距 10^{-10} m 的质子之间，库仑力和核力又是哪个更强？依据又是什么？

3. 已知 $^{16}_{8}O$ 的平均结合能是 7. 98 MeV，$^{4}_{2}He$ 的平均结合能是 7. 07 MeV. 把 1 个 $^{16}_{8}O$ 分成 4 个 $^{4}_{2}He$，需要多少能量？

4. 试计算氦核、氧核和氘核的结合能及平均结合能，并比较其中哪个的结合能最大？哪个最小？平均结合能哪个最大？哪个最小？（已知：$m_p = 1.007\ 3$ u，$m_n = 1.008\ 7$ u，$m_\alpha = 4.002\ 6$ u，$m_O = 15.996\ 0$ u，$m_D = 2.013\ 5$ u）

5. 印刷“两弹一星”这四个字的油墨质量大约是 1 μg(10^{-9} kg). 与这一质量相当的原子能量如果完全用来增加重力势能，可以使一架本身质量为 6 000 kg、载有 60 名体重均为 50 kg 学生的直升机升到多高？

6. 结合结合能的概念和图 4. 4. 2 所示的平均结合能曲线，怎样正确理解重核分裂成中等质量核，以及轻核聚集成较重核时都要放出能量？

4.5 核裂变与核聚变

· 链式反应能否进行一个重要因素是发生裂变的重核块的体积或质量的大小.

· 聚变是靠核力作用而结合的核反应，要使轻核发生聚变，必须使它们之间的距离达到 10^{-15}m 之内.

· 实现受控热核反应的难点是,地球上没有任何容器能够承受得住核聚变所需的几百万开尔文的高温.

一、核裂变

1838 年底,德国物理学家哈恩和他的助手斯特拉斯曼在用中子轰击铀核实验中发现,生成物中有 Ba 56.

1. 裂变

奥地利物理学家迈特纳和费里斯对这一现象做出解释,铀核被中子轰击后变成两块质量差不多的碎片,费里斯借用细胞分裂的生物学名词,把这类核反应定名为裂变.

一个重核俘获一个慢中子后分裂成两个或多个中等核,同时放出若干个中子,这样的核反应叫作裂变. 一般来说,同一种重核裂变的产物都是多样的. 图 4.5.1 所示的是铀发生的一种典型裂变,其核反应方程为

$$_{92}^{235}\mathrm{U}+_{0}^{1}\mathrm{n}\longrightarrow{}_{56}^{144}\mathrm{Ba}+_{36}^{89}\mathrm{Kr}+3_{0}^{1}\mathrm{n}$$

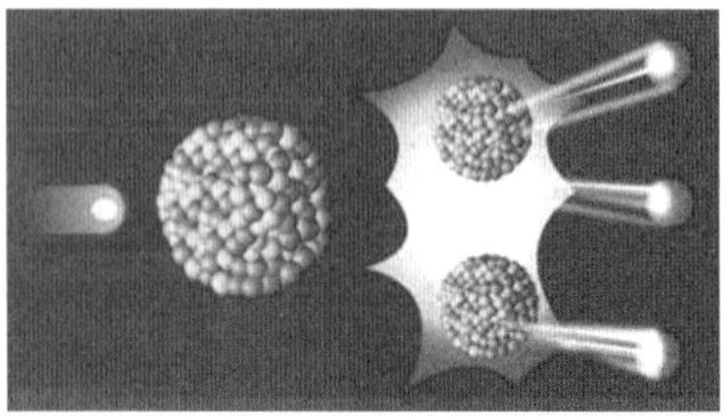

图 4.5.1

根据图 4.4.2 所示的平均结合能曲线可知,裂变过程中要放出能量. 比如铀的上述裂变过程中放出的能量为

$$E=\Delta mc^2=[(m_{\mathrm{U}}+m_{\mathrm{n}})-(m_{\mathrm{Ba}}+m_{\mathrm{Kr}}+3m_{\mathrm{n}})]\cdot c^2$$

其中,$\Delta m=(m_{\mathrm{U}}+m_{\mathrm{n}})-(m_{\mathrm{Ba}}+m_{\mathrm{Kr}}+3m_{\mathrm{n}})$称为这一核反应过程中的质量亏损.

重核(比如铀核)裂变时的生成物不同,释放的能量也有差异. 若 1 个铀 235 核裂变时释放的能量以 200 MeV 估算,那么,1 kg 铀完全裂变时放出的能量就相当于 2 800 t 标准煤完全燃烧释放的化学能.

2. 链式反应

重核(比如铀核)俘获中子裂变后,放出的多个中子又被其他多个重核俘获产生新的裂变,……这样,使得同时裂变的重核越来越多,裂变程度越来越剧烈的现象称为链式反应. 图 4.5.2 是铀核的一种链式反应示意图.

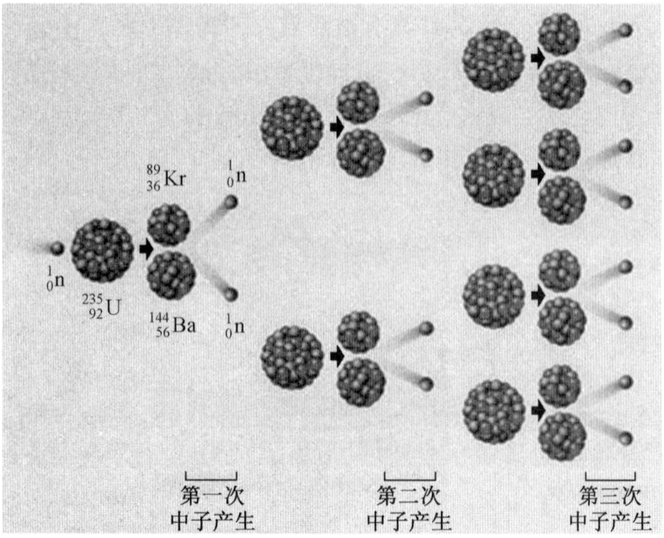

图 4.5.2

链式反应能否进行一个重要因素是发生裂变的重核块的体积或质量的大小. 以铀为例,如果铀块体积不够大,中子从其中通过时可能不能被铀核俘获,也就是中子还没有碰到铀核就穿过铀块了. 通常把裂变物质能够发生链式反应的体积叫作临界体积,相应的质量称为临界质量.

链式反应一旦发生,中子数目迅速增加,几千克铀在几秒内发生裂变,释放出巨大能量. 一颗原子弹(浓缩铀一般是 10 ~ 50 kg)引爆后,链式反应不能控制,短时间内释放的能量产生的爆炸力相当于数十万

吨烈性炸药. 图4.5.3是我国第一颗原子弹图片.

3. 核反应堆

原子核的链式反应是可以在人工控制下进行的. 早在第一颗原子弹制成之前的1942年,费米主持建立了世界上第一个被称为"核反应堆"的装置,首次通过可控制的链式反应实现了核能的释放. 核反应堆分为热中子反应堆和快中子反应堆.

(1)热中子反应堆.

图4.5.4是目前普遍使用的热中子(又称慢中子)核反应堆示意图. 中子的速度不能太快,否则它将与铀核"擦肩而过"不易被俘获而不能有效地发生链式反应. 实践证明,速度与热运动速度相当的中子最适合引发链式反应. 这样的中子常称为热中子或慢中子. 而裂变中产生的是速度很大的快中子,因此,在铀棒周围要放"慢化剂"(减速剂)使快中子减速. 常用的慢化剂有石墨、重水(D_2O)和普通水(轻水)(H_2O).

图4.5.3

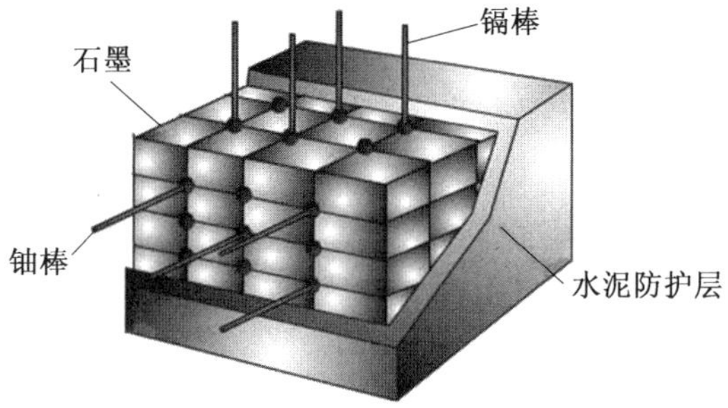

图4.5.4

为了调节中子数目以控制链式反应速度,还需要在铀棒之间插入一些镉棒. 镉吸收中子的能力很强,当反应过于激烈时,将镉棒插入得深一些,让它多吸收一些中子,链式反应速度就会慢一些. 这些镉棒叫作控制棒.

铀棒(燃料棒)一般用浓缩铀($^{235}_{92}U$含量比较高的铀),也可以用天然铀. 在天然铀中,$^{238}_{92}U$的含量接近99.3%,$^{235}_{92}U$只占0.7%,还有少量的$^{234}_{92}U$. $^{238}_{92}U$只有被能量大的快中子轰击才会发生裂变,而且概率很小. 为了使裂变产生链式反应,要设法增大$^{235}_{92}U$的比例,即提炼浓缩铀.

核反应堆放出的热量可以使水变成水蒸气,利用这些高温水蒸气推动汽轮发电机发电. 图4.5.5是热中子反应堆核电站的工作原理图.

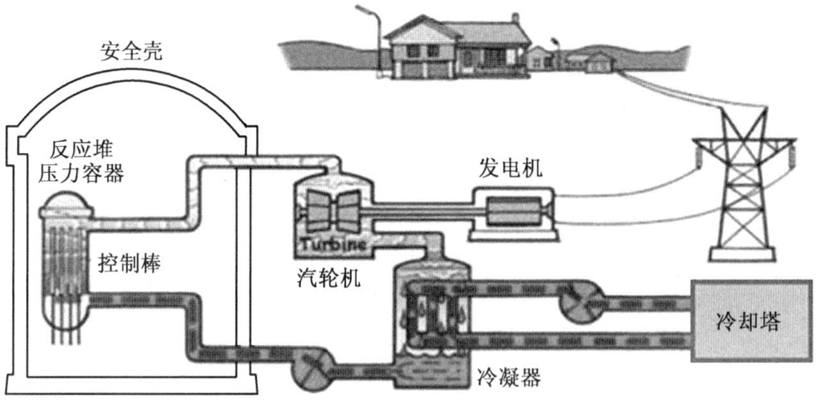

图4.5.5

在核电站中,只要"烧"掉1支铅笔那么多的核燃料,释放的能量就相当于10 t标准煤完全燃烧放出的热. 一座10^6 kW的核电站,每年只消耗30 t左右的浓缩铀,而同样功率的火电站,每年需要燃烧2.5×10^5 t的标准煤.

(2)快中子反应堆.

快中子反应堆又称增殖反应堆.实验已经证明,快中子被$^{238}_{92}U$俘获后变成$^{239}_{92}U$,$^{239}_{92}U$是不稳定的,经过2次β衰变后变成$^{239}_{94}Pu$.$^{239}_{94}Pu$的性质跟$^{235}_{92}U$相似,很容易俘获慢中子发生裂变,因此也可以做核燃料.$^{232}_{90}Th$像$^{238}_{92}U$一样,不是实用的核燃料.如果把$^{232}_{90}Th$放进核反应堆中,就会吸收慢中子,经过2次β衰变后变成$^{233}_{92}U$.$^{233}_{92}U$与$^{235}_{92}U$相似,很容易发生裂变,可以做核燃料.

如果在反应堆中装入$^{238}_{92}U$或$^{232}_{90}Th$,并设法使每一次核裂变都能产生1个以上的$^{239}_{94}Pu$或$^{233}_{92}U$,那么就可以生成的核燃料多于消耗的核燃料,使$^{238}_{92}U$和$^{232}_{90}Th$得到充分利用,这种反应堆叫作增殖反应堆.图4.5.6是增殖反应堆的剖面示意图.

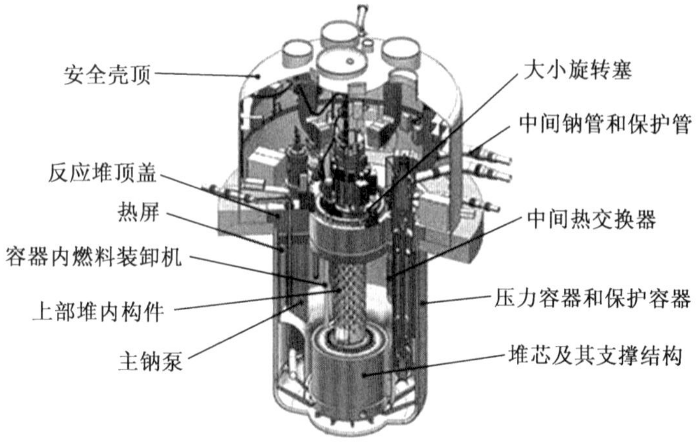

图4.5.6

地球上的$^{238}_{92}U$和$^{232}_{90}Th$的总量大约是$^{235}_{92}U$的800倍,建造快中子反应堆可极大地扩展核资源,同时,可以将天然铀资源的利用率由慢中子堆的1%～2%提高到60%～70%.快中子反应堆目前还处于研制阶段,我国实验性快堆已于2009年建成.

二、核聚变

1.聚变

两个或多个轻核结合成一个质量较大的核,这样的核反应叫作聚变.

根据图4.4.2所示的平均结合能曲线可知,聚变后核子的平均结合能增加,因此,聚变过程中要放出巨大的能量.比如,一个氘核和一个氚核发生聚变成一个氦核时,即

$$^{2}_{1}H+^{3}_{1}H\longrightarrow ^{4}_{2}He+^{1}_{0}n$$

在这一过程中,质量亏损为

$$\Delta m=(2.0141\ u+3.0160\ u)-(4.0026\ u+1.0087\ u)=0.0188u$$

所以,释放出的能量为

$$E=0.0188\times931.5\ MeV=17.5\ MeV$$

平均每个核子放出3 MeV以上,比裂变过程每个核子放出的能量大3～4倍.

聚变是靠核力作用而结合的核反应.因此,要使轻核发生聚变,必须使它们之间的距离达到10^{-15} m之内,核力才能发生作用.由于原子核都带正电,要使它们接近到核力作用距离,需要克服巨大的库伦斥力,所以原子核需要有很大的动能才会“撞”在一起发生聚变.

研究和实验表明,只有当物质的温度升高到几百万开尔文时,剧烈的热运动才会使得部分原子核具有足够的动能克服库伦斥力“撞”在一起发生聚变.因此,聚变又称热核反应.

目前,热核反应主要用在核武器上,那就是氢弹.氢弹中央是一颗小型原子弹,引爆时先由普通炸药引爆原子弹,再由原子弹爆炸产生的高温高压引爆氢弹.图4.5.7是氢弹原理图和我国第一颗氢弹图片.

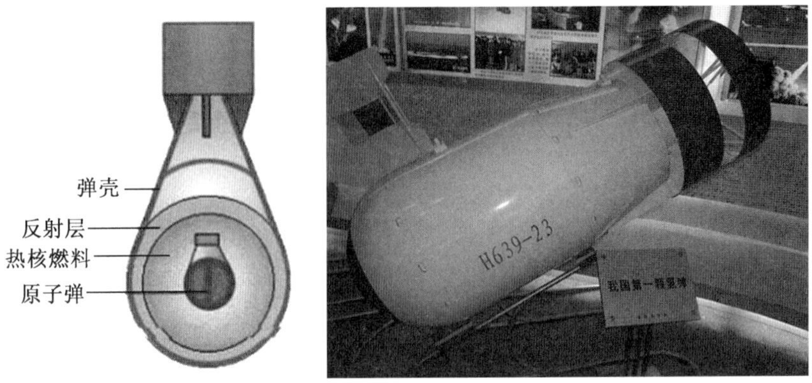

(a) (b)

图 4.5.7

实际上,热核反应在宇宙中时刻进行着.太阳的主要成分就是氢,温度达到 1.5×10^{7} K 以上,随时进行剧烈的热核反应.所以说,太阳就是一个巨大的热核反应堆.

2. 受控热核反应

在人工控制下,按照人为意图发生的热核反应就叫作受控热核反应.受控热核反应目前还处于研究和实验阶段,要实现受控热核反应,还有一段很长的路要走,乐观地估计,有可能 21 世纪中叶有可能实现技术突破.

实现受控热核反应的难点是,地球上没有任何容器能够承受得住核聚变所需的几百万开尔文的高温.为此,科学家们设想了磁约束和惯性约束两种方案.登录相关网页,了解磁约束和惯性约束以及引力约束的基本概念.

聚变和裂变相比有很多优点.第一,聚变产能效率高,也就是相同质量的核燃料,反应中释放的能量比较多.第二,地球上聚变燃料储存丰富,每升水中就含有 0.03 g 氘,地球上有 138.6 亿亿立方米水,大约有 40 多万亿吨氘.反应中所用的氚可以用锂来制取.地球上锂的储量有 2 000 亿吨,用来制取氚足以满足聚变的需要.第三,聚变更安全、清洁,产生的核废料少,容易处理.

因此,一旦实现受控热核反应,能够稳定地输出聚变能,地球上将不会有"能源危机".

思考与练习

1. $^{235}_{92}\mathrm{U}$ 俘获一个慢中子后发生的一种典型裂变为:$^{235}_{92}\mathrm{U}+^{1}_{0}\mathrm{n}\longrightarrow^{139}_{54}\mathrm{Xe}+^{94}_{38}\mathrm{Sr}+3^{1}_{0}\mathrm{n}$,求这一裂变过程中释放的能量是多少?(已知 $m_{\mathrm{u}}=235.0439$ u,$m_{\mathrm{n}}=1.0087$ u,$m_{\mathrm{Xe}}=139.9178$ u,$m_{\mathrm{Sr}}=93.9154$ u,1 u = 931.5 MeV.)

2. 某些恒星内,3 个 α 粒子结合成一个 $^{12}_{6}\mathrm{C}$ 核.$^{12}_{6}\mathrm{C}$ 的质量是 12.000 0 u,$^{4}_{2}\mathrm{He}$ 的质量是 4.002 6 u.写出这一核反应方程,并计算放出的能量.

3. 4 个氢核聚变成一个氦核,同时放出 2 个正电子.写出这一核反应方程,并计算放出的能量.1 g 氢完全聚变,能够放出多少能量?(氢的质量为 1.007 825 u,氦的质量是 4.002 603 u)

4.6 粒子和宇宙

· 1964 年,盖尔曼提出了夸克模型,即认为夸克是强子更基本的组成成分.

· 按照粒子与各种相互作用的不同关系,可以将粒子分为强子、轻子和媒介子三大类.

· 质量介于 1 ~ 8 个太阳质量的恒星演变成白矮星;质量介于 10 ~ 20 个太阳质量的恒星演变成中子星;质量更大的恒星演变称为黑洞.

一、粒子发展大事记

19 世纪末以前，人们都认为原子是组成物质不可再分的最小微粒.

1897 年到 1930 年，随着电子、质子和中子的陆续发现和光子的提出，人们认为光子、电子、质子和中子是组成物质不可再分的最基本的粒子，并把它们叫作“基本粒子”.

1932 年，随着加速器的发明，许多核物理实验不再依赖宇宙射线，于是发现包括反粒子在内的更多粒子.

20 世纪 30 年代，依次发现正电子、μ 子.

20 世纪三四十年代，依次发现 K 介子、π 介子.

20 世纪后半期起，去掉“基本粒子”的“基本”二字，统称为粒子. 原因是随着科学进步，科学家们发现数以百计的新粒子都不是由电子、质子和中子组成的，同时发现质子和中子有自己的复杂结构.

1964 年，盖尔曼提出了夸克模型，即认为夸克是强子更基本的组成成分. 夸克分为 6 种，分别为上夸克、下夸克、奇异夸克、粲夸克、底夸克、顶夸克，它们所带电荷分别是元电荷的$\frac{1}{3}$或$\frac{2}{3}$. 每种夸克都有对应的反夸克. 对夸克的认识还是初步的，到目前为止，科学家们还未捕捉到以自由状态单个存在的夸克即自由夸克.

二、粒子的分类

到目前为止，已经发现的粒子达 400 多种. 按照粒子与各种相互作用的不同关系，可以将粒子分为强子、轻子和媒介子三大类.

强子就是参与强相互作用的粒子. 质子是最早发现的强子，强子又分为重子和介子两类.

轻子就是不参与强相互作用的粒子. 目前已发现的轻子有电子和电子中微子、μ 子和 μ 子中微子、τ 子和 τ 子中微子共 6 种，其中电子是最早发现的轻子. 每种轻子都有对应的反粒子.

轻子的质量不一定都比强子小，比如 τ 子的质量比质子还大.

媒介子是指传递各种相互作用的粒子. 比如光子、中间波色子、胶子都是媒介子，其中，光子传递电磁相互作用、中间波色子传递弱相互作用、胶子传递强相互作用.

三、宇宙的演化

现在对宇宙、粒子与星系的认识，都是基于宇宙大爆炸理论. 在宇宙形成之初，是“粒子家族”尽显风采的时期.

大爆炸之后约 10^{-44} s，温度为 10^{32} K，产生了夸克、轻子、胶子等粒子.

大爆炸之后约 10^{-6} s，温度下降到 10^{13} K 左右，夸克构成质子和中子等强子，成为强子时代.

再晚一些时候，温度下降到 10^{11} K 时，只剩少量夸克，而自由的光子、中微子和电子等轻子大量存在，称为轻子时代.

当温度下降到 10^{9} K 时，中子和质子结合成氘核，并很快生成氦核，同时有氚核、$^{3}_{2}He$ 等轻核及其他轻核生成，此时称为核合成时代.

大爆炸 1 万年之后，温度降低到了 10^{4} K，此时宇宙由电子、质子和氦核的电离气体组成.

大爆炸 10 万年之后，温度降低到 3 000 K 左右，电子与质子复合成为中性的氢原子，出现了由中性原子构成的宇宙尘埃.

四、恒星的演化

某些尘埃间距离相对较近，由于万有引力作用，形成更密集的尘埃. 尘埃像滚雪球一样越滚越大，形成了气体状态的星云团.

星云团进一步凝聚使得引力势能转化为内能,温度升高.温度升高到一定程度就开始发光,于是,恒星就诞生了.

形成的恒星继续收缩,温度继续升高.当温度升高超过 10^7 K 时,氢通过热核反应成为氦,释放的核能以电磁波的形式向外辐射.辐射产生的向外压力与引力产生的收缩压力平衡,这时星体稳定下来.恒星在这一阶段停留时间最长,太阳正处于这一阶段的中期,还要经过50亿年才会进入另一个演化阶段.

恒星的核心部分氢大部分逐步聚变成氦以后,核反应变弱,辐射压力下降,星核在引力作用下收缩,引力势能产生的热使温度升得更高,于是发生氦核聚变成碳核的聚变反应.恒星在这一阶段要经过多次膨胀与收缩,光度也会反复变化.

恒星的各种热核反应不再发生时,热核反应维持的辐射压力消失.星体在引力作用下进一步收缩,中心密度达到极大.

最终,质量介于太阳质量的恒星演变成白矮星;质量介于太阳质量的恒星演变成中子星;质量更大的恒星演变称为黑洞.

思考与练习

1. 设计和绘制一个合理的表格,在表格中填上相关内容,全面概括你对粒子分类的了解.
2. 制作一个或两个方框图,描述宇宙演化和恒星演化的过程.
3. 登录相关网页,进一步了解白矮星、中子星和黑洞的知识.
4. 登录网页,查找华人科学家在粒子物理领域的成果和事迹,并在课堂上与同学讨论.

刘培杰数学工作室
已出版(即将出版)图书目录——初等数学

书　　名	出版时间	定　价	编号
新编中学数学解题方法全书(高中版)上卷(第 2 版)	2018－08	58.00	951
新编中学数学解题方法全书(高中版)中卷(第 2 版)	2018－08	68.00	952
新编中学数学解题方法全书(高中版)下卷(一)(第 2 版)	2018－08	58.00	953
新编中学数学解题方法全书(高中版)下卷(二)(第 2 版)	2018－08	58.00	954
新编中学数学解题方法全书(高中版)下卷(三)(第 2 版)	2018－08	68.00	955
新编中学数学解题方法全书(初中版)上卷	2008－01	28.00	29
新编中学数学解题方法全书(初中版)中卷	2010－07	38.00	75
新编中学数学解题方法全书(高考复习卷)	2010－01	48.00	67
新编中学数学解题方法全书(高考真题卷)	2010－01	38.00	62
新编中学数学解题方法全书(高考精华卷)	2011－03	68.00	118
新编平面解析几何解题方法全书(专题讲座卷)	2010－01	18.00	61
新编中学数学解题方法全书(自主招生卷)	2013－08	88.00	261

数学奥林匹克与数学文化(第一辑)	2006－05	48.00	4
数学奥林匹克与数学文化(第二辑)(竞赛卷)	2008－01	48.00	19
数学奥林匹克与数学文化(第二辑)(文化卷)	2008－07	58.00	36
数学奥林匹克与数学文化(第三辑)(竞赛卷)	2010－01	48.00	59
数学奥林匹克与数学文化(第四辑)(竞赛卷)	2011－08	58.00	87
数学奥林匹克与数学文化(第五辑)	2015－06	98.00	370

世界著名平面几何经典著作钩沉——几何作图专题卷(共 3 卷)	2022－01	198.00	1460
世界著名平面几何经典著作钩沉(民国平面几何老课本)	2011－03	38.00	113
世界著名平面几何经典著作钩沉(建国初期平面三角老课本)	2015－08	38.00	507
世界著名解析几何经典著作钩沉——平面解析几何卷	2014－01	38.00	264
世界著名数论经典著作钩沉(算术卷)	2012－01	28.00	125
世界著名数学经典著作钩沉——立体几何卷	2011－02	28.00	88
世界著名三角学经典著作钩沉(平面三角卷Ⅰ)	2010－06	28.00	69
世界著名三角学经典著作钩沉(平面三角卷Ⅱ)	2011－01	38.00	78
世界著名初等数论经典著作钩沉(理论和实用算术卷)	2011－07	38.00	126

发展你的空间想象力(第 3 版)	2021－01	98.00	1464
空间想象力进阶	2019－05	68.00	1062
走向国际数学奥林匹克的平面几何试题诠释. 第 1 卷	2019－07	88.00	1043
走向国际数学奥林匹克的平面几何试题诠释. 第 2 卷	2019－09	78.00	1044
走向国际数学奥林匹克的平面几何试题诠释. 第 3 卷	2019－03	78.00	1045
走向国际数学奥林匹克的平面几何试题诠释. 第 4 卷	2019－09	98.00	1046
平面几何证明方法全书	2007－08	35.00	1
平面几何证明方法全书习题解答(第 2 版)	2006－12	18.00	10
平面几何天天练上卷・基础篇(直线型)	2013－01	58.00	208
平面几何天天练中卷・基础篇(涉及圆)	2013－01	28.00	234
平面几何天天练下卷・提高篇	2013－01	58.00	237
平面几何专题研究	2013－07	98.00	258
平面几何解题之道. 第 1 卷	2022－05	38.00	1494
几何学习题集	2020－10	48.00	1217
通过解题学习代数几何	2021－04	88.00	1301

刘培杰数学工作室
已出版(即将出版)图书目录——初等数学

书　　名	出版时间	定　价	编号
最新世界各国数学奥林匹克中的平面几何试题	2007-09	38.00	14
数学竞赛平面几何典型题及新颖解	2010-07	48.00	74
初等数学复习及研究(平面几何)	2008-09	68.00	38
初等数学复习及研究(立体几何)	2010-06	38.00	71
初等数学复习及研究(平面几何)习题解答	2009-01	58.00	42
几何学教程(平面几何卷)	2011-03	68.00	90
几何学教程(立体几何卷)	2011-07	68.00	130
几何变换与几何证题	2010-06	88.00	70
计算方法与几何证题	2011-06	28.00	129
立体几何技巧与方法	2014-04	88.00	293
几何瑰宝——平面几何 500 名题暨 1500 条定理(上、下)	2021-07	168.00	1358
三角形的解法与应用	2012-07	18.00	183
近代的三角形几何学	2012-07	48.00	184
一般折线几何学	2015-08	48.00	503
三角形的五心	2009-06	28.00	51
三角形的六心及其应用	2015-10	68.00	542
三角形趣谈	2012-08	28.00	212
解三角形	2014-01	28.00	265
探秘三角形:一次数学旅行	2021-10	68.00	1387
三角学专门教程	2014-09	28.00	387
图天下几何新题试卷.初中(第 2 版)	2017-11	58.00	855
圆锥曲线习题集(上册)	2013-06	68.00	255
圆锥曲线习题集(中册)	2015-01	78.00	434
圆锥曲线习题集(下册·第 1 卷)	2016-10	78.00	683
圆锥曲线习题集(下册·第 2 卷)	2018-01	98.00	853
圆锥曲线习题集(下册·第 3 卷)	2019-10	128.00	1113
圆锥曲线的思想方法	2021-08	48.00	1379
圆锥曲线的八个主要问题	2021-10	48.00	1415
论九点圆	2015-05	88.00	645
近代欧氏几何学	2012-03	48.00	162
罗巴切夫斯基几何学及几何基础概要	2012-07	28.00	188
罗巴切夫斯基几何学初步	2015-06	28.00	474
用三角、解析几何、复数、向量计算解数学竞赛几何题	2015-03	48.00	455
用解析法研究圆锥曲线的几何理论	2022-05	48.00	1495
美国中学几何教程	2015-04	88.00	458
三线坐标与三角形特征点	2015-04	98.00	460
坐标几何学基础.第 1 卷,笛卡儿坐标	2021-08	48.00	1398
坐标几何学基础.第 2 卷,三线坐标	2021-09	28.00	1399
平面解析几何方法与研究(第 1 卷)	2015-05	18.00	471
平面解析几何方法与研究(第 2 卷)	2015-06	18.00	472
平面解析几何方法与研究(第 3 卷)	2015-07	18.00	473
解析几何研究	2015-01	38.00	425
解析几何学教程.上	2016-01	38.00	574
解析几何学教程.下	2016-01	38.00	575
几何学基础	2016-01	58.00	581
初等几何研究	2015-02	58.00	444
十九和二十世纪欧氏几何学中的片段	2017-01	58.00	696
平面几何中考.高考.奥数一本通	2017-07	28.00	820
几何学简史	2017-08	28.00	833
四面体	2018-01	48.00	880
平面几何证明方法思路	2018-12	68.00	913

刘培杰数学工作室
已出版(即将出版)图书目录——初等数学

书　　名	出版时间	定　价	编号
平面几何图形特性新析.上篇	2019－01	68.00	911
平面几何图形特性新析.下篇	2018－06	88.00	912
平面几何范例多解探究.上篇	2018－04	48.00	910
平面几何范例多解探究.下篇	2018－12	68.00	914
从分析解题过程学解题:竞赛中的几何问题研究	2018－07	68.00	946
从分析解题过程学解题:竞赛中的向量几何与不等式研究(全2册)	2019－06	138.00	1090
从分析解题过程学解题:竞赛中的不等式问题	2021－01	48.00	1249
二维、三维欧氏几何的对偶原理	2018－12	38.00	990
星形大观及闭折线论	2019－03	68.00	1020
立体几何的问题和方法	2019－11	58.00	1127
三角代换论	2021－05	58.00	1313
俄罗斯平面几何问题集	2009－08	88.00	55
俄罗斯立体几何问题集	2014－03	58.00	283
俄罗斯几何大师——沙雷金论数学及其他	2014－01	48.00	271
来自俄罗斯的5000道几何习题及解答	2011－03	58.00	89
俄罗斯初等数学问题集	2012－05	38.00	177
俄罗斯函数问题集	2011－03	38.00	103
俄罗斯组合分析问题集	2011－01	48.00	79
俄罗斯初等数学万题选——三角卷	2012－11	38.00	222
俄罗斯初等数学万题选——代数卷	2013－08	68.00	225
俄罗斯初等数学万题选——几何卷	2014－01	68.00	226
俄罗斯《量子》杂志数学征解问题100题选	2018－08	48.00	969
俄罗斯《量子》杂志数学征解问题又100题选	2018－08	48.00	970
俄罗斯《量子》杂志数学征解问题	2020－05	48.00	1138
463个俄罗斯几何老问题	2012－01	28.00	152
《量子》数学短文精粹	2018－09	38.00	972
用三角、解析几何等计算解来自俄罗斯的几何题	2019－11	88.00	1119
基谢廖夫平面几何	2022－01	48.00	1461
数学:代数、数学分析和几何(10－11年级)	2021－01	48.00	1250
立体几何.10—11年级	2022－01	58.00	1472
直观几何学:5—6年级	2022－04	58.00	1508

谈谈素数	2011－03	18.00	91
平方和	2011－03	18.00	92
整数论	2011－05	38.00	120
从整数谈起	2015－10	28.00	538
数与多项式	2016－01	38.00	558
谈谈不定方程	2011－05	28.00	119

解析不等式新论	2009－06	68.00	48
建立不等式的方法	2011－03	98.00	104
数学奥林匹克不等式研究(第2版)	2020－07	68.00	1181
不等式研究(第二辑)	2012－02	68.00	153
不等式的秘密(第一卷)(第2版)	2014－02	38.00	286
不等式的秘密(第二卷)	2014－01	38.00	268
初等不等式的证明方法	2010－06	38.00	123
初等不等式的证明方法(第二版)	2014－11	38.00	407
不等式·理论·方法(基础卷)	2015－07	38.00	496
不等式·理论·方法(经典不等式卷)	2015－07	38.00	497
不等式·理论·方法(特殊类型不等式卷)	2015－07	48.00	498
不等式探究	2016－03	38.00	582
不等式探秘	2017－01	88.00	689
四面体不等式	2017－01	68.00	715
数学奥林匹克中常见重要不等式	2017－09	38.00	845

刘培杰数学工作室
已出版(即将出版)图书目录——初等数学

书　　名	出版时间	定　价	编号
三正弦不等式	2018－09	98.00	974
函数方程与不等式:解法与稳定性结果	2019－04	68.00	1058
数学不等式.第1卷,对称多项式不等式	2022－05	78.00	1455
数学不等式.第2卷,对称有理不等式与对称无理不等式	2022－05	88.00	1456
数学不等式.第3卷,循环不等式与非循环不等式	2022－05	88.00	1457
数学不等式.第4卷,Jensen不等式的扩展与加细	2022－05	88.00	1458
数学不等式.第5卷,创建不等式与解不等式的其他方法	2022－05	88.00	1459
同余理论	2012－05	38.00	163
[x]与{x}	2015－04	48.00	476
极值与最值.上卷	2015－06	28.00	486
极值与最值.中卷	2015－06	38.00	487
极值与最值.下卷	2015－06	28.00	488
整数的性质	2012－11	38.00	192
完全平方数及其应用	2015－08	78.00	506
多项式理论	2015－10	88.00	541
奇数、偶数、奇偶分析法	2018－01	98.00	876
不定方程及其应用.上	2018－12	58.00	992
不定方程及其应用.中	2019－01	78.00	993
不定方程及其应用.下	2019－02	98.00	994

历届美国中学生数学竞赛试题及解答(第一卷)1950－1954	2014－07	18.00	277
历届美国中学生数学竞赛试题及解答(第二卷)1955－1959	2014－04	18.00	278
历届美国中学生数学竞赛试题及解答(第三卷)1960－1964	2014－06	18.00	279
历届美国中学生数学竞赛试题及解答(第四卷)1965－1969	2014－04	28.00	280
历届美国中学生数学竞赛试题及解答(第五卷)1970－1972	2014－06	18.00	281
历届美国中学生数学竞赛试题及解答(第六卷)1973－1980	2017－07	18.00	768
历届美国中学生数学竞赛试题及解答(第七卷)1981－1986	2015－01	18.00	424
历届美国中学生数学竞赛试题及解答(第八卷)1987－1990	2017－05	18.00	769

历届中国数学奥林匹克试题集(第3版)	2021－10	58.00	1440
历届加拿大数学奥林匹克试题集	2012－08	38.00	215
历届美国数学奥林匹克试题集:1972～2019	2020－04	88.00	1135
历届波兰数学竞赛试题集.第1卷,1949～1963	2015－03	18.00	453
历届波兰数学竞赛试题集.第2卷,1964～1976	2015－03	18.00	454
历届巴尔干数学奥林匹克试题集	2015－05	38.00	466
保加利亚数学奥林匹克	2014－10	38.00	393
圣彼得堡数学奥林匹克试题集	2015－01	38.00	429
匈牙利奥林匹克数学竞赛题解.第1卷	2016－05	28.00	593
匈牙利奥林匹克数学竞赛题解.第2卷	2016－05	28.00	594
历届美国数学邀请赛试题集(第2版)	2017－10	78.00	851
普林斯顿大学数学竞赛	2016－06	38.00	669
亚太地区数学奥林匹克竞赛题	2015－07	18.00	492
日本历届(初级)广中杯数学竞赛试题及解答.第1卷(2000～2007)	2016－05	28.00	641
日本历届(初级)广中杯数学竞赛试题及解答.第2卷(2008～2015)	2016－05	38.00	642
越南数学奥林匹克题选:1962－2009	2021－07	48.00	1370
360个数学竞赛问题	2016－08	58.00	677
奥数最佳实战题.上卷	2017－06	38.00	760
奥数最佳实战题.下卷	2017－05	58.00	761
哈尔滨市早期中学数学竞赛试题汇编	2016－07	28.00	672
全国高中数学联赛试题及解答:1981—2019(第4版)	2020－07	138.00	1176
2021年全国高中数学联合竞赛模拟题集	2021－04	30.00	1302
20世纪50年代全国部分城市数学竞赛试题汇编	2017－07	28.00	797

刘培杰数学工作室
已出版(即将出版)图书目录——初等数学

书　名	出版时间	定　价	编号
国内外数学竞赛题及精解:2018～2019	2020－08	45.00	1192
国内外数学竞赛题及精解:2019～2020	2021－11	58.00	1439
许康华竞赛优学精选集.第一辑	2018－08	68.00	949
天问叶班数学问题征解 100 题.Ⅰ,2016－2018	2019－05	88.00	1075
天问叶班数学问题征解 100 题.Ⅱ,2017－2019	2020－07	98.00	1177
美国初中数学竞赛:AMC8 准备(共 6 卷)	2019－07	138.00	1089
美国高中数学竞赛:AMC10 准备(共 6 卷)	2019－08	158.00	1105
王连笑教你怎样学数学:高考选择题解题策略与客观题实用训练	2014－01	48.00	262
王连笑教你怎样学数学:高考数学高层次讲座	2015－02	48.00	432
高考数学的理论与实践	2009－08	38.00	53
高考数学核心题型解题方法与技巧	2010－01	28.00	86
高考思维新平台	2014－03	38.00	259
高考数学压轴题解题诀窍(上)(第 2 版)	2018－01	58.00	874
高考数学压轴题解题诀窍(下)(第 2 版)	2018－01	48.00	875
北京市五区文科数学三年高考模拟题详解:2013～2015	2015－08	48.00	500
北京市五区理科数学三年高考模拟题详解:2013～2015	2015－09	68.00	505
向量法巧解数学高考题	2009－08	28.00	54
高中数学课堂教学的实践与反思	2021－11	48.00	791
数学高考参考	2016－01	78.00	589
新课程标准高考数学解答题各种题型解法指导	2020－08	78.00	1196
全国及各省市高考数学试题审题要津与解法研究	2015－02	48.00	450
高中数学章节起始课的教学研究与案例设计	2019－05	28.00	1064
新课标高考数学——五年试题分章详解(2007～2011)(上、下)	2011－10	78.00	140,141
全国中考数学压轴题审题要津与解法研究	2013－04	78.00	248
新编全国及各省市中考数学压轴题审题要津与解法研究	2014－05	58.00	342
全国及各省市 5 年中考数学压轴题审题要津与解法研究(2015 版)	2015－04	58.00	462
中考数学专题总复习	2007－04	28.00	6
中考数学较难题常考题型解题方法与技巧	2016－09	48.00	681
中考数学难题常考题型解题方法与技巧	2016－09	48.00	682
中考数学中档题常考题型解题方法与技巧	2017－08	68.00	835
中考数学选择填空压轴好题妙解 365	2017－05	38.00	759
中考数学:三类重点考题的解法例析与习题	2020－04	48.00	1140
中小学数学的历史文化	2019－11	48.00	1124
初中平面几何百题多思创新解	2020－01	58.00	1125
初中数学中考备考	2020－01	58.00	1126
高考数学之九章演义	2019－08	68.00	1044
化学可以这样学:高中化学知识方法智慧感悟疑难辨析	2019－07	58.00	1103
如何成为学习高手	2019－09	58.00	1107
高考数学:经典真题分类解析	2020－04	78.00	1134
高考数学解答题破解策略	2020－11	58.00	1221
从分析解题过程学解题:高考压轴题与竞赛题之关系探究	2020－08	88.00	1179
教学新思考:单元整体视角下的初中数学教学设计	2021－03	58.00	1278
思维再拓展:2020 年经典几何题的多解探究与思考	即将出版		1279
中考数学小压轴汇编初讲	2017－07	48.00	788
中考数学大压轴专题微言	2017－09	48.00	846
怎么解中考平面几何探索题	2019－06	48.00	1093
北京中考数学压轴题解题方法突破(第 7 版)	2021－11	68.00	1442
助你高考成功的数学解题智慧:知识是智慧的基础	2016－01	58.00	596
助你高考成功的数学解题智慧:错误是智慧的试金石	2016－04	58.00	643
助你高考成功的数学解题智慧:方法是智慧的推手	2016－04	68.00	657
高考数学奇思妙解	2016－04	38.00	610
高考数学解题策略	2016－05	48.00	670
数学解题泄天机(第 2 版)	2017－10	48.00	850

刘培杰数学工作室
已出版(即将出版)图书目录——初等数学

书　　名	出版时间	定　价	编号
高考物理压轴题全解	2017－04	58.00	746
高中物理经典问题 25 讲	2017－05	28.00	764
高中物理教学讲义	2018－01	48.00	871
高中物理答疑解惑 65 篇	2021－11	48.00	1462
中学物理基础问题解析	2020－08	48.00	1183
2016 年高考文科数学真题研究	2017－04	58.00	754
2016 年高考理科数学真题研究	2017－04	78.00	755
2017 年高考理科数学真题研究	2018－01	58.00	867
2017 年高考文科数学真题研究	2018－01	48.00	868
初中数学、高中数学脱节知识补缺教材	2017－06	48.00	766
高考数学小题抢分必练	2017－10	48.00	834
高考数学核心素养解读	2017－09	38.00	839
高考数学客观题解题方法和技巧	2017－10	38.00	847
十年高考数学精品试题审题要津与解法研究	2021－10	98.00	1427
中国历届高考数学试题及解答.1949－1979	2018－01	38.00	877
历届中国高考数学试题及解答.第二卷,1980—1989	2018－10	28.00	975
历届中国高考数学试题及解答.第三卷,1990—1999	2018－10	48.00	976
数学文化与高考研究	2018－03	48.00	882
跟我学解高中数学题	2018－07	58.00	926
中学数学研究的方法及案例	2018－05	58.00	869
高考数学抢分技能	2018－07	68.00	934
高一新生常用数学方法和重要数学思想提升教材	2018－06	38.00	921
2018 年高考数学真题研究	2019－01	68.00	1000
2019 年高考数学真题研究	2020－05	88.00	1137
高考数学全国卷六道解答题常考题型解题诀窍:理科(全 2 册)	2019－07	78.00	1101
高考数学全国卷 16 道选择、填空题常考题型解题诀窍.理科	2018－09	88.00	971
高考数学全国卷 16 道选择、填空题常考题型解题诀窍.文科	2020－01	88.00	1123
新课程标准高中数学各种题型解法大全.必修一分册	2021－06	58.00	1315
高中数学一题多解	2019－06	58.00	1087
历届中国高考数学试题及解答:1917－1999	2021－08	98.00	1371
2000～2003 年全国及各省市高考数学试题及解答	2022－05	88.00	1499
突破高原:高中数学解题思维探究	2021－08	48.00	1375
高考数学中的“取值范围”	2021－10	48.00	1429
新课程标准高中数学各种题型解法大全.必修二分册	2022－01	68.00	1471
新编 640 个世界著名数学智力趣题	2014－01	88.00	242
500 个最新世界著名数学智力趣题	2008－06	48.00	3
400 个最新世界著名数学最值问题	2008－09	48.00	36
500 个世界著名数学征解问题	2009－06	48.00	52
400 个中国最佳初等数学征解老问题	2010－01	48.00	60
500 个俄罗斯数学经典老题	2011－01	28.00	81
1000 个国外中学物理好题	2012－04	48.00	174
300 个日本高考数学题	2012－05	38.00	142
700 个早期日本高考数学试题	2017－02	88.00	752
500 个前苏联早期高考数学试题及解答	2012－05	28.00	185
546 个早期俄罗斯大学生数学竞赛题	2014－03	38.00	285
548 个来自美苏的数学好问题	2014－11	28.00	396
20 所苏联著名大学早期入学试题	2015－02	18.00	452
161 道德国工科大学生必做的微分方程习题	2015－05	28.00	469
500 个德国工科大学生必做的高数习题	2015－06	28.00	478
360 个数学竞赛问题	2016－08	58.00	677
200 个趣味数学故事	2018－02	48.00	857
470 个数学奥林匹克中的最值问题	2018－10	88.00	985
德国讲义日本考题.微积分卷	2015－04	48.00	456
德国讲义日本考题.微分方程卷	2015－04	38.00	457
二十世纪中叶中、英、美、日、法、俄高考数学试题精选	2017－06	38.00	783

刘培杰数学工作室
已出版(即将出版)图书目录——初等数学

书　　名	出版时间	定　价	编号
中国初等数学研究　2009 卷(第 1 辑)	2009－05	20.00	45
中国初等数学研究　2010 卷(第 2 辑)	2010－05	30.00	68
中国初等数学研究　2011 卷(第 3 辑)	2011－07	60.00	127
中国初等数学研究　2012 卷(第 4 辑)	2012－07	48.00	190
中国初等数学研究　2014 卷(第 5 辑)	2014－02	48.00	288
中国初等数学研究　2015 卷(第 6 辑)	2015－06	68.00	493
中国初等数学研究　2016 卷(第 7 辑)	2016－04	68.00	609
中国初等数学研究　2017 卷(第 8 辑)	2017－01	98.00	712
初等数学研究在中国. 第 1 辑	2019－03	158.00	1024
初等数学研究在中国. 第 2 辑	2019－10	158.00	1116
初等数学研究在中国. 第 3 辑	2021－05	158.00	1306
几何变换(Ⅰ)	2014－07	28.00	353
几何变换(Ⅱ)	2015－06	28.00	354
几何变换(Ⅲ)	2015－01	38.00	355
几何变换(Ⅳ)	2015－12	38.00	356
初等数论难题集(第一卷)	2009－05	68.00	44
初等数论难题集(第二卷)(上、下)	2011－02	128.00	82,83
数论概貌	2011－03	18.00	93
代数数论(第二版)	2013－08	58.00	94
代数多项式	2014－06	38.00	289
初等数论的知识与问题	2011－02	28.00	95
超越数论基础	2011－03	28.00	96
数论初等教程	2011－03	28.00	97
数论基础	2011－03	18.00	98
数论基础与维诺格拉多夫	2014－03	18.00	292
解析数论基础	2012－08	28.00	216
解析数论基础(第二版)	2014－01	48.00	287
解析数论问题集(第二版)(原版引进)	2014－05	88.00	343
解析数论问题集(第二版)(中译本)	2016－04	88.00	607
解析数论基础(潘承洞,潘承彪著)	2016－07	98.00	673
解析数论导引	2016－07	58.00	674
数论入门	2011－03	38.00	99
代数数论入门	2015－03	38.00	448
数论开篇	2012－07	28.00	194
解析数论引论	2011－03	48.00	100
Barban Davenport Halberstam 均值和	2009－01	40.00	33
基础数论	2011－03	28.00	101
初等数论 100 例	2011－05	18.00	122
初等数论经典例题	2012－07	18.00	204
最新世界各国数学奥林匹克中的初等数论试题(上、下)	2012－01	138.00	144,145
初等数论(Ⅰ)	2012－01	18.00	156
初等数论(Ⅱ)	2012－01	18.00	157
初等数论(Ⅲ)	2012－01	28.00	158

刘培杰数学工作室
已出版(即将出版)图书目录——初等数学

书　名	出版时间	定　价	编号
平面几何与数论中未解决的新老问题	2013－01	68.00	229
代数数论简史	2014－11	28.00	408
代数数论	2015－09	88.00	532
代数、数论及分析习题集	2016－11	98.00	695
数论导引提要及习题解答	2016－01	48.00	559
素数定理的初等证明.第2版	2016－09	48.00	686
数论中的模函数与狄利克雷级数(第二版)	2017－11	78.00	837
数论:数学导引	2018－01	68.00	849
范氏大代数	2019－02	98.00	1016
解析数学讲义.第一卷,导来式及微分、积分、级数	2019－04	88.00	1021
解析数学讲义.第二卷,关于几何的应用	2019－04	68.00	1022
解析数学讲义.第三卷,解析函数论	2019－04	78.00	1023
分析・组合・数论纵横谈	2019－04	58.00	1039
Hall代数:民国时期的中学数学课本:英文	2019－08	88.00	1106

数学精神巡礼	2019－01	58.00	731
数学眼光透视(第2版)	2017－06	78.00	732
数学思想领悟(第2版)	2018－01	68.00	733
数学方法溯源(第2版)	2018－08	68.00	734
数学解题引论	2017－05	58.00	735
数学史话览胜(第2版)	2017－01	48.00	736
数学应用展观(第2版)	2017－08	68.00	737
数学建模尝试	2018－04	48.00	738
数学竞赛采风	2018－01	68.00	739
数学测评探营	2019－05	58.00	740
数学技能操握	2018－03	48.00	741
数学欣赏拾趣	2018－02	48.00	742

从毕达哥拉斯到怀尔斯	2007－10	48.00	9
从迪利克雷到维斯卡尔迪	2008－01	48.00	21
从哥德巴赫到陈景润	2008－05	98.00	35
从庞加莱到佩雷尔曼	2011－08	138.00	136

博弈论精粹	2008－03	58.00	30
博弈论精粹.第二版(精装)	2015－01	88.00	461
数学 我爱你	2008－01	28.00	20
精神的圣徒　别样的人生——60位中国数学家成长的历程	2008－09	48.00	39
数学史概论	2009－06	78.00	50
数学史概论(精装)	2013－03	158.00	272
数学史选讲	2016－01	48.00	544
斐波那契数列	2010－02	28.00	65
数学拼盘和斐波那契魔方	2010－07	38.00	72
斐波那契数列欣赏(第2版)	2018－08	58.00	948
Fibonacci数列中的明珠	2018－06	58.00	928
数学的创造	2011－02	48.00	85
数学美与创造力	2016－01	48.00	595
数海拾贝	2016－01	48.00	590
数学中的美(第2版)	2019－04	68.00	1057
数论中的美学	2014－12	38.00	351

刘培杰数学工作室
已出版(即将出版)图书目录——初等数学

书　　名	出版时间	定　价	编号
数学王者　科学巨人——高斯	2015－01	28.00	428
振兴祖国数学的圆梦之旅:中国初等数学研究史话	2015－06	98.00	490
二十世纪中国数学史料研究	2015－10	48.00	536
数字谜、数阵图与棋盘覆盖	2016－01	58.00	298
时间的形状	2016－01	38.00	556
数学发现的艺术:数学探索中的合情推理	2016－07	58.00	671
活跃在数学中的参数	2016－07	48.00	675
数海趣史	2021－05	98.00	1314
数学解题——靠数学思想给力(上)	2011－07	38.00	131
数学解题——靠数学思想给力(中)	2011－07	48.00	132
数学解题——靠数学思想给力(下)	2011－07	38.00	133
我怎样解题	2013－01	48.00	227
数学解题中的物理方法	2011－06	28.00	114
数学解题的特殊方法	2011－06	48.00	115
中学数学计算技巧(第 2 版)	2020－10	48.00	1220
中学数学证明方法	2012－01	58.00	117
数学趣题巧解	2012－03	28.00	128
高中数学教学通鉴	2015－05	58.00	479
和高中生漫谈:数学与哲学的故事	2014－08	28.00	369
算术问题集	2017－03	38.00	789
张教授讲数学	2018－07	38.00	933
陈永明实话实说数学教学	2020－04	68.00	1132
中学数学学科知识与教学能力	2020－06	58.00	1155
怎样把课讲好:大罕数学教学随笔	2022－03	58.00	1484
中国高考评价体系下高考数学探秘	2022－03	48.00	1487
自主招生考试中的参数方程问题	2015－01	28.00	435
自主招生考试中的极坐标问题	2015－04	28.00	463
近年全国重点大学自主招生数学试题全解及研究.华约卷	2015－02	38.00	441
近年全国重点大学自主招生数学试题全解及研究.北约卷	2016－05	38.00	619
自主招生数学解证宝典	2015－09	48.00	535
中国科学技术大学创新班数学真题解析	2022－03	48.00	1488
中国科学技术大学创新班物理真题解析	2022－03	58.00	1489
格点和面积	2012－07	18.00	191
射影几何趣谈	2012－04	28.00	175
斯潘纳尔引理——从一道加拿大数学奥林匹克试题谈起	2014－01	28.00	228
李普希兹条件——从几道近年高考数学试题谈起	2012－10	18.00	221
拉格朗日中值定理——从一道北京高考试题的解法谈起	2015－10	18.00	197
闵科夫斯基定理——从一道清华大学自主招生试题谈起	2014－01	28.00	198
哈尔测度——从一道冬令营试题的背景谈起	2012－08	28.00	202
切比雪夫逼近问题——从一道中国台北数学奥林匹克试题谈起	2013－04	38.00	238
伯恩斯坦多项式与贝齐尔曲面——从一道全国高中数学联赛试题谈起	2013－03	38.00	236
卡塔兰猜想——从一道普特南竞赛试题谈起	2013－06	18.00	256
麦卡锡函数和阿克曼函数——从一道前南斯拉夫数学奥林匹克试题谈起	2012－08	18.00	201
贝蒂定理与拉姆贝克莫斯尔定理——从一个拣石子游戏谈起	2012－08	18.00	217
皮亚诺曲线和豪斯道夫分球定理——从无限集谈起	2012－08	18.00	211
平面凸图形与凸多面体	2012－10	28.00	218
斯坦因豪斯问题——从一道二十五省市自治区中学数学竞赛试题谈起	2012－07	18.00	196

刘培杰数学工作室
已出版(即将出版)图书目录——初等数学

书　　名	出版时间	定　价	编号
纽结理论中的亚历山大多项式与琼斯多项式——从一道北京市高一数学竞赛试题谈起	2012－07	28.00	195
原则与策略——从波利亚"解题表"谈起	2013－04	38.00	244
转化与化归——从三大尺规作图不能问题谈起	2012－08	28.00	214
代数几何中的贝祖定理(第一版)——从一道 IMO 试题的解法谈起	2013－08	18.00	193
成功连贯理论与约当块理论——从一道比利时数学竞赛试题谈起	2012－04	18.00	180
素数判定与大数分解	2014－08	18.00	199
置换多项式及其应用	2012－10	18.00	220
椭圆函数与模函数——从一道美国加州大学洛杉矶分校(UCLA)博士资格考题谈起	2012－10	28.00	219
差分方程的拉格朗日方法——从一道 2011 年全国高考理科试题的解法谈起	2012－08	28.00	200
力学在几何中的一些应用	2013－01	38.00	240
从根式解到伽罗华理论	2020－01	48.00	1121
康托洛维奇不等式——从一道全国高中联赛试题谈起	2013－03	28.00	337
西格尔引理——从一道第 18 届 IMO 试题的解法谈起	即将出版		
罗斯定理——从一道前苏联数学竞赛试题谈起	即将出版		
拉克斯定理和阿廷定理——从一道 IMO 试题的解法谈起	2014－01	58.00	246
毕卡大定理——从一道美国大学数学竞赛试题谈起	2014－07	18.00	350
贝齐尔曲线——从一道全国高中联赛试题谈起	即将出版		
拉格朗日乘子定理——从一道 2005 年全国高中联赛试题的高等数学解法谈起	2015－05	28.00	480
雅可比定理——从一道日本数学奥林匹克试题谈起	2013－04	48.00	249
李天岩－约克定理——从一道波兰数学竞赛试题谈起	2014－06	28.00	349
整系数多项式因式分解的一般方法——从克朗耐克算法谈起	即将出版		
布劳维不动点定理——从一道前苏联数学奥林匹克试题谈起	2014－01	38.00	273
伯恩赛德定理——从一道英国数学奥林匹克试题谈起	即将出版		
布查特－莫斯特定理——从一道上海市初中竞赛试题谈起	即将出版		
数论中的同余数问题——从一道普特南竞赛试题谈起	即将出版		
范·德蒙行列式——从一道美国数学奥林匹克试题谈起	即将出版		
中国剩余定理：总数法构建中国历史年表	2015－01	28.00	430
牛顿程序与方程求根——从一道全国高考试题解法谈起	即将出版		
库默尔定理——从一道 IMO 预选试题谈起	即将出版		
卢丁定理——从一道冬令营试题的解法谈起	即将出版		
沃斯滕霍姆定理——从一道 IMO 预选试题谈起	即将出版		
卡尔松不等式——从一道莫斯科数学奥林匹克试题谈起	即将出版		
信息论中的香农熵——从一道近年高考压轴题谈起	即将出版		
约当不等式——从一道希望杯竞赛试题谈起	即将出版		
拉比诺维奇定理	即将出版		
刘维尔定理——从一道《美国数学月刊》征解问题的解法谈起	即将出版		
卡塔兰恒等式与级数求和——从一道 IMO 试题的解法谈起	即将出版		
勒让德猜想与素数分布——从一道爱尔兰竞赛试题谈起	即将出版		
天平称重与信息论——从一道基辅市数学奥林匹克试题谈起	即将出版		
哈密尔顿－凯莱定理：从一道高中数学联赛试题的解法谈起	2014－09	18.00	376
艾思特曼定理——从一道 CMO 试题的解法谈起	即将出版		

刘培杰数学工作室
已出版(即将出版)图书目录——初等数学

书　　名	出版时间	定　价	编号
阿贝尔恒等式与经典不等式及应用	2018－06	98.00	923
迪利克雷除数问题	2018－07	48.00	930
幻方、幻立方与拉丁方	2019－08	48.00	1092
帕斯卡三角形	2014－03	18.00	294
蒲丰投针问题——从2009年清华大学的一道自主招生试题谈起	2014－01	38.00	295
斯图姆定理——从一道"华约"自主招生试题的解法谈起	2014－01	18.00	296
许瓦兹引理——从一道加利福尼亚大学伯克利分校数学系博士生试题谈起	2014－08	18.00	297
拉姆塞定理——从王诗宬院士的一个问题谈起	2016－04	48.00	299
坐标法	2013－12	28.00	332
数论三角形	2014－04	38.00	341
毕克定理	2014－07	18.00	352
数林掠影	2014－09	48.00	389
我们周围的概率	2014－10	38.00	390
凸函数最值定理:从一道华约自主招生题的解法谈起	2014－10	28.00	391
易学与数学奥林匹克	2014－10	38.00	392
生物数学趣谈	2015－01	18.00	409
反演	2015－01	28.00	420
因式分解与圆锥曲线	2015－01	18.00	426
轨迹	2015－01	28.00	427
面积原理:从常庚哲命的一道CMO试题的积分解法谈起	2015－01	48.00	431
形形色色的不动点定理:从一道28届IMO试题谈起	2015－01	38.00	439
柯西函数方程:从一道上海交大自主招生的试题谈起	2015－02	28.00	440
三角恒等式	2015－02	28.00	442
无理性判定:从一道2014年"北约"自主招生试题谈起	2015－01	38.00	443
数学归纳法	2015－03	18.00	451
极端原理与解题	2015－04	28.00	464
法雷级数	2014－08	18.00	367
摆线族	2015－01	38.00	438
函数方程及其解法	2015－05	38.00	470
含参数的方程和不等式	2012－09	28.00	213
希尔伯特第十问题	2016－01	38.00	543
无穷小量的求和	2016－01	28.00	545
切比雪夫多项式:从一道清华大学金秋营试题谈起	2016－01	38.00	583
泽肯多夫定理	2016－03	38.00	599
代数等式证题法	2016－01	28.00	600
三角等式证题法	2016－01	28.00	601
吴大任教授藏书中的一个因式分解公式:从一道美国数学邀请赛试题的解法谈起	2016－06	28.00	656
易卦——类万物的数学模型	2017－08	68.00	838
"不可思议"的数与数系可持续发展	2018－01	38.00	878
最短线	2018－01	38.00	879

幻方和魔方(第一卷)	2012－05	68.00	173
尘封的经典——初等数学经典文献选读(第一卷)	2012－07	48.00	205
尘封的经典——初等数学经典文献选读(第二卷)	2012－07	38.00	206

初级方程式论	2011－03	28.00	106
初等数学研究(Ⅰ)	2008－09	68.00	37
初等数学研究(Ⅱ)(上、下)	2009－05	118.00	46,47

刘培杰数学工作室
已出版(即将出版)图书目录——初等数学

书　　名	出版时间	定　价	编号
趣味初等方程妙题集锦	2014－09	48.00	388
趣味初等数论选美与欣赏	2015－02	48.00	445
耕读笔记(上卷):一位农民数学爱好者的初数探索	2015－04	28.00	459
耕读笔记(中卷):一位农民数学爱好者的初数探索	2015－05	28.00	483
耕读笔记(下卷):一位农民数学爱好者的初数探索	2015－05	28.00	484
几何不等式研究与欣赏.上卷	2016－01	88.00	547
几何不等式研究与欣赏.下卷	2016－01	48.00	552
初等数列研究与欣赏·上	2016－01	48.00	570
初等数列研究与欣赏·下	2016－01	48.00	571
趣味初等函数研究与欣赏.上	2016－09	48.00	684
趣味初等函数研究与欣赏.下	2018－09	48.00	685
三角不等式研究与欣赏	2020－10	68.00	1197
新编平面解析几何解题方法研究与欣赏	2021－10	78.00	1426

火柴游戏(第2版)	2022－05	38.00	1493
智力解谜.第1卷	2017－07	38.00	613
智力解谜.第2卷	2017－07	38.00	614
故事智力	2016－07	48.00	615
名人们喜欢的智力问题	2020－01	48.00	616
数学大师的发现、创造与失误	2018－01	48.00	617
异曲同工	2018－09	48.00	618
数学的味道	2018－01	58.00	798
数学千字文	2018－10	68.00	977

数贝偶拾——高考数学题研究	2014－04	28.00	274
数贝偶拾——初等数学研究	2014－04	38.00	275
数贝偶拾——奥数题研究	2014－04	48.00	276

钱昌本教你快乐学数学(上)	2011－12	48.00	155
钱昌本教你快乐学数学(下)	2012－03	58.00	171

集合、函数与方程	2014－01	28.00	300
数列与不等式	2014－01	38.00	301
三角与平面向量	2014－01	28.00	302
平面解析几何	2014－01	38.00	303
立体几何与组合	2014－01	28.00	304
极限与导数、数学归纳法	2014－01	38.00	305
趣味数学	2014－03	28.00	306
教材教法	2014－04	68.00	307
自主招生	2014－05	58.00	308
高考压轴题(上)	2015－01	48.00	309
高考压轴题(下)	2014－10	68.00	310

从费马到怀尔斯——费马大定理的历史	2013－10	198.00	I
从庞加莱到佩雷尔曼——庞加莱猜想的历史	2013－10	298.00	II
从切比雪夫到爱尔特希(上)——素数定理的初等证明	2013－07	48.00	III
从切比雪夫到爱尔特希(下)——素数定理100年	2012－12	98.00	III
从高斯到盖尔方特——二次域的高斯猜想	2013－10	198.00	IV
从库默尔到朗兰兹——朗兰兹猜想的历史	2014－01	98.00	V
从比勃巴赫到德布朗斯——比勃巴赫猜想的历史	2014－02	298.00	VI
从麦比乌斯到陈省身——麦比乌斯变换与麦比乌斯带	2014－02	298.00	VII
从布尔到豪斯道夫——布尔方程与格论漫谈	2013－10	198.00	VIII
从开普勒到阿诺德——三体问题的历史	2014－05	298.00	IX
从华林到华罗庚——华林问题的历史	2013－10	298.00	X

刘培杰数学工作室
已出版(即将出版)图书目录——初等数学

书　　名	出版时间	定　价	编号
美国高中数学竞赛五十讲.第1卷(英文)	2014-08	28.00	357
美国高中数学竞赛五十讲.第2卷(英文)	2014-08	28.00	358
美国高中数学竞赛五十讲.第3卷(英文)	2014-09	28.00	359
美国高中数学竞赛五十讲.第4卷(英文)	2014-09	28.00	360
美国高中数学竞赛五十讲.第5卷(英文)	2014-10	28.00	361
美国高中数学竞赛五十讲.第6卷(英文)	2014-11	28.00	362
美国高中数学竞赛五十讲.第7卷(英文)	2014-12	28.00	363
美国高中数学竞赛五十讲.第8卷(英文)	2015-01	28.00	364
美国高中数学竞赛五十讲.第9卷(英文)	2015-01	28.00	365
美国高中数学竞赛五十讲.第10卷(英文)	2015-02	38.00	366
三角函数(第2版)	2017-04	38.00	626
不等式	2014-01	38.00	312
数列	2014-01	38.00	313
方程(第2版)	2017-04	38.00	624
排列和组合	2014-01	28.00	315
极限与导数(第2版)	2016-04	38.00	635
向量(第2版)	2018-08	58.00	627
复数及其应用	2014-08	28.00	318
函数	2014-01	38.00	319
集合	2020-01	48.00	320
直线与平面	2014-01	28.00	321
立体几何(第2版)	2016-04	38.00	629
解三角形	即将出版		323
直线与圆(第2版)	2016-11	38.00	631
圆锥曲线(第2版)	2016-09	48.00	632
解题通法(一)	2014-07	38.00	326
解题通法(二)	2014-07	38.00	327
解题通法(三)	2014-05	38.00	328
概率与统计	2014-01	28.00	329
信息迁移与算法	即将出版		330
IMO 50年.第1卷(1959-1963)	2014-11	28.00	377
IMO 50年.第2卷(1964-1968)	2014-11	28.00	378
IMO 50年.第3卷(1969-1973)	2014-09	28.00	379
IMO 50年.第4卷(1974-1978)	2016-04	38.00	380
IMO 50年.第5卷(1979-1984)	2015-04	38.00	381
IMO 50年.第6卷(1985-1989)	2015-04	58.00	382
IMO 50年.第7卷(1990-1994)	2016-01	48.00	383
IMO 50年.第8卷(1995-1999)	2016-06	38.00	384
IMO 50年.第9卷(2000-2004)	2015-04	58.00	385
IMO 50年.第10卷(2005-2009)	2016-01	48.00	386
IMO 50年.第11卷(2010-2015)	2017-03	48.00	646

刘培杰数学工作室
已出版(即将出版)图书目录——初等数学

书　　名	出版时间	定　价	编号
数学反思(2006—2007)	2020—09	88.00	915
数学反思(2008—2009)	2019—01	68.00	917
数学反思(2010—2011)	2018—05	58.00	916
数学反思(2012—2013)	2019—01	58.00	918
数学反思(2014—2015)	2019—03	78.00	919
数学反思(2016—2017)	2021—03	58.00	1286
历届美国大学生数学竞赛试题集.第一卷(1938—1949)	2015—01	28.00	397
历届美国大学生数学竞赛试题集.第二卷(1950—1959)	2015—01	28.00	398
历届美国大学生数学竞赛试题集.第三卷(1960—1969)	2015—01	28.00	399
历届美国大学生数学竞赛试题集.第四卷(1970—1979)	2015—01	18.00	400
历届美国大学生数学竞赛试题集.第五卷(1980—1989)	2015—01	28.00	401
历届美国大学生数学竞赛试题集.第六卷(1990—1999)	2015—01	28.00	402
历届美国大学生数学竞赛试题集.第七卷(2000—2009)	2015—08	18.00	403
历届美国大学生数学竞赛试题集.第八卷(2010—2012)	2015—01	18.00	404
新课标高考数学创新题解题诀窍:总论	2014—09	28.00	372
新课标高考数学创新题解题诀窍:必修1～5分册	2014—08	38.00	373
新课标高考数学创新题解题诀窍:选修2—1,2—2,1—1,1—2分册	2014—09	38.00	374
新课标高考数学创新题解题诀窍:选修2—3,4—4,4—5分册	2014—09	18.00	375
全国重点大学自主招生英文数学试题全攻略:词汇卷	2015—07	48.00	410
全国重点大学自主招生英文数学试题全攻略:概念卷	2015—01	28.00	411
全国重点大学自主招生英文数学试题全攻略:文章选读卷(上)	2016—09	38.00	412
全国重点大学自主招生英文数学试题全攻略:文章选读卷(下)	2017—01	58.00	413
全国重点大学自主招生英文数学试题全攻略:试题卷	2015—07	38.00	414
全国重点大学自主招生英文数学试题全攻略:名著欣赏卷	2017—03	48.00	415
劳埃德数学趣题大全.题目卷.1:英文	2016—01	18.00	516
劳埃德数学趣题大全.题目卷.2:英文	2016—01	18.00	517
劳埃德数学趣题大全.题目卷.3:英文	2016—01	18.00	518
劳埃德数学趣题大全.题目卷.4:英文	2016—01	18.00	519
劳埃德数学趣题大全.题目卷.5:英文	2016—01	18.00	520
劳埃德数学趣题大全.答案卷:英文	2016—01	18.00	521
李成章教练奥数笔记.第1卷	2016—01	48.00	522
李成章教练奥数笔记.第2卷	2016—01	48.00	523
李成章教练奥数笔记.第3卷	2016—01	38.00	524
李成章教练奥数笔记.第4卷	2016—01	38.00	525
李成章教练奥数笔记.第5卷	2016—01	38.00	526
李成章教练奥数笔记.第6卷	2016—01	38.00	527
李成章教练奥数笔记.第7卷	2016—01	38.00	528
李成章教练奥数笔记.第8卷	2016—01	48.00	529
李成章教练奥数笔记.第9卷	2016—01	28.00	530

刘培杰数学工作室
已出版(即将出版)图书目录——初等数学

书　　名	出版时间	定　价	编号
第19～23届"希望杯"全国数学邀请赛试题审题要津详细评注(初一版)	2014－03	28.00	333
第19～23届"希望杯"全国数学邀请赛试题审题要津详细评注(初二、初三版)	2014－03	38.00	334
第19～23届"希望杯"全国数学邀请赛试题审题要津详细评注(高一版)	2014－03	28.00	335
第19～23届"希望杯"全国数学邀请赛试题审题要津详细评注(高二版)	2014－03	38.00	336
第19～25届"希望杯"全国数学邀请赛试题审题要津详细评注(初一版)	2015－01	38.00	416
第19～25届"希望杯"全国数学邀请赛试题审题要津详细评注(初二、初三版)	2015－01	58.00	417
第19～25届"希望杯"全国数学邀请赛试题审题要津详细评注(高一版)	2015－01	48.00	418
第19～25届"希望杯"全国数学邀请赛试题审题要津详细评注(高二版)	2015－01	48.00	419
物理奥林匹克竞赛大题典——力学卷	2014－11	48.00	405
物理奥林匹克竞赛大题典——热学卷	2014－04	28.00	339
物理奥林匹克竞赛大题典——电磁学卷	2015－07	48.00	406
物理奥林匹克竞赛大题典——光学与近代物理卷	2014－06	28.00	345
历届中国东南地区数学奥林匹克试题集(2004～2012)	2014－06	18.00	346
历届中国西部地区数学奥林匹克试题集(2001～2012)	2014－07	18.00	347
历届中国女子数学奥林匹克试题集(2002～2012)	2014－08	18.00	348
数学奥林匹克在中国	2014－06	98.00	344
数学奥林匹克问题集	2014－01	38.00	267
数学奥林匹克不等式散论	2010－06	38.00	124
数学奥林匹克不等式欣赏	2011－09	38.00	138
数学奥林匹克超级题库(初中卷上)	2010－01	58.00	66
数学奥林匹克不等式证明方法和技巧(上、下)	2011－08	158.00	134,135
他们学什么:原民主德国中学数学课本	2016－09	38.00	658
他们学什么:英国中学数学课本	2016－09	38.00	659
他们学什么:法国中学数学课本.1	2016－09	38.00	660
他们学什么:法国中学数学课本.2	2016－09	28.00	661
他们学什么:法国中学数学课本.3	2016－09	38.00	662
他们学什么:苏联中学数学课本	2016－09	28.00	679
高中数学题典——集合与简易逻辑·函数	2016－07	48.00	647
高中数学题典——导数	2016－07	48.00	648
高中数学题典——三角函数·平面向量	2016－07	48.00	649
高中数学题典——数列	2016－07	58.00	650
高中数学题典——不等式·推理与证明	2016－07	38.00	651
高中数学题典——立体几何	2016－07	48.00	652
高中数学题典——平面解析几何	2016－07	78.00	653
高中数学题典——计数原理·统计·概率·复数	2016－07	48.00	654
高中数学题典——算法·平面几何·初等数论·组合数学·其他	2016－07	68.00	655

刘培杰数学工作室
已出版(即将出版)图书目录——初等数学

书　　名	出版时间	定　价	编号
台湾地区奥林匹克数学竞赛试题.小学一年级	2017—03	38.00	722
台湾地区奥林匹克数学竞赛试题.小学二年级	2017—03	38.00	723
台湾地区奥林匹克数学竞赛试题.小学三年级	2017—03	38.00	724
台湾地区奥林匹克数学竞赛试题.小学四年级	2017—03	38.00	725
台湾地区奥林匹克数学竞赛试题.小学五年级	2017—03	38.00	726
台湾地区奥林匹克数学竞赛试题.小学六年级	2017—03	38.00	727
台湾地区奥林匹克数学竞赛试题.初中一年级	2017—03	38.00	728
台湾地区奥林匹克数学竞赛试题.初中二年级	2017—03	38.00	729
台湾地区奥林匹克数学竞赛试题.初中三年级	2017—03	28.00	730
不等式证题法	2017—04	28.00	747
平面几何培优教程	2019—08	88.00	748
奥数鼎级培优教程.高一分册	2018—09	88.00	749
奥数鼎级培优教程.高二分册.上	2018—04	68.00	750
奥数鼎级培优教程.高二分册.下	2018—04	68.00	751
高中数学竞赛冲刺宝典	2019—04	68.00	883
初中尖子生数学超级题典.实数	2017—07	58.00	792
初中尖子生数学超级题典.式、方程与不等式	2017—08	58.00	793
初中尖子生数学超级题典.圆、面积	2017—08	38.00	794
初中尖子生数学超级题典.函数、逻辑推理	2017—08	48.00	795
初中尖子生数学超级题典.角、线段、三角形与多边形	2017—07	58.00	796
数学王子——高斯	2018—01	48.00	858
坎坷奇星——阿贝尔	2018—01	48.00	859
闪烁奇星——伽罗瓦	2018—01	58.00	860
无穷统帅——康托尔	2018—01	48.00	861
科学公主——柯瓦列夫斯卡娅	2018—01	48.00	862
抽象代数之母——埃米·诺特	2018—01	48.00	863
电脑先驱——图灵	2018—01	58.00	864
昔日神童——维纳	2018—01	48.00	865
数坛怪侠——爱尔特希	2018—01	68.00	866
传奇数学家徐利治	2019—09	88.00	1110
当代世界中的数学.数学思想与数学基础	2019—01	38.00	892
当代世界中的数学.数学问题	2019—01	38.00	893
当代世界中的数学.应用数学与数学应用	2019—01	38.00	894
当代世界中的数学.数学王国的新疆域(一)	2019—01	38.00	895
当代世界中的数学.数学王国的新疆域(二)	2019—01	38.00	896
当代世界中的数学.数林撷英(一)	2019—01	38.00	897
当代世界中的数学.数林撷英(二)	2019—01	48.00	898
当代世界中的数学.数学之路	2019—01	38.00	899

刘培杰数学工作室
已出版(即将出版)图书目录——初等数学

书　名	出版时间	定　价	编号
105 个代数问题:来自 AwesomeMath 夏季课程	2019－02	58.00	956
106 个几何问题:来自 AwesomeMath 夏季课程	2020－07	58.00	957
107 个几何问题:来自 AwesomeMath 全年课程	2020－07	58.00	958
108 个代数问题:来自 AwesomeMath 全年课程	2019－01	68.00	959
109 个不等式:来自 AwesomeMath 夏季课程	2019－04	58.00	960
国际数学奥林匹克中的 110 个几何问题	即将出版		961
111 个代数和数论问题	2019－05	58.00	962
112 个组合问题:来自 AwesomeMath 夏季课程	2019－05	58.00	963
113 个几何不等式:来自 AwesomeMath 夏季课程	2020－08	58.00	964
114 个指数和对数问题:来自 AwesomeMath 夏季课程	2019－09	48.00	965
115 个三角问题:来自 AwesomeMath 夏季课程	2019－09	58.00	966
116 个代数不等式:来自 AwesomeMath 全年课程	2019－04	58.00	967
117 个多项式问题:来自 AwesomeMath 夏季课程	2021－09	58.00	1409

紫色彗星国际数学竞赛试题	2019－02	58.00	999
数学竞赛中的数学:为数学爱好者、父母、教师和教练准备的丰富资源.第一部	2020－04	58.00	1141
数学竞赛中的数学:为数学爱好者、父母、教师和教练准备的丰富资源.第二部	2020－07	48.00	1142
和与积	2020－10	38.00	1219
数论:概念和问题	2020－12	68.00	1257
初等数学问题研究	2021－03	48.00	1270
数学奥林匹克中的欧几里得几何	2021－10	68.00	1413
数学奥林匹克题解新编	2022－01	58.00	1430

澳大利亚中学数学竞赛试题及解答(初级卷)1978～1984	2019－02	28.00	1002
澳大利亚中学数学竞赛试题及解答(初级卷)1985～1991	2019－02	28.00	1003
澳大利亚中学数学竞赛试题及解答(初级卷)1992～1998	2019－02	28.00	1004
澳大利亚中学数学竞赛试题及解答(初级卷)1999～2005	2019－02	28.00	1005
澳大利亚中学数学竞赛试题及解答(中级卷)1978～1984	2019－03	28.00	1006
澳大利亚中学数学竞赛试题及解答(中级卷)1985～1991	2019－03	28.00	1007
澳大利亚中学数学竞赛试题及解答(中级卷)1992～1998	2019－03	28.00	1008
澳大利亚中学数学竞赛试题及解答(中级卷)1999～2005	2019－03	28.00	1009
澳大利亚中学数学竞赛试题及解答(高级卷)1978～1984	2019－05	28.00	1010
澳大利亚中学数学竞赛试题及解答(高级卷)1985～1991	2019－05	28.00	1011
澳大利亚中学数学竞赛试题及解答(高级卷)1992～1998	2019－05	28.00	1012
澳大利亚中学数学竞赛试题及解答(高级卷)1999～2005	2019－05	28.00	1013

天才中小学生智力测验题.第一卷	2019－03	38.00	1026
天才中小学生智力测验题.第二卷	2019－03	38.00	1027
天才中小学生智力测验题.第三卷	2019－03	38.00	1028
天才中小学生智力测验题.第四卷	2019－03	38.00	1029
天才中小学生智力测验题.第五卷	2019－03	38.00	1030
天才中小学生智力测验题.第六卷	2019－03	38.00	1031
天才中小学生智力测验题.第七卷	2019－03	38.00	1032
天才中小学生智力测验题.第八卷	2019－03	38.00	1033
天才中小学生智力测验题.第九卷	2019－03	38.00	1034
天才中小学生智力测验题.第十卷	2019－03	38.00	1035
天才中小学生智力测验题.第十一卷	2019－03	38.00	1036
天才中小学生智力测验题.第十二卷	2019－03	38.00	1037
天才中小学生智力测验题.第十三卷	2019－03	38.00	1038

刘培杰数学工作室
已出版(即将出版)图书目录——初等数学

书　名	出版时间	定　价	编号
重点大学自主招生数学备考全书:函数	2020-05	48.00	1047
重点大学自主招生数学备考全书:导数	2020-08	48.00	1048
重点大学自主招生数学备考全书:数列与不等式	2019-10	78.00	1049
重点大学自主招生数学备考全书:三角函数与平面向量	2020-08	68.00	1050
重点大学自主招生数学备考全书:平面解析几何	2020-07	58.00	1051
重点大学自主招生数学备考全书:立体几何与平面几何	2019-08	48.00	1052
重点大学自主招生数学备考全书:排列组合·概率统计·复数	2019-09	48.00	1053
重点大学自主招生数学备考全书:初等数论与组合数学	2019-08	48.00	1054
重点大学自主招生数学备考全书:重点大学自主招生真题.上	2019-04	68.00	1055
重点大学自主招生数学备考全书:重点大学自主招生真题.下	2019-04	58.00	1056

高中数学竞赛培训教程:平面几何问题的求解方法与策略.上	2018-05	68.00	906
高中数学竞赛培训教程:平面几何问题的求解方法与策略.下	2018-06	78.00	907
高中数学竞赛培训教程:整除与同余以及不定方程	2018-01	88.00	908
高中数学竞赛培训教程:组合计数与组合极值	2018-04	48.00	909
高中数学竞赛培训教程:初等代数	2019-04	78.00	1042
高中数学讲座:数学竞赛基础教程(第一册)	2019-06	48.00	1094
高中数学讲座:数学竞赛基础教程(第二册)	即将出版		1095
高中数学讲座:数学竞赛基础教程(第三册)	即将出版		1096
高中数学讲座:数学竞赛基础教程(第四册)	即将出版		1097

新编中学数学解题方法 1000 招丛书.实数(初中版)	2022-05	58.00	1291
新编中学数学解题方法 1000 招丛书.式(初中版)	2022-05	48.00	1292
新编中学数学解题方法 1000 招丛书.方程与不等式(初中版)	2021-04	58.00	1293
新编中学数学解题方法 1000 招丛书.函数(初中版)	2022-05	38.00	1294
新编中学数学解题方法 1000 招丛书.角(初中版)	2022-05	48.00	1295
新编中学数学解题方法 1000 招丛书.线段(初中版)	2022-05	48.00	1296
新编中学数学解题方法 1000 招丛书.三角形与多边形(初中版)	2021-04	48.00	1297
新编中学数学解题方法 1000 招丛书.圆(初中版)	2022-05	48.00	1298
新编中学数学解题方法 1000 招丛书.面积(初中版)	2021-07	28.00	1299

高中数学题典精编.第一辑.函数	2022-01	58.00	1444
高中数学题典精编.第一辑.导数	2022-01	68.00	1445
高中数学题典精编.第一辑.三角函数·平面向量	2022-01	68.00	1446
高中数学题典精编.第一辑.数列	2022-01	58.00	1447
高中数学题典精编.第一辑.不等式·推理与证明	2022-01	58.00	1448
高中数学题典精编.第一辑.立体几何	2022-01	58.00	1449
高中数学题典精编.第一辑.平面解析几何	2022-01	68.00	1450
高中数学题典精编.第一辑.统计·概率·平面几何	2022-01	58.00	1451
高中数学题典精编.第一辑.初等数论·组合数学·数学文化·解题方法	2022-01	58.00	1452

联系地址:哈尔滨市南岗区复华四道街 10 号　哈尔滨工业大学出版社刘培杰数学工作室

网　　址:http://lpj.hit.edu.cn/

邮　　编:150006

联系电话:0451-86281378　　13904613167

E-mail:lpj1378@163.com